Fritz Helling, Aufklärer und „politischer Pädagoge"
im 20. Jahrhundert

D1731713

STUDIEN ZUR BILDUNGSREFORM

Herausgegeben von Wolfgang Keim

Universität Paderborn

BAND 43

PETER LANG

Frankfurt am Main · Berlin · Bern · Bruxelles · New York · Oxford · Wien

Burkhard Dietz (Hrsg.)

Fritz Helling, Aufklärer und „politischer Pädagoge" im 20. Jahrhundert

Interdisziplinäre Beiträge
zur intellektuellen Biographie,
Wissenschaftsgeschichte
und Pädagogik

PETER LANG
Europäischer Verlag der Wissenschaften

Bibliografische Information Der Deutschen Bibliothek
Die Deutsche Bibliothek verzeichnet diese Publikation in der
Deutschen Nationalbibliografie; detaillierte bibliografische
Daten sind im Internet über <http://dnb.ddb.de> abrufbar.

Gedruckt auf alterungsbeständigem,
säurefreiem Papier.

ISSN 0721-4154
ISBN 3-631-51546-4

© Peter Lang GmbH
Europäischer Verlag der Wissenschaften
Frankfurt am Main 2003
Alle Rechte vorbehalten.

Printed in Germany 1 2 3 4   6 7

www.peterlang.de

Inhalt

**‚Innere Emigration' und
wissenschaftliche Studien in der Zeit des Nationalsozialismus**

„Politischer Pädagoge" in der Zeit des Kalten Krieges

7

Vorwort

Die deutsche Pädagogik tut sich bekanntlich bis heute mit ihren Außenseitern schwer, vor allem soweit sie als *politische* Außenseiter auf der Linken engagiert waren, von den Nazis verfolgt wurden und nach 1945 mit dem zweiten deutschen Staat sympathisierten. Zu diesen Abweichlern gehörte der Schwelmer Pädagoge Fritz Helling (1888-1973), der im Mittelpunkt des vorliegenden Bandes der „Studien zur Bildungsreform" steht. Im Kaiserreich aufgewachsen, durch Jugendbewegung und Reformpädagogik sozialisiert, gehörte er seit dem Ersten Weltkrieg zu den jungen, reformerisch orientierten Gymnasiallehrern, die ihre Schulpraxis an Bedürfnissen und Interessen junger Menschen auszurichten versuchten, sich nicht nur als Vermittler von gymnasialen Bildungsinhalten und Wertorientierungen, sondern in gleichem Maße als ihren Schülern kameradschaftlich verbundene Erzieher verstanden.

Überregional bekannt wurde Helling Ende der zwanziger und Anfang der dreißiger Jahre durch seine hervorgehobene Stellung im Bund Entschiedener Schulreformer, die sich nicht in Organisationstalent und intensiver Vortragstätigkeit erschöpfte, sich vielmehr mit einer – innerhalb des Bundes – erziehungstheoretisch singulären Position verband, die marxistisch orientiert, aber keineswegs dogmatisch war. Nach Entlassung aus dem Schuldienst 1933, Verfolgung durch die Nazis, Gestapohaft und einer Art „innerem Exil" zählte Helling als eindeutiger Nazi-Gegner nach 1945 für die Alliierten zum Kreis derer, die als Träger der für notwendig erachteten Demokratisierung Deutschlands somit zum Schulleiter seiner alten Schule besonders geeignet erschienen. Doch nur wenige Jahre später, zur Zeit der Korea-Krise, auf einem Höhepunkt des Kalten Krieges, geriet er aufgrund seiner Mitgliedschaft in Organisationen, die als kommunistisch verdächtigt wurden, wiederum in die Mühlen der Staatsmacht, dieses Mal der Adenauer-Regierung, und konnte dem auf ihn ausgeübten Druck nur durch freiwilligen Rücktritt vom Amt aus gesundheitlichen Gründen zuvorkommen. Durch die erneute politische Verfolgung ungebrochen, engagierte sich Helling nach seiner Pensionierung für den friedlichen deutsch-deutschen pädagogischen Dialog, und zwar in dem von ihm mit initiierten und mit seiner Person unlöslich verbundenen Schwelmer Kreis, der als singuläre friedenspädagogische Initiative im Kalten Krieg und als fortschrittliches Gegengewicht zur restaurativen

Pädagogik der Adenauer-Ära einen Platz in der deutschen Erziehungsgeschichte verdient. Zwar hat der Schwelmer Kreis bis 1974 bestanden, war der Pädagoge Helling in der alten Bundesrepublik zu Lebzeiten auf Seiten der westdeutschen Linken kein Unbekannter, was ebenso für die DDR der fünfziger und sechziger Jahre gilt, gleichwohl verlor der Kreis in den siebziger Jahren mit der Normalisierung des deutsch-deutschen Verhältnisses zunehmend an Bedeutung und verschwand schließlich aus dem kollektiven Gedächtnis von Bundesrepublik wie DDR.

Dem Historiker Burkhard Dietz kommt das Verdienst zu, Helling dem völligen Vergessen entrissen und eine interdisziplinären wissenschaftlichen Ansprüchen genügende neue Helling-Forschung in Gang gesetzt zu haben. In längerer Vorbereitungszeit und in Kooperation mit Vertretern des Märkischen Gymnasiums Schwelm, der ehemaligen Schule Hellings, hat er das Konzept für eine innovative Helling-Tagung erarbeitet, den Kontakt zu einschlägig spezialisierten Wissenschaftlern gesucht und nicht zuletzt finanzielle Träger und wissenschaftlich-organisatorische Kooperationspartner für das projektierte Forschungsvorhaben gesucht. Ergebnis dieser Bemühungen war ein zweitägiges interdisziplinäres wissenschaftliches Symposion in Schwelm, dessen Beiträge für die vorliegende Veröffentlichung nicht zuletzt vor dem Hintergrund der intensiven Diskussionen während des Symposions überarbeitet und erweitert worden sind, so dass sie den derzeitigen Stand der Helling-Forschung dokumentieren.

Die Ergebnisse des Schwelmer Helling-Symposions scheinen mir in dreifacher Hinsicht bemerkenswert: *Zunächst einmal* verdient der methodische Zugang besondere Würdigung, insofern es nicht nur um Person und Werk des politischen Pädagogen Helling ging, sondern die Zielstellung eine sehr viel weitergehende war. Sollte doch nichts weniger als der Versuch unternommen werden, Hellings „Leben, das in vielem von ähnlichen epochalen Wendepunkten geprägt wurde wie das von anderen Intellektuellen und Wissenschaftlern des 20. Jahrhunderts, gleichsam exemplarisch aufzufassen und zu deuten" und damit „wichtige neue Detailkenntnisse zur Sozial-, Mentalitäts- und Wissenschaftsgeschichte" vorzulegen (Burkhard Dietz: Projektskizze). Es bot sich an, in Bezug auf Helling und sein Werk nach der Dialektik von Zeittypischem und Besonderem, von Konvention und Fortschrittlichkeit zu fragen. So stellen Beiträge des Symposions Helling in den Kontext zeittypischer Sozialisationsbedingungen, insbesondere der Jugendbewegung, oder versuchen

Hellings Position während der Nazizeit in den Gesamtzusammenhang der „inneren Emigration" einzuordnen. Andere versuchen, das Spezifische seiner Entwicklung und Position aus lokalen Bezügen zu erklären, etwa aus den besonderen Bedingungen seiner Sozialisation in einer kleinbürgerlich-proletarisch geprägten Provinz des Kaiserreiches, oder aber zu verdeutlichen, was es heißt, in einem konservativ geprägten Schulumfeld der zwanziger und frühen dreißiger Jahre reformpädagogisch und gesellschaftskritisch orientierter Lehrer gewesen zu sein bzw. in der Zeit des Kalten Krieges der fünfziger Jahre als intellektueller Außenseiter überhaupt in einer Kleinstadt wie Schwelm gelebt zu haben, deren Spießigkeit der ebenfalls in Schwelm aufgewachsene Franz-Josef Degenhardt 1967 mit seinem Lied „Spiel nicht mit den Schmuddelkindern" exemplarisch besungen hat.

Zum skizzierten methodischen Ansatz gehört nicht zuletzt, dass die vielfältigen Monographien und Aufsätze Hellings aus der Sicht unterschiedlicher Fachdisziplinen in den Kontext vergleichbarer zeittypischer Arbeiten gestellt werden, etwa Hellings 1921 gedruckte altphilologische Dissertation, seine 1928 veröffentlichte Literaturgeschichte, seine beiden während der Nazizeit entstandenen, erst 1947 publizierten Monographien zur „Frühgeschichte des jüdischen Volkes" bzw. zum „Katastrophenweg der deutschen Geschichte" oder aber seine vornehmlich aus den sechziger Jahren stammenden Comenius-Interpretationen. Die so entstandenen Beiträge belegen nicht nur die Vielseitigkeit von Hellings publizistischem Werk, sondern enthalten zugleich wertvolle wissenschaftsgeschichtliche Hinweise, beispielsweise zur Rezeption zeitgenössischer Literatur und Literaturgeschichtsschreibung im Volksschullehrermilieu nach dem Ersten Weltkrieg oder zur kritischen zeitgenössischen Auseinandersetzung mit der Nazizeit im Rahmen historiographischer Rekonstruktionen.

Die Forschungsperspektive der vorliegenden Beiträge ermöglicht – und dies ist das *zweite* bemerkenswerte Ergebnis – einen neuen Blick auf Leben und Werk Fritz Hellings. Sie zeigen ihn nämlich nicht mehr – wie bisher gewohnt – von vornherein in seiner Sonderstellung unter den Pädagogen seiner Zeit, sondern zunächst als jemanden, der sich mental kaum von vielen seiner Zeitgenossen unterschieden und erst ganz allmählich, über einen Zeitraum von etwa 10 Jahren zum intellektuellen Abweichler entwickelt hat, wobei Reste seiner Sozialisation stets erkennbar blieben. Dies mindert allerdings keineswegs unser Interesse an Helling; vielmehr gewinnt er durch die differenziertere Wahrnehmung seiner

Entwicklung und seines Umfeldes an Profil. Das, was ihn von der Mehrheit seiner Alterskohorte unterschieden, ihn zum kritischen Intellektuellen und Außenseiter gemacht hat, wird nachvollziehbarer und greifbarer, kann mit spezifischen Lernprozessen, Erfahrungsmustern, aber auch Entscheidungen verknüpft werden, die andere so nicht gemacht bzw. vollzogen haben.

Mit der skizzierten Forschungsperspektive wird Helling *historisiert* und das hat – als *drittes* interessantes Ergebnis – zur Konsequenz, dass er als Galionsfigur einer wie auch immer verstandenen „linken" Pädagogik so nicht mehr reklamiert werden kann. Dies hängt ganz zweifellos damit zusammen, dass die politischen Kontexte, in denen Helling gewirkt hat, längst passé sind: die Endphase der Weimarer Republik, als es um die Alternative einer weitergehenden Demokratisierung der Gesellschaft oder faschistische Machteroberung ging, bzw. der Kalte Krieg mit Ost-West-Konfrontation und dem Ringen um einen kapitalistischen oder sozialistischen Weg von Gesellschaft und Pädagogik. Spätestens seit dem Zusammenbruch der sozialistischen Staatengemeinschaft und dem Anschluss der DDR an die Bundesrepublik befinden wir uns in einem neuen Stadium gesamtgesellschaftlicher Entwicklung. Das bedeutet freilich nicht, dass die Konflikte, um die es sowohl in den späten zwanziger und frühen dreißiger als auch in den fünfziger und sechziger Jahren ging, damit als gelöst zu betrachten sind. Vielmehr stehen sie heute, teilweise sogar wesentlich drastischer und in einer globaleren Perspektive, immer noch auf der Tagesordnung, beispielsweise die Forderung nach Einlösung des Grundrechtes auf gleiche Bildung, nach Erziehung zu friedlichem Zusammenleben in einer multikulturellen Gesellschaft, vor allem aber nach ökonomischen, gesellschafts- und bildungspolitischen Voraussetzungen, die eine Realisierung solcher Ziele ermöglichen. Hellings Eintreten für eine am Menschen wie an einer befriedeten Menschheit orientierte Pädagogik, aber auch seine Versuche, den Zusammenhang von Ökonomie, Gesellschaft und Erziehung zu analysieren, scheinen mir deshalb nicht überholt zu sein, man darf sie jedoch nicht einfach auf heutige gesellschaftliche und schulische Bedingungen übertragen, sondern muss die Differenz zwischen Hellings und unserem gesellschaftspolitischen Erfahrungshintergrund beachten, ebenso, dass seine Urteile folglich nicht immer heutigen Standards entsprechen können.

Dass es sich bei Fritz Helling um einen ausgesprochen interessanten Pädagogen des 20. Jahrhunderts handelt, der die Umbrüche von 1914/18, von 1933, von 1945/47, aber auch den Kalten Krieg auf besondere Weise verarbeitet und Konsequenzen daraus gezogen hat, dürfte aufgrund des Schwelmer Symposions sowie der hier vorgelegten Beiträge außer Frage stehen. Bei aller Ergiebigkeit der Forschungsergebnisse bleibt allerdings eine Vielzahl offener Fragen wie Forschungslücken, die im Verlaufe der intensiven Diskussionen des Symposions z.T. erst sichtbar geworden sind. Forschungslücken gibt es z.b. bezüglich der 12 Jahre unter nazistischer Herrschaft, die noch weithin konturenlos erscheinen, aber auch des Schwelmer Kreises, der einer wesentlich intensiveren Erforschung auf der Grundlage vielfältigen Aktenmaterials, biographischer Studien, nach Möglichkeit auch von Zeitzeugenberichten bedarf. Ebenso warten noch Quellenbestände auf Sichtung und Auswertung, etwa des Märkischen Gymnasiums mit einem reichhaltigen Schularchiv. Es bleibt deshalb zu wünschen, dass die von Burkhard Dietz ins Leben gerufene Helling-Forschung fortgesetzt wird. Ein nächster wichtiger Schritt könnte die ebenfalls in den „Studien zur Bildungsreform" zur Veröffentlichung vorgesehene Publikation der Autobiographie Hellings sein, die – ganz im Sinne der Forschungsperspektive der vorliegenden Dokumentation – ein weit über die Besonderheiten von Hellings Leben hinausgehendes Zeitdokument darstellt.

Paderborn, April 2003   Wolfgang Keim

Einleitung und Dank

Im vorliegenden Sammelband werden in überarbeiteten, zum Teil wesentlich erweiterten Fassungen die Referate der Tagung „Fritz Helling – ein Aufklärer und ‚politischer Pädagoge' im 20. Jahrhundert" dokumentiert, die am 8.-9. März 2002 in Schwelm im Tagungszentrum Haus Friedrichsbad stattfand. Konzeptionell liegt dem Band – wie der vorhergehenden Konferenz – die Auffassung zugrunde, daß Fritz Helling (1888-1973), einem heute nur noch wenig bekannten, in den 1920er bis 1960er Jahren jedoch recht einflußreichen Reformpädagogen, in der Geschichte der deutschen Pädagogik insofern eine besondere Bedeutung beizumessen sei, als er *erstens* durch sein vielgestaltiges publizistisches Werk,[1] *zweitens* durch seine praktischen Versuche und theoretischen Reflexionen zur Revision der Erziehungswissenschaft und des Unterrichts sowie *drittens* durch sein umfangreiches wissenschaftsorganisatorisches Engagement als eine wichtige Figur der deutschen Reformpädagogik anzusehen ist. Diese Einschätzung der Persönlichkeit Hellings, nämlich vor und nach 1945 ein auf mehreren Ebenen einflußreicher Vordenker, Initiator und kulturpolitisch-pädagogischer Funktionär gewesen zu sein, wird nicht nur von einer größeren Anzahl von Zeitzeugen bestätigt und in unterschiedlicher Weise dokumentiert,[2] sondern auch in der neueren Forschungsliteratur immer wieder hervorgehoben.[3]

---

[1] Vgl. dazu das Werkverzeichnis Fritz Hellings im Anhang zum Beitrag von Wolfgang Keim in diesem Band.

[2] Vgl. hierzu das eindrucksvolle Fernseh-Feature des WDR „Zäh wie Leder, hart wie Kruppstahl, flink wie Windhunde – Schüler im Dritten Reich". Dieser Film von Petra Seeger und Jürgen Heiter, Redaktion Inge von Böninghausen, wurde 1981 im Rahmen des WDR-Regionalprogramms der ARD gesendet. Er behandelte am exemplarischen Fallbeispiel des Märkischen Gymnasiums Schwelm sowie der oppositionellen Haltung des ehemaligen Lehrers und Schulleiters Fritz Hellings das Problem Schule und Unterricht vor, während und nach dem „Dritten Reich". In den dokumentarischen Teilen des Films wurden die ehemaligen Schüler Walter Bökenheide, Heinz Schäfer und Gert Mädje ausführlich über ihre Erfahrungen a) in der Übergangsphase von der Weimarer Republik zum Nationalsozialismus, b) im Dritten Reich sowie c) am Ende des Zweiten Weltkriegs bzw. zu Beginn der Bundesrepublik befragt. – Für das vorliegende Tagungs- und Publikationsprojekt wurden weitere wichtige Zeitzeugen-Interviews geführt, vgl. hierzu vor allem den Beitrag „Schwelm hat ihn nicht verstanden" von Georg Dieker-Brennecke.

[3] Jürgen Eierdanz (Hg.), „Weder erwartet noch gewollt." Kritische Erziehungswissenschaft und Pädagogik in der Bundesrepublik Deutschland zur Zeit des Kalten Krieges,

Zentrales Anliegen seiner Aktivitäten war ein intellektuell und kulturell von der Jugendbewegung beeinflußter Ansatz für eine (volks)-demokratische bzw. sozialistische, in jedem Fall schon seit etwa 1930 betont antifaschistische „Neue Erziehung" – so auch der programmatische Titel der von Helling wesentlich mitgestalteten pädagogischen Zeitschrift. Das Konzept der „Neuen Erziehung" wandte sich gezielt gegen die dominierende weltanschaulich-konservative Pädagogik Eduard Sprangers (1882-1963), mit der sich Helling als einer der ersten deutschen Pädagogen in ideologiekritischer Absicht auseinandersetzte.[4]

Nachdem die Forschung der 1970er bis 1990er Jahre vor allem diese und ähnliche für die Geschichte der Pädagogik relevanten Themenbereiche des Wirkens von Fritz Helling eingehend untersucht hat, können seit kurzem durch die Erschließung verschiedener, bisher unbekannter oder unzugänglicher Quellenbestände, durch veränderte Perspektiven in der Betrachtung der deutschen Geschichte des 20. Jahrhunderts und durch verfeinerte wissenschaftliche Arbeitsmethoden auch eine Fülle neuer Fragen an das Leben und Werk Hellings gestellt werden. Von erheblicher Bedeutung sind in diesem Kontext etwa der jetzt erst zugängliche Nachlaß Fritz Hellings mit der als Unikat überlieferten Autobiographie als einer besonders aussagekräftigen Archivalie, die kürzlich erst von der rigorosen Benutzersperrung befreiten einschlägigen Akten des Verfassungsschutzes des Landes Nordrhein-Westfalen, die Akten der vormaligen DDR-Kultus- und Wissenschaftsbürokratie und das ebenfalls erst seit kurzem in der Sichtung, Ordnung und zum Teil auch Inventarisierung begriffene Archiv des Märkischen Gymnasiums Schwelm, der Wirkungsstätte Hellings, in welcher zahlreiche Dokumente aus seiner Feder und über seine Tätigkeit als Lehrer und Leiter dieser Schule aufbewahrt werden.

Baltmannsweiler 2000; Wolfgang Keim, Erziehung unter der Nazi-Diktatur, Bd. I: Antidemokratische Potentiale, Machtantritt und Machtdurchsetzung, Darmstadt 1995, S. 63; Peter Dudek, Gesamtdeutsche Pädagogik im Schwelmer Kreis. Geschichte und politisch-pädagogische Programmatik 1952-1974, München 1993; Armin Bernhard/Jürgen Eierdanz (Hg.), Der Bund der Entschiedenen Schulreformer. Eine verdrängte Tradition demokratischer Pädagogik und Bildungspolitik, Frankfurt a.M. 1991.
[4] Fritz Helling, Spranger als politischer Pädagoge, in: Die Neue Erziehung 15 (1933), S. 80-88. Vgl. hierzu den Beitrag von Klaus Himmelstein im vorliegenden Sammelband.

Ebenso wie diese neu auszuwertenden archivischen Quellen zahlreiche innovative Erkenntnisse zum Leben und Wirken Fritz Hellings bereithalten, tragen auch die in den letzten Jahrzehnten stark verbesserten Kenntnisse und Arbeitsweisen der sozialgeschichtlichen und biographischen Forschung, der „intellectual history" (Robert Darnton, Roger Chartier[5]) sowie die verbesserten lokal- und regionalgeschichtlich orientierten Methoden wesentlich dazu bei, bislang völlig vernachlässigte Problembereiche wie etwa die Frage nach den mentalitätsgeschichtlichen Begleit- und Folgeerscheinungen von sozialer Ausgrenzung und Stigmatisierung von politisch Andersdenkenden im Kalten Krieg – um nur ein Beispiel zu nennen – erstmals mit Bezug auf Helling und seinen Wirkungskreis in den Blick zu nehmen und diese Aspekte teilweise bis an die momentanen Grenzen ihrer jeweiligen Interpretationsmöglichkeiten, zum Beispiel in psychologischer Hinsicht,[6] zu verfolgen.

Ein dritter wichtiger und innovativer Forschungsbereich eröffnet sich in den inzwischen sehr differenzierten Methoden der interdisziplinären Wissenschafts- und Rezeptionsgeschichte, d.h. konkret in der Untersuchung der größeren monographischen Publikationen Hellings, die bekanntlich jenseits der Pädagogik auch in Kernbereiche der Altphilologie, Geschichtswissenschaft, Theologie und Germanistik vorgestoßen sind. Alle diese Ansätze können als Elemente einer im einzelnen und besonders in ihrer Summe innovativen neuen Helling-Forschung angesehen werden. Von der bisher eher im Rahmen vereinzelter wissenschaftlicher, meist erziehungswissenschaftlicher Detailstudien durchgeführten Helling-Forschung unterscheidet sich das hier präsentierte Vorhaben nicht nur durch die umfassende Einbeziehung von zum Teil völlig neu initiierter quellennaher Forschungsarbeit, sondern auch durch eine das Wirken Hellings in seiner Ganzheit und eminenten interdisziplinären Breite systematisch in Angriff nehmende Betrachtungsweise.

---

[5] Robert Darnton, Intellectual and Cultural History, in: The Past before us. Contemporary Historical Writing in the United States, hg. v. Michael Kammen, Ithaca 1980, S. 337 ff; Roger Chartier, Intellektuelle Geschichte und Geschichte der Mentalitäten, in: Freibeuter 29 (1986), S. 22-31 u. Freibeuter 30 (1986), S. 21-35; vgl. auch Felix Gilbert, Intellectual History, its Aims and Methods, in: Deadalus, W. 1971, S. 80-97.

[6] Hans-Ulrich Wehler (Hg.), Geschichte und Psychoanalyse, Köln 1971; Peter Gay, Freud for Historians, New York 1984.

Ziel der vorliegenden Publikation ist es daher, die genannten Gesichtspunkte erstmaliger interdisziplinärer Zusammenarbeit zu einem neuen und innovativen Bild von Fritz Hellings intellektueller Biographie, seinem multidisziplinären Wirken und seiner Pädagogik zusammenzuführen – dies freilich ganz im Sinne einer vorläufigen, aber aktuellen Zwischenbilanz und ohne den Anspruch, damit etwa ein endgültiges und umfassendes biographisches Porträt präsentieren zu können. Jenseits aller Singularität des Individuums Fritz Helling ist mit den vorliegenden Beiträgen aber auch der Versuch unternommen worden, Hellings Leben, das in vielem von ähnlichen epochalen Wendepunkten geprägt wurde wie das von anderen Intellektuellen und Wissenschaftlern des 20. Jahrhunderts, gleichsam exemplarisch aufzufassen und zu deuten. Zusammen mit der vorbereiteten Edition von Hellings Autobiographie, die bald in einer kommentierten Ausgabe veröffentlicht wird, werden somit in diesem Gesamtprojekt wichtige neue Detailkenntnisse zur Sozial-, Mentalitäts- und Wissenschaftsgeschichte eines Reformpädagogen des 20. Jahrhunderts und seiner Wirkungskreise vorgelegt.

Die Drucklegung des Sammelbandes gibt mir Gelegenheit, einer Reihe von Persönlichkeiten zu danken, ohne welche die vorangegangene Tagung und die vorliegende Veröffentlichung der Beiträge gewiß nicht in der dann realisierten Form möglich gewesen wäre: Ein besonders wichtiger Ratgeber und Förderer des Gesamtprojekts war von Anfang an Herr Leonhard Kuckart (MdL a.D., Schwelm), der mein Vorhaben persönlich, als ehemaliger, begeisterter und dankbarer Schüler Fritz Hellings, tatkräftig unterstützte – ihm sei an dieser Stelle noch einmal ebenso herzlich gedankt wie Herrn Prof. Dr. Wolfgang Keim (Paderborn), der als intimer Kenner der Hellingschen Biographie und der Geschichte der Pädagogik das Vorhaben ebenfalls mit großem persönlichen Engagement unterstützte und schließlich dankenswerterweise die Veröffentlichung der überarbeiteten Tagungsbeiträge durch die Aufnahme des Bandes in seine Schriftenreihe „Studien zur Bildungsreform" ermöglichte. Nachhaltige Förderung erfuhr das Projekt aber auch durch Herrn Prof. em. Dr.-Ing. Jürgen Helling (1928-2003, Gemmenich-Plombiers/Belgien), den Sohn Fritz Hellings, indem er als zweifellos wichtigster Zeitzeuge mehreren Autoren bereitwillig Auskünfte erteilte, den von ihm verwalteten Nachlaß seines Vaters zu Forschungszwecken zur Verfügung stellte und das

Projekt immer mit Rat und Tat unterstützte. Ihm, dem die Veröffentlichung dieses Bandes und der kommentierten Autobiographie seines Vaters zur Herzensangelegenheit geworden war, sei das vorliegende Buch gewidmet – leider hat er nur noch seine Fertigstellung im Manuskript wahrnehmen, es aber nicht mehr selbst in Händen halten können.

Vor Ort in Schwelm, dem Lebens- und Arbeitsmittelpunkt Fritz Hellings, wo sich im Vorfeld der Tagung eine kleine „Helling-AG" gebildet hatte, trugen insbesondere die Wilhelm-Erfurt-Stiftung für Kultur und Umwelt sowie der Verein Elternspende des Märkischen Gymnasiums Schwelm e.V. durch die finanzielle Förderung der Tagung entscheidend zur Realisierung des Projekts bei – den Mitgliedern der jeweiligen beschlußfassenden Gremien sei deshalb an dieser Stelle noch einmal für ihre Unterstützung vielmals gedankt. Mein Dank gilt in diesem Zusammenhang auch Herrn PD Dr. Jürgen Steinrücke, dem Bürgermeister der Stadt Schwelm, der neben Herrn Prof. em. Dr.-Ing. Jürgen Helling die Schirmherrschaft über die Tagung innehatte und nicht nur dadurch, sondern auch durch wertvollen Rat und praktische, unbürokratische Hilfe die Verwirklichung der gesteckten Ziele erleichterte. Last not least waren es selbstverständlich die Autorinnen und Autoren der nachfolgend abgedruckten Beiträge, die dem Projekt erst durch ihre akribischen, zum Teil aus mühevoller Quellenarbeit erstellten Detailstudien die Substanz gaben – ihnen gilt mein größter Dank, nicht zuletzt auch dafür, daß sie sich auf Themen einließen, ohne die das zu Beginn entworfene Konzept mit seinen Zielvorstellungen nicht hätte realisiert werden können. In gleichem Maße gilt mein Dank auch den Sektionsmoderatoren Prof. Dr. Bernd Faulenbach (Bochum, Recklinghausen) und Prof. Dr. Bernd-A. Rusinek (Düsseldorf, Freiburg i. Br.), die nicht unmaßgeblich daran beteiligt waren, daß in den Diskussionen während der Helling-Tagung im März 2002 wichtige neue, forschungsrelevante Gesichtspunkte herauskristallisiert wurden, die später bei der Überarbeitung der Referate für die Drucklegung berücksichtigt werden konnten – auch ihnen sei an dieser Stelle noch einmal für ihre aktive Beteiligung an diesem Projekt und für ihre professionelle und kreative Schützenhilfe gedankt. Schließlich möchte ich es nicht versäumen, Herrn Jost Biermann (Paderborn) recht herzlich dafür zu danken, daß er das Entstehen des vorliegenden Bandes mit großem persönlichen Engagement begleitet hat und insbesondere durch die sachkundige EDV-technische Bearbeitung der Manuskripte, die Erstellung des Registers und der Druckvorlagen mit dazu beitrug, daß der Band letztlich diese solide Form bekam.

Burkhard Dietz, im Juni/Juli 2003

Zur

Einführung

Jürgen Reulecke

„Auf, werdet Menschen von unser'm Jahrhundert!"

Anmerkungen zum jugendbewegten Aufbruch ins 20. Jahrhundert

Mitte Oktober 1963 saß nach einem für ihn recht anregenden Ereignis ein Jüngling von knapp 24 Jahren in der Eisenbahn Richtung Kassel-Wuppertal und war von dem Erlebnis einer Rede, die er kurz vorher bei jenem Ereignis gehört hatte, so hingerissen, dass er sich spontan dazu entschloss, für den Wuppertaler Generalanzeiger einen Artikel darüber zu schreiben. Doch die Redaktion hat den Text dann leider nicht abgedruckt; er verschwand also in der senkrechten Ablage. Der damalige Jüngling war ich, der große mitreißende Redner ist Helmut Gollwitzer (1908-1993), der bekannte Berliner Theologe, und das eindrucksvolle Ereignis, bei dem er seine Rede gehalten hatte, war das Erinnerungsfest zur 50. Wiederkehr des berühmten Freideutschen Jugendtages von 1913 auf dem Hohen Meißner östlich von Kassel.

Gollwitzer hatte uns, den Knaben aus der damaligen bündischen Jugend, mitten im damals noch ausgefochtenen „Kalten Krieg", zum Beispiel zugerufen:

„Habt den festen Willen, an den Trennungen der alten Generation nicht wieder einmal die Zukunft zuschanden werden zu lassen. Es lohnt sich nicht, zu töten und zu sterben für eines der beiden Systeme, die heute die Welt zerreißen, die beide falsch sind und die beide tief verändert werden müssen, wenn die Probleme des ausgehenden 20. Jahrhunderts gemeistert werden sollen. Es lohnt sich aber, zu kämpfen und zu leben für die Meisterung dieser Probleme. Dies ist sicher: Wenn jemand im Jahre 2013 noch das Bedürfnis empfinden sollte, hier oben des Aufbruchs deutscher Jugend vor 100 Jahren zu gedenken, dann werden Kapitalismus und Kommunismus wenig mehr dem gleichen, was sich heute so nennt, – und dann wird ein solches Gedenken nur möglich sein, wenn die europäische Jugend sich nicht aufs neue hat den Torheiten der älteren Generation zum Opfer bringen lassen."

Exakt fünfzig Jahre vorher hatte sich ein 25jähriger Jüngling ebenfalls von einer Rede auf jenem ersten Meißnerfest von 1913 dazu hinreißen lassen, einen begeisterten Artikel zu schreiben. Innerlich „aufs tiefste bewegt" vor allem von einigen Sätzen in der flammenden Rede des Wickersdorfer Reformpädagogen Gustav Wyneken (1875-1964) verfasste der Studienreferendar Fritz Helling aus Schwelm einen Aufsatz für die Zeitschrift einer christlich-studentischen Verbindung, des „Schwarzburgbundes", in dem er den neuen Geist der Freideutschen Jugend und des Wandervogels enthusiastisch als „Romantik der Empörung" feierte, einer „Empörung gegen die Erziehungspraxis in Schule und Haus". Die herrschenden Verhältnisse in den Schulen prangerte der angehende Lehrer als „bis ins kleinste gehende Bevormundung", als „rücksichtsloses Vollstopfen mit Wissenskram" und als massive Unterdrückung der „unendlich viele(n) in der Jugend schlummernden Geistes- und Willens-Kräfte" an. Er zitierte Wyneken, der unter anderem gesagt hatte:

„Allem geschraubten, gezwungenen Wesen stellen wir Natürlichkeit, Wahrhaftigkeit, Echtheit, Geradheit gegenüber. Statt des Strebertums aufrichtige Überzeugungstreue! Statt der Blasiertheit: Jugendfreude und Empfänglichkeit. Ausbildung des Körpers und strenge Selbstzucht statt der Vergeudung der Jugendkraft ... Vor allen Dingen hassen wir den unfruchtbaren Patriotismus, der nur in Worten und Gefühlen schwelgt, der sich – oft auf Kosten der historischen Wahrheit – rückwärts begeistert und nicht denkt, sich neue Ziele zu stecken."

Sprach Gollwitzer bereits 1963 von den bedrohlichen Problemen des ausgehenden 20. Jahrhunderts, so glaubten die jungen Jugendbewegten und ihre Mentoren 1913 noch am Anfang eines gewaltigen Aufbruchs der Jugend zu stehen, der – wie es im Aufruf zum Meißnerfest 1913 hieß – die „trägen Gewohnheiten der Alten und ... (die) Gebote einer hässlichen Konvention" hinwegfegen werde, um an deren Stelle eine von der Jugend selbst „aus eigener Bestimmung, vor eigener Verantwortung, mit innerer Wahrhaftigkeit" geschaffene neue humane Kultur zu setzen.

Diesem Ereignis vom Herbst 1913, das den jungen Fritz Helling nach eigenen Worten äußerst bewegte und seine späteren Ideen stark mit prägte, hatte der 1876 geborene Düsseldorfer Schriftsteller und Dramaturg Herbert Eulenberg (1876-1949) einen gereimten Festgruß gewidmet (der dann anschließend in der wilhelminischen Plüschgesellschaft die Gemüter heftig bewegte, weil er als „gehässiger Angriff" auf die traditionsreichen studentischen Korporationen und schlagenden Verbindungen verstanden wurde). Der Text dieses Festgrußes lautet:

„Ich grüße die Jugend, die nicht mehr säuft,
Die Deutschland durchdenkt und Deutschland durchläuft,
Die frei heranwächst, nicht schwarz und nicht schief.
Weg mit den Schlägern, seid wirklich ‚aktiv‘,
Das Mittelalter schlagt endlich tot!
Ein neuer Glauben tut allen not.
Bringt Humpen und Säbel zur Rumpelkammer,
Verjagt den Suff samt dem Katzenjammer.
Und alles, was Euch verfault und verplundert!
Auf, werdet Menschen von unser'm Jahrhundert!"

Da ist von wirklicher Aktivität die Rede und von einem neuen Glauben. Vor allem aber werden negative Gegenbilder, die es zu überwinden gelte, beschworen. Solche Gedanken gab es in den jugendbewegt-euphorischen Kreisen zuhauf, doch wenn man nach klarer formulierten Zielen sucht, wird man kaum fündig! Was Helling „Romantik der Empörung" genannt hat, war eine mitreißende und stark emotionalisierende Woge, ein geistiger Aufbruch, der auf das Finden der romantischen blauen Blume aus war und entsprechend bildungsbürgerlich blauäugig daherkam. In vielem äußerst sympathisch und von einem anrührenden großen humanen Streben geprägt, fehlte den jungen Leuten die Fähigkeit zur nüchternen Analyse und rationalen Auseinandersetzung mit den dominierenden Kräften der inzwischen großindustriell-kapitalistisch bestimmten Massenzivilisation ebenso wie mit den tieferen Strukturen von Nationalismus und Imperialismus im Wilhelminischen Deutschland. Doch eine solche Schelte aus der Rückschau wäre anachronistisch, deshalb möchte ich im folgenden vorzuführen versuchen, welche Zukunftsvorstellungen die jungen Leute der ins 20. Jahrhundert startenden neuen Jugendbewegung beherrschten bzw. welche ihnen von älteren Mentoren zur Identifikation angeboten wurden.

Wenn überhaupt über allgemeinere Ziele geredet oder geschrieben wurde, blieben sie fast immer vage, waren nicht sonderlich originell und lassen sich mit den vielen um 1900 formulierten Ideen der Zivilisationskritiker und Lebensreformer in Verbindung bringen. Meist laufen sie auf idealistische Phrasen hinaus wie etwa in jenem Text, den der „Alt-Wandervogel", eine der Urzellen des jugendbewegten Aufbruchs um 1900, offiziell zum Meißner-Treffen von 1913 beisteuerte. Dort heißt es:

„Der Wandervogel ist eine Stätte für alle, die arbeiten wollen. Arbeiten an der immer innigeren Verschmelzung aller deutschen Stämme zu einem großen Volke, arbeiten am Aufheben und Aufbewahren der Güter unseres Volkes, arbeiten gegen die schädlichen Einflüsse, die unleugbar gerade unsere Zeit auf Alt und Jung ausübt, und arbeiten für ein unbekanntes, aber leuchtendes Ziel, dem wir zusammen mit vielen anderen kleinen und großen Verbänden nachstreben, einem Ziel, vor dem die Worte stehen Reinheit, Wahrheit, Liebe."

Noch ausdrucksstärker hat 1913 der damals 30jährige Hans Breuer in einem Beitrag in der Wandervogel-Zeitschrift mit dem Titel „Herbstschau 1913" ein Resümee der bisherigen Einsichten der inzwischen älter gewordenen Wandervögel gezogen, als er schrieb:

„Rechte Wandervögel sind und bleiben Wanderer ihr Leben lang, aber nicht Tippler mit dem Stenz, in Bleiben und Winden, sondern Wanderer des Berufs, der Arbeit. Was früher Erfassung der Heimat, historisches Werden, Eindeutschung war, heißt jetzt: Gründlichkeit und Vertiefung der Arbeit, Idealismus des Berufs. Nicht jenes maßlose, sich selbst überschätzende Reformfatzkentum, alles reformieren zu wollen, sondern treues Wirken, in sich und um sich, in Harmonie und Klarheit, das erscheint eher als ein Weg aus dem Urwalde. Wer andere reformieren will, soll sich erst selbsten bei der Nase packen und etwas leisten! ... Und wie im einzelnen, wird es auch im großen sein: Selbstbesinnung der Völker auf sich selber, jede Nation ihre besondere Güte erkannt, scharf geprägt und eingesetzt in die Maschinerie der Völker, so mag ein neues Ziel der Entwicklung näher rücken, Ausbau der Erde zu einem mächtigen, arbeitsteiligen Organismus mit neuen Höchstleistungen, wo das Ganze den Einzelnen beseelt und der Einzelne dem Willen des Ganzen gehorcht."

Gegen ein solches Ethos idealistischer Arbeit am Volksganzen, das nach über einem Jahrzehnt freien Wandervogellebens ältere Freunde und älter gewordene ehemalige Wandervögel der neuen Jugendbewegung unterstellten bzw. nahe legten, hatte sich inzwischen allerdings bereits eine muntere Protestbewegung formiert: der am 6. November 1910 in Hamburg gegründete Jung-Wandervogel! Er kritisierte vehement den immer stärker gewordenen Einfluß der Oberlehrer und Lehrer auf die Bewegung und lehnte beispielsweise das strikte Alkohol- und Nikotinverbot, die „äußere Soldatenspielerei", jede „politische Tendenz und jede geistige Einzwängung" strikt ab. Statt dessen propagierte er sogar ausdrücklich „Programmlosigkeit" und wollte auf seine Weise, d.h. durch aktuelle Charakterbildung in der kleinen Gruppe und durch auf Freundschaft beruhende Auslese „die jungen Menschen für alle Lebensfragen und ihre späteren Aufgaben biegsam und frisch und frei von Vorurteilen und Einseitigkeit" erhalten. Utopisches kam hier nicht mehr vor; man wollte sich ohne Gängelung der Erwachsenen das neu geschaffene Jugendreich erobern und dessen Freiheiten auskosten.

Und auch die neben dem Wandervogel zweite Jugendbewegungswurzel vor dem Ersten Weltkrieg, die „Deutsche Akademische Freischar", distanzierte sich von allen ausgreifenden Utopien, die sie für schwärmerisch hielt, und propagierte statt dessen einerseits einen „praktischen Idealismus" im Alltag und andererseits – bescheiden und selbstsicher zugleich – die Erkenntnis, dass man selbst ein bloß „vergängliches und dienendes, aber auch ein unentbehrliches Glied in der Kette der Generationen" sei.

Ganz im Gegensatz zur Programmlosigkeit und dezidierten Zukunftsoffenheit der Jüngeren stehen die vielen euphorischen, erwartungsvollen, geradezu von Erlösungshoffnungen getragenen Appelle von zeitkritischen Angehörigen der älteren Generationen an die jungen Wandervögel und Freideutschen. Wenn man aus der Rückschau des Jahres 2002 auf diese Appelle, den Zukunftsglauben, die Sehnsüchte und die fast schon messianischen Zukunftsbeschwörungen an die Adresse der Jugendbewegung vor dem Ersten Weltkrieg blickt, dann kann man angesichts der tatsächlichen Geschichte des 20. Jahrhunderts mit ihren grauenhaften, nicht zuletzt von Deutschland ausgehenden Ereignissen eigentlich nur in Melancholie und Bedrückung über die gewaltige Diskrepanz zwischen idealem Wollen und tatsächlichem Können, zwischen Anspruch und Realität, zwischen hoffnungsfroher Perspektive und realem Ergebnis fallen. Aber gerade diese Diskrepanz kennzeichnet die Geschichte aller jener Vorkriegserneuerungsbewegungen und allen voran die Jugendbewegungsgeschichte wie kaum etwas anderes. Ohne ein Verstehen der Gründe für diese Diskrepanz und deren Folgen ist meines Erachtens das abgelaufene 20. Jahrhundert in Deutschland kultur- und mentalitätsgeschichtlich nicht zu verstehen; deshalb will ich im zweiten Teil meines Beitrags die Frage „Wo ist Zukunft?" an diese älteren Jugendbewegungsfreunde mit ihren Zukunftshoffnungen richten.

27

Wir haben jetzt noch elf Jahre vor uns, um zum Beispiel folgende Zukunftsvision Realität werden zu lassen, die im Herbst 1913 der Wiener Philosophie- und Psychologieprofessor Friedrich Jodl als damals 64-Jähriger der Freideutschen Jugend auf dem Hohen Meißner in einem Geleitwort als ein „fernes Utopien" für das Jahr 2013 ausmalte: Der enge Horizont des Christentums und das starre Festhalten an der klassischen Bildung seien dann überwunden; die geistigen Schätze der gesamten „Weltkultur", d.h. die „ganze Fülle des innersten Lebens und geistigen Schauens, die sich in der Menschheit in Jahrtausenden erzeugt" habe, werde dann durch den Aufbruch der Jugend seit Beginn des 20. Jahrhunderts, sofern diese nur auf Dauer die „rechte Entschiedenheit" mitbringe, allen im Volke in gleicher Weise zugänglich sein – dies in einer Gesellschaft, die völlig frei sei von Klassenegoismus und dem Machtstreben „einiger weniger bevorzugter Geister und Herrenmenschen", frei auch von der „Rohheit des heutigen politischen und sozialen Kampfes". Eine weltoffene neue Jugend werde dazu beigetragen haben, dass im Jahre 2013 „ein einiges starkes Deutschland" bestehe, „das der Mittelpunkt der Kulturwelt ist, nicht weil es die andern Völker beherrschte und ihnen das Joch seiner Sitten und Gesetze aufzwängte, sondern weil es den Geist menschheitlicher Kultur am vielseitigsten, reinsten und klarsten in sich ausgeprägt und anderen Völkern zum leuchtenden Vorbild hingestellt" habe.

Ähnlich wie Friedrich Jodl hatten sich im Frühherbst 1913 rund dreißig weitere geistige Köpfe jener Zeit einerseits von dem Verleger Eugen Diederichs (geb. 1867) und andererseits von dem von der Deutschen Akademischen Freischar beauftragten Münchener Studenten Arthur Kracke (geb. 1890, also damals 23jährig) einladen lassen, Geleitworte zu einer Festschrift zum bevorstehenden ersten Freideutschen Jugendtag auf dem Hohen Meißner Mitte Oktober 1913 zu schreiben, darunter die Pädagogen Ludwig Gurlitt, Gustav Wyneken und Georg Kerschensteiner, die Philosophen Ludwig Klages und Paul Natorp, die Historiker Hans Delbrück und Robert von Pöhlmann, der Kultursoziologe Alfred Weber, die Schriftsteller Herbert Eulenberg und Ludwig Thoma, der Maler Fidus, der Mediziner Max von Gruber. Einige weitere angefragte Personen wie Gertrud Bäumer, Gerhart Hauptmann, Walter Goetz, Karl Lamprecht, Friedrich Naumann und Auguste Forel hatten zwar keinen Text geschickt, aber dem Vorhaben alles Gute gewünscht und freundschaftliche Grüße übermittelt. Ziel der Planer der Festschrift war es gewesen, so etwas wie ein erstes Fazit der seit einem Dutzend Jahre im deutschsprachigen Raum aufblühenden jugendlichen Aufbruchsbewegung zu liefern und bedeutende „Führer des damaligen Geisteslebens zu Wort kommen (zu lassen)", um der Jugend „in Ansprachen, mit Wünschen und Hoffnungen" Horizonte zu weisen und ihr Rückenwind bei ihrem Vorwärtsstreben zu geben. Durchgängig waren die von Diederichs und Kracke um Grußworte Gebetenen keine Vertreter des wilhelminisch-nationalistischen oder militaristischen Establishments, sondern Personen, die als eher liberal-bürgerliche, zum Teil sogar – wie der Göttinger Privatdozent Leonard Nelson (geb. 1882) – sozialistischen Ideen zuneigende Zeitkritiker bekannt waren. Entsprechend fielen die meisten ihrer Beiträge aus, die durchweg auf eine dem Geist des deutschen Idealismus entspringende kulturelle Erneuerung der deutschen Nation durch die „junge Generation", vor allem durch die studentische Jugend, hinausliefen.

Es liegt selbstverständlich nahe, die in Verbindung mit dem Meißner-Treffen an die jugendbewegten jungen Menschen gerichteten Appelle ihrer älteren Freunde und Gönner mit dem sich seit dem Ende des 19. Jahrhunderts sprunghaft ausbreitenden Jugendkult und Jugendmythos einerseits und andererseits mit den apokalyptischen Visionen angesichts der vorwiegend im Bildungsbürgertum verbreiteten Fin-de-siècle-Stimmung in Verbindung zu bringen. Tatsächlich finden sich, wenn man vom zeittypischen Pathos absieht, auch heute noch beeindruckende Zeitanalysen und Zukunftswarnungen in den eingesandten Texten. So prangerte etwa Ludwig Klages (geb. 1872) in seinem Beitrag „Mensch und Erde" vehement die durch die moderne Technik und den modernen Kapitalismus hervorgerufene, rasant voranschreitende Zerstörung der Natur an und setzte seine Hoffnung auf ein „kommendes Geschlecht", welches „das Wissen von der weltschaffenden Webekraft allverbindender Liebe" wiedergewinnen werde. Nur wenn – so Klages – diese Liebe in der Menschheit „wiederwüchse, möchten vielleicht die Wunden vernarben, die ihr muttermörderisch der Geist geschlagen". Die in Deutschland besonders offensichtliche Nähe von Apokalypse und Utopie bestimmte also die Argumentation von Klages in ausgeprägter Weise.

Andere Bedrohungen malte der Historiker Hans Delbrück (geb. 1848), mit Friedrich Jodl der älteste der Autoren, an die Wand. Geradezu prophetisch beschwor er die Gefahr, dass „die Welt einmal aufgeteilt (werde) zwischen englischem und russischem Wesen", und beklagte übrigens in diesem Zusammenhang schon damals das „ungeheure Übergewicht der englischen Sprache" in der Welt. Den Deutschen und besonders der deutschen Jugend wies er die Zukunftsaufgabe zu, sich als „Glied einer umfassenden Völker- und Kulturgemeinschaft" zu verstehen und aus diesem Bewusstsein heraus die Vielheit der Kulturvölker gegen „jene beiden Kolosse" zu verteidigen. Gleichzeitig warnte er die Jugend nachdrücklich vor zwei Zeitströmungen, denen er „ödesten Schematismus" vorwarf: Sozialismus und Nationalismus. Die Utopie eines sozialistischen Zukunftsstaates sei inhuman, weil dieser das Individuum ersticken und „uns damit in eine neue Barbarei stürzen würde". Jede Übersteigerung der nationalen Idee verenge dagegen den Gesichtskreis, trübe den Blick und sei der Feind jeder tieferen Bildung.

Der sechs Jahre jüngere Paul Natorp (geb. 1854), seit 1894 Sozialdemokrat und ein Gegner jeder Art von Rassenideologie, nach dem Kriege engagierter Pazifist, holte mit seinem Beitrag wohl am weitesten aus: Er wünschte sich durch eine Verallgemeinerung des jugendbewegten Wollens und Fühlens auf die Gesamtgesellschaft, vor allem des „schlichten Selbstseinwollens" der Jugendbewegten, nichts weniger als eine umfassende „Erneuerung des ganzen Lebens", eines „neuen Leben(s) der Deutschen, eine(s) Leben(s) der Natürlichkeit, Wahrhaftigkeit, Echtheit, Geradheit". Über das, wovon man loskommen wolle, herrsche zwar, so Natorp, bei allen Reformern „hinreichende Klarheit", nicht jedoch über das, „was man erringen möchte", und so mahnte er die Jugendbewegten, sich klar zu machen, dass sie der Lösung dieser gewaltigen Aufgabe nicht allein „mit Zupfgeige, neuer Kleidung und ähnlichen, an sich unverächtlichen Dingen" beikommen könnten. Entsprechend breit fiel das Spektrum seiner Appelle und Visionen aus, die er der Jugend vom Hohen Meißner zum Bedenken anbot. Exemplarisch nur ein Punkt: Wie Delbrück und Jodl beschwor auch Natorp das kulturelle „Handinhandarbeiten der Kulturvölker des ganzen Erdenrunds". Mit Kriegen zwischen diesen Kulturvölkern – schon mit dem Gedanken an Krieg zu spielen, sei eine schwere Verantwortung (!) – sei deshalb kein „echter, innerer Ruhm ... zu holen":

> „Denn ein heutiger Krieg, zwischen Völkern, die auf der Höhe heutiger, sich so nennender Kultur stehen, wäre nichts als ein technisches Exempel, in dem Menschen nur Ziffern oder Maschinenteile sind: Sein Leben wagen, das allein macht noch keinen Helden, zumal wenn so wenig von Freiwilligkeit dabei die Rede sein kann wie im Falle eines modernen Kriegs unter ‚Kultur'-Völkern."

Ohne dass das jetzt hier breit ausgeführt werden kann, lässt sich aus den Texten herauslesen, dass die an der Schwelle zum siebten Lebensjahrzehnt stehenden Älteren wie die bereits zitierten Professoren Delbrück, Jodl und Natorp, aber auch die fünf anderen (Kerschensteiner, die Brüder Cornelius und Ludwig Gurlitt, der Althistoriker von Pöhlmann und der Mediziner von Gruber) intensive Beschwörungen an die Jugend formulierten, sich gegen den „Seelenfang" (Gurlitt) durch Staat, politische Parteien, Kirchen und Ideologien aller Art sowie gegen die vielfältigen massenzivilisatorischen Verführungen zur Wehr zu setzen, aber dabei nicht „die unabsehbar reiche Kulturarbeit der früheren Generationen" zu missachten. In die neue „junge Generation" setzten sie ihre Hoffnungen, zumal – so Gurlitt – diese Jugend nicht mehr den ihr von oben vorgesetzten Führern folgen wolle, sondern „sich nach altgermanischer Sitte ihre Herzöge selbst küre". Das spätere, auf Walter Flex zurückgehende Motto „Jugend soll durch Jugend geführt werden" klingt also bereits hier an. Selbstkritisch hatte Ludwig Gurlitt schon 1902 als Lehrer am Steglitzer Gymnasium, bei der Wandervogel-Gründung einer ihrer wichtigsten Mentoren, der jungen Generation die Aufgabe zugeschrieben, sie solle aus eigener Kraft aufbauen, „was wir haben verfallen lassen". Ähnlich wie Gurlitt betonten deshalb fast alle Autoren, dass die Jugend unbedingt ihren Weg allein finden müsse. Alfred Weber (geb. 1868) drückte diese Grundüberzeugung mit am klarsten aus, indem er schrieb:

„Die größte Gefahr, die einer Jugendbewegung drohen kann, ist, nicht auf sich selbst zu stehen. Was sie will, muss sie fühlen, und was sie fühlt, das soll sie tun."

Einige der jüngeren Autoren versuchten dennoch zumindest implizit, sich selbst als Wegweiser zu neuen Ufern zu empfehlen und entsprechende inhaltliche Perspektiven zu zeigen, so der Reformpädagoge Gustav Wyneken (geb. 1875) und die Schriftstellerin Gertrud Prellwitz (geb. 1869), übrigens die einzige Frau unter den Grußwortschreibern. So bot sich beispielsweise Wyneken an, der Meißner-Jugend die Richtung zu einer „noch zu erarbeitenden neuen Jugendkultur" zu weisen, in der dann die verschiedenen lebensreformerischen Einzelbestrebungen ihren „allen gemeinsamen Gesichtspunkt" finden würden. Ins Zentrum der von ihm empfohlenen Zukunftsstrategie stellte er das Feld, das seiner Meinung nach am meisten für die Entstehung des von ihm scharf kritisierten Philistertums verantwortlich war: die Schule. Die neue Jugend – so Wyneken – solle sich die Schule als ihr „geistiges Heim" erobern. Nur so werde sie der Welt wirkliche „Wiedergeburt und Verjüngung" schenken können und „jene ersehnte innerliche Kultursynthese" zum Blühen bringen, „die frühere Zeiten Religion nannten". Deshalb lautete sein Fazit: Die Zeit des Plänkelns, des Spiels und der idyllischen Selbstgenügsamkeit sei nun vorüber. Jetzt gelte es, „zum Angriff auf die Schule überzugehen; sie muss unser, sie muss der Jugend werden. Dieser Kampf wird mehr und mehr die nächsten Jahre und Jahrzehnte ausfüllen." Und er fügte hintergründig hinzu: „Möge die Jugend ihren neuen Instinkt darin bewähren, dass sie ihre Führer zu finden weiß." Dass er damit unter anderem sich selbst meinte, belegt seine große Rede während des Meißner-Festes (die Fritz Helling, wie einleitend angemerkt, so stark begeistert hatte) und sollten dann seine vielen Schriften und Stellungnahmen in den nächsten Jahren zeigen.

Die knappen Ausführungen von Gertrud Prellwitz in der Meißner-Festschrift mit dem Titel „Die Ehe und die neue Zeit" zielten auf eine weitere Handlungsperspektive, die der Meißner-Jugend nahegelegt wurde und Aufsehen erregen sollte. Eher verklausuliert und vorsichtig als klar hatte sie den „jungen, freudigen Frühlingskräften" des Meißner-Treffens nahegelegt, gerade auch im Bereich der Liebe und Erotik der eigenen „Linie der inneren Sicherheit" anstatt der äußeren „Linie der Konvention" zu vertrauen, wobei sie für die volle „Freiheit der lebensechten Innerlichkeit" im Bewusstsein hoher Selbstverantwortung und innerster Wahrhaftigkeit plädierte und jede Art von Zuchtlosigkeit scharf ablehnte. Ihre Vision lief auf eine Zukunft hinaus, in der die neuen Menschen ein „ernstes Verantwortungsgefühl gegenüber dem wichtigen, heiligen Lebensgute, das (die) Natur dem Menschen anvertraute, dem Liebesvorgang," entwickelt haben würden. Der Satz, der – aus dem Zusammenhang gerissen – in den folgenden Debatten in der wilhelminischen Öffentlichkeit den meisten Anstoß erregen sollte und zu der platten Unterstellung führte, die Prellwitz habe die Meißner-Jugend zur freien Liebe aufgefordert (zumal man auf dem Hohen Meißner angeblich auch für die Praktizierung der Nacktkultur eingetreten sei), lautete: „Wenn (sich) zum Beispiel die edlen jungen Kräfte der Quelle des Lebens, der Liebe nahen, da starrt ihnen etwas Todfremd-Feindliches entgegen: die heutige Form der Ehe." Die folgende Fortsetzung des Gedankens unterschlugen dann allerdings die Kritiker, wenn sie empört die Prellwitz zitierten: „Die Ehe, wie das Gesetz sie uns bietet, wie die Sitte sie heiligt, legt das Schwergewicht auf den äußeren Schutz und Halt. Dadurch entsteht ein Zwang, ein beabsichtigter, und, unbeabsichtigt, eine sittliche Dumpfheit, Äußerlichkeit, Gedankenlosigkeit, Heuchelei, die jene heimliche Unredlichkeit zudeckt." In eher zurückhaltender Form hatte die Autorin hier also einen Gedanken vertreten und visionär in die Zukunft verlängert, der in den Kreisen der Frauenbewegung schon seit der Jahrhundertwende breit diskutiert worden war und auf eine „neue Ethik" in den Geschlechterbeziehungen hinauslief, in denen das freie Einverständnis beider Partner die Basis sein sollte. Die fünfte Strophe des 1913 von dem Meißner-Fahrer Hermann Claudius (geb. 1878) gedichteten Textes des wohl mit am meisten gesungenen Jugendbewegungsliedes „Wann wir schreiten Seit' an Seit'" griff gemäß dem Refrainmotto „Mit uns zieht die neue Zeit" genau diese Utopie auf und verkündete metaphorisch:

„Mann und Weib und Weib und Mann
Sind nicht Wasser mehr und Feuer.
Um die Leiber legt ein neuer
Frieden sich. Wir blicken freier,
Mann und Weib uns an."

Eine Bemerkung in dem kurzen Gruß des Münchener Romanciers, Satirikers und Redakteurs beim „Simplicissimus" Ludwig Thoma (geb. 1867) zum Meißner-Fest lenkt den Blick auf eine bemerkenswerte Konstellation unter der Oberfläche der großen Worte und weitreichenden Visionen. Thoma wünschte sich von der neuen Jugend zunächst, dass sie sich von Eitelkeit, Selbstgefälligkeit und hohlen Phrasen freihalten, zur Pflichttreue erziehen und auf dieser Grundlage bemühen möge, „Normen (zu) finden für einen echten Patriotismus". Er fügte dann aber noch den zunächst etwas verblüffenden Satz hinzu, er erhoffe sich von der neuen Generation vor allem, „dass sie in freier Menschlichkeit und in gerechter Würdigung des Nächsten den Großvätern ähnlicher werde als den Vätern". Thoma spielte mit dieser Bemerkung auf eine in unserem Kontext, d.h. für die Frage nach den Zukunftsvisionen um 1913 und deren Trägern, bedeutsame und seither immer wieder im 20. Jahrhundert aufbrechende Generationsproblematik an. Die Großväter waren für ihn jene „Gründergeneration", die das Deutsche Reich 1870/71 geschaffen und auf den Schlachtfeldern des deutsch-französischen Krieges gekämpft hatte. Mit den Vätern meinte er dagegen die um 1860 Geborenen, die als sogenannte „Wilhelminer", benannt nach Wilhelm II. (geb. 1859), in den letzten beiden Jahrzehnten vor dem Ersten Weltkrieg das öffentliche Leben und die Politik dominierten. Gegen deren aggressiv-autoritäres und unbeweglich-selbstsicheres Auftreten hatte sich bereits seit der Jahrhundertwende die wachsende Kritik einer jüngeren (Zwischen-)Generation gerichtet, die – geboren ab Ende der 1860er Jahre – mit den Fehlern dieser Wilhelminer abzurechnen begann und die Meißner-Jugend (geb. in den 1880er und 1890er Jahren) gegen deren Väter zu beeinflussen bzw. auf ihre Seite zu ziehen versuchte. Kein Wunder, dass die zeitgenössischen Reaktionen hierauf, vor allem freilich auf die Texte von Gustav Wyneken und Gertrud Prellwitz, insbesondere in Bayern sehr heftig ausfielen: Sie wurden als massive Gefährdungen für die innere Stabilität, die Religion und Sitte der Wilhelminischen Gesellschaft interpretiert. So kam es Ende Januar 1914 im Bayerischen Landtag zu einer erregten Debatte, in welcher der Ruf erscholl, gegen diese destruierenden Bestrebungen in der Jugend könnten „kein schwächliches Paktieren ... und keine mattherzige Stellungnahme (helfen). Da heißt es: Nur immer feste druff!" Immerhin wurde in Bayern sogar Hans Breuers Liederbuch „Zupfgeigenhansl" als subversive Schrift verboten ...

Zusammenfassend kann also festgestellt werden: Was die utopischen Erwartungen im frühen 20. Jahrhundert an die um 1900 mit dem Wandervogel und dann mit der Freideutschen Jugend ins Leben getretene bürgerliche Jugendbewegung angeht, spannt sich in den zwanzig Jahren von 1913 bis 1933 ein weiter Bogen von den enthusiastischen Hoffnungen, die junge Generation werde im 20. Jahrhundert frei und selbstbewusst von „innen" heraus die Weichen für eine humanere Zukunftsgesellschaft stellen und den „neuen Menschen" schaffen, bis hin zur massiven Einhegung aller jugendlichen Bewegungskräfte in einem diktatorischen Erziehungsstaat. Der NS-Staat, im wesentlichen gegründet von frustrierten bzw. traumatisierten Teilen der „Frontgeneration" des Ersten Weltkriegs, instrumentalisierte in umfassender Weise die Jugend für seine Zwecke (Motto: „Auch Du gehörst dem Führer!") und begann gleichzeitig seine utopischen Vorstellungen von einer rassereinen Volksgemeinschaft der Zukunft mit brutalen Methoden zu verwirklichen. Angesichts dieser Vorgaben lehnte es Reichsjugendführer Baldur von Schirach (geb. 1907) strikt ab, die Hitlerjugend in eine Linie mit den Wandervögeln, Freideutschen und Bündischen zu stellen: Die bisherige Jugendbewegung sei – so Schirach – bloß Selbstzweck, nach rückwärts gerichtet und deshalb vollkommen zukunftsunfähig gewesen. Dagegen sei die neue heroische Jugend Adolf Hitlers im Geiste der jungen Helden von Langemarck zu erziehen, um sie so zu den Trägern der zukünftigen nationalsozialistischen Volksgemeinschaft zu machen. Schirach versuchte, dabei gerade jene „junge Generation" zu gewinnen, die – von hohen Erwartungen begleitet – im letzten Jahrzehnt vor dem Ersten Weltkrieg geboren worden ist (wozu unsere Väter oder Großväter gehören) und von der viele ihrer Angehörigen den Staffelstab der Jugendbewegung und der Meißner-Formel in die Zeit der Weimarer Republik weitergetragen hatten. Welche Lehren nun Fritz Helling aus seinen, aus jugendbewegt-reformpädagogischem Blickwinkel gesehenen Erfahrungen dann in der Weimarer Republik und schließlich unter dem NS-Regime gezogen hat, ist das Thema der folgenden Beiträge; hier ging es zunächst einmal um eine Art Basislegung dafür.

Literatur

Bruch, Rüdiger vom u.a. (Hrsg.): Kultur und Kulturwissenschaften um 1900. Krise der Moderne und Glaube an die Wissenschaft. Stuttgart 1989

Jantzen, Hinrich (Hrsg.): Namen und Werke. Bd. 1. Frankfurt a.M. 1972 (darin: Art. „Hermann Claudius", S. 43-50)

Dithmar, Reinhard (Hrsg.): Der Langemarck-Mythos in Dichtung und Unterricht. Neuwied 1992

Doerry, Martin: Übergangsmenschen. Die Mentalität der Wilhelminer und die Krise des Kaiserreichs. Weinheim/München 1988

Flex, Walter: Der Wanderer zwischen beiden Welten. Ein Kriegserlebnis. München 1917

„Die Freideutsche Jugend im Bayerischen Landtag". Hamburg (1914)

Frevert, Ute: Frauen-Geschichte. Zwischen Bürgerlicher Verbesserung und Neuer Weiblichkeit. Frankfurt a.M. 1986

Gurlitt, Ludwig: Der Deutsche und sein Vaterland. Politisch-pädagogische Betrachtungen eines Modernen. Berlin 1902

Helling, Fritz: Mein Leben als politischer Pädagoge, hrsg. v. Burkhard Dietz u. Jürgen Helling. Frankfurt a.M. 2004

Kerbs, Diethart/Reulecke, Jürgen (Hrsg.): Handbuch der deutschen Reformbewegungen 1880-1933. Wuppertal 1998

Kindt, Werner/Vogt, Karl (Hrsg.): Der Meißnertag 1963. Reden und Geleitworte. Düsseldorf/Köln 1964 (darin abgedruckt die Rede von Helmut Gollwitzer von 1963, S. 51-63)

Mogge, Winfried/Reulecke, Jürgen (Hrsg.): Hoher Meißner 1913. Der Erste Freideutsche Jugendtag in Dokumenten, Deutungen und Bildern. Köln 1988

Reulecke, Jürgen: „Ich möchte einer werden so wie die ...". Männerbünde im 20. Jahrhundert (Geschichte und Geschlechter, Bd. 34). Frankfurt a.M. 2001

Rüegg, Walter (Hrsg.): Kulturkritik und Jugendkult. Frankfurt a.M. 1974

Schirach, Baldur von: Die Hitler-Jugend. Idee und Gestalt. Leipzig 1934

Vondung, Klaus: Die Apokalypse in Deutschland. München 1988

„Das Weimar der arbeitenden Jugend". Magdeburg 1920 (darin erstmalig abgedruckt der Liedtext von „Wann wir schreiten Seit' an Seit'" von Hermann Claudius, S. 72)

Wyneken, Gustav: Die neue Jugend. Ihr Kampf um Freiheit und Wahrheit in Schule und Elternhaus, in Religion und Erotik. München 1913

Wolfgang Keim

Fritz Helling:
Politischer Pädagoge im Spannungsfeld von Konvention und Gesellschaftskritik
– Eine biographische Skizze

Den Schwelmer Lehrer Fritz Helling (1888-1973) sucht man in Pädago-
gikgeschichten und pädagogischen Lexika vergebens. Lediglich Insidern
ist bekannt, dass er in der Weimarer Zeit dem Bund Entschiedener Schulreformer angehört, in den fünfziger Jahren den Schwelmer Kreis ins Leben gerufen und sich in diesem Rahmen an gesamtdeutschen Aktivitäten
beteiligt hat. Obwohl der Schwelmer Kreis bis in die siebziger Jahre hinein bestanden und es noch 1988 in Schwelm anlässlich von Hellings hun-
dertstem Geburtstag ein von DGB und GEW veranstaltetes Kolloquium
zu seinen Ehren gegeben hat, von dem sich die Veranstalter damals
„wichtige Anstöße" für die Gegenwart versprachen,[1] kann man von einem politisch-pädagogischen Einfluss Hellings, wenn überhaupt, höchstens für die Endphase Weimars sowie für die fünfziger Jahre sprechen.
Nach der Vereinigung traten Helling und der Schwelmer Kreis kurzfristig
noch einmal ins Blickfeld erziehungshistorischer Bemühungen um eine

---

[1] Das Kolloquium „Die gesellschaftliche Verantwortung der Pädagogen" fand am
17.9.1988 in der Aula des Märkischen Gymnasiums der Stadt Schwelm statt und wollte
„mit Fritz Helling einen engagierten Pädagogen", „Reformpädagogen, Antifaschisten und
demokratischen Bildungspolitiker" ehren, der „uns heute wichtige Anstöße für eine zu-
kunftsfähige Allgemeinbildung, für die Erziehung zu Frieden und Völkerverständigung
und für die Wahrnehmung der politischen und pädagogischen Verantwortung der Erzieher" gibt (Einladungstext).
Der Verfasser hat damals das Hauptreferat über Helling gehalten, das 1991 im „Jahrbuch
für Erziehungs- und Schulgeschichte" der DDR erscheinen sollte, wegen dessen Einstellung jedoch nicht mehr erschienen ist. Bei nochmaliger intensiver Auseinandersetzung
mit Helling für vorliegende Publikation hat sich gezeigt, wie weit inzwischen dieser und
der Schwelmer Kreis von uns weggerückt und das heißt historisch geworden sind, wozu
nicht zuletzt der Umbruch von 1989/90 erheblich beigetragen haben dürfte. – Vgl. zum
Helling-Kolloquium von 1988: Uhlig 1989.

Aufarbeitung deutsch-deutscher Geschichte in der Zeit des Kalten Krieges, die allerdings nicht frei von Legitimierungsinteressen gewesen sind.[2] Mit gewachsener Distanz und dem Blick auf das inzwischen zurückliegende 20. Jahrhundert erscheint Helling heute als interessanter Außenseiter unter den pädagogischen Intellektuellen seiner Generation, der im „Jahrhundert der Extreme" (E. Hobsbawm) bildungs- und kulturpolitische Prozesse mitzugestalten versucht hat und dabei weitreichende Konsequenzen für sein eigenes Leben und das seiner Familie in Kauf nehmen musste. Doch auch wenn er sich zumindest ein Stück weit vom Mainstream gelöst und alternative Wege zu beschreiten versucht hat, ist sein Leben wie das der Mehrzahl seiner Altersgenossen nicht frei von Brüchen und Widersprüchen geblieben, die mit dem historischen Abstand deutlicher hervortreten und zugleich erkennen lassen, vor welch weitreichende Probleme sich die Generation Hellings durch die gewaltigen Zäsuren des vergangenen Jahrhunderts gestellt sah. So gesehen verspricht die Beschäftigung mit seiner Biographie eine kritisch gefilterte Sicht auf Zeit und Zeitumstände, die geeignet ist, historischen Prozessen den Schein des Selbstverständlichen zu nehmen, aber auch alternative historische Möglichkeiten zu sehen, ggf. sogar zu alternativem Denken und Handeln in der Gegenwart zu ermutigen. Letzteres eine Intention, die ganz im Sinne von Helling gewesen wäre.

Die Schwierigkeiten einer Helling-Biographie beginnen bei der Umschreibung seines formalen Status als Pädagoge. Als Lehrer war er zu-

---

[2] Dies gilt vor allem für Peter Dudeks 1993 erschienene, auf Auswertung von DDR-Archiven basierende Monographie „Gesamtdeutsche Pädagogik im Schwelmer Kreis. Geschichte und politisch-pädagogische Programmatik 1952-1974" (Dudek 1993a), die Helling und den Schwelmer Kreis in unerträglich ironisierender, pauschalisierender Art und Weise in die Nähe von „blinden" und „naiven" Erfüllungsgehilfen damaliger DDR-Politik rückt, ihnen u.a. „pädagogische Allmachtsphantasien" (S. 200), Blindheit gegenüber der „massiven politischen Formierung der Pädagogik in der DDR" (S. 201) und „Schweige(n) gegenüber der Existenz der Nationalen Volksarmee" (S. 197) vorwirft, umgekehrt aber die Frage nach der Berechtigung einer kritischen Haltung gegenüber der restaurativen Entwicklung der Bundesrepublik während der frühen fünfziger Jahre weitgehend ausblendet (mit ähnlicher Tendenz: Dudek 1993b, 1996). Vgl. kritisch aus der Sicht des Zeitzeugen: Drefenstedt 1993; aus der des Bildungshistorikers: Geißler 1994, der Dudeks Arbeit „trotz mancher Aufschlüsse" als „wenig geschichtskräftig" qualifiziert und sich durch sie an einen „aktualistischen Geschichtsumgang in der DDR" „erinnert" fühlt (S. 419).

nächst einmal *praktischer* Pädagoge, darüber hinaus jedoch ebenso pädagogischer *Theoretiker,* ohne freilich dem universitären Wissenschaftsbetrieb zuzugehören. Von den so genannten Kathederpädagogen unterscheidet ihn deshalb der nicht-universitäre Status, von vielen zeitgenössischen Schulreformern die Tatsache, dass er zwar seine eigene schulische Praxis reformerisch anlegte und hier viele Elemente der Reformpädagogik zu verwirklichen suchte, ohne freilich ein eigenes didaktisches oder Schulkonzept theoretisch zu begründen und zu fixieren wie Peter Petersen, Berthold Otto oder Fritz Karsen. Sieht man von seiner Schulpraxis einmal ab, lag die Wirksamkeit Hellings gar nicht so sehr auf pädagogischem Gebiet im engeren Sinne, sondern hatte eher eine kulturpolitisch-pädagogische Ausrichtung – dies sowohl in der Weimarer Zeit als auch in den fünfziger Jahren.

Für einen praktischen Pädagogen, der Helling war, hat er ein schriftstellerisches Werk von erstaunlicher Breite hinterlassen. Es umfasst neben pädagogischen, erziehungshistorischen und bildungspolitischen Texten vor allem eine größere Zahl altphilologischer, theologischer, historischer sowie sprach- und literaturwissenschaftlicher Arbeiten, die er neben seiner schulpraktischen wie bildungs- und kulturpolitischen Tätigkeit – quasi als Autodidakt – verfasst hat, so dass sie für die jeweiligen Fachdisziplinen nicht besonders interessant erscheinen. Von hohem Wert sind sie jedoch für ein Verständnis des Pädagogen Helling, wobei die schriftstellerische Tätigkeit als solche neben dem praktischen Lehramt in seiner Generation keine Seltenheit war.

Für eine Biographie Fritz Hellings fehlen derzeit noch so gut wie alle Voraussetzungen: Die relevanten Nachlässe sind noch nicht systematisch gesichtet und befinden sich an verschiedenen Orten.[3] Die relativ weit gefächerten personellen Vernetzungen Hellings, insbesondere zum Bund Entschiedener Schulreformer und zum Schwelmer Kreis, sind höchstens in groben Umrissen bekannt, Entsprechendes gilt für die politischen Kon-

---

[3] Ein Teil des Nachlasses, soweit er Hellings Tätigkeit als Lehrer anbelangt: im Archiv von Hellings Schule, dem Märkischen Gymnasium Schwelm; Personalakte und (wenige) andere Dokumente im Schwelmer Stadtarchiv; Akten und Archivalien des Schwelmer Kreises (West): PA Keim, Universität Paderborn; verschiedene Nachlässe von Ost-„Schwelmern": Archiv der Bibliothek für Bildungsgeschichtliche Forschung, Berlin, Warschauer Straße.

texte. Es fehlen ein vollständiges Schriftenverzeichnis Hellings,[4] systematische Befragungen von noch lebenden Schülern, von Mitgliedern des Schwelmer Kreises usf., für die es allerdings bald zu spät sein wird.

Wichtigste Grundlage für die biographische Bearbeitung Hellings sind seine verschiedenen autobiographischen Darstellungen, vor allem die ebenfalls in den „Studien zur Bildungsreform" zur Veröffentlichung vorgesehene Autobiographie „Mein Leben als politischer Pädagoge".[5] Dabei ist freilich nicht zu vergessen, dass sie – wie alle Autobiographien – die eigenen Sichtweisen, Interpretationen und Verarbeitungen Hellings wiedergeben. Sie bedürfen deshalb der sozialhistorischen Einordnung sowie der Ergänzung, Kommentierung und des Korrektivs durch andere Quellen, beispielsweise Aussagen von Schülern und Kollegen bzw. von Mitgliedern, Sympathisanten oder Kontrahenten des Schwelmer Kreises. Nicht zuletzt bietet sich der Vergleich mit anderen zeitgenössischen Biographien an. Dies ist jedoch eher ein Forschungsprogramm, das im Rahmen dieser einführenden biographischen Skizze nur in ersten Ansätzen einzulösen ist.

Im Folgenden soll zunächst ein Überblick über wichtige Stationen von Hellings Entwicklung gegeben, dabei vor allem seine Sonderstellung unter den Pädagogen seiner Zeit erläutert und die Sozialisationsprozesse verständlich gemacht werden, die dorthin geführt haben. Auf dieser Grundlage wird dann die spezifische Wirksamkeit Hellings als Lehrer, als tragendes Mitglied des Bundes Entschiedener Schulreformer in der Endphase der Weimarer Republik und als Spiritus Rector des Schwelmer Kreises in den fünfziger Jahren dargestellt. Besondere Aufmerksamkeit verdienen Hellings Verfolgung und sein „inneres Exil" unter der Nazi-Diktatur sowie seine politische Stigmatisierung und Diskriminierung als

---

[4] Vgl. zur ersten Orientierung die (leider unvollständige) Bibliographie von Eierdanz/ Heinemann, in: Helling 1988a, S. 184 f.

[5] Helling 2004, Seitenangaben in den Fußnoten vorliegenden Beitrages nach der Paginierung des Originals, die sowohl in der mir vorliegenden unveröffentlichten hektographierten als auch der zur Veröffentlichung vorgesehenen kommentierten Fassung im Text mit eckigen Klammern markiert ist. Kurzfassungen veröffentlicht: Helling 1958g und 1988c. Ein weiterer kurzer (unveröffentl.) Lebenslauf aus dem Jahre 1945, vermutlich anlässlich der Berufung Hellings zum Direktor des Schwelmer Gymnasiums, in der Personalakte, Stadtarchiv Schwelm.

Kommunist in der Zeit des Kalten Krieges. Abschließend ist nach Bedeutung und Aktualität Fritz Hellings zu fragen.

1. Entwicklung zum kritischen Pädagogen nach dem Ersten Weltkrieg im Spannungsfeld von Konvention und Neuorientierung

Das Leben Fritz Hellings verlief – rein äußerlich gesehen – wenig spektakulär: 1888 in Schwelm geboren und dort aufgewachsen, seit 1926 verheiratet, zwei Kinder, davon eines schon früh verstorben,[6] Philologiestudium in Göttingen und Berlin, Referendarjahre in Minden und Schwelm, anschließend Kriegsfreiwilliger im Ersten Weltkrieg mit Auszeichnung durch das Eiserne Kreuz zweiter Klasse,[7] Verwundung, Rückkehr in den Schuldienst, Promotion mit einem altphilologischen Thema in Göttingen,[8] seit Ostern 1917 feste Anstellung am Gymnasium seiner Heimatstadt, an dem er bis 1933 und dann wieder von 1945 bis 1951 die Fächer Latein, Griechisch, Geschichte und Sport unterrichtete; während der NS-

---

[6] Helling heiratete 1926 Hilda Langhans, die er zwei Jahre zuvor über die Jugendbewegung kennen gelernt hatte. Sie war sieben Jahre jünger als Helling (Jg. 1895), Tochter eines Rektors der Präparanden-Anstalt Plön in Schleswig-Holstein, hatte während des Krieges Physik und Mathematik in Göttingen studiert, was für Frauen damals ungewöhnlich war, und stand in Kontakt zum Nelson-Kreis. Die Ehe ist vor allem unter dem Aspekt der Zusammenarbeit geschlossen worden – nach dem Eindruck des Sohnes, Jürgen Helling, bildeten die Eltern „ein Team, das sich gut ergänzt hat" (Interview mit Jürgen Helling am 3.9.1988 in Aachen). Fritz Helling selbst spricht davon, dass „unsere Anschauungen ... in geradezu idealer Weise zusammenstimmten" (Helling 2004, S. 31). Im Bund Entschiedener Schulreformer wie im Schwelmer Kreis ist Hilda Helling auch mit eigenen Beiträgen hervorgetreten; sie hat bei der Befreiung Hellings aus der Gestapo-Haft 1937 eine wesentliche Rolle gespielt (s.u.). Ihren Tod 1960 hat Helling nur schwer verkraftet (vgl. Helling 1988c, S. 73). – 1928 wurde Hellings erster Sohn Jürgen geboren, der – wie seine Mutter – Physik studierte, Maschinenbauer wurde, zunächst in der Industrie (Konstruktion von Lastwagen) beschäftigt war und 1971 einen Ruf an die Technische Hochschule Aachen annahm. Hellings 1932 geborener zweiter Sohn kam 1933 mit nur anderthalb Jahren „durch einen Unglücksfall" ums Leben, worunter vor allem Hellings Frau „sehr lange schwer gelitten" hat (Helling 2004, S. 69).

[7] Lebenslauf 1945, Personalakte, Stadtarchiv Schwelm.

[8] Göttingen, 23. März 1920 (Thema: Quaestiones Livianae), Personalakte Helling. Die Dissertation ist veröffentlicht Schwelm: Scherz Verlag 1921; vgl. den Beitrag von Otto Geudtner in vorliegendem Band.

Zeit Berufsverbot, Inhaftierung und Exil in Bonn und Gladenbach im Hessischen; nach der bedingungslosen Kapitulation Rückkehr nach Schwelm, wo er bis zu seinem Tode im Jahre 1973 gelebt hat.

Hinter dieser relativ undramatischen äußeren Biographie verbergen sich jedoch sehr viel spannendere innere Entwicklungen, die freilich erst in den zwanziger Jahren, also zwischen Hellings dreißigstem und vierzigstem Lebensjahr, deutlich hervortreten. Denn bis zum Ende des Ersten Weltkrieges gleichen seine Erfahrungen und Lebensstationen denen vieler anderer: die Erfahrung der „tiefen Kluft zwischen Lehrern und Schülern in der eigenen Schulzeit"[9] und als Kontrasterlebnis die Begegnung mit dem Wandervogel und der Reformpädagogik, die Meldung als Kriegsfreiwilliger 1914, das Gelöbnis, fürs Vaterland eventuell sterben zu wollen, noch im dritten Kriegsjahr die Bejahung Ludendorffscher und Hindenburgscher Machtpolitik und schließlich die politische und weltanschauliche Krise, als die „alten bürgerlichen Anschauungen aus der Hohenzollernzeit ... zerbrachen".[10] Erst von diesem Punkt an beginnt eine Neuorientierung Hellings. Sie war bestimmt von den Einflüssen

- des liberalen Elternhauses,
- humanistischer Traditionen,
- der Jugendbewegung und Reformpädagogik sowie nicht zuletzt
- einer materialistischen Geschichts- und Gesellschaftstheorie.

a. Der Einfluss des liberalen Elternhauses

Was zunächst das *Elternhaus* anbelangt, ordnet Helling es soziologisch als „kleinbürgerlich" ein, hebt seinen „einfachen, soliden und sehr spar-

---

[9] Helling 2004, S. 8. Helling berichtet, wie er die „Fremdheit zwischen Lehrern und Schülern ... einmal in besonders krasser Weise" erfuhr: „Als ich nach Schluß des Vormittagsunterrichts mit der Elektrischen nach Hause fuhr und auf der hinteren Plattform beim Schaffner stand, stieg mein Mathematiklehrer ein und stellte sich mir gegenüber. Ich war so schockiert, dass ich wünschte, in den Boden versinken zu können. Erst nach dem Aussteigen meines Gegenüber kam ich wieder zu mir selbst" (ebd.).

[10] Ebd., S. 22. Helling „kam ... als Vaterlandsverteidiger aus dem Ersten Weltkrieg zurück. Er war ... ein glühender Vaterlandsverehrer. Seine Wandlung, die haben wir miterlebt" – so Walter Bökenheide, Schüler Hellings, in einem Interview Sept. 1988 (I, S. 9), wobei Bökenheide – zwischen 1927 und 1933 – allerdings nur die späteren Phasen von Hellings politischer Entwicklung mitverfolgen konnte.

samen" Lebensstil ebenso wie seinen „geistig anspruchsvollen" Zuschnitt hervor.[11] Von dem aus bäuerlichen Verhältnissen stammenden Vater berichtet er, dass er erst in der Volksschule Hochdeutsch lernte und nach der Volksschule über den damals üblichen Weg der Präparandenanstalt und des Seminars Volksschullehrer, später -rektor wurde, dass er der an 1848er Ideen orientierten Fortschrittspartei zugehörte, sich zu einem „liberalen Christentum" bekannte,[12] „regelmäßig an den Zusammenkünften der politisch oppositionell gesinnten Lehrer" teilnahm[13] und eine soziale Antenne für die Nöte der armen ländlichen Bevölkerung hatte. Letzteres habe auch für seine Mutter als Tochter eines Landschullehrers gegolten, bei dem der Vater seine erste Lehrerstelle erhielt. Ganz offensichtlich war Helling der Überzeugung, dass die durch das Elternhaus vermittelte liberale Prägung, verbunden mit sozialer Sensibilität, für seine eigene, nach 1918/19 einsetzende politische Entwicklung nicht ohne Einfluss geblieben ist.

Wenn Helling seinen Vater als „oppositionellen Lehrer" kennzeichnet, darf man freilich nicht vergessen, dass das politische System des Kaiserreiches einer solchen Haltung sehr enge Grenzen setzte. Beispielsweise wurde, zumal in (durchweg konservativeren) ländlichen Regionen, von Volksschullehrern als Staatsbeamten erwartet, dass sie sich von den „Irrlehren" der Sozialdemokratie nicht nur distanzierten, sondern an deren Bekämpfung mitwirkten. Und auch ein Sympathisieren oder gar eine Mitgliedschaft in der „Bismarck feindlichen Fortschrittspartei Eugen Richters"[14], also einer nach heutigen Kriterien linksliberalen bürgerlichen Partei, galt als anstößig.[15] Selbst die Teilnahme an Versammlungen von Standesorganisationen wie dem Deutschen Lehrerverein, dessen Mitglieder man „als Anhänger des politischen Linksliberalismus" verdächtigte, wurde mit Misstrauen verfolgt und konnte politische Diskriminierung zur

---

[11] Helling 1988c, S. 51; Helling 2004, S. 1.
[12] Helling 2004, S. 1.
[13] Ebd., S. 4.
[14] Helling 2004, S. 4a.
[15] Vgl. Bölling 1983, S. 89 ff; Titze 1991, S.367 f. – In den „Richtlinien der preußischen Regierung für die Reichstagswahlen von 1898" heißt es, dass „Lehrern gegenüber, welche eine feindselige Haltung gegen die Regierung öffentlich annehmen, namentlich die Freisinnige Volkspartei unterstützen, (...) von den zu Gebote stehenden Mitteln entschieden Gebrauch zu machen" sei (zit. n. Bölling 1983, S. 89).

Folge haben.[16] Darauf bezieht sich vermutlich Hellings Hinweis auf „Zusammenkünfte der politisch oppositionell gesinnten Lehrer" in Schwelm, an denen sich sein Vater in den achtziger Jahren des 19. Jahrhunderts beteiligte und als Folge polizeiliche Kontrolle auf sich zog. Eine weitergehende Politisierung des Vaters verhinderte wahrscheinlich Hellings Mutter, die ihn stattdessen, gleichsam als Kompensation, auf literarische und musische Interessen umpolte.[17]

b. „Humanismus" als Leitbild und Norm

Auch die Berührung mit *„humanistischen" Traditionen* geht auf das Elternhaus zurück, wobei „humanistisch" von Helling sehr weit gefasst wurde und sowohl die Antike, die Goethe-Zeit, später z.B. auch Comenius mit einschloss.[18] Hellings Vater veröffentlichte selbst Gedichte, die eine hohe Wertschätzung Goethes zum Ausdruck bringen.[19] Die Anregungen durch den Vater wurden auf der Oberstufe des humanistischen Gymnasiums, nicht zuletzt durch ein „Schülerlesekränzchen", wie es damals in bürgerlichen Kreisen gerade von Kleinstädten ohne Theater keine Seltenheit darstellte, aufgenommen und weiter entwickelt, wobei Helling sowohl von „einer geradezu leidenschaftlichen Begeisterung für unsere klassischen Dichter" als auch der Auseinandersetzung mit „modernen" Autoren wie Henrik Ibsen berichtet.[20] Obwohl er während seiner Berliner Studienzeit auch mit dem – zu dieser Zeit als avantgardistisch geltenden – Regietheater Max Reinhardts in Berührung kam,[21] blieb freilich sein Kunst- und Literaturverständnis ausgesprochen traditionsverhaftet, und zwar bis weit in die zwanziger Jahre hinein, wie Hellings 1928 publizierte „Einführung in die deutsche Literaturgeschichte" belegt.[22]

---

[16] Bölling 1983, S. 90.
[17] Vgl. ebd., S. 4.
[18] Vgl. den Beitrag von Klaus Schaller in vorliegendem Band.
[19] Hierzu und zum Folgenden vgl. auch den Beitrag von Cornelia Hackler im vorliegenden Band.
[20] Helling 2004, S. 8.
[21] Vgl. ebd., S. 11.
[22] Vgl. den Beitrag von Juliane Eckhardt in vorliegendem Band.

Ebenfalls auf die Schulzeit geht – trotz eines nach dem Urteil Hellings schlechten Latein- und Griechischunterrichts[23] – sein Interesse für Homer, Sophokles und Vergil zurück, woraus die Anregung zum Studium von Altphilologie in Verbindung mit Geschichte resultierte. Vor diesem Hintergrund lag in späteren Jahren die Beschäftigung mit pädagogischen Ideen Herders, Goethes, Fichtes, aber auch Pestalozzis und Humboldts nahe, die ab Mitte der zwanziger Jahre publizistischen Niederschlag fand. Mit dem Rückgriff auf die „großen Erzieher"[24] des ausgehenden 18. und beginnenden 19. Jahrhunderts, aber auch ihrer Stilisierung zu Vorbildern für aktuelle Probleme von Bildung und Erziehung befand sich Helling in völliger Übereinstimmung mit damals führenden Vertretern Geisteswissenschaftlicher Pädagogik wie Herman Nohl, Eduard Spranger und Wilhelm Flitner.[25] Was ihn bald schon von diesen unterschied, war der Versuch, die „Klassiker" in den Kontext zeitgenössischer emanzipatorischer Gesellschaftsprozesse des ausgehenden 18. und beginnenden 19. Jahrhunderts einzuordnen. Beispielsweise schätzte Helling Pestalozzi vor allem wegen seines sozialpädagogischen und politischen Engagements, wie seine Würdigung Pestalozzis anlässlich seines hundertsten Todestages im Jahre 1927 belegt.[26]

Auch nach 1945 behielten die als „klassisch" und „humanistisch" geltenden Schriftsteller, Philosophen und Pädagogen für Helling – wie wiederum in ähnlicher Weise für viele Vertreter Geisteswissenschaftlicher Pädagogik – zentrale Bedeutung, wobei Helling nun von „humanistischem Erbe" und „humanistischem Auftrag" der Pädagogik sprach. Dementsprechend hielt er auf der Tagung des Schwelmer Kreises in Eisenach 1954 einen Vortrag zum „humanistischen Auftrag der deutschen

---

[23] Helling 2004, S. 7.

[24] Helling 1958b, S. 16.

[25] Ähnlich wie für Helling bedeutete für die Genannten die Auseinandersetzung mit den Traditionen deutscher Pädagogik, insbesondere denen des ausgehenden 18. und beginnenden 19. Jahrhunderts, einerseits den Versuch, den eigenen pädagogischen, im Falle Sprangers auch den politischen Standort bestimmen zu können, andererseits gewannen sie die Funktion von Vor- und Leitbildern, wobei sie auf die Erfahrungen und Bedürfnisse der eigenen Zeit hin ausgelegt wurden. Vgl. z. B. Spranger, Eduard: Das deutsche Bildungsideal der Gegenwart in geschichtsphilosophischer Beleuchtung. Sonderdruck aus der „Erziehung". Leipzig 1928.

[26] Vgl. Helling 1958c.

Pädagogen".[27] Den Wert des Humanismus sah er zu dieser Zeit in seiner verbindenden Wirkung über alles Trennende der beiden deutschen Staaten hinweg, ebenso in seinem positiven Bild des Menschen als eines auf Vervollkommnung durch Erziehung hin angelegten Wesens wie in dem Gedanken einer Vervollkommnung des Menschengeschlechts durch Humanisierung der Gesellschaft.

c. Rezeption von Jugendbewegung, Kulturkritik und Reformpädagogik

Mit der *Jugendbewegung* kam Helling – autobiographischen Erinnerungen zufolge – im Sommer 1913 während seines ersten (Mindener) Referendarjahres in Berührung, als ihm eine „Sonnwendfeier des Wandervogels" zum „unvergesslichen Erlebnis" wurde.[28] Allerdings war dieses Erlebnis vorbereitet durch „herrliche Kameradschaft" mit Gleichaltrigen während der Schulzeit, aber auch durch „große Wanderungen" und Naturerlebnisse in den ersten Studienjahren.[29] Wie viele Angehörige seiner Generation engagierte sich Helling in der „aus dem Wandervogel erwachsenen ,Freideutschen Jugendbewegung'", nahm im Oktober 1913 am „Freideutschen Jugendtag" auf dem Hohen Meißner zur Erinnerung an die „Befreiungskriege" gegen Napoleon teil[30] und las begeistert Schriften von Gustav Wyneken, vor allem dessen Buch „Schule und Jugendkultur" (1914), das richtungweisend für sein eigenes Selbstverständnis als Lehrer wurde. Auch seine Meldung als Kriegsfreiwilliger hing ganz offensichtlich mit seiner Begeisterung für den Wandervogel zusammen;[31] und in der großen Krise nach der deutschen Niederlage blieb

---

[27] Vgl. Helling 1958b.

[28] Helling 2004, S. 13; hierzu und zum Folgenden vgl. auch den Beitrag von Jürgen Reulecke im vorliegenden Band.

[29] Helling 2004, S. 6 u. 10.

[30] Ebd., S. 15.

[31] „Von der allgemeinen Stimmung mitgerissen, war ich selbst sofort entschlossen, mich als Kriegsfreiwilliger zu melden, was auch meine Eltern bejahten. *Die gesamte freideutsche Jugend dachte nicht anders*" (Helling 2004, S. 18, Kursivierung W.K.). Später spricht er im Zusammenhang mit einem „Gottesdienst" vor dem Ausrücken an die Front von einer „Weihestunde", die ihn an die „Einsegnung der Lützower 1813 erinnerte", womit sich für ihn der Bezug zur Hohen Meißner-Feier von 1913 herstellte.

für ihn „nur eine einzige Tradition unverändert bedeutungsvoll: das war der Wandervogel".[32] Erfahrungen der Jugendbewegung bildeten für Helling noch Mitte der zwanziger Jahre den Bezugspunkt für seine Kritik der bestehenden Schule, ebenso für daraus abgeleitete Konsequenzen zu ihrer Veränderung.[33] Mit den problematischen Zügen der Jugendbewegung, etwa ihren nationalistischen, völkischen und antisemitischen Elementen, hat sich Helling dagegen weder in den zwanziger Jahren, noch zu einem späteren Zeitpunkt auseinandergesetzt.

Ebenso wie die Jugendbewegung hat Helling auch die – nach der Jahrhundertwende vielfältig sich artikulierende – bürgerliche Reformpädagogik zunächst weithin unkritisch rezipiert. Er selbst berichtet über seine Lektüre des Rembrandt-Deutschen Julius Langbehn sowie von Schriften Hugo Gaudigs, Georg Kerschensteiners und Hermann Lietz'.[34] Ihr Einfluss macht sich bei ihm bis weit in die zwanziger Jahre hinein, ansatzweise noch später bemerkbar in einem kulturkritisch gefärbten Reformpädagogik-Verständnis, wie es Ende der zwanziger Jahre vor allem durch Herman Nohl kanonisiert wurde. So finden sich auch bei ihm – wie bei der überwiegenden Mehrzahl damaliger Reformpädagogen – typische Topoi wie die „Kulturkrise" der bürgerlichen Gesellschaft, die durch eine „neue" Pädagogik überwunden werden soll, die „tiefen Seelenkräfte", die es zu diesem Zwecke zu aktivieren gälte, oder die „Ganzheit" des Menschen, die durch Erziehung „wieder" herzustellen sei, besonders deutlich etwa in seinem Aufsatz „Menschenbildung" von 1926.[35]

Bis Mitte der zwanziger Jahre hat Helling auch Positionen einer reinen Kindorientierung und eines „natürlichen Wachsenlassens" noch längst nicht überwunden, freilich verband er sie bereits zu diesem Zeitpunkt mit progressiven politischen Forderungen wie der nach Überwindung begabungs-, geschlechts- und konfessionsspezifischer schulischer „Trennungen" zugunsten einer Einheitsschule. Erst Ende der zwanziger Jahre gelangte Helling zu einer differenzierteren Einschätzung bürgerlicher Reformpädagogik, beispielsweise Kerschensteiners, dessen Ver-

---

[32] Helling 2004, S. 22.
[33] Vgl. Hellings im April 1924 in der Beilage zum Schwelmer Tageblatt „Das neue Werden" publizierten Aufsatz „Schulkrisis".
[34] Helling 2004, S. 10; Helling 1988a, S. 52.
[35] Vgl. Helling 1958b.

dienste um eine „Erneuerung der Erziehung" er anlässlich dessen fünf-
undsiebzigsten Geburtstages 1929 würdigte, dessen bürgerliche Befan-
genheiten er jedoch zugleich kritisierte, wobei hier bereits die gesellschaftskritische Wende Hellings (s.u.) ihren Niederschlag fand. [36]

Ab 1923 wurde für Hellings weitere Entwicklung wie für sein Verständnis von Reformpädagogik der *Bund Entschiedener Schulreformer*
um Paul Oestreich[37] immer wichtiger. Obwohl tendenziell progressiven
Charakters, waren die Schriften vieler seiner Mitglieder, einschließlich
Paul Oestreichs, ebenfalls nicht frei von kultur- und zivilisationskriti-
schen Elementen,[38] was die tiefe Verankerung derartiger mentaler Prägungen in der Pädagogen-Generation Hellings zeigt. Der Bund war 1919
als Zusammenschluss fortschrittlicher Lehrer des höheren Schulwesens

---

[36] „Genau so wie er (Kerschensteiner) bei der Frage des Berufs Halt macht vor der bestehenden Wirtschafts- und Gesellschaftsordnung, macht er bei der Frage des Staates Halt
vor der bestehenden politischen Ordnung und kommt deshalb nur zu der illusionären
Scheinlösung, die inneren Schäden durch staatsbürgerliche Erziehung heilen zu wollen.
Die Gebundenheit an den bürgerlichen Staat hindert ihn, die Kluft des Klassenkampfes zu
überwinden und sein eigenes Ideal der nationalen Gemeinschaft zu verwirklichen" (Helling, Georg Kerschensteiner. Würdigung zum 75. Geburtstag, in: Die Neue Erziehung 11
[1929], S. 501-507, hier: S. 507).

[37] Paul Oestreich (1878-1959), 10 Jahre älter als Helling und wie dieser Lehrer an einer
(Berliner) höheren Schule, stammte ebenfalls aus kleinen sozialen Verhältnissen, bezeichnete sich deshalb als „proletarischen Empörer", gehörte schon während des Ersten
Weltkrieges zusammen mit Friedrich Wilhelm Foerster, Albert Einstein und Max Planck
zu den Kritikern der Wilhelminischen Kriegspolitik, engagierte sich seitdem in der Friedensbewegung, trat 1918 zwar der SPD bei, hielt jedoch stets Distanz zu deren Schulpolitik, musste während der Nazi-Zeit – wie Helling – Berufsverbot und Gestapohaft erdul-
den, wurde nach 1945 Mitglied zunächst der KPD, später – nach Vereinigung von SPD
und KPD – der SED und wechselte schließlich von West- nach Ostberlin, als er aufgrund
seines politischen Engagements im Dezember 1948 seines Amtes als Zehlendorfer Haupt-
schulrat enthoben und somit „eines der ersten Opfer" damaliger West-Berliner „Berufs-
verbotspraxis" wurde (Ellerbrock 1992, S. 257). Paul Oestreich gilt als Initiator und zentrale Bezugsperson des Bundes Entschiedener Schulreformer. Das Modell einer elastischen
Einheits-, Lebens- und Produktionsschule, das der Bund seit 1923 propagierte, geht in
wesentlichem Maße auf seine Ideen zurück. Wie in den zwanziger und frühen dreißiger
Jahren durch den Bund Entschiedener Schulreformer waren Helling und Oestreich in den
fünfziger Jahren durch ihre Zusammenarbeit im Schwelmer Kreis bildungspolitisch und
pädagogisch eng verbunden. Vgl. zu Oestreich: Böhm 1973; Ellerbrock 1992; Uhlig 1993.

[38] Vgl. Eierdanz/Kremer 1991 sowie den Beitrag von Jürgen Eierdanz in vorliegendem
Band.

entstanden, die sich nach heftigen Auseinandersetzungen vom Philologenverband abgespalten hatten. Er öffnete sich schon bald für Lehrer aller Schulformen, später auch für pädagogisch interessierte Laien und verstand sich zunehmend als „Volksbund für neue Erziehung". Organ und zugleich Mitteilungsblatt des Bundes war die Zeitschrift „Die Neue Erziehung", die von 1919 bis Juli 1933 unter wechselnder Herausgeberschaft monatlich erschien. Organisatorisch waren dem Bund Landesverbände und Ortsgruppen angeschlossen, die neben den jährlich stattfindenden Bundestagungen regionale Veranstaltungen organisierten.

Helling trat 1923 zusammen mit mehreren Schwelmer Kollegen in den Bund Entschiedener Schulreformer ein, lernte hier die Gedankenwelt Oestreichs kennen und „kam politisch zur Bejahung des Sozialismus", in dem Helling – wie Oestreich – das „Erbe der großen humanistischen Ideen der deutschen Vergangenheit und in der Gegenwart den unerlässlichen Weg zur Überwindung des Kapitalismus, zu Volks- und Menschheitssolidarität" sah[39] – so die typische Oestreich-Diktion. Helling bekannte sich zwar ausdrücklich zu Oestreichs Einheitsschulmodell, allerdings traten für ihn spätestens ab 1929 andere Probleme in den Mittelpunkt, vor allem der Europa bedrohende Faschismus, mit dem sich Helling seit diesem Zeitpunkt schwerpunktmäßig auseinandergesetzt hat. Dafür wurde vor allem seine *politische Entwicklung* bedeutsam.

d. Auseinandersetzung mit dem Historischen Materialismus

Erinnert sei zunächst noch einmal daran, dass Helling zwar aus einem bürgerlich-liberalen, keinesfalls aber sozialistischen Elternhaus stammte und zumindest bis in die unmittelbare Nachkriegszeit hinein das politische Geschehen aus der Sicht des Bürgertums wahrnahm. Wichtige Stationen seiner politischen Bewusstseinsbildung waren in der Folgezeit die Berührung mit Hitler und der NSDAP, die ihn abstießen,[40] sowie die Lektüre von Schriften Friedrich Wilhelm Foersters,[41] eines der heftigsten

---

[39] Helling 2004, S. 41; vgl. den Beitrag „Sozialistische Orientierung und frühe Opposition gegen den Nationalsozialismus" von Burkhard Dietz im vorliegenden Band.
[40] Vgl. Helling 2004, S. 24.
[41] Vgl. ebd., S. 25.

Kritiker Wilhelminischer Machtpolitik und der entschiedensten Pazifisten bereits in der Vorkriegszeit.

Die für die Entwicklung von Hellings Geschichts- und Gesellschaftsverständnis wohl entscheidenden Jahre waren die nach Eintritt in den Bund Entschiedener Schulreformer. Hellings Bibliothek,[42] die fast vollständig erhalten ist, gibt ein eindrucksvolles Bild von der Breite historischer, sozialwissenschaftlicher, philosophischer und theologischer Literatur, mit der er sich in diesen Jahren auseinandergesetzt hat, um einen begründeten eigenen Standpunkt zu gewinnen. Sie umfasst neben vielen anderen Werken die durchgearbeiteten Schriften Max Webers, Werner Sombarts, Gustav Landauers und Rosa Luxemburgs.

Von besonderer Bedeutung für das Geschichtsverständnis Hellings war ein Besuch bei dem (im übrigen sehr umstrittenen) Münsteraner Soziologen Johannes Plenge im Jahre 1929.[43] Plenge hatte damals versucht, „den gesamten Entwicklungsprozess der menschlichen Gesellschaft von der Horde bis zur kompliziert organisierten Gesellschaft von heute" auf soziologisch-historischen Tafeln zu veranschaulichen, was Helling, nicht zuletzt unter didaktischem Aspekt, sehr beeindruckt haben muss.[44] Der Besuch bei Plenge gab dann auch den Anstoß zu einem gründlichen Studium von Karl Marx' „Kapital", und zwar – wie Helling berichtet – „in einem kleinen Kreis von Kennern", wo man „über schwierige und strittige Probleme" diskutierte, „bis ich mich in die wesentlichen Gedanken ... zustimmend eingelebt hatte. Dann las ich zur Ergänzung und Bestätigung die kleineren Schriften von Marx und Engels".[45] So sehr für ihn zeitlebens der Historische Materialismus Grundlage seiner historisch-gesellschaftlichen Analyse blieb, war Helling nie Dogmatiker, gehörte weder der SPD noch der KPD an.[46] Mit dem Studium der marxistischen Klassiker war Helling zugleich an einen Punkt gekommen, der ihm – wie er selbst betont – nun „die Sicherheit gab", um die gesellschaftliche Ent-

---

[42] Sie befindet sich im Besitz seines Sohnes, Jürgen Helling.
[43] Vgl. zu Plenge kritisch: Schäfers 1986.
[44] Helling 2004, S. 45.
[45] Ebd.
[46] Von mir befragte ehemalige Schüler erklärten, er wäre wohl auch nur schwer zu einer Parteidisziplin zu bewegen gewesen. – Jürgen Helling berichtet, dass sein Vater nach 1945 mal SPD und mal KPD gewählt habe.

wicklung in Europa seit der Weltwirtschaftskrise analysieren zu können.[47]

Versucht man Hellings Entwicklung bis zu diesem Zeitpunkt, also etwa bis zu seinem 40. Lebensjahr, zu resümieren, kann man feststellen, dass sein Denken trotz des relativ liberalen Elternhauses, trotz früher Prägung durch Jugendbewegung und Reformpädagogik, vor allem aber trotz Hellings intensiv betriebener Bemühungen um eine politischpädagogische Neuorientierung nach 1918/19 zumindest noch bis Ende der zwanziger Jahre viele konventionelle Züge trug. Der Ablösungsprozess von herkömmlichen Denkmustern vollzog sich bei ihm wie bei fast allen kritischen Intellektuellen seiner Zeit nicht von heute auf morgen, sondern ganz allmählich. Dies zeigen sein ausgesprochen traditionelles Verständnis von Literatur zumindest bis zum Ende der zwanziger Jahre wie seine unkritische Haltung gegenüber Jugendbewegung, bürgerlicher Reformpädagogik und antiaufklärerischer Kultur- und Zivilisationskritik. Erst in der Endphase Weimars trat Helling – wohl vor allem als Folge seiner intensiven Auseinandersetzung mit einem breiten Spektrum sozialistischer Klassiker, aber auch mit damals führenden Soziologen – als kritischer Pädagoge mit eigenständigem sozialwissenschaftlichen und sozialistischen Profil in Erscheinung, wobei Grundelemente vorangegangener Prägungen, wie kaum anders zu erwarten, nachweisbar bleiben.

2. Lehrer aus dem Geist von Jugendbewegung und Reformpädagogik in der westfälischen Provinzstadt Schwelm

„Mit ihm tat sich für uns eine ganz neue Welt im Leben der Schule auf. Bisher an autoritären, förmlich steifen Unterricht gewöhnt, erschienen Hellings Stunden uns wie unverdiente Aufhellungen grauer Tage."[48]

Diese Erinnerung eines Schwelmer Abiturienten von 1927, der Helling 1921 als Klassenlehrer erhielt, verdeutlicht zweierlei: die überragende Bedeutung Hellings als praktischer Pädagoge, die von allen Ehemaligen bestätigt wird, zugleich die Trostlosigkeit der pädagogischen Provinz, in der sich – im Unterschied etwa zu pädagogischen Zentren wie

---

[47] Helling 2004, S. 53.
[48] Müller 1989, S. 58.

Hamburg und Berlin[49] – gegenüber der Zeit des Kaiserreiches nur wenig verändert hatte und sich auch nur wenig verändern sollte.[50] Bereits mit Hellings Entscheidung, als Lehrer in seiner Heimatstadt Schwelm tätig zu werden, waren deshalb sein Außenseiterstatus in Schule und Gesellschaft wie auch entsprechende Konflikte gleichsam vorprogrammiert. Dabei waren es zunächst nur die von ihm konsequent umgesetzten Ideen der Jugendbewegung und der bürgerlichen Reformpädagogik, die ihn auffällig machten, gegen Ende der zwanziger Jahre dann zunehmend sein gesellschaftskritisches, durch Studium des Historischen Materialismus bestimmtes Geschichtsverständnis, das ihn zum Bürgerschreck stempelte.

Helling hatte zwischen 1907 und 1913 in Göttingen und Berlin Latein und Griechisch im Hauptfach, Geschichte im Nebenfach studiert und erhielt später noch die Lehrbefähigung für Deutsch und Sport.[51] Nach dem ersten Referendarjahr in Minden kam er Ostern 1914 zum „Zweiten Vorbereitungsjahr" an das Realgymnasium seiner Heimatstadt Schwelm (der Vorläufereinrichtung des heutigen Märkischen Gymnasiums)[52], das in einem 1912 errichteten, Züge von „Stadtschloss, Kaserne und Landhaus" vereinigenden Neubau untergebracht war.[53] Aufgrund einer Verletzung im ersten Kriegsjahr konnte Helling – nach seiner Meldung als Freiwilliger im August 1914 – seine Referendarzeit im Winter 1915/16 am Schwelmer Gymnasium fortsetzen und erhielt hier bereits 1917, also noch während des Krieges, die Zusicherung einer festen Anstellung als

---

[49] Vgl. zur schulreformerischen Praxis in Hamburg für die Zeit der Weimarer Republik: de Lorent/Ullrich 1988; für Berlin: Schonig 1989; Radde u.a. 1993; Keim/Weber 1998; Radde 1999; Haubfleisch 2001.

[50] Vgl. den Beitrag „Konservatives Verharren und reformpädagogisches Engagement" von Georg Dieker-Brennecke in vorliegendem Band.

[51] Vgl. Helling 2004, S. 12.

[52] Das Gymnasium ist aus einer (offiziell) 1597 gegründeten Lateinschule hervorgegangen, die 1807 zur Höheren Bürgerschule, 1894 zum Realgymnasium weiterentwickelt wurde. Zum Zeitpunkt des Eintretens von Fritz Helling in die Schule war sie zu einem Reform-Realgymnasium mit Abiturberechtigung ausgebaut worden. Das heutige Gebäude an der Präsidentenstraße konnte 1912 bezogen werden. Nachdem die Schule seit 1937/38 Hermann-Göring-Oberschule und nach 1945 Oberschule für Jungen mit angeschlossener Oberschule für Mädchen (zunächst Frauenoberschule) geheißen hatte, wurde ihr 1954 auf Beschluss des Rates der Stadt der Name „Märkisches Gymnasium Schwelm" verliehen (vgl. Scholz 1997).

[53] Hackler 1997, S. 31.

Studienrat. An dieser Schule hat er bis zu seinem Berufsverbot im September 1933 und nach dem Krieg vom Frühjahr 1945 bis zu seiner vorzeitigen Pensionierung im Juli 1951 unterrichtet, wobei er in der Nachkriegszeit zugleich Schulleiter war.

Ganz im Sinne seiner Erfahrungen in der Jugendbewegung, aber auch von Anregungen durch Gustav Wyneken zog er – wie viele andere Pädagogen seiner Generation[54] – bereits in Minden „einmal in der Woche ... nachmittags mit den Sextanern, die Lust dazu hatten, in die Umgebung ... und machte mit ihnen Spiele aller Art"[55] oder gestaltete gleich zu Beginn der Schwelmer Zeit „einen freiwilligen Spielnachmittag" mit etwa einhundert Schülern, wobei ihm zugute kam, dass er neben den altsprachlichen Fächern und Geschichte die Fakultas für Sport besaß. Nach dem Ersten Weltkrieg leitete er nebenher die Schwelmer Wandervogelgruppe und geriet dabei schon in Konflikt mit seinem Schulleiter, dem die Diskussionen nicht passten, in die ihn Hellings „Wandervögel" verwickelten.[56]

Über entsprechende Aktivitäten aus späteren Jahren berichten Schüler Hellings: von Spielnachmittagen, von Wanderungen, von Aufenthalten in Schullandheimen, für die älteren Jahrgänge von regelmäßigen Zusammenkünften in Hellings oder reihum in Wohnungen von Schülereltern. Der Sinn solcher außerschulischen Veranstaltungen wird von den Ehemaligen rückblickend darin gesehen, dass sie „günstige Gelegenheiten zu persönlichen Gesprächen" boten, aber auch „Möglichkeiten, soziales Verhalten zu praktizieren, Verantwortung für die anderen Mitglieder der kleinen Gemeinschaft zu zeigen (und) in allen Situationen zu gegenseitiger Hilfe bereit zu sein".[57] Dabei stellte Helling auch an sich selbst hohe Anforderungen, beispielsweise verlangte er von den Schülern nie etwas, was er nicht selbst zu tun bereit war: Obwohl starker Raucher,

---

[54] Als Beispiele seien genannt der – vier Jahre ältere – Gründer der Schulfarm Insel Scharfenberg, Wilhelm Blume (vgl. Keim 1987b, Haubfleisch 2001), und die etwas jüngeren Lehrer an Fritz Karsens Schule in Berlin-Neukölln Alfred Ehrentreich (Jg. 1896) und Hans Alfken (Jg. 1899); vgl. Keim 1993a+b; Ehrentreich 1985.
[55] Helling 2004, S. 13.
[56] Ebd., S. 26.
[57] Müller 1989, S. 63 f.

verzichtete er während der Fahrten mit seinen Schülern auf Zigaretten-konsum, weil er es von seinen Schülern erwartete.[58]

Aus der bürgerlichen Reformpädagogik der Vorkriegszeit griff Helling vor allem den Gedanken ganzheitlicher Erziehung durch Verbindung von Unterricht mit handwerklicher Ausbildung auf, wie er bereits vor dem Ersten Weltkrieg in den Landerziehungsheimen praktiziert, nach 1919 von Paul Oestreich und dem Bund Entschiedener Schulreformer im Rahmen des Konzeptes der „elastischen Einheitsschule" propagiert wur-de. Gelang es Helling in den zwanziger Jahren immerhin, eine Buchbin-derei im Keller der Schule zu installieren, konnte er als Schulleiter nach 1945 handwerkliche Arbeit zum festen Bestandteil seines Reformkonzep-tes machen und der Buchbinderei noch eine Schlosserei, Schreinerei und Weberei hinzufügen.[59]

Anregungen der Reformpädagogik fanden auch Eingang in seinen Unterricht, in dem an die Stelle von „abstraktem Dozieren in ermüdenden Selbstgesprächen", „geisttötendem Auswendiglernen und Abfragen des unverdauten Erlernten" dialogische Lehr-Lernprozesse traten und die „beziehungslos nebeneinander existierenden Lehrfächer" nach Möglich-keit „miteinander verbunden" wurden.[60]

Der Geschichtsunterricht, dem Hellings besondere Aufmerksamkeit galt, bestand nicht mehr wie „bei den übrigen Lehrern … einfach in einer Aneinanderreihung der geschichtlichen Vorkommnisse mit den dazuge-hörigen Zahlen", vielmehr versuchte er, „Sinn in dieses Geschehen hinein zu bringen, so dass wir Zusammenhänge erkannten, dass wir in der Lage waren, Geschichte anzuwenden und Schlüsse daraus zu ziehen" – so der 1934er Abiturient Walter Bökenheide.[61] Bökenheide hatte bei Helling in

---

[58] Interview mit Walter Bökenheide 1988, I, S. 2.

[59] Vgl. Helling 2004, S. 91; Müller 1989, S. 64 sowie den Beitrag von Jürgen Sprave im vorliegenden Band.

[60] Müller 1989, S. 58 f.

[61] Interview mit Walter Bökenheide 1988, I, S. 3 – Bökenheide erläutert das Vorgehen Hellings am Beispiel der „Bauernkriege": „Er schilderte uns haargenau die sozialen Zu-sammenhänge bis ins einzelne, so dass das für uns verständlich wurde, im Gegensatz zu anderen Geschichtsstunden, wo man einfach sagte: Ja, und da fanden dann die Bauern-kriege statt, da musste man dann ‚1525' auswendig lernen, und damit hatte sich die Ge-schichte. Helling zeigte stattdessen im Einzelnen auf: Wo waren die kritischen Punkte für die Bauern, wo bestand die Möglichkeit, sich in Verbindung mit welchen Kräften durch-

den endzwanziger und frühen dreißiger Jahren – neben Latein und Turnen – Geschichtsunterricht, dies also bereits zu einem Zeitpunkt, als Helling sein, am Historischen Materialismus orientiertes Geschichtsverständnis entwickelt hatte. Bökenheide gehörte allerdings zur Minderheit von fünf bis sechs Schülern seiner Klasse, die Helling auch inhaltlich folgten, während andere Mitschüler auf der politischen Gegenseite und das heißt auf Seiten der Hitler-Jugend standen,[62] wobei sich die Mehrzahl der Mitschüler eher neutral verhielt. Was jedoch alle, unabhängig von ihrem politischen Standpunkt, an Helling schätzten, war, dass er niemanden aufgrund seiner Einstellung benachteiligte oder gar Druck auf ihn auszuüben versuchte.[63]

Nach 1945 orientierte sich Hellings Geschichtsunterricht an seinem, in weiten Teilen bereits während des Krieges entstandenen „Katastrophenweg der deutschen Geschichte",[64] wobei er, wie bereits vor 1933, ohne Lehrbuch auskam und seinen Schülern statt dessen selbst verfasste und vervielfältigte Texte als Grundlage in die Hand gab. Wieder war es nur eine kleine Minderheit von Schülern, die seine materialistischen Ana-

---

zusetzen? Das versuchte er uns klarzumachen, und wenn er das dargestellt hatte, auch evtl. mit graphischen Darstellungen an der Tafel – dann wurde darüber diskutiert, ist vielleicht zu viel gesagt, aber wir hatten die Möglichkeit, ausgiebig Fragen zu stellen, wenn uns irgendetwas nicht klar war oder wenn wir anderer Meinung waren" (ebd., II, S. 6).

[62] Bekannt geworden durch seine autobiographischen „Aufzeichnungen": „SA räumt auf! Aus der Kampfzeit der Bewegung", Hamburg (1936) ist *Heinz Lohmann*, der die Verhältnisse am Schwelmer Realgymnasium zwischen 1922 und 1927 in einem, „Kampf gegen graue Mauern" umschriebenen Kapitel aus der Sicht eines damaligen „rechtsextremistischen" Jugendlichen darstellt (S. 60-74). Während die meisten Lehrer der Schule verächtlich gemacht wurden, zeichnet Lohmann von Helling, trotz dessen entgegengesetzter politischer Haltung, ein positives Bild: „Immerhin gab es einen Mann an der ganzen Schule, der unserem stürmischen politischen Wollen wenigstens mit Verständnis entgegenkam. Das war bezeichnenderweise unser Geschichtslehrer, Dr. Helling. Seine Stunden, und vor allem die letzten zehn Minuten, in denen er die politischen Tagesereignisse mit uns zu besprechen pflegte, waren die einzigen, in denen wir mit wirklicher Anteilnahme dabei waren. Hier wurden unsere, sicherlich durchaus nicht immer richtigen, Gedankengänge wenigstens nicht mit den üblichen Worten abgeschnitten: „Ist ja doch nur großer Quatsch! Ist ja doch alles nichts weiter als jugendlicher Unverstand!" (Lohmann, S. 66).
[63] Interview mit Bökenheide 1988, II, S. 3.
[64] Helling 1947b; vgl. hierzu den Beitrag „Helling als Historiker: der ‚Katastrophenweg der deutschen Geschichte' (1947) und der Beginn der historischen NS-Forschung in Deutschland" von Burkhard Dietz im vorliegenden Band.

lysen der Geschichte inhaltlich nach- und mit vollzog, die Mehrheit dürfte Hellings Geschichtsverständnis indifferent gegenübergestanden haben, einige wenige setzten sich damit auch kritisch auseinander wie der, in der Katholischen Kirche schon damals aktive Hubert Schmidt, Abiturient von 1947. Er besorgte sich damals einige der von Helling mehrfach erwähnten Grundlagenwerke, auf denen sein Unterricht basierte, wie den Kurzlehrgang einer „Geschichte der Kommunistischen Partei der Sowjetunion" von 1947, Lenins „Einführung in den Marxismus" und Friedrich Engels „Der deutsche Bauernkrieg", alle in Ausgaben des (Ost-)Berliner Dietz-Verlages von 1946/47, und begab sich in kritische Diskussionen mit seinem Lehrer. Die damaligen Anstreichungen und Kommentare Schmidts in seinen Büchern, die bis heute einen besonderen Platz in seiner Bibliothek einnehmen, verraten, wie fruchtbar für ihn die Lehr-/Lernprozesse im Geschichtsunterricht gewesen sind.[65]

Wie schon vor 1933 änderte die *inhaltliche* Distanz vieler Schüler zu Hellings Geschichtsauffassung nichts an ihrer hohen Wertschätzung des *Lehrers* Helling. Dies galt freilich nicht für den überwiegenden Teil der bürgerlichen Elternschaft der Schule, bei der Helling „als Kommunist ... verschrien" war,[66] oder für die Mehrzahl seiner Kollegen, die eher deutsch-national dachten, und zwar zur Weimarer wie zur Nachkriegszeit. Für das Klima der Weimarer Zeit bezeichnend ist, dass während der gesamten zwölf Jahre in der Aula der Schule als einziger Wandschmuck „zwei überlebensgroße, in grellen Farben gemalte Bildnisse Kaiser Wilhelms und Hindenburgs, beide in Uniform", hingen.[67] Von daher verwundert nicht, dass Helling sich schon 1923 zusammen mit mehreren gleich gesinnten Kollegen dem Bund Entschiedener Schulreformer anschloss, um hier einen politischen Rückhalt zu gewinnen.

---

[65] Interview mit Hubert Schmidt am 15.3.2002 in Schwelm.
[66] Interview mit Bökenheide, I, S. 4.
[67] Müller 1989, S. 60.

3. Antifaschistisches Engagement im Bund Entschiedener Schulreformer in der Endphase Weimars

In der „Neuen Erziehung", dem Organ des Bundes Entschiedener Schulreformer, liest man im Septemberheft 1923 unter der Ortsangabe „Kreis Schwelm":

> „Die Versuche, die Anhänger einer entschiedenen Schulreform im Kreise Schwelm zusammenzufassen, haben zur Gründung einer Ortsgruppe geführt. Nachdem man sich in einer Versammlung zu Schwelm am 28.6. über die Gründung schlüssig geworden war, fand am 11.7. in der Aula des Realgymnasiums zu Gevelsberg (nicht in Schwelm – W.K.) eine aus dem ganzen Kreise ansehnlich besuchte Versammlung statt, in der Dr. Helling über ‚Kulturwende und Schulreform' sprach. Die Aussprache bewies, dass die Gründung einer Ortsgruppe als eine Notwendigkeit angesehen wurde und dass sich Angehörige aller Berufsgruppen dafür einsetzten."[68]

Die Schwelmer Pädagogen, die sich hier zusammenschlossen, suchten im Bund Entschiedener Schulreformer wohl zunächst einen Rückhalt bei ihren Schulkonflikten, darüber hinaus eine Plattform für die Diskussion ihrer pädagogischen Anliegen, nicht zuletzt aber eine Möglichkeit, sich politisch-pädagogisch artikulieren zu können, und zwar jenseits der „parteipolitischen Einordnung".[69] Ganz in Übereinstimmung mit Oestreich und ähnlich wie später im Schwelmer Kreis sah Helling im „Bund" einen „überparteiisch linksgerichteten" Zusammenschluss[70] von Pädagogen mit „ähnlich gerichteter Gesinnung", deren Arbeit „die konkrete Stellungnahme zu den gerade aktuellen Fragen des politisch-pädagogischen Lebens" einschließen sollte.[71] Wenn man so will, lässt sich der „Bund" als parteiunabhängige kulturpolitische Opposition innerhalb des Weimarer Staates verstehen – Helling selbst spricht von „Kern-

---

[68] „Die Neue Erziehung" 5 (1923), Mitteilungen des Bundes, S. 133.

[69] Oestreich, Diskussionsbeitrag, in: Die Neue Erziehung 15 (1932), S. 537.

[70] Helling, Aufruf an die Bundesfreunde in Westfalen, in: Die Neue Erziehung 9 (1927), S. 639.

[71] Landesverband Westfalen, Bericht Helling, in: Die Neue Erziehung 14 (1932), S. 478.

truppe kultursozialistischen Widerstandes"[72] bzw. von „unabhängig revolutionärem Kampfbund mit umfassendem Kulturprogramm",[73] wobei in letzterer Umschreibung die auf Oestreich zurückgehende, illusionäre wie irreale Züge tragende Zielvorstellung zum Ausdruck kommt, über eine Veränderung von Erziehung und Kultur Gesellschaft „revolutionieren" zu können; auch dies letztlich ein Relikt bürgerlicher „Kulturkritik".

Helling bemühte sich zusammen mit seinem Schwelmer Kollegen Kopperschmidt, der als einer der Geschäftsführer der Schwelmer Ortsgruppe gewählt worden war, schon bald um eine Intensivierung der Arbeit des Bundes auf Orts- und Landesebene, musste dabei allerdings feststellen, dass es „nicht einfach" war, „hier im Industriegebiet, wo alles in alten, starren Gegensätzen verkrampft ist, den Boden für eine neue Kulturbewegung aufzulockern."[74] Um auf die Arbeit des Bundes aufmerksam zu machen, veranstalteten er und Kopperschmidt Ostern 1924 eine von der Presse ausführlich kommentierte Tagung des Bundes in Schwelm, auf der führende Bundesmitglieder wie Franz Hilker, Paul Honigsheim und Max Hodann Referate hielten.[75] Die Aktivitäten Hellings sorgten bald schon für einen Aufschwung der Arbeit des Bundes im gesamten Landesverband. Nach der Wahl Hellings zum Landesvorsitzenden 1927 wurden der Landesverband Westfalen wie der Ortsverband Schwelm zu wichtigen Zentren des Bundes außerhalb Berlins, Helling zu einer der großen Stützen Oestreichs, wie außer ihm noch beispielsweise Josef Rudolf in Mainz oder Otto Tacke in Stettin.

Die Arbeit des Landesverbandes wie der ihm angeschlossenen Ortsgruppen entwickelte sich in den folgenden Jahren auf unterschiedlichen Ebenen. Neben Vorträgen und größeren Tagungen, die vor allem das Ziel einer breiteren Öffentlichkeitsarbeit bzw. der Gewinnung neuer Mitglieder verfolgten, organisierte Helling regelmäßig anderthalb- bis zweitägige Arbeitstreffen mit kleineren Gruppen, meistens im Rahmen von Jugendherbergen, die der intensiveren Auseinandersetzung der Mitglieder

---

[72] Ebd.

[73] Helling, Aufruf an die Bundesfreunde in Westfalen, in: Die Neue Erziehung 9 (1927), S. 637.

[74] Mitteilungen Schwelm, in: Die Neue Erziehung 6 (1924), S. 88.

[75] Vgl. Ankündigungen Schwelm, Ostertagung 12.-14. April, in: Die Neue Erziehung 6 (1924), S. 133; Bericht über Schwelmer Tagung, Mitteilungen, in: ebd., 6 (1924), S. 309-311.

mit zentralen Fragen wie auch dem Kontakt der Mitglieder untereinander dienten.

Gegen Ende der zwanziger und zu Beginn der dreißiger Jahre wurde er neben seiner Arbeit im Landesverband und der Ortsgruppe zusätzlich immer stärker durch seine Vortragstätigkeit in Anspruch genommen, und zwar bei voller Stundenzahl als Gymnasiallehrer.[76] Hinzu kamen Vorstandssitzungen, Vorträge anderer Referenten, bei denen er anwesend sein musste, die jährlichen Bundeskongresse in Berlin, vor allem aber die regelmäßige Berichterstattung über die Arbeit von Landesverband und Ortsgruppe in der „Neuen Erziehung" sowie der „Kulturpolitische Zeitspiegel", eine Art kritischer Dokumentation zu zentralen gesellschafts- und kulturpolitischen Themen, die Helling seit Juni 1928 zuerst zweimonatlich, später monatlich als Beilage für die „Neue Erziehung" als verantwortlicher Herausgeber zusammenstellte bzw. redigierte.[77]

In dem kurzen Zeitabschnitt vom Ende der zwanziger Jahre bis zur Machteinsetzung der Nazis erschienen, hauptsächlich in der „Neuen Erziehung", eine Reihe von Aufsätzen Hellings, die ihn als eigenständigen Vertreter des Bundes Entschiedener Schulreformer ausweisen. Mit Oestreich kritisierte er die gesamte Weimarer Schulreform, weil ihre „Ideenwelt noch aus dem 19. Jahrhundert" stamme: die *äußere* Reform, weil sie – wie die Richtersche „Neugestaltung der Höheren Schulen in Preußen" von 1925 – „die strenge Sonderung der vielen Schulformen voneinander ... nur noch" vergrößere, anstatt eine einheitliche Schule für alle Kinder und Jugendliche zu schaffen, die *innere*, weil sie wirklichen „Geist der Freiheit", „Demokratie", „Lebensnähe" und „Selbsttätigkeit im Arbeitsunterricht" auch nicht im Ansatz gewährleiste.[78] Ihr Hauptmanko

---

[76] Beispielsweise hielt Helling zwischen dem 18.1. und 13.2.1932 einen Vortrag über „Kulturkampffronten der Gegenwart" in Düsseldorf, Frankfurt a.M., Nürnberg und Wattenscheid. Am 11.3. referierte er in Krefeld über „Wirtschaftskrise – Schulabbau – sozialistische Kulturpolitik", am 7.4. sprach er vor der Mitgliederversammlung des Landesverbandes Westfalen usw. Vgl. Die Neue Erziehung 14 (1932), Mitteilungen ..., Nr. 3, S. 236 ff; 14 (1932), Mitteilungen ..., Nr. 4, S. 316; 14 (1932), Mitteilungen ..., Nr. 5, S. 397; 14 (1932), Mitteilungen ..., Nr. 6, S. 478.

[77] „Dieser ‚Zeitspiegel' war so aktuell, dass viele Leser der ‚Neuen Erziehung' ihn eher lasen als die Aufsätze. Er wurde auch vielfach von der Presse abgedruckt; die Sonderdrucke von den Bundesfreunden zu vielen Tausenden verteilt" (Helling 2004, S. 44 f).

[78] Helling 1958d, S. 20 f.

sah er jedoch darin, dass sie es versäumt habe, „alles Pädagogische als Teil … unserer heutigen Gesamtlage", und das bedeutete 1932 als Teil „der immer weiter greifenden Gesellschaftskrise" zu verstehen, in der sich gerade die Situation für Kinder und Jugendliche dramatisch verschlechterte. Einen „Ausweg" sah Helling nur in einer „fundamentalen Umgestaltung des gesamtkapitalistischen Gesellschaftssystems", insbesondere in einer Überwindung des „ganzen sinnlos gewordenen Profit-, Gewalt- und Expansionssystems mitsamt seiner dazugehörigen Konkurrenz- und Aufstiegspädagogik" sowie dessen Ersetzung durch eine „solidarische Gesellschaft" „aus einem neuen solidarisch-sozialistischen Verantwortungs- und Verbundenheitsgefühl heraus",[79] Zielvorstellungen, die ein undogmatisches Kapitalismus- wie ein ethisch begründetes Sozialismus-Verständnis Hellings erkennen lassen.

Welche Rolle aber sollte der Pädagogik im Prozess der gesellschaftlichen Umgestaltung zukommen? Ihre Funktion sah Helling vor allem in der Antizipation eines humanen menschlichen Selbstverständnisses und Zusammenlebens, zugleich in der „Wegbereitung des neuen Lebens".[80] Vorbild war für ihn dabei die Pädagogik zur Zeit Pestalozzis und Froebels, die ihre Aufgabe im „Herausrufen und Herauslocken aus den verdorbenen Ordnungen der Welt", im „Lebendig- und Starkmachen aller Kräfte zur ‚Wiederherstellung des verirrten, gesunkenen und blutenden Menschengeschlechts' (Pestalozzi), zur Begründung einer ‚neuen Weltentwicklungsstufe' (Froebel), zur Rettung der ‚ewigen Ehre der Menschennatur' (Pestalozzi)" gesehen habe,[81] ohne sich damit freilich gegen die letztendlich stärkeren materiellen Interessen der Bourgeoisie durchsetzen zu können. Danach begann in Hellings Sichtweise ein „Katastrophenweg der Pädagogik", insofern sie sich an die „Gesellschaft des Aufstiegskapitalismus" nicht nur angepasst, sondern sich in ihr eingerichtet habe, wobei Helling die subtilen Mechanismen beschreibt, mit denen das kapitalistische System mit „mehr als 30 Silberlinge(n)" auch die Pädagogenschaft bestechen konnte:

„Der Kapitalismus ließ sie Anteil nehmen an den Gütern seiner Welt. Er gab ihnen Gehaltszulage, Titel und Karriere; er baute ih-

---

[79] Ebd., S. 19 f u. 23 f.
[80] Helling 1958e, S. 37.
[81] Ebd., S. 31.

nen Schulen, Kirchen, Akademien und Universitäten. Und da man im Zeitalter des Liberalismus lebte, gab er ihnen noch mehr: Er gestatte ihnen im Rahmen der bestehenden Gesellschaft einen ‚autonomen Freiheitsraum', in dem sie nach Lust und Behagen die Sonderwelt ihrer Kulturgüter pflegen konnten." Die Erziehung freilich nahm das „System" nun selbst in die Hand und funktionierte sie um zur „Anpassung und Eingewöhnung der Jugend in die bestehende Gesellschaft".[82]

Den „Katastrophenweg der Pädagogik" sah Helling zur Zeit der Weltwirtschaftskrise, „mitten im Zusammenbruch des Kapitalismus selbst",[83] „an sein Ende gekommen"[84] und prognostizierte auf der Grundlage von Analysen der italienischen Entwicklung eine faschistische Lösung auch für Deutschland. Das Wesen faschistischer Herrschaft bestand für ihn – in Anlehnung an die Bonapartismus-Theorie des zur KP-Opposition gehörenden August Thalheimer – „in einem Strukturwandel der bürgerlichen Gesellschaft, die sich in ihren Niedergangskrisen", „im Bund mit allen konservativen und kirchlichen Mächten", „durch Diktatur zu retten sucht".[85] Helling erkannte, dass dies auch Konsequenzen für die

---

[82] Ebd., S. 32.

[83] Ebd., S. 33.

[84] Ebd., S. 35.

[85] Helling 1988b, S. 78. Helling schließt sich hier den bereits seit den zwanziger Jahren in der Arbeiterbewegung, insbesondere von kritischen Marxisten wie August Thalheimer, Otto Bauer und Arthur Rosenberg entwickelten Faschismustheorien an. Ihnen gemeinsam ist der Nachweis vergleichbarer Strukturmerkmale in den unterschiedlichen nationalen faschistischen Bewegungen und Herrschaftssystemen der Zwischenkriegszeit, allen voran des italienischen Faschismus und des deutschen Nationalsozialismus, sowie die Ableitung ihrer Entstehung und Machtdurchsetzung aus einem spezifischen sozialen und politischen Entwicklungsstand damaliger kapitalistischer Gesellschaften, wobei die faschistische Diktatur als extreme, jeglicher demokratischer Elemente entkleidete Form bürgerlicher (=bourgeoiser) Herrschaft verstanden wird (vgl. Bauer u.a. 1967). Die in den zwanziger und dreißiger (wie erneut in den sechziger) Jahren einflussreichste, von Helling offensichtlich um 1930 rezipierte Faschismustheorie August Thalheimers (1884-1984) analysiert den Faschismus in Anlehnung an Karl Marx' 1852 erschienene Schrift: „Der 18. Brumaire des Louis Bonaparte" (Marx 1965) als eine Form des Bonapartismus und stellt damit eine Analogie her zwischen dem Staatsstreich des französischen Kaisers Louis Bonaparte (= Napoleon III.) vom 2. Dezember 1851 nach der gescheiterten 48er-Revolution und der Machteroberung Mussolinis in Italien vom Oktober 1922 nach dem Scheitern kommunistischer Revolutionsbewegungen der Arbeiterschaft in der unmittelba-

Pädagogik haben würde, die nämlich nun ihrer (schein-)liberalen Züge beraubt werde: Der Mensch wird „unterworfen, als dienendes Rad eingefügt in die diktatorische Maschinerie".[86]

Dass dies kaum auf großen Widerstand zumindest konservativer Pädagogen stoßen würde, verdeutlichte Helling noch Anfang 1933 anhand von Eduard Spranger und dessen im September 1932 erschienenem Sammelband „Volk, Staat und Erziehung". Für Spranger sei der Staat nämlich „diejenige Macht, die die Zähmung und Überwindung der partei- und klassenmäßigen Gegensätze vollbringen soll", was in den Augen Hellings nichts anderes bedeutete, „als den Ausweg des Faschismus" zu fordern.[87]

Allerdings resignierte Helling auch in der Endphase Weimars nicht, hielt die Entwicklung zum Faschismus keineswegs für zwangsläufig, sah vielmehr im Leiden der Menschen an der gesellschaftlichen Krise, vor allem aber in der sozialistischen Bewegung ein starkes Gegengewicht zu „den Interessen der heute herrschenden Besitzmächte".[88] Dabei teilte

---

ren Nachkriegszeit. Die Kernthese Thalheimers geht dahin, dass – ungeachtet zwischenzeitlichen gesamtgesellschaftlichen Wandels – die Bourgeoisie zur Zeit Napoleons III. wie zu der Mussolinis angesichts erfahrener Bedrohung durch die Arbeiterklasse ihre politische Macht an einen Diktator abgetreten hat, um ihre gefährdet erscheinende soziale Stellung zu sichern: „Der Bonapartismus ist also eine Form der bürgerlichen Staatsmacht im Zustand der Verteidigung, der Verschanzung, der Neubefestigung gegenüber der proletarischen Revolution. Er ist eine Form der offenen Diktatur des Kapitals. Seine andere ..., aber verwandte Form ist die faschistische Staatsform. Der gemeinsame Nenner ist die offene Diktatur des Kapitals" (Thalheimer 1930/1967, S. 28). – Bereits 1930 sah Thalheimer eine entsprechende Entwicklung wie in Italien auch für Deutschland voraus, ebenso 1933, dass „die nationalsozialistische Diktatur ... auch den italienischen Faschismus an Brutalität übertreffen" werde (Kliem, Kurt u.a., in: Bauer u.a. 1967, S. 12). – Vgl. vor allem den zuerst in der Neuen Erziehung 13 (1931), S. 401-406 publizierten Aufsatz Hellings „Gesellschaftskrise und Faschismus", wieder abgedruckt in: Helling 1988a, S. 74-79 (Helling 1988b); weiterhin: Faschistische Diktatur über Deutschland, in: Kulturpolitischer Zeitspiegel, Sonderdruck aus „Die Neue Erziehung" März 1933, S. 1-3 (unpag.). – Mit seinem tendenziell ökonomisch-gesellschaftspolitisch orientierten Erklärungsansatz der Nazi-Herrschaft dürfte zusammenhängen, dass Helling vor 1933 wie auch nach 1945 die nazistische Ideologie, insbesondere deren rassistisch-antisemitische Fundierung in ihrer Bedeutung für die nationalsozialistische Politik unterschätzt, wenngleich keineswegs völlig vernachlässigt hat (s.u.; vgl. Longerich 2001; Wippermann 2001).
[86] Helling 1958e, S. 35.
[87] Helling 1933, S. 86.
[88] Helling 1958e, S. 36.

Helling zwar die These von Karl Marx, dass das Proletariat als „letzte mögliche Form der Selbstentfremdung des Menschen"[89] zu seiner eigenen Auflösung und Überwindung hintreibe, glaubte aber nicht an einen rein mechanischen Prozess, sondern ging eher davon aus, dass der Erfolg der Befreiung abhängig sein werde von der Überzeugung und Kraft, mit der Menschen dafür kämpfen. Wie schon zur Zeit Pestalozzis sollte deshalb die Pädagogik wiederum „Hilfe zu dieser Wiedergeburt des Lebens, Hilfe zur Weltreformation, Hilfe zur Verwirklichung des Menschen in einer neuen Gesellschaft" leisten,[90] und zwar nach Möglichkeit unter Anleitung des Bundes Entschiedener Schulreformer.[91]

Die sozialistischen Parteien hielt er hingegen dafür ungeeignet; Helling spricht von ihrem „tragischen Versagen": „Man passt sich in verhängnisvollem Opportunismus an, man erstarrt in Organisation und Bürokratie, man vertrocknet in orthodoxer Dogmatik",[92] womit Helling deutlich die Schwächen sowohl der damaligen SPD als auch KPD kennzeichnet.[93]

Schließlich sah er auch in der damaligen Sowjetunion nicht unkritisch das große Vorbild für die gesellschaftliche Erneuerung, schätzte vielmehr die Gefahr kommunistischer Herrschaft realistisch ein, dass nämlich „an die Stelle der individualistischen Besitzdämonie ... eine kollektivistische Machtdämonie treten" könnte, „die ebenfalls alles Geistige (Gesinnung, Bildung, Kultur) zu einem bloßen Machtmittel der politischen Zwangsordnung missbraucht und die zu der gleichen Verflachung und Entleerung führt wie beim Faschismus".[94]

Das Besondere der – hier nur in Umrissen skizzierten – erziehungstheoretischen Position Hellings in der Endphase Weimars liegt m.E. darin, dass er sich im Unterschied zu fast allen anderen Vertretern des Bundes Entschiedener Schulreformer nicht darauf beschränkte, einzelne Aspekte der damaligen Schulreform oder diese insgesamt kritisch zu analysieren, sondern dass er darüber hinaus Intentionen und Strukturen des

---

[89] Ebd.
[90] Ebd., S. 37.
[91] Ebd., S. 31.
[92] Ebd., S. 36.
[93] Vgl. Helling 2004, S. 64.
[94] Helling 1931, S. 43.

Erziehungswesens seiner Zeit vor dem Hintergrund gesamtgesellschaftlicher Prozesse zu spiegeln versuchte, wobei sein methodischer Ansatz grundsätzlich am Marxismus orientiert war, ohne dogmatisch zu sein. Im Unterschied zu Ansätzen eines „revolutionären Sozialismus", die alles Heil allein und ausschließlich von der ökonomisch-politischen Revolution erwarten"[95], maß Helling – wie Oestreich – kulturellen Phänomenen einen relativ hohen Eigenwert zu, so dass für ihn „Erziehung" eine zentrale Größe gesellschaftlicher Veränderung darstellte, auch wenn sie sich – wie im Falle der bürgerlichen Revolutionen – nicht gegen die Kapitalinteressen durchsetzen konnte.[96] Von daher erklärt sich die hohe, aus heutiger Sicht freilich illusionäre Erwartung, die Helling bis zur Machtübernahme Hitlers in eine Führungsrolle kritischer Pädagogen setzte, wohingegen sein Vertrauen in die Arbeiterparteien zu diesem Zeitpunkt bereits sehr gering war.

Helling blieb auch in der Endphase Weimars grundlegenden Ansatzpunkten und Zielvorstellungen Oestreichs verpflichtet wie vor allem seiner Fundamentalkritik gegenüber allen systemimmanenten Schulreformbemühungen und seinem Konzept der Einheits-, Lebens- und Produktionsschule. Zugleich ging er jedoch mit seinen ausgesprochen differenzierten gesellschafts- und erziehungstheoretischen Interpretationen und Diagnosen weit über Oestreich hinaus[97] und nahm vor allem mit seinen Faschismusanalysen und seinen Beiträgen zum Verhältnis von konservativer Pädagogik und Faschismus eine singuläre Stellung im „Bund" wie

---

[95] Ebd.

[96] Hier liegt beispielsweise die deutliche Differenz zwischen Fritz Helling und dem – für die KPD „richtungweisend auf den Gebieten der Landwirtschafts- und Schulpolitik tätigen" (Günther u.a. 1987, S. 598) – Edwin Hoernle (1883-1952), der sich die Entstehung „neuer Erziehungsgrundsätze und Einrichtungen" ebenso wie das Heranreifen „neuer Erzieher und Schüler" „nur in der Atmosphäre des proletarischen Klassenkampfes, nur in dem Milieu der für den Sozialismus kämpfenden Arbeitermassen, nur in engster Verbindung von Schule und Massenbewegung" vorstellen konnte (Hoernle, Edwin: Grundfragen der proletarischen Erziehung. Berlin 1929, hier zit. n.: ders. 1958, S. 150).

[97] Was Hellings Texte gegenüber denen Paul Oestreichs vor allem auszeichnet, ist ihre sehr viel rationalere Sprache und Gedankenführung, wohingegen Texte Oestreichs sehr oft assoziativ strukturiert und durch eine eher appellative, gelegentlich fast expressionistisch zu nennende Sprache charakterisiert sind, was natürlich auch mit ihrer häufigen Entstehung aus Vorträgen zusammenhängt (vgl. die fast gleichzeitig mit den hier behandelten Helling-Texten entstandenen Beiträge Oestreichs in: Oestreich 1978, S. 112 ff).

innerhalb der gesamten damaligen Pädagogenschaft ein, ohne freilich kultur- und zivilisationskritische Denkmuster voll überwinden zu können.[98]

4. Berufsverbot, Inhaftierung und innerdeutsches Exil unter der Nazi-Herrschaft

Angesichts seiner exponierten Stellung als „linker" Gymnasiallehrer und führender Kopf des Bundes Entschiedener Schulreformer verwundert Hellings Verfolgung durch die Nazis wie auch seine Entlassung aus dem Schuldienst kaum. Am 24.4.1933 stellte der für das Amt des Schwelmer Bürgermeisters vorgesehene Nazi-Funktionär Dr. Peters für Helling wie für zwei andere Kollegen seiner Schule einen Antrag auf sofortige „Entlassung aus dem Dienst", für zwei weitere auf Strafversetzung „an eine andere Anstalt", dem im September 1933 stattgegeben wurde.[99]

---

[98] Vgl. den Beitrag von Jürgen Eierdanz in diesem Band.

[99] Die Handhabe dafür lieferte das NS-Beamtengesetz, das sog. „Gesetz zur Wiederherstellung des Berufsbeamtentums" vom 7. April 1933, aufgrund dessen Beamte „aus dem Dienst entlassen werden" konnten, „die nach ihrer bisherigen politischen Betätigung nicht die Gewähr dafür" boten, „dass sie jederzeit rückhaltlos für den nationalen (und d.h. für den nazistischen, W.K.) Staat eintr(a)ten", bzw. „in ein anderes Amt" versetzt werden konnten, „wenn es das dienstliche Bedürfnis erfordert" (Reichsgesetzblatt 1933, Nr. 34, S. 175, § 4 und § 5).
Die Kollegen, deren Entlassung zusammen mit Helling gefordert wurde, waren die Studienräte Sonneborn und Kopperschmidt, die für eine Versetzung „an eine andere Anstalt … in Frage" kommenden die Studienräte Ernst und Albring (Antrag v. 24.4.1933 „an den Herrn Oberpräsidenten der Provinz Westfalen, Abteilung für höheres Schulwesen, Münster", „unterzeichnet mit „Der Bürgermeister: i.V. gez. Dr. Peters", Personalakte Helling, Stadtarchiv Schwelm). Die Entlassung Hellings erfolgte durch Erlass des preußischen Ministers für Wissenschaft, Kunst und Volksbildung v. 21.9.1933 (Schreiben des Bürgermeisters v. 29.4.1937 an den Oberpräsidenten der Provinz Westfalen, Verwaltung für höheres Schulwesen in Münster, Personalakte Helling), gleichzeitig die Entlassung Dr. Kopperschmidts (vgl. Personalakte, Schreiben v. 24.9.1933) sowie die Versetzung Dr. Sonneborns (nach Lippstadt) und Albrings „in eine andere Studienratsstelle" (Städt. Realgymnasium mit Realschule Schwelm, Bericht über das Schuljahr 1933/34, erstattet v. Leiter der Anstalt, Oberstudiendir. Dr. Max Hasenclever, S. 12, Archiv Märkisches Gymnasium Schwelm).
Der mit Helling zusammen entlassene Studienrat *Dr. Fritz Kopperschmidt* war Sozialdemokrat, mit Helling zusammen seit 1923 aktiv im Bund Entschiedener Schulreformer und ein bei den Schülern ausgesprochen beliebter und nach übereinstimmender Auskunft

Für Helling lautete die Begründung:[100]

> „Helling ist sehr einflussreicher Leiter des Bundes der Entschiedenen Schulreformer. Läßt dort von jüdischen Rednern Vorträge über Sowjet-Russland, Sexualreform, Geburtenregelung usw. halten. Unterstützt auch die Redner, denen aus der Versammlung Lüge und Verdrehung vorgeworfen wird. Nutzt den Geschichtsunterricht auf der Oberstufe zur kommunistischen Agitation aus. Hat ganze Jahrgänge mit kommunistischen Ideen durchsetzt. Lässt marxistische Schriften wie Tollers Masse Mensch und Hinkemann im Unterricht als Klassenlektüre lesen.
>
> Helling gilt in nationalen Kreisen als einer der gefährlichsten Jugenderzieher und seine Entfernung wird stürmisch von der nationalen Elternschaft gefordert."

Tatsächlich gehörte Helling, wie dargestellt, zu den wenigen Pädagogen, die in den Krisenjahren Weimars vor dem Faschismus eindringlich gewarnt hatten. In seiner Autobiographie beschreibt er, wie die Diskussionen mit seinen Schülern der „Mittel- und Oberklassen ihre Höhepunkte" in den „Monaten der politischen Wende" erreichten und er noch „am Tag nach dem Reichstagsbrand" vor der Klasse seine „feste   Überzeugung" begründet habe, dass „die Nazis … selbst den Reichstag angesteckt" hätten, „um einen Terrorfeldzug gegen die Kommunistische Par-

---

überaus fähiger Lehrer. Er ist mit seiner Frau im Jahre 1938 – auf der Fahrt zu einem Widerstandstreffen (Auskunft des ehemaligen Schülers Dr. Werner Hövelmann) – mit dem Auto tödlich verunglückt – so der amtliche Bericht; die Spur seines Sohnes Gert verliert sich 1951 (Personalakte Kopperschmidt, Stadtarchiv Schwelm). Kopperschmidt verdiente eine eigene Untersuchung sowie ein ehrendes Gedenken seiner Schule.

Neben Entlassung und Versetzung der genannten Studienräte wurde im Antrag des den Bürgermeister vertretenden Dr. Peters ebenso gefordert, den damaligen Schulleiter des Märkischen Gymnasiums, Oberstudiendirektor *Dr. Hasenclever* zu „veranlassen", „seine alsbaldige Versetzung in den Ruhestand zu beantragen" (Antrag v. 24.4.1933, a.a.O.). Er hatte sich bei einem Verhör des Kollegiums durch einen Oberschulrat aus Münster, das „auf Anweisung der NS-Partei" stattfand, vor „die gefährdeten sozialistischen Kollegen" seiner Schule gestellt, „dieselben Kollegen, mit denen er jahrelang so viele Auseinandersetzungen in den Konferenzen gehabt hatte" (Helling 2004, S. 68 f). Er starb 1935 verbittert. Vgl. „In Memoriam Oberstudiendirektor Dr. Max Hasenclever 1875-1935" o.O. u.J. (1935), Archiv Märkisches Gymnasium Schwelm.

[100] Die Begründung stützt sich auf einen „Bericht" des Schwelmer Ortsgruppenleiters der NSDAP, vgl. Antrag v. 24.4.1933, a.a.O. (Anm. 98). Hierzu und zum Folgenden vgl. auch den Beitrag von Franz-Josef Jelich im vorliegenden Band.

tei, die Arbeiterbewegung und die Demokratie in Deutschland beginnen zu können".[101] Allein die Verbreitung derartiger Thesen hätte damals ausgereicht, die Schwelmer Nazis im Verbund mit dem Schwelmer Bürgertum gegen Helling zu mobilisieren.

Hinzu kamen jedoch noch die von Helling in Schwelm initiierten Veranstaltungen des Bundes Entschiedener Schulreformer. Die Begründung der für ihn geforderten Entlassung lässt darauf schließen, dass vor allem eine 1932 von ihm veranstaltete, sechs Abende umfassende kulturpolitische Reihe zum „neuen Russland" – mit im übrigen ausgesprochen guter Resonanz[102] – den Nerv des deutsch-nationalen und nazistischen Schwelm getroffen hat, zumal ein Abend über „Geschlechtsmoral und Eherecht" ging. Ganz offensichtlich lag hier der Bezugspunkt für die im Entlassungsantrag enthaltene Assoziationskette: „Sowjet-Russland, Sexualreform, Geburtenregelung und jüdische Redner".

Nach seinem Berufsverbot hatte Helling – wie schon zuvor – Kontakte zum politischen Widerstand gegen das Nazi-Regime und setzte sich vor allem für die Zusammenarbeit aller Widerstandsgruppen ein.[103] Wohl im Zusammenhang mit der Verhaftung und Folterung der Schwelmer kommunistischen Widerstandsgruppe wurde auch Helling im April 1937 verhaftet, nicht zuletzt durch die Geistesgegenwart, den Mut und den Einsatz seiner Frau Hilda jedoch bereits nach drei Monaten wieder freigelassen.[104] Diese Zeit der Haft war für ihn die „schlimmste ... seines Lebens", wie er in einem 1945 geschriebenen Lebenslauf betont.[105]

Da er danach als Nicht-Nazi in Schwelm nicht mehr hätte leben können, zog er Anfang 1938 mit seiner Familie zunächst nach Bonn-Beuel,

---

[101] Helling 2004, S. 67 f.

[102] Schwerpunktthemen der einzelnen Abende waren „Wohnungs- und Städtebau", „Sozialversicherung und Volkshygiene", „Geschlechtsmoral und Eherecht", „Schule und Volksbildung" (mit einem Helling-Referat), „Religion und Kirche" sowie ein – offensichtlich westlicher – Film „Zwei Systeme – zwei Welten" mit anschließendem kritischen Vortrag (Die Neue Erziehung 14 [1932], Mitteilungen ..., Nr. 7, S. 539; 14 [1932], Mitteilungen ..., Nr. 8, S. 599; H. 14 [1932], Mitteilungen ..., Nr. 10, S. 751; 15 [1933], Mitteilungen ..., Nr. 1, S. 58; 14 [1932], Mitteilungen ..., Nr. 12, S. 873).

[103] In seiner unveröffentlichten Autobiographie berichtet Helling, dass er dazu im Sommer 1936 „ein ausführliches Memorandum" geschrieben hatte, „das an die illegalen Zentren im Ausland verschickt wurde" (Helling 2004, S. 70). Es ist vermutlich nicht erhalten.

[104] Vgl. dazu ausführlich Helling 2004, S. 71-72h.

[105] Stadtarchiv Schwelm, Personalakte, S. 58.

nach Kriegsausbruch im Herbst 1939 nach Gladenbach im Hessischen, wo er und seine Frau an einer Privatschule Beschäftigung fanden und sich bis Kriegsende – relativ unbehelligt – durchschlagen konnten. Helling selbst bezeichnet seine Zeit in Bonn-Beuel und Gladenbach als „Exil",[106] ein Begriff, der in der Tat treffender scheint als der der „inneren Emigration", der eher eine Art Rückzug in einen „unpolitischen" geistigen Raum, etwa den der deutschen Klassik (wie im Falle Wilhelm Flitners) meint, während Helling ja bis 1937 Kontakte zum Widerstand hatte, deshalb inhaftiert worden war und auch danach keineswegs „unpolitisch" gewesen ist. Dies belegt nicht zuletzt die Tatsache, dass er trotz starken Drängens von Seiten der örtlichen NSDAP in Gladenbach nie „der Partei" beigetreten ist. In seiner Autobiographie beschreibt er, dass, als der Druck auf ihn immer stärker geworden sei, er sich vorgestellt habe, wie er „mit dem Parteiabzeichen am Rockaufschlag" seinem Freund Lubinski hätte gegenübertreten müssen, „der zu 10 Jahren Zuchthaus verurteilt war und später in Auschwitz umkam". In diesem Augenblick sei ihm klar geworden, dass er „auf keinen Fall ... in die Partei" eintreten könne, selbst um den Preis, dass er „eine Entlassung aus der Schule oder jede andere Konsequenz" hätte auf sich nehmen müssen.[107] Zum Glück für Helling ist ihm und seiner Frau dies nie abverlangt worden.

Hellings politische Haltung belegen auch seine beiden in Bonn-Beuel und Gladenbach entstandenen, erst 1947 bei Vittorio Klostermann in Frankfurt a.M. publizierten Bücher „Die Frühgeschichte des jüdischen Volkes" und „Der Katastrophenweg der deutschen Geschichte", für die Helling zunächst die Bonner, später die Marburger Universitätsbibliothek nutzte. In beiden Arbeiten versuchte Helling, das Ende der zwanziger, Anfang der dreißiger Jahre erworbene Instrumentarium des Historischen Materialismus auf die frühe jüdische und die deutsche Geschichte anzuwenden; in Bezug auf die „Frühgeschichte des jüdischen Volkes" spricht Helling von einer „religionssoziologischen Forschungsweise",[108]

---

[106] Überschrift 8. Kap. seiner unveröffentlichten Autobiographie: „Exil, Ausbruch Zweiter Weltkrieg" (Helling 2004, S. 72); vgl. zum pädagogischen Exil: Keim 1997, Bd. II, S. 263-313, zum Begriff: ebd., S. 409 f (II, Anm. 32).
[107] Helling 2004, S. 82.
[108] Ebd., S. 80.

im „Katastrophenweg" von einer „ökonomisch-politischen Untersuchung".[109]

Hellings „Frühgeschichte des jüdischen Volkes" scheint auf den ersten Blick mit den politischen Verhältnissen der damaligen Zeit nichts zu tun zu haben. Bei genauerem Hinsehen zeigt sich jedoch, dass sie indirekt eine Widerlegung der von den Nazis behaupteten Minderwertigkeit des jüdischen Volkes darstellte, die damals selbst von Alttestamentlern gestützt wurde. Im Gegensatz dazu versucht Helling nachzuweisen, dass schon „die Hebräer der Patriarchenzeit nicht mehr primitive Nomaden waren, sondern an der relativ hohen Kultur Vorderasiens, die auf Viehzucht und Ackerbau, Handel und Geldwirtschaft beruhte, teilnahmen".[110] Auch wenn sich in der „Frühgeschichte" kaum direkte Hinweise finden lassen, sprechen Indizien dafür, dass er damit ein Zeichen des Protestes und der Solidarität gegen die Verfolgung der Juden setzen wollte: Schon zu Beginn der zwanziger Jahre war ihm die nazistische „Hetze … gegen das internationale Judentum" „widerwärtig", wozu nicht unwesentlich beigetragen haben dürfte, dass seine „Eltern … mit einer jüdischen Familie befreundet" waren und er selbst „während (s)eines Universitätsstudiums zwei jüdische Professoren aufs höchste verehrt(e)".[111] Und auch in seinen Faschismus-Analysen der Endphase Weimars maß Helling der antijüdischen Programmatik in der NS-Ideologie zumindest partielle Eigenbedeutung zu. Zwar ist für ihn „der Jude" im Verständnis der Nazis zuerst „Symbol" für „kapitalistischen Liberalismus und klassenkämpferischen Marxismus",[112] doch erkennt er im Antisemitismus nichts weniger als das „Herzstück" des nazistischen Programms und „nichts anderes als gewissenlose Demagogie".[113]

---

[109] Helling 1947b, S. 4; vgl. hierzu die Beiträge von Siegfried Kreuzer und Burkhard Dietz im vorliegenden Band.

[110] Helling 2004, S. 80; vgl. Helling 1947a, S. 58 f sowie den Beitrag von Siegfried Kreuzer in diesem Band.

[111] Helling 2004, S. 24; vgl. den Beitrag von Otto Geudtner in diesem Band.

[112] Helling, Fritz: Gesellschaftskrise und Faschismus (1931), abgedruckt in: Helling 2004, S. 54-57.

[113] Kulturhistorischer Zeitspiegel. Im Auftrage des Bundes Entschiedener Schulreformer, hrsg. v. Fritz Helling, Schwelm, Sonderdruck aus „Die Neue Erziehung", August 1930, S. 1.

Der in Gladenbach entstandene „Katastrophenweg der deutschen Geschichte" nimmt direkt auf die Nazi-Diktatur Bezug und versucht die Frage zu beantworten: „Wie war die deutsche Katastrophe möglich?" Der Titel erinnert an den von Helling bereits 1932 skizzierten „Katastrophenweg der deutschen Pädagogik". Er selbst bezeichnet seine Arbeit in der „Vorbemerkung" als „Beitrag zu der notwendigen deutschen Selbstbesinnung",[114] wie sie damals in ähnlicher Weise auch von anderen Intellektuellen versucht wurde, die den Ursachen für die „deutsche Katastrophe" nachgingen. Bekannt geworden sind vor allem Friedrich Meineckes „Die deutsche Katastrophe" und Alexander Abuschs ebenfalls marxistisch orientierter „Irrweg einer Nation";[115] letzterer Titel findet bei Helling bereits Erwähnung. Hellings Resümee, wohlgemerkt bei Kriegsende geschrieben:

> „Die Geschichte des deutschen Volkes ist missraten, weil seine Machthaber stets ihre gegenrevolutionäre Unterdrückungspolitik durchsetzen konnten. Seit mehr als 400 Jahren hat das fürstlich-feudal beherrschte Volk der Bauern, Bürger und Arbeiter vergebens versucht, die ihnen aufgezwungenen Lasten eines überlebten Gesellschafts- und Herrschaftssystems abzuschütteln und die Freiheit zu erobern. Sowohl die bürgerliche wie die proletarische Revolution endeten mit einer Niederlage. Das deutsche Volk blieb ‚ein durch Gewalt rückständiges Volk' (Abusch), ein Volk von Untertanen, das in seiner Unterwürfigkeit sogar eine Tugend sah und sich von seinen Diktatoren schließlich zu einer hemmungslosen Mordpolitik verführen ließ. Führer und Verführte tragen die Schuld an dem Elend, das für Deutschland und die Welt daraus erwuchs."[116]

Mit dem Versuch, das Phänomen „Hitler" im Gesamtzusammenhang der deutschen Geschichte zu erklären, fand Helling im Westen wie im Osten zahlreiche Nachfolger, vor allem in der Form von „Sonderweg"-Theorien mit vielfältigen Varianten.[117] Auch wenn sein Interpretationsan-

---

[114] Helling 1947b, S. 4.
[115] Meinecke 1946; Abusch 1946; vgl. Schulze 1989, S. 46-76 sowie den Beitrag von Burkhard Dietz über Hellings „Katastrophenweg" in diesem Band.
[116] Helling 1947b, S. 205 f.
[117] Vgl. Plessner 1959; Kühnl 1996; Winkler 2000.

satz nach heutigem Forschungsstand als zu linear und holzschnittartig gelten muss, kann er als historischer Erklärungsversuch der unmittelbaren Nachkriegszeit nach wie vor Interesse beanspruchen.

Hellings „Katastrophenweg" schließt mit einem Ausblick auf die Zeit nach 1945, der zugleich ein Programm enthält, dem er sich nach der Befreiung von der Nazi-Diktatur verpflichtet gefühlt hat. Die wichtigsten Punkte dieses Programms sind: „Abkehr von der nationalistisch-militaristischen Tradition der Vergangenheit", Verwirklichung einer sozialen Demokratie, insbesondere „Enteignung des Großgrundbesitzes" und „Sozialisierung der Großbetriebe", so wie es nach 1945 von nahezu allen am demokratischen Aufbau beteiligten Gruppen, einschließlich der CDU in ihrem Ahlener Programm, gefordert wurde, schließlich, aber nicht zuletzt, Zusammenarbeit „aller fortschrittlichen Kräfte", wobei Helling ausdrücklich die „sozialistischen Arbeiterparteien", „die Gewerkschaften" und „das aus christlicher und humanistischer Verantwortung für die Zukunftsnotwendigkeiten aufgeschlossene Bürgertum" aufzählt.[118]

5. Bemühung um Demokratisierung und Reform des Schwelmer Gymnasiums in der unmittelbaren Nachkriegszeit

Am 8.5.1945, dem Tag der Kapitulation Hitler-Deutschlands und damit zugleich der Befreiung von der Nazi-Herrschaft, notierte der damals für das Schwelmer Realgymnasium verantwortliche Verwaltungs-Oberstudienrat der Schule, Walter Bellingrodt, in sein Tagebuch:

„ … Der allgemeine Waffenstillstand, der um Mitternacht in Kraft tritt, wird von den Feinden durch zwei Festtage begangen. Wir haben keinen Grund zu feiern, sind aber doch froh, dass der Krieg zu Ende ist und wir von dem Nazidruck erlöst sind."

Und am 11.5.:

„Die Schule und Straßen werden wieder umbenannt. Die Hermann-Göring-Schule heißt Oberschule für Jungen …"[119]

---

[118] Helling 1947b; S. 206 f; vgl. Helling 2004, S. 87 f.
[119] „Aus dem Tagebuch des Oberstudienrates Walter Bellingrodt 1. Januar 1945 bis 31. März 1948", hrsg. v. seinem Sohn Johs. P. Bellingrodt, 27. April 1986 (Masch.), Archiv Märkisches Gymnasium Schwelm, S. 6.

Diesem Etikettenwechsel sollte aufgrund alliierter Beschlüsse die Bestrafung der Hauptverantwortlichen wie eine gründliche Entnazifizierung des gesamten gesellschaftlichen Lebens folgen, wobei Schulen und Hochschulen zentrale Bereiche sein mussten. Wie viele andere Antifaschisten wurde auch Helling bereits Pfingsten 1945 von der englischen Militärregierung zur Entnazifizierung der Schwelmer Lehrerschaft und zur demokratischen Reorganisation des gesamten Schulwesens seiner Heimatstadt mit herangezogen.[120]

Wie das Ergebnis des Entnazifizierungsprozesses schließlich ausgesehen hat, in Schwelm wie überall in den Westzonen, ist allgemein bekannt. Nachdem zunächst relativ gründlich und sorgfältig vorgegangen und zumindest ein Teil der nazistisch orientierten Lehrerschaft aus ihren Ämtern entfernt worden war, wurden diese Entscheidungen unter dem Vorzeichen des beginnenden „Kalten Krieges" schon bald wieder revidiert. Unter den neunzehn Lehrern, mit denen Helling nach seiner Wahl zum Direktor im ehemaligen Realgymnasium zusammenarbeiten musste, fand sich im Schuljahr 1948/49 lediglich ein einziger, der heute eindeutig als Antifaschist zu identifizieren ist.[121]

Eine grundlegende Umgestaltung des überkommenen dreigegliederten Schulwesens stand in der Nordrhein-Provinz wie auch in Westfalen nach 1945 kaum zur Diskussion; im Gegenteil, der starke Einfluss von konservativem Bürgertum, Philologenschaft und Katholischer Kirche führte schon bald zur Anknüpfung an elitär-selektive Grundzüge deutscher Gymnasialtradition.[122] Der Spielraum, der Helling nach Rückkehr in seine Heimatstadt als Schulleiter des örtlichen (Jungen-)Gymnasiums wie auch des (nur bis zur 10. Klasse führenden) ehemaligen Lyzeums zur

---

[120] Vgl. Helling 2004, S. 83.

[121] Die in der Nachkriegszeit am Realgymnasium Schwelm tätigen Lehrer wurden von mir 1988 gemeinsam mit dem nach 1945 in das Kollegium neu eingetretenen ehemaligen Schüler Hellings, Dr. Werner Hövelmann, sowie dem 1988 als Leiter der Schule tätigen Dr. Hans Graf der Reihe nach durchgegangen (Quelle: Jahrbuch der Lehrer und Lehrerinnen der Höheren Schulen von Nordrhein-Westfalen, Schuljahr 1948/49). Insgesamt handelte es sich danach um ein weitgehend konservatives Kollegium, das zwar durch den Zusammenbruch von 1945 verunsichert war, sich aufgrund dieser Verunsicherung – zumindest nach außen hin – auch loyal zu Helling verhielt, nach dessen Ausscheiden 1950 (s.u.) jedoch bereitwillig den Kurswechsel seiner Nachfolger mit vollzog.

[122] Vgl. Zimmer 1985; Himmelstein 1986; Keim 2000, S. 126 ff.

Verfügung stand, war also sehr begrenzt. Diesen Spielraum allerdings hat er auszuschöpfen versucht, wie das Protokollbuch der gemeinsamen Konferenzen der Oberschule für Jungen und Mädchen für die Jahre 1946 bis 1951 zeigt.[123] Was beim Durchblättern der Konferenzprotokolle auffällt, sind die – im Vergleich zur Nach-Helling-Zeit – zahlreichen inhaltlichen Diskussionen von Erlassen, die nicht einfach hingenommen, gelegentlich sogar bekämpft wurden. Inhaltliche Schwerpunkte der Ära Helling am Schwelmer Gymnasium waren eine starke Akzentuierung der Schülermitverwaltung und -verantwortung,[124] die Einrichtung von Werkkursen für Buchbinden, Schreinerei, Schlosserei und Weberei (s.o.) und nicht zuletzt das von Helling entworfene und initiierte Modell einer aufgelockerten Oberstufe mit Kern- und Kursunterricht[125], wobei sich die Grundideen zu den genannten Schwerpunkten auf Anregungen aus dem Bund Entschiedener Schulreformer zurückführen lassen.[126]

Obwohl Helling im Kollegium akzeptiert und bei den Schülern wie zuvor beliebt war, hat er sich bereits mit 63 Jahren pensionieren lassen. Dabei spielten sicherlich „die starken gesundheitlichen und nervlichen Belastungen, denen er in den Aufbaujahren als Schulleiter ausgesetzt war"[127], eine Rolle. Letztendlich ausschlaggebend dürften jedoch politi-

---

[123] Vgl. Protokollbuch der Oberschule für Jungen und Mädchen in Schwelm vom 22. Januar 1946 bis 10. Dezember 1951, Archiv Märkisches Gymnasium Schwelm.

[124] Diese schloss beispielsweise die Beteiligung der Schülerinnen und Schüler an den Beratungen zur Oberstufenreform der Schule ein. Helling qualifiziert die den Schülern eingeräumte Mitverantwortung als „spürbare Hilfe zur Bildung ihrer werdenden Persönlichkeit" und zur Erhöhung ihres Selbstvertrauens (Helling 2004, S. 91).

[125] Vgl. Verwaltungsbericht der Stadt Schwelm 1949 (Stadtarchiv Schwelm), S. 32; weitere (briefliche) Berichte zu Hellings Oberstufenreform im Archiv des Märkischen Gymnasiums Schwelm. Zu berücksichtigen ist, dass der Kern-Kurs-Unterricht erst Ostern 1949 aufgenommen wurde und Helling bereits zum Ende des Schuljahrs 1950/51 aus dem Schuldienst ausschied (s.u.). Der nach Hellings Ausscheiden zunächst verantwortliche stellvertretende Leiter Kaspers hat offensichtlich am Kern-Kurs-Modell Hellings keine wesentlichen Änderungen vorgenommen; dies blieb Hellings Nachfolger, Dr. Wilhelm Lehmgrübner, vorbehalten, der – ganz im Sinne des damaligen Zeitgeistes (Düsseldorfer Abkommen von 1955!) – „die Wahlfreiheit in Richtung der normalen Typen" einschränkte und d.h. rückgängig machte (vgl. Lehmgrübner, Wilhelm: Das Märkische Gymnasium in Schwelm auf neuen Wegen, in: Beiträge zur Heimatkunde der Stadt Schwelm, H. 8/1958, S. 8-14).

[126] Vgl. Keim 1987a, S. 251 ff.

[127] Heinemann 1978, S. 502.

sche Gründe gewesen sein, wie zumindest die unveröffentlichte Autobiographie Hellings nahe legt.[128] Hintergrund war der im Zuge des „Kalten Krieges" immer stärker werdende Antikommunismus, der im September 1950 zu dem berühmt-berüchtigten Beschluss der Bundesregierung über die „politische Betätigung von Angehörigen des öffentlichen Dienstes gegen die demokratische Grundordnung" führte, aufgrund dessen gegen alle demokratisch nicht zuverlässigen Beamten, Angestellten und Arbeiter im Bundesdienst „Maßnahmen ergriffen werden" sollten, wie es in der Amtssprache hieß. Kriterium für die Nichtzuverlässigkeit war dabei insbesondere die Mitgliedschaft in Organisationen, in denen auch Kommunisten und Angehörige der Kommunistischen Partei Mitglied waren. Dazu gehörten sowohl der „Kulturbund zur demokratischen Erneuerung Deutschlands", der spätere „Demokratische Kulturbund", als auch das „Komitee der Kämpfer für den Frieden", in denen Helling jeweils Mitglied war.[129] In seiner Autobiographie kommentiert Helling den Beschluss der Adenauer-Regierung wie folgt:

„Als ich das las, stieg ein Ekel in mir hoch. Seit 1945 hatte ich meine ganze Kraft dafür eingesetzt, ein neues, friedliebendes Deutschland aufzubauen. Und jetzt sollte der Lohn dafür die politische Diffamierung sein. Meine Frau und mein Sohn, der als Student der Technischen Hochschule Aachen die Ferien bei uns verbrachte, waren mit mir der Meinung, dass es jetzt nur eine einzige Entscheidung für mich geben könne: aus dem Schuldienst auszuscheiden, mich demnächst beurlauben und dann pensionieren zu lassen."[130]

---

[128] So auch Heinemann 1978, S. 502, dagegen Dudek 1993, S. 46, der ausschließlich gesundheitliche Gründe gelten lassen will, allerdings die unveröffentlichte Autobiographie Hellings nicht berücksichtigt. Die *politische* Motivierung von Hellings Gesuch um vorzeitige Pensionierung wird im übrigen von ihm nahe stehenden Zeitzeugen wie seinem Schüler Walter Bökenheide bestätigt: Helling sei nicht nur „aus gesundheitlichen Gründen" gegangen, sondern „auch einem politischen Druck gewichen", wobei sich die Konstellation von 1933 „wiederholt" habe, insofern er in der Bevölkerung Schwelms „keine Resonanz" gefunden habe, „man froh war, wenn er ging", was sich offensichtlich nicht nur auf seine politische Einstellung, sondern auch die Reform seiner Schule bezog (Interview Walter Bökenheide, II, S. 1 ff).
[129] Gemeinsames Ministerialblatt Nr. 12/1950, S. 93 f; vgl. Brünneck 1978, S. 54 ff.
[130] Helling 2004, S. 98 f.

Der politische Pädagoge Helling, der von den Nazis aus dem Schuldienst entlassen und inhaftiert worden war, sah sich ein zweites Mal wegen derselben Gesinnung wie 1933 vor die Alternative gestellt, freiwillig zu gehen oder gegangen zu werden.

6. Friedenspädagogisches Engagement im Schwelmer Kreis während des Kalten Krieges

Der Abschied vom Schwelmer Gymnasium bedeutete für Helling noch lange nicht das Ende seiner politisch-pädagogischen Wirksamkeit; im Gegenteil, diese erreichte eigentlich erst nach seinem Ausscheiden aus dem Schuldienst im Rahmen seiner Tätigkeit für den Schwelmer Kreis ihren Höhepunkt. Denn bei aller Bedeutung, die ihm zweifellos schon für die politisch-pädagogische Diskussion in der Endphase der Weimarer Republik zugesprochen werden muss, stand er damals im Bund Entschiedener Schulreformer doch im Schatten Paul Oestreichs, der die im Bund bestimmende Persönlichkeit blieb. Der Schwelmer Kreis dagegen war Ergebnis der Initiativen Hellings: Er hat den Anstoß dazu gegeben, Pädagogen in West und Ost in Bewegung gesetzt, die Diskussion vorangetrieben und wichtige Referate auf den Tagungen gehalten.

Die Entstehung des Schwelmer Kreises steht in engem Zusammenhang mit der Protestbewegung gegen Remilitarisierung, Eingliederung der Bundesrepublik in das westliche Bündnissystem sowie als deren Folge die Verschärfung des Ost-West-Konfliktes nach dem Beginn des Korea-Krieges im Juni 1950. Zur damaligen politischen Opposition gehörten neben KPD und der – von dem späteren Bundespräsidenten Gustav Heinemann aus Protest gegen die Politik der Adenauer-Regierung gegründeten – Gesamtdeutschen Volkspartei (GVP) zahlreiche Repräsentanten der großen Parteien, der Gewerkschaften, Kirchen, Vereine und unabhängige Intellektuelle – teilweise lose zusammengeschlossen in sog. „Ohne mich!-" und „Ohne uns!-Bewegungen". An einer der zahlreichen Initiativen war auch Fritz Helling beteiligt. Gemeinsam mit 26 weiteren Initiatoren, darunter die Theologen Hellmut Gollwitzer und Hans Joachim Iwand sowie die spätere Mitbegründerin des Schwelmer Kreises Klara Maria Faßbinder, lud er auf dem Höhepunkt der Kontroversen zu einer westdeutschen Kulturtagung für Anfang Januar 1952 nach Bad Vilbel bei Frankfurt a.M. ein. Die Einladung artikulierte die Sorge, dass die „nach der Vernichtung der nazistischen Gewaltherrschaft" von vielen gehegte Hoffnung auf eine friedliche Welt „endgültig in unabsehbare Ferne rückt"; zugleich Entschlossenheit, sich „nicht wieder durch schweigendes Abwarten schuldig" zu machen, sondern rechtzeitig zu warnen und gegenzusteuern.[131] In dem auf dieser Tagung verabschiedeten und weit gestreuten „Aufruf" wurde nachdrücklich vor den Folgen der geplanten Wiederaufrüstung gewarnt, nämlich der Vergrößerung von Kriegsgefahr und der Erschwerung einer Überwindung der deutschen Teilung.

Die auf der Tagung versammelten Pädagogen verabredeten, sich Ostern 1952 in Schwelm zur Fortsetzung der Diskussion erneut zu treffen, wobei auch „einige" Kollegen aus der DDR als „inoffizielle Gäste" eingeladen werden sollten, was jedoch nicht unumstritten gewesen zu sein scheint.[132] Die in Schwelm versammelten ca. 70 Pädagogen wandten sich ebenfalls mit einem nachhaltigen Appell an eine breitere Öffentlichkeit, dass es nämlich „eine der vordringlichsten pädagogischen Aufgaben sein" müsse, „die Jugend im Geiste der Völkerverständigung und des Friedens zu erziehen." Zugleich äußerten sie Besorgnis über das „Wettrüsten in der Welt, in das auch Deutschland hineingezogen werden" solle und forderten die „Wiedervereinigung unseres gespaltenen Volkes auf dem Wege einer ehrlichen Verständigung ... als das wichtigste politische Nahziel".[133] In den folgenden Monaten und Jahren entwickelte sich aus den Tagungen von Bad Vilbel und Schwelm der „Schwelmer Kreis" als lose gesamtdeutsche Vereinigung[134] von Pädagogen aus der Bundesrepublik und der Deutschen Demokratischen Republik, mit einem durch die Teilung bedingten west- und einem ostdeutschen Arbeitsausschuss,[135] die

---

[131] Einladung zur Westdeutschen Kulturtagung 1952, unpagin. (S. 2) (Akten des Schwelmer Kreises, SK 1, PA Keim, Uni Paderborn, im Folgenden abgek. SK 1 ff).

[132] Ellerbrock 1992, S. 282.

[133] Kommuniqué. Ostertagung deutscher Pädagogen, hekt., 1 S., SK 1, a.a.O.

[134] Arno Klönne, in: Eierdanz/Kremer (2000a, S. 220), bezeichnet den Schwelmer Kreis „aus heutiger Sicht eher als Netzwerk denn als eine feste Organisation".

[135] Der westdeutsche Arbeitsausschuss „war ... keine fest geregelte Institution", vielmehr wurden Kollegen, von denen man wusste, sie könnten inhaltlich ... den Schwelmer Kreis nach vorne ... bringen, ... nach Gutdünken eingeladen." (Bökenheide-Interview 1988, II, S. 15 f). Die eigentliche Koordinierungsarbeit auf westdeutscher Seite leistete Walther Kluthe, auf ostdeutscher der Gewerkschaftssekretär Fritz Heidenreich.

76

jedoch durch regelmäßige Treffen auf unterschiedlichsten Ebenen in Verbindung miteinander standen.[136] Aufgrund seines Entstehungs- und Begründungszusammenhangs lässt sich der Schwelmer Kreis als primär *friedenspädagogische* Initiative einordnen.[137] Er verband die Warnung vor einer Fortsetzung des Wettrüstens, damit der Verschärfung des Kalten Krieges, sowie das Eintreten für eine Erziehung im Geiste der Völkerverständigung mit dem Bemühen zunächst um die Wiedervereinigung im Sinne einer „von beiden Seiten befruchteten Ordnung",[138] nach Unterzeichnung der Pariser Verträge und der damit zementierten Teilung um ein friedliches Nebeneinander beider deutscher Staaten. Im Unterschied zur offiziellen, in der Bundesrepublik damals weit verbreiteten leeren Rhetorik von den „lieben Brüdern und Schwestern in der Zone" bemühten sich die im Schwelmer Kreis vereinigten Pädagogen darum, im Rahmen der politischen Gegebenheiten ein gleichberechtigtes und faires Miteinander zu *praktizieren*, um auf diesem Wege eine Basis des wechselseitigen Vertrauens und der verständnisvollen Zusammenarbeit zu entwickeln. Dies gilt im Übrigen nicht nur für das Verhalten der West- zu den Ostdeutschen, sondern auch der westdeutschen wie der ostdeutschen Kolleginnen und Kollegen *untereinander*, die nämlich aus verschiedensten weltanschaulich-politischen Kontexten kamen, teilweise lediglich durch ihr Eintreten für Frieden und Rüstungsabbau sowie die Überwindung der deutschen Teilung verbunden waren.[139]

---

[136] Edgar Drefenstedt (1993) weist die von Dudek (1993b, S. 65) nahe gelegte Vorstellung, der „Kreis" habe sich „faktisch in einen ost- und westdeutschen *Zweig untergliedert*" (Kursivierung W.K.) als nicht den Tatsachen entsprechend zurück. Vielmehr habe die „Besonderheit, vielleicht sogar ‚Einzigartigkeit' im Schwelmer Kreis" darin bestanden, „dass das ‚Deutsche' bzw. ‚Gesamtdeutsche' dominierte." Dies habe sich erst Ostern 1957 aufgrund der gewandelten politischen Gesamtkonstellation verändert (Drefenstedt 1993, S. 389 f).

[137] Vgl. Keim 1987c, S. 586 ff.

[138] Arbeitsausschuß des Schwelmer Kreises (Bundesrepublik) (Hrsg.): 10 Jahre Schwelmer Kreis. Schwelm i.W. o.J. (1962), S. 16.

[139] Den Willen, auf unterschiedliche weltanschauliche Positionen Rücksicht zu nehmen, verdeutlicht beispielsweise die Tatsache, dass während der Ostertagungen – auch in der DDR – am Karfreitag auf ausdrücklichen Wunsch von Klara Maria Faßbinder die Gelegenheit zum Kirchgang bestand (Interview Bökenheide, II, S. 17), was man nicht nur als Taktik von ostdeutscher Seite abtun sollte.

Die im Schwelmer Kreis zusammengeschlossenen Pädagogen und –
nicht einmal 10%[140] – Pädagoginnen[141] gehörten vornehmlich der mittleren und älteren Generation an, kamen vor 1945 überwiegend aus dem
Schulbereich, vielfach mit reformpädagogischer Prägung, waren nach
1945 teilweise auch in Pädagogischen Akademien (im Westen) bzw. in
der universitären Pädagogik (im Osten) tätig, hatten vielfältige politische
Erfahrungen hinter sich und – wie Helling – während der Nazizeit politische Verfolgung erduldet. Die Mehrheit dürfte einen sozialistischen, auf
Seiten der Westdeutschen jedoch relativ selten nur einen dezidiert kommunistischen Hintergrund gehabt haben.[142] Von den Älteren waren viele
schon Mitglied im Bund Entschiedener Schulreformer gewesen, wie Paul
Oestreich, Otto Tacke, Martin Weise, und Gertrud Rosenow (alle aus der
DDR), aus der Bundesrepublik insbesondere Otto Koch, nach 1945 Ministerialdirektor und stellvertretender Kultusminister in Nordrhein-
Westfalen[143], mit dem Helling ein freundschaftliches Verhältnis verband.
Andere kamen aus links-gewerkschaftlichen Zusammenhängen der Weimarer Zeit wie Leo Regener als Mitbegründer der damaligen Freien Lehrergewerkschaft oder Dietrich Rothenberger und Walter Vontin aus der,
dem Widerstand gegen die Nazis zuzurechnenden, vor allem in Hamburg
und Berlin organisierten Interessengemeinschaft oppositioneller Lehrer
(IOL). Besonders erwähnt werden muss die relativ starke Gruppe von
Linkskatholiken und -katholikinnen, allen voran Klara Maria Faßbinder,
liebevoll „Friedensklärchen" genannt, Gertrud Bienko, die in den sechziger Jahren mit wichtigen Beiträgen zur Kritik westdeutscher Geschichts-
und Lesebücher an die Öffentlichkeit trat, und Josef Antz, der sich im
Kultusministerium nach 1945 um die Reorganisation der Lehrerbildung
in Nordrhein-Westfalen bemühte und sich – wie Helling – für Friedrich
Wilhelm Foerster engagierte.

---

[140] Unter den 116 Unterzeichnern des „Aufrufes deutscher Pädagogen" waren lediglich 13
Frauen.
[141] Eine vollständige biographische Rekonstruktion von Mitgliedern und Sympathisanten
des Schwelmer Kreises steht noch aus; eine erste Zusammenstellung von Biographien bei
Dudek 1993a, S. 213-218, eine grobe Auswertung der Unterschriftenliste des „Aufrufes
deutscher Pädagogen" von 1952 ebd., S. 66 ff.
[142] Vgl. Klönne, in: Eierdanz/Kremer 2000a.
[143] Vgl. Himmelstein 1992.

Zu den jüngeren Mitgliedern gehörten mit Walter Kluthe und Walter Bökenheide zumindest zwei Schwelmer Schüler Hellings, mit Bruno Laub und Wolfgang Reischock zwei Absolventen von Fritz Karsens Reformschule in Berlin-Neukölln. Unter den Ost-„Schwelmern" befand sich eine Reihe von Neulehrern, z.B. Edgar Drefenstedt. Offensichtlich merkte man ihnen die Herkunft aus der Arbeiterschaft und aus nichtpädagogischen Berufen an; sie erfreuten sich jedoch aufgrund ihrer Lernfähigkeit und ihrer hohen menschlichen Qualitäten großer Wertschätzung.[144]

Wichtigstes Forum des Schwelmer Kreises waren zunächst die breitenwirksamen Ostertagungen in Eisenach (1954, 1955, 1959, 1965) und Leipzig (1957) zu unterschiedlichen pädagogischen Themen mit zwischen 500 und 750 Teilnehmer(inne)n, wobei auf die paritätische Besetzung mit Referent(inn)en aus beiden deutschen Staaten sowie die Verbindung von Referaten und Gesprächen mit Hospitations-, Besichtigungs- und Kulturprogrammen geachtet wurde; die damit verbundenen Einblicke in die kulturelle und schulische Entwicklung der DDR werden von ehemaligen „Schwelmern" noch heute als besonders interessant erinnert. In den Zwischenzeiten boten regionale Zusammenkünfte, vor allem deutsch-deutsche pädagogische Fachgespräche von Historikern, Deutschlehrern, Grund-, Sonderschul- und Berufsschullehrern, Heimerziehern und anderen Gruppen, vielfältige Möglichkeiten zu Austausch, Verständigung und Abbau von Entfremdung. Seit Mitte der sechziger Jahre traten – dem Bedeutungsschwund des Schwelmer Kreises entsprechend – an die Stelle großer gesamtdeutscher Tagungen eher kleinere, weitgehend auf bundesdeutsche Teilnehmer(innen) beschränkte Kolloquien zu speziellen Problemen, insbesondere zu Fragen der damals akut werdenden Bildungsreform. Der Aufrechterhaltung des Kontaktes zwischen den westdeutschen Mitgliedern und Sympathisanten wie auch der Klärung des eigenen Selbstverständnisses und der Information über Aktionen und Resolutionen dienten darüber hinaus Faltblätter, „Berichte", „Mitteilungen" sowie die zwischen 1954 und 1973 von Walter Kluthe redigierte, in Schwelm vierteljährlich erscheinende Zeitschrift „Schule und Nation".

Ein verbindendes Element des Kreises waren, vor allem in den fünfziger Jahren, zahlreiche Aufrufe, Resolutionen und offene Briefe, zu-

---

[144] Vgl. Interview Bökenheide 1988, II, S. 11.

nächst vor allem gegen Aufrüstung und Verschärfung des Ost-West-Konfliktes, für eine Erziehung zur Völkerverständigung und für Maßnahmen zur Überwindung der deutsch-deutschen Teilung bzw. später zur friedlichen Koexistenz, aber auch zu einer Fülle anderer kulturpolitischer und pädagogischer Fragen. Die Initiative dazu ging zumeist von Helling aus, während sein Schüler Walter Kluthe, mit dem ihn eine enge und freundschaftliche Zusammenarbeit verband, „viel Überredungskunst und Opfer an Zeit" aufbrachte, um Unterschriften von möglichst „bekannten Leuten ..., die in der Pädagogik und im Raum der Schule einen Namen hatten", zu gewinnen.[145]

Die Mitarbeit im Schwelmer Kreis, die Beteiligung an seinen Tagungen, aber auch die Unterschrift unter seine Aufrufe und Resolutionen war für West- *und* Ostdeutsche ein Politikum. Während die DDR-Regierung, zumindest in den fünfziger Jahren, Aktivitäten des Schwelmer Kreises als Teil ihrer Deutschlandpolitik unterstützte, wohl auch die ostdeutschen Mitglieder in ihrem Sinne zu steuern versuchte,[146] hatten umgekehrt die westdeutschen Mitglieder „wie andere Gruppen der politischen Linken mit gesamtdeutschen Optionen ... von Beginn (an) mit erheblichen

---

[145] Interview Bökenheide 1988, II, S. 7. So hat sich Walter Kluthe seit 1960/61 immer wieder um die Unterschrift des Marburger Erziehungswissenschaftlers Wolfgang Klafki unter Aufrufe und Resolutionen bemüht, ihn aber auch mit ausführlichen Briefen zur Mitarbeit oder wenigstens Teilnahme an Tagungen und Kolloquien des Schwelmer Kreises zu motivieren versucht, in diesem Falle vergeblich: es ist zu keiner Begegnung mit Helling oder Kluthe gekommen. Briefliche Mitteilung Wolfgang Klafkis an den Verf. v. 11.8.1988; ich danke Wolfgang Klafki für die Einsichtnahme in seine Korrespondenz mit Kluthe; vgl. zu Klafkis Einschätzung des Schwelmer Kreises: Eierdanz/Kremer 2000b.

[146] Peter Dudek spricht in diesem Kontext von einer „Politik systematischer und verdeckter Einflussnahme" bzw. von „politisch-strategischer Bedeutung", die dem Schwelmer Kreis „auf DDR-Seite ... beigemessen" worden sei (Dudek 1993a, S. 100 u. 101). Darauf deutet auch die Tatsache hin, dass der Schwelmer Kreis Gegenstand entsprechender strategischer Planungen der West-Kommission der SED gewesen ist. Allerdings belegen die dort angestellten Einschätzungen zugleich, dass eine direkte Steuerung ostdeutscher Mitglieder nur sehr bedingt gelungen zu sein scheint (vgl. „Einschätzung der Arbeit nach Westdeutschland auf schulpolitischem und pädagogischem Gebiet und die sich ergebenen Schlussfolgerungen – Entwurf" [ohne Datum, ca. 1958], hier vor allem: „Kritische Einschätzung von Kollegen [der DDR, W.K.], die nicht prinzipienfest genug an Gespräche in Westdeutschland herangegangen sind. [S. 10 ff] [BA Berlin DY 30/IV 2/10.02/126, Bl. 66-90, spez. Bl. 75-77]). Dafür sprechen auch die in Anm. 151 aufgeführten Belege.

Schwierigkeiten seitens der bundesdeutschen Behörden zu kämpfen,[147] wobei die Grundlage von Behinderungen, Verdächtigungen, Verfolgung, Hausdurchsuchungen und Berufsverboten zunächst der bereits erwähnte Beschluss der Bundesregierung vom September 1950, ab 1956 das KPD-Verbot bildeten.[148] Als das Bundesministerium für gesamtdeutsche Fragen im Herbst 1953 eine von Helling in Wuppertal organisierte internationale pädagogische Konferenz, an der u.a. die Schweizer Quäkerin und Friedenspädagogin Elisabeth Rotten sowie der spätere Rektor der Pariser Universität Pierre Grappin mitwirken sollten, drei Tage vor Beginn als „getarnte kommunistische Veranstaltung" diffamierte, die Lehrer vor der Teilnahme nachdrücklich warnte und Helling damit zur kurzfristigen Absage der Veranstaltung zwang,[149] luden in den folgenden Jahren die

---

[147] Ebd., S. 79.

[148] Alle meine Interviewpartner(innen) des Schwelmer Kreises berichteten über entsprechende Sanktionen: insbesondere betrafen sie Helling und Kluthe. Helling hat es besonders gekränkt, dass der 1963 das Schwelmer Gymnasium leitende Direktor wie auch der damalige Stadtdirektor es ihm versagt haben, die Feier seines 75. Geburtstages „in einem Raum des Schwelmer Gymnasiums stattfinden zu lassen", in dem er „ein Leben lang Schüler, Lehrer und Direktor gewesen war". Wie Helling in seiner Autobiographie vermerkt, lehnten beide „diesen Vorschlag aus politischen Gründen ab, weil ich" – so Helling wörtlich – „im Gegensatz zur offiziellen Politik der Bundesrepublik eine Verständigung mit den DDR-Pädagogen gesucht habe." Die Kirchliche Hochschule in Wuppertal war dann „sofort bereit, Raum für die Geburtstagsfeier zur Verfügung zu stellen" (Helling 2004, S. 201). Der Fairness halber sei erwähnt, dass die Stadt Schwelm und der Ennepe-Ruhr-Kreis 1968, also fünf Jahre später, anlässlich des achtzigsten Geburtstages dann einen Empfang für Helling in Schloß Martfeld gegeben haben und sich der neue Schulleiter, Dr. Hans Graf, von Anfang an für Helling interessiert, ihn auch noch zweimal vor seinem Tode an die Schule geholt und schließlich auch die Vorbereitungsarbeit für meinen 1988 in Schwelm gehaltenen Vortrag nachhaltig unterstützt hat.

[149] Die laut Einladungskarte für den 31.10. und 1.11.1953 geplante, als „Pädagogische Herbsttagung" ausgewiesene Veranstaltung sollte von Paul Oestreich und Pierre Grappin geleitet werden, als Referate vorgesehen waren: „Pädagogik der weltweiten Verständigung" (*Elisabeth Rotten*), „Die nationalpädagogische Tradition und ihre Neuwertung für die Gegenwart" (*Heinrich Deiters*) sowie „Was müssen, was können wir tun?" (*Klara Maria Faßbinder*). Am 29.10., also zwei Tage vor Beginn der Konferenz, wurde in den verschiedenen Zeitungen des Schwelmer und Wuppertaler Einzugsgebietes mit fast gleichlautenden Meldungen, teilweise mit über zwei Spalten gehenden Balkenüberschriften, vor der Teilnahme gewarnt, wie z.B. unter der Überschrift „Warnung vor KP-,Lehrerkonferenz'" in der Schwelmer Zeitung: „Ein Sprecher des Bundesministeriums für Gesamtdeutsche Fragen wies am Mittwoch darauf hin, dass eine für das kommende Wochenende in Wuppertal geplante Konferenz der sog. Arbeitsgemeinschaft demokratischer

DDR-Kollegen zu den bereits erwähnten Ostertagungen nach Eisenach und Leipzig ein. Die Einreise in die DDR konnte dabei für westdeutsche Pädagogen wiederum mit Nachteilen und Schwierigkeiten von Seiten bundesdeutscher Dienststellen verknüpft sein, was umgekehrt auch für Reisen in den Westen von nicht dafür vorgesehenen ostdeutschen Kadern galt. Beiden Gruppen drohten unter bestimmten Umständen darüber hinaus Schwierigkeiten von Seiten des jeweils anderen deutschen Staates, was die mit dem deutsch-deutschen politischen Engagement verbundenen psychischen Belastungen während der Zeit des Kalten Krieges verdeutlicht.

Zu klären bleibt die Frage, inwieweit Helling und seine politischen Freunde tatsächlich „fünfte Kolonne Moskaus", „trojanische Herde" und „nützliche Idioten Pankows" gewesen sind – so die damals gern gebrauchten Bezeichnungen im Westen zur Diskriminierung des politischen Gegners.[150] Zweifellos standen West- wie Ost-„Schwelmer" unter dem Druck der miteinander konkurrierenden und verfeindeten Systeme und mussten Rücksicht darauf nehmen, wobei die Spielräume eng waren. Vieles spricht jedoch dafür, dass sich weder die ost-, noch die westdeutschen „Schwelmer" haben instrumentalisieren lassen.[151] Von ostdeut-

---

Lehrer und Erzieher eine getarnte kommunistische Veranstaltung ist." In anderen Zeitungen wurden bewusst Falschinformationen über die Zusammensetzung der Referentenliste verbreitet, worauf sich Helling noch am selben Tag dazu gezwungen sah, die Tagung kurzfristig abzusagen (Mitteilung in der Presse einen Tag später, also am 30.10.1953). Eingaben und Beschwerden beim verantwortlichen Minister, Jakob Kaiser, blieben ohne jede Resonanz. Vgl. die breite Dokumentation des Vorgangs in: SK 1, a.a.O.

[150] Hauptwidersacher Hellings und des Schwelmer Kreises in den fünfziger Jahren war die, von dem Düsseldorfer Oberschulrat und späteren Kölner Schuldezernenten Johannes Giesbert gegründete „Vereinigung der aus der Sowjetzone verdrängten Lehrer und Beamten e.V." – Ängste, „für parteikommunistische Zwecke instrumentalisiert zu werden", bestanden offensichtlich auch bei einigen der dem Schwelmer Kreis nahe stehenden Personen, beispielsweise bei dem schon erwähnten Otto Koch (Klönne, in: Eierdanz/Kremer 2000a, S. 224). Er zog sich 1953 wohl „auf Druck der SPD ... aus dem Schwelmer Kreis zurück" (Himmelstein 1992, S. 90).

[151] Dies z.B. der Eindruck des Paderborner Soziologen Arno Klönne, der über sein Elternhaus bereits in den fünfziger Jahren Kontakte zu Mitgliedern des Schwelmer Kreises hatte und in den sechziger Jahren zeitweise als Sprecher der „Ostermarschbewegung" fungierte. Der Schwelmer Kreis war für ihn „eher ein Beispiel dafür, dass Kommunisten solche Aktivitäten bereicherten und nicht instrumentalisierten, wie manche damals vermuteten" (Klönne, in: Eierdanz/Kremer 2000a, S. 225). Auch Wolfgang Klafki bezeichnet es als

schen Teilnehmern an damaligen gemeinsamen Tagungen wissen wir, wie wichtig ihnen – gerade aus der Erfahrung ideologischer Engführung in der DDR – das *offene* Gespräch mit westdeutschen Kolleg(inn)en war, von dem sie außerhalb des Schwelmer Kreises weithin ausgeschlossen waren.[152] Allerdings handelte es sich dabei nicht um Systemgegner, sondern um grundsätzliche Befürworter sozialistischer Bildungs- und Sozialpolitik. Dies dürfte in gleicher Weise für viele, aber längst nicht alle westdeutschen „Schwelmer" gegolten haben, die ihrerseits Wiederaufrüstung, militanten Antikommunismus sowie gesamtgesellschaftliche Restauration in der Bundesrepublik seit Beginn der fünfziger Jahre als Bedrohung von Frieden und Freiheit erlebten und gerade deshalb zu einem Grundkonsens mit den Ostdeutschen tendierten, trotz aller Differenzen über die konkrete Umsetzung sozialistischer Politik in der DDR, insbesondere deren stalinistische Ausprägungen. Ihnen bedeutete insbesondere die Verwirklichung des gleichen Rechtes auf Bildung in einer differenzierten Einheitsschule ein echtes Anliegen, wie sie sowohl von der amerikanischen als auch der sowjetischen Besatzungsmacht gefordert, jedoch lediglich in der SBZ bzw. der späteren DDR konsequent realisiert wur-

---

„Verdienst von ‚Schule und Nation' und des Schwelmer Kreises, dass sie Foren des *relativ offenen Gespräches* gewesen sind, sowohl für Ost- als auch für West-Pädagogen" (Klafki, in: Eierdanz/Kremer 2000b, S. 210, Kursivierung W.K.). Vgl. Fußnote 146 sowie den Beitrag von Christa Uhlig in vorliegendem Band.

Die im Vorfeld der Tagung über Fritz Helling vom März 2002 aufgeworfene Frage, ob Helling „möglicherweise (sogar, W.K.) … im direkten Auftrag des Ministeriums für Staatssicherheit" gearbeitet habe (Dietz 2002, S. 16), kann inzwischen verneint werden, zumindest sind keinerlei Stasi-Unterlagen zu Helling nachweisbar, wie eine von mir initiierte Recherche beim Bundesbeauftragten für die Unterlagen des Staatssicherheitsdienstes der ehemaligen Deutschen Demokratischen Republik ergeben hat (vgl. Schreiben an den Verf. v. 25.3. u. 14.4.2004 [AZ AUII8-006120/03Z8]). – Vermutlich aus diesem Grunde ist auch ein im ursprünglichen Programmentwurf für die Schwelmer Helling-Tagung angekündigter Vortrag von Manfred Heinemann: „Fritz Helling: Ein Objekt des DDR-Apparats" nicht zustande gekommen (vgl. Programm, Stand 6.12.01).

[152] So berichtet z.B. Heinrich Deiters in seiner Autobiographie von vergeblichen Versuchen seinerseits, zu Veranstaltungen und Zusammenkünften von Kollegen an westdeutschen Universitäten eingeladen zu werden, so dass für ihn wie andere der Schwelmer Kreis die einzige wissenschaftliche Kontaktmöglichkeit nach Westen hin darstellte: „Als Organisation, die für die Verständigung unter der deutschen Lehrerschaft wirkte und sich hüben wie drüben den großen Lehrervereinigungen gegenüber selbständig verhielt, war der Schwelmer Kreis einzig in seiner Art" (Deiters 1989, S. 231, vgl. S. 233).

de.[153] Ostdeutschen Kollegen machte vor allem die zunehmende ideologische Gängelung der Schule Sorge, ihre starren Lehrpläne, die reformpädagogisches Engagement erschwerten oder sogar unmöglich machten; in solchen Punkten wünschten sie sich Unterstützung von westdeutscher Seite und setzten beispielsweise große Erwartungen in die Einladung Hellings und anderer westdeutscher Vertreter zur Vorbereitung des V. Pädagogischen Kongresses der DDR 1956, wo Helling auch Rederecht erhielt; solche Erwartungen ließen sich freilich nur zum geringen Teil einlösen.[154]

Helling selbst zog 1957 nach fünfjährigen Erfahrungen mit dem Schwelmer Kreis das Fazit, dass es bei den deutsch-deutschen Begegnungen „zu lebhaften und spannungsreichen Diskussionen gekommen", dass man jedoch „der Schwierigkeiten, die sich dadurch ergaben, … dank des Willens auf beiden Seiten, zusammenzukommen und zu bleiben, Herr geworden sei" und sich „ständig in der schweren Kunst geübt habe, aufeinander zu hören, den anderen ernst zu nehmen und zu verstehen und einen Ausgleich mit ihm zu finden, ohne das Grundsätzliche des eigenen Standpunktes preiszugeben".[155] Eine solche Haltung verlangte unter den Bedingungen des Kalten Krieges Kompromisse, beispielsweise auf offizielle Proteste bei der DDR gegen Stalinismus, Benachteiligung und Verfolgung Andersdenkender, Schauprozesse gegen vermeintliche Renegaten nach dem Ungarn-Aufstand von 1956 oder auch gegen Mauerbau und Schießbefehl zu verzichten, was aus heutiger Sicht zweifellos ein hoher Preis war.[156] Dabei dürfte eine große Rolle gespielt haben, dass zumin-

---

[153] Dieses Anliegen westdeutscher „Schwelmer" fand seinen Ausdruck etwa in einer vom Schwelmer Kreis herausgegebenen Broschüre „Dokumente zur demokratischen Schulreform in Deutschland 1945-1948" (Schriftenreihe: Aktuelle Fragen der deutschen Schule), Schwelm: Schule und Nation Verlags-GmbH 1960.

[154] Dudek (1993b, S. 70) konzediert zwar, dass die Einbeziehung des Schwelmer Kreises und seiner Anhänger in die Kongressvorbereitung, und zwar als einziger westdeutscher Organisation, „faktisch einer gewaltigen politischen Aufwertung" gleichkam, schätzt jedoch ihre Rolle eher als die von „Statisten" als von „Akteuren" ein.

[155] Helling 1958h, S. 54.

[156] Für Wolfgang Klafki lag hier der entscheidende Grund, sich trotz „partieller Übereinstimmung" nicht im Schwelmer Kreis zu engagieren. „Der ‚Knackpunkt' war immer eine von mir empfundene gewisse ‚Einäugigkeit' der Kritik: Die Versäumnisse und Missstände in der Bundesrepublik, pädagogisch und allgemein-politisch gesehen, wurden – m.E. weitgehend mit Recht, wenn auch bisweilen etwas zu undifferenziert – scharf kritisiert,

dest ein Teil der westdeutschen „Schwelmer" „die Neuordnung der demokratischen Schule in der DDR … mit bangem Herzen verfolgte" und sie auf keinen Fall gefährden oder preisgeben wollte.[157]

Die von Helling geübte Betonung des Verbindenden gegenüber allem Trennenden wurde zweifellos begünstigt durch sein pädagogisches Grundverständnis, die aktuellen gesellschaftspolitischen und pädagogischen Entwicklungen vor dem Hintergrund humanistischer Traditionen und dem dort artikulierten „Glauben an den Menschen und die Zukunft der Menschheit" zu begreifen.[158] Daraus konnte Helling nämlich, wie z.b. in seinem Grundsatzreferat auf der Eisenacher Tagung von 1954 „Über den humanistischen Auftrag der deutschen Pädagogen", eine Art „Gläubigkeit" für die Gegenwart ableiten, dass der Mensch „trotz seiner Fragwürdigkeit dank der ihm mitgegebenen Anlagen zur Emporbildung seiner werthaltigen Kräfte zum rechten Gebrauch für sich und die menschliche Gesellschaft kommen" könne.[159] Zugleich ließen sich die „Enderwartung des klassischen Idealismus", die „urchristliche Botschaft vom Kommen des Reiches Gottes" sowie die „marxistische Lehre von der Selbstverwirklichung des Menschen in der klassenlosen Gesellschaft" miteinander versöhnen,[160] ohne dass man sich die Frage stellen musste, wie sich solche Erwartungen vor dem Hintergrund der gesellschaftlichen Wirklichkeit in Deutschland-West und -Ost konkret ausnahmen. Ähnlich abgehoben waren die von Helling zum Abschluss seines Vortrages aus einem „Herderwort" abgeleiteten Maximen für die Pädagogen in Ost und West:

---

hinsichtlich der Vorgänge in den sog. Sozialistischen Ländern aber enthielt der Schwelmer Kreis, soweit ich das damals (und einstweilen auch noch heute) übersah bzw. übersehe, sich fast ganz kritischer Äußerungen." Klafki konzediert jedoch zugleich, dass er „damals selbst erst auf dem Wege zu einem gesellschaftskritischen Bewusstsein war, auch im Hinblick auf pädagogische Fragen" (Brief Klafkis an den Verf. v. 11.8.1988, S. 3).

[157] Interview Bökenheide, II, S. 18. – Die damaligen Ängste sind nach dem Anschluss der DDR an die Bundesrepublik mit der Beseitigung von Einheitsschule, polytechnischem Unterricht sowie dem Abbau von Sozialleistungen in Ostdeutschland voll bestätigt worden.

[158] Helling 1958f, S. 56.

[159] Ebd.

[160] Ebd., S. 58.

„Lasset uns, meine Brüder, mit mutigem, fröhlichem Herzen auch mitten unter der Wolke arbeiten: denn wir arbeiten zu einer großen Zukunft."[161]

Hellings für die fünfziger Jahre typischer Rückbezug seines pädagogischen Denkens auf humanistische Traditionen erinnert stark an die Geisteswissenschaftliche Pädagogik des selben Zeitabschnittes, beispielsweise Herman Nohls, allerdings wiederum mit dem großen Unterschied, dass Helling nach wie vor den Zusammenhang von Gesellschaft und Erziehung, den „Widerspruch zwischen humanistischer Erziehungsarbeit und gesellschaftlicher Wirklichkeit" betonte,[162] freilich auf dieser allgemeinen Ebene verblieb. Erst in den sechziger Jahre nahmen Aufsätze wie „Die Volksbildung im preußisch-deutschen Militärstaat" (1965)[163] und vor allem „Eduard Sprangers Weg zu Hitler" (1966)[164] seine kritischen Analysen des Verhältnisses von Pädagogik und Gesellschaft der Endphase Weimars wieder auf, ohne jedoch substanziell auf die Verhältnisse im geteilten Deutschland einzugehen.

Ungeachtet aller Kontinuität im Denken Hellings von Weimar bis in die Bundesrepublik gibt es Verschiebungen und Neuansätze, insbesondere die bereits seit der zweiten Hälfte der fünfziger Jahre stärkere Gewichtung verbindlicher Bildungsziele gegenüber der Forderung nach Berücksichtigung kindlicher und jugendlicher Individualität – dies vermutlich nicht nur unter dem Einfluss seiner Auseinandersetzung mit der DDR-Pädagogik, sondern auch der Beschäftigung mit Johann Amos Comenius.[165] In seinem autobiographischen Beitrag „Die Wandlungen in meinem Leben" aus dem Jahre 1963 verdeutlicht Helling, wie sich für ihn aufgrund dieses Nachdenkens die Bildungsfrage seit der Weimarer Zeit verschoben hat:

„Bisher durch die Reformpädagogik daran gewöhnt, den Blick auf den einzelnen Menschen mit seinen individuellen Interessen und Begabungen zu richten und eine Antwort auf die Frage zu finden, wie die in diesem Menschen liegenden Kräfte am besten

---

[161] Ebd., S. 69.
[162] Ebd., S. 64.
[163] Helling 1968b.
[164] Helling 1968c; vgl. den Beitrag von Klaus Himmelstein in vorliegendem Band.
[165] Vgl. den Beitrag von Klaus Schaller in vorliegendem Band.

zur vollen Entfaltung gebracht werden können, wurde jetzt der Blick auf das Ganze der Welt gerichtet, in der wir alle zu leben haben. Natürlich blieb ich mir bewusst, dass die Hinführung zu diesem Verstehen des Weltgeschehens nur im Einklang mit den jugendlichen Eigentümlichkeiten gelingen kann. Entscheidend aber war für mich, dass ich von nun an ein inhaltlich bestimmtes, allgemein verbindliches Bildungsziel für alle Schulen vor Augen hatte. Die jahrzehntelange Ungewissheit über das *Was* der Bildung war nun endlich überwunden."[166]

Es wäre interessant, Hellings Überlegungen zu einer neuen Allgemeinbildung, die letztendlich auf ein Begreifen der natürlichen *und* gesellschaftlichen Zusammenhänge unserer Welt zielt und für eine bewusste Akzentuierung und zugleich Reduzierung des Lehrplans unter diesem Aspekt plädiert, in den Kontext der neueren Diskussion zur Allgemeinbildung, beispielsweise Wolfgang Klafkis und Hartmut von Hentigs, zu stellen.

7. Fritz Helling im vereinigten Deutschland – Bedeutung und Aktualität

In einem Rückblick auf den Schwelmer Kreis hat Arno Klönne auf den „Generationenbruch" aufmerksam gemacht, den die damals jungen, während der Nazizeit aufgewachsenen Linken von den Gründern des Schwelmer Kreises wie Fritz Helling getrennt habe, und auf ihr „kompliziertes Verhältnis" zu ihnen verwiesen:

„Einerseits empfanden wir ihr Denken als sehr attraktiv; denn sie verkörperten eine Tradition, die wir bis dahin nicht kennen gelernt hatten. Andererseits aber drückte sich der Generationsbruch dadurch aus, dass wir sie für zu idealistisch und blauäugig hielten, weil sie naiv an gesellschaftliche Bedingungen und Machtstrukturen herangingen." Deshalb habe man sie auch nicht mehr als „Kundgebungsredner für die Ostermärsche" engagiert, weil man befürchtete, dass sie auf derartigen Veranstaltungen „zu persönlich den Ton angaben und ‚idealistisch' dominierten".[167]

---

[166] Helling 1988c, S. 72.
[167] Klönne, in: Eierdanz/Kremer 2000a, S. 223.

Diese Generationserfahrung Klönnes, die in ähnlicher Weise auch von seinen Altersgenossen in der DDR wahrgenommen worden sein dürfte, wo ebenfalls „eine neue Generation nach(rückte), die nichts mehr mit den humanistischen und pazifistischen Ideen der Weimarer Republik anzufangen wusste",[168] erklärt, warum Helling und der Schwelmer Kreis in den sechziger Jahren ihren ohnehin begrenzten Einfluss zunehmend verloren[169] und der Kreis schließlich 1974, ein Jahr nach Hellings Tod, an sein Ende kam.

Was Klönne an Helling attraktiv empfand, waren die in seinem Denken enthaltenen fortschrittlichen Potentiale Weimarer Pädagogik, wie sie vor allem im Bund Entschiedener Schulreformer versammelt waren; ebenso die Konsequenz, mit der er sich den restaurativen Tendenzen der frühen Adenauer-Zeit widersetzte und bestehende Spielräume im gespannten deutsch-deutschen Verhältnis nutzte, „um die Regeln des Kalten Krieges zu durchbrechen".[170] Die Differenz zu Hellings Generation markierte schon bald eine sehr viel stärkere sozialwissenschaftliche Orientierung, die auf die Rezeption von Kritischer Theorie und anderer, nach 1933 zum Verlassen Deutschlands gezwungener soziologischer Schulen zurückgeht. An die Stelle bildungsphilosophischer traten empirische Analysen gesellschaftlicher Wirklichkeit, wie sie bereits für die politische und pädagogische Auseinandersetzung der sechziger Jahre zunehmend charakteristisch waren.

Die Tatsache, dass fast gleichzeitig mit Helling auch die Repräsentanten Geisteswissenschaftlicher Pädagogik wie Herman Nohl (1879-1960), Theodor Litt (1880-1962), Eduard Spranger (1882-1960) und Wilhelm Flitner (1889-1990) an Bedeutung einbüßten, zeigt, dass der Generationenbruch der sechziger Jahre nicht nur Helling als Außenseiter, sondern auch die anerkannten Repräsentanten seiner Generation betraf,

---

[168] Ebd., S. 224.

[169] Der von Klönne und anderen beschriebene Umbruch mit deutlichem Paradigmenwechsel wird auch von Wolfgang Klafki bestätigt: „Wenn ich recht sehe, haben sich die vor allem seit Mitte der 60er Jahre meldenden progressiven Ansätze in der Pädagogik, die der ‚Reformphase' in den letzten Jahren der 60er und zu Beginn der 70er Jahre vorausgingen, nie auf die Intentionen der Schwelmer berufen … Die Reformer seit den 60er Jahren kannten die Schwelmer Bemühungen wohl gar nicht mehr, manche mögen sie sozusagen ‚vergessen' haben" (Brief an den Verf. v. 11.8.1988, S. 4).

[170] Klönne, in: Eierdanz/Kremer 2000a, S. 219.

was noch einmal darauf hindeutet, dass ihr Denken bei allen Differenzen mehr Gemeinsamkeiten aufwies, als dies für den zeitgenössischen Blick erkennbar war.

Inzwischen liegt die Gründung des Schwelmer Kreises mehr als ein halbes Jahrhundert zurück und sein Anlass, die deutsch-deutsche Teilung, ist ebenfalls seit mehr als zehn Jahren Geschichte. Damit stellt sich heute radikaler als in den sechziger Jahren die Frage nach der Bedeutung Hellings, und zwar sowohl im erziehungshistorischen Kontext als auch im Rahmen einer noch zu schreibenden Intellektuellengeschichte des verflossenen Jahrhunderts.

Unter beiden Perspektiven verdient Helling Beachtung als Außenseiter seiner, in der Wilhelminischen Zeit aufgewachsenen, Generation mit zeittypischen und besonderen Zügen. Seine Erfahrungen und Prägungen bis etwa zu seinem dreißigsten Lebensjahr unterschieden sich – wie gesehen – nur wenig von denen anderer, im bürgerlichen und kleinbürgerlichen Milieu sozialisierter Altersgenossen, einschließlich seiner Prägung durch ein humanistisches Menschen- und Weltbild, durch Jugendbewegung und Reformpädagogik. Ihnen verdankt Helling die ihn lebenslang leitende Überzeugung, mit Hilfe von Pädagogik auf gesellschaftliche Prozesse Einfluss nehmen zu können und zu sollen, als Lehrer und Schulleiter wie als Repräsentant des Bundes Entschiedener Schulreformer und später als Gründer des Schwelmer Kreises.

Diese pädagogische verband sich im Verlaufe der zwanziger Jahre mit einer gesellschaftskritischen Prägung, die Helling zum undogmatischen Sozialisten machte. Pädagogik gewann für ihn nun Bedeutung quasi als Kraft, mit der man Menschen von der Notwendigkeit gesellschaftlicher Veränderung überzeugen, sie im Sinne der vorgestellten solidarischen Ordnung erziehen und neue Formen eines „humanen" Zusammenlebens erproben konnte. Solche Erwartungen vermitteln aufgrund von Erfahrungen im zurückliegenden 20. Jahrhundert leicht den Eindruck des Illusionären, des Unrealistischen, ja der „Blauäugigkeit". Sie kontrastieren gleichzeitig mit eigenen Erfahrungen Hellings, wie er sie schon zu Beginn der dreißiger Jahre deutlich artikuliert hat, dass nämlich weder im 19. Jahrhundert Aufklärer und Humanisten sich gegen die Interessen des Kapitals durchsetzen, noch die Pädagogen in der Endphase Weimars den Faschismus aufhalten konnten. Letzteres bedeutete für Helling und seine Familie, wie gesehen, Verfolgung, Gestapo-Haft und „inneres Exil". Dennoch hat er auch nach 1945 seine in die Pädagogik gesetzten Hoffnungen nicht aufgegeben, sondern sie als Schulleiter in seiner eigenen Schule, nach seiner Pensionierung im Rahmen des Schwelmer Kreises umzusetzen versucht. Seine Erwartung, mit Hilfe von Pädagogentreffen und -verständigung zum Abbau der Ost-West-Spannung oder gar der deutschen Teilung beitragen zu können, ging aus heutiger Sicht ebenfalls an der Realität, d.h. den von Herrschaftsinteressen in West und Ost bestimmten Mechanismen des Kalten Krieges vorbei. Somit stellt sich abschließend die Frage nach dem Fazit: War Helling nur Idealist, Illusionist oder gar ein Spinner?

Helling ist sowohl in der Endphase Weimars als auch in der frühen Bundesrepublik als Stimme der Vernunft, der Humanität, des Friedens und einer gerechteren Gesellschaftsordnung wahrgenommen worden und hat, wenn auch nur begrenzt, Resonanz gefunden. Ohne ihn hätten sich 1933 Gleichschaltung und Selbstgleichschaltung noch widerstandsloser vollzogen, hätten in den fünfziger Jahren die Mechanismen des Kalten Krieges im geteilten Deutschland noch reibungsloser greifen können. Das bedeutet, dass Helling zu seinen Lebzeiten Menschen alternative Handlungsmöglichkeiten aufgezeigt hat und verweist uns Nachgeborene darauf, dass es für den konkreten Verlauf der Geschichte auch andere Weichenstellungen hätte geben können. So gesehen ist sein Engagement keineswegs vergeblich, sind sein „aufrechter Gang", sein Engagement für eine humanere Gesellschaft vorbildlich gewesen. Freilich erkennen wir mit dem historischen Abstand deutlicher die Grenzen von Pädagogik und pädagogischem Engagement, ebenso die Notwendigkeit, gesellschaftliche Machtverhältnisse sehr viel nüchterner und realitätsbezogener zu analysieren als Helling dies getan hat. Davon unberührt bleibt seine grundlegende, selbst schmerzhaft erfahrene Einsicht in den Zusammenhang von Pädagogik und Politik, so dass sein Vermächtnis an heutige Pädagogen nach wie vor lauten könnte:

„Wir alle hatten den individualistischen Utopismus, zu dem wir uns früher mehr oder weniger hatten verleiten lassen, überwunden. Wir waren insofern Realisten geworden, als wir die Bedeutung der gesellschaftlichen Umwelt für das pädagogische Gelingen erkannt hatten. Denn wie war es uns ergangen? Während wir in der Schule um des Kindes willen radikale Neuerungen erprobten, gingen die Gesellschaft, in der wir lebten, und die Politik, die gemacht wurde, ganz andere Wege. Sie wurden restaurativ und reaktionär und führten uns schließlich in den Faschismus. Diese Erfahrungen hatten uns alle zu der Einsicht gebracht, dass jede fortschrittliche Pädagogik ihre Ziele nur dann erreichen kann, wenn auch die Gesellschaft und ihre Politik sich in fortschrittlicher Richtung befinden. Wir hatten gelernt, dass jeder Schulreformer sich dafür einsetzen muss, dass die fortschrittlichen Kräfte in der Gesellschaft und ihre Politik zum Siege kommen, damit eine Schulerneuerung wirklich durchgesetzt werden kann."[171]

---

[171] Helling 1958h, S. 52 f.

Quellen und Literatur

Ungedruckte Quellen und Archivalien

Archiv Märkisches Gymnasium Schwelm
- Städt. Realgymnasium mit Realschule Schwelm. Bericht über das Schuljahr 1933/34. Erstattet v. Leiter der Anstalt: Oberstudiendirektor Dr. Max Hasenclever
- Protokollbuch der Oberschule für Jungen und Mädchen in Schwelm v. 22. Jan. 1946 bis 10. Dezember 1951
- Aus dem Tagebuch des Oberstudienrates Walter Bellingrodt 1. Jan. 1945-31. März 1948, hrsg. v. seinem Sohn Johs. P. Bellingrodt, 27. April 1986
- Briefe und Unterlagen zur Oberstufenreform der vierziger und fünfziger Jahre

Bundesarchiv Berlin
- Institut für Marxismus-Leninismus beim ZK der SED – Zentrales Parteiarchiv – Bestand: Sozialistische Einheitspartei Deutschlands, Zentralkomitee: Westkommission, Sign. DY 30/IV 2/10.02/126

Stadtarchiv Schwelm
- Konvolut Fritz Helling
- Personalakte Fritz Helling
- Personalakte Fritz Kopperschmidt
- Verwaltungsbericht der Stadt Schwelm 1949

PA Wolfgang Keim, Universität Paderborn
- 4 Aktenordner Schwelmer Kreis (SK 1-4)

Interviews und Korrespondenzen

- Interview mit Dr. Gertrud Bienko, Sept. 1988
- Interview mit Walter Bökenheide am 5.9.1988 (2 Kassetten, zit. I und II)
- Interview mit Prof. Dr. Jürgen Helling am 3.9.1988
- Interview mit Klaus Herborn, Sept. 1988
- Interview mit Dr. Werner Hövelmann, Sept. 1988
- Korrespondenz mit Prof. Dr. Wolfgang Klafki, August 1988
- Interview mit Hubert Schmidt am 15.3.2002

Schriften von Fritz Helling

Helling, Fritz: Quaestiones Livianae. Schwelm 1921

Ders.: Schulkrisis, in: Das neue Werden. Beilage aus der Jugendbewegung zum Schwelmer Tageblatt. Zu Nr. 88 v. 12. April 1924

Ders.: Einführung in die deutsche Literaturgeschichte. Breslau 1928

Ders.: Georg Kerschensteiner. Würdigung zum 75. Geburtstag, in: Die Neue Erziehung 11 (1929), S. 501-507

Ders.: Kulturinhalte und Kulturformen im Spannungsfeld der politischen Parteien, in: Hoepner, Wilhelm/Oestreich, Paul (Hrsg.): Jugend, Erziehung und Politik. Die Problematik und das Gebot. Kongreß 1931 des Bundes Entschiedener Schulreformer. Jena 1931, S. 34-43

Ders.: Spranger als politischer Pädagoge, in: Die Neue Erziehung 15 (1933), S. 80-86

Ders.: Die Frühgeschichte des jüdischen Volkes. Frankfurt a.M. 1947 (a)

Ders.: Der Katastrophenweg der deutschen Geschichte. Frankfurt a.M. 1947 (b)

Ders.: Schulreform in der Zeitenwende. Eine Auswahl aus Reden und Aufsätzen aus der Zeit von 1926 bis 1958. Schwelm 1958 (Helling 1958a)

Ders.: Menschenbildung (1926), in: Helling 1958a, S. 16-25 (Helling 1958b)

Ders.: Pestalozzi (1927), in: Helling 1958a, S. 11-16 (Helling 1958c)

Ders.: Der Bankrott der offiziellen Schulreform (1932), in: Helling 1958a, S. 19-25 (Helling 1958d)

Ders.: Erziehung als Kulturpolitik (1932), in: Helling 1958a, S. 30-37 (Helling 1958e)

Ders.: Über den humanistischen Auftrag der deutschen Pädagogen, in: Der Pflüger. Blätter für pädagogische Begegnung. Sonderheft Nr. 2 (Juli 1954), S. 35-45; wieder abgedruckt unter dem Titel: Der humanistische Auftrag der deutschen Pädagogen, in: Helling 1958a, S. 55-69 (Helling 1958f)

Ders.: Aus meinem Leben, in: Schule und Nation 5 (1958), H. 1, S. 17-20; wieder abgedruckt in: Helling 1958a, S. 83-90 (Helling 1958g)

Ders.: Der Schwelmer Kreis, in: Helling 1958a, S. 52-55 (Helling 1958h)

Ders.: Neue Politik – Neue Pädagogik. Lehren für uns Deutsche. Schwelm 1968 (Helling 1968a)

Ders.: Die Volksbildung im preußisch-deutschen Militärstaat, in: Schule und Nation 11 (1965), H. 3, S. 14-17; wieder abgedruckt in: Helling 1968a, S. 24-36 (Helling 1968b)

Ders.: Eduard Sprangers Weg zu Hitler, in: Schule und Nation 13 (1966), H. 2, S. 1 ff.; wieder abgedruckt in: Helling 1968a, S. 37-45 (Helling 1968c)

Ders.: Pädagogen in gesellschaftlicher Verantwortung. Ausgewählte Schriften eines entschiedenen Schulreformers, hrsg. u. eingeleitet v. Jürgen Eierdanz u. Karl-Heinz Heinemann. Frankfurt a.M. 1988 (Helling 1988a)

Ders.: Gesellschaftskrise und Faschismus (1931), in: Helling 1988a., S. 74-79 (Helling 1988b)

Ders.: Die Wandlungen in meinem Leben, in: Schule und Nation 9 (1963), H. 3, S. 22-27; H 4., S. 14-17; wieder abgedruckt in: Helling 1988a, S. 51-73 (Helling 1988c)

Ders.: Mein Leben als politischer Pädagoge, hrsg. v. Burkhard Dietz und Jürgen Helling. Frankfurt a.m. 2004

Literatur

Abusch, Alexander: Der Irrweg einer Nation. Ein Beitrag zum Verständnis deutscher Geschichte. Berlin 1946

Arbeitsausschuß des Schwelmer Kreises (Bundesrepublik) (Hrsg.): 10 Jahre Schwelmer Kreis. Schwelm i.W. o.J. (1962)

Bauer, Otto u.a.: Faschismus und Kapitalismus. Theorien über die sozialen Ursprünge und die Funktion des Faschismus, hrsg. v. Wolfgang Abendroth, eingeleitet v. Kurt Kliem u.a. Frankfurt a.m. 1967

Böhm, Winfried: Kulturpolitik und Pädagogik Paul Oestreichs. Bad Heilbrunn/Obb. 1973

Bölling, Rainer: Sozialgeschichte der deutschen Lehrer. Ein Überblick von 1800 bis zur Gegenwart. Göttingen 1983

Brünneck, Alexander von: Politische Justiz gegen Kommunisten in der Bundesrepublik Deutschland 1949-1968. Frankfurt a.m. 1978, S. 54 ff.

Deiters, Heinrich: Bildung und Lehre. Erinnerungen eines deutschen Pädagogen. Hrsg. u. eingeleitet v. Detlef Oppermann. Köln/Wien 1989

Die Neue Erziehung. Zeitschrift für Entschiedene Schulreform und freiheitliche Schulpolitik. Organ des Bundes Entschiedener Schulreformer, hrsg. v. Martin Baege u. Siegfried Kawerau (ab 4. Jg. v. Paul Oestreich u.a.). Berlin bzw. (ab 12. Jg.) Jena 5 (1923) – 15 (1933)

Dietz, Burkhard: Diese weite geistige Existenz. Tagung zu Leben und Werk Fritz Hellings. Gespräch mit Heike Rudolph. In: Journal für Schwelm, Heft Nr. 78/2002, S. 14-17

Dokumente zur demokratischen Schulreform in Deutschland 1945-1948 (Schriftenreihe: Aktuelle Fragen der deutschen Schule), Schwelm (Schule und Nation Verlags-GmbH) 1960

Dudek, Peter: Gesamtdeutsche Pädagogik im Schwelmer Kreis. Geschichte und politisch-pädagogische Programmatik 1952-1974. Weinheim/München 1993 (a)

Ders.: Gesamtdeutsche Pädagogik im Kalten Krieg? Der V. Pädagogische Kongreß 1956 uns eine Folgen für die DDR-Pädagogik, in: Die Deutsche Schule 85 (1993b), S. 63-83

Ders.: Die Gründung des Schwelmer Kreises im Kalten Krieg, in: Beiträge zur Heimatkunde der Stadt Schwelm und ihrer Umgebung. Jahresgabe des Vereins für Heimatkunde Schwelm. Neue Folge 45 (1996), S. 131-141

Drefenstedt, Edgar: Deutsche Pädagogen in der Zeit des Kalten Krieges. Anmerkungen zu einem Aufsatz von Peter Dudek in Heft 1/93 der „Deutschen Schule", in: Die Deutsche Schule 85 (1993), S. 383-392

Ehrentreich, Alfred: 50 Jahre erlebte Schulreform – Erfahrungen eines Berliner Pädagogen, hrsg. u. mit einer Einführung von Wolfgang Keim. Frankfurt a.M. 1985

Eierdanz, Jürgen/Kremer, Armin: Der Bund Entschiedener Schulreformer – Eine soziale Bewegung der Weimarer Republik?, in: Bernhard, Armin/Eierdanz, Jürgen (Hrsg.): Der Bund der Entschiedenen Schulreformer. Eine verdrängte Tradition demokratischer Pädagogik und Bildungspolitik. Frankfurt a.M. 1991, S. 28-66

Dies.: „Die Mehrzahl der Mitglieder des Schwelmer Kreises waren politisch betrachtet doch weitgehend freischwebende Menschen". Jürgen Eierdanz und Armin Kremer im Gespräch mit Arno Klönne, in: Dies. (Hrsg.): „Weder erwartet, noch gewollt" – Kritische Erziehungswissenschaft und Pädagogik in der Bundesrepublik Deutschland zur Zeit des Kalten Krieges. Hohengehren 2000, S. 218-227 (Eierdanz/Kremer 2000a)

Dies.: Der „Schwelmer Kreis" – ein in seiner Wirkungszeit in der pädagogischen Diskussion kaum beachteter Nachfolger der „Entschiedenen Schulreformer". Jürgen Eierdanz, Armin Kremer im Gespräch mit Wolfgang Klafki, in: Dies. (Hrsg.): „Weder erwartet, noch gewollt" – Kritische Erziehungswissenschaft und Pädagogik in der Bundesrepublik Deutschland zur Zeit des Kalten Krieges. Hohengehren 2000, S. 205-217 (Eierdanz/Kremer 2000b)

Ellerbrock, Wolfgang: Paul Oestreich. Porträt eines politischen Pädagogen. Weinheim/München 1992

Geißler, Gerd: Rezension zu Peter Dudek: Gesamtdeutsche Pädagogik im Schwelmer Kreis, in: Jahrbuch für Pädagogik 1994, S. 417-419

Gemeinsames Ministerialblatt, hrsg. v. Bundesministerium des Innern. Bonn 1 (1950), Nr. 12 (vom 20.09.1950)

Günther, Karl-Heinz u.a.: Geschichte der Erziehung. Berlin (Ost) 1987

Hackler, Cornelia: Klassische und moderne Formen – Die architektonische Konzeption und stilistische Rezeption, in: Dies. (Hrsg.): Der Schulbau Präsidentenstraße 1911/1912 (Bauen in Schwelm – eine Veröffentlichung des Arbeitskreises Schwelmer Baugeschichte e.V.). Gelsenkirchen/Schwelm 1997

Haubfleisch, Dietmar: Schulfarm Insel Scharfenberg. Mikroanalyse der reformpädagogischen Unterrichts- und Erziehungsrealität einer demokratischen Versuchsschule im Berlin der Weimarer Republik. 2 Bde. Frankfurt a.M. 2001

Heinemann, Karl-Heinz: Fritz Helling – Porträt eines politischen Pädagogen, in: Demokratische Erziehung 4 (1978), S. 495-509

Himmelstein, Klaus: Kreuz statt Führerbild. Zur Volksschulentwicklung in Nordrhein-Westfalen 1945-1950. Frankfurt a.M. 1986

Ders. (Hrsg.): Otto Koch – Wider das deutsche Erziehungselend. Versuche eines Schulreformers. Frankfurt a.M. 1992

Hoernle, Edwin: Schulpolitische und pädagogische Schriften, ausgewählt u. eingeleitet v. Wolfgang Mehnert. Berlin (Ost) 1958

Keim, Wolfgang (Hrsg.): Kursunterricht – Begründungen, Modelle, Erfahrungen. Darmstadt 1987 (a)

Ders.: Kursunterricht auf der Oberstufe von Wilhelm Blumes Schulfarm Insel Scharfenberg, in: Keim 1987a, S. 111-150 (b)

Ders.: Die Geschichte friedenspädagogischer Diskussionen und Bemühungen, in: Calließ, Jörg/Lob, Reinhold E. (Hrsg.): Handbuch Praxis der Umwelt- und Friedenserziehung. Bd. 1: Grundlagen. Düsseldorf 1987, S. 557-595 (Keim 1987c)

Ders.: Hans Alfken, in: Radde u.a. 1993, S. 175-178 (Keim 1993a)

Ders.: Alfred Ehrentreich, in: Radde u.a. 1993, Bd. II, S. 197-200 (Keim 1993b)

Ders.: Erziehung unter der Nazi-Diktatur. Bd. 1: Antidemokratische Potentiale, Machtantritt und Machtdurchsetzung; Bd. 2: Kriegsvorbereitung, Krieg und Holocaust. Darmstadt 1995 u. 1997

Ders./Weber, Norbert H. (Hrsg.): Reformpädagogik in Berlin – Tradition und Wiederentdeckung. Frankfurt a.M. 1998

Ders.: Die uneingelöste Gleichheit – ein Rückblick auf 50 Jahre bundesdeutscher Bildungspolitik, in: Jahrbuch für Pädagogik 2000: Gleichheit und Ungleichheit in der Pädagogik. Frankfurt a.M. 2000, S. 125-147

Kühnl, Reinhard: Deutschland seit der Französischen Revolution. Untersuchungen zum deutschen Sonderweg. Heilbronn 1996

Lehmgrübner, Wilhelm: Das Märkische Gymnasium in Schwelm auf neuen Wegen, in: Beiträge zur Heimatkunde der Stadt Schwelm H. 8/1958, S. 8-14

Lohmann, Heinz: SA räumt auf: Aus der Kampfzeit der Bewegung. Aufzeichnungen. Hamburg (1936)

Longerich, Peter: Der ungeschriebene Befehl. Hitler und der Weg zur Endlösung. München/Zürich 2001

De Lorent, Hans-Peter/Ullrich, Volker (Hrsg.): „Der Traum von der freien Schule". Schule und Schulpolitik in der Weimarer Republik. Hamburg 1988

Marx, Karl: Der 18. Brumaire des Louis Bonaparte. Nachwort v. Herbert Marcuse. Frankfurt a.M. 1965

Meinecke, Friedrich: Die deutsche Katastrophe. Betrachtungen und Erinnerungen. Wiesbaden 1946

Müller, Ernst: Fritz Helling, Lehrer, Erzieher, Reformer. Rückblick eines ehemaligen Schülers, in: Beiträge zur Heimatkunde der Stadt Schwelm und ihrer Umgebung. Neue Folge 39 (1989), S. 58-75

Oestreich, Paul: Entschiedene Schulreform, hrsg. v. Helmut König u. Manfred Radtke. Berlin 1978

Plessner, Helmuth: Die verspätete Nation. Über die politische Verführbarkeit bürgerlichen Geistes. Stuttgart 1959

Radde, Gerd u.a. (Hrsg.): Schulreform – Kontinuitäten und Brüche. Das Versuchsfeld Berlin-Neukölln. 2 Bde. Opladen 1993

Ders.: Fritz Karsen. Ein Berliner Schulreformer der Weimarer Zeit. Erweiterte Neuausgabe. Frankfurt a.M. 1999

Reichsgesetzblatt, hrsg. v. Reichsministerium des Innern. Berlin 1933 ff.

Schäfers, Bernhard: Die gesellschaftliche Funktionsbestimmung der Soziologie nach Johann Plenge, in: Papcke, Sven (Hrsg.): Ordnung und Theorie. Beiträge zur Geschichte der Soziologie in Deutschland. Darmstadt 1986, S. 351-367

Scholz, Michael: Geschichte des Märkischen Gymnasiums, in: Sprave, Jürgen (Hrsg.): Festschrift 400 Jahre Märkisches Gymnasium Schwelm 1597-1997. Schwelm o.J. (1997)

Schonig, Bruno: Berliner Reformpädagogik in der Weimarer Republik, in: Schmoldt, Benno (Hrsg.): Schule in Berlin gestern und heute. Berlin 1989, S. 31-53

Schule und Nation, Schriftleitung Walter Kluthe. Schwelm i.W. 1 (1954) - 19 (1973)

Schulze, Winfried: Deutsche Geschichtswissenschaft nach 1945. München 1989

Spranger, Eduard: Das deutsche Bildungsideal der Gegenwart in geschichtsphilosophischer Beleuchtung. Sonderdruck aus der „Erziehung". Leipzig 1928

Thalheimer, August: Über den Faschismus (1930), in: Bauer u.a. 1967, S. 19-38

Titze, Hartmut: Lehrerbildung und Professionalisierung, in: Berg, Christa (Hrsg.): 1870-1918. Von der Reichsgründung bis zum Ende des Erstes Weltkrieges (Hdb. der deutschen Bildungsgeschichte, Bd. IV). München 1991, S. 345-370

Uhlig, Christa: Fritz Helling – ein politischer Pädagoge, in: Pädagogik 44 (1989), S. 146-151

Dies.: Paul Oestreich – ein Entschiedener Schulreformer in einem unentschiedenen Jahrhundert, in: Pädagogisches Forum 3 (1993), S. 141-145

Winkler, Heinrich August: Der lange Weg nach Westen. 2 Bde. München 2000

Wippermann, Wolfgang: Ideologie, in: Benz, Wolfgang (Hrsg.): Enzyklopädie des Nationalsozialismus. München 2001[4], S. 11-21

Zimmer, Hasko: Schulreform und konservativer Block. Zur Restauration des höheren Schulwesens in Westfalen 1945 bis 1947, in: Thien, Hans-Günter u.a.: Überwältigte Vergangenheit – Erinnerungsscherben. Faschismus und Nachkriegszeit in Münster i. W. Münster 1985, S. 141-156

Intellektuelle und berufliche Sozialisation in Kaiserreich und Weimarer Republik

Cornelia Hackler

Hellings Sozialisation zwischen westfälischer Kleinstadt, weltstädtischem Studium und Erstem Weltkrieg

„Alle, die wir mit Dr. Helling zusammenkamen, wurden berührt von dem inneren Feuer, das in diesem Manne brennt. Es wurde uns klar, daß nur Menschen mit soviel innerer Gewißheit die Welt verändern werden", so das Zitat von Prof. Dr. Franz Paul Schneider.[1] Sehr prägnant drückt es Hans Kalt aus, der in seinen Glückwünschen zum 80. Geburtstag Hellings am 31. Juli 1968 schreibt: „Sie, mein lieber Herr Dr. Helling, haben gewissermaßen den hippokratischen Eid der Pädagogen geleistet, für sich und immer wieder in der Öffentlichkeit alles zum Wohle der Jugend zu tun, daß sie gedeihe und sich zum Wohle der Gesamtheit entwickele."[2] Und geradezu frappierend ist die Feststellung Dr. Carl Traubes, wenn er über Helling meint: „Biologisch jung zu bleiben ist uns leider nicht gegeben. Aber wer seiner Zeit so weit voraus war, daß ihn die Jugend erst mit 80 Jahren eingeholt hat, kann von sich behaupten die viel schönere, geistige Jugend bewahrt zu haben."[3]

Wer war dieser außergewöhnliche Mensch Fritz Helling, der schon früh und in einer mindestens teilweise noch den wilhelminischen Konventionen verhafteten Gesellschaft völlig unkonventionell und zukunftsweisend seine Schüler zum kritischen Denken aufforderte, der mit Weitblick und Mut allen Widrigkeiten zum Trotz den vernunftbestimmten Idealen nachstrebte?

---

[1] Prof. Dr. Franz Paul Schneider im Bulletin des „Fränkischen Kreises", zitiert bei Fritz Helling in seiner gedruckten Dankschrift vom September 1968 zur Geburtstagsfeier anläßlich seines 80. Geburtstages am 31. Juli 1968, S. 4. Personalakte [PA] Fritz Helling, Stadtarchiv [StA] Schwelm.

[2] Hans Kalt, zitiert nach Fritz Helling, ebd. (Anm. 1), S. 4.

[3] Glückwünsche zum 80. Geburtstag Fritz Hellings von Carl Traube, zitiert bei Hans Albert Kluthe: Fritz Helling 80 Jahre alt. Schule und Nation, Jg. 14, H. 4, Juni 1968, S. 1-4, hier S. 4.

Kindheit und Schulzeit

Friedrich Johannes Droste gen. Helling wurde am 31. Juli 1888 in Schwelm geboren. Als einziger Sohn einer geistig anspruchsvollen und politisch ambitionierten evangelischen Lehrerfamilie entstammend, wuchs er im Geist von Humanismus und Liberalität auf.[4] Um die charakterliche Prägung Fritz Hellings zu ergründen, erscheint es daher unumgänglich, zunächst die familiären Strukturen und die elterlichen Prägungen darzulegen.

Der Vater Friedrich Droste gen. Helling (1. März 1860-25. Februar 1921) stammte als Sohn einfacher Bauern vom „Helling-Hof" am „Faulenpoth" in der Nähe von Soest und lernte erst in der Volksschule Hochdeutsch.[5] Zur Lehrerausbildung besuchte Helling sen. die Präparandenanstalt und das Seminar in Soest, wo er in Abneigung der dort gelehrten starren und kompromißlosen religiösen evangelischen Orthodoxie seine freiheitlich-liberale Gesinnung zunächst auf der geistigen Ebene eines liberalen Christentums formulierte.[6] Vor dem Hintergrund neuer Lebensbedingungen im Zeitalter der Industrialisierung proklamierten als Vordenker einer dergestalt „undogmatisch-mystischen" Theologie die Pfarrer Carl Jatho (1851-1913) und Gottfried Traub (1869-1956) eine Entfaltung der Persönlichkeit als Ziel des christlichen Glaubens.[7]

Seine erste Anstellung als Lehrer fand Friedrich Helling sen. seit dem 1. April 1880 an der Landschule auf dem Winterberg an der Beyenburger Chaussee südlich oberhalb der westfälischen Provinzstadt Schwelm, an der Grenze zum Rheinland gelegen. In der zweiten Hälfte des 19. Jahrhunderts hatte sich die Stadt Schwelm zu einer ansehnlichen Gewerbestadt gemausert, die vom Grad der Industrialisierung her einen Vergleich mit benachbarten Industriegroßstädten der Region wie Elber-

---

[4] Fritz Helling: Mein Leben als politischer Pädagoge, hrsg. v. Burkhard Dietz u. Jürgen Helling, Frankfurt a.M. 2004, S. 1. StA Schwelm, PA Fritz Helling, insbes. S. 43, Abschrift aus dem Heiratsregister.

[5] Helling: Mein Leben (Anm. 4), S. 1. Typische Benennung der Familie (Droste) nach dem Hofnamen (Helling).

[6] Ebd.

[7] Ebd. Das wichtigste Organ des Kreises um Jatho und Traub war die Zeitschrift „Christliche Freiheit. Evangelisches Gemeindeblatt für Rheinland und Westfalen".

feld, Barmen (beides heute Wuppertal) oder Hagen nicht zu scheuen brauchte.[8]

Diese durch Blüte- und Krisenzeiten gekennzeichnete Entwicklung fand in der ersten Hälfte des 19. Jahrhunderts in frühindustriellen Ansätzen bodenständiger Gewerbezweige ihren Anfang. An erster Stelle sind hier vor allem das Textil- und das Eisengewerbe zu nennen, deren Wurzeln als regionaltypische Produktionszweige bis ins Mittelalter und in die Frühe Neuzeit zurückverfolgt werden können. Aber auch andere charakteristische bodenständige Gewerbe wie die Bierbrauereien und Schnapsbrennereien oder der Handel mit Bodenschätzen und anderen Rohstoffen (neben den Eisenerzen vor allem Steinkohle, Alaunerze und Tone, Holzkohle und Holz) sowie deren Weiterverarbeitung – sei es in der eisenverarbeitenden Industrie oder etwa in den zahlreichen ortsansässigen Ziegeleien – nahmen einen hohen Stellenwert im gewerblichen Bereich ein.

Die Region nordöstlich der Wupper erlebte als Wiege des späteren Ruhrgebietes und als bedeutendes Zentrum der frühindustriellen Entwicklung Deutschlands seit der ersten Hälfte des 19. Jahrhunderts einen enormen wirtschaftlichen Aufschwung, der mit einem drastischen, vor allem durch Zuwanderung bedingten Bevölkerungsanstieg und im Zuge der Hochindustrialisierung mit einer Proletarisierung der bis dahin eher ländlich geprägten Lebensform einherging.[9] Eine Grundvoraussetzung für die Ansiedlung von Industrie war der Bau der Bergisch-Märkischen Eisenbahn in den Jahren 1847 bis 1849, die von Düsseldorf über Elberfeld, Barmen, Schwelm und Hagen nach Dortmund führte.

Es waren die Gründerjahre, die Schwelm seine eigentliche Blütezeit als Industriestadt bescherten. An den Rändern des planmäßig expandierenden Stadtgebietes lagen im Westen, Norden und Osten die neuen Industrieareale. Erst der Erste Weltkrieg gebot dieser Entwicklung unversehens Einhalt. Der Verlust Langerfelds (hauptsächlich Textilverarbeitung) an Barmen fiel ebenfalls in diese Zeit (1922).

---

[8] Cornelia Hackler: Historische Briefköpfe. „Visitenkarten" Schwelmer Gewerbebetriebe, in: Journal für Schwelm, Nr. 76, 1999/2000, S. 20 f.

[9] Vgl. Holger Becker: Die wirtschaftliche Entwicklung Schwelms in der Epoche der Hochindustrialisierung (1870-1914), in: Beiträge zur Heimatkunde der Stadt Schwelm und ihrer Umgebung (BHS), N.F., H. 38, 1988, S. 61-91.

Die sogenannten Gründerjahre im letzten Viertel des 19. Jahrhunderts basierten nach dem für Deutschland siegreichen deutsch-französischen Krieg von 1870/71 auf einem enormen Kapitalzuwachs (Reparationszahlungen durch Frankreich) und einem damit verbundenen Investitionsschub. Sie brachten eine weitere Welle des wirtschaftlichen Aufschwungs und technischen Fortschritts unter anderem auch in der Bergisch-Märkischen Region. In diese Zeit fiel aufgrund des extrem gestiegenen Bedarfs an Steinkohle als wichtigstem Energieträger und als Grundlage für die Stahlproduktion der Auf- und Ausbau des Ruhrgebietes als der bedeutendsten neuen Industrieregion Deutschlands neben dem Saarland.

Durch die Heirat der Maria Pasche, einer Tochter des älteren Lehrerkollegen Johannes Pasche (1819-1894),[10] wurde Friedrich Helling sen., selbst ein „Kind vom Lande", mit den ärmlichen und schlichten Lebensverhältnissen der landwirtschaftlichen Mischwirtschaft kleinen Stils, dem Kötterwesen, vertraut, in dem die Agrarwirtschaft mit der Heimbandweberei[11] oder der Eisenverhüttung und -verarbeitung kombiniert wurde. Außerdem lernte er die soziopolitischen Vorlieben der heimgewerbetreibenden Landbevölkerung, insbesondere für die Deutsche Fortschrittspartei Eugen Richters kennen, zu dessen Wahlkreis Schwelm gehörte, und die Helling sen. selbst stark beeinflußte.[12] Der Jurist und Nationalökonom Eugen Richter (1838-1906) gilt als einer der ersten Berufspolitiker Deutschlands. Als Mitglied des Reichstags (1867-1906) und als ein respektierter Haushaltsfachmann war er ein gefürchteter Kritiker der Regierung und zugleich entschiedener Gegner der Sozialdemokratie. Als einer der Führer der Deutschen Fortschrittspartei, ab 1884 der Freisinnigen Partei und ab 1893 der Freisinnigen Volkspartei, verfocht Richter einen Kurs, der von den Idealen der Revolution von 1848 geprägt war.

---

[10] StA Schwelm, Nachruf J. Pasche. O. Knoop: Erinnerung an Rektor Fritz Helling. Beiträge zur Heimatkunde der Stadt Schwelm und ihrer Umgebung, N.F., H. 3, 1953, S. 75-82.

[11] Vgl. Becker: Die wirtschaftliche Entwicklung (Anm. 9), S. 68 ff.

[12] Helling: Mein Leben (Anm. 4), S. 3 f. Zu den regionalpolitischen Verhältnissen vgl. auch Jörg Krause: Landtagswahlen vor dem Ersten Weltkrieg (1908 und 1913), in: BHS, N.F., H.40, 1990, S. 119-132.

Als Abonnent der oppositionellen „Preußischen Lehrerzeitung" nahm Friedrich Helling sen. in den 1880er Jahren regelmäßig an den Zusammenkünften der politisch oppositionell gesinnten Lehrer teil,[13] was ihm als einem nicht regierungskonformen Beamten öffentliche Repressalien einbrachte, zumal es die Erziehungspolitik des Kaiserreichs darauf anlegte, gerade die aus der Vergangenheit erwachsenen und teils von humanistisch-aufgeklärten Pädagogen getragenen demokratischen Impulse aus der bürgerlichen Revolution von 1848/49 nunmehr zu kontrollieren und zu revidieren.[14] Die rechtliche Grundlage zur Unterdrückung dieser demokratischen Bestrebungen bildete das eigens dafür erlassene Sozialistengesetz, das von 1878 bis 1890 in Kraft gesetzt war und mit Hilfe von polizeilicher Überwachung und juristischer Verfolgung, aber nicht zuletzt auch durch Denunziation funktionierte. Fritz Helling selbst beschreibt in seiner Autobiographie die Vorgehensweise staatlicher Observation, aber auch die unlauteren Formen der Diskriminierung und Erniedrigung, denen sein Vater durch seine ‚unzuverlässige' oppositionelle Haltung ausgeliefert war:

> „In diesen 80er Jahren nahm mein Vater in Schwelm regelmäßig an den Zusammenkünften der politisch oppositionell gesinnten Lehrer teil. Da damals nach dem preußischen Dreiklassenwahlrecht gewählt wurde und der Landrat der Bismarckregierung dabei anwesend war, wußte die Behörde über die politische Gesinnung der Wähler gut Bescheid und scheute sich nicht, politisch mißliebige Beamte mit geradezu unglaublichen Mitteln unter Druck zu setzen. So wurden oppositionelle Lehrer wie mein Vater auf die Trunkenboldliste gesetzt und von Polizeibeamten morgens am Eingang zur Schule kontrolliert, ob sie pünktlich und nüchtern zur Schule kämen."[15]

Offenbar unter dem Einfluß seiner Frau verlagerte Helling sen. daraufhin seine Freizeitaktivitäten auf die Musik und die Literatur, indem

---

[13] Helling: Mein Leben (Anm. 4), S. 3 f.
[14] Ebd., S. 4. Vgl. Jürgen Eierdanz: Pädagogisches Ethos und soziale Verantwortung. Leben und Werk des Schwelmer Pädagogen Fritz Helling (31.7.1888 bis 27.1.1973), in: BHS, N.F., H. 38, 1988, S. 105-130, hier S. 105 f.
[15] Helling: Mein Leben (Anm. 4), S. 4.

er sich als Geiger und enthusiastischer Poet[16] auf seine ausgeprägten musischen Neigungen besann; gleichwohl blieb er in politischer Hinsicht zeitlebens seinen liberal-demokratischen Ansichten treu.[17] Als Gründungsmitglied des Vereins für Heimatkunde (gegr. 1890) und des Verschönerungsvereins (gegr. 1896) entwickelte er eine besondere Beziehung zu seiner neuen Heimat, die er sich aktiv erwanderte und deren Erlebniswelten er seinen Mitmenschen durch Poesie oft auch in der ihm sehr geläufigen mundartlichen Sprache des Mittelniederdeutschen lokaler Prägung nahezubringen suchte.[18]

Später Rektor an der neuerbauten evangelischen Elementarschule Potthoffstraße in Schwelm, erwarb er sich als hervorragender Pädagoge die besondere Wertschätzung seiner Schülerinnen.[19] Nach den Schilderungen Rektor O. Knoops war er ein aufrichtiger und mutiger Geist, der seine Ideale und Kenntnisse von Aufklärung, Humanismus und freiheitlich-demokratischem Denken an seine Mitmenschen und vor allem an seine Schüler weitergab.[20] Unter der Schulleitung von Friedrich Helling sen. wurde die Elementarerziehung von Mädchen im Sinne einer gleichberechtigten Ausbildung von Jungen und Mädchen stark gefördert, was für die damalige Zeit durchaus nicht selbstverständlich und überaus fortschrittlich war. Auch setzte er sich für ein harmonisches, kollegiales Klima in der Lehrerschaft seiner Schule ein.[21]

Friedrich Hellings sen. wird von seinem eigenen Sohn als „eigenartige Persönlichkeit mit politisch und weltanschaulich freisinnigen Überzeugungen ... und einer erstaunlich umfassenden Bildung" beschrieben, als ein Mensch mit besonderem Charakter, der in den Ideen der

---

[16] Fritz Helling: Die Wandlungen in meinem Leben, in: Fritz Helling. Pädagogen in gesellschaftlicher Verantwortung. Ausgewählte Schriften eines entschiedenen Schulreformers, hrsg. v. Jürgen Eierdanz u. Karl-Heinz Heinemann, Frankfurt a.M. 1988, S. 51-73, hier S. 51.

[17] Helling: Mein Leben (Anm. 4), S. 4. Der umfangreiche literarische Nachlaß Friedrich Helling sen. befindet sich im Stadtarchiv Schwelm. Vgl. auch O. Knoop: Erinnerung (Anm. 10), S. 75 ff.

[18] Knoop: Erinnerung (Anm. 10), S. 77.

[19] Herbert Bergmann: Er gewann das Herz seiner Schüler, in: Schwelmer Zeitung, 30.7.1968. Vgl. auch Knoop: Erinnerung (Anm. 10), S. 75. Fritz Helling: Wandlungen (Anm. 16), S. 51.

[20] Knoop: Erinnerung (Anm. 10), S. 75, 77.

[21] Ebd., S. 75 f.

Klassiker und der Revolution von 1848/49 lebte, und dessen besondere Wertschätzung den Pädagogen Pestalozzi, Wander und Diesterweg galt.[22] Spätestens an dieser Stelle wird deutlich, welchen prägenden Einfluß der Vater in seinem Wirken auf den Sohn Fritz Helling vor allem in dessen frühen Jahren ausgeübt haben muß, so daß er diesem vor dem Hintergrund seines eigenen späteren Schaffens ganz offensichtlich und dennoch eher unbewußt das personifizierte Vorbild an humanistischer Bildung und freiheitlicher Gesinnung schlechthin werden konnte.

Nicht nur auf den Vater, sondern auch auf den frühen Einfluß des Großvaters Johannes Pasche scheint Fritz Hellings spätere Vorliebe für die Natur zurückzugehen. Denn nach der Pensionierung des Großvaters zog die gesamte Familie mit den Großeltern, der Tante (Anna Pasche)[23] und den Eltern vom Winterberg zum Kotten „Neuenhof", in die wärmere Talmulde im äußersten Westen der Stadt und am östlichen Rande Langerfelds gelegen.[24] Hier erlebte Fritz Helling die frühen Kindheitsjahre losgelöst von äußeren Zwängen in einer damals noch ländlichen Umgebung „in der liebevollen Obhut meines Großvaters, der mir im Garten und dem kleinen Park, der zum Haus gehörte, alles zeigte, was ihm schön und wichtig schien".[25] Von hier aus besuchte Fritz Helling ab Ostern 1894 die einklassige Volksschule auf dem Steinhauserberg[26] südlich oberhalb der heutigen Stadtgrenzen von Schwelm und Wuppertal-Langerfeld.

Nach dem Tod des Großvaters baute die Familie in unmittelbarer Nähe im ländlichen Ortsteil Oehde[27] ein stattliches vorstädtisches Wohnhaus (1898 fertiggestellt, ehem. Alleestraße 50, heute Barmer Straße

---

[22] Helling: Wandlungen (Anm. 16), S. 51.
[23] Helling: Mein Leben (Anm. 4), S. 4. Die ältere unverheiratete Tochter lebte, wie damals üblich, bei den Eltern bzw. später bei der verheirateten Schwester Maria.
[24] Heute zum Ortsteil Wuppertal-Langerfeld gehörig.
[25] Helling: Mein Leben (Anm. 4), S. 4.
[26] Ebd. Westlicher Teil des südlichen Höhenzuges der alten Mehrenberger Mark, seit 1922 durch die Eingemeindung des Amtes Langerfeld zu Wuppertal gehörend.
[27] Helling: Mein Leben (Anm. 4), S. 5. Die Oehde, der westlichste Wohnbezirk Schwelms, ist nach der dort anzutreffenden verkarsteten und überweideten Geländemorphologie benannt. Das Gebiet wurde in den frühen 1890er Jahren als neues Wohnbaugebiet in die geplante Westerweiterung der Stadt einbezogen (Archiv Bauordnungsamt Schwelm).

76),[28] dem Fritz Helling über seine Bonn-Beueler und Gladenbacher Zeit hinaus lebenslänglich verhaftet blieb. Hier, in dieser halb städtischen, halb ländlichen Umgebung lernte er in der Gemeinschaft von Jungen aus sozial eher niedrigen Schichten (Bandwirker, Fabrikarbeiter, Bauern und ein Steinmetz[29]) einen ungezwungenen Umgang mit den herrschenden anspruchslos-einfachen Lebensverhältnissen kennen und schätzen.[30] Die für Spiele und Abenteuer genutzten Frühnachmittage nach der Schule waren offenbar „die schönsten Stunden meiner Jugendzeit, Stunden der Freiheit, die für mein ganzes Leben wesentlich wurden".[31]

Diese intensiven positiven Kindheitserfahrungen waren es offenbar, aus denen Fritz Helling eine dauerhafte Motivation und Energie für seinen freien und ungezwungenen Umgang mit Kindern im Rahmen ihrer besonderen Bedürfnisse und Verständniswelten schöpfte: „So waren die Jugendjahre mit hundert- und tausendfachen Erlebnissen gefüllt, die es mir später als Lehrer außergewöhnlich erleichterten, Jugend zu verstehen."[32] Er nutzte die kindtypischen Eigenschaften von tiefer, intuitiv-sensibler Einfühlsamkeit und offenem, forschendem Geist als edukative Basis für Motivation und Erkenntnis, eine Methode, deren unmittelbaren Erfolge einen vielfältigen Rückkopplungseffekt auslösten, jedoch in der Wilhelminischen Ära im krassen Gegensatz zur gängigen Erziehungskonvention von Zucht und Ordnung standen.

In diesen inhaltlich zufriedenstellend ausgefüllten Kindheitsjahren hatte die Schule bis dahin keineswegs im Mittelpunkt von Fritz Hellings Leben gestanden.[33] Einen diesbezüglichen Umbruch in seinem bisherigen Leben bedeutete daher der Wechsel vom Schwelmer Realgymnasium[34] in

---

[28] Die Alleestraße/Barmer Straße ist eine der zahlreichen sogenannten Kunststraßen, die erst um 1820 im Zuge regionaler städtebaulicher Erweiterungsmaßnahmen unter Einführung des von Frankreich übernommenen Chausseebaus angelegt wurden.

[29] Der Steinmetz – noch heute dort angesiedelt – steht in direktem Bezug zum damals neu angelegten kommunalen Friedhof an der Oehde.

[30] Helling: Mein Leben (Anm. 4), S. 6. Becker: Die wirtschaftliche Entwicklung (Anm. 9).

[31] Ebd.

[32] Ebd., S. 7.

[33] Helling: Mein Leben (Anm. 4), S. 6.

[34] Vgl. Michael Scholz: Geschichte des Märkischen Gymnasiums, in: Festschrift 400 Jahre Märkisches Gymnasium Schwelm 1579 bis 1997, hrsg. v. Jürgen Sprave, Schwelm

die Oberstufe des humanistischen Gymnasiums in Barmen[35] 1904 insofern, als die nunmehr deutlich höheren schulischen Anforderungen Hellings Zeit von nun an erheblich in Anspruch nahmen. Die hier geförderte geistige Weiterentwicklung und Persönlichkeitsformung des Jugendlichen räumte der Schule als solcher nunmehr einen entscheidenden Stellenwert ein.[36] Es war vor allem das entscheidende Verdienst des anspruchsvollen Deutschlehrers Professor Meyer,[37] der Helling die lebenslängliche „Hochschätzung der deutschen Klassiker und auch die Gewohnheit, mit der Sprache sorgfältig umzugehen", lehrte.[38] Von Meyer übernahm er die später von ihm selbst angewandte Unterrichtsmethode, Themenstellungen auf ihre logische Folgerichtigkeit offen in der Klasse auszudiskutieren.[39] Aus dieser Zeit scheint auch Hellings Vorliebe für Ibsens kritisch-zeitgenössische Werke herzurühren, die er erstmals im Zusammenhang mit dem Schülerlesekränzchen „Amicitia" kennenlernte und auf die er später während seiner Studienzeit und auch danach immer wieder Bezug nahm.[40] Ebenso ist wohl sein Interesse für Sport und die spätere Erlangung der Lehrbefähigung für Turnen auf seine sportlichen Ambitionen und Erfolge während der Schulzeit am Barmer Gymnasium zurückzuführen.[41]

Trotz seiner guten Erinnerungen an diese Schulzeit monierte Helling die ihm erst später bewußt gewordene und von ihm als unrichtig begriffene, wohl aber bewußt von der Schule als solcher gewollte absolute Distanzierung und Hierarchisierung von Lehrkörper und Schülerschaft. Er hatte mit dem von ihm verehrten Prof. Meyer in den ganzen drei

---

1997, S. 10 ff. Georg Dieker-Brennecke: Fritz Helling – Ein Pädagoge im 20. Jahrhundert, in: ebd., S. 26 ff.

[35] Das städtische „Barmer Gymnasium" war eine der beiden Vorgängerschulen des heutigen „Wilhelm-Dörpfeld-Gymnasiums" in Wuppertal-Elberfeld. Hans-Joachim de Bruyn-Ouboter (Hrsg.): Schultradition in Barmen. Von der Barmer Amtsschule zum Gymnasium Sedanstraße 1579-1994, Wuppertal 1994, S. 7 ff, 122.

[36] Helling: Mein Leben (Anm. 4), S. 6 f; ders.: Wandlungen (Anm. 16), S. 51.

[37] Oberlehrer Johannes Meyer wurde als Philologe am Barmer Gymnasium nach langer Dienstzeit zum Professor befördert. Wilhelm Bohle (Hrsg.): Festschrift zum 350jährigen Jubiläum des Barmer Gymnasiums, Barmen 1929, S. 166 f.

[38] Helling.: Wandlungen (Anm. 16), S. 51; ders.: Mein Leben (Anm. 4), S. 7 f.

[39] Helling: Mein Leben (Anm. 4), S. 10.

[40] Ebd., S. 8, 10, 11.

[41] Ebd., S. 8, 12. – StA Schwelm, PA Fritz Helling, S. 8.

Jahren bis zum Abitur kein einziges Gespräch außerhalb des Unterrichts geführt.[42] Es war diese „tiefe Kluft, die zwischen Lehrern und Schülern bestand",[43] die ihn als sensibler Pädagoge später dazu bewog, offenbar auch im Rückgriff auf seine eigenen positiven Kindheitserinnerungen in der Familie mit dem Vorbild des Vaters und im Umgang mit Freunden andere Wege zu beschreiten.

Studium, Referendariat und Jugendbewegung

Nach dem Abitur zu Ostern 1907 orientierte sich Helling nach dem Vorbild des Vaters ganz an seiner humanistischen Vorbildung und schlug eine pädagogische Ausbildung für Höhere Schulen ein. Neben dem Studium der Altphilologie (Latein und Griechisch) war es vor allem die Geschichte, die Hellings Interessen am meisten entsprach.[44] Von der Altphilologie wurde er herb enttäuscht, da er inhaltlich mehr über die Lehren der antiken Philosophen zu erfahren gehofft hatte und statt dessen an den Universitäten trockene Textkritik geübt wurde. An dieser Stelle erwähnt Helling, daß sowohl seine schriftliche Arbeit zum Staatsexamen als auch seine später nachgereichte Dissertation 1920 in der Abhandlung textkritischer Untersuchungen bestanden hatte.[45] Das Studienfach Deutsch kam in Göttingen unter Prof. Dr. Edward Schroeder[46] später hinzu. In den Jahren des Studiums orientierte er sich am Vorbild seines Vaters, indem er darauf bedacht war, sich neben seinem Fachwissen gleichzeitig ein gut fundiertes Allgemeinwissen anzueignen. Zwischen 1907 und 1912 bzw. 1916 studierte Helling an der renommierten niedersächsischen Landesuniversität in Göttingen mit ihrer berühmten Universitätsbibliothek[47] und absolvierte während dieser Zeit ein Jahr des

---

[42] Helling: Wandlungen (Anm. 17), S. 51.

[43] Ebd.; ders.: Mein Leben (Anm. 4), S. 8.

[44] Ebd., S. 9. Hierzu und zum folgenden vgl. auch den Beitrag von Otto Geudtner im vor-liegenden Band.

[45] Ebd.

[46] Edward Schroeder (1855-1930) war Professor für deutsche Sprache und Literatur in Göttingen.

[47] Die 1734 von Georg August gegründete niedersächsische Landesuniversität wurde be-reits im 18. Jahrhundert für ihre umfassenden, vor allem wissenschaftlichen Bibliotheks-sammlungen berühmt. Bereits Goethe, der die Universitätsbibliothek mehrfach aufsuchte, rühmte sie als „Kapital, das lautlos unberechenbare Zinsen spendet". Die für ihre geistes-

Zwischenstudiums an der nach humanistischen Idealen und Wissenschaftsprinzipien ausgerichteten erstklassigen Friedrich-Willhelms-Universität in Berlin, der heutigen Humboldt-Universität.[48]

Während seiner vier Semester dauernden Studienzeit in Göttingen lebte Fritz Helling ganz offenbar in den Idealen des zeitgemäß verherrlichten elitären Studententums, das während der Regierungszeit Kaiser Wilhelms II. traditionell und nahezu ausschließlich der äußerst national und militaristisch gesinnten Männerwelt zugänglich war. In Göttingen verbrachte er – was er sich später selbst zum Vorwurf machte, da er sich nicht genügend den geisteswissenschaftlichen Studien gewidmet hatte – den überwiegenden Teil seiner Zeit in der studentischen Verbindung „Germania", einer nichtschlagenden Burschenschaft mit im Gegensatz zu den Corps stärker hervorgehobenen Bildungsidealen, und erlernte ein selbstsicheres Auftreten und die Kunst der Rhetorik.[49] Hier machte auch die Bekanntschaft mit seinem späteren Freund Karl Toepfer aus Aachen.[50]

Eine überdurchschnittliche Allgemeinbildung erwarb sich Helling vor allem auf seinen Wanderungen und Reisen durch die deutschen Mittelgebirge, die er zusammen mit seinem Freund Toepfer ganz in der Tradition der großen Aufklärer und Humanisten des 18. und frühen 19. Jahrhunderts unternahm, wobei er Eindrücke und Detailfragen notierte und im Nachhinein durch ein Selbststudium in Bibliotheken aufarbeitete.[51]

Nachdem er in Göttingen offenbar im studentischen Lebensstil zu „versacken" drohte, wechselte Helling an die Berliner Universität. Während seines zweisemestrigen Aufenthalts in Berlin nutzte er die hervorragende Universität für ein intensives Studium in den Hauptfächern und widmete sich zusätzlich vor allem dem Allgemeinstudium, indem er ne-

---

und naturwissenschaftlichen Leistungen berühmte Universität erlebte 1837 einen ersten Rückschlag, als König Ernst August die „Göttinger sieben" Professoren, u.a. die Brüder Grimm, entließ, weil sie öffentlich gegen die Aufhebung des liberalen Staatsgrundgesetzes protestiert hatten.

[48] 1809/10 von Wilhelm von Humboldt als „Universitas litterarum" gegründet, in der die Einheit von Lehre und Forschung verwirklicht und eine allseitige humanistische Bildung der Studierenden ermöglicht werden sollte. Sie wurde zu Anfang für ihre vier klassischen Fakultäten Jura, Medizin, Philosophie und Theologie berühmt.

[49] Helling: Mein Leben (Anm. 4), S. 9.

[50] Ebd., S. 9, 18.

[51] Ebd., S. 9 f.

benher moderne Literatur, Kunstgeschichte und Religionswissenschaft studierte. Dazu gehörte auch ein festes Kulturprogramm mit regelmäßigen Besuchen auf der Berliner Museumsinsel und Theaterbesuchen, wobei er sich besonders für die aktuellen Shakespeare-Aufführungen im Deutschen Theater unter der Regie von Max Reinhardt und für die Ibsen-Dramen des Lessingtheaters interessierte.[52] Im weltstädtischen Berlin begann er sich auch für Politik und Volkswirtschaft zu interessieren. Bleibenden Eindruck hatte dabei im Zusammenhang mit seinen zahlreichen politischen Vortragsbesuchen die berühmte Vortragsreihe „Die politischen Parteien" von Friedrich Naumann hinterlassen, dessen Zeitschrift „Die Hilfe" Helling daraufhin abonnierte.[53]

Friedrich Naumann (1860-1919) strebte ursprünglich als Pfarrer und Vereinsgeistlicher der Inneren Mission in Frankfurt a.M. eine Lösung der sozialen Frage durch praktisches Christentum und Gründung der Evangelischen Arbeitervereine an. Im Rahmen des evangelisch-sozialen Kongresses wurde er Mittelpunkt eines liberalen Kreises, der sich zunehmend von dem politischen Konservativismus der christlich-sozialen Bewegung Adolf Stoeckers abwandte und das paternalistische Fürsorgedenken der Inneren Mission ablehnte. Er schloß sich 1903 der Freisinnigen Vereinigung an und entwarf 1906 in der „Neudeutschen Wirtschaftspolitik" ein gesellschaftspolitisches Programm des Linksliberalismus. In der Zeit von 1907-1918 gehörte er als Mitglied des Reichstags bis 1910 der Freisinnigen Vereinigung und danach der Fortschrittlichen Volksparteien an. Im Ersten Weltkrieg setzte er sich für die Parlamentarisierung des Kaiserreichs ein und legte einen Plan für eine mitteleuropäische, imperialistisch-föderalistische Wirtschaftsunion vor.[54]

In seiner Berliner Zeit arbeitete Fritz Helling im historischen Seminar und hörte Vorlesungen bei den herausragenden Altphilologen Ulrich von Wilamowitz-Moellendorff, Eduard Meyer und Otto Hirschfeld sowie bei den Philologen Erich Schmidt und Gustav Roethe.[55] Erich Schmidt (1853-1913) war Professor für deutsche Literaturgeschichte. Er bearbeitete nach der positivistischen Methode die Literatur des 18. und 19. Jahr-

---

[52] Ebd., S. 11.

[53] Ebd.

[54] Vgl. hierzu Ingrid Engel: Gottesverständnis und sozialpolitisches Handeln. Eine Untersuchung zu Friedrich Naumann, Göttingen 1972.

[55] Helling: Mein Leben (Anm. 4), S. 10 f.

hunderts, insbesondere auch Goethe. Gustav Roethe (1855-1926) war Professor für Germanistik. Mit seiner völkischen Gesinnung schuf er ungewollt eine Basis für die nationalsozialistische Wissenschaftsauffassung.

Der klassische Philologe Ulrich von Wilamowitz-Moellendorff (1848-1931) konnte zu seiner Zeit als eine der herausragendsten Kapazitäten Deutschlands gelten und hatte nacheinander Professuren in Greifswald, Göttingen und Berlin inne. Er prägte durch seine Detailforschungen vor allem auf dem Gebiet der griechischen Dichtung wie durch seine universalen Überblicke über die griechische Kultur und Literatur nachhaltig die klassische Philologie. Der Altphilologe und Altertumswissenschaftler Eduard Meyer (1855-1930) gehörte ebenfalls neben Ulrich von Wilamowitz-Moellendorff und Theodor Mommsen zu den angesehensten deutschen Wissenschaftlern seines Fachs und stellte erstmals die griechische Geschichte in einen universalgeschichtlichen Kontext zur Antiken Welt. Die intellektuelle Fähigkeit Fritz Hellings, geschichtliche Phänomene in einem übergreifenden Zusammenhang begreifen und einordnen zu können, wird er vor allem hier bei Eduard Meyer geschult haben dürfen.

Otto Hirschfeld (1843-1922) war Professor für Alte Geschichte und Direktor des Instituts für Altertumskunde in Berlin. Seine Forschungsschwerpunkte beinhalteten die römische Rechts- und Wirtschaftsgeschichte. Helling bedauerte später seine Entscheidung, das Angebot einer Dissertation bei Prof. Hirschfeld in Berlin ausgeschlagen zu haben,[56] um sein Studium in Göttingen mit einer Doktorarbeit über Stichomythie[57] in den griechischen Dramen zu beenden. Da er mit diesem Thema jedoch nicht zurecht kam, gab er die Arbeit auf, um sich auf sein Staatsexamen vorzubereiten, das er im Dezember 1912 in Göttingen bei Professor Husserl, Ordinarius der Fakultät, über das ihm eingängige Thema „Der Rückgang auf die Natur bei Rousseau und Pestalozzi" ablegte.[58] Erst 1920/21 promovierte er über ein altphilolo-

---

[56] Ebd., S. 10 f. Vgl. hierzu und zum folgenden ausführlich den Beitrag von Otto Geudtner im vorliegenden Band.

[57] Im Versdrama verwendete Form des längeren Dialogs, bei dem die zum Ausdruck innerer Erregung auf je einen Vers komponierten Reden und Gegenreden miteinander wechseln.

[58] Helling: Wandlungen (Anm. 16), S. 51.

gisches Thema, das in der Abwägung von Übersetzungsvarianten der „Questiones Livianae" bestand.[59]

Zwischen Neujahr und Ostern 1913 hörte Helling in Göttingen abschließend noch Vorlesungen des Theologieprofessors Wilhelm Bousset (1865-1920),[60] der als evangelischer Theologe Professuren in Göttingen und Gießen innehatte und Mitbegründer der religionsgeschichtlichen Schule war. Die theologisch-methodischen Grundansätze seiner aus detaillierter alttestamentarischer Quellenkritik bestehenden „Frühgeschichte des jüdischen Volkes" könnte Fritz Helling sich während dieser letzten Studienzeit bei Bousset angeeignet haben.[61]

Am 13. Dezember 1912 erlangte er die Lehrbefähigung in Turnen (mit den Zensuren sehr gut und gut), außerdem in Latein und Geschichte für die 1. Stufe, in Griechisch für die 2. Stufe (insgesamt mit der Zensur genügend); die Lehrbefähigung in der 2. Stufe erlangte er am 6. Juli 1916 nachträglich für Deutsch.[62] Die Zuerkennung der Fähigkeit zur Anstellung an höheren Schulen erhielt Helling zum 1. April 1915 nach einer zweijährigen pädagogischen Ausbildungszeit in Minden und Schwelm, die er als Seminarkandidat von Ostern 1913 bis Ostern 1914 bzw. 1915 absolvierte.[63]

Die zu Hellings Zeit streng preußisch-königstreu orientierte Bildungsanstalt des „Königlich Evangelischen Gymnasium Minden",[64] an der er seine Ausbildungzeit als Seminarkandidat[65] begann, stellte für Fritz Helling mit seiner freiheitlich-humanistischen Grundeinstellung eine erste Bewährungsprobe dar. Im Sinne einer Zuchtanstalt gerierte sich denn auch der Direktor Dr. Windel[66] als „besonders autoritärer Vertreter des Hohenzollernstaates", indem er sich der Lehrer- und Schülerschaft gegenüber gewissermaßen als Diktator aufführte.[67] Die monar-

---

[59] Ebd., S. 51 f.

[60] Helling: Mein Leben (Anm. 4), S. 12.

[61] Vgl. hierzu den Beitrag von Siegfried Kreuzer im vorliegenden Band.

[62] StA Schwelm, PA Fritz Helling, S. 8-10.

[63] Ebd., S. 1.

[64] Heute „Ratsgymnasium" am „Königswall".

[65] Die Ausbildung als Seminarkandidat entspricht dem heutigen Status eines Referendars.

[66] Prof. Dr. Hans Windel (1855-1922), Direktor am Gymnasium in Herford, seit 1911 Direktor des Gymnasiums in Minden (Helling: Mein Leben, Anm. 4, Erläuterung des Herausgebers u. Bearbeiters Burkhard Dietz, Auskunft des Kommunalarchivs Minden).

[67] Helling: Mein Leben (Anm. 4), S. 12.

chistisch-militaristische Haltung des Direktors wird in der folgenden Beschreibung Hellings recht anschaulich dokumentiert:

„Wir Seminarkandidaten wurden angehalten, uns an den Wochenenden mit Offizieren zusammen an vormilitärischen Übungen mit Jugendlichen zu beteiligen, wie es der preußische Jugendpflegeerlaß von 1911 vorsah. Der Direktor drängte uns auch, der ‚Ressource‘ beizutreten, zu der die Oberschicht der Bürger, die Offiziere der drei Regimenter und die Regierungsbeamten gehörten. Bei ihnen zog er gelegentlich Erkundigungen über unser Benehmen ein."[68]

Das in dieser Lebenssituation entstehende innere Spannungsgefühl charakterisierte Helling mit folgenden Worten: „Man hatte dauernd das Gefühl, sich auf einem Parkettboden zu bewegen, auf dem man leicht ausrutschen und hinfallen konnte."[69] Für ihn muß es um so absonderlicher gewesen sein, daß der Direktor ausgerechnet zu ihm ein besonderes Zutrauen faßte und beispielsweise im Vertrauen über seine Vereinsamung im Umfeld des Schulkollegiums klagte![70]

Nachdem Helling im Sommer 1913 zum stellvertretenden Klassenlehrer einer Sexta bestellt worden war, begann er über den Rahmen des Lateinunterrichts hinaus in der für ihn später so typischen und bewährten Weise, zusammen mit seinen Schülern wöchentliche Nachmittagsausflüge durchzuführen.[71] Dieses äußerst umgängliche und für die Schüler sehr förderliche Wirken Hellings am Schwelmer Gymnasium wurde Jahrzehnte später von einem aufmerksamen Zeitzeugen, dem seinerzeitigen Helling-Schüler Ernst Müller (gestorben im Juli 2002), dokumentiert, als er einen anschaulichen Bericht über die – nicht nur für die zwanziger Jahre – wahrlich ungewöhnlichen pädagogischen Einfälle und Freizeitaktivitäten seines hochverehrten Lehrers verfaßte und diesem damit posthum ein spätes Denkmal setzte.[72] Ein anderer Zeitzeuge, der ehemalige Schüler, Mitstreiter und engste Vertraute Hellings, Walter Kluthe (1915-1992), beschrieb später in einem Nachruf auf seinen

---

[68] Ebd.

[69] Ebd., S. 12 f.

[70] Ebd., S. 13.

[71] Ebd.

[72] Ernst Müller: Fritz Helling, Lehrer, Erzieher, Reformer. Rückblick eines ehemaligen Schülers, in: BHS, N.F., H. 39, 1989, S. 58-75.

einstigen Lehrer die Hintergründe, die zu dieser unkonventionellen pädagogischen Grundhaltung beigetragen hatten, indem er feststellte:

„Sehr früh erfuhr Fritz Helling jedoch, daß die hohen Humanitätsideen der deutschen Klassik, mit denen er heranwuchs, im krassen Gegensatz standen zu den Praktiken des gesellschaftlichen Lebens, wo Profit und Karriere maßgebend waren. Dies führte ihn schon in seiner Ausbildungszeit zur Kritik an der bestehenden Schule des Obrigkeitsstaates. Er fand Zugang zur Jugendbewegung und zur Reformpädagogik, die fortan sein Streben bestimmten."[73]

Der für Hellings Persönlichkeitsentwicklung und sein weiteres Lebenswerk entscheidende Schritt war in dieser Zeit der von Kluthe beschriebene Zugang sowohl zur Reformpädagogik[74] als auch gleichzeitig über die Wandervogel-Gruppe von Schülern zur Jugendbewegung, den er während seines Aufenthalts in Minden fand[75]. Die Jugendbewegung war eine um die Wende zum 20. Jahrhundert im deutschsprachigen Raum entstandene neoromantische Bewegung, die vor allem von Teilen der bürgerlichen Jugend getragen wurde. In einer antibürgerlichen Wendung nahm sie die zeitgenössische Kulturkritik und im Gegensatz zur Industriegesellschaft die bäuerliche Dorfkultur auf und proklamierte romantisch stilisierte Vorstellungen von persönlicher Unabhängigkeit. Vorbild war ein neues Leben der „Einfachheit" und „Wahrhaftigkeit" und ein radikaler Individualismus. Eine Vorform war der „Wandervogel", der sich 1911 aus 1896/97 in Berlin-Steglitz gegründeten gymnasialen Wandergruppen bildete. Ein Gegengewicht zu völkischem Schwärmertum entstand 1908 mit der „Deutschen Akademischen Freischar". Parallel dazu bildete sich seit 1906 eine eigene Arbeiterjugendbewegung.[76] In Opposition zu studentischen Korporationen formierte sich im Oktober 1913 die „Freideutsche Jugend" auf

---

[73] Walter Kluthe: Fritz Helling (31.2.1888-27.1.1793), in: Schule und Nation, Jg. 19, H. 1 u. 2, April 1973, S. 2.
[74] Die Reformpädagogik umfaßte etwa in der Zeit zwischen 1890 und 1930 diverse Bestrebungen zur Erneuerung von Erziehung, Schule und Unterricht.
[75] Helling: Mein Leben (Anm. 4), S. 13. Hierzu und zum folgenden vgl. insbesondere auch den Beitrag von Jürgen Reulecke im vorliegenden Band.
[76] Vgl. Ulrich Aufmuth: Die Deutsche Wandervogelbewegung unter soziologischem Aspekt, Göttingen 1979.

dem Hohen Meißner südöstlich von Kassel, an der auch Fritz Helling teilnahm. Die hier gemachten überwältigenden Eindrücke beschreibt er entsprechend ausführlich und enthusiastisch in seiner Autobiographie[77]. Mit Begeisterung verinnerlichte er sich offenbar Wynekens Abhandlung über „Schule und Jugendkultur" sowie gleichgelagerte Literatur etwa von Gaudig, Kerschensteiner und Lietz.[78]

Das erste Ausbildungsjahr in Minden beendete Helling mit dem erfolgreichen Abschluß einer Seminararbeit über den eigenständig durchgeführten Homerunterricht in der Untersekunda des Direktors Dr. Windel im Wintersemester 1913, die mit einer guten Beurteilung an das Provinzialschulkollegium in Münster weitergegeben wurde.[79] Sein zweites Ausbildungsjahr konnte er von Ostern 1913 bis Ostern 1914 am Realgymnasium mit Realschule in Schwelm absolvieren. Ganz im Gegensatz zur kasernenhaften Lehranstalt in Minden fand Helling im Leiter der Schule in Schwelm, Dr. Hasenclever,[80] eine aufgeschlossene, „liberalgesinnte Persönlichkeit vor, die in der Schwelmer Bürgerschaft hohes Ansehen genoß".[81] Hier richtete Helling mit Erlaubnis der Schulleitung einmal wöchentlich freiwillige Spielnachmittage ein, die

---

[77] Helling: Mein Leben (Anm. 4), S. 15-17.

[78] Der Göttinger Pädagoge Gustav Wyneken (1875-1964) beschäftigte sich vor allem mit Fragen der Jugendbildung und war Mitarbeiter von Hermann Lietz. Zusammen mit Paul Geheeb gründete er 1906 die „Freie Schulgemeinde Wickersdorf", ein Landerziehungsheim, dessen Leitung er seit 1906 bis 1931 mit kurzen Unterbrechungen immer wieder angehörte. Hermann Lietz (1868-1919) war führender Vertreter der Reformpädagogik und erhielt seinen Anstoß zur Gründung der ersten Landerziehungsheime über einen Gastlehreraufenthalt 1896/97 an der New School Abbotsholme, einer fortschrittlichen englischen Privatschule. Der Pädagoge Hugo Gaudig (1860-1923) reformierte im Rahmen der Arbeitsschulbewegung den Unterricht nach dem Prinzip der „freien geistigen Tätigkeit" durch Hinführung zu selbständigem Arbeiten. Der Pädagoge Georg Kerschensteiner (1854-1932) war Stadtschulrat und Universitätsprofessor in München und 1912-1919 Reichstagsabgeordneter für die Fortschrittliche Volkspartei. Er betonte die staatsbürgerliche Erziehung und begann 1900-1906 mit der Reorganisation der Münchner Fortbildungsschulen zu fachlich gegliederten Berufsschulen und der Einrichtung des Arbeitsunterrichts in der Volksschule nach seinem methodischen Prinzip, wonach die Grundlage allen Lernens in der Selbstbestätigung liegt.

[79] Helling: Mein Leben (Anm. 4), S. 14.

[80] Dr. Max Hasenclever (1875-1935), Leiter des Realgymnasiums mit Realschule in Schwelm von 1911-1935 (StA Schwelm, Personalakte Dr. Max Hasenclever).

[81] Helling: Mein Leben (Anm. 4), S. 14.

sich bei der Schülerschaft mit etwa 100 Teilnehmern einer ungeheuren Beliebtheit erfreuten.[82]

Erster Weltkrieg und Neuorientierung

Die Biographie Fritz Hellings ist ein Spiegelbild für den rasanten Wandel mehrerer Gesellschaftsformen, der sich in unerwartet rascher Zeitabfolge vollzog und dem die darin lebenden Menschen in der Mehrzahl nahezu hilflos ausgesetzt waren, während sie gleichzeitig nach neuen Lebenszielen suchen und um eine wie auch immer geartete Neuorientierung ringen mußten. Ein besonders harter Bruch der Traditionen begann sich im letzten Jahrzehnt des 19. und im ersten Jahrzehnt des 20. Jahrhunderts abzuzeichnen, als bereits freigesetzte Energien demokratischer Ansätze und längst fällige kulturelle Entwicklungsfolgen durch das statisch-konservative Verharren der Wilhelminischen Ära aufgehalten und regelrecht aufgestaut wurden und sich folgerichtig in Erneuerungsideen ein Ventil suchten. Unter Kaiser Wilhelm II.,[83] begabt, doch in militärischer Umgebung aufgewachsen und zu unkontrolliertem Souveränitätsgefühl erzogen, lebten Ideen romantisch-mittelalterlichen Königtums wieder auf, die gepaart waren mit technokratisch-plebiszitärem Führertum. In diesem künstlichen Verharren und bewußten Rückgriff auf die Zeit erhabener, moralisch übersteigerter Werte spiegelte der Potentat die Grundzüge der politischen Kultur Deutschlands und seiner herrschenden Schichten wider. Nach außen repräsentierte sich das Wilhelminische Zeitalter glanzvoll, die finanzielle Basis beruhte nach dem gewonnenen deutsch-französischen Krieg von 1870/71 auf dem wirtschaftlichen Aufschwung in der sogenannten Gründerzeit. Wilhelm II. handelte hinsichtlich der Ziele und Mittel der Politik ohne Konsequenz, vor dem Hintergrund sich zuspitzender sozialer Konflikte drängte er innenpolitisch einerseits auf weitere Reformen, außenpolitisch zeigte er andererseits ein gesteigertes militantes Auftreten, was schließlich zu Gegensätzen mit Bismarcks Politik und zu dessen Sturz führte. Innenpolitische Schwäche und außenpolitische Selbstüber-

---

[82] Ebd.
[83] Wilhelm II. (1859-1941), ältester Sohn von Kaiser Friedrich, deutscher Kaiser und König von Preußen (1888-1918).

schätzung waren wesentliche und fatale Grundlagen der Konfliktlage, die schließlich zum Ausbruch des Ersten Weltkriegs führte.

Auch wenn für Fritz Helling die Jugendjahre nach eigener Aussage „eine Zeit ruhiger Gewohnheiten und schöner Spiele" gewesen waren,[84] so mußte er doch im Kreise seiner Familie als Kind ganz zwangsläufig schon frühzeitig und unvoreingenommen mit den nonkonformistischen Überzeugungen seines Vaters in Kontakt gekommen sein. Mit Hellings Feststellung, weder von der Schule noch von seinem Elternhaus aus und auch während seiner ambitionierten Studienzeit nichts „von der gefährlichen Eigenart der damaligen Gegenwart",[85] dem Dilemma wilhelminischer Innen- und Außenpolitik, erfahren zu haben, wird daher nur um so deutlicher, wie stark selbst in liberalen und freisinnig-demokratischen Kreisen das untertänig-kaisertreue und naiv-vertrauensvolle, letztendlich aber soziopolitisch unemanzipierte Grundverhalten in der damaligen Gesellschaft allgemein verankert war.

Entsprechend enthusiastisch und offenbar in vollem Konsens mit seinen Eltern meldete sich Fritz Helling denn auch sofort nach Ausbruch des Ersten Weltkriegs zusammen mit seinem in Aachen wohnhaften Freund Karl Toepfer im August 1914 als Kriegsfreiwilliger und trat in das Aachener Infanterieregiment Nr. 25 ein. Wie alle Kriegsteilnehmer war auch er bereit, „sein Leben für das Vaterland hinzugeben".[86] Er glaubte wie alle anderen auch der offiziellen Kriegspropaganda vom Angriff auf Deutschland mit der daraus folgerichtig notwendig gewordenen Generalmobilmachung zur Verteidigung des Vaterlandes.[87] Von den expansionistisch-imperialistischen Ambitionen der im Hinblick auf die anderen Großmächte, vor allem Frankreich und England, komplexbehafteten deutschen Außenpolitik hatte der Normalbürger nicht die geringste Ahnung.

Am eigenen Leib mußte er dann die sinnlosen Massaker bei den Fronteinsätzen in der Champagne und in Flandern und den Tod seines Freundes miterleben.[88] Am 15. Dezember 1914 wurde Helling bei Mulhouse im Elsaß selbst durch einen Schuß am linken Arm schwer

---

[84] Helling: Wandlungen (Anm. 16), S. 51.
[85] Ebd.
[86] Ebd., S. 52. Helling: Mein Leben (Anm. 4), S. 18.
[87] Ebd., S. 25.
[88] Helling: Wandlungen (Anm. 16), S. 51; ders: Mein Leben (Anm. 4), S. 19 f.

verwundet. Für seinen freiwilligen und mutigen Einsatz als Melder im Stellungskrieg nach der Schlacht um Ypern in der belgischen Provinz Westflandern hatte er zuvor das Eiserne Kreuz II. Klasse verliehen bekommen.[89]

Die Verwundung machte eine lebensgefährliche Operation mit der Folge einer Verkürzung und dauerhaft eingeschränkten Bewegungsfähigkeit des Armes notwendig.[90] Nach einem halbjährigen Lazarettaufenthalt, während dem er für den Schwelmer Wandervogel seine Kriegserlebnisse in den drei kurzen, mit „Marsch in Flandern", „Granatfeuer" und „Sturmangriff" betitelten Texten festhielt, wurde Fritz Helling zum 12. Juli 1915 in Aachen als dienstuntauglich aus dem Heer entlassen.[91] Rückwirkend zum 1. April 1915 trat er als wissenschaftlicher Hilfslehrer, der er bis Ostern 1917 blieb, wieder in den Schuldienst am Schwelmer Realgymnasium ein.[92]

Für die Zeit von Ostern 1914 bis 1915 wurde er unter Berücksichtigung seines „verdienstvollen Einsatzes für das Vaterland" nachträglich als Probekandidat eingestuft,[93] was ihm allerdings später ausdrücklich keinerlei anrechnungsfähige Dienstzeiten bei der Berechnung seines Ruhegehaltes einbrachte.[94] Der bereits im Antragsschreiben vom 12. März 1917 auf Einstellung als Oberlehrer vom Schulleiter Dr. Hasenclever als „... außerordentlich tüchtige Kraft" mit besonderer Berufung[95] qualifizierte Fritz Helling erhielt erst nach langwierigen Verhandlungen vom Königlichen Provinzialschulkollegium in Münster per Verfügung vom 4. April 1917 die seit dem 1. Oktober 1916 freigewordene Stelle des Oberlehrers Prof. Dr. Hoffmann zugebilligt. Eine offizielle Wahl Hellings wurde allerdings – wohl aus finanziellen Gründen – auf die damals noch ungewisse Zeit bis nach Kriegsende ausgesetzt,[96] so daß die

---

[89] StA Schwelm, PA Fritz Helling, Personalbogen S. 1. Die Kriegsauszeichnung befindet sich im vom Sohn Jürgen Helling verwalteten Nachlaß.
[90] StA Schwelm, PA Fritz Helling, S. 111.
[91] Ebd., S. 1. Helling: Wandlungen (Anm. 16), S. 52; ders.: Mein Leben (Anm. 4), S. 20 f.
[92] Helling: Wandlungen (Anm. 16), S. 52.
[93] StA Schwelm, PA Fritz Helling, Personalbogen S. 1.
[94] Ebd., S. 30 ff.
[95] Ebd., S. 4, 6, 12.
[96] Ebd., S. 14

offizielle Anerkennung als Schulassessor erst am 9. Januar 1919 erfolgen konnte.[97]

Nach dem Krieg stand Helling den rasanten politischen Umbrüchen und gesellschaftlichen Veränderungen ratlos gegenüber: „Es begannen jetzt Jahre, die für mich zu den schwersten meines Lebens gehörten."[98] Für ihn wie für viele andere war im wahrsten Sinne eine Weltordnung zusammengebrochen. Die ständigen kontroversen und offen ausgeführten Diskussionen innerhalb des Lehrerkollegiums veranlaßten ihn als verantwortungsbewußten und aufgeschlossenen Geist dazu, seine bisherige Weltanschauung und Sicht der Dinge gründlich zu hinterfragen und letztendlich zu revidieren. Der von Helling als überragender Pädagoge geachtete Schuldirektor Dr. Hasenclever vertrat hierbei als einflußreiche Persönlichkeit die liberale und konservative Mehrheit, zu der „die Freunde der Jugendbewegung und der neuen Demokratie und diejenigen, die nach Krieg und Revolution ihre geistige Heimat im Sozialismus gefunden hatten" in Opposition standen.[99] „In dieser Krise verfiel ich zum Glück nicht dem politischen Rechtsradikalismus", meint Helling später.[100] Nach intensiver Literaturarbeit kam Helling zu der tief enttäuschenden und schockierenden Erkenntnis, daß die unaufgeklärten und im Gegenteil in Unkenntnis verklärten Untertanen konkret unter der Regierung Wilhelms II. durch die Entfesselung eines Krieges für dessen imperialistische Ambitionen aufs schwerste mißbraucht und wohl auch verraten worden seien.[101]

„Ich sah jetzt, daß Elternhaus und Schule mit ihrer Bildung und Erziehung um Jahrzehnte hinter dem wirklichen Leben der Gegenwart zurückgeblieben waren und uns aus eben diesem Grunde ahnungslos ins Leben- oder in den Tod hinausgeschickt hatten."[102] „In dieser politischen und weltanschaulichen Krise

---

[97] Ebd., S. 21.
[98] Helling: Mein Leben (Anm. 4), S. 22.
[99] Helling: Wandlungen (Anm. 16), S. 53. Vgl. hierzu den Beitrag „Konservatives Verharren und reformpädagogisches Engagement. Das Schwelmer Realgymnasium zwischen Kaiserreich und Nationalsozialismus" von Georg Dieker-Brennecke im vorliegenden Band.
[100] Helling: Mein Leben (Anm. 4), S. 22.
[101] Ebd., S. 21 f; ders: Wandlungen (Anm. 16), S. 53.
[102] Helling: Wandlungen (Anm. 16), S. 53.

blieb für mich nur eine einzige Tradition unverändert bedeutungsvoll: das war der Wandervogel, dessen Schwelmer Gruppe ich leitete."[103]

Infolge der nach 1918 einsetzenden geistigen Neuorientierung Fritz Hellings erwuchs nunmehr für ihn ein weiteres Konfliktpotential in der Schule, da der ihm bisher freundschaftlich zugetane Schulleiter Dr. Hasenclever dessen Aktivitäten im Wandervogel und in der Jugendbewegung unter Beeinflussung der Schülerschaft mißbilligte.

Erst nach sechs Jahren intensiven Forschens nach den Ursachen des Krieges war der Prozeß des Umdenkens abgeschlossen. Fritz Helling fand sich in den schon vorher von ihm verinnerlichten Ideen des Humanismus und eines freiheitlich-demokratischen Denkens im Sinne des Hambacher Festes von 1832 und der Nationalversammlung von 1848 in der Frankfurter Paulskirche in einer ausdrücklichen Bejahung der Demokratie und des Sozialismus wieder.[104] Vor dem Hintergrund dieser neu für sich entdeckten Weltanschauung, die einer „Befreiung aus der Krise" gleichkam,[105] schloß sich Helling in der Zeit der Weimarer Republik als verantwortungsbewußter, politisch denkender und aktiv handelnder Pädagoge 1923 dem von Paul Oestreich gegründeten „Bund Entschiedener Schulreformer" an, um

„im Geiste der Jugendbewegung und der nach sozialer Lebensauffassung und neuen Lebensformen strebenden kulturellen Entwicklung an der Erneuerung des Erziehungs- und Bildungswesens mitzuarbeiten".[106]

---

[103] Helling: Mein Leben (Anm. 4), S. 22.

[104] Helling: Wandlungen (Anm. 16), S. 52, 54 f. Vgl. hierzu den Beitrag „Sozialistische Orientierung und frühe Opposition gegen den Nationalsozialismus" von Burkhard Dietz im vorliegenden Band.

[105] Kluthe: Helling (Anm. 73), S. 2.

[106] Helling: Wandlungen (Anm. 16), S. 55 f. Vgl. hierzu den Beitrag von Jürgen Eierdanz im vorliegenden Band.

Otto Geudtner

Helling als Altphilologe:
die Dissertation über die „Quaestiones Livianae" (1921)

Nach seinem Abitur 1907 am humanistischen „Barmer Gymnasium"
entschied sich Fritz Helling für ein Studium der Klassischen Philologie.
In seiner Autobiographie nennt er die Motive für ein Studium innerhalb
der geisteswissenschaftlichen Fakultät: Zum einen sein vorzüglicher
Deutschlehrer, der eine leidenschaftliche, lebenslängliche Begeisterung
für Literatur geweckt hatte, zum anderen seine „besondere Freude" an
den antiken Dichtern Homer, Sophokles und Vergil. Die Intensität dieser
Begeisterung für die Alten konnte selbst der miserable Latein- und
Griechischunterricht eines alten Lehrers nicht schmälern.[1] Ein ausge-
prägtes historisches Interesse ergänzte die literarische Begeisterung des
angehenden Studenten. Homer, Sophokles und Vergil waren es also, die
Helling Ostern 1907 ein Studium mit den beiden Hauptfächern Latein
und Griechisch an der Georg-August-Universität in Göttingen, wo er die
ersten vier Semester blieb, aufnehmen ließen. Geschichte wählte er als
Nebenfach.

Student in Göttingen

Die Göttinger Klassische Altertumswissenschaft konnte auf eine große,
bis in das 18. Jahrhundert zurückreichende Tradition verweisen.[2] Das
von Johann Matthias Gesner (1691-1761)[3] im Jahre 1734 gegründete

---

[1] Fritz Helling, Mein Leben als politischer Pädagoge, hrsg. v. Burkhard Dietz u. Jürgen
Helling, Frankfurt a.M. 2004, Kap. 1, Manuskript S. 7.
[2] Die Klassische Altertumswissenschaft in der Georg-August-Universität Göttingen. Eine
Ringvorlesung zu ihrer Geschichte, hrsg. v. Carl Joachim Classen (Göttinger Universitäts-
schriften, Serie A: Schriften, Bd. 14), Göttingen 1989, im Folgenden zit.: Classen. –
Cornelia Wegeler, „...wir sagen ab der internationalen Gelehrtenrepublik" – Altertumswissenschaft und Nationalsozialismus. Das Göttinger Institut für Altertumskunde 1921-
1962, Wien 1996, im Folgenden zit.: Wegeler.
[3] Johann Matthias Gessner, Professor der Poesie und Beredsamkeit (bis ins frühe 19. Jahrhundert der alte Titel des Klassischen Philologen), wurde vor allem als Herausgeber zahlreicher lateinischer Textausgaben bekannt. Seine wissenschaftsorganisatorische Leistung

„Philologische Seminar", fortgeführt von seinem berühmten Nachfolger Christian Gottlob Heyne (1722-1812)[4], inaugurierte eine über die bloße grammatische Philologie (englischer und niederländischer Provenienz) hinausgehende, alle Realien des Altertums einbeziehende Betrachtungsweise, um dem Geist der Schriften der Alten auf die Spur zu kommen. So entwickelte sich die Klassische Philologie in Göttingen unter Einbeziehung der alten Geschichte und Archäologie zu einer umfassenden Altertumswissenschaft. Alte Geschichte und Archäologie waren integrale Fächer des Göttinger „Philologischen Seminars", das ab 1921 „Institut für Altertumskunde" hieß. Ein Überblick über die an diesem Seminar im Zeitraum von 1734 bis 1984 wirkenden Gelehrten (die Liste enthält keinen einzigen weiblichen Namen) versammelt eine große Zahl der international bedeutendsten Altertumswissenschaftler, ähnlich der Klassischen Philologie in Berlin.[5] Helling erwähnt einige dieser Gelehrten, bei denen er studierte, in seiner späteren Dissertation.

Doch die Begeisterung des Pennälers für die antiken Dichter erhielt während seines Studiums einen Dämpfer. Es war nicht in erster Linie antike Ideengeschichte, sondern strenge textkritische Methodik (mehr darüber weiter unten), die in der Klassischen Philologie vorherrschte.

„Ich dachte mir, bei diesem altphilologischem Studium würde man vor allem mit den Ideen der großen Männer des Altertums vertraut gemacht worden. In Wirklichkeit aber mußte ich erfahren, daß die Textkritik in ihren Werken zur Hauptsache gemacht wurde."[6]

Das ideengeschichtliche Interesse Hellings fühlte sich daher mehr von seinem späteren Lieblingsfach Geschichte angezogen. Helling hätte es gerne gesehen, wenn die Altphilologen, die in beiden Welten, der Ideen-

---

bei der Einrichtung des Seminarium Philologicum hat das Studium der antiken Literatur und später jegliche philologisch-historische Studien (auch unter Einbeziehung der Realien) auf eine neue Basis gestellt, die heute noch organisatorisch vorherrschende Lehrform des Seminars der modernen philologischen Fakultät. Ulrich Schindel, in: Classen, S. 9 ff.

[4] Christian Gottlob Heyne lehrte in Göttingen 1763-1812, trat der Auffassung von Winckelmann („Nachahmung der Alten") entgegen, forderte ein streng historisches Verständnis der alten Kulturen, unter besonderer Einbeziehung der Archäologie und alten Geschichte. Mythen, Kunstdenkmäler und die alte Literatur verstand er als Zeugnisse der jeweiligen Epoche. Jochen Bleicken, in: Classen, S. 100 f; Wegeler, S. 20 f.

[5] Schaubild bei Wegeler, Anhang 1, S. 332 ff.

[6] Helling, Mein Leben, Kap. 2, Manuskript S. 9.

geschichte wie der Textkritik, zu Hause waren, die Ideengeschichte und die Realien in der akademischen Lehre zum Hauptgegenstand gemacht hätten.

Zu Beginn seiner Göttinger Studienzeit traf Helling auf zwei Klassische Philologen, die – abgesehen von ihrer großen wissenschaftlichen Reputation – interessante und gewinnende Persönlichkeiten waren. Max Pohlenz (1872-1962), der in Göttingen von 1906 bis 1937 lehrte, war ein vielseitiger Forscher.[7] Seine Veröffentlichungen behandeln Themen der Philosophiegeschichte (sein Werk über die stoische Philosophie gilt heute noch als Standardwerk), der Staatstheorie, Texteditionen, griechischer Tragödie und Komödie, Quellenstudien etc. Pohlenz war 1920 übrigens der Korreferent der Dissertation Hellings.

Der andere Altphilologe, der 1913 die Dissertation Hellings anregte, war Friedrich Leo (1851-1914)[8], der in einer immensen grundlegenden Forschungsleistung dem Verständnis des Römertums völlig neue Wege wies und damit der Latinistik ein fundiertes Selbstbewußtsein verschaffte. Ihm verdankt die Latinistik den Nachweis der Originalität der römischen Kultur über den Vorbildaspekt der Griechen hinaus, der die Römer hauptsächlich als Epigonen klassifizierte. Leo, der die gesamte griechische Literatur und Kulturgeschichte souverän beherrschte, konnte gerade aus dem Vergleich der Römer mit den Griechen die Originalität der Römer nachweisen. Seine Werke über den römischen Komödiendichter Plautus, den Philosophen Seneca, die Römische Literaturgeschichte und unzählige andere Untersuchungen gehören bis heute zu den Ikonen der Klassischen Philologie und haben ihre Schule bildenden Früchte noch in den späteren Forschungen seiner Schüler Hermann Fränkel und Eduard Fränkel (beide im Exil) hervorgebracht. Sein gastliches Haus in Göttingen stand sogar Studenten offen, in der damaligen Zeit gewiß nicht die übliche Freundlichkeit eines Ordinarius. Helling hat sicherlich diese persönliche Zuwendung des Professors zu seinen Studenten das eine oder andere Mal genossen. Leos Leistungen in der Latinistik sind der Leistung des großen Ulrich von Wilamowitz-Moellendorff in der Gräzistik ebenbürtig. Wilamowitz – nach allgemeiner Einschätzung der größte Klassische Philologe seiner Zeit – war mit Leo befreundet. Er

---

[7] Wegeler, S. 84 ff, S. 229 ff.
[8] Wolfram Ax, in: Classen, S. 149 ff; Wegeler, S. 40 ff.

arbeitete mit ihm in seiner Göttinger Zeit (1883-1897) eng zusammen. Mit Theodor Mommsen hatte sich Wilamowitz erfolgreich für Leos Berufung nach Göttingen eingesetzt, beide aber nicht ohne die Befürchtung, die jüdische Abstammung Leos könne die Berufung verhindern.[9]

Weitere Studien in Berlin

Die Frage liegt nahe, warum Helling nach vier Semestern Göttingen verließ, um in Berlin an einem nicht minder berühmten Institut der Klassischen Philologie[10] sein Studium fortzusetzen. In seiner Autobiographie deutet er den Grund an: Helling hatte sich aktiv in einer Studentenverbindung Göttingens engagiert und drohte darüber zu versumpfen. Die Fachwissenschaft, so Helling, kam zu kurz. „Es war hohe Zeit, daß ich nach diesen vier Semestern Göttingen verließ und für zwei Semester nach Berlin ging."[11]

Und hier, in Berlin, trifft der Student im 5. Semester wieder auf illustre Namen der Altertumswissenschaft. Neben dem bereits erwähnten Wilamowitz[12], der sämtliche Einzeldisziplinen der Altertumswissenschaft beherrschte, den sein Berliner Nachfolger Werner Jaeger als einen „Riesen" seines Faches bezeichnete, nennt Helling in der Vita seiner Dissertation noch Hermann Diels[13] und Eduard Norden[14], ebenfalls Namen höchster wissenschaftlicher Reputation.

Wilamowitz (1848-1931), der mit Hermann Diels das Berliner Institut für Altertumskunde, übrigens nach dem Vorbild des Göttinger Seminars, ins Leben gerufen hatte, steht als Exponent des historischen

---

[9] Mommsen und Wilamowitz, Briefwechsel 1872-1903, hrsg. v. Friedrich Hiller v. Gaertringen, Berlin 1935.

[10] Werner Jaeger, Die Klassische Philologie an der Universität Berlin von 1870-1945, in: Studium Berolinense: Aufsätze und Beiträge zu Problemen der Wissenschaft und zur Geschichte der Friedrich-Wilhelm-Universität Berlin, hrsg. v. Hans Leussink u.a., Berlin 1960, S. 459 ff, im Folgenden zit.: Jaeger.

[11] Helling, Mein Leben, Kap. 2, Manuskript S. 10.

[12] William M. Calder u.a., Wilamowitz nach 50 Jahren, Darmstadt 1985; Ada Hentschke/Ulrich Muhlack, Einführung in die Geschichte der Klassischen Philologie, Darmstadt 1972, S. 97 ff.

[13] Jaeger, S. 465 ff.

[14] Ebd., S. 474 ff.

Positivismus – er glaubte an die totale Erkennbarkeit des historischen Gegenstandes – am Beginn einer neuen Ära der Altertumswissenschaft, die unter seinem Einfluß quasi ein moderner, wissenschaftlich arbeitsteiliger Großbetrieb von Spezialisten wurde. Historie und Philologie unter Einbeziehung sämtlicher geisteswissenschaftlicher Einzeldisziplinen bestimmten das neue Bild: Erforschung der monumentalen Quellen, strenge Urkundlichkeit (Nachprüfung aller Behauptungen an Quellen), Interpretation, „Verlebendigung" der Antike im Sinne eines „Wiedergegenwärtigmachens des ganzen Lebens der Alten", Darstellung der konkreten Lebenswirklichkeit des antiken Alltags, historische Parallelisierung zur Gegenwart. Wilamowitz hielt öffentliche Vorlesungen für Laien, um nach dem Verlust der Monopolstellung des humanistischen Gymnasiums die Kenntnis des Altertums (von Homer bis zum Untergang des römischen Reiches) am Leben zu erhalten. Diese Vorlesungen hatten großen Zulauf vom Berliner Bildungsbürgertum. Wilamowitz war ein hervorragender, fesselnder Lehrer. Werner Jaeger nennt ihn, den Altertumswissenschaftler von Weltruf, einen geborenen Conferencier. Die unübersehbare wissenschaftliche Produktivität von Wilamowitz, seine bildungs- und wissenschaftspolitischen Aktivitäten, die Faszination seiner Persönlichkeit haben alle seine Schüler tief beeindruckt, wie wir aus zahlreichen Beschreibungen wissen. Es wird dem jungen Helling nicht anders ergangen sein. Auch die Tatsache, daß Wilamowitz ein erzkonservativer politischer Diener des preußischen Staates war, stand zu dem konservativen Weltbild des jungen Helling sicherlich nicht im Widerspruch.[15] Wie Wilamowitz vertrat Hermann Diels die universale Auffassung der Altertumsstudien, seine Werke über die griechische Philosophie vor allem, z.B. über die Vorsokratiker, neben unzähligen Spezialschriften[16], stellen als Meisterwerke, wie es Werner Jaeger formuliert, „eine Enzyklopädie des Wissens vom Altertum dar".

Als dritter Institutsdirektor lehrte in Berlin der zwanzig Jahre jüngere Latinist Eduard Norden (1868-1941), ebenfalls ein Großer der

---

[15] Helling datiert seine politische „Konversion" auf die Novemberrevolution von 1918: Mein Leben, Kap. 4, Manuskript S. 22. Vgl. dazu auch den Beitrag „Sozialistische Orientierung und frühe Opposition gegen den Nationalsozialismus" von Burkhard Dietz im vorliegenden Sammelband.

[16] Übersicht bei Jaeger, S. 467 ff.

Altphilologie, Verfasser mehrerer Standardwerke.[17] Seine besondere Stärke, seine sprachästhetische Sensibilität, seine Stil- und Nuancen-empfindlichkeit, seine Künstlerhand bei Vorträgen, seine Vorliebe für Materialreichtum rühmt sein Schüler Werner Jaeger voller Verehrung und vergißt nicht hinzuzufügen, wie Eduard Norden „junge Gelehrte und ernsthaftere Studenten mit großer Güte und Zuvorkommenheit behandelte". Es waren die Götter der Altertumswissenschaft, zu deren Füßen der junge Fritz Helling saß.

Neben germanistischen Vorlesungen hörte er in Berlin auch und vor allem historische Vorlesungen. So bei dem großen liberalen Althistoriker Eduard Meyer (1855-1930)[18] und bei Otto Hirschfeld[19] (1843-1922). Bei letzterem hielt Helling ein Referat über Hannibals Alpenübergang nach den Darstellungen bei Polybios[20] und Livius, woraufhin Hirschfeld Helling eine Promotion anbot. Helling lehnte jedoch ab, da er nach Göttingen zurückkehren wollte: „Das war eine törichte Antwort, über die ich mich später oft geärgert habe. Ich hätte damals in Berlin meinen Doktor machen sollen. Das wäre leichter gewesen als später in Göttingen."[21]

Zurück in Göttingen

Im Sommer 1910 kehrt Helling, nun Student im 7. Semester, nach Göttingen zurück. „Hier erlebte ich eine große Enttäuschung. Ich kam mit

---

[17] Jaeger, S. 474 ff.

[18] Eduard Meyer wurde durch die Einbeziehung der Sprachen und Geschichte des Orients der erste Universalhistoriker des Altertums. Jochen Bleicken bezeichnet ihn als den „zu seiner Zeit bedeutendsten Historiker der griechischen Geschichte". Sein zu diesem Sujet verfaßtes Werk besteche durch die Urteilskraft, die Breite des Durchblicks und durch die Einbeziehung wirtschaftlicher Aspekte, woraus seine Geltung bis heute resultiere. Jochen Bleicken, in: Classen, S. 105; 123 f; Jaeger, S. 478.

[19] Otto Hirschfeld, Althistoriker, Schüler und Nachfolger Mommsens, Spezialist für römische Inschriften und deren Nutzbarmachung für Probleme der römischen Verfassung und Verwaltung: Jaeger, S. 478; Jochen Bleicken, in: Classen, S. 117.

[20] Griechischer Historiker (201-120 v. Chr.), schrieb sein Werk als Bewunderer Roms und Interpret von dessen Aufstieg zur Weltmacht. Vertrauenswürdigste Darstellung des Zweiten Punischen Krieges: Albrecht Dihle, Griechische Literaturgeschichte, Stuttgart 1967, S. 395 ff; Helling promovierte über Livius, der Polybios gerade bei seiner Schilderung des Zweiten Punischen Krieges benutzte.

[21] Helling, Mein Leben, Kap. 2, Manuskript S. 11.

meiner Doktorarbeit über Stichomythie[22] in den griechischen Dramen nicht zurecht, gab die Arbeit auf und bereitete mich auf das Staatsexamen vor."[23] Keine weitere Angabe, bei wem er promovieren wollte. Das Staatsexamen in Latein, Griechisch und Geschichte bestand Helling im Dezember 1912. Ostern 1913 beginnt Helling mit dem Referendariat seine Schullaufbahn.

In seiner Autobiographie erwähnt Helling nur ganz knapp einen erneuten Anlauf zu einer Promotion, wobei er seine Enttäuschung über die textkritische Methode der Altphilologie formuliert: „Sowohl meine schriftliche Arbeit zum Staatsexamen wie auch meine Doktorarbeit waren textkritische Untersuchungen. Zum Glück wählte ich als drittes Fach Geschichte."[24] Kein Wort über das Thema der Arbeit, den anregenden bzw. betreuenden Doktorvater, den Verlauf der Arbeit, die er immerhin neben seinem Schuldienst schrieb. Helling erwähnt nur, daß er sich Ostern 1912 exmatrikuliert, um zu Hause für das Staatsexamen zu arbeiten, daß er sich danach wieder immatrikuliert, um Vorlesungen bei dem Religionswissenschaftler Wilhelm Bousset zu hören.

Es muß verwundern, wenn Helling mit keinem Wort erwähnt, daß er – wohl zu Beginn des Jahres 1913 – ein neues Promotionsthema erhält. Durch einen Bericht des Doktorvaters Richard Reitzenstein geht aus der Promotionsakte[25] hervor, daß die Dissertation von Friedrich Leo angeregt wurde. Leo starb unerwartet am 15. Januar 1914. Helling wurde danach bei Richard Reitzenstein, dem Nachfolger Leos, mit dem bereits Erarbeiteten vorstellig und hatte das Glück, daß Reitzenstein das Thema als Doktorvater übernahm. Richard Reitzenstein[26], der bis zu seiner Emeritierung 1928 in Göttingen lehrte, ein bedeutender Gelehrter, dessen Forschungsgebiete sich bis in die hellenistische Literatur und abgelegenste Texte der Orientalistik (Mysterienreligionen, Magie, Zauberpapyri etc.) erstreckten, widmete sich in seiner Lehrtätigkeit nur den konventionellen Forschungsgebieten eines Latinisten. Lediglich in seinen Veröffentlichungen überschritt er diese fachspezifischen Grenzen in weit entfernte ‚exotische' Regionen, übrigens sehr zum Mißfallen mancher

---

[22] Dialogform im Drama, bei der Rede und Gegenrede mit jedem Vers abwechseln.
[23] Helling, Mein Leben, Kap. 2, Manuskript S. 12.
[24] Ebd., S. 9.
[25] UA Göttingen, Phil. Prom. H. V, 25.
[26] Wolfgang Fauth, in: Classen, S. 178 ff.

Fachkollegen. Thema und Ausführung der von ihm betreuten Dissertation Hellings bewegten sich folglich ganz im Rahmen traditioneller Latinistik.

Die Dissertation

Um die Art dieser Dissertation wissenschaftshistorisch einordnen zu können, bedarf es einer Vorbemerkung. Im frühen 19. Jahrhundert war ein Philologenstreit ausgebrochen, der mehrere Jahrzehnte dauerte und für die Forschungsmethodik der Klassischen Philologie tiefgreifende Folgen hatte.[27] Der Streit zwischen August Boeckh[28] und Gottfried Hermann[29] betraf den Gegenstandsbereich der Klassischen Philologie. Während Boeckh Sprache nicht als den eigentlichen Schlüssel zum Verständnis der Alten ansah und andere Disziplinen (Chronologie, Geographie, politische Geschichte, Religionsgeschichte, Kunstgeschichte und Literaturgeschichte) als sachliche Teile *neben* der Sprache betrachtete, sah der Kontrahent Hermann in dieser Betonung der Sachen die Gefahr, daß die Sprache als wesentliches Werkzeug zu kurz käme. Wilamowitz hat später beide Richtungen miteinander versöhnen können, da er in einzigartig souveräner Weise sämtliche Teildisziplinen der Altertumswissenschaft beherrschte. Die Folgen dieses Streits sind jedoch bis zum heutigen Tage in der Klassischen Philologie greifbar. Den mehr der Sprache zugewandten Philologen ging und geht es in erster Linie um

---

[27] Ernst Vogt, Der Methodenstreit zwischen Hermann und Boeckh und seine Bedeutung für die Geschichte der Philologie, in: Philologie und Hermeneutik im 19. Jahrhundert. Zur Geschichte und Methodologie der Geisteswissenschaften, hrsg. v. Hellmut Flashar u.a., Göttingen 1979, S. 103 ff.

[28] August Boeckh (1785-1867) erhielt 1810, noch nicht 25jährig, einen Ruf an die neugegründete Universität Berlin, wo er bis zu seinem Tod mit beispiellosem Erfolg lehrte. Seine Vorlesung „Encyklopädie und Methodologie der philologischen Wissenschaften" (hrsg. v. Ernst Bratuscheck, Leipzig 1886) hielt Boeckh in jeweils überarbeiteter Form bis zwei Jahre vor seinem Tod. Mit dem Begriff „Encyklopädie" verweist Boeckh auf den weiten Aufgaben- und Stoffbereich der Philologie; s. Henschke/Muhlack, Einführung in die Geschichte der Klassischen Philologie, S. 88 ff.

[29] Johann Gottfried Hermann (1772-1848), 1797 Extraordinarius in Leipzig, 1803 ordentlicher Professor der Beredsamkeit, 1809 auch der Poesie. Seine methodischen Grundsätze und Auffassungen über den Aufgabenbereich der Philologie sind in seinen einzelnen Textausgaben und metrischen und grammatischen Werken sowie in seiner Schrift „De officio interpretis" von 1834 überliefert.

korrekte Texteditionen. Die Überlieferungsprobleme antiker Texte sind naturgemäß schwierige. Die Frage, ob der Wortlaut einer Handschrift echt oder durch spätere Zusätze, Verfälschungen der Abschreiber als unecht (verderbt) anzusehen sind, rief eine stetig verfeinerte philologische Forschungsmethode hervor, die sogenannte Textkritik. Einige methodische Ansätze der Textkritik: das Studium der in den Bibliotheken erreichbaren Handschriften (Paläographie), die Eruierung der Verwandtschaftsverhältnisse der Handschriften anhand von weitergegebenen Fehlern bzw. Abweichungen (Stemmatologie), die Rekonstruktion der Überlieferungsgeschichte eines Textes, Textverbesserungen der verderbten Stellen (Konjektur), Erforschung des Stils und grammatischer Eigenheiten eines Autors, Geschichte und Beschreibung der Textgattungen etc.

Die nach damaliger Gepflogenheit in Latein geschriebene Dissertation Fritz Hellings ist eine ausschließlich textkritische Untersuchung: Quaestiones Livianae – Untersuchungen zum Text des römischen Historikers Titus Livius (59 v. Chr.-17 n. Chr.), der in 142 Büchern die Geschichte Roms von den Anfängen bis zum Jahre 9 n. Chr. (Tod des Drusus) darstellt.[30] Vom Werk (ab urbe condita – Römische Geschichte seit Gründung der Stadt) ist etwa ein Viertel erhalten (Bücher 1-10, 21-45). Helling untersuchte nun einzelne strittige Handschriftenvarianten der Bücher 26 bis 30 (47 Einzelstellen). Die Textüberprüfung hatte keinen Anspruch auf eine weiterführende Livius-Gesamtinterpretation. Inhaltlich thematisieren die Bücher 26 bis 30 Ereignisse des Zweiten Punischen Krieges (218-201 v. Chr.).

Die Untersuchung Hellings fußt auf einer Vorarbeit von A. Luchs aus dem Jahre 1879.[31] Maßgeblich für die Textüberlieferung der Bücher 26-30 war bis zu der Untersuchung von Luchs der Pariser Codex P (Puteanus oder Parisinus). Luchs hatte aus mehreren jüngeren Handschriften, deren Lesarten teilweise unterschiedlich waren, deren gemeinsame Quelle rekonstruiert, nämlich die verlorene Handschrift von Speyer S , hinter der wiederum ein verlorener Archetypus stand, dessen Qualität dem Codex P mehr als ebenbürtig war. Helling weist im Vorwort seiner

---

[30] Karl Büchner, Römische Literaturgeschichte, Stuttgart 1962, S. 357 ff.

[31] August Luchs, T. Livi ab urbe condita. Libri a vicesimo sexto ad tricesimum, Berlin 1879. Zur komplizierten Überlieferungsgeschichte des Livius-Textes s. die Praefatio Editoris von R. S. Conway in der Oxford-Ausgabe, Oxford 1955, S. V (Hinweis auf die Ausgabe von Luchs ebd., S. XXXII).

Dissertation darauf hin, daß nach der hervorragenden Vorarbeit von Luchs nur noch eine Nachlese einiger strittiger Lesarten bzw. einiger weniger Textstellen, bei deren Feststellung Luchs Irrtümer unterlaufen waren oder die er schlicht übergangen hatte, zu erarbeiten sei. Es geht also um den Vergleich einiger Lesarten von P mit der verlorenen Handschrift von Speyer, die Luchs aus jüngeren Abkömmlingen rekonstruiert hatte.

Im Folgenden ein Beispiel (Diss. p. 10) zu Livius XXVII, 28, 12, wo Helling die Lesart von P „e turri eius portae" (vom Turm dieses Tors) prüft:

> XXVII, 28, 12, ubi de Salapiae oppugnatione narratur, ex P editur: „Salapitani alii perfugas ... invadunt, alii e turri eius portae murisque ... absterrent hostem". in hac Puteani lectione (e turri eius) et pronomen et numerus offendunt. in tota enim narratione haec una tantum porta commemoratur, quam hostes aggrediuntur (§ 8 circa portam, § 9 ad portam, aperire portam, § 10 moliri portam, § 11 ruunt per portam). non igitur est, cur pronomen „eius" addatur. praeterea verisimile est portam, ut fere fit, duabus turribus munitam esse cf. 31, 24, 16: qui in turribus portae erant. quibus de causis rectius cum SVRFL scribendum est: „alii e turribus portae murisque ... absterrent hostem".

Übersetzt lauten diese Ausführungen Hellings: wo über die Bestürmung von Salapia berichtet wird, ist die Lesart nach P: „Die Leute von Salapia gingen teils auf die Überläufer ... los, teils schreckten sie den Feind vom Turm dieses Tores (e turri eius portae) und den Mauern aus ... ab." Bei dieser Lesart des Puteanus (vom Turm dieses ...– e turri eius) muß man am Pronomen und am Numerus Anstoß nehmen. Bei der gesamten Schilderung nämlich ist nur von diesem einen Tor die Rede, welches die Feinde angreifen (§ 8 in der Nähe des Tores, § 9 zum Tor, das Tor öffnen, § 10 das Tor zu bewegen versuchen, § 11 sie stürzen durch das Tor). Es gibt also keinen Grund, das Pronomen „eius" (dieses Tors) hinzuzufügen. Außerdem ist es wahrscheinlich, daß das Tor, wie es die Regel ist, von zwei Türmen befestigt ist – vgl. 31,24,16: die auf den Türmen des Tors waren. Daher muß man mit den Handschriften SVRFL schreiben: „teils schrecken sie von den Türmen des Tors (e turribus portae) und den Mauern ... den Feind ab".

Alle anderen Stellen werden methodisch in gleicher Weise textkritisch und lediglich als Einzelstellen behandelt, ohne übergeordneten inhaltlichen Bezug untereinander, quasi als Monaden. Weitere Kriterien der Textfeststellung sind ein Vergleich mit dem griechischen Historiker Polybios, den Livius benutzt hat (p. 7 sq.), der Kontext bei Livius und seine Interpretation (p. 12 sq.) sowie eine im Einzelfall vielfach kaum entscheidbare Diskussion von Wortstellungsunterschieden in den Handschriften (p. 24 sq.). Eine mühsame Kärrnerarbeit, die neben einigem Scharfsinn Sprachgefühl, umfassende Literaturkenntnis (Parallelstellen), Kenntnis der Eigenart des Autors und Selbständigkeit der Gedanken voraussetzt, wie es Reitzenstein und Pohlenz im Promotionsgutachten sowie Alfred Klotz in einer Rezension zu dieser Dissertation anerkennend anmerken.[32]

Fritz Helling hat sich der Mühe einer solchen Kärrnerarbeit über mehrere Jahre hin unterzogen, und dies trotz einer kritischen Distanz zu dieser Art von Philologie, mit der er übrigens nicht alleine dasteht. Friedrich Nietzsche, selbst Altphilologe, sprach einmal im Zusammenhang mit der textkritischen Philologie von einer „Ameisenarbeit", die ihren Sinn lediglich in ihrer Vorläufigkeit für die Philosophen habe, die dann mit einer korrekten Textgrundlage arbeiten können. Nach Nietzsche sollte es zwei Kategorien von Klassischen Philologen geben: diejenigen, die die Kärrnerarbeit leisten, und die, die sie auswerten:

> „Die Philologen (leben) als Vorbereitung des Philosophen, der ihre Ameisenarbeit zu nutzen versteht ... Freilich ist, wenn es keine Leitung gibt, der größte Teil jener Ameisenarbeit einfach Unsinn und überflüssig."[33]

Es hat auch seitens vieler anderer Gelehrter nicht an kritischem Unbehagen an der Überbewertung der textkritischen Philologie, eben jener mühsamen „Ameisenarbeit", gefehlt. Man denke nur an das bekannte Aperçu des Germanisten Richard Alewyn von der Germanistik als einer „Fliegenbeinzählerei".

Als Fritz Helling im März 1920 das Rigorosum bestanden hatte, konnte er sich nun mit vollem Elan seinem eigentlichen Interesse, der

---

[32] Promotionsgutachten von Reitzenstein und Pohlenz: UA Göttingen, Phil. Prom. H, V, 25; Alfred Klotz, in: Philologische Wochenschrift, hrsg. v. Franz Poland, 43. Jg., (Leipzig) 1923, S. 37 ff. Dies ist die einzige bekannte Rezension zu Hellings Dissertation.
[33] Friedrich Nietzsche, Wir Philologen, in: Friedrich Nietzsche, Werke, hrsg. v. Karl Schlechta, Bd. 3, München (6. Aufl.) 1969, S. 326.

Ideengeschichte, widmen. Wie wir sahen, hatte Helling das Glück, bei den größten Koryphäen der Klassischen Philologie zu studieren, bei Gelehrten, deren textkritische Methodik nur *ein* Aspekt ihres jeweiligen wissenschaftlichen Lebenswerks darstellte. Helling war sich durchaus des Vorzugs bewußt, bei solch großen Lehrern in die Lehre gegangen zu sein. Eine Passage seiner Autobiographie verdient dabei besondere Beachtung. 1922 hörte Helling in München eine Rede Hitlers, in der dieser „gegen das internationale Judentum, das an allem Elend der Welt schuld sei" hetzte.

„Diese Rede war mir widerwärtig. Meine Eltern waren mit einer jüdischen Familie befreundet. Ich selbst hatte während meines Universitätsstudiums zwei jüdische Professoren aufs höchste verehrt. Mich trennte also eine tiefe Kluft von dieser NSDAP."[34]

Die beiden überaus verehrten Lehrer waren die Klassischen Philologen Friedrich Leo und Eduard Norden. Diese Persönlichkeiten waren es unter anderem, die Helling gegen den Nationalsozialismus immunisiert hatten, was auch vermerkt werden sollte, wenn von Helling als einem Altphilologen die Rede ist.

Leider war diese Haltung Fritz Hellings bei einem großen Teil seiner Fachkollegen nicht selbstverständlich.[35] 1935 wurde das Bild Friedrich Leos aus dem Göttinger Institut für Altertumskunde entfernt, um nur dieses eine Beispiel der damnatio memoriae eines der größten Altphilologen zu erwähnen.[36] Eduard Norden, „der Latinist mit dem – wohl weltweit – größten Renommee" (Eckart Mensching) konnte sich den Nationalsozialisten 1938 nur durch Flucht in die Schweiz entziehen.[37] Bekanntlich zogen nicht viele Altphilologen, die höchste Verehrung für ihre großen jüdischen Lehrer wie Fritz Helling empfanden, aus dieser Verehrung die entsprechenden politischen Schlußfolgerungen und Handlungsmaximen. Wenn wir an den Altphilologen Fritz Helling denken, so sollte uns neben seinen textkritischen Bemühungen auch oder

---

[34] Helling, Mein Leben, Kap. 4, Manuskript S. 24.

[35] Wegeler zeichnet den ernüchternden Weg, den die Klassische Philologie und Altertumswissenschaft in Göttingen 1933 ff weitgehend einschlugen.

[36] Wegeler, S. 43.

[37] Eckart Mensching, Latein und Griechisch in Berlin, Jg. XXIX (1985), H. 4, S. 87; ders., Jg. XXVII (1983), H. 4, S. 54 ff.

gerade diese Facette seiner politischen Persönlichkeit immer vor Augen stehen.

Nachlese

Mit der Vertreibung der jüdischen Wissenschaftler nach 1933 verlor die deutsche Klassische Philologie den größten Teil ihrer führenden Köpfe. Der in Oxford lehrende Gräzist Hugh Lloyd-Jones sagte einmal ironisch, an sich müsse die englische Altphilologie Hitler dankbar sein, da sie durch die vertriebenen deutsch-jüdischen Kollegen Weltklasseniveau erreicht habe. Öffentlich bekundete Solidarität mit den vertriebenen Kollegen, ganz zu schweigen von aktiver Opposition, gab es – abgesehen von ganz wenigen Ausnahmen – nicht. Fritz Helling, ein Querdenker in einer eher politisch konservativ denkenden „Zunft", hielt an seiner Verehrung für seine jüdischen Lehrmeister und an der Verabscheuung des Antisemitismus fest. Für diese wahrhaft humanistische Haltung gebührt dem Altphilologen Fritz Helling Respekt. Ein Respekt, bei dem sich wohl mancher Zeitgenosse Hellings die Frage gefallen lassen muß, ob diese Achtung dem aufrechten Antinationalsozialisten Fritz Helling in der Nachkriegszeit immer in gebotenem Maße gezollt worden ist.

Juliane Eckhardt

Fritz Helling als Philologe:
Zur „Einführung in die deutsche Literaturgeschichte"
von 1928

Daß der engagierte Pädagoge Fritz Helling sich mit Literaturgeschichte befaßt und dazu obendrein ein Werk publiziert hat, hängt wohl in erster Linie mit seiner Ausbildung als Gymnasiallehrer zusammen. Deutsch war zwar nicht das Hauptfach des Altphilologen Helling, wohl aber hat er im Laufe seines beruflichen Werdegangs für dieses Fach eine Lehrbefähigung erworben. Die Tatsache, daß sein Interesse der *historischen* Entwicklung von Literatur gilt, dürfte darauf zurückzuführen sein, daß das als dritter Studienschwerpunkt gewählte Fach Geschichte erklärtermaßen das „Lieblingsfach" Hellings war.[1]

Bei der Untersuchung der 1928 im Breslauer Heinrich Handels Verlag erschienenen „Einführung in die deutsche Literaturgeschichte"[2] von Fritz Helling bin ich drei Fragestellungen nachgegangen, die unterschiedlich gewichtet werden:

1. Welche (auto)biographischen Einflußfaktoren waren es, die Helling zur Veröffentlichung einer „Literaturgeschichte" bewogen und die Konzeption des Werkes geprägt haben könnten?

2. (Schwerpunkt) Wie ist Hellings Konzept im (etablierten) forschungshistorischen Kontext der Weimarer Republik zu bewerten?

3. Wie ist Hellings „Literaturgeschichte" aus dem Aspekt damaliger marxistischer Ansätze in der literaturwissenschaftlichen Diskussion zu sehen?

---

[1] Vgl. Fritz Helling, Mein Leben als politischer Pädagoge, hrsg. v. Burkhard Dietz und Jürgen Helling, Frankfurt a.M. 2004, Kap. 2, Manuskript S. 8 u. 12 (im folgenden: Helling, Mein Leben).

[2] Fritz Helling, Einführung in die deutsche Literaturgeschichte, Breslau: Heinrich Handels Verlag 1928 (im folgenden: Helling, Literaturgeschichte).

137

1. Zu den (auto)biographischen Bedingungsfaktoren von Hellings „Einführung in die deutsche Literaturgeschichte"

Hellings grundsätzliches Interesse an Literatur läßt sich aus seinen Erfahrungen in Elternhaus und Schule erklären und aufgrund seiner universitären Studien weiter spezifizieren. Der elterliche Einfluß wird vor allem an Hellings autobiographischen Ausführungen über seinen Vater ersichtlich. Dieser war nach seiner Einschätzung ein „dichterisch und musikalisch hochbegabter Lehrer", der sogar selbst Gedichte schrieb und veröffentlichte,[3] von denen Helling in seiner Autobiographie einige natur- und gedankenlyrische Beispiele zitiert. Schulischer Einfluß ist an dem Deutschlehrer Meyer festzumachen, der bei Helling „eine geradezu leidenschaftliche Begeisterung" für die „klassischen Dichter" hervorrief, welche auch zur Privatlektüre des Primaners wurden. Über den Schülerlesekreis „Amicitia" lernte Helling außerdem zeitgenössische Autoren, so vor allem Henrik Ibsen, kennen, mit dem er sich auch während seines Studiums in Göttingen und Berlin beschäftigte. So hielt er bereits in seinem ersten Göttinger Studiensemester „einen Vortrag über Ibsen" und sah sich dessen Dramen im Berliner Lessingtheater an.[4] Speziell literaturgeschichtliche Veranstaltungen besuchte er schließlich in Göttingen bei Erich Schmidt, dessen Arbeiten wissenschaftstheoretisch dem seit der zweiten Hälfte des 19. Jahrhunderts verbreiteten Positivismus zuzuordnen sind.[5]

Auf Hellings „Literaturgeschichte" wirken sich die umrissenen autobiographischen Einflußfaktoren in verschiedener Hinsicht aus. Wenn Helling – insbesondere mit Blick auf die aktuellen Literaturentwicklungen – seitenlang Gedichttexte abdruckt[6] und auch sonst vorzugsweise die lyrischen Erzeugnisse der behandelten Autoren würdigt, dann kann dies durchaus mit dem von ihm bewunderten Vater in Verbindung gebracht werden, dessen poetische ‚Ader' die Vorliebe des Sohnes geprägt haben mag. Die aus Hellings Schulzeit überkommene Verehrung für die deut-

---

[3] Vgl. hierzu den Beitrag von Cornelia Hackler im vorliegenden Band.

[4] Vgl. Helling, Mein Leben, Kap. 1, Manuskript S. 1 ff u. S. 7 f; Kap. 2, Manuskript S. 10 u. 11.

[5] Vgl. dazu Gero von Wilpert, Positivismus, in: ders., Sachwörterbuch der Literatur, Stuttgart (8. verb. u. erw. Aufl.) 2001, S. 626 (Erich Schmidt wird in Wilperts Standardwerk ausdrücklich als Vertreter dieser auf die Beschreibung und Klassifikation empirischer Fakten abhebenden Richtung mit angeführt).

[6] Vgl. zum Beispiel Helling, Literaturgeschichte, S. 134 ff.

schen Klassiker zeigt sich in den Kapiteln über Goethe und Schiller, deren Werke auf über dreißig (von rund 140!) Seiten erörtert werden und deren epochale Verdienste Helling in jeweils gesonderten Kapiteln auf den Punkt bringt. Über Goethe resümiert er zum Beispiel:

> „Überall ragt Goethe in der Schaffung seiner Kunstwerke durch mustergültigen Aufbau und durch edle und gewählte Sprache hervor. Das gilt auch von seinen Romanen. Vergleichsweise steht der Lyriker in Goethe am höchsten, ihm folgt der Epiker und zuletzt der Dramatiker."[7]

Während Hellings literaturhistorischer Umgang mit Lyrik und mit den deutschen Klassikern offensichtlich nichts mit dem zu tun hat, was den „politischen Pädagogen" Helling zeitgleich umtreibt – immerhin ist er in der Entstehungszeit der „Literaturgeschichte" nach eigenen Worten „als parteiloser Sozialist weithin bekannt"[8] –, kann sein Umgang mit Henrik Ibsen zumindest mit seinem sozialen Ethos in Verbindung gebracht werden. Sein Interesse an dem norwegischen Autor äußert sich unter anderem darin, daß er – entgegen seiner ansonsten zumeist sachlich-nüchternen Darstellungsweise – dessen Werke ausdrücklich lobend hervorhebt wegen der darin enthaltenen „kritischen Betrachtung der geselligen Verhältnisse". Die Epoche des Naturalismus, als deren Wegbereiter Ibsen mit Recht vorgestellt wird, beschreibt Helling ebenfalls sehr engagiert und positiv. Der Grund hierfür ist vor allem die sozialkritische Stoßrichtung des Naturalismus, der seine Themen – so Helling – unter anderem „der Tragik des Proletariats" entnimmt, „die sich im Leben des Arbeiters, des Kleinbürgertums ausprägt". In bezug auf Gerhart Hauptmanns Drama „Die Weber" heißt es dementsprechend:

> „Der Dichter schildert, wie dieses arme, leicht lenkbare und kirchliche Volk sich seelisch wandelt und durch den Aufruhr sich

---

[7] Helling, Literaturgeschichte, S. 53. Hellings Ausführungen zu den deutschen Klassikern können, forschungshistorisch betrachtet, im ganzen durchaus als akzeptabel bezeichnet werden. Da Helling nach Vollständigkeit der Darstellung strebt, machen freilich selbst die vergleichsweise umfangreichen Ausführungen zu dieser Literaturepoche einen verkürzten Eindruck. Vor allem den Interpretationen fehlt es dadurch durchweg an Tiefgang. Über Goethes „Wahlverwandtschaften" erfährt man zum Beispiel nur folgendes: „In den ‚Wahlverwandtschaften' treten 2 Ehepaare auf den Plan. Eduard und Charlotte laden auf ihr Landgut den Hauptmann und Ottilie ein. Innerlich nähern sich Charlotte und der Hauptmann, Eduard und Ottilie. Jene ringen die Leidenschaft nieder, diese büßen die Verirrung durch den Untergang" (ebd., S. 51).
[8] Helling, Mein Leben, Kap. 5, Manuskript S. 42.

zu befreien sucht von Unterdrückung und Hunger ... Das Drama entrollt zwar ein naturgetreues Bild der Wirklichkeit; aber das Herz seines Schöpfers gehört den Notleidenden."[9]

Der Einfluß von Erich Schmidts positivistisch begründetem Erkenntnisinteresse macht sich in Hellings „Literaturgeschichte" nicht zuletzt dadurch bemerkbar, daß sich darin – abgesehen von einigen schwärmerischen Bemerkungen über Dichtung schlechthin – nur wenige Spuren des seinerzeit erstarkenden geistesgeschichtlichen Ansatzes finden. Allerdings wird der („positivistische") Anspruch einer empirisch gesicherten und objektiven Darbietung nicht nur (wie bei Ibsen) von dem Wunsch nach parteilicher Wertung durchkreuzt, sondern auch von der didaktischen Absicht, einen leicht nachvollziehbaren, einprägsamen Literaturüberblick zu schaffen. Das damit verbundene Ziel einer Anhebung der Allgemeinbildung, das autobiographisch auf entsprechende Positiverfahrungen Hellings zurückgeführt werden kann, wird im Vorwort zur „Literaturgeschichte" direkt angesprochen, wenn es heißt:

„Das Volk der Dichter und Denker braucht den Sänger, den Bringer der Lust. In das bunte Leben der Poesie führt nur eigene Lektüre. Hierbei will die vorliegende Literaturkunde hilfreiche Hand bieten."[10]

Von einer didaktischen Intention zeugt schließlich auch das Programm des Heinrich Handels Verlags, von dem im Anhang des Werkes eine Kostprobe gegeben wird. In der für Werbezwecke abgedruckten Stellungnahme eines Lehrers zu einem Lehr- und Nachschlagebuch aus demselben Verlag heißt es:

„Das Werk zeichnet sich aus durch eine recht klare, anregende und leicht verständliche Darstellungsweise. Es ist zu bewundern, in welch geschickter Weise die Verfasser es verstanden haben, den umfangreichen Stoff auf verhältnismäßig engem Raum unterzubringen ..."[11]

---

[9] Helling, Literaturgeschichte, S. 109, 110 u. 111.

[10] Ebd., S. 2 (Vorwort) u. S. 147. – Hellings idealistisch-verklärende Auffassung von Dichtung kommt in seinem Vorwort besonders deutlich zum Ausdruck. Zu der damit verbundenen apolitischen Tendenz bestimmter Interpretationen und Wertungen vgl. Kap. 2 des vorliegenden Beitrags.

[11] Ebd., S. 147. Von Hellings didaktischer Intention zeugt auch das Schlußkapitel über das „Wichtigste aus der Metrik", vgl. ebd., S. 142 ff.

Hellings „Literaturgeschichte" paßt insofern in dieses Programm, als sie ebenfalls allgemeinverständlich abgefaßt und transparent aufgebaut ist und dadurch auch als Nachschlagewerk verwendet werden kann. Im übrigen bringt es schon der vergleichsweise geringe Umfang derselben mit sich, daß neben den etwas ausführlicheren Werkbehandlungen auch viele ‚auf engem Raum untergebrachte' Kurzinformationen zu finden sind. Die unterschiedliche Gewichtung gibt dabei natürlich Aufschluß über die von Helling bevorzugten Autorinnen und Autoren und dient zugleich der gewünschten pädagogischen Einflußnahme auf die Leserschaft.

Insgesamt ist damit festzuhalten, daß Helling sich mit seiner „Literaturgeschichte" keine ‚Lorbeeren' als Literaturwissenschaftler verdienen will und daß er damit keineswegs den Anspruch auf einen originären Forschungsbeitrag erhebt. Sein Konzept, das durch persönliche Interessen und das eigene Studium geprägt ist, stellt vielmehr eine Art literaturhistorisches Lehrwerk dar, das mit mehr oder weniger kommentiertem Überblickswissen nicht zuletzt auch Lehrkräfte und Schüler zur professionellen Lektüre verhelfen will. Mit Rücksicht auf diese Grundintention der „Literaturgeschichte" soll es im folgenden weniger um eine (literatur)wissenschaftliche Gesamtwürdigung derselben gehen als vielmehr um die Frage, ob und inwieweit der ‚Literaturhistoriker' Helling mit seiner Darstellung die fortschrittlichen Ziele des Pädagogen Helling im Auge behält.

2. Hellings „Einführung in die deutsche Literaturgeschichte" im forschungshistorischen Kontext der Weimarer Republik

Hellings Konzept ist – das haben schon die unter autobiographischem Aspekt herausgearbeiteten Teilergebnisse gezeigt – insoweit im (guten) positivistischen Sinn angelegt, als versucht wird, wichtige Namen, Daten, Fakten und Begriffe der verschiedenen Epochen zu erwähnen, möglichst objektiv zu beschreiben und zu erläutern. Insgesamt zeigt sich Helling durchaus bemüht, in seine Ausführungen möglichst wenige Wertungen einfließen zu lassen und statt dessen einfach literaturhistorische Kenntnisse zu vermitteln. Im Vergleich zu den irrationalistischen Strömungen der geistesgeschichtlich orientierten Literaturgeschichtsschreibung[12] kann

---

[12] Besonders irrationale Züge verbreiteten damals diejenigen Vertreter einer geistesgeschichtlichen Richtung der Literaturgeschichtsschreibung, die auf eine verstärkte Rück-

eine derart ‚nüchterne' Ansammlung von Faktenwissen zumindest aus didaktischer Sicht als brauchbar bezeichnet werden, wenngleich dadurch – auch dies typisch für den Positivismus – der Einblick in übergreifende historische Zusammenhänge nicht gewährleistet wird.

Was das gewählte Periodisierungsverfahren betrifft,[13] greift Helling überwiegend auf gebräuchliche Begriffe zurück. So bedient er sich bei den ästhetisch definierten Epochen der gängigen stilspezifischen Termini (z.B. in den Kapiteln über Romantik, Impressionismus, Expressionismus), wobei festzuhalten ist, daß Helling sich mit seiner „Literaturgeschichte" – im Gegensatz zu manch anderer Gesamtdarstellung seiner Zeit[14] – immerhin bis in die damals jüngste Geschichte vorgewagt hat. Dem politischen Inhalt bestimmter Epochen trägt er ebenfalls in einer Weise Rechnung, die in positivistisch konzipierten Darstellungen nicht unüblich war (z.B. mit Überschriften wie „Dichter der Befreiungskriege", „Deutsche Dichtkunst während des Weltkriegs" etc.).[15]

Auch die von Helling gewählte Untergliederung nach Autoren und Gattungen war seinerzeit verbreitet, dies insbesondere auch in solchen Darstellungen, die für schulische Zwecke geschrieben wurden.[16] Dabei ist die – sicher ebenfalls didaktisch motivierte – schematische Systematik bei Helling bis in die Binnenstruktur der Kapitel zu verfolgen. Die Ausführungen zu Schillers Ballade „Der Taucher" sind beispielsweise nach folgenden Überschriften gegliedert: „Inhalt" (ausführliche Inhaltsangabe), „Grundgedanke" (knappe Formulierung der Grundidee), „Form" (Hinweise zum Metrum), „Gliederung" (äußerer Aufbau), „Eigenart der Personen" (Charakterisierung der Hauptfiguren).[17] Die kleinschrittigen

---

wendung ins Religiöse drängten. Vgl. dazu die programmatische Schrift von Joseph August Lux, Zur Revision der deutschen Literaturgeschichte. Sonderdruck aus der religiöskulturellen Monatsschrift „Das heilige Feuer", Paderborn 1925.

[13] Vgl. zum folgenden Helling, Literaturgeschichte, S. 3-5 (Inhaltsverzeichnis).

[14] Vgl. zum Beispiel das Standardwerk von Otto E. Lessing, Geschichte der deutschen Literatur in ihren Grundzügen, Dresden 1921 (die Literaturgeschichte endet bezeichnenderweise im sogenannten „klassischen Zeitraum" mit der Behandlung Goethes).

[15] Vgl. ebd., Inhaltsverzeichnis. Lessing behandelt zum Beispiel die sogenannten ‚Vorklassiker' (Klopstock, Wieland, Lessing usw.) unter der Überschrift „Das Zeitalter Friedrichs des Großen und die Vorklassiker".

[16] Vgl. zum Beispiel Karl Ferdinand Kummer/Karl Stejskal, Einführung in die Geschichte der deutschen Literatur, Brünn 1925. Das Werk gehört bezeichnenderweise zu der Reihe „Hilfsbücher für den deutschen Unterricht", hrsg. v. Karl Stejskal.

[17] Helling, Literaturgeschichte, S. 70 f.

‚Erarbeitungssequenzen', die an die Präparationen der Herbartschule erinnern,[18] dürften seinerzeit die Folie manch eiliger Unterrichtsvorbereitung abgegeben haben, was der Lehrer Helling vermutlich auch im Blick gehabt hat.

Was der Lehrer und Altphilologe Helling freilich nicht immer im Blick hat, ist die Tatsache, daß Literatur sich nicht in Formschönheiten und in der Verkündung von Ideen oder Idealen erschöpft (die Ausführungen zum Naturalismus gehören in dieser Hinsicht zu den Ausnahmen). Die – damals weit verbreitete – Ehrfurcht vor den deutschen ‚Dichtergenies' sowie die überwiegend apolitische und formalistische Herangehensweise an Literatur haben ihm des öfteren die Erkenntnis verbaut, daß Literatur sehr wohl gesellschaftliche Funktionen haben kann, die für den „politischen Pädagogen" Helling eigentlich von großem Interesse hätten sein müssen. Hinweise darauf, daß Literatur ein Teil der gesamtgesellschaftlichen Entwicklung ist, liefert Helling allenfalls punktuell, wenn er zum Beispiel im Kapitel über die Romantik feststellt: „Die Wirren der Zeit – Revolution, Napoleonische Kriege – regten auch im Gebiete des Geistes Umwälzungen an."[19] In vielen der Autoren- und Werkbesprechungen fällt er dagegen weit hinter andere Literaturhistoriker seiner Zeit zurück, für die eine Berücksichtigung gesellschaftlicher Vorgänge zumindest in den einschlägig politisch geprägten Literaturepochen selbstverständlich war. Teilweise scheint er weder die affirmativ-ideologische Funktion populistischer Massenliteratur noch die gesellschaftskritische Funktion politischer Dichtung zu erkennen bzw. anzuerkennen. Daß er

---

[18] Zu Einfluß und Funktion der Herbartschen Formalstufentheorie im damaligen Deutschunterricht vgl. Juliane Eckhardt, Der Lehrplan des Deutschunterrichts. Lernbereichskonstruktion und Lernzielbestimmung unter gesellschaftlich-historischem Aspekt, Weinheim 1979, S. 106 ff, insbes. S. 111.

[19] Helling, Literaturgeschichte, S. 76. Auch in der Darstellung bestimmter historisch zurückliegender Epochen finden sich punktuelle Hinweise auf den gesellschaftlichen Entstehungs- und Funktionszusammenhang von Dichtung. Vgl. zum Beispiel Kap. C, „Deutsche Dichtkunst, gefördert durch den Bürgerstand (1300-1600)", in dem es zu Beginn heißt: „... das aufblühende *Bürgertum*" nehme „sich jetzt der Dichtkunst an" (ebd., S. 17). Es drängt sich bei diesen und ähnlichen Aussagen der Gedanke auf, als ob Helling nur dann bereit ist, die politische Funktion von Dichtung zu würdigen, wenn diese ein – zumindest prinzipiell – positives Bild vom Bürgertum entwirft. Auch die Tatsache, daß Helling einem Autor wie Theodor Fontane nur zehn Zeilen widmet, Lessing dagegen fast fünf Seiten und Ernst Moritz Arndt immerhin mehr als eine Seite, spricht für diese These (ebd., S. 34-39, 81 u. 100).

sich dadurch faktisch in ‚falsche Gesellschaft' begibt und – mehr oder weniger – das ‚Geschäft' der vom ‚parteilosen Sozialisten' Helling bekämpften Konservativen und Reaktionäre betreibt, bemerkt er möglicherweise auch deshalb nicht, weil er auf bestimmten Gebieten keinen hinreichenden Überblick über die vorhandene Sekundärliteratur hat.

Konkretisiert werden soll dies zum einen an Hellings Umgang mit dem erzreaktionären Jugendbuchautor Gustav Frenssen und zum anderen an seinem Umgang mit Heinrich Heine und dem Jungen Deutschland. Zunächst also zu Gustav Frenssen, dessen Bücher deutlich nationalistische, völkische und chauvinistische Tendenzen aufweisen und der sich in seinem „Lebensbericht" (1940) zum „Dritten Reich" bekannt hat.[20] Helling behandelt diesen Autor aus unerfindlichen Gründen unter der Überschrift „Heimatliche Kunst" und bewertet ihn uneingeschränkt positiv. Über Frenssens Buch „Peter Moors Fahrt nach Südwest" (erstmals 1906), das bis in die Nazizeit hohe Auflagenzahlen erlebte, das alle gängigen kolonialistischen und rassistischen Stereotypen aufweist und das entsetzliche Kriegsgreuel ausmalt, heißt es:

„Peter Moors ‚Fahrt nach Südwest' schildert die Abenteuer eines Holsteiners in Südwestafrika. Nicht ohne Wehmut folgen wir den Schilderungen schwerer Kämpfe im ehemaligen deutschen Südwest. Der einfache Schutztruppler vollbringt mit seinen Kameraden eine vaterländische Tat. Vor unseren Augen entrollt sich das eigenartig schöne Landschaftsbild unserer ehemaligen Kolonie, die verloren, nicht vergessen ist."[21]

Helling steht damit ‚kaisertreuen' Literaturhistorikern wie Eduard Engel in nichts nach. Auch Engel hat offenkundige Sympathie für die ideologische Tendenz von Frenssens Buch, wobei ihm immerhin die literarischen Mängel desselben auffallen, wenn er schreibt:

---

[20] Vgl. dazu Winfred Kaminski, Gustav Frenssen, in: Klaus Doderer (Hrsg.), Lexikon der Kinder- und Jugendliteratur. Ergänzungs- und Registerband, Weinheim 1984, S. 202 f; vgl. außerdem Juliane Eckhardt, Imperialismus und Kaiserreich, in: Reiner Wild (Hrsg.), Geschichte der deutschen Kinder- und Jugendliteratur, Stuttgart (2. Aufl.) 2002, insbes. S. 194 u. 275. – Kaum nachvollziehbar ist auch, daß Helling Frenssen unter derselben Überschrift und im selben Zusammenhang behandelt wie Thomas Mann, vgl. Helling, Literaturgeschichte, S. 130 f.

[21] Helling, Literaturgeschichte, S. 130. Vgl. dagegen Juliane Eckhardt, Kinder- und Jugendliteratur zum Thema ‚Afrika' in der Weimarer Republik, in: Günter Helmes (Hrsg.), Zur Ikonographie und Narration des ‚Wilden' in Medien der 20er und frühen 30er Jahre, Würzburg 2002.

„Diese einem schlichten Mitkämpfer in den Mund gelegte Beschreibung der deutschen Heldenkämpfe in Afrika gegen die aufständigen Neger ist als Kunstwerk nicht einwandfrei, als Ausdruck vaterländischer Gesinnung eine preisenswerte Tat. Erst Frenssens Buch war die geistige Sühne für die unbegreifliche Stumpfheit weiter Kreise Deutschlands gegenüber den ungerühmt in dem mörderischen Hottentottenkriege verblutenden Mannschaften und Offizieren."[22]

Daß Hellings positives Votum für Frenssen kein einmaliges Versehen ist, zeigt die Tatsache, daß er einen Autor wie Rudolf Presber verharmlost, der einschlägige Kriegsgedichte für Kinder herausgegeben hat. Er schreibt, dieser „erfreut durch graziöse und inhaltsvolle Lieder" und „ergreift durch ernste Lyrik", daneben gebe es „aber auch launige Gedichte, getragen von Frohmut und Lebensfreude, und gerade diese Schöpfungen erfreuen sich der Beliebtheit."[23] Ähnliches gilt für das Kapitel „Deutsche Dichtkunst während des Weltkrieges", in dem nicht etwa die damalige pazifistische Literatur erwähnt wird (so zum Beispiel das im Ersten Weltkrieg durch staatliche Zensur verbotene „Menschenschlacht-

---

[22] Eduard Engel, Geschichte der Deutschen Literatur von den Anfängen bis in die Gegenwart, 2. Bd.: Das 19. Jahrhundert und die Gegenwart, Leipzig (30.-36. Aufl.) 1922, S. 384. Vgl. dagegen die positive Beurteilung der literarischen Qualität dieses Buches bei Adolf Bartels, der Frenssens dichterischen Fähigkeiten ansonsten eher skeptisch gegenübersteht. Nach Bartels, dessen „Geschichte der deutschen Literatur" noch 1933 neu gedruckt wurde, zeigt dieses Buch „das Talent, das Frenssen wirklich hat, die Gabe impressionistischer Detaildarstellung, im besten Licht" und fand deshalb „verdienten Beifall" (Adolf Bartels, Geschichte der deutschen Literatur, Braunschweig [11. u. 12. Aufl.] 1933, S. 613).

[23] Helling, Literaturgeschichte, S. 117; zu Presber vgl. Marie Luise Christadler/Bernd Dolle, Nationalerziehung in der Kinder- und Jugendliteratur, in: Klaus Doderer (Hrsg.), Lexikon der Kinder- und Jugendliteratur, a.a.O., Bd. 2., S. 537. Die Autoren zitieren an dieser Stelle ein Kriegsgedicht aus dem 1915 von Presber herausgegebenen Kinderbilderbuch „Vater ist im Krieg", dem der deutsche Kaiser die Widmung „Den deutschen Kindern einen Gruß aus dem Felde" beigegeben hat. – Uneingeschränkt positiv behandelt Helling auch Walter Flex, dessen Werke zu den populärsten ‚vaterländischen' Jugendschriften aus der Zeit des Ersten Weltkriegs gehören. Helling schreibt über Flex: „Nicht nur durch seine Lieder, auch durch sein Beispiel wird er weiterleben. Der Dichter betont, daß Vaterlandsliebe frei macht von Selbstsucht ..." (Helling, Literaturgeschichte, S. 141). Zur Kritik der damaligen ‚vaterländischen Jugendschriftsteller' vgl. dagegen Winfred Kaminsky, Weimarer Republik, in: Reiner Wild (Hrsg.), Geschichte der deutschen Kinder- und Jugendliteratur, a.a.O., S. 263.

haus" von Wilhelm Lamszus),[24] sondern Hans Grimms „Volk ohne Raum" von 1927 (!), das die im Buchtitel signalisierte Vision der Nazis vorwegnimmt. Helling schreibt dazu, der Roman

> „schildert das heldenmütige Ringen unserer Brüder in Deutsch-Südwest während des Weltkrieges. Schwer lastet die Hand des Siegers auf unseren Kolonialisten, die das heißgeliebte Land verlassen müssen. Mehr wie die Reichsdeutschen erkennen sie, daß es sich um einen Kampf um deutschen Raum handelte ..."

Der imperialistische Tenor der Devise vom „Volk ohne Raum" scheint Helling entgangen zu sein, denn am Schluß meint er:

> „Düster ist der Ausblick. Deutscher Kinder Schicksal wird ein Leben ohne deutschen Raum sein. Unser Volk muß mit demütiger Arbeit beginnen und nur dieser, gepaart mit Pflichterfüllung und Mäßigkeit wird es gelingen, ihm ein menschenwürdiges Dasein zu erringen."[25]

Diese Einschätzung kann man insofern für Helling auslegen, als möglicherweise eine Fehlinterpretation (oder mangelnde Eigenlektüre?) der Grund für die positive Bewertung von Grimms (über 1000 Seiten umfassender) programmatischer Schrift gewesen ist.

Während man Hellings Urteil über die ideologisch fragwürdige Massen- und Propagandaliteratur seiner Zeit damit erklären könnte, daß es dazu in der herkömmlichen Literaturwissenschaft, wenn überhaupt, fast nur unkritische Stimmen gegeben hat,[26] bestehen in bezug auf Heine und das Junge Deutschland andere Voraussetzungen. Neben der Kritik von reaktionärer Seite gab es zur Entstehungszeit von Hellings „Literaturgeschichte" nämlich auch positive Würdigungen der betreffenden Autoren. Den ‚kaisertreuen' Wissenschaftlern waren die – mehr oder weniger – revolutionär gesonnenen Schriftsteller des Vormärz in der Weimarer Zeit natürlich weiterhin ein Ärgernis. Von dieser Seite wurde Autoren

---

[24] Vgl. dazu Juliane Eckhardt, Unbequeme Kinderliteratur. Sozialkritik und Pazifismus im Kaiserreich, Oldenburg 1993, S. 25 ff.

[25] Helling, Literaturgeschichte, S. 141 f.

[26] Heftige Kritik gab es freilich im Rahmen der ‚Schmutz und Schund'-Debatte von Seiten der Jugendschriftenreformer, durchweg Volksschullehrer, mit deren Diskussion sich Helling offensichtlich nicht befaßt hat; vgl. Juliane Eckhardt, Imperialismus und Kaiserreich, a.a.O., S. 202 ff. Vgl. außerdem Heinrich Wolgast, Das Elend unserer Jugendliteratur. Ein Beitrag zur künstlerischen Erziehung der Jugend, Worms (7. Aufl.) 1950 (1. Aufl. 1896).

wie Gutzkow, Herwegh und Freiligrath ihre politische Überzeugung zwar meist nicht mehr direkt vorgeworfen, wohl aber attackierte man deren Werke als ‚literarisch minderwertig‘. Gutzkows Dramen werden zum Beispiel in einer 1921 erschienenen Literaturgeschichte pauschal als „ungenießbar" bezeichnet, und Freiligrath, dessen Jugenddichtungen den Lesern angeblich „nur noch ein Lächeln abnötigen", wird bezeichnenderweise dafür gelobt, daß er seine revolutionären Ideen am Ende aufgibt und, wie es heißt, 1870 „jubelnd ... das neue Reich" begrüßt. Die schärfste Kritik erfolgt aus preußisch-deutsch gesonnenen Wissenschaftlerkreisen, wenn es um die Vorliebe der ‚Jungdeutschen‘ für französische Literatur und Kultur geht. Heinrich Heine, der bekanntlich wegen staatlicher Repressionen viele Jahre im französischen Exil verbrachte und die deutsche Politik von dort aus weiter attackierte, ist von dieser Hetzkampagne besonders betroffen. Eine „literaturgeschichtliche Betrachtung" von 1925 mit dem bezeichnenden Titel „Literarische Fremdherrschaft in Deutschland" zeichnet folgendes Bild:

> „Es war nun freilich eine eigene Sache um das junge Deutschland; ein Münchner Kritiker meinte damals, man solle es lieber junges Frankreich nennen ... Eine maßlose Überschätzung französischen Wesens erhob sich ..., ihre Chorführer waren zwei deutsche Juden, an denen das christliche Taufwasser vollständig verschwendet war, die zwar Christen geworden, aber nie gewesen sind: Heinrich Heine und Ludwig Börne ... Börne war der ehrlichere von beiden ... Heine ..., ein Talent doch kein Charakter, läßt seiner grausamen Spottlust ... (dagegen) allzusehr die Zügel schießen ..."[27]

Helling ist zugute zu halten, daß er sich an derartigen Verunglimpfungen nicht beteiligt hat. Was Heine betrifft, zeichnet er sogar ein positives Bild, indem er ihn zum „großen Lyriker" erklärt. Dieses Lob erweist sich allerdings insofern als ‚zweischneidig‘, als es sich offensichtlich nur auf einen bestimmten Teil von Heines Lyrik erstreckt. So schreibt Helling:

---

[27] Karl Kaulfuß-Diesch, Deutsche Dichtung im Strome deutschen Lebens. Eine Literaturgeschichte, Leipzig 1921, S. 256 ff; P. Expeditus Schmidt, Literarische Fremdherrschaft in Deutschland. Eine literaturgeschichtliche Betrachtung für die Deutschen heute, Dortmund 1925, S. 26 f.

„Das Lied, der deutschen Dichtung schönste Form, eilte durch Heines Schöpfungen lebensfroh ins deutsche Land. Immer wieder erklingt ‚Die Loreley'. Schumann gab dem Meereslied ‚Das Meer erglänzte weit hinaus' die wundervolle Klangfarbe ... Von seinen Liedern sind am meisten bekannt: ‚Auf Flügeln des Gesanges', ‚Ein Fichtenbaum steht einsam', ‚Im wunderschönen Monat Mai' ..."" usw.

Indem Helling mithin vor allem solche Werkbeispiele anführt, die die damaligen Machthaber wohl kaum aufgeregt haben dürften (nicht etwa gesellschaftskritische Gedichte wie „Die schlesischen Weber" oder „Die Tendenz"), entpolitisiert er Heines Lyrik in unzulässiger Weise. Wenn er in bezug auf Heines „Nordseebilder" schreibt, diese „schildern die Herrlichkeit des Meeres ... Leider zerstört Heine oft den Eindruck durch angehängte Glossen", gewinnt man im übrigen den Eindruck, daß er Heines satirische Intention gar nicht verstanden haben kann. Daß er Heine zwar als poetischen Lyriker, nicht aber als politischen Dichter schätzt, wird insbesondere bei der Behandlung des Werkes „Deutschland, ein Wintermärchen" deutlich, dessen kritische Stoßrichtung nicht mißzuverstehen ist. So stellt er fest, dieses Versepos „verletzt durch Spott", will aber Heine „diese *Entgleisung* (Hervorh., J.E.) verzeihen" und ihm, „dem großen Lyriker, nicht die Ruhmespalme vorenthalten".[28]

Die weitgehend apolitische Darstellung, die auch bei Hellings biographischen Ausführungen zu Heine auffällt (er verharmlost zum Beispiel Heines Pariser Exil als „Übersiedlung nach Paris") erstreckt sich auf die gesamte vorrevolutionäre Epoche bis 1848/49. Nirgends taucht auch nur der Begriff des Jungen Deutschland auf, Börne bleibt unerwähnt und auch bekannte Vorläufer der damaligen Bewegung wie Büchner werden nicht einmal namentlich genannt. August von Platen wird als guter Lyri-

---

[28] Vgl. Helling, Literaturgeschichte, S. 79 f. – Merkwürdig ist, daß Helling in den Kapiteln über die Literatur im Feudalismus vorhandene satirische Dichtung nicht nur als solche zur Kenntnis nimmt, sondern auch viel (Ein-)Verständnis dafür aufbringt; vgl. hierzu die Kapitel „Die satyrische Dichtung" unter „Deutsche Dichtkunst, gefördert durch den Bürgerstand (1300-1600)" und „Die Satyre" unter „Das 17. Jahrhundert und die Pflege der Dichtkunst durch Gelehrte (1600-1724)", ebd., S. 20 ff und 24 ff. Die Tatsache, daß die Gesellschaftskritik bei Autoren wie Hans Sachs, Friedrich Logau, Gellert und Schubart äußerst positiv kommentiert wird, legt einmal mehr die Vermutung nahe, daß Helling die politische bzw. gesellschaftskritische Funktion von Dichtung nur dann begrüßt, wenn sie sich nicht oder zumindest nicht grundsätzlich gegen das Bürgertum bzw. die bürgerliche Gesellschaft richtet (vgl. auch Anm. 19 im vorliegenden Beitrag).

ker, Karl Immermann als Autor ‚sinniger‘ Erzählungen kurz angesprochen, und von Herwegh (dem Autor von „Alle Räder stehen still,
wenn dein starker Arm es will!") werden als Werkbeispiele das Reiterlied
„Die bange Nacht ist nun herum" und das Flottenlied „Erwach, mein
Volk zu neuen Sinnen" angeführt. Allein von Freiligrath heißt es lakonisch, er habe „aufreizende Lieder" geschrieben, „die seine Ausweisung
bewirkten".[29]

Helling setzt sich mit seiner Heine-Darstellung also einerseits wohl-
tuend von der reaktionären Literaturgeschichtsschreibung der Weimarer
Zeit ab, für die die Vormärz-Literaten offensichtlich ein noch aktuelles
Feindbild abgeben. Andererseits hätte er sich aber auch an zum Teil recht
progressiven Vorbildern orientieren können, die den Überzeugungen des
„politischen Pädagogen" Helling voll entsprachen. Dabei hätte er gar
nicht einmal auf die damaligen Anfänge einer marxistischen Geschichtsschreibung zurückgreifen müssen. Vielmehr finden sich auch bei erklärtermaßen dem Positivismus verpflichteten Wissenschaftlern deutliche
Hinweise auf die politischen Wirkungsdimensionen von Literatur und
Autoren des Vormärz. So äußert sich Friedrich Kummer in seiner 1924
erschienenen „Literaturgeschichte" zwar nicht ausschließlich lobend,
wohl aber ausführlich und politisch engagiert über die betreffende
Epoche und widmet auch dem Jungen Deutschland ein eigenes Kapitel.
Heine ist für ihn immerhin ein politischer Romantiker und zu der Schrift-
stellerbewegung als ganzes heißt es:

> „Wer noch zweifeln sollte, ob die Bewegung des jungen Ge-
> schlechts notwendig war oder nicht, der höre ... (einen) unwider-
> legliche(n) Zeugen der älteren Generation. Grillparzer sagte, die
> junge Literatur sei zwar Unsinn, aber einer, der sich als natürliche
> Gegenwirkung auf die mittelalterlich-faselnde, selbsttäuschend-
> religiöse, gestaltlos-nebelnde, Tieckisch-unfähige Periode dar-
> stelle ... Ein neues Schlechtes sei schon deshalb immer besser als

---

[29] Ebd., S. 91. Herweghs berühmt gewordene Verse beginnen mit dem Aufruf: „Mann der
Arbeit, aufgewacht! / Und erkenne deine Macht!" Sie stammen aus seinem „Bundeslied
für den Allgemeinen Deutschen Arbeiterverein" von 1863. – In Hellings „Literaturgeschichte" werden Herwegh und Freiligrath bezeichnenderweise in einem anderen Kapitel
als Heine behandelt. Dieses gilt speziell der damaligen politischen Literatur, welche freilich als historisch überholt bezeichnet wird; vgl. ebd., S. 90 f.

149

das alte Schlechte, weil wenigstens die Verjährungszeit des alten Schlechten durch den Einspruch unterbrochen werde.["30]

Auch Alfred Biese berücksichtigt das Junge Deutschland relativ ausführlich und sieht Heine mit Selbstverständlichkeit als Teil der politischen Literaturbewegung. Er meint zwar, Heines Dichtung „Deutschland, ein Wintermärchen" sei „zu gehässig, als daß sie einen künstlerischen Genuß gewähren könnte", findet aber dennoch, daß Heine sich „unter Anwendung von Spott und Ernst (bemühe) mit harten und lustigen Schlägen Deutschland aus seinem politischen Schlummer aufzurütteln."[31] Noch deutlicher werden natürlich Wissenschaftler wie Otto Wittner, dem das damals zur Geltung gelangende marxistisch-sozialistische Gedankengut offensichtlich gefällt. In seiner 1919 erschienenen „Literaturgeschichte" beschäftigt er sich nicht nur sehr ausführlich und engagiert mit der betreffenden Literaturepoche, sondern er kehrt auch deren politische Hintergründe hervor. Außerdem setzt er sich mit der Ursache dafür auseinander, daß die politischen Literaten von damals auch noch in seiner Zeit Mißfallen erregen. Von Heine, über den Wittner dreizehn Seiten schreibt (Helling dagegen nur knapp eine Seite!), heißt es in diesem Zusammenhang:

> „Heinrich Heine gehört noch fünfzig Jahre nach seinem Tode zu den umstrittensten Erscheinungen unserer Geschichte, und gerade das verleiht ihm immer wieder Jugendfrische und Reiz: wer alljährlich von Reaktionären und Schulbeamten wieder totgeschlagen wird, muß doch in Wirklichkeit sehr lebendig sein."

Und weiter betont Wittner im Hinblick auf die Heine-Rezeption:

> „Dieser Kampf, den Heine selber durchfochten hat, erneuert sich ... in jeder Generation, und je konservativer unser Bürgertum geworden ist, um so mehr wendet es sich ab von der ,Unzuverlässigkeit' des Spötters, den es ... höchstens noch als ,süßen Liedermensch' zu schätzen weiß. Umso mehr findet sich das Proletariat im Werk Heines, jene Klasse, die er geahnt und deren erste Regungen er gesehen hat."

---

[30] Friedrich Kummer, Deutsche Literaturgeschichte des 19. und 20. Jahrhunderts. Nach Generationen dargestellt, Bd. 1: Von Hölderlin bis Richard Wagner, Dresden 1924, S. 276.
[31] Alfred Biese, Deutsche Literaturgeschichte, Bd. 2: Von Goethe bis Mörike, München (24. Aufl.) 1930, S. 565 u. 569.

Wittner macht auf die Tatsache aufmerksam, daß noch 1847 „ein Vorleser der ‚schlesischen Weber' in Berlin zu zwei Jahren Gefängnis verurteilt" wurde, zitiert beifällig aus dem satirischen Gedicht „Die Tendenz" und gehört schließlich zu den wenigen Wissenschaftlern dieser Zeit, die von Heines „Wintermärchen" uneingeschränkt begeistert sind; es ist für ihn „die große Schlacht, die er gegen die Mächte des Beharrens geschlagen hat".[32]

Wittners Buch ist (wie alle anderen bisher zitierten Werke) in einem gängigen Verlag erschienen und wäre somit für Helling erhältlich gewesen, wenn er denn nach derartigen Quellen Ausschau gehalten hätte. Alles in allem muß man deshalb durchaus in Betracht ziehen, daß er seinerzeit – also Ende der 1920er Jahre – tatsächlich ein Problem mit den Vormärz-Literaten und deren politischen Ambitionen hatte. Teilweise ist dies sicherlich damit zu erklären, daß seine politische Entwicklung – hin zu sozialistischen Vorstellungen – sich damals erst allmählich zu festigen begann (in den Entstehungszeitraum der „Literaturgeschichte" fällt ja erst der Beginn seines Engagements im „Bund Entschiedener Schulreformer" und seiner Zusammenarbeit mit Paul Oestreich).[33] Hinzu kommt, daß Helling auch und gerade wegen seiner Einbindung in die seinerzeit durchaus aussichtsreiche Schulreformbewegung den Eindruck gehabt haben muß, die bürgerliche Verfassung der Weimarer Republik ermögliche die Realisierung all derjenigen demokratischen Reformen, die die politischen Kämpfer von einst angestrebt hatten. Aufschlußreich sind in diesem Sinne einige zeitgeschichtliche Bemerkungen Hellings. Mit Blick auf die Vormärz-Ereignisse in Deutschland heißt es zum Beispiel, die Dichter griffen

„in das *politische Leben der Zeit* ein. Ihrem Sehnen galt ein einiges, starkes Reich. Diese Kampflieder sind heute nahezu ver-

---

[32] Otto Wittner, Deutsche Literaturgeschichte vom westfälischen Frieden bis zum Ausbruch des Weltkrieges, Dresden 1919, S. 325 ff, 329, 337.

[33] Vgl. Helling, Mein Leben, Kap. 5: „Schulreform, Pestalozzi und Hinwendung zum Sozialismus"; vgl. hierzu auch den Beitrag „Sozialistische Orientierung und frühe Opposition gegen den Nationalsozialismus" von Burkhard Dietz im vorliegenden Band. Literaturpolitische Veröffentlichungen, die sich mit der staatlichen Zensur befassen und dabei natürlich auch Werke des Vormärz und Heine thematisieren, hat Helling offensichtlich auch nicht zur Kenntnis genommen. Vgl. dazu zum Beispiel Heinrich Hubert Houben, Verbotene Literatur von der klassischen Zeit bis zur Gegenwart. Ein kritisch-historisches Lexikon über verbotene Bücher, Zeitschriften und Theaterstücke, Schriftsteller und Verleger, Hildesheim 1965 (Nachdr. d. Ausgabe Berlin 1924, 1. Aufl. 1923).

gessen. Im Vaterland wandelte sich die Zeit, sie brachte Erfüllung dichterischer Wünsche, und die dichterische Leier, einst im Zwiespalt, nahm teil an des Reiches Aufschwung."[34]

Warum Helling die Vormärz-Literaten unter dieser Prämisse nicht wenigstens als politische Vorkämpfer der Weimarer Zeit gewürdigt hat, bleibt allerdings unklar. Daß er dies definitiv nicht wollte, geht jedenfalls nicht zuletzt daraus hervor, daß bei seiner Periodisierung der Geschichte des 19. Jahrhunderts die 1848/49er Revolution nicht vorkommt (die betreffende Epoche reicht bei ihm undifferenziert von „1832-1870")[35].

3. Hellings „Einführung in die deutsche Literaturgeschichte" unter dem Gesichtspunkt marxistischer Ansätze in der zeitgenössischen literaturwissenschaftlichen Diskussion

Linke Zeitschriften wie die in Berlin erschienene „Aktion" („Zeitschrift für den Kommunismus") waren für Helling damals vermutlich noch weniger existent, als dies bei den mehr oder weniger fortschrittlichen literaturgeschichtlichen Werken der Fall war. Sonst wäre er bestimmt auf Beiträge von Franz Mehring oder auf daran anknüpfende marxistische Literaturwissenschaftler gestoßen, die sich seinerzeit durchaus nachdrücklich zu Worte meldeten. Interessant ist in dieser Hinsicht zum Beispiel eine 1922 erschienene Schrift von Max Herrmann über die „bürgerliche Literaturgeschichte und das Proletariat". Bei dieser Arbeit handelt es sich um die schriftliche Fassung eines Vortrags, den der Autor vor der Allgemeinen Arbeiter-Union in Berlin gehalten hat. Sein Publikum hat „einmütig den Wunsch geäußert", daß seine Ausführungen „dem Proletariat gedruckt zugänglich gemacht werden". Aus dieser Schrift, in der Herrmann sich auf marxistisch-materialistischer Grundlage mit dem Klassencharakter von Literatur als Überbauphänomen auseinandersetzt, ist im Hinblick auf Helling vor allem eine Passage aufschlußreich, in der es um die herrschaftsstabilisierende Funktion von Kunst und Literatur geht. Herrmann schreibt hierzu: Auf die Manipulation von Geschichtsbüchern

---

[34] Helling, Literaturgeschichte, S. 91. Zu Hellings positiver Beurteilung des Bürgertums vgl. auch Anm. 38 des vorliegenden Beitrags.

[35] Helling faßt die „Zeit von 1832-1870" unter der Überschrift „Wandlungen in Zeit und im Lied" in einem Kapitel zusammen; vgl. ders., Literaturgeschichte, S. 90.

„fällt ... kaum noch ein Proletarier herein ... Anders liegt die Sache bei der Kunst- und Literaturgeschichte ... Man sagt etwa: Gemälde von Raphael und Dramen von Schiller stellen das und das dar, an ihrem Inhalt ist nicht zu deuten, und dieser Inhalt ist für alle Zeiten und Klassen gleich schön und vorbildlich, und die Kunst- und Literaturgeschichte überliefert nur, was Wertvolles bis jetzt gemalt und gedichtet wurde ... In Wirklichkeit sind gerade das die gefährlichsten Gebiete und gerade auf ihnen unterliegt auch der klassenbewußte Proletarier, ohne daß er's merkt, am ehesten der Hypnose der Bürgerlichkeit ... Bilder und Dichtungen, Statuen und Theateraufführungen sind Produkte mit Klassencharakter so gut wie politische Manifeste und ‚ökonomische Vorschriften'."[36]

Nun war Helling natürlich kein Proletarier, aber die Tatsache, daß er während der Arbeit an der Literaturgeschichte bereits mit sozialistischer Politik sympathisierte und im Jahr 1929 (also ein Jahr nach Erscheinen der „Literaturgeschichte") sogar seine „zustimmende Marx-Lektüre" konstatiert,[37] läßt es dennoch als zulässig erscheinen, Herrmanns Beobachtungen auf ihn zu übertragen: Auch Helling ist seinerzeit nicht mehr auf die herrschende (Schul-)Politik, wohl aber auf eine überkommene Auffassung von Dichtung ‚hereingefallen', indem er darin in erster Linie ästhetische ‚Schönheit' und geistige Allgemeingültigkeit verkörpert sah.

Insgesamt betrachtet, war Helling also, als er seine „Literaturgeschichte" schrieb, noch in dem Sinne durch bürgerlich-idealistisches Gedankengut geprägt, daß er letztendlich von einem rein schöngeistigen Ästhetikbegriff ausging und die (auch) politische Bedingtheit und Funktion von Literatur nur eingeschränkt als solche wahrzunehmen bereit war. Außerdem glaubte er fest an die Weimarer Demokratie und stand deshalb prinzipieller Kritik an der bürgerlichen Gesellschaft skeptisch gegenüber.[38] Sein positivistischer Ansatz bewahrte ihn zwar vor irrationa-

---

[36] Max Herrmann, Die bürgerliche Literaturgeschichte und das Proletariat, in: Die Aktion, Berlin 1922, S. 9 ff.

[37] Helling, Mein Leben, Kap. 5, Manuskript S. 45.

[38] Letzteres wird insbesondere auch in dem Kapitel „Kampf gegen das Bürgertum" deutlich, in dem Autoren wie Wedekind, Sternheim und Kaiser eher negativ beurteilt werden. Zu Sternheim, dem vier Zeilen gewidmet werden, schreibt Helling zum Beispiel lakonisch: „Sternheim hält vom Bürgertum nicht viel." Noch aufschlußreicher ist sein Kommentar zu Kaiser, über den er folgendermaßen urteilt: „Allzu straff gespannt, zerbricht der

listischen ideengeschichtlichen Konstruktionen; zugleich blieb ihm aber der Blick versperrt für tatsächliche Zusammenhänge zwischen der Literaturentwicklung und dem, was er auf bildungs- und schulpolitischem Gebiet bereits ein gutes Stück weit durchschaut hatte.

Fest steht für mich allerdings auch, daß Helling sich bei der Abfassung seiner „Literaturgeschichte" derartige Fragen kaum oder gar nicht gestellt hat, und das vermutlich nicht nur wegen seines derzeitigen Erkenntnisstandes, sondern auch, weil er dieses Werk einfach nicht so wichtig genommen hat. Seine autobiographischen Ausführungen zeigen jedenfalls, daß sein Leben in der betreffenden Zeit angefüllt war mit einer Vielzahl von Ereignissen, die ihn mehr bewegt haben dürften als die Geschichte der deutschen Literatur: Abgesehen von seinen zunehmenden Aktivitäten im „Bund Entschiedener Schulreformer" waren dies sicherlich die ersten Ehejahre mit seiner großen Liebe und die Geburt seines Sohnes Jürgen, die exakt in das Erscheinungsjahr des Buches fällt.[39] Es ist der wissenschaftlichen und menschlichen Redlichkeit Hellings zuzuschreiben, daß er darüber ausführlich schreibt, jedoch über die „Literaturgeschichte" kein einziges Wort verliert.

Bogen. In übertrieben grellen Stoffen, in oft unverständlichen Worten trat häufig der moderne Dichter dem deutschen Volke gegenüber. Nicht immer waltet Gerechtigkeit. Erkenntlich ist das in der Beurteilung des deutschen Bürgertums. Einmal werden ihm Schwächen angedichtet, die zur Zeit des Biedermeiertums bestanden, aber längst überwunden sind. Ferner ist es nicht richtig, Verfehlungen einzelner zu verallgemeinern ..." (vgl. Helling, Literaturgeschichte, S. 135 f).

[39] Vgl. Helling, Mein Leben, Manuskript S. 45.

Burkhard Dietz

Sozialistische Orientierung und frühe Opposition gegen den Nationalsozialismus

1. Von der deutsch-konservativen Sozialisation zur weltanschaulichen Umorientierung

Zweifellos war Fritz Helling schon lange bevor er seinen berühmten „Katastrophenweg der deutschen Geschichte"[1] verfaßte ein von Grund auf historisch-politisch denkender Mensch, ein Mensch, der jedes Ereignis und Phänomen seiner Gegenwart als geschichtlich gewordenes ansah und es als Resultat eines mitunter längeren historischen Entwicklungsprozesses zu analysieren und zu verstehen trachtete. Nachweislich waren ihm seit seinem Studium politische, gesellschaftliche und geistes- bzw. ideengeschichtliche Kontexte – erst später auch wirtschaftliche – von entscheidender Bedeutung, hatte er doch etwa in Berlin bei dem großen Althistoriker Eduard Meyer (1855-1930) im Detail verfolgen können, mit welchen Inhalten und Methoden man die großen Zusammenhänge der Geschichte darstellen und zugleich – ganz im Sinne der Bestrebungen nahezu aller maßgebenden Intellektuellen seiner Zeit – nach einer umfassenden und einheitlichen *Weltanschauung der Moderne* suchen konnte.[2]

Doch nicht nur auf dem Gebiet der Wissenschaft begegnete er diesem zutiefst politisch motivierten Denken und Suchen nach den adäquaten Verfassungsformen und Verfassungsnormen der „modernen Zeiten". Auch und gerade außerhalb der Universität, in der außerordentlich dynamischen gesellschaftlichen Atmosphäre der Hauptstadt des wilhelminischen Kaiserreichs, die Helling in den Jahren 1909-1910 mit all den uns heute gut bekannten Elementen tiefgreifender sozialer Konflikte, strammer militärischer Weltmachtpolitik sowie rapider technischer und kultu-

---

[1] Fritz Helling, Der Katastrophenweg der deutschen Geschichte, Frankfurt a.M. 1947.
[2] Fritz Helling, Mein Leben als politischer Pädagoge, hrsg. v. Burkhard Dietz u. Jürgen Helling, Frankfurt a.M. 2004, Manuskript Kap. 2, S. 14; Hartmut Beister, Artikel „Eduard Meyer", in: Historikerlexikon. Von der Antike bis zum 20. Jahrhundert, hrsg. v. Rüdiger vom Bruch u. Rainer A. Müller, München 1991, S. 208-210.

reller Modernisierung hautnah erlebte, traf er auf Figuren des öffentlichen Lebens, die ihm rasch und nachhaltig zu Vorbildern seines erwachenden historisch-politischen Bewußtseins wurden. Nach eigenem Bekunden ist hier vor allem Friedrich Naumann (1860-1919) zu nennen, dessen Vortragsreihe über „Die politischen Parteien" Helling besuchte und dessen liberale Zeitschrift „Die Hilfe" er enthusiastisch rezipierte, ja sogar mit dem bescheidenen Salär des Studenten abonnierte.[3]

Mit Naumann sollte von nun an auch Hellings Verhältnis zur Geschichte und Geschichtsdarstellung nicht mehr nur von selbstlosen und zweckfreien Zielsetzungen bestimmt sein, sondern vielmehr auch von der Erwartung nach einem lebenspraktischen und politisch verwertbaren Erkenntnisgewinn.[4] Zumal intellektuell entfernte sich Helling damit schon recht früh von seinen beiden Hauptfächern Griechisch und Latein, deren Studium ihm – bis hin zu seiner später erst nachgereichten Dissertation[5] – aufgrund der zu dieser Zeit noch voll und ganz dominierenden philologisch-textkritischen Methode immer mehr Verdruß bereitete.[6] Die ursprüngliche Fächerkombination behielt er vermutlich allein aus berufsstrategischen Gründen und zwecks Erlangung eines höheren akademischen Sozialprestiges bei. Denn trotz der sich an den Hochschulen des Reiches und bald auch in der Diskussion um den zeitgemäßen Fächerkanon der höheren Bildungsanstalten deutlich abzeichnenden Emanzipation der Natur- und Ingenieurwissenschaften sowie der Sozial- und Wirtschaftswissenschaften, darf nicht übersehen werden, daß das Studium des klassischen Altertums in der zeitgenössischen Werteskala der Bildungsinhalte noch lange als unverzichtbare und gleichermaßen symbolträchtige Inkarnationen des orthodoxen Bildungswesen angesehen wurde, das den staatstragenden Schichten des Adels sowie des Besitz- und Bildungsbürgertums zugleich als hermetischer Garant für die soziale und politische Rekrutierung ihrer eigenen Nachkommen galt.[7]

---

[3] Helling, ebd.

[4] Theodor Heuss, Friedrich Naumann, Stuttgart 1937, S. 405 f.

[5] Fritz Helling, Questiones Livianae (phil. Diss., Göttingen 1921), Schwelm 1921. – Vgl. hierzu den Beitrag von Otto Geudtner im vorliegenden Sammelband.

[6] Fritz Helling, Mein Leben als politischer Pädagoge, Manuskript Kap. 2, S. 14, 16.

[7] Fritz K. Ringer, Die Gelehrten. Der Niedergang der deutschen Mandarine 1890-1933, Stuttgart (2. Aufl.) 1987, S. 256 ff; Georg G. Iggers, Deutsche Geschichtswissenschaft. Eine Kritik der traditionellen Geschichtsauffassung von Herder bis zur Gegenwart, München 1971, S. 184 ff.

Helling selbst bekennt sich in seiner Autobiographie unumwunden dazu, daß er bis zum Ende des Ersten Weltkriegs sehr national eingestellt war, daß er die Propaganda vom angeblich notwendigen deutschen Verteidigungskrieg teilt, die „Machtpolitik Ludendorffs und Hindenburgs" bejaht, die imperialen Kriegsziele als richtig angesehen und sich auch privat in „Kreisen der begüterten bürgerlichen Gesellschaft" bewegt habe, „in der diese Anschauungen in selbstverständlicher Geltung standen".[8] Wie viele seiner Generation war er mit tiefer innerer Überzeugung für die Berechtigung des Krieges freiwillig ins Feld gezogen, hatte an der Westfront in der Champagne und in Flandern gekämpft und war schließlich Ende 1915 im Elsaß bei einem Sturmangriff schwer verwundet und für seine Tapferkeit mit dem Eisernen Kreuz ausgezeichnet worden.[9] „Um so bestürzter und ratloser" sei er mithin gewesen, „als 1917 und 1918 in zunehmendem Maße die militärischen Rückschläge erfolgten, als die Novemberrevolution 1918 die Hohenzollernmonarchie hinwegfegte und 1919 die Gründung der Weimarer Republik" vollzogen wurde.[10]

Einen nachhaltigen zweiten Politisierungsschub erfuhr Helling – wie viele seiner Zeitgenossen – nach dem jähen und für ihn unerwarteten Ende des Ersten Weltkriegs, als mit der Monarchie auch sein bis dahin betont nationales Bewußtsein zusammenbrach. In dieser Phase, die Helling selbst als „politische und weltanschauliche Krise" empfand, war es vor allem die soziale Gemeinschaft des Wandervogels und der Freien deutschen Jugend,[11] die Helling auf festeren Boden stellte und die ihm intellektuell und politisch bald eine neue Heimat bot, um auf dieser Grundlage die zuvor festgefügte Werteordnung des staatstragenden deutsch-konservativen Bürgertums nun kritisch zu hinterfragen.

---

[8] Fritz Helling, Mein Leben als politischer Pädagoge, Manuskript Kap. 4, S. 21.

[9] Ebd., Manuskript Kap. 3, S. 18-21.

[10] Ebd., Manuskript Kap. 4, S. 21.

[11] Ebd., Manuskript Kap. 2, S. 16, Kap. 4, S. 22 ff. – Vgl. hierzu auch den Beitrag von Jürgen Reulecke im vorliegenden Sammelband sowie Dietmar Schenk, Die Freideutsche Jugend 1913-1919/20. Eine Jugendbewegung in Krieg, Revolution und Krise, Münster 1991; Winfried Mogge/Jürgen Reulecke (Hg.), Hoher Meißner 1913. Der erste Freideutsche Jugendtag in Dokumenten, Deutungen und Bildern, Köln 1988.

2. Loslösung vom deutsch-konservativen Bürgertum und Hinwendung zum Milieu der jugendbewegten republikanischen Modernisten

In dieser Situation der großen Orientierungskrise und des Wertewandels knüpfte Helling mit der Lektüre von Werken Gustav Wynekens, des emphatischen Protagonisten einer neuen „Jugendkultur", und Friedrich Willhelm Foersters, eines international denkenden Pädagogen und christlichen Moralphilosophen, erneut an das Studium der Jugendbewegung und der „neuen Pädagogik" an, das er infolge des Kriegsausbruchs hatte unterbrechen müssen,[12] und wandte sich auf seiner intensiven Suche nach „neuen Erkenntnissen, [...] vor allem über soziale Fragen," einerseits der betont anti-preußisch ausgerichteten historisch-politischen Fachliteratur (Constantin Frantz, Karl Christian Planck, Onno Klopp) zu,[13] andererseits beschäftigte er sich mit zeitgenössischen Werken des religiösen Sozialismus (Karl Barth) und der ästhetisch-prophetischen Lebensphilosophie (Friedrich Nietzsche, Ernst Bertram, Max Scheler, Paul Ludwig Landsberg).[14] – Die aus heutiger Sicht ziemlich unsystematisch und disparat erscheinende Zusammenstellung dieser Lektüre- und Autorengruppen macht immerhin deutlich, wie groß Hellings Motivation war, seine Identitätsfindung rasch und positiv zu bewältigen, wie sehr er bereit war, neue, für ihn unbekannte Wege einzuschlagen und wie sehr ihm daran lag, eine neue weltanschauliche Heimstatt zu finden.

Während er zugleich recht hautnah die Putschversuche der alten monarchistischen Kämpfer und der neuen völkischen Nationalisten, die sich zu Freicorps zusammengefunden hatten, im Ruhrgebiet miterlebte und

---

[12] Fritz Helling, Mein Leben als politischer Pädagoge, Manuskript Kap. 2, S. 13-15.

[13] Von besonderer Bedeutung ist im vorliegenden interpretatorischen Kontext, daß Helling in dieser Phase seine anti-preußischen Anschauungen ausschließlich aus ultrakonservativen Darstellungen großdeutsch-habsburgischer Provenienz entlehnte, die im zeitgenössischen Sprachjargon wegen der partiell zutreffenden konfessionellen Kongruenz auch mit dem Attribut „ultramontan" versehen wurden. Besonders eklatant ist hier das von Helling angeführte Beispiel seiner Lektüre von Onno Klopp, eines extremen Vertreters der großdeutschen, ganz an Österreich fixierten Geschichtsschreibung, der es darum ging, „den Gothaismus erbarmungslos in seiner ganzen Hohlheit aufzudecken" (Onno Klopp, Die gothaische Auffassung der deutschen Geschichte ..., Hannover 1862, S. 17; über Knopp vgl. hier bes.: Horst Walter Blanke, Historiographiegeschichte als Historik, Stuttgart 1991, S. 214 f).

[14] Fritz Helling, Mein Leben als politischer Pädagoge, Manuskript Kap. 4, S. 25.

sich auch nach einer persönlichen Begegnung mit Hitler und dem Besuch einer seiner legendären Propagandaveranstaltungen 1922 in München von dessen antisemitischer Hetzerei angewidert abwandte,[15] nahm Hellings Suche nach einer ihm zusagenden Weltanschauung allmählich Gestalt an. Sie beruhte im Kern auf einem alternativen, betont pädagogischen und lebensreformerischen Ansatz, der sich vor allem christlich-humanistischen Idealen verpflichtet fühlte, sich aber eindeutig auf die Seite der republikanischen Modernisten stellte und mithin gegen die nationalistische, militante und völkische Überformung der deutschen Gesellschaft richtete.

Ausgangspunkt für Hellings weltanschauliche Umorientierung waren einige grundsätzliche historisch-politische Einsichten, die aus den persönlichen Erlebnissen der Niederlage sowie aus deren politischen und intellektuellen Folgen resultierten und die zugleich maßgebende Elemente seiner gesamten künftigen pädagogischen und historisch-politischen Arbeiten, einschließlich seiner Anti-Hitler-Propaganda (1931-1933) und seiner wissenschaftlichen Veröffentlichungen werden sollten. Im Kern besagten diese Einsichten in Hellings eigenem Wortlaut,

„daß die preußische Kriegspolitik Friedrichs des Großen und Bismarcks das Unglück für Deutschland war", daß in der Gesamtschau der deutschen Geschichte der Neuzeit vor allem „die preußische Politik des ‚Fridericianismus' (zu) brandmarken" sei und „daß die preußische Angriffspolitik die Schuld am Ausbruch des 1. Weltkrieges trug, während wir Kriegsfreiwilligen mit einem großen Teil des deutschen Volkes geglaubt hatten, Deutschland sei von seinen Nachbarmächten angegriffen worden und hätte von uns verteidigt werden müssen".[16]

Von einer Entscheidung zum historischen Materialismus, Marxismus oder Sozialismus kann zu diesem Zeitpunkt bei Helling freilich noch nicht gesprochen werden, auch wenn er selbst den Eindruck einer solch frühen und überaus stringenten Entwicklung in seiner Autobiographie erwecken möchte. Mit kritischem Blick auf den Text und die übrigen dort mitgeteilten Rahmenbedingungen darf dabei aber nicht übersehen werden, an welchen intellektuellen Vorbildern er sich zwischen 1918 und 1922 tatsächlich orientierte, in welchem sozio-kulturellen Umfeld er sich

---

[15] Ebd., S. 24.
[16] Ebd., S. 25.

bewegte und vor allem, auf der Grundlage welcher selbstgewonnener Erkenntnisse sein politisches Bewußtsein sich veränderte.

In diesem Zusammenhang kann nur festgestellt werden, daß Helling sich bis zu diesem Zeitpunkt (1922) intellektuell allenfalls aus dem Umfeld des deutsch-konservativen Bürgertums gelöst und sich dem Milieu der republikanisch und grundsätzlich reformerisch gesinnten Modernisten angenähert hatte. Deren Ziel war es, die durch die Kriegsniederlage entstandene „Atmosphäre geistiger Beunruhigung und Fragwürdigkeit"[17] (H. v. Hofmannsthal) zu überwinden und im Sinne einer breit angelegten Synthese überkommener und neu konstituierter Bildungsinhalte eine ausgewogene „Anpassung der kulturellen Traditionen Deutschlands an die Notwendigkeiten und Bedürfnisse der Moderne" herzustellen.[18] Einige Vertreter dieser modernen Bildungsinitiative, vor allem solche, die im Zuge der geplanten Reformen auch mehr oder weniger beiläufig die übelsten Auswüchse der „Germanophilie", des deutschtümelnden Kulturchauvinismus und Nationalismus, beseitigen wollten, fanden sich natürlich unversehens in der extremen Gegnerschaft zur überwiegenden Mehrheit der orthodoxen Gelehrten wieder, die nach 1918 zu einer verschworenen Gemeinschaft der Antidemokraten und Antimodernisten verschmolzen war und nahezu keine Gelegenheit ausließ, sowohl die Reformansätze der vermeintlich vaterlandslosen, seelenlosen und materialistischen Modernisten zu torpedieren als auch ihre Verachtung für die Republik zu demonstrieren.[19] Wenn man das allgemeine nationale und antirepublikanische Klima an den deutschen Bildungseinrichtungen berücksichtigt, so fand sich Helling im soziologischen Sinne um die Wende zum Jahr 1923 also eindeutig auf der Seite einer intellektuellen Minorität im Abseits der Gesellschaft wieder.

Daß dieses gesellschaftliche Abseits das *linke* Abseits war, schildert Helling selbst sehr plastisch in seinen Erinnerungen an eine Auseinandersetzung, die er im Verlaufe des Jahres 1923 mit dem Direktor seiner Schule, des Realprogymnasiums in Schwelm, an dem er inzwischen als Studienrat fest angestellt worden war, und der Mehrheit seines Kol-

---

[17] Hugo von Hofmannsthal, Das Schrifttum als geistiger Raum der Nation, München 1927, S. 27.
[18] Ringer, S. 358
[19] Ebd., S. 196 ff.

legiums auszutragen hatte.[20] Als örtlicher Vorsitzender und emphatischer Befürworter des Wandervogels sowie der aus der Jugendbewegung hervorgegangenen pädagogischen Lehren war Helling, wie er schreibt, nach 1918 rasch in einen offenen Gegensatz zu seinen durchweg eher orthodox-konservativen Kollegen und seinem Vorgesetzten geraten. Zwar fand Helling Unterstützung in der Schülerschaft, aber der Konflikt, der sehr deutlich Hellings Außenseiterposition unterstreicht, konnte schließlich nur durch den vermittelnden und recht liberalen Einspruch des Provinzialschulkollegiums beigelegt werden. Damit hatte Helling sich vorerst zwar durchgesetzt, aber zugleich war seine Sonderstellung im Kreis des Kollegiums tatsächlich nur manifestiert worden.

3. Hellings Entscheidung für den Sozialismus 1923 und seine systematische Aneignung der marxistischen Geschichtsauffassung bis 1929

Hellings Entscheidung für den Sozialismus, eine Entscheidung die selbstverständlich auch sein historisches Denken grundlegend beeinflussen sollte, fiel unmittelbar als Folge dieser Ereignisse und der dabei durch den äußeren Druck eintretenden Gruppensolidarisierung unter den republikanisch und modernisierungsfreundlich gesinnten Lehrern des Kollegiums.[21] Die sich so formierende „oppositionelle Minderheit" der Renegaten der orthodoxen gymnasialen Pädagogik traten im Herbst 1923 geschlossen dem von Paul Oestreich (1878-1959)[22] von Berlin aus geleiteten „Bund Entschiedener Schulreformer" (BES)[23] bei und bildeten fortan unter der Führung Hellings die Ortsgruppe Schwelm. In dem sich daraus eröffnenden neuen gesellschaftlichen Milieu, das bald schon durch enge organisatorische Verflechtungen des BES mit der regionalen und nationalen Ebene ergänzt wurde, formten sich Hellings von der Jugend-

---

[20] Fritz Helling, Mein Leben als politischer Pädagoge, Manuskript Kap. 4, S. 25-29.

[21] Ebd., Kap. 5, S. 29.

[22] Wolfgang Ellerbrock, Paul Oestreich. Portrait eines politischen Pädagogen, Weinheim 1992.

[23] Christa Uhlig, Die Entwicklung des Bundes Entschiedener Schulreformer und seiner schulpolitischen und pädagogischen Auffassungen, Berlin 1980; Ingrid Neuner, Der Bund Entschiedener Schulreformer 1919-1933. Programmatik und Realisation, Bad Heilbrunn 1980; Bernhard Reintges, Paul Oestreich und der Bund Entschiedener Schulreformer, Rheinstetten 1975 (2. Aufl. 1977).

bewegung und von einem republikanisch-modernistischen Reformwillen geprägte Überzeugungen in den nächsten Monaten rasch weiter aus.

Über die pädagogische Theorie Oestreichs,[24] die nun deutlich als Mittlerinstanz auszumachen ist, wurde dabei auch sein historisch-politisches Bewußtsein mehr und mehr durch Elemente der marxistischen Geschichtstheorie – wie etwa durch die Feststellung von sozialer Deprivilegierung, von antagonistischen Klassengegensätzen, Verarmungs- und Verelendungsprozessen, wirtschaftlichen Monopolisierungstendenzen, frühen Kapitalakkumulationen usw. sowie durch deren historisch-politische Beschreibung mithilfe der marxistischen Semantik – zusehends verändert. Dazu trug nicht zuletzt auch eine intensive Funktionärstätigkeit bei, in die Helling als Schwelmer Ortsvorsitzender und ab 1927 auch als westfälischer Landesvorsitzender des „Bundes Entschiedener Schulreformer" hineinwuchs und die ihn nun erstmals mit der organisierten Arbeiterschaft bzw. den klassischen Wählerschichten der Sozialdemokratie, der sozialistischen und kommunistischen Parteien sowie mit deren spezifischen politischen Interessenlagen und historischen Vorstellungswelten in engere Verbindung brachte.[25]

So wurden die Jahre ab 1923 für Helling zu einzigartigen, gleichermaßen vom autodidaktischen Studium, von zahllosen Diskussion im kleineren Kreis wie auch von öffentlichen Debatten mit größerem Publikum geprägten Lehrjahren in Sachen marxistischer Ideologie. Bis 1927, das läßt sich anhand seiner Autobiographie sehr gut nachvollziehen, machte Hellings Einarbeitung in die Grundlagen des historischen und dialektischen Materialismus rasche Fortschritte, so daß er es

---

[24] Vgl. hierzu den Beitrag von Jürgen Eierdanz im vorliegenden Sammelband sowie Christa Uhlig, Theoretische Auffassungen Paul Oestreichs zur Entschiedenen Schulreform, in: Jahrbuch für Erziehungs- und Schulgeschichte 19 (1979), S. 54-67; Winfried Böhm, Kulturpolitik und Pädagogik Paul Oestreichs, Bad Heilbrunn 1973; ders., Paul Ostreich und das Problem der sozialistischen Pädagogik in der Weimarer Republik, in: Sozialisation und Bildungswesen in der Weimarer Republik, hrsg. v. Manfred Heinemann, Stuttgart 1976, S. 187-201; ders., Lehrer zwischen Kulturkritik und Gesellschaftsutopie: Der Bund Entschiedener Schulreformer, in: Der Lehrer und seine Organisation, hrsg. v. Manfred Heinemann, Stuttgart 1977, S. 191-200; Jürgen Eierdanz, Auf der Suche nach der Neuen Erziehung. Politik und Pädagogik des „Bundes Entschiedener Schulreformer" (1919-1933) zwischen Anspruch und Wirklichkeit, Diss. phil. Gießen 1984. – Die programmatische Grundlage ist Paul Oestreich (Hrsg.), Entschiedene Schulreform, Berlin 1920.
[25] Fritz Helling, Mein Leben als politischer Pädagoge, Manuskript Kap. 5, S. 30, 42.

sich durchaus zutraute, am 17. Februar 1927 im Rahmen einer Gedenk-
feier zum hundertsten Todestag Pestalozzis im Schwelmer Gymnasium –
wie er sich ausdrückte – „eine leidenschaftliche Kampfrede" zu halten,
aus der „jeder Zuhörer" nicht nur Hellings „tiefe Verehrung" für den
vorbildhaften Pädagogen heraushören konnte, sondern aus der indirekt
auch ersichtlich wurde, daß sich die Rede „unausgesprochen gegen die
konservative Mehrheit unseres Kollegiums richtete".[26]

An dem vollständig überlieferten Text dieser Ansprache zeigt sich,
daß Helling tatsächlich alle gängigen Stichwörter der marxistisch-
leninistischen Semantik lieferte und Pestalozzi geradezu zum Prototypen
eines unter den Bedingungen des Spätfeudalismus und der heraufziehenden kapitalistischen Gesellschaftsordnung mit ihren Klassengegensätzen leidenden märtyrerhaften Propheten stilisierte, der trotz allem
vormärzlichen Elend und aller widrigen persönlichen Verhältnisse
versuchte, mit Hilfe der Erziehung „die Keime einer wirklichen Weltreformation" zu retten.[27] Pestalozzi selbst zitierend scheinen hier bereits
recht deutlich Hellings eigene pädagogische und politische Überzeugungen auf, wenn er Pestalozzi etwa feststellen läßt: „[...] die Erwerb-
arten fordern steigende Ausbildung, die Erziehung wird kostbar [...]."[28]
„Es ist für den sittlich, geistig und gesellschaftlich gesunkenen Weltteil
keine Rettung möglich als durch die Erziehung, als durch die Bildung zur
Menschlichkeit, als durch die Menschenbildung [...]."[29] Und umso deutlicher offenbaren sich Hellings eigene Ansichten, wenn er selbst kom-
mentierend und in der Sprache der zeitgenössischen politischen Agitation
fordernd hinzufügt:

„Die Gesellschaft ist schuldig. Die Gesellschaft muß wieder gut-
machen, was sie verschuldet hat. Deshalb nicht Härte und Ab-
schreckung, nicht Polizeigesetze, sondern Hilfe, Emporhebung,
Erziehung zum Glauben an die Kraft des Guten.[30] [...] Lebenshilfe
allen Verwahrlosten und Gefallenen. Hilfe den unehelichen Müt-
tern, die aus Verzweiflung sogar zu Mördern ihres Kindes werden.
Hilfe für das Landvolk, das unter Steuerdruck, Fron und Zehnten

---

[26] Ebd., S. 32.
[27] Ebd., S. 35.
[28] Ebd., S. 36.
[29] Ebd., S. 38.
[30] Ebd., S. 37.

leidet. Abschaffung aller Feudallasten. Gleichheit in der Belastung des Volkes. Hilfe für die Kinder der Armen, Erziehung zur Industrie, aber nicht Abrichtung zum Lohnsklaven der Wirtschaft."[31] Die selbstgestellte Frage aber, ob die gesteckten Ziele etwa durch eine „revolutionäre Erhebung der Entrechteten" zu erreichen seien, beantwortet Helling mit dem Hinweis darauf, daß Pestalozzi diese Erhebung zwar unausweichlich kommen sehe, aber nicht gezielt zu ihr aufrufe, weil er grundsätzlich „Gewaltanwendung" verabscheue: „Er glaubt, daß dies Letzte vermieden werden kann und muß."[32] Mit anderen Worten: Die Menschenrechte seien zu respektieren und einzuhalten, das ist nach Helling unter anderem eine der pädagogischen, ja volkspädagogischen Botschaften, die sich für die gewaltgeplagte Gesellschaft der Weimarer Republik aus Pestalozzis Werk ergeben. Nicht nur mit Blick auf die Unterprivilegierten sei folglich für Pestalozzi die Person Christi das Vorbild schlechthin,[33] und so seien laut Helling auch die christlichen Grundwerte besonders zu achten, wie überhaupt „die Menschennatur [...] in jedem zu ihrer vollen Bestimmung, zu ihrem gottgewollten Wesen emporgebildet werden" müsse.[34] Im Duktus deuten sich hier erstmals Hellings alttestamentarische Grundüberzeugungen an, die Jahre später und ganz im Sinne seiner Philosophie des „Zurück zu den Quellen" in seinem Buch über die „Frühgeschichte des jüdischen Volkes" sowie in seinen beiden Aufsätzen über „Die spätjüdischen Klassenkämpfe und das Evangelium Christi" und „Die christliche Botschaft in der spätantiken Klassengesellschaft" zum Tragen kommen sollten.[35] Insgesamt machen diese stets wiederkehrenden Bezüge auf die Grundlagen des christlichen Glaubens recht unmißverständlich deutlich, daß Helling – bei aller Etablierung „im neuen sozialistischen Hause" – Zeit seines Lebens ein religiöser Mensch war und blieb.

Gleichwohl sollte Hellings historisch-politische Ausbildung zu einem auch theoretisch rundum anspruchsvoll und zeitgemäß geprägten Marxisten erst zwei Jahre später, 1929, zu einem vorläufigen Abschluß kommen. In diesem Jahr wurden ihm in einem kleinen Kreis von Gleich-

---

[31] Ebd.
[32] Ebd., S. 38.
[33] Ebd., S. 36.
[34] Ebd.
[35] NL Fritz Helling (Jürgen Helling, Gemmenich-Plombiers).

gesinnten durch den seinerzeit bekannten Soziologen und Nationalöko-
nomen Prof. Dr. Johann Plenge (1874-1963)[36] an der Universität Münster
unter globalen Perspektiven und wiederholter Bezugnahme auf das Werk
von Karl Marx die theoretischen Grundlagen der Sozialwissenschaften
nähergebracht. Angeregt durch diesen Lehrgang, entschloß sich Helling
daraufhin zu einem autodidaktischen Studium von Marx' „Kapital", das
er von nun an lange Zeit „in einem kleinen Kreis von Kennern" bei sich
zu Hause las und diskutierte bis er sich schließlich „in die wesentlichen
Gedanken des Marx'schen Kapitals zustimmend eingelebt" und zur „Ergänzung und Bestätigung" seines Wissens auch „die kleineren Schriften
von Marx und Engels" rezipiert hatte. Mit diesen Lektüreübungen hatte er
die gewissermaßen klassische Ausbildung zum Marxisten abgeschlossen
und sich persönlich das gewünschte historisch-politische Rüstzeug für die
weiteren pädagogischen und tagespolitischen Auseinandersetzungen
verschafft, in die sich Helling bald durch die sich dramatisch zuspitzende
Wirtschaftskrise und den unerwarteten Zulauf der NSDAP unversehens
als aktiver Propagandist gegen Hitler eingebunden sah. Nun konnte er das
seit seiner Entscheidung für den Sozialismus von 1923 systematisch
erworbene und vermehrte historisch-politische Wissen gezielt einsetzen
zu einer – auch und gerade aus heutiger Sicht – höchst eindrucksvollen
Analyse der Zusammenhänge von „Gesellschaftskrise und Faschismus".[37]
Zugleich waren für Helling mit diesem Studium die wissenschaftlichen
Grundlagen dafür gelegt, in der ‚inneren Emigration' eine der wenigen
und insgesamt sehr frühen Darstellungen zu verfassen, in denen danach
gefragt wurde, wie es in historischer Perspektive zu Hitler nur hatte
kommen können und wie der einzigartige „Katastrophenweg der deutschen Geschichte" wohl zu erklären sei.

Vorerst aber ging Helling seit 1931 als Anti-Hitler-Agitator fast schon
systematisch auf Tournee, am häufigsten sprach er „im Ruhrgebiet und in
Schwelm, aber auch [...] in Düsseldorf, Köln, Mainz, Frankfurt und
Nürnberg, nicht nur bei den Entschiedenen Schulreformern, sondern auch
bei den bayerischen Junglehrern, der Liga für Menschenrechte und

---

[36] Axel Schildt, Ein konservativer Prophet moderner nationaler Integration. Biographische
Skizze des streitbaren Soziologen Johann Plenge (1874-1963) , in: Vierteljahrshefte für
Zeitgeschichte 35 (1987), S. 523 ff.
[37] Fritz Helling, Mein Leben als politischer Pädagoge, Manuskript Kap. 6, S. 44 ff.

ähnlichen Verbänden".[38] Die schon erwähnte Rede „Gesellschaftskrise und Faschismus", deren Text vollständig überliefert ist, nutzte Helling dabei als Standardrede, in der er (in einer für einen Zeitgenossen wahrlich einzigartig klarsichtigen Weise) zunächst die soziologischen Ursachen für den Aufstieg des Nationalsozialismus und der übrigen faschistischen Bewegungen in Europa analysierte. Sodann arbeitete er in Analogieschlüssen mit Blick vor allem auf das faschistische Italien, aber auch auf Polen und die Action Française verschiedene wahrscheinlich bald auch in Deutschland eintretende Entwicklungsstufen auf dem Weg hin zur Machtergreifung Hitlers heraus, die er gleichsam prophetisch voraussagte, wenn die taktischen Finessen der pseudosozialistischen Propaganda ausgespielt seien und das tragische Bündnis des kapitalistischen Großbürgertums mit dem Faschismus geschmiedet worden sei. Dann setze, so Helling, „die dritte Phase des Faschismus ein, die Phase der diktatorischen Herrschaft, die Endphase nach der Machtergreifung, die in Deutschland noch nicht erreicht ist". Und schon 1931 skizziert er die totale Entmachtung aller Gewerkschaften, die Gleichschaltung aller Interessenverbände und gesellschaftlichen Organisationen, die Verfolgung der Marxisten und Juden, und er läßt anklingen, was die deutsche Bevölkerung sonst noch zu erwarten hat, wenn er formuliert:

„Und dieser Kampf gegen die sozialistisch-kommunistische Arbeiterschaft wird in allen faschistischen und halbfaschistischen Ländern mit hemmungsloser Brutalität geführt. Am brutalsten hat sich dieser Terror in Italien ausgetobt. Aber auch in Polen sind Morde, Einkerkerungen und sadistische Folterungen bis auf den heutigen Tag die üblichen Terrormittel."[39]

---

[38] Ebd., S. 62.
[39] Ebd., S. 47.

Phasen der historisch-politischen Persönlichkeitsentwicklung Fritz Hellings bis 1933

1888-1918	von der deutsch-konservativen Sozialisation zur weltanschaulichen Umorientierung
1918-1922	Loslösung vom deutsch-konservativen Bürgertum und Hinwendung zum Milieu der jugendbewegten republikanischen Modernisten
1923-1929	Bekenntnis zum Sozialismus (1923) und Aneignung der marxistischen Geschichtstheorie (bis 1929)
1929-1931	systematisches Studium der marxistisch-leninistischen Gesellschaftstheorie
1931-1933	Agitation gegen den Nationalsozialismus

Jürgen Eierdanz

Der „Bund Entschiedener Schulreformer"
und die Reformpädagogik des frühen 20. Jahrhunderts

1. Der Bund Entschiedener Schulreformer in der Weimarer Republik

Der Bund Entschiedener Schulreformer (BESch) ragte sowohl hinsichtlich des Selbstverständnisses der in ihm organisierten Pädagogen und Pädagoginnen als auch hinsichtlich der zeitgenössischen Einschätzung aus der reformpädagogischen Bewegung der Weimarer Zeit heraus. Als Zusammenschluß von (unangepaßten) Querdenkern vereinigte er alle Strömungen der Reformpädagogik und bot ihnen ebenso wie anderen sozialen Bewegungen (Frauenbewegung, Lebensreformbewegung, Friedensbewegung) ein Diskussionsforum, sofern sie sich als demokratisch-republikanisch verstanden und sich in diesem Sinne politisch engagierten. Im BESch waren daher auch nicht die damals und bis heute noch prominenten Reformpädagogen, wie zum Beispiel Peter Petersen, Georg Kerschensteiner, Rudolf Steiner und Hugo Gaudig, zu Hause. Der Bund Entschiedener Schulreformer hatte, wie Herman Nohl, der anerkannte, wenn auch nicht unumstrittene zeitgenössische Chronist der deutschen reformpädagogischen Bewegung es formulierte, „die ganze Summe der pädagogischen Bewegungen in sich aufgenommen".[1]

2. Die Gründung des Bundes Entschiedener Schulreformer

Aufgerüttelt durch die Novemberrevolution trafen sich Ende 1918 von der Jugendbewegung beeinflußte, bislang politisch noch nicht aktive Pädagoginnen und Pädagogen, vor allem im Großraum Berlin, in Sachsen

---

[1] Herman Nohl: Die pädagogische Bewegung in Deutschland und ihre Theorie, Frankfurt a.M. (3. Aufl.) 1949, S. 80. Hierzu und zum folgenden vgl. auch Armin Bernhard: Demokratische Reformpädagogik und die Vision von der neuen Erziehung. Sozialgeschichtliche und bildungstheoretische Analysen zur Entschiedenen Schulreform, Frankfurt a.M. 1999.

und Thüringen, um über Schulfragen und -reformen zu diskutieren. Sie verband ihre jugendbewegte Tradition und das daraus resultierende pädagogische Engagement.[2] Im Kaiserreich waren sie ‚gute' und unauffällige deutsche Untertanen, die bestenfalls in ihrem schulischen Wirken jugendbewegte Reformansätze wagten und deren subjektiv empfundener Leidensdruck im Monarchismus sich durchweg in Grenzen hielt. Ihrem eigenen Selbstverständnis gemäß waren sie bis 1918 unpolitisch, aber deutschnational. 1914 zogen sie wie viele andere aus dem Bildungsbürgertum voller Enthusiasmus in den Krieg und sahen in der Massenbegeisterung zu Hause und später dann im Schützengraben die Volksgemeinschaft realisiert. Erst eigene Kriegserlebnisse und die sich anbahnende Niederlage führten zu einer Wende in ihrem Denken sowie zu einer Suche nach neuen weltanschaulichen Orientierungen.

Bisher arbeiteten diese Pädagoginnen und Pädagogen in sozialistischen und sozialdemokratischen Lehrervereinigungen oder dem Philologenverband mit. An den sozialistischen Lehrerverbänden kritisieren sie die enge Anbindung an die Sozialdemokratie, am Deutschen Philologenverband den elitär-konservativen Standesdünkel. Nachdem eine Gruppe von ihnen im Spätsommer 1919 aus dem Philologenverband ausgeschlossen wurde, gründeten sie am 19. September 1919 den Bund Entschiedener Schulreformer. Vorsitzender wurde Paul Oestreich, der diese Funktion bis zur Auflösung des BESch im Jahre 1933 behielt.

3. Weltanschauliche Grundlagen des Bundes Entschiedener Schulreformer

Der Bund Entschiedener Schulreformer nahm die politischen Veränderungen in Deutschland zum Ausgangspunkt seiner Tätigkeit. Dabei wurde nicht hinreichend berücksichtigt, daß sich zwar die politischen, nicht aber die ökonomischen und sozialen Strukturen verändert hatten. So wie bei vielen Intellektuellen aus Kunst, Literatur und Publizistik waren die Gründungsmitglieder des BESch vielmehr der Überzeugung, daß durch die Novemberrevolution und die Gründung der Weimarer Republik die Grundlagen für einen Sozialismus geschaffen seien;

---

[2] Vgl. hierzu den Beitrag von Jürgen Reulecke im vorliegenden Band.

Deutschland sahen sie auf dem Weg in eine sozialistische Gesellschaft. Im Programmentwurf zur konstituierenden Sitzung des BESch hieß es:

> „Der Bund Entschiedener Schulreformer erstrebt den Zusammenschluß aller akademisch gebildeten Lehrer und Lehrerinnen ohne Rücksicht auf die Parteistellung, soweit sie gewillt sind, mit Hintansetzung aller Standesinteressen, im Geiste der neuen Menschheitsepoche, die einen Ausgleich zwischen den Interessen der Einzelpersönlichkeit und denen der Allgemeinheit verlangt, an der sittlichen und geistigen Erneuerung unseres Erziehungs- und Bildungswesens mitzuarbeiten. Das Ziel der neuen Schule ist die Erziehung des Jugendlichen zum charaktervollen Mitglied der Volksgemeinschaft."[3]

Es waren insbesondere sechs Eckpunkte, die das weltanschauliche Selbstverständnis des BESch ausmachten:

a) das ausdrückliche Bekenntnis zur Weimarer Republik;

b) eine fundamentale Kritik am Schulsystem, an den Strukturen und Inhalten des Bildungswesens;

c) die biographische Verbundenheit mit der Jugendbewegung. Daraus resultierte die Grundhaltung, pädagogisches Handeln stets aus der Perspektive ‚des Kindes' zu begründen;

d) der Anspruch auf politisches Wirken bei gleichzeitiger bewußter Distanz zu den politischen Parteien;

e) die Überzeugung, daß die Zukunft Deutschlands zuallererst von einer neuen Erziehung abhängt. Bildung und Erziehung gelten als entscheidende Hebel gesellschaftlicher Veränderung. Paul Oestreich erklärte 1919 programmatisch:

f) eine tendenziell antiaufklärerisch-irrationale Kultur- und Zivilisationskritik mit der romantisierenden Perspektive einer harmonischen Volksgemeinschaft, in der soziale und politische Gegensätze durch „einen neuen, am Gemeinwohl orientierten Volksgeist überbrückt werden" (P. Oestreich).

---

[3] Zitiert nach Jürgen Eierdanz, Armin Kremer: Der Bund Entschiedener Schulreformer. Eine soziale Bewegung der Weimarer Republik?, in: Der Bund der Entschiedenen Schulreformer. Eine verdrängte Tradition demokratischer Pädagogik und Bildungspolitik, hrsg. v. Armin Bernhard u. Jürgen Eierdanz, Frankfurt a.M. 1991, S. 28-66, hier S. 50.

Hier wird jener Widerspruch evident, der das gesamte Wirken des BESch durchzog und ab dem Ende der zwanziger Jahre das Eindringen faschistischer Ideologieelemente in die Debatten des Bundes erleichterte: Er bewegte sich stets auf einem schmalen Grat zwischen Volksfront einerseits und Volksgemeinschaft andererseits.

4. Pädagogische und schulpolitische Grundsätze des Bundes Entschiedener Schulreformer

Der BESch trat mit dem Anspruch auf, alle Traditionen der vielgestaltigen pädagogischen Reformbewegung seit der Jahrhundertwende aufzunehmen, zusammenzuführen und durch die Verbindung mit politischem Engagement und politischem Bekenntnis zu neuer Qualität zu erheben. Innerhalb des BESch wurden die mit am weitesten gehenden Reformgedanken im Hinblick auf Struktur, Inhalte und Methoden des Schul- und Bildungswesens entwickelt und vorgetragen. Das gesamte bisherige Erziehungs- und Bildungswesen wurde einer grundsätzlichen Kritik unterworfen. Dabei forderte der BESch u.a.:

- einheitlicher Aufbau des gesamten Schulwesens unter Einschluß des Gymnasiums, („Elastische Einheitsschule"), d.h. sechsjährige gemeinsame Grundschulzeit für alle Schülerinnen und Schüler, danach eine stets durchlässige Differenzierung nach Neigungen und Interessen;
- die „Arbeits- und Produktionsschule" zur Vermittlung allseitiger Bildung;
- republikanische Lehrinhalte;
- ein neues, auf Kameradschaft und nicht mehr auf Unterordnung begründetes Lehrer-Schüler-Verhältnis;
- Ausrichtung der Lehr- und Lerninhalte an den Interessen und Bedürfnissen der Schüler;
- Förderung der Eigenaktivitäten der Schüler;
- demokratisch gewählte kollegiale Schulleitungen;
- bessere Ausstattung aller Schulen, wissenschaftliche Ausbildung aller Lehrer, kleinere Klassen.

5. Zur Arbeitsweise und Wirksamkeit des Bundes Entschiedener Schulreformer

Der BESch wirkte auf mehreren Ebenen:
a) durch Orts- und Landesverbände, die öffentliche Veranstaltungen durchführten,
b) durch eine eigene Zeitschrift,
c) durch die Beteiligung an politischen Aktionen.

ad a) Der BESch hatte lokale Schwerpunkte: Großraum Berlin, Sachsen, Westfalen, später auch in Bayern und im Rhein-Main-Gebiet. Dies war nicht strategisch geplant, sondern ergab sich eher zufällig durch besonders aktive Mitglieder.
Unter diesen aktiven Mitgliedern (bis zu 6000) war der Frauenanteil bemerkenswert hoch. Dort, wo der BESch auf Orts- oder Landesebene präsent war, spielte er eine wichtige Rolle in den bildungs- und kulturpolitischen Auseinandersetzungen. Der BESch organisierte keine Massendemonstrationen; dazu war er weder in der Lage noch lag der Mehrheit der Mitglieder eine solche Form der Auseinandersetzung. Aber bei Vortrags- und Diskussionsveranstaltungen kamen selbst in Klein- und Mittelstädten mehrere hundert Zuhörerinnen und Zuhörer zusammen, wobei über diese Aktivitäten in der lokalen Presse stets ausführlich berichtet wurde.
Paul Oestreich sorgte als ständiger Vorsitzender für eine beachtliche Popularität des BESch. Er galt selbst den etablierten Pädagogen als durchaus ernst zu nehmender Querdenker. Oestreich trat ständig bei Vorträgen und Diskussionsveranstaltungen im ganzen Land auf; in der Öffentlichkeit wie in der innerverbandlichen Diskussion war er nahezu allgegenwärtig. Die gesamte Arbeit des BESch war auf ihn hin ausgerichtet. Seine Kritiker konnten sich nicht dauerhaft im Bund halten; bis Mitte der zwanziger Jahre hatten sich sämtliche Gründungsmitglieder aus dem BESch zurückgezogen.[4] Wenn es auch keine gesicherten empirischen Sozialdaten über die Mitglieder des BESch gibt, so kann doch – auch aus der Mitgliedschaft einzelner Ortsgruppen – gefolgert werden,

---

[4] Vgl. Ingrid Neuner: Der Bund Entschiedener Schulreformer 1919-1933, Bad Heilbrunn 1980.

daß hier nahezu ausschließlich Lehrer und Lehrerinnen und dabei wiederum vornehmlich solche aus den Gymnasien aktiv waren. In der Anfangsphase ist der BESch – trotz aller sozialen Ansprüche – ausdrücklich eine Standesorganisation der, wie es im Namen hieß, „akademisch gebildeten" Pädagogen gewesen. Auch nach der programmatischen Ausdehnung des Bundes zum „Volksbund" gelang es kaum, andere Berufsgruppen in die Aktivitäten des BESch einzubeziehen.

ad b) Zentrales Medium des BESch war die Zeitschrift „Die Neue Erziehung". Sie erschien seit 1919 monatlich und wurde bald schon auch offizielles Mitteilungsblatt des BESch. In ihr wurden grundsätzliche und aktuelle Aufsätze veröffentlicht, daneben konnte man sich hier über die Arbeit der einzelnen Orts- und Landesgruppen des BESch informieren. Die Zeitschrift stand prinzipiell auch Nichtmitgliedern offen. Dies wurde von Repräsentanten anderer gesellschaftlicher Bewegungen, vor allem der Frauen-, Friedens- und Lebensreformbewegung genutzt. In der „Neuen Erziehung" konnten auch Kritiker des Bundes, wie beispielsweise Theodor Litt, publizieren. Der BESch gab darüber hinaus eine eigene Schriftenreihe zu pädagogischen Themen heraus.

ad c) Durch Eingaben und öffentliche Erklärungen hatte der BESch zumindest bis Anfang der zwanziger Jahre eine anerkannte Außenseiterrolle besonders in jenen Kultusbürokratien und Schulverwaltungen, in denen SPD-Vertreter Einfluß hatten, die noch an den alten bildungspolitischen Grundsätzen ihrer Partei hingen.

Bei der Reichsschulkonferenz 1920 war der BESch mit vier Delegierten vertreten, was durchaus von bildungspolitischem Gewicht zeugt. Diese Wege der Einflußnahme wurden jedoch immer mehr verbaut; die Einflußnahme des BESch konzentrierte sich dann auf die interessierte Öffentlichkeit.

Wegen seines distanzierten Verhältnisses zur Parteipolitik versuchte der BESch eher selten, Initiativen über oder mit den politischen Parteien zu entwickeln. Für die politische Kleinarbeit fühlte sich der BESch nicht zuständig; er beteiligte sich hingegen häufiger an allgemeinen politischen Auseinandersetzungen und hatte dabei keinerlei Berührungsängste: Aktionen gegen den Kapp-Putsch, für die Fürstenenteignung, gegen den Panzerkreuzerbau wurden von ihm zum Beispiel unterstützt.

6. Der allmähliche Zerfall des Bundes Entschiedener Schulreformer

Mit der Konsolidierung der Weimarer Republik ging einerseits das öffentliche Interesse an Bildung und Schule zurück, andererseits nahm der BESch ab Mitte der zwanziger Jahre nur noch sporadisch an Aktionen der demokratischen Bewegungen teil. Der Elan der ersten Jahre, der sowohl eine Schul- als auch eine Gesellschaftsreform einforderte, verpuffte weitgehend folgenlos. Der offensichtliche Einbruch des Faschismus in die pädagogische Diskussion und in die Schulen verschaffte dem BESch noch einmal für kurze Zeit breitere Beachtung, zumal er zeitweise auf lokalen und überregionalen Veranstaltungen die Auseinandersetzung mit NS-Pädagogen suchte. Aber: Der BESch war längst zu sehr zu einem der schulischen Realität enthobenen, elitären Zirkel geworden und seine Auffassung, der Faschismus ließe sich vornehmlich aus dem Versagen der bisherigen Erziehung erklären und mit einer Erziehungsreform zurückdrängen, fand kaum noch Resonanz. Bereits seit 1929 war die organisatorische Existenz des BESch aufs äußerste gefährdet; Mitglieder traten aus oder entzogen dem Bund ihre finanzielle Unterstützung, die Abonnentenzahl der „Neuen Erziehung" ging dramatisch zurück, so daß sich die Zeitschrift am Rande des Ruins bewegte.

Anfang der dreißiger Jahre verloren Teile des BESch die Balance zwischen Volksfront und Volksgemeinschaft zugunsten der letzteren. Schon früh drangen Themen und Argumentationsmuster der Nazis in die Diskussion des BESch ein, und zwar nicht, um sie mit anderen Inhalten zu besetzen. So wurde schon 1932 ein Kongreß „Boden, Volk und Menschentum" geplant. Seit 1932 setzte sich der Bund – mit Ausnahme einiger weniger um Fritz Helling – nicht mehr mit den sich verschärfenden politischen Konflikten auseinander. Die Diskussionsthemen dokumentierten eine präventive Entpolitisierung, die mitunter bis zur Anbiederung an die Nationalsozialisten ging, etwa wenn es bei Paul Oestreich hieß: „Im National-Solidarischen erst beginnt das Volk aufzusteigen."[5] Der völkische Mythos wurde terminologisch und inhaltlich

---

[5] Generalversammlung des Bundes Entschiedener Schulreformer, September 1932, in: Die Neue Erziehung 1932, S. 812.

in auffallender Anlehnung an die faschistische Pädagogik zum letzten Hort vor dem Verderbnis. „Volk ist im Zerfall der traditionellen Werte eine Aufgabe der solidarischen Religiosität."[6]

Nach dem 30. Januar 1933 hielt sich der BESch – wiederum mit Ausnahme Fritz Hellings – mit tagespolitischen Stellungnahmen zurück. Den neuen Machthabern gegenüber signalisierte der BESch solidarische Unterstützung. Den nach Auffassung des BESch von den Nazis eingeschlagenen „Weg zur solidarischen Nation" wollte der BESch, so wurde versichert, „nicht nur nicht stören, sondern ihn gern mit jedem bauen helfen, der ihn wirklich will."[7] Der BESch des Jahres 1933 war keine Organisation, die Gegnern des Nationalsozialismus Rückhalt und Unterstützung geboten hätte. Die Mehrheit des BESch sah im Faschismus den Vollstrecker des schon immer pädagogisch und vielleicht von manchen auch politisch Gewollten. So erklärte ein Vertreter des BESch-Vorstandes:

„Die Pseudo-Republik, die sich selber aufgab, findet nicht in uns ihre letzte Truppe, sondern jene solidarische Nation, die aus ihrer Konsequenz von selber demokratisch sein muß."[8]

Die naheliegende Konsequenz: Der BESch löste sich selbst auf; ein Teil der ehemaligen Mitglieder und Förderer ging in die innere Emigration, ein anderer Teil lief zu den Nazis über.[9]

7. Fritz Helling und der Bund Entschiedener Schulreformer

Fritz Helling war eine der herausragenden Persönlichkeiten des Bundes Entschiedener Schulreformer.[10] Er wirkte in zweiter Reihe, jedoch kon-

---

[6] Paul Oestreich: Volk, Menschheit, Jugend; in: Die Neue Erziehung 1932, S. 374.

[7] Wilhelm Hoepner: Entschiedene Schulreform und Deutschtum, in: Die Neue Erziehung 1933, S. 317.

[8] Ebd.

[9] Vgl. Jürgen Eierdanz: Zwischen Widerstand, Anpassung und euphorischem Bekenntnis. Der Bund Entschiedener Schulreformer und der Nationalsozialismus, in: Der Bund der Entschiedenen Schulreformer. Eine verdrängte Tradition demokratischer Pädagogik und Bildungspolitik, hrsg. v. Armin Bernhard u. Jürgen Eierdanz, Frankfurt a.M. 1991, S. 103-116.

[10] Hierzu und zum folgenden vgl. Jürgen Eierdanz/Karl-Heinz Heinemann (Hrsg.): Fritz Helling. Pädagogen in gesellschaftlicher Verantwortung. Ausgewählte Schriften eines entschiedenen Schulreformers, Frankfurt a.M. 1988 sowie Jürgen Eierdanz: Pädagogisches

zeptionell und organisatorisch durchaus wirkungsvoll. Für das Wirken Fritz Hellings im BESch lassen sich drei Phasen benennen:
- zunächst wurde er durch den BESch, insbesondere durch Paul Oestreich, beeinflußt;
- sodann prägte er den BESch maßgeblich mit. Im Jahre 1927 übernahm er den Vorsitz des Landesverbandes Westfalen im BESch, der daraufhin zu einem der aktivsten und politisch klarsten Landesverbände im BESch wurde. Fritz Helling stand für: Beteiligung des Bundes an den gesellschaftspolitischen Auseinandersetzungen, Kontakte zu den Arbeiterparteien, Gesellschaftsanalyse unter Zuhilfenahme der marxistischen Gesellschaftstheorie (ab ca. 1929);
- und schließlich überschritt er mit seiner Gesellschaftsanalyse und seiner Haltung gegenüber dem Faschismus den Horizont des Bundes Entschiedener Schulreformer. Ab 1928 wurde der von Helling zusammengestellte bzw. verfaßte *„Kulturpolitische Zeitspiegel"* regelmäßiger Bestandteil der „Neuen Erziehung". Hier fand die klarste und weitsichtigste Behandlung gesellschaftspolitischer und kultureller Fragen innerhalb des Bundes Entschiedner Schulreformer statt. In die Debatten des Bundes mischte sich Fritz Helling dabei mit zwei bis dato eher vernachlässigten Themen ein: dem Zusammenhang von Politik und Pädagogik und der Analyse des Faschismus.

8. Politische Pädagogik und Faschismusanalyse Fritz Hellings

Früher und deutlicher als andere Pädagogen seines Umfeldes erkannte Helling, daß eine entschiedene Schulreform, die nicht mit gesamtgesellschaftlicher Umgestaltung verzahnt ist, wirkungslos bleiben mußte. Bildung und Erziehung waren für Helling *ein* gesellschaftlicher Vorgang; es gibt keine „pädagogische Provinz". Schule kann nicht die entscheidende Instanz gesellschaftlichen Wandels sein; Macht und Herrschaft sind, so erkannte es Helling, nicht primär durch kritische Erziehung zu suspendieren.

Ethos und soziale Verantwortung. Leben und Werk des Schwelmer Pädagogen Fritz Helling, in: Beiträge zur Heimatkunde der Stadt Schwelm und ihrer Umgebung N. F. 38 (1988), S. 105-130.

Fritz Helling war einer der wenigen Pädagogen innerhalb des BESch, die dem Faschismus von Beginn an und prinzipiell widerstanden. Im Unterschied zu den meisten anderen geisteswissenschaftlichen Pädagogen seiner Zeit und zu weiten Teilen der politischen Linken waren seine Einschätzungen vom Wesen, von der Funktion und von den Zielen des Faschismus bemerkenswert präzise und theoretisch konsistent. Der Faschismus war für ihn nicht auf einen Sitten- und Werteverfall zurückzuführen, wie dies in Kreisen des BESch diskutiert wurde, sondern ein „Krisenprodukt der kapitalistischen Entwicklung"[11]

Als das Hauptziel des Faschismus betrachtete er die Bekämpfung und Beseitigung der Arbeiterbewegung. Faschismustheoretisch griff Helling – und dies war bemerkenswert – nicht auf die Erklärungen der SPD oder der KPD zurück, sondern auf die „Bonapartismus-Theorie" August Thalheimers, der im Faschismus ein Bündnis zwischen der Massenbewegung und sich bedroht fühlenden Kapitalgruppen sah. Letztere verzichten zugunsten der ersten auf die direkte politische Herrschaft, um die ökonomisch-gesellschaftliche Macht zu sichern.

Ausführlich beschäftigte sich Helling mit der faschistischen Schulpolitik. Im Gegensatz zur Mehrzahl der wissenschaftlich tätigen Pädagogen wie auch im Unterschied zu vielen Kollegen aus dem BESch wußte er, daß der Faschismus die totale Negierung aller humanistischen und reformpädagogischen Absichten bedeuten würde. Da er nicht den Ideologien einer organischen Volksgemeinschaft, eines ursprünglich-naturhaften Volkstums anhing, erlag Helling nie der Versuchung, sich auf die Ideologie der Nationalsozialisten einzulassen. Schon 1932 zog er die ernüchternde Bilanz jener reformpädagogischen Euphorie, die in den Anfangsjahren der Weimarer Republik nicht nur den BESch, sondern noch weitere Kreise der Lehrerschaft erfaßte. Er deckte das Versagen der „Katheterpädagogen" vor dem Faschismus auf, schloß dabei allerdings auch seine reformpädagogischen Freunde ein und machte darauf aufmerksam, daß faschistische Pädagogen vorhandene Defizite im Bildungswesen aufgriffen und sich dabei scheinbar reformpädagogischer, schulkritischer Argumente bedienten.

„Von faschistischer Seite wird mit vollkommener Klarheit die schwere Erkrankung unseres Schulwesens erkannt. (Stoffüber-

---

[11] Fritz Helling: Gesellschaftskrise und Faschismus, in: Die Neue Erziehung 1931, S. 402.

fülle, Berechtigungselend, Zersplitterung im Vielerlei, Erfolglosigkeit der Arbeit, Leerlauf). Aber anstatt Ausbau und Differenzierung der Volksschule, statt Aktivierung der Bildungsarbeit durch Einbau kindgemäßer, produktiver Gestaltungsmöglichkeiten im Sinne der Produktionsschule wird die reaktionäre Umkehr gefordert."[12]

Für Helling ließ sich die Idee des pädagogischen Humanismus nur bewahren und perspektivisch realisieren durch die „fundamentale Umgestaltung des gesamtkapitalistischen Gesellschaftssystems".[13] Immer wieder forderte Helling die Pädagogen auf, mit den demokratischen bürgerlichen Kräften und der Arbeiterbewegung dem Einbruch des Faschismus in Gesellschaft und Schule entgegenzuwirken.

„Mit der ethisch-pädagogischen Forderung muß sich die politische verbinden. Beseitigung des faschistisch gestützten Kapitalismus ist nicht nur Beseitigung der kapitalistischen Gesinnung, sondern auch Beseitigung der kapitalistischen Gesellschaftsordnung."[14]
Spätestens damit hatte Fritz Helling den Bund Entschiedener Schulreformer hinter sich gelassen.

---

[12] Fritz Helling: Kulturpolitischer Zeitspiegel, in: Die Neue Erziehung 1930, S. 869.

[13] Fritz Helling: Der Bankrott der offiziellen Schulreform (1932), in: ders.: Schulreform in der Zeitenwende, Schwelm 1958, S. 23.

[14] Fritz Helling: Gegenwartslage und Bund Entschiedener Schulreformer. Internes Rundschreiben des Bundes Entschiedener Schulreformer, S. 3.

Georg Dieker-Brennecke

Konservatives Verharren und reformpädagogisches Engagement

Das Schwelmer Realgymnasium zwischen Kaiserreich und Nationalsozialismus

Die deutsche Niederlage am Ende des Ersten Weltkriegs mit dem Zusammenbruch der Monarchie, die Novemberrevolution und die politischen Kämpfe und Wirren zu Beginn der Weimarer Republik stürzen eine ganze Generation Intellektueller in eine tiefe Identitätskrise. Helling, er steht am Beginn seines vierten Lebensjahrzehnts, beurteilt rückblickend diese Zeit des Zusammenbrechens seiner „alten bürgerlichen Anschauungen aus der Hohenzollernzeit" als die für ihn schwersten Jahre seines Lebens.[1] Seine Darstellung dieser biografischen Umbruchsituation liest sich wie die Beschreibung eines schmerzhaften Erwachsenwerdens, mit dem Verlust von Haus, Heimat und Sicherheit.

> „Ich fühlte mich oft wie ein Mensch, dem das Haus über dem Kopf zusammenstürzte, der schutzlos auf der Erde lag und alles unternehmen mußte, um sich ein neues Haus als Wohnstätte zu erbauen."[2]

In dieser Metapher wird das für Helling auch in späteren Phasen seines Lebens charakteristische Streben nach sicherer und fester Orientierung, nach „geistiger Heimat" deutlich. Als ruhende Pole in dieser Phase seines Lebens nennt Helling den „Wandervogel", dessen Schwelmer Gruppe er leitet, und das Schwelmer Realgymnasium.[3]

Kontinuitäten und Zwischenzeit

Das Schwelmer Realgymnasium ist – auch in Hellings Selbstverständnis – *die* Bürgerschule des Ortes.[4] Diesen Anspruch macht schon das (damals

---

[1] Fritz Helling: Mein Leben als politischer Pädagoge, hrsg. v. Burkhard Dietz u. Jürgen Helling, Frankfurt a.M. 2004, Manuskript 4. Kap., S. 22.

[2] Ebd.

[3] Ebd.

[4] Hierzu und zum folgenden vgl. insbesondere Karl-Josef Oberdick: Hundert Jahre Märkisches Gymnasium Schwelm (1890-1990), in: Beiträge zur Heimatkunde der Stadt Schwelm und ihrer Umgebung N.F. 40 (1990), S. 196-211, hier S. 199 ff.

neue) Schulgebäude von 1912 erlebbar. Es ist eines der größten Bauwerke der Stadt und architektonisch klar auf eine imposante repräsentative Wirkung hin konzipiert. Aus der Kaiserzeit ragt es – abgegrenzt nach außen, wuchtig nach innen – wie eine steinerne Feste aus autoritären Zeiten in die neue Zeit der Demokratie hinein. Mit 454 Schülern erreicht das Realgymnasium im Jahre 1924 seine höchste Schülerzahl, die dann aber zum Ende der Weimarer Zeit auf eine Zahl von unter 300 sinkt. Der Schulbericht aus dem Schuljahr 1931/32 macht hierfür die allgemein desolate wirtschaftliche Lage verantwortlich.

Abb. 1: Das Lehrerkollegium des Realgymnasiums Schwelm 1920[5]

1920 läßt sich das Lehrerkollegium fotografieren (s. Abb. 1). Die Inszenierung dieser Aufnahme zeigt deutlich, daß sich das Selbstverständnis der Pädagogen weiter am traditionellen Berufsbild aus dem Wilhelminismus orientiert und daß man auf Tradition setzt. Das Kollegium besteht aus rund zwanzig Lehrkräften: dem Oberstudiendirektor, einem

---

[5] Archiv des Märkischen Gymnasiums Schwelm.

Oberstudienrat, Studienräten, Oberschullehrern und Geistlichen. Es ist in den zwanziger Jahren personell mehrheitlich identisch mit dem aus der Kaiserzeit. Den Stamm bilden dreizehn Lehrer aus der Zeit der Monarchie, er ändert sich in der Zeit der Republik nur unwesentlich. Die Hierarchie innerhalb des Lehrkörpers bleibt erhalten. Für Kontinuität steht der Schulleiter, Dr. Max Hasenclever. Er leitet als Oberstudiendirektor das Realgymnasium von 1911 bis in sein Todesjahr 1935.

Hasenclever ist das unumstrittene Haupt der Anstalt und wird auch von Helling respektiert und hoch verehrt als „ein überragender Pädagoge, dessen Persönlichkeit auf Lehrer und Schüler einen starken Einfluß ausübte".[6] Von anderen wird er beschrieben als sehr naturverbundener und „kerndeutscher Mann",[7] dem aber auch der Vorwurf gemacht wird, er sei „nicht weltklug".[8] Hasenclever ist zu Beginn der Weimarer Republik Mitglied der Deutschen Volkspartei und hat für diese Partei als Abgeordneter ein Mandat im Schwelmer Stadtparlament. Im Ort hält er Anfang der zwanziger Jahre vielbeachtete Reden, in der bekanntesten spricht er sich 1920 gegen den Klassenkampf und für die Volksgemeinschaft aus.[9] Sehr bald jedoch zieht er sich aus der politischen Öffentlichkeit wieder völlig zurück. Er ist aber weiter Mitglied der Gemeindevertretung der evangelischen Kirche und für kurze Zeit Vorsitzender des Vereins für Heimatkunde. In der Leitung der Schule ist Hasenclever insgesamt immer und sehr stark auf Ausgleich bedacht, das zeigen viele Sitzungsprotokolle der Lehrerkonferenzen. Die Politik versucht er, so weit es geht, aus der Schule herauszuhalten, sein eigener politischer Standpunkt spielt in seiner Schulleitertätigkeit keine erkennbare Rolle. Wohl auch deshalb wird er – trotz seiner expliziten nationalen und konservativen Grundhaltung – auch von Helling als „liberal" eingeschätzt.

Das Schwelmer Realgymnasium setzt ganz deutlich, das ist in den Jahresberichten und in den Konferenzprotokollen nachzulesen, auf die Gemeinschaft. Um sie zu fördern, werden häufige Wandertage, Schul-

---

[6] Fritz Helling: Die Wandlungen in meinem Leben, in: ders.: Pädagogen in gesellschaftlicher Verantwortung. Ausgewählte Schriften eines entschiedenen Schulreformers, hrsg. u. eingel. v. Jürgen Eierdanz u. Karl-Heinz Heinemann, Frankfurt a.M. 1988, S. 51-73, hier S. 53.

[7] Archiv des Märkischen Gymnasiums Schwelm (AMGS), In Memoriam Oberstudiendirektor Dr. Max Hasenclever 1875-1935, S. 6.

[8] Ebd., S. 7.

[9] Ebd., S.13 ff.

feste, regelmäßige Weihnachtsfeiern mit großem musikalischen Programm und Theateraufführungen (eine Tradition, die Helling als Schulleiter auch in der Nachkriegszeit wiederbelebt und die die Schulgemeinde pflegt) veranstaltet.

An den Unterrichtsformen ändert sich gegenüber der Kaiserzeit grundsätzlich nichts. Hierfür ist der rückblickende Bericht des ehemaligen Schülers Dr. Ernst Müller ein Beleg. Man war an einen „autoritären, förmlich steifen Unterricht gewöhnt".[10] Durch den völlig anderen Unterricht bei Helling wird Müller bewußt, „wie fremd unsere Lehrer und Schüler einander bisher gewesen waren. Wie sehr wir ohne zwischenmenschliche Anteilnahme aneinander vorbeigelebt hatten."[11] Unterricht erlebt der Schüler Ernst Müller als „abstraktes Dozieren in ermüdenden Selbstgesprächen des Magisters" und als „geisttötendes Auswendiglernen und Abfragen des unverdauten Erlernten".[12]

Fächerkanon und Stundentafeln werden grundsätzlich und weitestgehend aus der Kaiserzeit übernommen bzw. weitergeführt. Sie ändern sich bis zum Ende Weimarer Republik im Prinzip nicht. Auch die offiziellen Jahresberichte der Schule unterscheiden sich hinsichtlich ihrer Zielsetzung und ihrer Formatierung nicht von den aus der Kaiserzeit gewohnten und bekannten. Interessant ist ein Blick auf die Stoffe und Themen, vor allem des Unterrichts, der ideologisch prägte bzw. prägen sollte. Da der Geschichtsunterricht der zwanziger Jahre am Schwelmer Realgymnasium nicht mehr deutlich und hinreichend genau rekonstruiert werden kann, mögen hier die Stoffe und Themen des Deutschunterrichts als Indiz ausreichen. Ein Vergleich zwischen den Oberstufenstoffen in der Kaiserzeit und der Zeit der Weimarer Republik zeigt vor allem bruchlose Kontinuität, übrigens bis in die Zeit des Nationalsozialismus hinein. Es ist der klassische deutsche Literatur- und Bildungskanon, einschließlich der älteren deutschen Literatur. Auch die Abiturthemen ändern sich weder von ihrer formalen Anlage noch von ihren Inhalten und Schwerpunktsetzungen her. Dasselbe gilt im übrigen für das Fach

---

[10] Ernst Müller: Fritz Helling. Lehrer, Erzieher, Reformer. Rückblick eines ehemaligen Schülers, in: Beiträge zur Heimatkunde der Stadt Schwelm und ihrer Umgebung N.F. 39 (1989), S. 58-75, hier S. 58.
[11] Ebd.
[12] Ebd., S. 58 f.

Englisch. Auch hier setzt sich die Kontinuität bis ins „Dritte Reich" hinein fort.[13]

„Weltfern und lebensfern waren damals Lehrprogramme und unsere Schule. [...] In der Aula hingen als einzige Bilder zwei überlebensgroße, in grellen Farben gemalte Bildnisse Kaiser Wilhelms und Hindenburgs, beide in Uniform. Von den umwälzenden Ereignissen jener Jahre, von Wirtschaftskrisen, von den Nöten und Sorgen breiter Bevölkerungsschichten war weder in der Aula noch im [...] Unterricht etwas zu spüren gewesen."[14]

Das Schwelmer Realgymnasium stellt sich also gleichsam als ruhige Insel im brodelnden Meer eines epochalen Umbruchs dar. Auf die politischen Brüche und Ereignisse reagiert die Schule nicht, das zeigen die Protokolle und Jahresberichte. Verfügungen und Erlasse werden entgegengenommen, in der Regel aber nicht diskutiert. So ist das Schwelmer Realgymnasium, wenn man so will, auch eine Brücke zwischen Monarchie und Nationalsozialismus. Die Jahre der Republik sind eine Zwischenzeit der Verharrung.

In dieser Grundausrichtung hat sich das Schwelmer Realgymnasium nicht von anderen höheren Schulen im damaligen Deutschland unterschieden. Die Lehrerschaft ist vor allem an den höheren Schulen überwiegend nationalistisch, deutsch-völkisch oder monarchistisch eingestellt. Die gerade von vielen jungen Lehrern zu Beginn der Demokratie erhofften Schulreformen bleiben aus. Alle Versuche, das deutsche Schul- und Bildungswesen nach dem Ende der Monarchie grundsätzlich zu demokratisieren, scheitern in der Weimarer Republik an der Halbherzigkeit vor allem der sozialdemokratischen Bildungspolitik und am Widerstand der sich schnell konsolidierenden konservativen Kräfte und der politischen Rechten.

So bestärkt und festigt der „Weimarer Schulkompromiß" von Anfang an den Einfluß der Kirchen vor allem auf die Volksschulen, die bis zum Ende der Weimarer Republik in ihrer übergroßen Zahl Bekenntnisschulen bleiben. Alle Versuche zu einer einheitlichen Lehrerausbildung (Gesetzentwürfe von 1923 und 1928/29) mißlingen. Die ergebnislose Reichsschulkonferenz von 1920 und das wiederholte Scheitern verschiedener Entwürfe zu einem Reichsschulgesetz verhindern nicht nur

---

[13] AMGS, Jahresberichte des Realgymnasiums der Stadt Schwelm 1913-1945.
[14] Müller, S. 60.

eine strukturelle, inhaltliche und didaktisch-methodische Reform und Demokratisierung des aus der Kaiserzeit stammenden Schulwesens und seiner Inhalte, vielmehr werden vor allem die höheren Schulen zu einem Hort konservativer Verfestigung und eines undemokratischen Geistes. Exemplarisch für diese Tendenz steht auch das Scheitern einer Staatsbürgerkunde an den Schulen, obwohl die Verfassung die Einführung dieses Faches vorsah (das endgültige Ergebnis der Verfassungsberatungen ist diesbezüglich ein völlig inhaltsleerer und unverbindlicher Artikel 148).

Spätestens ab Mitte der zwanziger Jahre dominiert an den Hochschulen wieder die traditionelle geistesgeschichtliche und normative Pädagogik und bestimmt die Didaktik des höheren Schulwesens. Ihre einflußreichsten Vertreter sind Eduard Spranger (1882-1964), Theodor Litt (1880-1962) und Herman Nohl (1879-1960) – mit Helling sind sie Mitglieder einer Generation. Während Spranger als Nationalkonservativer das Bündnis Hitler-Papen vom Januar 1933 geistig mit vorbereitet und auch zwischen 1933 und 1945 den nationalsozialistischen Staat vielfältig unterstützt hat[15], muß Litt zwar mutige Opposition gegen das NS-Regime attestiert werden, ohne dass er jedoch die breiten ideologischen Überlappungen von Konservatismus und Nationalsozialismus erkannt hätte, geschweige denn von seiner eigenen konservativen Position abgerückt wäre. Wenn man bedenkt, daß Spranger und Litt nach 1945 bis weit in die sechziger Jahre hinein bestimmend für die Pädagogik an den westdeutschen Universitäten waren, kann man eine noch weitergehende Kontinuität in der westdeutschen Pädagogik erkennen: von der Monarchie über die Zwischenzeit der Weimarer Republik in den Nationalsozialismus und weiter in die Gründungsjahre der Bundesrepublik hinein. Diese Zeit ist auch die Zeit des pädagogischen und politischen Wirkens Fritz Hellings, er steht aber immer in Opposition zu dieser (letztlich hegemonialen) Tendenz.[16]

---

[15] Vgl. hierzu den Beitrag von Klaus Himmelstein im vorliegenden Band.

[16] Mit Spranger setzte sich Helling schon 1933 in seinem Artikel „Spranger als politischer Pädagoge" auseinander (publiziert in: Die neue Erziehung 15, S. 80-88). Sein Aufsatz „Eduard Sprangers Weg zu Hitler" aus dem Jahr 1966 ist abgedruckt in: Fritz Helling: Pädagogen in gesellschaftlicher Verantwortung, S. 139-149.

Reformpädagogische Ansätze

Daß aufgrund dieser Rahmenbedingungen die Reformansätze am Schwelmer Realgymnasium nicht sehr weitreichend sein konnten, ist mithin nicht verwunderlich. Helling lobt zwar die „ungehemmte Offenheit"[17] der Diskussionen, diese Auseinandersetzungen im Konferenzzimmer scheinen aber grundsätzlich informeller Natur gewesen zu sein. Nach Auskunft von Walter Bökenheide muß es dabei zum Teil auch sehr hitzig zugegangen sein, zumindest Helling informierte seine Schüler wohl manchmal über solche Auseinandersetzungen.[18] Das Protokollbuch der Jahre 1919 bis 1944 zeigt, daß es natürlich auch in den offiziellen Lehrerkonferenzen Kontroversen gegeben hat, sie bezogen sich aber immer auf konkrete Fragen des Schulbetriebs. Grundsätzliche und systematische pädagogische Debatten sind nicht belegbar, politische Fragen und Themen spielten, wenn überhaupt, nur implizit eine gewisse Rolle. Nur einmal prallten 1923 anläßlich der Abiturprüfung des Schülers Hans Albert Kluthe die gegensätzlichen Auffassungen innerhalb des Lehrerkollegiums offen aufeinander. Danach sind die Fronten geklärt, zu grundsätzlichen politischen und pädagogischen Auseinandersetzungen kommt es in den Konferenzen nicht mehr. Man scheint sich, trotz der weiter existierenden Gegensätze, auf die Wahrung des Schulfriedens und einen gewissen modus vivendi unter Kollegen geeinigt zu haben.[19]

Interpretiert man die Protokolle der Lehrerkonferenzen und die Eintragungen in den Jahresberichten, ist die Zweiteilung des Kollegiums, von der auch Helling spricht, in der Tat deutlich erkennbar (sie wird im übrigen von den Zeitzeugen Dr. Ernst Müller und Walter Bökenheide bestätigt): eine konservative (und nach Helling auch „liberale") Mehrheit und eine Opposition von wahrscheinlich fünf Lehrern, die Helling „sozialistisch" nennt.[20] Diese oppositionellen Lehrer sind Helling selbst und seine Kollegen Stefan Albring, Arnold Ernst, Dr. Fritz Kopperschmidt und Dr. Karl Sonneborn. Der Einfluß dieser Gruppe auf das pädagogische

---

[17] Helling: Die Wandlungen in meinem Leben, S. 53.
[18] Zeitzeugeninterview mit Walter Bökenheide am 5. Februar 2002.
[19] Helling: Mein Leben, Manuskript 4. Kap., S. 26-29.
[20] Ebd., S. 30: „Der Direktor Dr. Hasenclever [...] hatte die Führung der liberalen und konservativen Mehrheit. In Opposition standen die Freunde der Jugendbewegung und der neuen Demokratie und diejenigen, die nach Krieg und Revolution ihre geistige Heimat im Sozialismus gefunden hatten" (Helling: Die Wandlungen in meinem Leben, S. 53).

und geistige Klima der Schule scheint vor allem ab der zweiten Hälfte der zwanziger Jahre nicht unerheblich gewesen zu sein. „Das Klima am Schwelmer Realgymnasium ist auch durch das Wirken der Schulreformer ungewöhnlich liberal."[21] Diese fünf Lehrer halten die Reden zu den bei der politischen Rechten verachteten Verfassungsfeiern: Sonneborn im Schuljahr 1925/26, Albring im Schuljahr 1928/29, Helling im Jahr 1931/32 und Ernst die letzte Rede im Schuljahr 1932/33. Im Schuljahr 1929/30 hält sie Hasenclever selbst. Andere wichtige Reden mit offensichtlich politischem Charakter wurden zur Pestalozzi-Feier 1926/27 von Helling, zur Beethoven-Feier im gleichen Jahr von Ernst und zur Goethe-Feier im Jahr 1932 von Kopperschmidt gehalten. Die Pestalozzi-Rede hat Helling in seinen Erinnerungen dokumentiert.[22] Er schreibt: „Es war eine Kampfrede, die sich unausgesprochen gegen die konservative Mehrheit unseres Kollegiums richtete."[23] Insgesamt kann man feststellen, daß diese fünf Lehrer aktuelle politische Fragen und Probleme zwar im Unterricht thematisiert haben, sich aber in der Schule und im Unterricht (bewußt?) nicht politisch betätigten.

Zu einer grundsätzlichen Wende in Hellings Leben wird seine Begegnung mit dem Reformpädagogen Paul Oestreich, dem Gründer und Leiter des „Bundes Entschiedener Schulreformer" (BESch). Diesem Bund tritt Helling bei, und er gründet im Sommer 1923 zusammen mit seinem Freund Kopperschmidt die Ortsgruppe Schwelm.[24] Die Tatsache, daß die Ostertagung der Gruppe im Jahr 1924 in der Aula des Gymnasiums von 300 bis 400 Menschen besucht war, zeigt, daß die Ortsgruppe zu einem pädagogischen und kulturellen Faktor in Schwelm geworden war. Die Schwelmer Presse berichtet neutral, auch Helling erhält Gelegenheit, sich mehrmals in Artikeln zu äußern, es gibt aber in Leserbriefen auch Diffamierungen aus konservativen Kreisen, indem behauptet wird,

„... die Schulreformer seien ‚Kulturkommunisten' und ‚Förderer von Nackttänzen', betrieben eine ‚Entfremdung der Schüler vom

---

[21] Wolfgang Keim: Fritz Helling – ein politischer Pädagoge. Unveröffentlichtes Manuskript eines Vortrags anläßlich des Kolloquiums zum 100. Geburtstag Fritz Hellings, Schwelm, 17. September 1988, S. 12 (AMGS).

[22] Helling: Mein Leben, Manuskript 4. Kap., S. 32-41.

[23] Ebd., S. 32.

[24] Hierzu und zum folgenden vgl. auch den Beitrag von Jürgen Eierdanz im vorliegenden Band.

Elternhaus' und förderten – indem sie die Koedukation, den gemeinsamen Unterricht von Jungen und Mädchen forderten – die ‚freie Liebe'."[25]

Hellings öffentliches Engagement für die Ideen der Reformpädagogik hatte ihn endgültig im Ort stigmatisiert. Es „genügte, um von dem wohlhabenden Bürgertum, in dessen Familien ich früher verkehrt hatte, von nun an als Klassenfeind angesehen und auch behandelt zu werden".[26] Konkret hieß das, daß Helling von nun an im Ort zum Außenseiter und zu einem gefährlichen Subjekt geworden war, vor dem die Eltern ihre Kinder warnten.[27] Auch sein Ruf als „Edelkommunist und Spinner"[28] scheint hier seinen Ursprung zu haben. Das schulreformerische Engagement schweißte die Gruppe um Helling aber zusammen, was ihren Einfluß in der Schule stärkte; an dieser Gruppe kam man nicht mehr vorbei. Auch die Schuldokumente sprechen für Hellings Einschätzung: „In der Schule erreichten wir sozialistischen Lehrer eine sehr viel günstigere Stellung".[29]

Im BESch wird Helling schnell einer der führenden Köpfe. 1927 übernimmt er die Leitung des wichtigen Landesverbandes Westfalen-Lippe, und ab Juni 1928 gibt er im Auftrag des BESch den monatlich erscheinenden „Kulturpolitischen Zeitspiegel" als Beilage zu dessen Zeitschrift „Die Neue Erziehung" heraus. Für beide Publikationen schreibt er auch Artikel. In der Broschüre „Die Lebensform der deutschen Schule" erweitert Helling 1925 die schulreformerische Konzeption des BESch und der „Elastischen Einheitsschule", die einer rein pädagogischen Argumentationslinie folgt, um die Dimension des Verhältnisses Schule und Gesellschaft. Wesentliche Forderungen sind: einheitliches Schulwesen, demokratische Mitverwaltung in Form von Eltern-, Lehrer- und Schülervertretungen, gewählte kollegiale Schulleitung, Differenzierung des Unterrichts nach Neigungen, Pädagogik „vom Kinde aus" statt vom Stoff, Orientierung am klassischen Ideal einer allseitigen Bildung, Aufhebung der Trennung von allgemeiner und beruflicher

---

[25] Jürgen Eierdanz: Pädagogisches Ethos und soziale Verantwortung. Leben und Werk des Schwelmer Pädagogen Fritz Helling, in: Beiträge zur Heimatkunde der Stadt Schwelm und ihrer Umgebung N. F. 38 (1988), S. 105-130, hier S. 111 f, vgl. auch Müller, S. 66.

[26] Helling: Mein Leben, Manuskript 4. Kap., S. 30.

[27] Zeitzeugeninterview Walter Bökenheide am 5. Februar 2002.

[28] Keim, S. 15.

[29] Helling: Mein Leben, Manuskript 4. Kap, S. 30.

Bildung, wissenschaftliche Ausbildung aller Lehrer, Öffnung des Unterrichts auch für Gegenwartsfragen. Mit dieser auch politischen Sicht der Schulreform bildet Helling in den zwanziger Jahren nicht nur im BESch, sondern auch unter den zumeist unpolitischen Reformpädagogen allgemein eine Ausnahme.

In der näheren und weiteren Umgebung und auf vielen Tagungen ist Helling bis 1933 ein viel gefragter Redner. Neben seinem Unterricht hält er Vorträge über Fragen der preußischen Schulreform und die humanistischen Ideale der pädagogischen Klassiker. In den folgenden Jahren beschäftigt sich Helling mit dem Marxismus und versucht, Reformpädagogik und sozialistisches Gedankengut zusammenzubringen. Er schließt sich aber keiner Partei an. 1927 hält Helling auf Anregung des Landrates des Ennepe-Ruhr-Kreises die Festrede anläßlich der Verfassungsfeier. In ihr warnt er vor der Untergrabung der Republik durch undemokratische Kräfte und endet mit dem Aufruf, die Demokratie zu verteidigen.[30]

Als einer der wenigen Pädagogen erkennt Helling Ende der zwanziger Jahre die Gefahr des heraufziehenden Faschismus und setzt sich mit ihr vor allem in seinem Artikel „Gesellschaftskrise und Faschismus" auseinander. Er zieht 1932 eine ernüchternde Bilanz. Die Schulreform ist insgesamt gescheitert, weil Schule und Gesellschaftssystem nicht grundlegend verändert worden seien. Man habe es vielmehr bei einer „Erneuerung der Außenfassade, der Innendekoration und der Erweiterung durch moderne Schulbauten belassen". So könnten faschistische Pädagogen leicht an den Defiziten im Bildungswesen ansetzen und sich dabei reformpädagogischer und schulkritischer Argumente bedienen.[31]

Dr. Ernst Müller erinnert sich an ein Gespräch mit Helling aus dieser Zeit:

> „Er bedauerte sehr, daß nach der politischen Umwälzung von 1918 die Restauration in Wirtschaft und Verwaltung, in höheren Schulen und Universitäten sich bald wieder durchgesetzt hatte und daß die Möglichkeit, eine grundlegende Schulreform durch-

---

[30] Georg Dieker-Brennecke: Fritz Helling. Ein Pädagoge im 20. Jahrhundert, in: Festschrift 400 Jahre Märkisches Gymnasium Schwelm 1579 bis 1997, hrsg. v. Jürgen Sprave, Schwelm 1997, S. 26-34, hier S. 29.
[31] Vgl. Eierdanz, S. 25 sowie Dieker-Brennecke, S. 28 f.

zuführen, durch die Laschheit der damaligen Parteien nicht genutzt worden war. Der kaum entfachte Elan fortschrittlicher, um Verbesserungen bemühter Pädagogen war durch diese schwer zu verstehenden Versäumnisse gar zu rasch wieder abgeebbt."[32] Auf die Entwicklung des Schwelmer Realgymnasiums hat Hellings Engagement im BESch aber keinen entscheidenden Einfluß gehabt.

An reformpädagogischen Ideen wird ab dem Schuljahr 1926/27 – offenbar auf Initiative Hellings – ein wöchentlicher Spielnachmittag unter Mithilfe von Primanern realisiert. Gespielt wurde dabei „auch im naheliegenden Wald".[33] An diesen freiwilligen Spielnachmittagen jeweils am Mittwoch nahmen ca. 100 Schüler teil.

Im Rahmen des Werkunterrichts entsteht eine Buchbinderei. Geplant ist längere Zeit eine Einrichtung für Holz- und Metallverarbeitung. Im Schuljahr 1928/29 sind dann „ausreichende Räume im Kellergeschoß geschaffen worden". In diesen werden nach dem Zweiten Weltkrieg im Rahmen der Hellingschen Reformen eine Schlosserei, eine Schreinerei und andere Werkstätten für die Werkkunde-Arbeitsgemeinschaften in der Mittelstufe eingerichtet.[34]

Im Bestand der Lehrerbücherei des Märkischen Gymnasiums befinden sich etliche Publikationen von Reformpädagogen, die ihrem Erscheinungsjahr nach zu urteilen offenbar in den zwanziger Jahren angeschafft worden sind. Die Säuberung überstanden haben zum Beispiel Schriften von Gaudig, Kerschensteiner, Lietz, Wyneken, Paulsen, Rosenthal. Die bedeutendste Errungenschaft der Schule ist in dieser Zeit jedoch der Erwerb eines Grundstücks und die Gründung eines Schullandheims am Ehrenberg Anfang 1928. Die treibende Kraft ist hier wohl Helling gewesen,[35] er wurde aber deutlich vom Schulleiter Hasenclever und auch vom Lehrerkollegium unterstützt. „Dieses Landheim, für das sich der Direktor ebenso wie wir Schulreformer einsetzten, war ein Beweis dafür, daß die Gegensätze von 1923[36] weithin überwunden waren."[37] Die offizielle Begründung für diese Einrichtung soll vermutlich beide Gruppen des Kollegiums zufriedenstellen, zum einen atmet sie (völ-

---

[32] Müller, S. 68.
[33] AMGS, Jahresbericht 1926/27.
[34] Vgl. hierzu den Beitrag von Jürgen Sprave im vorliegenden Band.
[35] Müller, S. 64.
[36] Helling meint hier die oben bereits erwähnte Kluthe-Affäre.
[37] Helling: Mein Leben, Manuskript 4. Kap., S. 41.

kische?) Bauernromantik, zum anderen ist sie klar reformpädagogisch formuliert.

> „Im Landheim sollen die Schüler an freien Nachmittagen nicht nur in fröhlichem Spiel oder ernstheiterem Gespräch beschäftigt werden, sie sollen auch vertraut gemacht werden mit dem uralt-heiligen Werk des Landmanns. Sie werden Gemüse und Kartoffeln bauen, sie werden Forstpflanzen heranziehen und Blumen pflegen und neben der Geistesarbeit der eigentlichen Schule Verständnis für körperliche Arbeit gewinnen. [...] Daß daneben im freien Verkehr der Lehrer und Schüler wertvolle sittliche Kräfte entfaltet werden, braucht man nicht besonders zu betonen. In der engen Schulstunde müssen viele seelische Kräfte unter einem unüberbrückbaren Abstand der Lehrenden zu den Lernenden unentfaltet bleiben."

In einem Brief an die Eltern, an frühere Schüler und an „Freunde der Schule" heißt es:

> „Das Erziehungswerk der Schule wird durch die abschließenden Schulmauern gefährdet, deshalb verlangt die moderne Pädagogik, den Schüler in eine innige Berührung mit der Natur zu bringen. Gerade der jugendliche Mensch braucht Sonne und Wind und die belebenden Kräfte der Landschaft zu seinem Gedeihen, damit nicht einseitige Buch- und Stadtkultur seine aufstrebenden Kräfte zu früh lähmt."[38]

Die mehrheitlich konservative und traditionell eingestellte Elternschaft[39] wollte aber noch, so scheint es, überzeugt werden.

> „Es ist nicht zu bezweifeln, daß die Unterrichts- und Erziehungsarbeit der Schule durch die neue Einrichtung wesentlich gefördert worden ist. Den etwas mißtrauisch abwartenden Eltern darf gesagt werden, daß der straffe Aufbau des Unterrichts und echte Zucht in keiner Weise durch unser Landheim geschädigt worden ist."[40]

---

[38] AMGS, Jahresbericht 1927/28.
[39] Zeitzeugeninterviews mit Dr. Ernst Müller am 15. Februar 2001 und am 14. März 2001 sowie mit Walter Bökenheide am 5. Februar 2002.
[40] AMGS, Jahresbericht 1928/29.

Schon im folgenden Jahr scheint das Schullandheim dann aber bei den Eltern in seinem pädagogischen Wert Anerkennung gefunden zu haben.

> „Es sind nur noch wenige [Eltern, G. D.-B.], die der wertvollen Landheimerziehung kein Verständnis entgegenbringen. Jeder Einsichtige muß erkennen, daß der straffe Aufbau des Unterrichts und echte Schulzucht in keiner Weise durch das Landheim geschädigt werden. Vielmehr ist das allein fruchtbare, schlicht menschliche Verhältnis zwischen Schüler und Lehrer durch gemeinsame Arbeits- und Erholungsstunden im Landheim wesentlich gefördert worden."[41]

Der Weg in die Diktatur

Das Interesse an einer Teilhabe am Schulleben und an schulischer Mitwirkung muß bei der Elternschaft – aus heutiger Sicht betrachtet – erstaunlich gering gewesen sein. Es existiert zwar ein Eltern-Beirat, die Jahresberichte bemängeln aber, „daß weite Elternkreise aus Trägheit oder falschem Vertrauen die Schule als ein Gegebenes hinnehmen, an dem nur staatliche Organe Kritik üben dürfen".[42] Es wird auch negativ vermerkt, daß es nicht gelingen will,

> „die größere Elternschaft für Erziehungsfragen soweit zu interessieren, daß sie der Einladung zu entsprechenden Vorträgen und Veranstaltungen Folge leistet. So übt der Elternbeirat nicht den Einfluß aus, den er haben sollte."[43] „Die Elternschaft nimmt die Schularbeit als etwas Gegebenes hin, an dem sie nichts ändern kann oder will. Solches Verhalten ist sehr zu bedauern."[44]

Insgesamt ist die Elternschaft des Realgymnasiums wohl ein wesentliches Element konservativer und obrigkeitsstaatlicher Verharrung gewesen. Jegliche Ansätze zu Neuerungen und Reformen wurden ganz offensichtlich mit Argwohn beobachtet.[45] Bei den Schülern sieht es aber auch nicht viel besser aus. Eine Schülervertretung ist am Realgymnasium „nur

---

[41] AMGS, Jahresbericht 1929/30.
[42] AMGS, Jahresbericht 1926/27.
[43] AMGS, Jahresbericht 1928/29.
[44] AMGS, Jahresbericht 1929/30.
[45] Diese Einschätzung vertreten auch die Zeitzeugen Ernst Müller und Walter Bökenheide.

in bescheidenem Umfange wirksam", was in allen vorliegenden Jahresberichten bedauert wird. Nur in einigen Klassen gibt es gewählte Obleute. Und auch ein Lehrerausschuß existiert bis zum Ende der Republik nicht, was alle Jahresberichte aus der betreffenden Zeit immer wieder nüchtern konstatieren.

An Schülervereinen gibt es am Realgymnasium zunächst nur den Bibelkreis, der im Schuljahr 1927/28 von 59, im Schuljahr 1932/33 nur noch von 19 Schülern besucht wird. 1934 wird er aufgelöst. Von Walter Bökenheide wird der Bibelkreis als sehr konservatives Element an der Schule eingeschätzt.[46]

Enormen Zulauf hat dagegen aber die politische Rechte, die sich ab dem 26. April 1927 an der Schule im „Verein für das Deutschtum im Ausland" (VDA) sammelt. Schon im Gründungsjahr beteiligen sich an diesem Schülerverein 203 Schüler von den insgesamt 373 Schülern, also fast zwei Drittel. Im folgenden Schuljahr sind es bereits 238 Schüler (von 322 Schülern). Der VDA entfaltet innerhalb kürzester Zeit eine Fülle von Aktivitäten an der Schule. Im Schuljahr 1928/29 nehmen die Schüler zum Beispiel an einer überregionalen Tagung des VDA auf Schloß Burg und am Herbsttreffen des Verbandes Südwestfalen teil. Außerdem veranstaltet der VDA in diesem Schuljahr noch ein großes Fest an der Schule.[47]

Es muß etwas erstaunen, wenn beide Lebenserinnerungen Hellings von dieser, spätestens ab 1927 manifesten Tendenz nach rechts in der Entwicklung des Schullebens am Schwelmer Realgymnasium keine Notiz nehmen. Die Veränderung des Klimas im Lehrerkollegium hat der Schüler Ernst Müller sehr wohl festgestellt. Er erinnert sich, daß im dem Verhältnis unter den Lehrern „ein Riß spürbar geworden" sei.[48] In den letzten Jahren der Republik scheinen an der Schule politische Verdächtigungen bis hin zu Denunziationen zugenommen zu haben. „Mißtrauen entstand. Wenn jener Kollege, dem man nicht traute, sich einer Gruppe diskutierender Studienräte näherte, warnte jeweils einer der Gesprächspartner leise mit dem Ruf ‚c.c.!' [Kürzel für ‚cave canem' = ‚Hüte

[46] Zeitzeugeninterview Walter Bökenheide am 5. Februar 2002.
[47] AMGS, Jahresbericht 1928/29. Zur Geschichte des VDA vgl. Gerhard Weidenfeller: VDA. Verein für das Deutschtum im Ausland. Allgemeiner Deutscher Schulverein (1881-1918). Ein Beitrag zur Geschichte des Nationalismus und Imperialismus im Kaiserreich, Bern 1976.
[48] Müller, S. 69.

dich vor dem Hund!', G. D.-B.].“[49] Walter Bökenheide erinnert sich daran, wie Helling einmal im Geschichtsunterricht geradezu aus der Haut fuhr, weil er annahm, daß einer der Schüler seine politischen Aussagen heimlich mitprotokollierte.[50] Immerhin stellt der Jahresbericht von 1926/27 explizit „politische und religiöse Gegensätze" im Lehrerkollegium fest.[51]

Am 28. Februar 1929 macht die Lehrerkonferenz den VDA und seine Aktivitäten zum Thema. Es geht um den Verkauf eines VDA-Kalenders in den Klassen. Studienrat Richard Gleiß beklagt sich, „daß einige Herrn den V.D.A. sabotierten". Die „Herren" – es sind Helling, Sonneborn, Albring und Ernst – melden sich auch zu Wort, und es wird politisch debattiert, ein seltener Fall in den Lehrerkonferenzen der zwanziger Jahre. Protokolliert wird: „H[err] Helling wendet sich gegen die polit. Einstellung u. die Geschichtsauffassung dieses Kalenders. H[err] Ernst pflichtet ihm darin bei." Albring meint, „er müsse eingestehen, daß er dem V.D.A. keine Sympathie entgegenbringen könne".[52] Hellings Frage an Hasenclever, ob er als Schulleiter auch einen sozialistischen Schülerverein an der Schule erlaubt hätte, bejaht dieser. „Jeder solle in politischer und religiöser Hinsicht völlig frei sein."[53]

Spiritus rector des VDA ist der im Kollegium einflußreiche Studienrat Gleiß, er redet auch im Schuljahr 1929/30 auf einem großen VDA-Abend an der Schule.[54] Gleiß ist es auch, der 1933 auf der anberaumten Schulfeier zum „Tag der nationalen Arbeit" die offizielle Rede hält. Im Schuljahr 1934/35 nimmt er, wie der Schulbericht feststellt, an einem „nationalpolitischen Lehrgang teil". Der VDA wird im übrigen schon 1933 unter dem neuen Namen „Volksbund für das Deutschtum im Ausland" gleichgeschaltet.[55] Nach Gleiß' Pensionierung übernimmt 1937 Studienrat Hobräck die Leitung des VDA.

---

[49] Ebd.
[50] Zeitzeugeninterview mit Walter Bökenheide in dem WDR-Film „Zäh wie Leder, hart wie Kruppstahl, flink wie die Windhunde – Schüler im Dritten Reich", Regie: Petra Seeger und Jürgen Heiter, Redaktion: Inge von Böninghausen, 1981.
[51] AMGS, Jahresbericht 1926/27.
[52] AMGS, Protokollbuch des Realgymnasiums Schwelm, 2. Juli 1919-10. Juli 1944, S. 267-270.
[53] Ebd., S. 270.
[54] AMGS, Jahresbericht 1929/30.
[55] Weidenfeller: VDA. Verein für das Deutschtum im Ausland, a.a.O.

Mit der Machtübernahme der Nationalsozialisten ändert sich im Unterricht in der Wahrnehmung der Schüler – oberflächlich betrachtet – zunächst längere Zeit nichts wesentliches.[56] Läßt man die Schulakten sprechen, geht die Übernahme der Schule durch die Nationalsozialisten, bis auf kleinere Vorkommnisse im Jahr 1933, schnell, reibungslos und ohne nennenswerten Widerstand vonstatten.[57] 1933 sollen – wohl aufgrund einer Denunziation des damaligen Bürgermeisters Dr. Peters – die Lehrer Helling, Sonneborn, Kopperschmidt, Albring und Ernst von der Schule entfernt werden.[58] An der Spitze der zu entfernenden Lehrer steht aber der Schulleiter Hasenclever. Er ist es auch, der sich als einziger des Kollegiums nachweisbar vehement gegen diesen Eingriff gewendet und sich vor seine inkriminierten Kollegen gestellt hat.[59] Helling und Kopperschmidt erhalten im April 1933 Berufsverbot, Sonneborn, Albring und Ernst werden strafversetzt.[60]

In den Protokollen der Schule taucht Helling, was die Zeit bis 1945 anbelangt, zum letzten Mal am 17. März 1933 auf. Die Klassenkonferenz der OII, deren Klassenleiter Richard Gleiß ist, befaßt sich mit dem Vorfall, daß zwei Schüler „gelegentlich der Hissung der Fahne Schwarz-Weiß-Rot [...] diesen Vorgang mit Pfuirufen begleitet" haben. Der Klassenlehrer fordert „die Androhung der Entfernung", zumindest aber „einen sehr scharfen Verweis vor versammelter Schule in der Aula". Helling meldet sich zu Wort und

---

[56] Zeitzeugeninterview Bökenheide in „Zäh wie Leder ..."

[57] Schon im Abitur des Jahres 1934 lautet zum Beispiel eine Aufgabe: „Ein Volk von 50 Millionen hat einen Sterbeüberschuß von 1%. Dafür wandern ebensoviel Neger ein, deren Geburtenüberschuß 1,5% beträgt. Wann beginnt die Zahl der Neger die Zahl der Einheimischen zu übersteigen?" (AMGS, Jahresbericht 1933/34).

[58] In der Denunziation heißt es wörtlich zu Helling: „Helling ist sehr einflußreicher Leiter des Bundes der Entschiedenen Schulreformer. Läßt dort von jüdischen Rednern Vorträge über Sowjet Rußland, Sexualreform, Geburtenregelung usw. halten. Unterstützt auch die Redner, denen aus der Versammlung Lüge und Verdrehung vorgeworfen wird. Nutzt den Geschichtsunterricht auf der Oberstufe zu kommunistischen Agitationen aus. Hat ganze Jahrgänge mit kommunistischen Ideen durchsetzt. Läßt marxistische Schriften, wie Tollers Masse Mensch und Hinkemann im Unterricht als Klassenlektüre lesen. Helling gilt in nationalen Kreisen als einer der gefährlichsten Jugenderzieher und seine Entfernung wird stürmisch von der nationalen Elternschaft gefordert" (Keim, S. 16 f).

[59] Zwei Jahre später hält besagter Bürgermeister Peters am Grab Hasenclevers die Dankes- und Trauerrede der Stadt Schwelm auf den Schulleiter (AMGS, In Memoriam, S. 12).

[60] Vgl. den Beitrag von Franz-Josef Jelich im vorliegenden Band.

„bemängelt, daß man aus politischen Motiven die Schüler bestrafen wolle, während man z. Bsp. nationalsozialistische Schüler in Ruhe gelassen habe. Es sei bisher Tradition der Schule gewesen, politische Verfehlungen von Schülern nur vom pädagogischen Standpunkt aus zu behandeln. Herr Ernst erwähnt einige Fälle als Beleg dafür."

Der Antrag des Klassenlehrers Gleiß wird mit allen Stimmen gegen seine abgelehnt.[61]

Gleich nach der Machtübernahme von 1933 gibt es mit Studienrat Dr. Robert Küster einen HJ-Vertrauenslehrer am Realgymnasium. Seine Arbeit scheint recht erfolgreich gewesen zu sein. Laut Schulbericht sind Anfang des Schuljahres 1935/36 genau 68% der Schüler in der HJ organisiert, am Ende des Schuljahres sogar 100%. So darf dann am 7. Dezember 1935 die HJ-Fahne vor der Schule aufgezogen werden.[62] Im folgenden Schuljahr wird die Schule in „Hermann-Göring-Schule" umbenannt.[63]

---

[61] AMGS, Protokollbuch, Einlage zwischen S. 376 und S. 377.
[62] AMGS, Jahresbericht 1935/36.
[63] Die Schulgeschichte der Jahre 1933 bis 1945 des Schwelmer Gymnasiums ist im übrigen von meinem Leistungskurs Pädagogik des Jahres 1984/85 sehr intensiv aufgearbeitet worden. Die Ergebnisse befinden sich im Archiv des Märkischen Gymnasiums.

‚Innere Emigration‘ und

wissenschaftliche Studien

in der Zeit des

Nationalsozialismus

Franz-Josef Jelich

Gestapo-Haft und Lebenswirklichkeit der ‚inneren Emigration' im Rheinland und in Hessen

In seinem Aufsatz „Der Widerstand gegen Hitler und die deutsche Gesellschaft" weist Hans Mommsen darauf hin, daß „die Existenz des ‚anderen Deutschland' der nationalsozialistischen Wirklichkeit"[1] nicht dualistisch gegenüberzustellen sei. „Nicht nur die Übergänge zwischen Verweigerung und Widerstand" seien fließend gewesen, „sondern auch diejenigen zwischen systemkonformen Alternativ- und systemsprengenden Umsturzstrategien"[2]. Und weiter heißt es, es habe sich „der Entschluß zum Hochverrat mit loyaler Mitarbeit in anderen Politikbereichen verbinden" können. Auch verweist Mommsen zurecht darauf, daß aktiver Widerstand nicht einfach „Resultat einer einmal gefaßten gesinnungsethischen Entscheidung, vielmehr abhängig von sich verändernden Erwartungshaltungen, Dispositionen und Handlungsmöglichkeiten"[3] war, die nicht zuletzt von der äußeren und inneren Entwicklung des NS-Regimes beeinflußt wurden.

Fritz Hellings Leben im Dritten Reich entzieht sich typisierenden Verhaltenszuordnungen, doch ist es immer von ablehnender Distanz zum Nationalsozialismus geprägt. Die „Entfernung" aus dem Schuldienst 1933 und insbesondere die spätere Gestapo-Haft führten bei ihm zu Rückzügen, die durchaus mit dem Begriff der ‚inneren Emigration' gefaßt werden können, was die Lebenssituation betrifft. Inwieweit dies jedoch auch auf sein Denken zutrifft, wird zu fragen sein. Insbesondere seine Studien zum „Katastrophenweg der deutschen Geschichte", die 1947 veröffentlicht wurden, sind in dem Bemühen um eine „ökonomischpolitische"[4] Erklärung der deutschen Geschichte verfaßt und teilen damit

[1] Hans Mommsen: Der Widerstand gegen Hitler und die deutsche Gesellschaft, in: Der Widerstand gegen den Nationalsozialismus. Die deutsche Gesellschaft und der Widerstand gegen Hitler, hrsg. v. Jürgen Schmädecke u. Peter Steinbach, München[2] 1982, S. 3-23, hier S. 5.

[2] Ebd., S. 5.

[3] Ebd., S. 5.

[4] Fritz Helling: Der Katastrophenweg der deutschen Geschichte, Frankfurt a.M. 1947, S. 3. Vgl. hierzu den Beitrag „Helling als Historiker: der ‚Katastrophenweg der deutschen

nichts von dem ansonsten in der ‚inneren Emigration' verbreiteten ge-
schichtsphilosophischen Irrationalismus, nach der sich Geschichte als
Naturgewalt von übergeschichtlicher Mächtigkeit darstellt.[5]

Im Folgenden soll nach einer knappen Skizze der Einschätzung des
Nationalsozialismus durch Fritz Helling vor 1933 auf sein Leben im Dritten Reich eingegangen werden, das sich nachdrücklich durch die Gestapo-Haft von 1937 in zwei Phasen teilt. Am Ende soll knapp auf den Er-
klärungsgehalt der Schriften Hellings für sein Denken über den Nationalsozialismus eingegangen werden, um dann noch einmal die Frage nach
der Angemessenheit des Begriffs ‚innere Emigration' im Hinblick auf
Fritz Helling aufzugreifen.

1. Zur Einschätzung des Faschismus vor 1933

Hoch politisiert verstand Fritz Helling seine Tätigkeit im Bund Entschiedener Schulreformer als Möglichkeit, über den Faschismus sowohl in
Versammlungen als auch durch seine Redaktionsarbeit für den „Kulturpolitischen Zeitspiegel" aufzuklären und ihm mit Entschlossenheit und
Engagement entgegenzutreten.[6] Als gefragter Redner hatte er – neben
seiner Unterrichtstätigkeit am Schwelmer Gymnasium – in der Endphase
der Weimarer Republik eine hohe Belastung durch eine Unzahl von Veranstaltungen auszuhalten.[7]

Geprägt war Hellings Analyse des „Faschismus" – wie schon Peter
Dudek bemerkte – von Interpretationsansätzen, die August Thalheimer
und Otto Bauer unter Auswertung der Marxschen Bonapartismus-Texte
vornahmen.[8] In dieser Theorie war bedeutsam, daß der faschistischen
Massenunterstützung eine wichtige eigenständige Bedeutung beigemes-

---

Geschichte' (1947) und der Beginn der historischen NS-Forschung in Deutschland" von
Burkhard Dietz im vorliegenden Band.
[5] Siehe hierzu insbesondere Ralf Schnell: Literarische Innere Emigration 1933-1945,
Stuttgart 1976, S. 49 ff und S. 113 ff.
[6] Zu Fritz Hellings politischer Biographie vgl. das Kapitel „Pädagogik und Biographie:
Fritz Helling", in: Peter Dudek: Gesamtdeutsche Pädagogik im Schwelmer Kreis. Geschichte und politisch-pädagogische Programmatik 1952-1974, Weinheim 1993, S. 37-49.
[7] Eindrucksvoll ist dies in Hellings autobiographischer Schrift „Mein Leben als politischer
Pädagoge" (hrsg. v. Burkhard Dietz u. Jürgen Helling, Frankfurt a.M. 2004) in Kapitel 6
„Widerstand gegen den Faschismus" nachzulesen.
[8] Dudek 1993, S. 29.

sen wurde, die sich bei Helling nicht nur aus der kapitalistischen Krise, sondern auch aus der „Verbitterung über die Trostlosigkeit ... (des) Nachkriegsdaseins" ergab. Als Gründe für das Aufkommen des Nationalsozialismus sah er die „Versklavung durch die Maschinenapparatur", den „Protest gegen den ‚Mehrheitswahn' der ‚Massendemokratie' mit ihrer Gefahr der Nivellierung", die Auflehnung „gegen die Zersetzung alter Gemeinschaft durch kapitalistischen Liberalismus und klassenkämpferischen Marxismus" und die Ablehnung „alles Vernünfteln und Verhandeln". Zudem tragen die Empörung „gegen die Entrechtung der Nation" und „der Kampf gegen die Erniedrigung des eigenen Volkes (Versailler Vertrag)" zum Entstehen einer Protestbewegung und – wie Helling es 1931 in seinem Aufsatz „Gesellschaftskrise und Faschismus"[9] auch benennt – Volksbewegung bei. Im Kampf gegen den „klassenkämpferischen Marxismus" träfe sich der Faschismus mit dem Kapitalismus, die ein Bündnis miteinander eingingen, ohne daß aber – und so interpretiert es Helling aus seiner Betrachtung der italienischen Entwicklung heraus – die faschistische Bewegung ihre relative Autonomie verlöre. Vielmehr verweist er mit Blick auf Italien, daß nicht nur die Zerschlagung der proletarisch-sozialistischen Bewegung anstünde, sondern in einer „zweiten Welle" seien auch alle „nichtsozialistischen Vereinigungen" bedroht. Auch für Deutschland wird es für Helling immer deutlicher, „daß ein siegreicher Faschismus ebenso rücksichtslos (wie in Italien) die Politik des Großkapitals vertreten würde". Und weiter würden die Widersprüche zwischen ökonomischem Herrschaftsanspruch des „Großkapitals" und der politischen Vormachtstellung der faschistischen Herrschaftskasten zu „Spannungen und Widersprüchen des Gesamtsystems" führen, die die „Möglichkeit eines neuen Kriegsausbruchs" in sich enthielten.

Seiner überzeugenden Analyse des Faschismus folgt jedoch in politischer Hinsicht Ratlosigkeit, die sich am Schluß seines 1931 geschriebenen Textes so äußert:

„Der furchtbare Todesweg des Kapitalismus hat begonnen. Werden die rettenden Gegenkräfte, die heute so zersplittert und kraft-

---

[9] Die Zitate des Abschnitts sind sämtlich dem Text „Gesellschaftskrise und Faschismus" von 1931 entnommen, der hier nach der Wiedergabe in Hellings Autobiographie „Mein Leben als politischer Pädagoge", Kap. 6, zitiert wird. Der Aufsatz ist nach Helling 1931 in der „Neuen Erziehung" erschienen.

los sind, innerlich und äußerlich stark genug werden, um das Schicksal Europas und der Welt zum Guten zu wenden?"[10]

Eine solche Frage schloß aus, wie er es in einem anderen Vortrag ausdrückte, daß „alles Heil allein und ausschließlich von der ökonomisch-politischen Revolution" zu erwarten sei, wie er es im polemischen Blick auf die KPD-Positionen formulierte. Für ihn hing die weitere Entwicklung „letzten Endes von Glaubens-, Gestaltungs- und Bewältigungskräften ab, die jenseits des Politisch-Organisierbaren liegen".[11] Hier scheint die Haltung eines über den deutschen Humanismus geprägten ethischen Sozialismus durch, der die kapitalistische Gesellschaft und die in ihr vorherrschenden Mentalitäten gleichsam aus dem Geist der Jugendbewegung überwinden wollte. Von daher ist auch seine persönliche Absage an die Zugehörigkeit zu einer politischen Partei, aber auch seine wohl im Unterricht aufgebrachte ungewöhnlich hohe Toleranz, unterschiedliche politische Haltungen zur Geltung kommen zu lassen, zu verstehen. Selbst politisch extrem argumentierenden Schülern versagte er nicht die persönliche Anerkennung – ein Umstand, der ihn die Unterstützung aktiver Nationalsozialisten aus dem Kreis seiner ehemaligen Schüler späterhin in kritischen Lebensphasen zuteil werden ließ.[12]

2. Gesellschaftliche Ausgrenzung und aktive Distanz zum Nationalsozialismus bis 1937

Implizit schloß die Position eines „parteilosen Sozialisten", wie Helling sich nannte, die Kritik am Weimarer Parteienstaat mit ein, dessen Demokratie als nicht lebensfähig erachtet wurde, da sie in „zunehmendem Maße von den großen Kapitalmächten und Verbänden als Objekt ihres Herrschaftswillens benutzt" werde. Eine ihm fehlende republikanische Alter-

---

[10] Ebd.

[11] So der Schluß seines Vortrags „Kulturinhalte und Kulturformen im Spannungsfelde der politischen Parteien", den er auf dem Herbstkongreß des Bundes Entschiedener Schulreformer 1931 in Berlin hielt. Hier zitiert nach Hellings Autobiographie „Mein Leben als politischer Pädagoge", Kap. 6.

[12] Seine 1939 in Gladenbach erfolgte Einstellung als Lehrer an einer Privatschule war nur möglich, weil die befragte NSDAP in seiner Heimat keinen Einspruch gegen seine Anstellung erhob: „Einspruch erfolgte nicht, da der Ortsgruppenleiter in Schwelm und der Kreisleiter im Ennepe-Ruhr-Kreis frühere Schüler von mir waren, die mich als Lehrer hochschätzten" (Helling: Mein Leben als politischer Pädagoge, Kap. 8).

native ließ ihn so den Aufstieg des Nationalsozialismus zunehmend als schicksalhaft erleben, so daß er 1933 im Hinblick auf die NS-Machtergreifung vom „Kampf gegen das Unheil"[13] sprach, was sicherlich auch mit den persönlich erfahrenen Konsequenzen zusammenhing. Hellings mutiges Auftreten gegenüber dem „Hereinbrechen der Kulturreaktion", die er nicht erst mit den Nationalsozialisten, sondern auch schon in der Notverordnungspolitik sah, ließen ihn nach dem 30. Januar 1933 zu einer nicht länger als Gymnasiallehrer haltbaren Person werden. Auf Antrag des Schwelmer Bürgermeisters, vertreten durch Dr. Peters, wird mit Bezug auf Berichte des Leiters der NSDAP-Ortsgruppe beim Oberpräsidenten der Provinz Westfalen beantragt, Helling und fünf andere Lehrer mit sofortiger Wirkung zu beurlauben. Zitiert sei aus einer Anfang 1933 anonym verfaßten Denunziation:

„Helling ist sehr einflußreicher Leiter des Bundes der entschiedenen Schulreformer. Läßt dort von jüdischen Rednern Vorträge über Sowjetrußland, Sexualreform, Geburtenregelung usw. halten. Unterstützt auch die Redner, denen aus der Versammlung Lüge und Verdrehung vorgeworfen wird. Nutzt den Geschichtsunterricht auf der Oberstufe zur kommunistischen Agitation aus. Hat ganze Jahrgänge mit kommunistischen Ideen durchsetzt. Lässt marxistische Schriften, wie Tollers ‚Masse Mensch' und ‚Hinkemann' im Unterricht als Klassenlektüre lesen. Helling gilt in nationalen Kreisen als einer der gefährlichsten Jugenderzieher und seine Entfernung wird stürmisch von der nationalen Elternschaft gefordert."[14]

Der Beurlaubung im April 1933 folgt im September 1933 die Entlassung aus dem Schuldienst wegen politischer Unzuverlässigkeit. Parallel dazu kommt es zur Selbstauflösung des Bundes Entschiedener Schulreformer Anfang Mai, an der Helling in Hannover beteiligt war.

Griffen bereits diese unmittelbaren Konsequenzen aus der Machtergreifung tiefgreifend in Hellings Leben ein, so überschattet ein tödlich ausgehender tragischer Unfall des jüngsten Sohnes im Juni 1933 das familiäre Leben, das fortan wegen des Wegfalls der Bezüge erheblichen Einschränkungen unterworfen war. Die karge Pension wird durch Privat-

---

[13] Helling, Mein Leben als politischer Pädagoge, Kap. 6.
[14] Zitiert nach Dudek 1993, S. 44.

unterricht verbessert und Zimmer der großen Wohnung werden untervermietet.

Trotz dieser Einschränkungen unternahm es Helling, nach eigenem Anspruch wissenschaftliche Studien aufzunehmen, die sich zum einen der jüdischen Geschichte[15] und zum anderen der deutschen Geschichte unter der Perspektive der „deutschen Katastrophe" zuwandten. Tätigkeiten, die einerseits für sein Selbstwertgefühl von Wichtigkeit waren, den engen Arbeitszusammenhang mit seiner Frau neu belebten und ihm nicht zuletzt relativ unkontrollierte Bewegungsräume verschafften, etwa durch das Aufsuchen von Bibliotheken.

Sein weiteres Leben in Schwelm brachte es mit sich, daß alte politische Kontakte, insbesondere zu Vertretern der KPO und KPD, aufrechterhalten wurden; doch widersetzte er sich einem aktiven Anschluß an Widerstandsgruppen der KPD, die er zum einen für zu ungeschützt arbeitend hielt. Zum anderen glaubte er, daß nur in der Zusammenarbeit aller illegalen Widerstandsgruppen der Nationalsozialismus wirkungsvoll zu bekämpfen sei. Diese Auffassung habe er auch in einem bei einer Schweizreise an illegale Gruppen verteilten Memorandum vertreten.[16]

Offensichtlich blieben seine Kommunikationszusammenhänge nicht verborgen. Am 28. April 1937 kommt es zur Verhaftung durch die Gestapo. Er wird in Schwelm inhaftiert, und in einer Begründung zum Haftbefehl vom 25. Mai 1937 heißt es:

„Er hat bereits vor der Machtübernahme Verbindung zu Funktionären der KPO. unterhalten. Diese Verbindungen hielt er nach der nat. Erhebung bei. Bis zum Jahre 1937 verkehrten in seiner Wohnung Funktionäre der illegalen KPO. und der illg. KPD. aus dem Bezirk Niederrhein, sowie Kuriere der KPO. und KPD., die

---

[15] Hieraus erwuchs der Band Fritz Helling: Die Frühgeschichte des jüdischen Volkes, Frankfurt a.M. 1947. Warum er sich in der Zeit des Nationalsozialismus der Aufarbeitung der jüdischen Geschichte zuwandte ist eine offene Frage, da sie aus den vorliegenden Quellen nicht zu beantworten ist. Vgl. hierzu den Beitrag von Siegfried Kreuzer im vorliegenden Band.

[16] Siehe dazu Fritz Helling: Mein Leben als politischer Pädagoge, Kap. 7: „Entlassung aus dem Schuldienst und Gestapo-Haft". Zum historischen Kontext vgl. Detlev Peukert: Die KPD im Widerstand. Verfolgung und Untergrundarbeit an Rhein und Ruhr 1933 bis 1945, Wuppertal 1980, S. 265 ff.

im Auftrag des Auslandskomitees Deutschland bereisten. In seiner Wohnung wurden dabei Diskussionen abgehalten."[17]

Am 5. August 1937 kommt es aufgrund eines Antrags des Generalstaatsanwalts in Hamm/Westfalen zur Haftaufhebung Hellings in der „Aktion gegen Mitglieder der illegalen KPO.", so der Betreff eines Schreibens der Stapo Düsseldorf vom 6. August 1937.[18] Der Grund hierfür läßt sich nur vermuten: Helling selbst führt es zum einen auf seinen geschickten Umgang mit den Vernehmenden und zum anderen auf Interventionen seiner Frau und eines befreundeten Hoteliers zurück, der auf hohe Nationalsozialisten Einfluß ausübte.

Zugute kam Helling, daß er entsprechend seinem Politikverständnis sich in keine direkten parteipolitischen Aktivitäten einbeziehen ließ, wie er es auch schon vor 1933 vermied. Seine Art, politisch zu handeln, war es, Diskurse zu führen, politische Hintergründe zu erfahren und sie, wie er für 1936 behauptet, in Memoranden einfließen zu lassen, die Anlaß für ein Überdenken und nicht für eine unmittelbare Beeinflussung von Politik dienten. Dies hing nicht zuletzt mit seinem beim Bund Entschiedener Schulreformer eingeübten politischen Denken zusammen, bei dem es ebenfalls immer eher um eine Fundamentalkritik am Schulsystem und weniger um eine konkrete Beeinflussung der Schulpolitik ging.

3. Resistente Haltung 1937–1945

Die Hafterfahrung und das Bewußtsein um die Außerkraftsetzung rechtsstaatlicher Möglichkeiten war der Familie Helling Anlaß, den Wohnort zu wechseln, um damit der politischen und sozialen Kontrolle in Schwelm zu entgehen, wo man eine stadtbekannte Rolle einnahm. Helling sieht sich in Schwelm in „einer völlig anderen Lage"[19] als vor seiner Gefängnishaft. Er sieht, daß die Verweigerung des Hitler-Grußes nunmehr nicht allein als ein Ausdruck von Dissens, sondern als ein Politikum interpretiert worden wäre, dessen Folgen als nicht absehbar von ihm einkalkuliert wurden. Man zog daher Anfang 1938 nach Bonn, wo Helling

---

[17] Anlage zum Haftbefehl, 26. Mai 1937, in: Hauptstaatsarchiv Düsseldorf, Bestand: RW 58, Nr. 29198.

[18] Hauptstaatsarchiv Düsseldorf, Bestand: RW 58, Nr. 29198.

[19] Fritz Helling: Mein Leben als politischer Pädagoge, Kap. 8: „Exil, Ausbruch zweiter Weltkrieg".

seine Studien an der Universität fortführte, ansonsten aber sehr zurückgezogen lebte. Offensichtlich brach er alle politischen Kontakte ab bzw. versuchte, solche auch nicht wieder neu aufzugreifen. Der Ausbruch des Krieges 1939 bedeutete für Helling, daß er seinen Status als Arbeitsloser aufgeben mußte, um nicht gegebenenfalls zwangsverpflichtet zu werden. Er und seine Frau erhielten auf Stundenbasis eine Anstellung in einer hessischen Privatschule in Gladenbach, was aber vermutlich nur deswegen gelang, weil ehemalige Schüler, die nunmehr in Schwelm und im Ennepe-Ruhr-Kreis hohe NSDAP-Funktionen einnahmen, seine Einstellung befürworteten.

Man war bemüht, ein unauffälliges, an den Gewohnheiten des dörflichen Lebens angepaßtes Leben zu führen. Aber auch in Gladenbach verschaffte sich Helling mit seinen Literaturstudien Möglichkeiten, andere Öffentlichkeiten zu erschließen, indem er etwa einen freien Tag pro Woche zum regelmäßigen Besuch der Universität Marburg nutzte. Dem Ansinnen, der NSDAP beizutreten, vermochte er sich zu entziehen, da er dies nicht mit seiner Selbstachtung und der politisch-moralischen Verpflichtung gegenüber ehemaligen politischen Freunden (Lubinski) hätte vereinbaren können. Daß die Gestapo ihn aber weiter beobachtete, wurde unter anderem dadurch deutlich, daß der 1928 geborene Jürgen Helling nun als Jugendlicher zu den politischen Aktivitäten seines Vaters verhört wurde, was jedoch keine Konsequenzen nach sich zog. Sein Weggang von Schwelm nach Bonn und Gladenbach wird von ihm als Exil gedeutet, in dem er „Jahre eines erfüllten, friedlichen Lebens mitten im Krieg"[20] verbrachte.

4. Fritz Helling – ein ‚innerer Emigrant‘

1939 spricht Klaus Mann in seinem Roman „Der Vulkan" von denen, die „heimatlos in der Heimat" geworden seien: „... man nennt sie die ‚innere Emigration‘"[21]. Die Vergleichbarkeit der Lebensbedingungen legitimierte in den Augen Klaus Manns und vieler anderer die bildhafte Übertragung

---

[20] Ebd. gegen Schluß von Kap. 8. Bestätigt wurde dieses Lebensgefühl von Hellings Sohn Jürgen, der die Gladenbacher Zeit ebenfalls als eine dichte familiäre Zeit beschreibt, die sich weitgehend gegenüber der Außenwelt verschließt. Gespräch des Verf. vom 29. Januar 2002 in Recklinghausen.

[21] Klaus Mann: Der Vulkan. Roman unter Emigranten, München 1968, S. 411.

der Exilsituation auf die Zurückgebliebenen. Isolation, wachsende Entfremdung sowie materielle und intellektuelle Bedrohung bestimmten den Grad gemeinsamer Erfahrung, die der Begriff ‚innere Emigration‘ benennt. Auf dieser Ebene der Beschreibung ist eine Zuordnung Hellings zur ‚inneren Emigration‘ sicherlich zutreffend und möglich.

Charakteristisch für Fritz Helling aber bleibt, daß er sich mit seinen Studien zur jüdischen und deutschen Geschichte um einen analytischen Blick auf die Wirklichkeit bemüht, die den Nationalsozialismus nicht schicksalhaft, sondern aus spezifischen historisch-politischen Konstellationen erklärt. Dabei reiht er sich ein in die Diskussion um den deutschen Sonderweg, in die er sich mit einer „ökonomisch-politischen Untersuchung" zu der Frage: „Wie war die deutsche Katastrophe möglich?" 1947 einbringt.[22] Doch zeigt sich seine geistige Isolation im Dritten Reich darin, daß die differenzierte Faschismus-Analyse von 1931 nicht im „Katastrophenweg" weitergedacht wird. Vielmehr klammert er gesellschaftsgeschichtliche Erklärungsmuster weitgehend aus, verfällt auf eine eher ökonomische Reduktion der Durchsetzung des Faschismus im Einklang mit dem Großkapital, behauptet aber entgegen den Komintern-Formeln, die im Faschismus nur eine Funktion des Kapitals sehen, eine politische Eigengewichtigkeit der nationalsozialistischen Führung. Sein wesentlich aus dem Geist des deutschen Idealismus gespeister Politikansatz läßt ihn dann letztlich zur Erklärung des Nationalsozialismus aus der Geschichte eines Volkes „von Untertanen" kommen, „das in seiner Unterwürfigkeit sogar eine Tugend sah und sich von seinen Diktatoren schließlich zu einer hemmungslosen Mordpolitik verführen ließ".[23] Dies mündet in der eher voluntaristischen Perspektive:

> „Den neuen Weg in die Freiheit und Gemeinschaft der Völker findet das deutsche Volk nur dann, wenn es sich von dem lähmenden und seinen Charakter deformierenden Druck der seit Jahrhunderten siegreichen gegenrevolutionären Mächte frei macht. Es muß jene Angst vor der Freiheit verlieren, die ihm 1848 und 1918 zum Verhängnis wurde, und endlich eine soziale Demokratie verwirklichen, die den Mut hat, nicht nur die nationalistischen Kriegsverbrecher unschädlich zu machen, sondern auch die feudalen und kapitalistischen Volksfeinde durch die

---

[22] Fritz Helling: Katastrophenweg, S. 3.
[23] Ebd., S. 206.

Enteignung des Großgrundbesitzes und die Sozialisierung der Großbetriebe zu entmachten."[24]

Und weiter klingt – den „Katastrophenweg" abschließend – bereits das gesamtdeutsche Thema als historische Aufgabe an, als er fordert, eine „Brücke zwischen den Mächten des Ostens und des Westens"[25] zu bilden – eine Forderung, an der er unbeirrt durch die realpolitischen Entwicklungen seiner jeweiligen Gegenwart über die ganze Nachkriegszeit hinweg festhalten wird.

Seine Arbeiten an den Manuskripten zur „Frühgeschichte des jüdischen Volkes" und zum „Katastrophenweg" tragen entschieden dazu bei, daß er seine persönliche Integrität bewahren und die Zeit des Nationalsozialismus überstehen kann. Doch wie stark die Verdrängung der NS-Umwelt und der Rückzug ins Private gewesen sein muß, davon zeugen die Ausklammerungen der Judenverfolgung oder der existentiellen Bedrohungen durch den Zweiten Weltkrieg aus den persönlichen Aufzeichnungen.[26] Diese Leerstellen sind nicht als Kritik an Helling zu verstehen, zeigen aber doch deutlich etwas von der permanenten existentiellen Bedrohung in dieser Zeit.

---

[24] Ebd., S. 206 f.
[25] Ebd., S. 207.
[26] Die Judenverfolgung wird im „Katastrophenweg" nur mit dem Nebensatz „Während im Innern der Terror der Judenverfolgungen, der Blutjustiz und der Konzentrationslager wütet ..." (S. 204) erwähnt, wobei hinzuzufügen ist, daß die NS-Zeit insgesamt nur auf den S. 204-205 Platz findet. Der Krieg ragt in seine Erinnerungen nur mit einer angstbesetzten Situation hinein, in der Ungewißheit über den Verbleib des Sohnes nach der Bombardierung eines Flugplatzes entsteht, auf dem Jürgen Helling als Luftwaffenhelfer eingesetzt war.

Siegfried Kreuzer

Vom Kulturvolk der Hebräer zum Staat des Mose: Fritz Hellings „Frühgeschichte des jüdischen Volkes"

1. Einführung

Fritz Hellings Frühgeschichte des jüdischen Volkes nimmt eine gewisse Sonderstellung unter seinen Schriften ein. Es geht um ein Thema, das scheinbar weit entfernt von seinen sonstigen Themen ist, und um eine Zeit, die weit entfernt ist von der Gegenwart. Ich möchte Ihnen zunächst einleitend (1.1-2) das Umfeld des Werkes vorführen. Im Hauptteil werde ich in drei Schritten (2.1-3) die drei großen Kapitel des Buches darstellen und kommentieren. Dabei möchte ich Ihnen relativ viele Zitate bringen, weil Sie daraus am besten den Gedankengang und Stil erkennen können. Neben den bei der Darstellung diskutierten Fragen werde ich zu jedem der drei Teile eine Zwischenbilanz formulieren und schließlich (3) Ergebnisse und Anfragen zum Werk insgesamt.

1.1 Die Umstände der Entstehung und der Anspruch von Hellings Werk

Fritz Hellings „Frühgeschichte des jüdischen Volkes" erschien 1947 im Verlag Vittorio Klostermann in Frankfurt am Main, einem insbesondere im Bereich der Philosophie renommierten Verlag. Wie sich aus dem Erscheinungsjahr und auch aus den Eintragungen in seiner Autobiographie[1] ergibt, arbeitete Helling an diesem Werk in der Zeit des Nationalsozialismus und des Zweiten Weltkriegs. Leider bezieht sich das Vorwort nur auf die vom Verfasser verfolgte Methodik und den damit verbundenen Anspruch, es gibt aber keine Informationen zur Entstehungszeit und darüber, warum Helling dieses Werk schrieb und wo und wann er es publizieren wollte. Das inhaltliche Verhältnis zu seiner anderen Monographie mit dem Titel „Der Katastrophenweg der deutschen Geschichte" läßt

---

[1] Fritz Helling, Mein Leben als politischer Pädagoge, hrsg. v. Burkhard Dietz u. Jürgen Helling, Frankfurt a.M. 2004 (in Vorbereitung), Manuskript S. 77-80.

darauf schließen, daß die „Frühgeschichte des jüdischen Volkes" das erste der beiden Werke ist.[2] Während der „Katastrophenweg" erst kurz vor der Drucklegung noch bearbeitet bzw. ergänzt wurde,[3] scheint die „Frühgeschichte" in der bei ihrem Abschluß erreichten Form unverändert publiziert worden zu sein. Vom methodischen Ansatz her (s. dazu unten), schließt sie sich an die von Helling ab 1929 betriebenen Studien der marxistischen Klassiker an. Sie könnte so etwas wie die praktische Umsetzung der dort gewonnenen Kategorien und Einsichten in eine eigene Geschichtsdarstellung sein. Die „Frühgeschichte" bezieht sich nur auf den frühesten Teil der jüdischen Geschichte. Es scheint mir nicht unwahrscheinlich, daß Helling ein größeres Werk vor Augen hatte, das aber in der von ihm begonnenen Ausführlichkeit und Gründlichkeit auch unter günstigeren Lebensumständen kaum zu bewältigen gewesen wäre. So schloß er das Werk mit dem ersten und wohl ohnehin nicht zu überbietenden Höhepunkt, nämlich dem von ihm angenommenen Staat des Mose. – Doch das kann nur eine Vermutung sein, der die weitere Forschung nachgehen müßte.[4] Wenden wir uns nun dem Werk zu.

Schon der Titel des Buches ist ungewöhnlich. Werke vergleichbaren Inhaltes trugen und tragen in der Regel den Titel „Geschichte Israels".[5] Einen ähnlichen Titel wie Helling hatte immerhin Max Weber in seinem

---

[2] Diese Überlegung wird nun bestätigt durch den mir auf der Tagung in Schwelm 2002 von Herrn Prof. Dr.-Ing. Jürgen Helling freundlicherweise gegebenen Hinweis, daß die Inhalte des Buches und markante Begriffe wie „Paria" bereits in der Schwelmer Zeit Gesprächsthema seiner Eltern waren. Fritz Helling muß somit noch in der Schwelmer Zeit mit dem Grundkonzept und der Materialsammlung begonnen haben.

[3] Siehe dazu den Beitrag „Helling als Historiker: der ‚Katastrophenweg der deutschen Geschichte' (1947) und der Beginn der historischen NS-Forschung in Deutschland" von Burkhard Dietz in diesem Band.

[4] Die eine ähnliche Sonderstellung wie die „Frühgeschichte" einnehmenden Aufsätze „Die spätjüdischen Klassenkämpfe und das Evangelium Christi" (gedruckt, aber ohne Jahresangabe) und „Die urchristliche Botschaft in der spätantiken Klassengesellschaft" (ungedruckt) würden sich gut als ein Baustein für ein solches größeres Werk erklären (übrigens ist auch dort der Pariabegriff wichtig). Zum Begriff „spätjüdisch" siehe Anm. 5.

[5] Von „Judentum" spricht man in der Regel ab der nachexilischen, insbesondere ab der hellenistischen Zeit, d.h. ab ca. 500 bzw. 300 v. Chr. Während man früher die Begriffe „Spätzeit" des Alten Testaments und „Judentum" zur Bezeichnung „Spätjudentum" zusammenzog, wird die Phase vom 3. Jh. v. Chr. bis zum 1. Jh. n. Chr. heute (d.h. seit etwa 1970) als „Frühjudentum" bezeichnet, um anzudeuten, daß die Geschichte des Judentums mit dieser Phase nicht endet, sondern beginnt und bis heute andauert. Für die davor liegende Zeit spricht man von „Israel" bzw. von der „Geschichte Israels".

Werk „Das Antike Judentum"[6] gewählt. Zweifellos besteht hier ein An-
knüpfungspunkt, nicht zuletzt auch in der soziologischen Methode, die
Helling anwendet. Das Stichwort Judentum könnte die oben ausgespro-
chene Vermutung bestätigen, daß Helling einen größeren Zeitraum darstellen und über die alttestamentliche Zeit bis in die (eigentliche) Zeit des
Judentums vordringen wollte. Auf jeden Fall aber wird man die Beschäftigung mit dem Judentum in den 1930er Jahren als ein bewußtes Signal
verstehen können.

Helling erhebt mit seinem Buch einen hohen Anspruch und stellt es
forschungsgeschichtlich in einen weiten Zusammenhang. Dazu skizziert
er im Vorwort (S. 15-18) zunächst die von ihm so bezeichnete rechtgläubig-christliche Auffassung der alttestamentlichen Wissenschaft und die
sogenannte kritisch-idealistische. Die rechtgläubig-christliche oder ortho-
doxe Auffassung betrachtet Israel als das auserwählte Volk Gottes und
dessen Geschichte als Offenbarung Gottes. Diese „dogmatische Methode" (S. 15) sieht Helling in der mittelalterlichen Scholastik ausgeprägt,
aber auch im Altprotestantismus. Demgegenüber verbindet er die zweite,
die von ihm so bezeichnete kritisch-idealistische Richtung mit der Zeit
der Aufklärung. In dieser geht es nicht mehr um Offenbarung im ursprünglichen Sinn, sondern um „immanente Offenbarung Gottes im Fortschritt der Geschichte" (S. 15):

„Die Religionsgeschichte wurde als Entwicklungsgeschichte begriffen, deren Gang den Stufen der menschlichen Kultur entsprach. Die israelitisch-jüdische Religionsgeschichte begann nach
dieser Auffassung mit der Naturreligion der Nomadenzeit. Nach
der Ansiedlung in Kanaan, dem Übergang vom Nomadentum zum
Ackerbau, habe sich die bäuerliche Volksreligion durchgesetzt,
die dann in späterer Zeit durch die Religion der Propheten, die
letzte Vorstufe des Christentums, überwunden worden sei" (S.
15).

Bei diesem Modell trat nun nach Helling die „kritisch-historische[7] Methode ... an die Stelle der dogmatischen" (S. 15), und was nicht diesem
Entwicklungsmodell entsprach, galt als historisch unzuverlässig.

---

[6] Max Weber, Das antike Judentum (Gesammelte Aufsätze zur Religionssoziologie, Bd.
3), Tübingen 1921.
[7] Helling verwendet durchgehend diese Bezeichnung, während sonst „historisch-kritisch"
üblich ist.

Gegenüber diesen beiden Auffassungen will nun Helling einen neuen Zugang bahnen und eine Wende vollziehen. Anstelle der dogmatischen oder kritisch-historischen Methode und entgegen dogmatischen oder idealistischen Denkweisen geht es für Helling um „Wirklichkeitswissenschaft", die sich der realdialektischen Methode bedient (S. 16). Dieser neue Zugang entspricht zugleich einer Wende von der Philosophie zur Soziologie:

> „Die neue Wende, die in der vorliegenden Arbeit vollzogen wird, besteht in der Wende von der Religionsphilosophie der idealistischen Geisteswissenschaft zur Religionssoziologie als Wirklichkeitswissenschaft. Frei von jeder christlichen und idealistischen Geschichtsmetaphysik wird die Frühgeschichte Israels aus ihren eigenen Triebkräften als lebendige, von inneren Widersprüchen vorwärts getriebene geschichtliche Wirklichkeit erfaßt. Der geistige Gehalt der Kultur und Religion erscheint bei dieser soziologischen Geschichtsauffassung als Produkt der gesellschaftlichen Wirklichkeit, als Bewußtwerdung der gegebenen Lage und ihrer Widersprüche, als gemeinschaftsbildende Kraft, die auf die Lösung der Widersprüche in einer neuen gesellschaftlichen Lage gerichtet ist. Um aus dem Zusammenwirken aller materiellen und geistigen Faktoren die dynamische Totalität der geschichtlichen Wirklichkeit erstehen zu lassen, bedient sich die Wirklichkeitswissenschaft der realdialektischen statt der dogmatischen und kritisch-historischen Methode" (S.16).

Diese neue Betrachtungsweise führt auch zu einer Neubewertung der Quellen, „mit ihrer Hilfe können die alttestamentlichen Quellen neu erschlossen werden" (S. 16). Die Quellen werden

> „nun als Produkte des Geschichtsprozesses selbst verstanden. Denn das wirkliche historische Geschehen war es, das von der alttestamentlichen Überlieferung zu einem Mythos gestaltet wurde, in dem Jahwe, der Gott Israels, als alleiniger Beweger der Geschichte verherrlicht wird. Dieser Mythos braucht nur durch die Zerbrechung seines Systemgefüges in Geschichte zurück verwandelt zu werden, um die der Überlieferung zugrunde liegenden realen Faktoren zu ihrem Recht kommen zu lassen" (S. 17).

Der hier erhobene Anspruch einer neuen Bewertung der Quellen und einer neuen Rekonstruktion der dahinter liegenden Geschichte richtet sich einerseits „gegen die noch heute herrschende kritisch-historische Religionswissenschaft" (S. 17), aber auch gegen die sogenannte Pentateuchkritik. Diese sogenannte Pentateuchkritik geht davon aus, daß die uns vorliegenden Texte zu verschiedenen Zeiten und insgesamt mit einem erheblichen Abstand von den Ereignissen der Frühgeschichte Israels entstanden bzw. schriftlich fixiert wurden. Gegenüber der Differenzierung der Quellen kommt Helling zur Meinung, daß „das frühgeschichtliche Leben Israels in allen Quellenschriften übereinstimmend dargestellt wird" (S. 18). Er übernimmt, wie er ausdrücklich sagt, die Theorie der Pentateuchquellen „nur aus polemischen Gründen" (S. 18), um sie „gegen die moderne Pentateuchkritik" (S. 18) zu verwenden. Ergebnis und dann auch wieder Voraussetzung seiner Untersuchungen ist, daß „der Pentateuch in Wirklichkeit als einheitliches Geschichtswerk schon in mosaischer Zeit entstand und später nur überarbeitet wurde" (S. 18). – Diese mögliche spätere Überarbeitung ist jedoch nur ein Zugeständnis, das bei der weiteren Arbeit nicht zum Tragen kommt.

1.2 Das Bild der Pentateuchentstehung und der Frühgeschichte Israels in der zeitgenössischen Forschung

An dieser Stelle möchte ich zunächst darlegen, auf welches zeitgenössische Bild der Pentateuchentstehung und der Frühgeschichte Israels in der damaligen Forschung Helling Bezug nimmt und reagiert.

Die Entstehung des Pentateuch, d.h. der sogenannten fünf Bücher Mose (und in weiterer Folge die Frühgeschichte Israels) war über Jahrhunderte und ist bis heute ein Brennpunkt der Erforschung des Alten Testaments.[8] Die wesentlichen Themen des Pentateuch sind zunächst im Buch Genesis (bzw. 1. Mose) die Schöpfungs- und Urgeschichte sowie die Erzvätergeschichte bis hin zur Josephsgeschichte. Dem folgen in den Büchern Exodus bis Deuteronomium (bzw. 2.-5. Buch Mose) die Erzählungen von der Sklaverei in Ägypten, vom Auszug und der Wüstenwanderung sowie von der Gesetzgebung am Sinai und schließlich die große Abschiedsrede des Mose.

---

[8] Als Überblick zur Forschungsgeschichte vgl. Hans-Joachim Kraus, Geschichte der historisch-kritischen Erforschung des Alten Testaments (1956), Neukirchen-Vluyn (4. Aufl.) 1988. Zu speziellen Problemen der Forschung im 20. Jh. vgl. Siegfried Kreuzer, Die Frühgeschichte Israels in Bekenntnis und Verkündigung des Alten Testaments (Beihefte zur Zeitschrift für die Alttestamentliche Wissenschaft, Bd. 178), Berlin 1988.

Während mit der Bezeichnung als Bücher Mose ursprünglich die Hauptperson der Erzählungen und der Vermittler der Gebote benannt war, wurde im Laufe der Zeit daraus eine Verfasserangabe. Diese frühjüdische Tradition von Mose als Verfasser des Pentateuch bzw. der fünf Bücher Mose fand auch im Neuen Testament ihren Niederschlag und wurde über Jahrhunderte auch in der christlichen Tradition vorausgesetzt. Diese Tradition wurde erst in der Neuzeit entschieden in Frage gestellt. Im Lauf des 18. und 19. Jahrhunderts wurde für die Entstehung des Pentateuch das klassische Modell der Pentateuchquellen entwickelt. Aus Dopplungen und Wiederholungen von Erzählungen sowie aus Spannungen und Widersprüchen wurde auf eine Entstehung des Pentateuchs aus mehreren parallelen Erzählungen geschlossen. Diese Quellen erzählten jeweils die Vorgeschichte Israels von der Erschaffung der Welt bzw. von der Zeit der Erzväter an über Ägypten und Wüstenwanderung bis zur ersten Einnahme des Landes. Die ursprünglich selbständigen Erzählungen bzw. Quellen entstanden zu verschiedenen Zeiten und wurden später zu einer großen Darstellung kombiniert. Bei dieser Kombination blieben verschiedene Spannungen und Eigenheiten[9] erhalten, die es uns erlauben, auf die Entstehungsgeschichte zurückzuschließen.

In der Regel werden drei erzählende Quellen angenommen. Diese sind der Jahwist, der im 10. oder 9. Jahrhundert vor Christus entstand und der sich dadurch auszeichnet, daß als Gottesname von Anfang an, d.h. von der Schöpfung an, der Gottesname Jahwe verwendet wird. Die zweite Quelle ist der Elohist. Kennzeichen dieser Quelle ist, daß für die Väterzeit die allgemeinere Bezeichnung Elohim, d.h. Gott, verwendet wird und daß der Eigenname des Gottes Israels, nämlich Jahwe, erst an Mose offenbart und somit erst ab der Mosezeit verwendet wird. Dieser Elohist entstand wahrscheinlich etwa ein bis zwei Jahrhunderte nach dem Jahwisten, d.h. etwa um 800 v. Chr., und zwar nicht in Jerusalem, sondern in Nordisrael. Die dritte Quelle ist die sogenannte Priesterschrift. Sie erhielt ihre Bezeichnung dadurch, daß sowohl in den erzählenden als insbesondere in den Gesetzespartien dieser Quelle priesterliche Perspektiven und Anliegen eine wesentliche Rolle spielen. Die Priesterschrift beginnt ihre

---

[9] Spannungen gibt es z.B. bei divergierenden Angaben über die Dauer der Sintflut oder über die Zahl der Tiere, die Noah in die Arche mitgenommen hatte; es finden sich verschiedene theologische Gewichtungen etwa im Verhältnis von Erzväterzeit und Mosezeit, und auch Sprache und Stil sind verschieden.

Darstellung mit Genesis 1, dem bekannten (ersten) Schöpfungsbericht, und reicht bis zum Ende der Mosezeit, d.h. bis zum Tod des Mose. Die Datierung dieser Priesterschrift war am längsten umstritten. Sie galt lange Zeit als die älteste Quelle. In der Mitte des 19. Jahrhunderts wurde aber erkannt, daß sie die jüngste Quelle darstellt und in die Zeit des babylonischen Exils im 6. Jahrhundert gehört.

Diese drei Quellen wurden sukzessive untereinander verbunden und dann noch durch eine vierte Quelle ergänzt, nämlich das Buch Deuteronomium (bzw. das 5. Buch Mose), das nur einen kleineren Anteil Erzählung und vor allem einen großen Anteil an Gesetzen enthält und als Abschiedsrede des Mose stilisiert ist.[10]

Diese Einsichten über die Entstehung der Texte haben natürlich auch Auswirkungen für die historische Relevanz der Texte und damit auf das Geschichtsbild. Immerhin ist die Mosezeit spätestens um 1200 v. Chr. zu Ende, d.h. es ergibt sich ein Abstand von mindestens drei Jahrhunderten zur ältesten Pentateuchquelle. Der Abstand gegenüber der davor liegenden Erzväterzeit ist noch um einige Jahrhunderte größer. Somit ergibt sich die Frage, welchen historischen Gehalt die Pentateuch-Texte haben und wie man sich die Überbrückung des zeitlichen Abstandes zwischen den tatsächlichen oder angeblichen Ereignissen und den ersten schriftlichen Aufzeichnungen vorstellen kann.

Zu dieser Frage haben die Meinungen in der Forschung immer wieder geschwankt, und sie tun es bis heute. Am Anfang und in der zweiten Hälfte des 19. Jahrhunderts dominierte ähnlich wie auch jetzt am Beginn des 21. Jahrhunderts die Meinung, daß wir über die ersten Quellen nicht wirklich hinaus kommen. Es wird zwar nicht bestritten, daß ältere Über-

---

[10] Man kann dieses Bild von der Entstehung des Pentateuch aus drei bzw. vier parallelen Erzählungen in gewisser Weise mit den neutestamentlichen Evangelien vergleichen: Im Neuen Testament haben wir in Form der vier Evangelien vier Mal eine je etwas verschieden akzentuierte Darstellung der Ursprungsgeschichte, in diesem Falle der Geschichte des Wirkens Jesu. Im Neuen Testament sind diese vier Quellen noch selbständig erhalten. Es gibt aber Beispiele aus der Kirchengeschichte, wo man dann diese vier Quellen zu einer fortlaufenden Darstellung ineinander fügte bzw. zu einer sogenannten Evangelienharmonie harmonisierte (z.B. die sogenannte Evangelienharmonie des Tatian aus dem 2. Jh. n. Chr.). Im Pentateuch des Alten Testaments hätten wir nicht mehr wie im Neuen Testament die Einzelerzählungen, sondern das Endprodukt, nämlich die Kombination der Quellen zu einer fortlaufenden, wenn auch spannungsreichen Erzählung. Mit der Quellenanalyse wird versucht, vom Endprodukt Pentateuch auf die ursprünglichen Einzelerzählungen zurückzuschließen.

lieferungen den Anlaß zu den Erzählungen gaben, aber die konkrete Aus-
gestaltung der Erzählungen, wie wir sie jetzt vor uns haben, spiegelt die
Verhältnisse der jeweiligen Abfassungszeit bzw. die Vorstellungen, die
man sich in dieser Zeit über die Urgeschichte machte. Berühmt ist das
Diktum von Julius Wellhausen: „In den Erzväter-Erzählungen spiegelt
sich die Gegenwart des Jahwisten wie in einem verklärten Luftbild."[11]
Demgegenüber gab es Phasen in der Forschung, in denen der mündlichen
Überlieferung sehr hohe Verläßlichkeit zugetraut wurde. Ein Impuls für
diese Ansicht war am Anfang des 19. Jahrhunderts die Romantik und die
Volkskunde, nicht zuletzt auch die Forschungen der Brüder Grimm, die
Volkserzählungen sammelten und aufzeichneten, aber auch jene Bewegungen am Ende des 19. Jahrhunderts, in denen man die Nationalepen der
einzelnen Völker erforschte. Diese Sagenforschung schlug sich in der
alttestamentlichen Wissenschaft in einer entsprechenden Berücksichtigung der Gattung „Sage" und einer hohen Einschätzung des Quellenwer-
tes mündlicher Überlieferungen nieder.

Diese konservativeren Tendenzen wurden unterstützt einerseits durch
das Bekanntwerden altorientalischer, d.h. ägyptischer und mesopotami-
scher Texte und andererseits durch die soziologische Forschung. Für die
soziologische Forschung ist insbesondere Max Weber mit seinem Werk
„Das Antike Judentum" zu nennen.[12] In dieser Untersuchung setzt Max
Weber ebenfalls mit der Frühzeit Israels ein. Weber betrachtet die Geschichte – vereinfacht ausgedrückt – als das Miteinander und Gegeneinander verschiedener Kräfte, Strömungen und Statusgruppen. Für die Anfänge Israels in der Mosezeit und am Sinai ist dabei die Idee des Bundes
besonders wichtig. Die verschiedenen Beziehungen zwischen Gruppen
und Stämmen sowohl in der Wüste als auch im Kulturland seien im wesentlichen durch Vertrags- und d.h. Bundesbeziehungen geregelt worden.
Mose ist nun jene charismatische Persönlichkeit, die diese so wichtige
Kategorie des Bundes auch auf die Beziehung zur Gottheit angewandt
habe. Durch diese Leistung des Mose entstand die Beziehung zwischen
Jahwe, dem Gott des Sinai, und dem werdenden Israel, bzw. anders gesagt: durch diese Leistung wurde Jahwe zum Gott Israels. Diese Bundes-
idee entfaltete nach Max Weber eine enorme Bedeutung und Dynamik in

---

[11] Julius Wellhausen (1844-1918) war der wohl bekannteste und umstrittenste Alttesta-
mentler des 19. Jahrhunderts.
[12] S.o., Anm. 5.

der weiteren Geschichte Israels; und zwar zunächst in der Zeit der Wüstenwanderung, der Einnahme des Landes und der Herausbildung des Volkes Israel in Kanaan und in weiterer Folge durchgehend durch die ganze Geschichte des Judentums.

Für das Geschichtsbild der alttestamentlichen Forschung ist schließlich noch zu erwähnen, daß wir es in der Frühzeit Israels im wesentlichen mit nicht seßhaften, halbnomadischen Gruppen zu tun haben, die zwar in Kontakt mit dem Kulturland stehen und hier auch gewisse feste Bezugspunkte haben, die aber im Prinzip Kleinviehnomaden sind, d.h. Schafe und Ziegen besitzen. Dagegen hätte sich Israel ab der Zeit der Seßhaftigkeit zunehmend dem Ackerbau und der Viehwirtschaft, auch mit sogenanntem Großvieh, also mit Rindern, zugewandt.

Für die zeitliche Einordnung der einzelnen Epochen gibt es nur relativ wenige Anhaltspunkte. Die Einführung des Königtums in Israel ist für ungefähr 1000 v. Chr. anzusetzen, davor liegen 200 Jahre der vorstaatlichen Zeit bzw. der sogenannten Richterzeit. Für die Einwanderung frühisraelitischer Stämme in Kanaan kommt man somit auf die Zeit vor 1200 v. Chr. Dazu paßt wiederum, daß es gewisse Anhaltspunkte gibt, um Mose und die Mosezeit in das 13. Jahrhundert v. Chr. einzuordnen.[13] In weiterer Folge wäre die Erzväterzeit, d.h. die Zeit der halbnomadischen Existenz der Vorfahren der Israeliten in Kanaan in das 14. und 13. Jahrhundert zu setzen.

Daneben gibt es andere Argumentationslinien, die zu einer früheren Ansetzung der Erzväterzeit führen. Diese beziehen sich einerseits auf die – allerdings eher schematisch-symbolische – Angabe von 480 Jahren[14] zwischen dem Auszug aus Ägypten und der Erbauung des salomonischen Tempels (1. Kön. 6, 1), womit der Auszug um etwa 1440 v. Chr. anzusetzen wäre, andererseits auf die Josephsgeschichte. Joseph wurde bekanntlich zum zweiten Mann nach dem Pharao, d.h. er erhielt ein hohes staatliches Amt. Joseph ist aber in den bekannten ägyptischen Quellen nicht erwähnt, und ein – erst jüngst nach Ägypten gekommener – Semit in höchstem staatlichen Rang, das paßt nicht in die ägyptische Geschichte

---

[13] So passen die Frondienste und die in Ex. 1, 11 genannte Fronstädte Ptihom und Ramses im östlichen Nildelta zur Zeit der Ramessiden im 13. Jahrhundert und zu deren Verlegung der Hauptstadt ins Nildelta.

[14] 480 = 12 x 40 Jahre, wobei 40 Jahre die übliche Dauer einer Generation darstellt und 12 an die Zwölfzahl der Stämme Israels erinnert; vgl. S. Kreuzer, Zahl, in: Neues Bibellexikon III, Düsseldorf 2001, Sp. 1161 f.

des 14. und 13. Jahrhunderts, sondern eher in die sogenannte Hyksoszeit, d.h. in das 17. oder 16. Jahrhundert, denn die Hyksos waren ebenfalls Semiten. Eine solche frühe Einordnung der Josephsgeschichte würde genug Zeit für die Entstehung einer größeren Zahl von Israeliten in Ägypten erlauben. In weiterer Folge würde das bedeuten, daß die Erzväterzeit noch vor dem 16. Jahrhundert, d.h. im 17. oder 18. Jahrhundert v. Chr. anzunehmen wäre.

Diese hier in Kürze vorgestellten Grundzüge der Pentateuchforschung und der Frühgeschichte Israels sind die Bezugsgrößen, die in Fritz Hellings Darstellung von Bedeutung sind und diskutiert werden.

2. Geschichtsbild und Arbeitsweise in Fritz Hellings „Frühgeschichte des Jüdischen Volkes"

Helling gliedert seine immerhin 181 Seiten umfassende[15] Darstellung in drei große Abschnitte: 1. Teil: Die Patriarchenzeit (S. 19-79), 2. Teil: Israel in Ägypten (S. 79-129) und 3. Teil: Mose und sein Werk (S. 129-181); d.h. Helling beschränkt sich wirklich auf die Frühzeit. Seine Darstellung endet schon vor der Einwanderung in das Land und vor der vorstaatlichen Zeit Israels bzw. vor der bereits erwähnten Richterzeit.

Die Lektüre des Buches ist nicht ganz einfach, weil – ganz anders als etwa in Hellings didaktisch aufbereiteter Literaturgeschichte und auch in seinem „Katastrophenweg der deutschen Geschichte" – keine weitere Untergliederung erfolgt, auch wenn bei genauerem Zusehen die inhaltliche Abfolge durchaus erkennbar ist. Vor der Darstellung steht das Literaturverzeichnis, in dem Helling im wesentlichen die damals relevante Literatur und die damals relevanten Autoren verzeichnet. In dieser Literaturliste finden wir Autoren, die Helling persönlich erlebt hat, wie etwa den Universalhistoriker Eduard Meyer, aber auch die wichtigsten fachwissenschaftlichen Autoren wie Albrecht Alt, Hugo Greßmann, Rudolf Kittel, Martin Noth, Julius Wellhausen, aber auch Martin Buber und nicht zuletzt Max Weber. Daran, wie auch in der Einzeldarstellung ist zu erkennen, daß sich Helling sehr engagiert mit dem damaligen Stand der Forschung auseinandergesetzt und diesen im wesentlichen – wenn auch un-

---

[15] Die „Frühgeschichte des jüdischen Volkes" hat zwar etwas weniger Seiten als der „Katastrophenweg der deutschen Geschichte", aber eine größere Textmenge und ist somit die umfangreichste Schrift aus Fritz Hellings Feder.

terschiedlich dicht – zur Kenntnis genommen hat. Insofern und auf Grund seiner konsequenten Methodik ist das Werk von Helling durchaus als ein wissenschaftliches Werk zu bezeichnen. – Damit kommen wir zu den drei großen Teilen des Buches.

2.1 Die Patriarchenzeit

Entsprechend dem im Vorwort erläuterten Ansatz bezieht sich Helling in seiner Untersuchung vor allem auf die Lebensweise und das heißt auf die wirtschaftliche Grundlage des Lebens in der Patriarchenzeit. Der von Anfang an benannte Gegensatz ist „die Annahme, daß die Hebräer der Frühzeit Nomaden oder Halbnomaden gewesen seien" (S. 19). Von Anfang an stellt demgegenüber Helling seine eigene Perspektive heraus:

> „Die Genesis, die einzige Quelle, die der Forschung zu Gebote steht, überliefert allerdings ein völlig anderes Bild von der Kultur und Religion der Patriarchenzeit" (S. 19).

Durchgehend spricht Helling von der „viel zu niedrige(n) Einschätzung der hebräischen Frühkultur" (S. 19). Diese viel zu niedrige Einschätzung ist eine Folge des vorausgesetzten Geschichtsbildes bzw. in Hellings Worten des „Primitivitätsdogmas" bzw. der „modernen Primitivisierungstendenz" (z.B. S. 20). Demgegenüber kommt Helling zu der Feststellung:

> „Untersucht man nämlich die einzelnen Quellenschriften (J, E, P)[16], in die die Pentateuchkritik die Einheit der Genesis auflöste, auf die Frage hin, welches Bild sie vom Leben der Patriarchen entwerfen, so kommt man zu der überraschenden Feststellung, daß keine dieser Quellenschriften auch nur die geringste Bestätigung dafür bietet, daß dieses Leben dürftig gewesen sei. Alle berichten vielmehr übereinstimmend von einem relativ hohen Kulturstand der hebräischen Frühzeit. Und zwar sind alle diese Berichte so einheitlich und widerspruchslos, daß ihnen nur echte Erinnerungen zugrunde liegen können" (S. 20).

Von hier aus stellt Helling nun die Nachrichten über die Lebensweise der Frühisraeliten zusammen. Sie waren eben keine „Schafnomaden" (S. 21), sondern:

---

[16] J = Jahwist; E = Elohist; P = Priesterschrift (vgl. o. bei 1.2).

„Aus allen Quellenangaben der Genesis geht aber hervor, daß sich der Viehbesitz der Patriarchen keinesfalls auf Schafe und Ziegen beschränkte, wenn auch ihr Hauptbesitz aus Kleinvieh bestand. Schon Abraham besaß in Ägypten Schafe, Rinder, Esel, Eselinnen und Kamele (Gen. 12,16 J)" (S. 21).

Helling durchmustert die Erzählungen der Genesis vor allem im Blick auf die Angaben über den Besitz an Tieren und findet immer wieder, daß neben Schafen und Ziegen auch Ochsen, Kamele und Esel erwähnt werden. Nicht nur die Erwähnung von sogenanntem Großvieh wird vermerkt, sondern aus den Zahlenangaben etwa der Erzählung von Gen. 32 wird auch auf das Zahlenverhältnis der Tiere geschlossen:

„Danach schenkte Jakob seinem Bruder Esau außer 200 Ziegen und 20 Böcken, 200 Schafen und 20 Widdern, nicht weniger als 30 Kamele und ebenso viele Füllen, 40 Kühe und 10 junge Stiere, 20 Eselinnen und 10 Eselsfüllen. Man sieht daraus, daß der Anteil des Großviehs gar nicht gering war. Als Schafnomadentum läßt sich eine solche Viehwirtschaft unmöglich bezeichnen" (S. 22 f).

Die Folgerung, aber auch das damit verbundene Pathos läßt sich aus dem unmittelbar folgenden Satz erkennen:

„Stand aber die Viehzucht, die in der Patriarchenzeit die vorherrschende Produktion war, auf einer höheren Stufe, als die Modernen wahr haben wollten, so ergibt sich daraus, daß auch die Lebenshaltung der hebräischen Viehzüchter nicht so armselig sein konnte, wie vielfach mit geradezu tendenziösem Eifer behauptet worden ist" (S. 23).

Aus den für ihn grundlegenden Beobachtungen zieht Helling nun weitere Folgerungen, und zwar nicht nur im Sinn einer soziologischen Interpretation nach Max Weber, sondern durchaus im Sinne einer funktionalen marxistischen Kultur- und Religionstheorie.[17]

---

[17] Zwar vermeidet Helling in der „Frühgeschichte" offensichtlich das Wort marxistisch und spricht von Wirklichkeitswissenschaft (s.o.), aber der Sache nach verwendet er die marxistische Geschichtsanalyse, zu deren Studium ab 1929 und Aneignung für seine Analysen er sich in der Autobiographie ausdrücklich bekennt (Autobiographie [s. Anm. 1], vor Manuskriptseite 54); vgl. hierzu den Beitrag „Sozialistische Orientierung und frühe Opposition gegen den Nationalsozialismus" von Burkhard Dietz in diesem Band. Allerdings spitzt Helling seine Analysen nicht atheistisch zu. Im Rahmen seiner „Wirklichkeitswissenschaft" sind religiöse Aussagen Teil der gesamten Wirklichkeit, wenn auch nicht deren primärer. Seine Wiedergabe und Interpretation religiöser Aussagen reichen für

Aus der nach Helling weit entfalteten Viehzucht der Hebräer ergibt sich, daß diese nicht nur den eigenen Bedarf deckte,

> „sondern sie gestattete ihnen auch eine Überschußproduktion, die sie gegen fremde, nicht in eigener Wirtschaft hergestellte Waren eintauschen konnten. Viehzucht und Handel gehörten unzertrennlich zusammen" (S. 23 f).

Diese Überschußproduktion aus der Viehzucht ermöglicht in der weiteren Folge auch die Teilnahme am Handel und damit letzten Endes die Partizipation an der Kulturentwicklung insgesamt:

> „Im Bereich der hochentwickelten Kulturstaaten Mesopotamiens, Syriens und Ägyptens wurde damals schon als Tauschmittel Geld in Form von ungemünztem Edelmetall benutzt. Bei dem vorwiegenden Einfluß der babylonischen Kultur war in der ersten Hälfte des 2. Jahrtausends der babylonische Silberschekel bis nach Syrien und Palästina verbreitet" (S. 24).

Aus den Absatznotwendigkeiten der Viehproduktion folgert Helling,

> „daß die Hebräer der Erzväterzeit ebenfalls nicht nur an dem ringsum verbreiteten Warenhandel, sondern auch an der mit ihm verbundenen Geldwirtschaft beteiligt waren und gar nicht daran denken konnten, sich in idyllischer Selbstgenügsamkeit von der Welt abzuschließen" (S. 24).

Nun hat natürlich nicht nur Helling, sondern auch die übrige Forschung gesehen, daß in der Tat in den Erzvätererzählungen an verschiedenen Stellen von Bezahlung mit Geld, d.h. mit Silberstücken oder auch mit gemünztem Silbergeld die Rede ist. Nach Helling haben die meisten modernen Erklärer den Widerspruch nicht bemerkt. Der einzige, der ihn bemerkt habe, ist Otto Procksch (S. 25).[18] Procksch geht davon aus, daß das altkanaanäische Geschäftsleben sich ohne Geld als einfacher Warentauschhandel abgespielt habe und daß dort, wo bei den Patriarchenerzählungen von Geld die Rede ist, die Pentateuch-Erzähler Verhältnisse ihrer eigenen Zeit in die Erzväterzeit zurück übertragen hätten.

Helling jedoch verfolgt seine Linie weiter. Die Teilnahme an Handel und Geldwirtschaft war es, die die Lebenshaltung der Patriarchen aufs

---

sich genommen m.E. nicht aus, den Helling der „Frühgeschichte" als Atheisten zu bezeichnen.
[18] Gemeint ist: Otto Procksch, Die Genesis. Kommentar zum Alten Testament (KAT), Leipzig 2. u. 3. Aufl. 1924.

stärkste mitbestimmte. Durch Kauf oder Tausch konnte man sich alles verschaffen, was man begehrte, und zwar gerade das, was man in eigener Wirtschaft nicht herstellen konnte: Waffen, Werkzeuge, Hausgeräte, Kleider und Schmuck. All diese Dinge werden in einzelnen Erzählungen erwähnt:

„Das Begehrteste aber war silberner und goldener Schmuck" (S. 26); „wie hätten die Patriarchen zu diesem Reichtum ... kommen sollen, wenn sie ihn nicht durch Teilnahme an der ringsum entfalteten Waren- und Geldwirtschaft erworben hätten?" (S. 26)

Hier entfernt sich nun allerdings auch Helling von den Erzählungen, indem er darüber nachdenkt, daß wohl nicht alle Hebräer der Frühzeit über einen derart reichen Besitz verfügten und es wohl auch hier schon eine Minderheit von Reichen und eine Mehrheit von Armen gegeben haben wird. Mit anderen Wort, Helling geht an dieser Stelle über die Erzvätererzählungen insofern hinaus, als die Erzvätererzählungen im Grunde nur von einer, wenn auch zunehmend größeren Familie reden, während Helling auf eine ganze Bevölkerungsgruppe solcher frühisraelitischer Hebräer schließt.

Helling bezieht allerdings nicht nur Gegenpositionen, sondern er findet durchaus auch Aussagen in der Forschung, die er positiv aufgreifen kann, z.B. die Hinweise darauf, daß in den Erzählungen keineswegs nur von Wanderungen die Rede ist, sondern daß vielfach vorausgesetzt wird, daß die Erzväter längere Zeit an einem Ort wohnten. So etwa Abraham, der längere Zeit bei Hebron weilte, aber auch Jakob bzw. die Jakob-Söhne, die sich bei Sichem aufhielten. Helling wird nicht müde, alle in sein Bild passenden Angaben der Genesis der Reihe nach aufzulisten.

Es fällt auch auf, mit welcher Konsequenz er bei den einzelnen Bibelstellen jeweils die damals gültige Zuordnung zu den Pentateuchquellen Jahwist, Elohist, Priesterschrift mit verzeichnet, auch wenn er, wie eingangs ausdrücklich gesagt, im Grunde diese Aufteilung widerlegt sieht und er dadurch nur ihre Irrelevanz deutlich machen will.

Nach der Widerlegung des von ihm so genannten Primitivitätsdogmas der Forschung und dem Erweis der breiten und reichlichen materiellen Basis des Lebens der Erzväter kommt Helling zur religiösen Entsprechung (er verwendet, soweit ich sehe, nicht das Wort „Überbau") dieser reichen Lebensgrundlage:

„Immer wieder wird der Reichtum der Patriarchen an Vieh, Sklaven, Silber und Gold ... mit dankbar-stolzer Genugtuung als Ge-

schenk göttlicher Gnade hervorgehoben, als sichtbares Zeichen, daß Gott mit ihnen war (Gen. 24, 1 J+E)" (S. 32).
In eben dieser Erzählung Gen. 24, aber auch in der Erzählung von Gen. 26 wird die Gnade gerühmt, mit der Gott die Erzväter gesegnet hat. Helling folgert aus diesen Texten nun:

> „Wie in vielen anderen Religionen stand also auch bei den Hebräern der Wirtschaftserfolg mit dem Erwählungsglauben in engstem Zusammenhang. Wären die Erzväter, wie die Modernen annehmen, wirklich nur arme Schafhirten gewesen, die sich mit einem Leben in primitivster Dürftigkeit hätten abfinden müssen, so hätten sie darin nicht die Gnade, sondern nur den Zorn ihres Gottes sehen können. Es war deshalb nur konsequent, wenn die Modernen mit der Kulturhöhe der Patriarchen auch die Erwählungstraditionen der Genesis preisgaben und sie als Geschichtsreflexion einer späteren Zeit ansahen (cf. K. Galling ETI[19])" (S. 33).

Demgegenüber hätte nun Galling, zumindest nach Hellings Meinung, aus dem Erweis des Wohlstandes der Erzväter den sicheren Boden dafür gewonnen, daß die Erwählungstraditionen der Genesis echt sind:

> „Denn gerade weil die Väter Israels zu wachsendem Wohlstand gelangten, stärkte sich ihr Glaube, von Gott gesegnet zu sein. Der Einklang zwischen der religiösen Erwählungstradition und der profanen Darstellung der Besitzverhältnisse zeigt die widerspruchslose Einheitlichkeit und Zuverlässigkeit des Bildes, das die Genesis von der Patriarchenzeit überliefert" (S. 33).

Auch wenn das Kapitel über die Patriarchenzeit noch wesentlich weiter reicht, ist mit diesen Darlegungen das Wesentliche gesagt. In sehr ausführlicher Weise erörtert Helling noch die verschiedenen Angaben über die Familien- und Sippengliederung, wobei auch eine Reihe völkerkundlicher Vergleiche herangezogen werden. Für damals nicht ungewöhnlich, aber doch auch nicht selbstverständlich sind Vergleiche mit der altgriechischen und altgermanischen Lebensweise. Hier wirken wohl auch Hellings Studien bei dem großen Universalhistoriker Eduard Meyer in Berlin nach.

Ebenfalls durchaus im Geist der Zeit ist es, wenn einzelne Phänomene wie etwa die Einteilung der griechischen Stämme in Phratrieen auf die

---

[19] Kurt Galling, Die Erwählungstraditionen Israels (Beihefte zur Zeitschrift für die Alttestamentliche Wissenschaft, Bd. 48), Berlin 1928.

israelitischen Stämme übertragen werden (z.b. S. 47: 4 Phratrieen und 12 Geschlechter des Jakob-Stammes). Auch hier wendet sich Helling wieder gegen die Primitivisierungstendenz der Forschung und bemüht sich darzulegen, wie schon die frühisraelitischen Hebräer an der zeitgenössischen Kulturentwicklung Anteil hatten. In diesem Zusammenhang wendet sich Helling auch gegen das Bild der „bukolischen Friedseligkeit der Patriarchen" (S. 51).

„Alle Belegstellen, auf die man sich zu berufen pflegt, beruhen auf falscher Deutung, wie sich noch zeigen wird. In Wirklichkeit werden die Erzväter in der Genesis als wohlgerüstete Krieger geschildert, die gewohnt sind, mit Waffengewalt gegen ihre Feinde loszugehen. Diese kriegerische Tradition findet sich nicht nur, wie behauptet wird ..., in vereinzelten Bruchstücken der Überlieferung, sondern zieht sich durch die ganze Genesis hindurch" (S. 51).

Auch hier ist Helling wohl weit über das Ziel hinausgeschossen: Zwar ist in der Tat vereinzelt von kämpferischen Auseinandersetzungen die Rede, die Dimension eines Kriegszuges wird aber nur in Gen. 14 angesprochen. Falsch ausgewertet wird dagegen die Angabe, daß der Leichnam Jakobs unter dem Schutz eines bewaffneten Heereszuges von Ägypten nach Kanaan überführt wurde (Gen. 50, 9). Hier übersieht Helling, daß dabei wohl doch an eine ägyptische Eskorte gedacht ist, die zur Ehre und zum Schutz den Zug begleitet.

Danach kommt Helling nochmals auf das Gottesbild zu sprechen. Es ist ihm sicherlich darin Recht zu geben, daß der Gott, der Israel diese Verheißung gab „kein geschichtsloser Gott und die Religion der Patriarchen keine Naturreligion mehr war" (S. 55). Vielmehr:

„... sein eigentliches Wesen bestand darin, daß er der Gott eines neuen Seins war, das sich in der Geschichte als Neuschöpfung, als Erfüllung wahrer Seinsordnung verwirklichen sollte. Er war der Gott, der sich des geschichtlichen Schicksals der Hebräer annahm und ihnen eine neue Zukunft verhieß" (S. 56).

Schließlich versucht Helling, das so gewonnene Bild in einen größeren Zusammenhang einzuordnen. Dazu greift er jene damals noch relativ neu entdeckten altorientalischen Quellen auf, in denen von einer Bevölkerungsschicht der Hapiru die Rede ist. Diese Hapiru gab es in den verschiedenen Ländern des Vorderen Orients von Mesopotamien bis Syrien und Palästina, aber auch in Ägypten. Nach heutiger Sicht handelt es sich bei der Bezeichnung Hapiru in erster Linie um eine soziologische Bezeichnung, d.h. die Hapiru waren eine Gruppe von Bevölkerungselementen mit niedrigerem sozialem Status, die in verschiedener Form am Rande oder in den unteren Schichten der damaligen Kulturwelt existierten.

Helling nimmt nun einerseits die vorderorientalischen Nachrichten über die weite Verbreitung der Hapiru auf und verbindet sie andererseits mit der sogenannten Völkertafel von Gen. 10 und 11, die er als Hebräer-Stammbaum bezeichnet. Beides verbindet er vor dem Hintergrund der damals verbreiteten Ursprungs- und Wanderungstheorien zu der Annahme, daß die Hebräer aus ihrer uns unbekannten Urheimat im dritten Jahrtausend aufgrund einer politischen Katastrophe ausgewandert seien und dabei über den Orient verstreut wurden. Diese Zerstreuung in Folge einer politischen Katastrophe führte zu einem sozialen Abstieg der einst kulturell und politisch hochstehenden Hebräer. Sie mußten Söldnerdienste annehmen oder Sklaven werden. So sei es auch einem besonderen Zweig dieser Hebräer ergangen, nämlich den israelitischen Hebräern.

Dieses Gesamtbild bringt Helling nun mit der speziellen Rolle der israelitischen Patriarchen in Kanaan in Verbindung:

„Die Annahme, daß die Hebräer in den Kulturländern, in denen sie lebten, als fremde Elemente gezwungen waren, sich unterzuordnen und Dienste anzunehmen, gewinnt an Beweiskraft durch die biblischen Angaben, daß die Israel-Hebräer in Kanaan und Ägypten tatsächlich ‚Fremdlinge‘ waren" (S. 62).

Diese Situation war jedoch keine freiwillige, sondern das Ziel der Wanderung nach Palästina war es eigentlich gewesen, diesen Status zu überwinden:

„Erst wenn man dieses Fremdvolkschicksal als rechtlich-politische Notlage der Hebräer erfaßt hat, kann man die volle Bedeutung jener Offenbarung ermessen, die der Hebräer Gott El Schaddai[20] in Mesopotamien an Abraham ergehen ließ. Es war der Ruf, das Los der Dienstbarkeit nicht länger zu ertragen, die Fesseln abzustreifen und den Aufbruch in die Freiheit zu wagen ...

---

[20] Die Gottesbezeichnung „El Schaddai" wurde in der griechischen Übersetzung der alttestamentlichen Schriften mit „*pantokrator*, Allherrscher" bzw. „allmächtiger Gott" wiedergegeben. Dieser Wiedergabe folgen die meisten modernen Bibelübersetzungen. Die ursprüngliche Bedeutung ist nicht gesichert. Möglicherweise besteht ein Zusammenhang mit „Berg", also: „Gott des Berges". Diese archaisch wirkende Gottesbezeichnung ist in der Priesterschrift für die Erzväterzeit reserviert und deren typisches Kennzeichen.

unter Führung ihres Gottes zogen die Abraham-Hebräer als Eroberer nach Westen" (S. 62).

Für Helling kamen also die israelitischen Patriarchen als Angreifer in das Land. Daß von den angeblichen Kämpfen und den dabei erlittenen Niederlagen nichts berichtet wird, erklärt er sich daraus, daß man diese Niederlagen lieber verschwieg. Ebenfalls ganz gegen die Überlieferung denkt Helling zwar, daß die Zahl dieser Patriarchen natürlich kleiner war als die Zahl der späteren Israeliten, er nimmt aber doch mehrere Tausend an und nicht nur eine einzelne Sippe:

> „... die Gesamtzahl des Israel-Stammes an Männern, Frauen, Kindern und Sklaven würde danach höchstens 6-8 Tausend betragen haben" (S. 64 f).

Helling folgt hier der Annahme, daß hinter den Familienerzählungen der Genesis doch die Erfahrungen größerer Gruppen stehen, während er die Aussagen sonst doch eher 1:1 auswertet.

Die in den Erzählungen zutage tretende Tendenz, Konflikten auszuweichen, mit der die sogenannte Friedfertigkeit der Patriarchenerzählungen begründet wird, erklärt sich Helling als aus der Situation aufgezwungen und dem eigentlichen Wesen der Hebräer fremd.

> „Ohne Frage war diese ‚Friedseligkeit' eine Haltung, die ihnen aufgezwungen war. Ihrer wahren Natur nach waren sie, wie alle Hebräer, ... ‚Räuber', deren Sinnen und Trachten auf Angriff und Eroberung gerichtet war, um die Ketten ihres Fremdvolkschicksals zu brechen und sich selbst zu Herren des Landes zu machen. Hinter der aufgezwungenen Maske ihrer demütigen Friedfertigkeit lebte zutiefst in ihren Herzen ein furchtbarer Haß gegen ihre Bedrücker" (S. 73).

Helling sieht als Ergebnis seiner Forschungen eine doppelte Korrektur an der zeitgenössischen, kritisch-historischen Forschung, die

> „durch eine doppelte Verfälschung die geschichtliche Wirklichkeit geradezu auf den Kopf (gestellt habe). Sie drückte die Produktionsweise, die Kultur und Religion der Erzväterzeit ins Armselig-Primitive herab und machte umgekehrt aus dem Fremdvolkelend, unter dem die Patriarchen zu leiden hatten, das Glück einer idealen Freiheit" (S. 75).

Demgegenüber hatte Helling seiner Meinung nach einerseits die Höhe ihrer Produktivkräfte und damit den Stand ihrer Kultur erwiesen und andererseits den Tiefstand ihrer rechtlich-politischen Lage aufgedeckt.

„Die Erniedrigung zu einem Paria-Volk von Fremdlingen und Beisassen war die Fessel, die die freie Entfaltung ihrer Kräfte, das freie und sichere Wohnen auf eigenem Grund und Boden, den vollen Genuß ihres Arbeitsertrages unmöglich machte. Das war die bisher nie gesehene innere Spannung, die von Anfang an das Leben der Hebräer nicht zur Ruhe kommen ließ. Sie waren entschlossen, diese Fesseln zu sprengen. Mit Abraham, der in der Ferne Land und Freiheit erobern wollte, begann der jahrhundertelange Kampf um die Überwindung ihrer Fremdvolklage ..." (S. 76 f).

Von hier aus zieht sich die grundlegende Linie durch die weitere Geschichte Israels, und Helling hat sogar die Kühnheit, die erst viel, viel später entstandene israelitische Heilseschatologie von hier aus zu erklären.

„In der israelitischen Heilseschatologie, deren Ursprung stets ein Rätsel blieb ... fand der Glaube der hebräischen Parias an die Erlösung aus der Gebrochenheit ihres Lebens seinen religiösen Ausdruck" (S. 77).

Helling bezieht sich an dieser Stelle und insbesondere mit dem Begriff des Paria-Volkes auf Max Weber. Dieser hatte in seinem „Antiken Judentum" diesen Begriff ebenfalls als einen zentralen Begriff verwendet, allerdings in anderer Weise. Für Weber bezeichnete der Begriff Paria-Volk in deskriptiver, im wesentlichen wertungsfreier Weise ein Volk, das nicht nur von den anderen als wesentlich verschieden wahrgenommen wurde, sondern das selbst bewußt Normen und Lebensformen lebte. Diese bewußt differente Lebensweise unterschied ein Paria-Volk von anderen Völkern, schützte es aber auch vor Vermischung und trug zur Aufrechterhaltung der Identität bei. Demgegenüber ist der Paria-Begriff bei Helling ganz massiv wertend gebraucht. Helling spricht zwar auch vom Paria-Volk, aber er betont insbesondere die Paria-Lage und spricht von der Sprengung der Paria-Fesseln.

Zwischenbilanz: Fassen wir das von Helling entworfene Bild zusammen, so waren die israelitischen Patriarchen ein Teil der im Orient verbreiteten Hebräer bzw. Hapiru. Diese waren ein von Anfang an kulturell hochstehendes und von Natur aus kriegerisches Volk, das eine uns unbekannte Katastrophe erlebt hatte. Ein Teil dieser Hebräer, die sogenannten Israelhebräer brachen von Mesopotamien nach Westen auf, um dort, in Kanaan, neues Land und eine neue Heimat zu erobern, was allerdings mißlang und zu einer sozial minderen Stellung der hebräischen Patriarchen führte. Trotz ihrer Paria-Lage blieb ihre Kultur weiterhin hochstehend. Sie gaben sich den Anschein der Friedfertigkeit, in Wahrheit jedoch blieben sie kriegerisch und sannen auf Umsturz und Rache. – Das hier von Helling entworfene Bild des prinzipiellen Kriegertums der Hebräer (S. 73) und der „Maske der Gefügigkeit" (S. 73), die diese gescheiterten Eroberer annehmen, bevor sie sich später dann doch zu Herren des Landes aufschwingen, ist nun doch erstaunlich; und noch erstaunlicher ist das in dieser Darstellung implizierte Leitbild und dessen offensichtliche moralische Billigung durch Helling.

Positiv kann man sagen, daß Helling das Judentum aufwertet. Entgegen der damaligen Verspottung und Verächtlichmachung bis hin zur physischen Vernichtung des Judentums wird das jüdische Volk von Helling als von Anfang an kulturell hochstehend dargestellt, und nicht als feige, sondern als mutig und kämpferisch bzw. in der Not auch verschlagen und listig. Trotz dieser anzunehmenden guten Absicht wird man aber doch fragen müssen, ob Helling bei seiner gewiß positiv gemeinten Charakterisierung des frühen Judentums sich nicht unversehens zu sehr an zeitgenössische Vorstellungen vom germanischen Herrenmenschen und dessen Eroberungsgelüsten annäherte.

2.2 Israel in Ägypten

Nachdem bei der Darstellung der Erzväterzeit der wesentliche Zugang und die Arbeitsweise von Helling deutlich wurden, kann die Analyse von Hellings Ausführungen über „Israel in Ägypten", in denen es um den Ägyptenaufenthalt der Israeliten geht[21], etwas kürzer ausfallen. Zu Recht vermerkt Helling, daß wir von dieser Zeit besonders wenig Nachrichten haben:

> „Von keiner Periode der israelitisch-jüdischen Geschichte erfahren wir so wenig wie von dieser. Auf die in der Genesis erzählte Einwanderung nach Ägypten (Gen. 46 ff) folgt unmittelbar der Exodus, der die Endzeit des ägyptischen Aufenthalts und den Auszug

---

[21] Die reiche, aber auch bunte und kontroverse Forschungsgeschichte zu diesem Thema ist dargestellt bei Helmut Engel, Die Vorfahren Israels in Ägypten. Forschungsgeschichtlicher Überblick über die Darstellungen seit Richard Lepsius (1849) (Frankfurter theologische Studien, Bd. 27), Frankfurt a.M. 1979.

aus dem Pharaonenland darstellt. Von dem, was Israel zwischen dieser Ein- und Auswanderung in Ägypten erlebte, fehlt in der Bibel jeder zusammenhängende Bericht" (S. 79).

Aus dieser Besonderheit der biblischen Überlieferung und aus weiteren Überlegungen folgert die alttestamentliche Wissenschaft im allgemeinen, daß der sogenannte Ägypten-Aufenthalt der Israeliten nur eine relativ kurze Zeit, eine oder zwei Generationen, dauerte und nur von einem Teil der Vorfahren Israels, der sogenannten Mose-Gruppe, erlebt wurde.

Andererseits setzt die biblische Überlieferung – jedenfalls in ihrer vorliegenden Gestalt – in der Tat einen längeren Aufenthalt in Ägypten voraus. Insbesondere braucht es eine gewisse Zeit, bis aus den 70 Personen, die mit Jakob und Joseph nach Ägypten kamen, ein Volk entstanden sein konnte. Zudem gibt es an einer Stelle, nämlich in Ex. 12, 40 die Angabe, daß die Israeliten 430 Jahre in Ägypten gelebt hätten.[22] Allerdings gehört diese Zahl zur Priesterschrift, die erst um 600 v. Chr. verfaßt wurde, und hat wahrscheinlich eine schematisch-symbolische Bedeutung.

Mit manchen konservativen Autoren, die es natürlich auch gab, hält nun Helling diese Zahlen für historisch zutreffend und versucht, diesen langen Zeitraum mit Angaben, die man sich, wie er selber vermerkt, verstreut im Alten Testament zusammensuchen muß, und mit ägyptischen Quellen zu füllen. Für letztere kann sich Helling auf einen ganz besonderen Fund berufen, nämlich auf die sogenannten protosinaitischen Inschriften, die man ab etwa 1890 entdeckte. Dabei handelt es sich um Inschriften in semitischer Sprache und einer damals neuen Schrift, nämlich nicht in ägyptischer Hieroglyphenschrift, sondern in ersten Formen einer echten alphabetischen Schrift. Die Verfasser dieser Inschriften waren offensichtlich Semiten, die allerdings in Verbindung mit den Ägyptern und in ägyptischen Diensten lebten. Als Fundort ist insbesondere Serabit El Chadim zu nennen, eine ägyptische Bergbausiedlung an der Westseite der Sinai-Halbinsel. Diese protosinaitischen Inschriften konnte man zwar zu einem Gutteil, aber keineswegs vollständig entziffern. Ihre genaue Lesung und Deutung war und ist in der Forschung jedoch umstritten.

---

[22] Zu den Zahlenangaben und ihren wahrscheinlichen Hintergründen vgl. Siegfried Kreuzer, 430 Jahre, 400 Jahre oder 4 Generationen. Zu den Zeitangaben über den Ägyptenaufenthalt der ‚Israeliten‘, in: Zeitschrift für die Alttestamentliche Wissenschaft 98 (1986), S. 199-210.

Es gab und gibt einzelne Autoren, die aufgrund dieser Inschriften zu sehr weitreichenden Hypothesen kamen. Helling stieß auf die Arbeiten von Hubert Grimme, der der Meinung war, die Texte vollständig entziffern und lesen zu können, und der in diesen Texten Dokumente für den Aufenthalt hebräischer Semiten, mit anderen Worten von Vorfahren der Israeliten, finden zu können meinte. Grimme identifizierte die Sprache der Sinai-Semiten und der hebräischen Bibel bis hin zu Folgerungen wie etwa: „Wir wissen heute, daß um 1500 v. Chr. auf Sinai reines Hebräisch gesprochen worden ist" (S. 81).[23]

Helling betont, daß er die Arbeiten von Grimme erst fand, als er seine Arbeit schon im wesentlichen abgeschlossen hatte, aber sie passen natürlich bestens in sein Gesamtbild, und er integriert die Inschriften bzw. Grimmes Deutungen voll in seine Darstellung.

„Ich behielt den ursprünglichen Aufbau meiner soziologischen Analyse auf Grund der biblischen Angaben bei und fügte das neue inschriftliche Material nur als Ergänzung ein. Dabei zeigte sich, daß die neuen Funde ebenso wie das schon früher bekannte ägyptische Material mit den Pentateuchberichten aufs beste zusammenstimmen. Die Zuversicht, auf festem historischen Boden zu stehen, wird dadurch zur Gewißheit erhoben. Mit größerer Sicherheit als früher kann man sich der Aufgabe zuwenden, die ägyptische Zeit Israels zu rekonstruieren" (S. 82 f).

Im Lichte dieser Bestätigung seiner eigenen Ergebnisse werden alle Äußerungen der kritischen alttestamentlichen Forschung zu „modernen Willkürhypothesen" (S. 82).

„Der noch immer vorherrschenden Ansicht der Modernen, der Aufenthalt Israels in Ägypten habe viel später begonnen und bis ins 13. Jahrhundert gereicht, wird dadurch der Boden entzogen" (S. 84).

Die Annahme, daß die Israeliten im wesentlichen als Nomaden in Ägypten gelebt hätten und nur ein Teil der späteren Israeliten in Ägypten ge-

---

[23] Hubert Grimme, Die altsinaitischen Buchstabeninschriften, Berlin 1929, S. 101. Allerdings ist nicht nur die Lesung der Inschriften umstritten, sondern auch die Datierung. Einzelne Autoren verbinden die Inschriften schon mit der 12. Dynastie, d.h. dem 20.-18. Jahrhundert v. Chr., die meisten denken an die 18. Dynastie, d.h. an das 16.-13. Jahrhundert v. Chr.; vgl. Stefan Wimmer, Schrift, in: Neues Bibellexikon III, Düsseldorf 2001, S. 509. Auch die Bezeichnung als „reines hebräisch" ist sprachgeschichtlich so nicht möglich.

wesen sei, ist für Helling ebenfalls nur Ausfluß des bereits wiederholt kritisierten „Primitivitätsdogmas" (S. 85).

Wie sieht dieses Leben in Ägypten nun aus?

„Der wichtigste Wandel, der sich auf ägyptischem Boden in der Lebensweise der Hebräer vollzog, war die Überwindung ihrer Halbseßhaftigkeit. Gosen [d.i. das Gebiet des östlichen Nil-Deltas, S.K.] wurde ihr fester und dauernder Wohnsitz, wie in der Genesis ausdrücklich betont wird" (S. 85).

Diese feste Ansiedlung bedeutet „ein festes Besitzrecht an Grund und Boden" (S. 86). Die Seßhaftigkeit und das feste Besitzrecht (genau genommen: festes Pachtrecht, weil ägyptisches Land entweder Eigentum des Königs oder der Tempel war, S. 87) führte zu einer besonderen Bedeutung der Rinderzucht, „die in Ägypten eine größere Rolle spielte als in Palästina" (S. 87). Der Anteil des Großviehbesitzes nahm nicht nur in Gosen zu, sondern „auch die hebräischen Fronarbeiter am Sinai [verfügten] über Klein- und Großvieh" (S. 88). Als noch bedeutsameren Fortschritt betrachtet Helling den Fortschritt im Feld- und Gartenbau, der in Gosen gemacht wurde, sowie den damit verbundenen Fortschritt bei den Arbeitsmitteln:

„Wenn sich in Gosen die Erträge der hebräischen Wirtschaft erhöhten, so lag das allerdings nicht nur an der Güte des neuen Weide- und Ackerlandes, sondern auch an den besseren Arbeitsmitteln, über die man hier verfügte ... Es gab hier vor allem schon Werkzeuge aus Eisen, obwohl die Bronze noch bis in die römische Zeit vorherrschend blieb" (S. 90).

In diesem Zusammenhang kommt Helling sogar zu der Vermutung, daß es am Sinai auch eisenhaltiges Gestein gegeben habe, das von den Hebräern abgebaut wurde. Als Argument dafür zieht er den Vergleich der Sklaverei in Ägypten mit der Hitze eines Eisenschmelzofens heran, allerdings ohne zu beachten, daß die entsprechenden Belegstellen wiederum wesentlich jünger sind und auch nicht im Sinai-Gebiet formuliert wurden. Ein weiteres Argument ist,

„daß Mose verboten habe, Eisen beim Altarbau und bei der Beschneidung zu verwenden (Ex. 4, 25 J; 20, 25 JE). Der Gebrauch eiserner Werkzeuge war also zu seiner Zeit in Israel schon üblich. Eisen war das neue Metall der ägyptischen Zeit, das aus dem sakralen Bereich verbannt werden sollte, weil die Erzväter und ihr Gott es noch nicht gekannt hatten" (S. 91).

Helling übersieht allerdings, daß der Text von einer Beschneidung mit steinernen Messern spricht und daß im Altarbaugesetz von unbehauenen Steinen die Rede ist, wobei es offen bleibt, aus welchem Material das Werkzeug zur Bearbeitung gefertigt ist. Darüber hinaus ist es für Helling hier, wie auch sonst immer wieder, selbstverständlich, daß Texte der Mose-Bücher von Mose stammen bzw. daß die Texte unabhängig von ihrem Alter immer historisch verwertbare Angaben machen.

Ähnliche Probleme ergeben sich bei Hellings Schlüssen etwa aus der Übernahme ägyptischer Wörter in die hebräische Sprache. Solche Übernahmen sind zweifellos vorhanden,[24] sie sind aber keineswegs zwingend schon in der Frühzeit und auf ägyptischem Boden erfolgt. Vielmehr beherrschte Ägypten über lange Phasen seiner Geschichte hinweg den Raum von Kanaan und Südsyrien, so daß die Vermittlung ägyptischer Worte durch Kulturkontakt in späteren Zeiten wesentlich wahrscheinlicher ist.

Für Helling führte die Zeit des Ägypten-Aufenthaltes weiterhin zur „Entstehung eines selbständigen hebräischen Handwerkes ... Die ungewöhnliche Höhe aber, zu der das hebräische Handwerk und Luxusgewerbe in Ägypten gelangte, erklärt sich aus dem Einfluß, den das ägyptische Kunstgewerbe auf die Hebräer ausübte" (S. 93).

Diese Blüte des Handwerkes ergibt weiterhin auch die Voraussetzung dafür,

„daß die hebräischen Handwerker zur Zeit Moses in der Lage waren, auch die außergewöhnlichen Ansprüche zu erfüllen, die die Errichtung und Ausstattung des neuen Jahwe-Heiligtums an sie stellte" (S. 95).[25]

---

[24] Helling beruft sich auf die Arbeiten von A. S. Yahuda, u.a. auf dessen „Die Sprache des Pentateuch in ihren Beziehungen zum Ägyptischen" (Berlin 1929). Abgesehen davon, daß wohl nicht alle Beispiele Yahudas haltbar sind, bleibt die Frage nach Ort und Zeit der Übernahme bzw. des entsprechenden Kulturkontakts.

[25] Helling denkt an die Baubeschreibung der sogenannten Stiftshütte in Ex. 25-31 und 35-40. Diese Angaben gehören zur (relativ jungen, vgl. oben 1.2) Priesterschrift und sind wahrscheinlich als Abbild bzw. durch die Verbindung mit der Offenbarung am Sinai als (literarisches) Vorbild für den Jerusalemer Tempel gedacht.

Die Interpretation Hellings ist ein Zirkelschluß zwischen der Baubeschreibung und der Fähigkeit zur Ausführung. Für die Tradition selbst – die wie Helling die Geschichtlichkeit der Sache voraussetzt – war die Fähigkeit keineswegs so selbstverständlich, sondern die

Helling ist mit dieser Argumentationslinie nicht ganz allein. Er kann sich auf ältere konservative Autoren berufen, die mit diesen Argumenten versucht hatten, alle Texte im Pentateuch von Mose herzuleiten und nicht zuletzt auch die Errichtung des Heiligtums und aller Kultgegenstände in die Zeit am Sinai zu lokalisieren. Trotzdem muß man sagen, daß Helling hier wiederum alle literarischen Vorfragen nach dem Alter der Texte überspringt bzw. daß er sie durch seine Erörterungen für hinfällig hält.

Im folgenden macht sich Helling Gedanken über die aufgrund einer derartigen wirtschaftlichen Entwicklung als wahrscheinlich anzunehmende soziale Differenzierung aus den verschiedenen Gesetzen des Pentateuch, die ihrerseits wiederum eine soziale Differenzierung voraussetzen bzw. einschlägige Auswüchse überwinden wollen. Helling schließt, daß die entsprechenden Zustände schon bei den Hebräern in Ägypten geherrscht hätten:

„Am Ende der ägyptischen Zeit bestanden in Israel die gleichen sozialen Gegensätze wie unter den vorislamischen Arabern ... Auch in Israel war diese soziale Zerklüftung die Kehrseite der wirtschaftlichen Entwicklung. Sie war die offene Wunde, die Mose ebenso wie Mohammed zu heilen suchte" (S. 102).

Natürlich partizipierten für Helling die so fortgeschrittenen Hebräer nicht nur an der materiellen Kultur Ägyptens, sondern auch an der geistigen Kultur, insbesondere an der Schreibkunst und auch an der ägyptischen Weltanschauung bis hin zu einigen Elementen der ägyptischen Religion, und es ist wiederum nur konsequent, daß Helling auch das Fremdgötterverbot im Dekalog auf die ägyptischen Götter bezieht:

„Das Verbot des Dekalogs ‚Du sollst dir kein (Gottes-)Bild verfertigen noch irgend ein Abbild ...' richtete sich gegen den Abfall zu den Göttern des Pharaonenreiches" (S. 111).

Auch hier sieht Helling wieder eine Bestätigung durch die Sinai-Inschriften, wo ägyptische Gottheiten genannt und auch bildlich dargestellt werden. Daß in einer ägyptischen Bergwerkssiedlung ägyptische Gottheiten dargestellt werden, ist jedoch keineswegs verwunderlich. Für Helling wird die Sache aber trotzdem zum Argument, nämlich aufgrund der Annahme, daß die Menschen dieser Bergbausiedlung keine Ägypter, sondern eben Hebräer waren.

---

nötige künstlerisch-handwerkliche Fähigkeit wird dort ausdrücklich als Gottesgabe erklärt (Ex. 31,2 und 35,31).

Es ist an dieser Stelle nicht nötig und nicht möglich, die weiteren Einzelheiten der von Helling vorgeführten Ägyptisierung der Hebräer im einzelnen darzustellen (vgl. S. 111-120). Zu erörtern ist vielmehr noch der am Ende des Ägyptenaufenthaltes eingetretene große Wechsel, denn die Israeliten zogen ja als unterdrückte Zwangsarbeiter aus Ägypten aus. Die Verschlechterung der Lage gegenüber der Situation des wohlhabenden Bauern-, Handels- und Kulturvolkes zu frondienstpflichtigen Sklaven wird von Helling sinnvollerweise mit dem Sturz der Hyksos in Verbindung gebracht:

> „... zu Fronarbeiten scheinen sie erst später nach dem Sturz der Hyksos (ca. 1580 v. Chr.) gezwungen worden zu sein. Nach der Bibel setzten die Fronen ein, als ‚ein neuer König in Ägypten aufkam, der nichts von Joseph wußte' (Ex. 1, 8)“ (S. 122).

Diese Veränderung sieht Helling auch wieder in den Sinai-Inschriften bezeugt (S. 123). Die neue Lage der Unterdrückung und der Fronarbeit bezeichnet Helling nun wieder als Paria-Lage.

> „Ihre Parialage war noch schlimmer als in der Patriarchenzeit. Ägypten war für sie ein ‚Sklavenhaus' ... Noch nach Jahrhunderten bedeutete der Ausdruck ‚nach Ägypten zurückkehren' dasselbe wie ‚in die Sklaverei verschleppt werden' ... Gerade weil die Hebräer unter den Hyksos sich freier hatten entfalten können und eine größere Höhe ihres wirtschaftlich-kulturellen Lebens erreicht hatten, mußten sie die Tiefe des Elends, das sie im Neuen Reich zu erdulden hatten, umso stärker empfinden ... Die Höhe ihrer Wirtschaft und Kultur stand in schärfstem Gegensatz zu der rechtlich-politischen Vergewaltigung, der sie als Dienst- und Gastvolk unter fremder Herrschaft ausgeliefert waren ... Der Antagonismus ihres ökonomischen und ihres politischen Lebens gehörte zum Wesen ihres Hebräertums und bestimmte die ganze Frühzeit ihrer Geschichte von Abraham bis Mose. Das Leiden unter dieser Gebrochenheit des Lebens war und blieb die treibende Kraft ihrer Geschichte und führte nicht nur in der Patriarchenzeit, sondern auch in Ägypten schließlich zum Kampf um ihre Überwindung“ (S. 125).

Damit stehen wir an der Schwelle zum Auftreten des Mose und zum Auszug aus Ägypten.

Zwischenbilanz: Helling folgt auch bei der Darstellung des Ägypten-Aufenthaltes der Israeliten ganz der zuvor bereits eingeschlagenen Linie, nämlich der Analyse der wirtschaftlichen Situation und von da aus der Entwicklung von Kultur und Religion. Die Hebräer in Ägypten erleben für Helling eine großartige wirtschaftliche und kulturelle Entwicklung, die sie zugleich zu all den Leistungen befähigt, die in den späteren Texten, insbesondere etwa in den Berichten über die Anfertigung des Heiligtums am Sinai, vorausgesetzt sind. Zudem bringen der Umschwung nach der Hyksoszeit und die Versklavung der Hebräer wieder den alten, auch schon in der Erzväterzeit sichtbar gewesenen Antagonismus zwischen der großartigen Wirtschafts- und Kulturentwicklung einerseits und der politischen Unfreiheit und Unterdrückung andererseits zutage. Auch hier greift Helling wieder den Begriff der Paria-Situation auf und polemisiert gegen das Nomaden- bzw. das Primitivitätsdogma der Forschung.

Freilich ist dieses Bild wiederum nur möglich unter der Voraussetzung, daß alle Pentateuch-Texte letzen Endes von Moses selbst oder zumindest aus der mosaischen Zeit stammen bzw. daß alle Angaben unmittelbar historisch auswertbar sind. Nicht zuletzt nimmt Helling auch die schematische Angabe eines über 400 Jahre währenden Ägypten-Aufenthaltes auf. Den so entstandenen langen Zeitraum füllt er mit einzelnen biblischen Informationen und insbesondere mit den Sinai-Inschriften. Bezüglich dieser Sinai-Inschriften verläßt er sich ganz auf die Deutungen von Hubert Grimme, die auch damals in der Fachwelt umstritten waren bzw. abgelehnt wurden. Die Kritik an Grimme muß Helling zumindest aus den Gegenreaktionen von Grimme bekannt gewesen sein. Helling sah aber wohl darin auch deswegen kein Problem, weil er meinte, durch seine eigenen Analysen die Untersuchungsergebnisse von Grimme bestätigt zu haben.

2.3 Mose und sein Werk

Die Darstellung von Person und Wirken des Mose beginnt Helling zunächst wieder mit einer Kritik am Nomaden-Dogma und an der „inhaltlich leere(n) Primitivisierung", die mit den biblischen Überlieferungen in unvereinbarem Gegensatz stehen. Vielmehr kommt es nun durch Mose endlich zur Verwirklichung der „alte(n) Verheißung des Vätergottes" (S. 129), und Mose wird deshalb in den Büchern des Pentateuch

> „mit Fug und Recht, wie sich noch zeigen wird, als Vollender des Patriarchenwerks dargestellt, nicht als Begründer der Geschichte Israels" (S. 130).

Helling erwähnt auch die These Wellhausens und seiner Schüler,

„daß Israel seine politische Einheit erst unter dem späteren Königtum gefunden habe ... Nach dieser Theorie konnte die Tat Moses nur in einer Vorbereitung, einer geistigen Grundlegung der späteren politischen Einheit bestanden haben. So kam man zu der Behauptung, Mose habe seinem Volk durch die Stiftung einer neuen Religion ‚ein geistiges Gesamtbewußtsein' gegeben, das zum ‚Fundament der Nation und ihrer Geschichte' geworden sei ... Er habe einen in Israel bis dahin unbekannten Gott, den Jahwe vom Sinai, zum Gott seines Volkes gemacht, weil dieser die Hebräer bei ihrem Auszug aus Gosen vor den ägyptischen Verfolgern am Schilfmeer gerettet haben. Diese mehr als kühne Hypothese wurde seitdem als historische Wahrheit ausgegeben und bildete einen der Eckpfeiler im Gebäude der modernen Pentateuchkritik" (S. 130).

Helling verweist auch noch darauf, daß in den letzten Jahrzehnten die Mose-Forschung zumindest teilweise konservativer geworden sei und stärker den geschichtlichen Elementen der Überlieferung nachgespürt habe.

„Aber die Grundauffassung von Mose als Stifter einer neuen Jahwe-Religion war schon so sehr zum Dogma der kritischen Wissenschaft geworden, daß auch die jüngeren Forscher im wesentlichen an ihr festhielten. Auch die Entdeckung der Sinai-Inschriften vermochte nicht den Bannkreis dieser Auffassung zu durchbrechen" (S. 130 f).

Wieder betont Helling, daß er seine eigene Lösung des Mose-Problems gefunden habe, bevor er die neuen Sinai-Inschriften kennengelernt habe, und daß damit sein Bild auch unabhängig von Grimmes Entzifferung Bestand habe, daß sie aber doch von dort her eine ganz wesentliche Bestätigung erfahre, wobei es vor allem um die Inschriften No. 349 und 373 gehe, weil sich diese auf den biblischen Mose bezögen.

„Es ist deshalb geboten, von den Inschriften auszugehen, zumal sie mit der im Exodus erzählten Jugendgeschichte Moses aufs engste zusammengehören" (S. 131).

Bekanntlich ist ein wesentliches Element der Mose-Geschichte die Sage von seiner Aussetzung im Nil und der Auffindung durch die Pharaonentochter. Während in der kritischen Forschung auf die Analogie zu anderen Aussetzungssagen und insbesondere zur Sage des Königs Sargon aus Mesopotamien hingewiesen wird, bezieht sich Helling auf Yahuda, der auf ägyptisches Lokalkolorit der Erzählung hinweist, und Helling meint:

> „Die Erzählung spiegelt also, wie man sieht, ägyptische Verhältnisse so genau wider, daß zum mindesten die Möglichkeit der historischen Echtheit der mosaischen Jugendgeschichte besteht" (S. 133).

Und nun kommt der besondere Clou. Helling folgt der Meinung von Grimme, der sich auf die frühjüdische Nachricht bezieht, daß der Name der ansonsten namenlosen Pharaonentochter Merris gewesen sei und daß aus der Königsliste des Manetho zu schließen sei, daß Merris der Thronname der späteren Pharaonin Hatsepsut war, die von 1501 bis 1480 v. Chr. den ägyptischen Thron inne hatte. Zu dieser Annahme kommt nun für Grimme noch, daß die beiden erwähnten Sinai-Inschriften No. 349 und 373 einen Eigennamen enthielten,

> „der in seinem ersten Teil ‚mit voller Bestimmtheit' aus dem Namen der Königin Hatsepsut und in seinem zweiten sehr wahrscheinlich aus dem Namen Mose bestand" (S. 134).

Helling mußte zumindest aus Grimmes Verteidigungen wissen, daß diese Lesung der Sinai-Inschrift bezweifelt wurde, aber er folgt ihm trotzdem:

> „Setzt man diese Lesungen, an denen Grimme trotz aller Anzweiflungen stets festgehalten hat, als richtig voraus, so muß man sie mit ihm als urkundlichen Beweis dafür ansehen, daß der Hatsepsut-Mose mit dem biblischen Mose identisch ist und daß seine im Exodus erzählte Adoption durch die Tochter Pharaos, d.h. also durch die Prinzessin und spätere Pharaonin Hatsepsut, nicht als Sage, sondern als historische Tatsache zu gelten hat" (S. 134).

Helling sieht damit wiederum seine Grundthese bestätigt, nämlich

> „daß Mose nicht aus einem Nomadenmilieu stammte. Er war weder ‚ein einfacher Viehzüchter' und ‚inspirierter Hirte' ..., noch ein Nomadenpriester von Kades ..., wozu ihn die Modernen degradierten" (S. 135).

Mit dieser Zuordnung des Mose ist zweifellos ein Höhepunkt des Hellingschen Geschichtsbildes erreicht. Mose ist nicht nur, so wie Helling es durchgehend für die Israeliten beansprucht hat, kein Nomade, und er ist auch nicht nur der von einer namenlosen Pharaonentochter adoptierte Findling, sondern er ist der Adoptivsohn der bedeutendsten Frau, die jemals auf dem ägyptischen Pharaonenthron saß!

Die weitere Darstellung folgt, wie zu erwarten, ganz eng der biblischen Erzählung, wozu auch sehr junge Nachrichten, nämlich aus dem frühjüdischen und neutestamentlichen Mose-Bild, und die Grimmschen Interpretationen der Sinai-Inschriften ergänzend herangezogen werden. Die Loslösung des Mose von seinem staatstreuen Ägyptertum wird sich in Serabit auf dem Sinai vollzogen haben, wo er das Sklavenelend seiner Volksgenossen in den Bergwerken vor Augen hatte. Dazu gehört auch die Berufung des Mose am brennenden Dornbusch (Ex. 3) mit der weiteren Überlegung, daß eine bloße Berufung des Mose auf den Gott der Väter für die Erhebung gegen Ägypten nicht ausreichend sei (S. 139), da die alten Verheißungen nicht in Erfüllung gegangen waren. Demgegenüber offenbarte der alte Gott der Väter dem Mose eine neue Form seines Namens (vgl. Ex. 3, 14), nämlich Jahwe – im Unterschied zur alten Form Jahu.

„Die Antwort Gottes bestand in der Offenbarung seines Namens Jahwe. Die Neuheit dieses Namens war es, die die Modernen zu der These verführte, daß Jahwe ein in Israel bisher unbekannter Gott gewesen sei, den Mose von den Midianitern oder, wie man früher annahm, von den Ägyptern oder Phöniziern übernommen und zum Gott Israels gemacht habe. So kamen sie zu der verwegenen Behauptung, daß Mose eine neue Jahwereligion gestiftet habe, durch die die Elreligion der Patriarchenzeit verdrängt worden sei" (S. 140).

Demgegenüber schließt sich Helling Grimme und anderen Autoren an, nach denen „der Name Jahwe von Jahu, dem alten, in den Sinai-Inschriften ausdrücklich bezeugten Israel-Gott, abgeleitet" worden sei (S. 140).

„Die Offenbarung seines Namens Jahwe sollte den Zweifelnden beweisen, daß er die Macht hatte, seine Erlösungsbotschaft an Israel wahr zu machen. Sie sollte ihnen die Gewißheit geben, daß sie sich auf sein Wort verlassen konnten" (S. 141).

Auch wenn sich Helling hier auf manche konservativen bzw. vorkritischen Autoren bezieht, so ist doch selbst innerhalb der Hellingschen Voraussetzungen die Frage zu stellen, ob eine bloße und recht begrenzte Veränderung des Gottesnamens wirklich ein ausreichender Grund dafür sein kann, die Zweifel auszuräumen und gegen jede Erfahrung und jeden Augenschein neue Hoffnung zu bewirken.

Das Auszugsgeschehen selbst wird von Helling erstaunlich kurz behandelt.

„Die Befreiung Israels vom Joch des ägyptischen Fronstaates, die unter Moses Führung tatsächlich erfolgte, wird in der Bibel im mythisierenden Stil des alten Orients als Kette göttlicher Wundertaten dargestellt. Wie in den vorderasiatischen und ägyptischen Königsinschriften alle Taten, die verherrlicht werden sollen, dem Gott-König allein zugeschrieben werden, sodaß für Helfer kein Platz ist ..., so wird auch im Exodus die Rettung Israels als ausschließliche Tat des wunderwirkenden Gott-Königs Jahwe verherrlicht. Unter welchen Umständen sie in Wirklichkeit vor sich ging, bleibt dunkel. Man kann nur vermuten, daß die Erhebung Israels in engster Verbindung mit den Aufständen in Syrien und Palästina erfolgte und nur durch stärkste Unterstützung von außen her möglich wurde, eine Hilfe, die um der Ehre Jahwes, des allmächtigen Gottes, willen verschwiegen wird" (S. 143).

Diese Interpretation ist zwar vom soziologischen bzw. sozialpolitischen Ansatz Hellings her nicht allzu überraschend. Es fällt aber doch auf, wie leicht er hier die alttestamentlichen Traditionen beiseite läßt, obwohl er deren zentrale Bedeutung für die alttestamentliche Überlieferung durchaus kennt und auch selber im folgenden betont. Helling erwähnt zwar auch die Meinung der historisch-kritischen Forschung, daß es sich bei der Mose- bzw. Exodusgruppe um eine kleinere Abteilung hebräischer Fronarbeiter gehandelt habe, denen die Flucht aus Ägypten gelang, aber er polemisiert gegen diese Interpretation ebenso wie gegen die Vermutung, daß das Ziel dieser Gruppe zunächst eben die Wüste bzw. die Oase Kadesch gewesen sei.

Freilich bleiben die Aufstände in Syrien und Palästina eine Hilfsannahme, für die auch Helling keine Belege oder Hinweise anführt, und auch innerhalb des Bildes von Helling bleibt die Schwierigkeit, daß ein erheblicher Teil der geflohenen Hebräer bereits bei den Bergwerkssiedlungen des Sinai, also außerhalb Ägyptens, war. Die Konsequenz des Auszugs aus Ägypten war für Helling:

„Jahrhundertelang ein Pariavolk nur geduldeter, politisch rechtloser Fremdlinge und Beisassen, hatte Israel jetzt endlich seine Ketten zerbrochen und den Weg in die Freiheit gefunden. Die schwerste Last, die bisher sein Leben bedrückt hatte, die Last seines Pariadaseins, war von ihm genommen. Die Schmach und Schande seines Hebräertums hatte ein Ende. Als freies Volk stand es am Anfang einer neuen Zukunft" (S. 144).

Auch hier sieht sich Helling als Wiederentdecker einer geschichtlichen Wahrheit:

„Der Größe dieser geschichtlichen Wende sind bisher weder die altgläubigen noch die modernen Forscher jemals gerecht geworden. Weil ihnen alle die Parialage verborgen blieb, in der Israel von Abraham bis Mose hatte leben müssen, konnte der Auszug aus Ägypten für sie nicht die Bedeutung erhalten, die ihm in der Geschichte Israels zukommt und ihm in der Überlieferung auch zugeschrieben wird. Das Geschichtsbild, das die Modernen dieser Überlieferung entgegenstellten, mutet geradezu kläglich an" (S. 145).

Kläglich wäre es auch gewesen, in der Wüste zu bleiben oder gar zum armseligen Niveau eines Nomadenvolkes (S. 146) zurückzukehren. Selbst der Aufenthalt in Kadesch oder am Sinai konnte nur eine kurze unbefriedigende Zwischenstation sein, gerade weil Mose

„alles daran gelegen war, Israels Freiheit gegen jeden Rückfall in das alte Fremdvolkelend zu sichern, mußte er von vornherein die Wüste nur als Durchgang und Etappe ansehen und die Eroberung Kanaans, das alte Ziel der Patriarchen, zu seinem eigenen machen. Nur auf dem ertragreichen Boden des Kulturlandes konnte der gewohnte Lebensstandard gehalten und die neuerrungene Freiheit auf eigenem Grund und Boden für alle Zukunft gesichert werden. Nur hier konnte der seit Jahrhunderten bestehende Widerspruch zwischen der wirtschaftlich-kulturellen Leistungshöhe Israels und der Tiefe seiner rechtlich-politischen Erniedrigung endlich aufgehoben werden ... In Kanaan sollte Israel zur Ruhe kommen. Hier sollte es als freies Volk auf eigener Scholle unter Weinstöcken und Oelbäumen sicher wohnen. Der Fluch seines Hebräertums sollte sich hier in Segen und Heil verwandeln. Das war die Enderlösung, die Mose als Ziel vorschwebte" (S. 147 f).

Diesem Ziel dient nun die zweite Großtat, die Mose in der Wüstenzeit vollbrachte, die neue Ordnung Israels, die die Voraussetzungen für die Eroberung Kanaans schaffen sollte (S. 148). Die neue Ordnung ging sowohl gegen die soziale und politische als auch gegen die religiöse Zersplitterung Israels.

„Der politischen Befreiung mußte die geistig-religiöse folgen. Der Glaube an die eigene Zukunft, an den Sieg über Kanaan, der Glaube an Jahwe, den Gott der Verheißung und Erfüllung, mußte den Geist des Abfalls verdrängen. Der eschatologisch-revolutionäre Glaube der Väterzeit mußte zu neuer Glut entfacht werden. Das war die Umwälzung, die Mose als dringendste Aufgabe vor sich sah. Sie wurde verwirklicht durch den neuen Bund der am Sinai zwischen Jahwe und Israel geschlossen wurde. Durch diese Bundschließung wurde nicht, wie die Modernen annehmen, ein neuer, in Israel bisher unbekannter Gott aus Midian eingeführt, sondern umgekehrt: der alte Abraham-Bund wurde auf höherer Stufe wiederhergestellt, die Väterreligion von neuem in Kraft gesetzt" (S. 149).

Als die wesentliche Rechtsurkunde dieses Bundes betrachtet Helling die zehn Gebote, die er dann im folgenden in ihrer Bedeutung entfaltet, wobei er wiederum an vielen Stellen gegen das Nomadendogma polemisiert.

„Weil auch dieses Gesetz mit dem Nomadendogma der Modernen in Widerspruch stand, wurde es von Wellhausen und seiner Schule für unmosaisch gehalten und in die Zeit der Propheten verwiesen" (S. 150).

Hier taucht nun unter anderen Autoren, auf die sich Helling zum Teil durchaus auch positiv bezieht, ein wichtiger neuer Name auf, nämlich Martin Buber. Martin Buber hatte ebenfalls, wenn auch nicht mit marxistischen Kategorien, ein Werk über die Frühgeschichte Israels unter dem Titel „Das Kommende, Bd. I: Königtum Gottes" (Berlin 1932) verfaßt, dessen besonderes Anliegen es war, die Frühzeit Israels, d.h. insbesondere die Mosezeit und die unmittelbar daran sich anschließende vorstaatliche Epoche, als Zeit des unmittelbaren Königtums Gottes über Israel zu verstehen.

In der Interpretation des frühisraelitischen Gottesglaubens unterscheidet sich Helling allerdings von Buber und auch von jenen Autoren, die als wesentliches Kennzeichen der mosaischen Religion deren geistiges und sittliches Gottesverständnis herausstellen (S. 154-157). Auch hier erhebt Helling einen hohen Anspruch:

„Weil die bisherige Forschung den Paria-Charakter Israels und seines Gottes nie erkannte, mußte ihr diese Wesensart Jahwes, mit dem Israel am Sinai von neuem einen Bund schloß, verborgen bleiben ... Die Modernen versuchten das Problem mit Hilfe ihrer Entwicklungslehre zu lösen und nahmen an, daß sich die Jahwe-Religion durch eine ungewöhnlich hochentwickelte Geistigkeit ausgezeichnet habe. Im Gegensatz zu den Kultreligionen des alten Orients sei das Wesenselement der israelitischen Religion das Sittliche gewesen. Kultus und Priestertum habe in der mosaischen Religion nur geringe oder gar keine Bedeutung gehabt" (S. 154). „In Wirklichkeit bestand, wie wir sahen, die Eigenart der mosaischen Religion darin, daß der Paria-Gott der Hebräer im Gegensatz zu den Schutzgöttern aller landbesitzenden Völker ein revolutionärer Gott der Landeroberung war. Auch bei der Bundschließung am Sinai war es die Landverheißung, die er in naher Zukunft zu erfüllen versprach, falls Israel sich von allen fremden Göttern trenne und ihm allein Gehorsam leiste ... In dieser Verheißung [Verheißung der Eroberung und Einnahme des Landes, S.K.] kommt die Eigenart des mosaischen Jahwismus zu vollem Ausdruck. An ihrer Konkretheit scheitern alle abstrakten Spekulationen über kultlose Geistigkeit der israelitischen Jahwe-Religion. Im Glauben an diese Kanaan-Verheißung schloß Israel am Sinai unter Absage an alle fremden Götter den Bund mit Jahwe (Ex. 24). Damit war die von Mose gewollte Wende vollzogen. Die Schande Ägyptens war ausgelöscht. Die Zeit der opportunistischen Selbstpreisgabe war überwunden. Der nationalrevolutionäre Radikalismus hatte gesiegt" (S. 156 f).

Das Weitere liegt nunmehr auf der Ebene der Vorbereitung und Durchführung: Mose schafft nicht mehr den Stämmebund „wie die meisten Modernen auf Grund ihrer Primitivisierungstendenz annahmen" (S. 158), sondern den Stämmebund hat es schon in der Gosenzeit gegeben. Moses Leistung bestand darin, diesen Verband durch eine straffere Organisation zu ersetzen, „um Israel auf eine höhere Stufe seines politischen Lebens emporzuheben" (S. 158). Dazu dienen nun die verschiedenen Ämter der obersten und der Anführer über die Zehner-, Fünfziger-, Hundert- und Tausendschaften des Heerbannes. Die patrizischen Obersten, die allzu leicht auf ihre eigenen Interessen schauten, wurden durch diese neuen Anführer und deren Verpflichtung auf eine unbestechliche Rechtsprechung ersetzt.

„Die Neubesetzung der Ämter trug also den Charakter einer politischen Revolution. Die patrizischen Obersten wurden aus ihren Ämtern entfernt und ihrer politischen Macht beraubt. Die gleiche Tendenz hatte die neue Ordnung des ‚Ältesten'-Wesens" (S. 160). Auch die Priesterschaft wurde neu geregelt.

Die Berichte zeigen deutlich

"worauf die ganze Verfassungsumwälzung abzielte: die Selbstregierungsorgane der israelitischen Stämme wurden der zentralen Herrschaft Jahwes und Moses dienstbar gemacht" (S. 161). "Es gab nur einen, der kraft seiner Erwählung durch Jahwe über allen, auch über den Priestern stand: das war Mose" (S. 162).

Mose war der einzige, der die Offenbarungen Gottes empfing. Er war als einziger berufen, Israel im Geiste Jahwes zu führen. Er schuf als oberster Richter das Gesetz, nach dem Israel leben sollte. Er gab dem Heerführer Weisungen und führte wie Jahwe selbst mit ausgerecktem Arm den Sieg in der Schlacht herbei.

"Wie die späteren Könige als Träger göttlicher Kraft über allen Menschen standen ..., so war auch er mit heiliger Majestät umkleidet ... Über ihm stand nur noch Jahwe selbst, der Erlöser-Gott, der sein Volk aus der Knechtschaft in die Freiheit geführt hatte. Ihm kam, seit Israel nicht mehr ein Pariavolk unter fremden Machthabern, sondern ein freies Volk unter der Herrschaft seines eigenen Gottes war, die gleiche Ehre zu wie den Gott-Königen anderer freier Völker. Nach der Schicksalswende Israels erhob er deshalb am Sinai den Anspruch, als König über sein freigewordenes Volk zu herrschen ... Durch den neuen Bund, den er mit Israel schloß, wurde seine Königsherrschaft aufgerichtet" (S. 163 f.).

Wie schon erwähnt, steht Helling hier Martin Buber relativ nahe:

"Der einzige unter den neueren Forschern, der richtig erkannte, daß schon am Sinai die Königsherrschaft Jahwes begründet wurde, war Martin Buber. Aber auch er wurde der Größe dieser politischen Wende nicht gerecht. Da er im Bann der Auffassung stand, daß die Israeliten noch in mosaischer Zeit ... ,halbseßhafte, nach Gelegenheit Hackbau treibende Kleinviehzüchter' waren ..., glaubte er, Mose habe ,den israelitischen Hirtenstämmen' ... nur eine erste ,Ordnung und Gliederung' gegeben ... Jahwe, der neue König, sei nicht mehr als der ,Herzog' ... eines ,landsuchenden Stämmeverbandes' ... gewesen. Sein Königtum habe dem alten vorstaatlichen Geschlechter- und Stämmewesen nur eine festere Form gegeben. Aber damit wird das Wesen des neuen Königtums völlig verkannt ..." (S. 165).

Helling sieht in der erwähnten Neubestimmung und Neubesetzung der verschiedenen Ämter einen massiven Eingriff in die alte Gentilordnung:

> „Wenn die Selbstregierungsorgane der Stämme umgebildet, neubesetzt, ihrer Selbständigkeit beraubt und der neuen Zentralgewalt unterstellt wurden, so bedeutete das nichts anderes, als daß die genossenschaftliche Organisation des Stämmebundes durch eine herrschaftliche ersetzt wurde. Dieser herrschaftliche Charakter des neuen Jahwe-Königtums geht noch deutlicher aus einer Neuerung hervor, die bisher nicht erwähnt wurde: aus der Schaffung einer königlichen Exekutivgewalt, die es möglich machte, den Willen Jahwes und Moses unmittelbar in die Tat umzusetzen" (S. 165).

Als diese Exekutivgewalt betrachtet Helling zunächst die erstgeborenen Söhne der Israeliten – d.h. also einen sehr großen Teil des Volkes – und dann, nach deren Versagen in einer bestimmten Situation, den Stamm der Leviten.

Diese Leviten werden in der Tat an einzelnen Stellen als die besonderen Hüter des Jahwe-Glaubens erwähnt. Eine besondere Rolle nehmen, allerdings auch nur dieses eine Mal, die Israeliten bei der Geschichte vom Goldenen Kalb ein, wo die Leviten diejenigen sind, die im Auftrag Moses die Frevler töten. Diese Erzählung wird von Helling verallgemeinert bzw. die anderen Erzählungen über die Leviten werden in das entsprechende Licht gestellt. In der Tat nehmen die Leviten eine besondere Rolle ein, d.h. sie gelten offensichtlich schon früh als besonders qualifizierte Priester, und es ist auch so, daß die Leviten als über das Land verteilt wohnend gedacht wurden. Helling zieht hier nun wieder alle Aussagen bereits für die Frühzeit zusammen und interpretiert sie in einem sehr zugespitzten Sinne, indem er die Priester zu einer Elitepolizei macht:

> „Die Leviten sollten also nicht wie die übrigen Stämme in einem geschlossenen Siedlungsgebiet zusammenwohnen, sondern als Mannen Jahwes über das ganze Land verteilt werden, um von ihren Garnisonstädten aus die Söhne Israels unter ihrer Hut zu halten. Alle diese Bestimmungen, die nach der Eroberung Kanaans unter Josua tatsächlich durchgeführt wurden (Jos. 13, 14; 21), zeigen deutlich, daß die Leviten die vom Volk getrennten und im Notfall auch gegen das Volk verwendbaren Exekutivorgane des neuen Jahwe-Königtums waren" (S. 168).

Wieder ist Helling stolz, ein altes Problem der Forschung neu gelöst zu haben:

> „Erst auf Grund dieser Lösung des bisher ungelösten Levitenproblems ist es möglich, das Wesen des neuen Königtums eindeutig zu bestimmen. Die Einsetzung einer königlichen Dienst- und Schutztruppe als öffentliche Gewalt beweist mehr als alle anderen Verfassungsänderungen, daß mit der Aufrichtung des Jahwe-Königtums die Gentilordnung des alten Stämmebundes durch den *Staat* ersetzt wurde. Die Erhebung Jahwes zum König Israels war gleichbedeutend mit der Gründung des israelitischen Staates. Alle Forscher, die Mose nur die Gründung eines vorstaatlichen Stämmebundes zubilligen – ganz gleich, ob mit oder ohne König an der Spitze, – drücken seine Leistung auf eine viel zu niedrige Stufe herab. Seine wirkliche Tat, die in der Aufrichtung einer staatlichen Königsmacht bestand, entsprang gerade der Notwendigkeit, die zersetzte Gentilverfassung des alten Stämmebundes zu überwinden. Denn auf ihrem Boden war es unmöglich, der inneren Zerrissenheit Herr zu werden und die Kräfte Israels auf den Kampf um Kanaan zu konzentrieren. Es mußte eine Macht geschaffen werden, die über den Klassen und Fraktionen der Gentilgesellschaft stand und fähig war, die Gegensätze zu einer Einheit zusammenzuzwingen" (S. 168 f).

Zwischenbilanz: Mit dieser Staatsgründung ist nun für Helling der Höhepunkt der Frühgeschichte des jüdischen Volkes bzw. überhaupt der Geschichte Israels erreicht. Mit Staunen nimmt man nicht nur wahr, welches Mose-Bild hier entsteht und wie wenig Helling sein Mose-Bild mit anders gearteten alttestamentlichen Texten konfrontiert. Noch erstaunlicher und eigentlich befremdlich ist das Bild des Staates, das Helling hier entwirft, nämlich das Bild eines Staates, der nicht nur die alten Stammesstrukturen völlig überformt und außer Kraft setzt, sondern das eines Staates, der durch eine in Garnisonen über das Land verteilte Spezialtruppe jeden möglichen Widerstand erstickt.

Helling vergleicht das neue Gott-Königtum Jahwes mit dem Gott-Königtum der orientalischen Großstaaten, denn „mit ihm war es wesensverwandt" (S. 169). So sehr Helling vorher den Bruch mit Ägypten betont hatte, so überraschend ist es, daß er nun den ägyptischen Gott-König und Priesterstaat als das Urbild betrachtet, das Mose vor Augen stand (S. 169). Der Übergang zum Staat ist aber nicht nur der Höhepunkt der Geschichte Israels, sondern Helling stellt den Vorgang in eine Reihe mit anderen menschheitsgeschichtlich relevanten, allerdings auch durchweg mythifizierten Staatsgründungen:

> „Durch die Aufrichtung eines Gott-Königtums führte Mose für Israel dieselbe Wende herbei wie Menes für Ägypten, Minos für Kreta oder Romulus für Rom, um nur einige der sagenumwobenen Staatsgründer der Frühzeit zu nennen ... Diese Wende vom vorstaatlichen Leben zu staatlicher Herrschaft war der tiefste Einschnitt in der inneren Geschichte der frühzeitlichen Völker. Für die Ägypter blieb die Gründung des Staates unter dem Königtum von Ober- und Unterägypten das größte Ereignis ihrer ganzen Geschichte ... Die Staatsgründer, die diesen Umbruch vollzogen, wie Minos oder Romulus, lebten in der Erinnerung ihrer Völker als mythen- und sagenumwobene Gestalten fort. In ihre Reihe gehört auch Mose, der Gründer des israelitischen Staates" (S. 170 f).

Es bedarf eigentlich keines Nachweises, wie weit dieses Modell entfernt ist von dem, was in den demgegenüber doch sehr dürftig anmutenden Erzählungen des Pentateuch beschrieben wird.

Werfen wir noch einen kurzen Blick auf den Fortgang und Ausklang der Darstellung von Helling: Es ist verständlich, daß alles Folgende nur noch Abfall und Epilog sein kann. Die Geschichte der Richterzeit mit ihren bescheidenen Verhältnissen im verheißenen Land und mit den Bemerkungen über den Abfall der Israeliten vom Jahwe-Glauben ist für Helling gewissermaßen nur Konterrevolution:

> „Zum Schluß bleibt nur noch übrig, das Schicksal seines Werkes darzustellen. Weil die politische Revolution, die in der Königsherrschaft Jahwes und Moses ihre Krönung fand, den schroffsten Bruch mit den Traditionen des vorstaatlichen Stämmebundes bedeutete, stieß sie von vornherein auf den erbitterten Widerstand all derer, die den altgewohnten Zustand erhalten wollten. Von Anfang an versuchten die gegenrevolutionären Kräfte den Neubau Israels zu verhindern" (S. 172).

In diesem Sinne werden schon die Konflikt- und Murrgeschichten der Wüstenwanderungszeit als gegenrevolutionäre Verschwörungen gedeutet und erst recht die Situation der Richterzeit, in der die Stämme wieder die wesentliche Größe waren und die von Helling vorgestellte Einheit zerfallen war.

Die Richterzeit ist daher für Helling nicht wie für die Modernen die Zeit einer allmählichen Entwicklung und eines allmählichen Zusammenwachsens der israelitischen Stämme,

> „sondern die Richterzeit war gerade umgekehrt infolge des Sturzes der von Mose errichteten Königsherrschaft Jahwes eine Krisenperiode nie zur Ruhe kommender innerer und äußerer Kämpfe ... Die wirkliche Bewegung der israelitischen Geschichte, den Absturz Israels von der Höhe des mosaischen Königsstaates in die Krisen der Richterzeit, erkannte man nicht, obwohl dieser Rückfall aus den Quellen erschlossen werden kann" (S. 178).

In diesem Licht ist dann die der Richterzeit folgende Entstehung des Königtums in Israel und die Zeit der ersten Könige Saul, David und Salomo nur mehr eine Zeit der Wiederherstellung und lediglich ein schwacher Abglanz der seinerzeitigen Höhe unter Mose.

3. Ergebnisse und Ausblicke

1. Helling hat mit seiner „Frühgeschichte des jüdischen Volkes" in der Tat ein beeindruckendes Werk vorgelegt, indem er ein in sich durchaus geschlossenes Bild der Entwicklung entwirft. Seinem Werk kann man durchaus wissenschaftlichen Rang zusprechen, insofern es in großer Breite die damals vorhandene Fachliteratur und auch viele der Quellen berücksichtigt und insbesondere, indem es eine klare und stringent angewandte Methode zur Grundlage hat.

2. Freilich erliegt Helling voll und ganz der Eigendynamik der von ihm angewandten Methode. Diese Methode, die er als Wirklichkeitswissenschaft bezeichnet und die im wesentlichen eine soziologische Analyse mit marxistisch-ökonomischen Kategorien darstellt, hat die Tendenz, die Texte unkritisch als unmittelbar historisch auswertbare Informationen zu betrachten. Auch wenn Helling die kritischen Analysen der Pentateuch-Texte zumindest zum Teil kennengelernt hat, so läßt er sich doch durch die Frage nach dem Alter der Texte nirgendwo beeindrucken. Seine Ausführungen sind an keiner Stelle durch Zweifel am Alter und Informationswert der Texte getrübt. Selbst Texte aus frühjüdischer Zeit und von neutestamentlichen Autoren wertet er unmittelbar als historische Informationen aus. Dadurch entsteht ein perfekter Zirkelschluß. Die unkritisch ausgewerteten Texte fügen sich zu seinem neuen Bild der Frühgeschichte Israels, und eben dieses

Bild bestätigt wiederum das hohe Alter und den Quellenwert der Texte. Auch die Aufnahme der altsinaitischen Texte bzw. deren Interpretation durch Hubert Grimme geschieht nach diesem Muster.

3. Auch wenn man die „Frühgeschichte des jüdischen Volkes" von Fritz Helling mit viel Interesse und Sympathie liest und sich von ihr beeindrucken läßt, so wird man doch sagen müssen, daß das darin entworfene Bild der Geschichte der Hebräer bzw. der Israeliten heute noch weniger haltbar ist als zu seiner Zeit. Jene konservativen Stimmen zur Pentateuch-Kritik, auf die sich Helling zum Teil noch berufen konnte, sind nicht nur zeitlich, sondern auch sachlich noch weiter von der heutigen Forschung entfernt als damals. Aber auch die schon damals weithin fragliche Auswertung altorientalischer Quellen ist heute ebenso obsolet geworden wie das erwähnte Werk von Hubert Grimme zu den altsinaitischen Inschriften.

Es geht nun gewiß nicht darum, aus der Position der Fachwissenschaft und der späteren Zeit Kritik an diesem Werk zu üben,[26] sondern eher darum, der Entstehungssituation und der Intention des Verfassers nachzuspüren.

4. Die „Frühgeschichte des jüdischen Volkes" entstand in einer Situation der Isolation ihres Verfassers. In seiner Biographie berichtet Fritz Helling über seine Freude an der wissenschaftlichen Arbeit und auch über seine Freude, daß er die Bibliothek der Universität Marburg, die gewiß mit einschlägiger Literatur bestens bestückt war, benutzen konnte. Ich meine, daß das Buch doch auch diese Isolation widerspiegelt. Allzu sehr verfolgte Helling eine Grundidee, die sich ihm zunehmend bestätigte, die sich ihm aber auch nur dadurch zunehmend bestätigen konnte, weil ihm meines Erachtens die Diskussion mit anderen fehlte. Ein Gespräch über die Pentateuch-Quellen oder auch über Grimmes Auswertung der Sinai-Inschriften hätte ihn wohl an manchem zweifeln lassen und auf andere Bahnen gelenkt und ihn eben nicht nur der Lektüre der betreffenden Werke überlassen.

5. Die weitergehende Frage ist, warum Helling sich überhaupt diesem Thema widmete. Für historische Analysen hätte es auch andere Betätigungsfelder gegeben. Sich in der Zeit des Nationalsozialismus und der Judenvernichtung mit der jüdischen Geschichte zu beschäftigen,

---

[26] Vgl. dazu die kritische, nicht ganz emotionslose Rezension von Martin Noth in der Zeitschrift des deutschen Palästinavereins 68 (1951), 93-95.

ist wohl doch auch als ein gewisses Zeichen zu betrachten, als ein Zeichen des Protestes und der, wenn auch stillen Solidarität. In diese Richtung scheint mir nicht nur die Wahl des Titels zu weisen.[27] In die Richtung des Protestes und der Solidarität scheint mir auch zu weisen, wie Helling die Hebräer bzw. die Israeliten bzw. eben die Juden charakterisiert, nämlich als ein Volk, das von Anfang an auf der Höhe der Kulturentwicklung war, das an Ackerbau, Viehzucht, Handel und Handwerk,[28] an Wirtschaft und Kultur voll partizipierte und dessen äußere Stellung als eines unterdrückten Paria-Volkes keineswegs dessen innerem Wesen entsprach. Diese Charakterisierung des Judentums stand in erheblichem Gegensatz zur landläufigen Kennzeichnung des Judentums in der Zeit des Nationalsozialismus.

6. Allerdings war Helling doch auch ein Kind seiner Zeit. Nicht nur, daß die ihm vertrauten historischen und soziologischen Kategorien den Blick auf die Texte einerseits schärften,[29] andererseits auch dominierten. Noch mehr gilt dies für die Wertungen, die in seiner Arbeit zum Tragen kommen: Die hebräischen Patriarchen repräsentieren ein Volk, das aufbricht, um neuen ‚Lebensraum' zu erobern. Diese Eroberung mißlingt zunächst, aber mit der Gründung des Staates sind dann doch die Voraussetzungen geschaffen, den ‚Lebensraum', in dem zunächst andere Völker leben, als den eigenen zu erobern. Der Weg führt vom Kulturvolk der Hebräer zum Staat des Mose.

Mit diesem Bild verbunden ist ein kulturelles Entwicklungsmodell, welches das Nomadentum nur negativ, Seßhaftigkeit mit Ackerbau und Handwerk dagegen positiv bewertet und dessen entscheidender Schritt und Krönung die Schaffung eines Staates ist – eines Staates, der faktisch am Beginn seiner Geschichte durch eine Revolution geformt wird, nämlich durch die Schaffung neuer Normen, neuer Strukturen und neuer Machtmittel, ein Staat, der konsequent absolutistisch

---

[27] Auch wenn sich Helling dabei Max Weber anschloß, so hätte es doch verschiedene Möglichkeiten für die Wahl des Titels gegeben.

[28] Es ist wohl nicht zufällig, daß dieses Bild den pädagogischen Zielen Hellings nahe steht: Im Landschulheim sollten die Schüler mit „dem uralten und heiligen Werk des Landmannes" vertraut gemacht werden und in der Schulwerkstätte sollten sie handwerkliche Fähigkeiten erlernen. Vgl. den Beitrag von Cornelia Hackler in diesem Band.

[29] Daß seine Fragestellung und Methodik bestimmte Züge der Texte schärfer hervortreten lassen, ist durchaus zuzugestehen, auch wenn die zeitlichen Einordnungen und die Zusammenführung auf eine Ebene nicht haltbar sind.

ist und der seine Macht mit Hilfe einer Spezialtruppe auch gegen die eigene Bevölkerung durchsetzt. – Wenn ich es recht sehe, sind diese Ideale keineswegs die Ideale des Pädagogen Fritz Helling, und insofern stellt sich nicht nur die Frage, wo dieses Werk im Rahmen der Fachwissenschaft steht, sondern auch, wie es eigentlich zu seiner Person paßt.

Burkhard Dietz

Helling als Historiker:
der „Katastrophenweg der deutschen Geschichte" (1947) und der Beginn der historischen NS-Forschung in Deutschland

Eine differenzierte Betrachtung von Fritz Hellings „Katastrophenweg der deutschen Geschichte",[1] speziell eine Untersuchung seiner Entstehungsgeschichte, Hauptthesen, inhaltlichen Struktur und allgemeinen historiographischen Bedeutung, kann selbstverständlich nicht ohne einen Blick zur Seite, auf ähnliche, vergleichbare Bücher und die besondere Lage der Geschichtswissenschaft nach 1945 in Angriff genommen werden. Dazu vorab nur soviel: Bücher mit dem Charakter von Hellings „Katastrophenweg", Bücher, die in der direkten Nachkriegszeit, d.h. unter dem tatsächlich *unmittelbaren* Eindruck des Zusammenbruchs von autoritärem Staat und autoritärer Gesellschaft – authentisch und ohne jeden Ansatz von „Auratisierung"[2] – den Versuch unternahmen herauszuarbeiten, wie es denn vor 1933 überhaupt zu Hitler hatte kommen können, wann, wie, warum und durch wen die Weichen der Politik im Vorfeld der sogenannten „Machtergreifung" falsch gestellt worden waren – Bücher dieser Art stellten schon aufgrund ihres Umfangs, ihres Differenzierungsgrades und ihrer wissenschaftlichen Methodik im Gesamtzusammenhang der intensiven „Schulddebatte" und der übergroßen Fülle von kleinen journalistischen Artikeln, Essays, Broschüren und Aufsätzen,[3] die nach Kriegsende veröffentlicht wurden, eine eher rühmliche Ausnahme dar.[4] – Wie sollte dies auch anders sein, angesichts der tiefen ‚Verstrickung' in

[1] Fritz Helling, Der Katastrophenweg der deutschen Geschichte, Frankfurt a.M. 1947.

[2] Michael Gross, Der Holocaust in primärer Erinnerung und historischer Forschung. Zur aktuellen Diskussion um die „Zeugenschaft", in: Beschweigen und Bekennen. Die deutsche Nachkriegsgesellschaft und der Holocaust, hrsg. v. Norbert Frei u. Sybille Steinbacher, Göttingen 2001, S. 127-136.

[3] Vgl. hierzu als Überblick die Edition „Als der Krieg zu Ende war". Literarischpolitische Publizistik 1945-1950, hrsg. v. Bernhard Zeller, Marbach (4. Aufl.) 1995.

[4] Peter Steinbach, Nationalsozialistische Gewaltverbrechen. Die Diskussion in der deutschen Öffentlichkeit nach 1945, Berlin 1981; Peter Graf Kielmannsegg, Lange Schatten. Vom Umgang der deutschen mit der nationalsozialistischen Vergangenheit, Berlin 1989; Ralph Giordano, Die zweite Schuld oder Von der Last ein Deutscher zu sein, Köln 1987.

die Machenschaften des Naziregimes, denen sich die überwiegende Mehrzahl der deutschen Wissenschaftler hingegeben hatte?[5] Selbstverständlich hatten die Historiker hier keine Ausnahme gebildet, sondern im Gegenteil von Anfang an eifrig an der Legitimierung der NS-Herrschaft, einschließlich der Begründung ihrer Großraumpläne in Ost und West, in vorderster Linie mitgewirkt.[6]

Folglich gab es nach dem Krieg nur wenige nicht belastete Historiker, die erstens ein gesteigertes Interesse an der Aufarbeitung der historischen Hintergründe des Nationalsozialismus hatten und die zweitens keine Befürchtungen haben mußten, durch eine einschlägige Publikation erst recht eine politisch-moralische oder gar juristische Beurteilung ihres eigenen Verhaltens zwischen 1933 und 1945 heraufzubeschwören.[7] Einige wenige jedoch, die dies nicht zu befürchten hatten, problematisierten vor dem Hintergrund ihrer unmittelbaren Erfahrungen und der insgesamt desolaten Nachkriegssituation die „deutsche Katastrophe" oder die „Irrwege", welche die deutsche Nation in den letzten Jahren oder Jahrhunderten eingeschlagen hatte, um daraus für die Zukunft historische Einsichten über die offensichtlich fehlgeschlagenen Weichenstellungen zu ziehen.[8] Immerhin wurde aber Ende 1947 von der

---

[5] Michael Fahlbusch, Wissenschaft im Dienst der nationalsozialistischen Politik? Die „Volksdeutschen Forschungsgemeinschaften" von 1933-1945, Baden-Baden 1999; Peter Schöttler (Hrsg.), Geschichte als Legitimationswissenschaft 1918-1945, Frankfurt a.M. 1997; Winfried Schulze/Otto Gerhard Oexle (Hrsg.), Deutsche Historiker im Nationalsozialismus, Frankfurt a.M. 1999; Hans-Erich Volkmann, Deutsche Historiker im Umgang mit Drittem Reich und Zweitem Weltkrieg 1939-1949, in: ders. (Hrsg.), Ende des Dritten Reiches – Ende des Zweiten Weltkriegs. Eine perspektivische Rückschau, München 1995, S. 861-911.

[6] Michael Burleigh, Germany turns eastwards. A Study on Ostforschung in the Third Reich, Cambridge 1988; Burkhard Dietz, Helmut Gabel, Ulrich Tiedau (Hrsg.), Griff nach dem Westen. Die ‚Westforschung' der völkisch-nationalen Wissenschaften zum nordwesteuropäischen Raum (1919-1960), 2 Bde., Münster 2003; ders., Die interdisziplinäre „Westforschung" der Weimarer Republik und NS-Zeit als Gegenstand der Wissenschafts- und Zeitgeschichte. Überlegungen zu Forschungsstand und Forschungsperspektiven, in: Geschichte im Westen. Halbjahreszeitschrift für Landes- und Zeitgeschichte 14 (1999), H. 2, S. 189-209.

[7] Ernst Schulin, Zur Restauration und langsamen Fortentwicklung der deutschen Geschichtswissenschaft nach 1945, in: ders., Traditionskritik und Rekonstruktionswechsel, Göttingen 1979, S. 133-143.

[8] Bernd Faulenbach, Die Geschichtswissenschaft nach 1945, in: Tijtschrift voor Geschiedenis 94 (1981), S. 29-57. – Zur Problematisierung des Begriffs „Katastrophe" vgl. insbesondere Bernd-A. Rusinek, „Maskenlose Zeit". Der Zerfall der Gesellschaft im Krieg,

amerikanischen Militäradministration gemeldet, daß im Bereich ihrer Zone seit Mai 1945 von 3894 veröffentlichten Büchern und Zeitschriften drei Bücher dieser inhaltlichen Ausrichtung erschienen seien, darunter Fritz Hellings „Katastrophenweg der deutschen Geschichte". Diese Angabe kann hinsichtlich der angegebenen Anzahl allerdings nicht korrekt sein, denn eine aktuelle Ermittlung hat ergeben, daß im angegebenen Zeitraum insgesamt immerhin sechsundzwanzig vergleichbare Buchtitel auf dem internationalen Markt erschienen. Bis 1950 kamen dann noch einmal etwa zwanzig Titel hinzu, woraus – zumindest ansatzweise – jene abnehmende Tendenz zu beobachten ist, die tatsächlich zu einem Charakteristikum der NS-Zeitgeschichtsforschung unter den Bedingungen des Kalten Krieges werden sollte (vgl. Tab. 1).[9] Die tatsächlich seit 1948/49 wesentlich besseren Produktionsbedingungen hatten eben nicht unbedingt eine intensivere wissenschaftliche Beschäftigung mit dem Thema der deutschen Schuld zur Folge, vielmehr begannen jetzt nachhaltig die bekannten sozialpsychologischen Prozesse der Tabuisierung, Verdrängung und des gezielten Beschweigens jener unrühmlichen Vergangenheit zu wirken.[10]

Ein zeitgenössischer Beobachter dieses säkularen Vorgangs, der bekannte Politologe Dolf Sternberger (1908-1989), diagnostizierte 1949 den Sieg einer „vitale(n) Vergeßlichkeit", der nach einer nur „kurzen Phase der moralischen Dünnhäutigkeit" eingetreten sei.[11] Angesichts der nun durch die intensive Presse-, Rundfunk- und Filmberichterstattung über

---

in: Über Leben im Krieg. Kriegserfahrungen in einer Industrieregion 1939-1945, Reinbek 1989, S. 180-194.

[9] Abraham J. Edelheit, Artikel „Geschichtsschreibung", in: Enzyklopädie des Holocaust. Die Verfolgung und Ermordung der europäischen Juden, hrsg. v. Israel Gutman u.a., Bd. 1, München (2. Aufl.) 1998, S. 523-530; Otto Dov Kulka, Die deutsche Geschichtsschreibung über den Nationalsozialismus und die „Endlösung", in: Historische Zeitschrift 240 (1985), S. 599-640; Israel Gutman u. Gideon Greif (Hrsg.), The Historiography of the Holocaust Period, Jerusalem 1988.

[10] Peter Novick, Nach dem Holocaust. Der Umgang mit dem Massenmord, Stuttgart 2001; Peter Reichel, Vergangenheitsbewältigung in Deutschland. Die Auseinandersetzung mit der NS-Diktatur von 1945 bis heute, München 2001; Eike Wolgast, Die Wahrnehmung des Dritten Reiches in der unmittelbaren Nachkriegszeit (1945/46), Heidelberg 2001; Norbert Frei, Vergangenheitspolitik. Die Anfänge der Bundesrepublik und die NS-Vergangenheit, München 1996.

[11] Dolf Sternberger, Versuch zu einem Fazit, in: Die Wandlung 4 (1949), S. 700-710, Zit. S. 701.

die Befreiung der Konzentrationslager und die ersten NS-Prozesse allgemein bekannten und nicht mehr zu bezweifelnden Ungeheuerlichkeit der von Deutschen begangenen Verbrechen kompensierten weite Teile der deutschen Bevölkerung, unter ihr auch die deutsche Intelligenzija, nun auf Jahre hin ihre eigenen Schuldgefühle lieber durch permanente Hinweise auf das eigene Leid[12] und überließen die Frage der sogenannten „Bewältigung" des Nationalsozialismus vorerst der journalistischen, literarischen oder im weitesten Sinne künstlerisch-allegorisierenden Aufarbeitung.[13] Zu den wenigen „moralisch Dünnhäutigen" aber, die schon gegen Ende des Krieges die Frage nach den historischen Wurzeln des nationalsozialistischen Terrorregimes stellten, gehörte unter anderem Fritz Helling, dessen „Katastrophenweg der deutschen Geschichte" an dieser Stelle erstmals einer eingehenderen Betrachtung unterzogen werden soll. Denn allein der werkimmanente Blick auf die Quelle selbst, auf den jeweiligen Text, seine Inhalte und zur Anwendung gebrachten Methoden kann davor schützen, die frühe Literatur zur historischen Aufarbeitung des Nationalsozialismus vielleicht doch etwas vorschnell als leichtgewichtige Pamphlete ohne besonderen Wert hinzustellen.[14] Eine quellennahe und nicht minder quellenkritische Betrachtung der betreffenden Literaturgattung kann dagegen nur zu der – für manche Historiker von heute vielleicht provozierenden – Schlußfolgerung kommen, daß „die Auseinandersetzung mit der Geschichte und Struktur des deutschen Faschismus [...] in den Jahren nach 1945", d.h. in der *unmittelbaren* Nachkriegszeit, offensichtlich wesentlich intensiver geführt wurde, als dies bisher im allgemeinen vermutet worden ist.[15]

---

[12] Gesine Schwan, Politik und Schuld. Die zerstörerische Macht des Schweigens, Frankfurt a.M. 1997.

[13] Eberhard Mannack, Aufarbeitung des Faschismus, in: Deutsche Literatur zwischen 1945 und 1995. Eine Sozialgeschichte, hrsg. v. Horst A. Glaser, Bern 1997, S. 375-392.

[14] Axel Schildt, Der Umgang mit der NS-Vergangenheit in der Öffentlichkeit der Nachkriegszeit, in: Verwandlungspolitik. NS-Eliten in der westdeutschen Nachkriegsgesellschaft, hrsg. v. Wilfried Loth u. Bernd-A. Rusinek, Frankfurt a.M. 1998, S. 19-54, Zit. S. 31. – Vgl. auch Clemens Vollnhals, Zwischen Verdrängung und Aufklärung. Die Auseinandersetzung mit dem Holocaust in der frühen Bundesrepublik, in: Die Deutschen und die Judenverfolgung im Dritten Reich, hrsg. v. Ursula Büttner, Hamburg 1992, S. 357-386.

[15] Wolfgang Wippermann, ‚Deutsche Katastrophe' oder ‚Diktatur des Finanzkapitals'? Zur Interpretationsgeschichte des Dritten Reiches im Nachkriegsdeutschland, in: Die deutsche Literatur im Dritten Reich. Themen – Traditionen – Wirkungen, hrsg. v. Horst Denkler u. Karl Prümm, Stuttgart 1976, S. 9-43, Zit. S. 10. – Vgl. außerdem Dieter Hein,

Tab. 1: Der Beginn der zeitgeschichtlichen Aufarbeitung des Nationalsozialismus

1945 Alexander Abusch, Der Irrweg einer Nation
1945 Albert Schreiner, The lessons of Germany: a guide to her history
1945 Mogens Boserup, Tyskland efter Sammenbruddet
1945 Franz A. Kramer, Vor den Ruinen Deutschlands

1946 Eugen Kogon, Der SS-Staat
1946 Karl Jaspers, Die Schuldfrage
1946 William Montgomery McGovern, From Luther to Hitler
1946 Fritz Harzendorf, So kam es. Der deutsche Irrweg von Bismarck zu Hitler
1946 Theodor Heuss, Die deutsche Nationalidee im Wandel der Geschichte
1946 Hans Jürgen Baden, Der Sinn der Geschichte
1946 Karl Siegfried Bader, Ursache und Schuld in der geschichtlichen Wirklichkeit
1946 Leo Baeck, Der Sinn der Geschichte
1946 Friedrich Meinecke, Die deutsche Katastrophe
1946 Ulrich Noack, Deutschlands neue Gestalt
1946 Gerhard Ritter, Geschichte als Bildungsmacht
1946 Alfred Weber, Abschied von der bisherigen Geschichte
1946 Ernst Niekisch, Deutsche Daseinsverfehlung
1946 Walter Ulbricht, Die Legende vom ‚deutschen Sozialismus'
1946 Fritz von Hippel, Die nationalsozialistische Herrschaft als Warnung und Lehre

1947 Fritz Helling, Der Katastrophenweg der deutschen Geschichte
1947 Gustav Büscher, Hat Hitler doch gesiegt?
1947 Constantin von Dietze, Der Zerfall der Wahrheit im Dritten Reich
1947 Albert Norden, Lehren deutscher Geschichte
1947 Karl Brandi, Geschichte der Geschichtswissenschaft
1947 Gerhard Krüger, Die Geschichte im Denken der Gegenwart
1947 Johannes Kühn, Die Wahrheit der Geschichte und die Gestalt der wahren Geschichte

---

Geschichtswissenschaft in den Westzonen und der Bundesrepublik 1945-1950, in: Einführung in Fragen an die Geschichtswissenschaft in Deutschland nach Hitler 1945-1950, hrsg. v. Christoph Cobet, Frankfurt a.M. 1986, S. 30-40 sowie Günther Heydemann, Zwischen Diskussion und Konfrontation. Der Neubeginn deutscher Geschichtswissenschaft in der SBZ / DDR 1945-1950, in: ebd., S. 12-29.

1947   Gerd Tellenbach, Die deutsche Not als Schuld und Schicksal
1947   Hermann Pinnow, Von Weltkrieg zu Weltkrieg
1947   Josef Radermacher, Ketzergedanken im Dritten Reich

1948   Eduard Hemmerle, Der Weg in die Katastrophe
1948   Eugen Lemberg, Geschichte des Nationalsozialismus in Europa
1948   Ludwig Dehio, Gleichgewicht oder Hegemonie
1948   Erich Eyck, Bismarck after fifty years
1948   Otto H. von Gablentz, Die Tragik des Preußentums
1948   Rudolf Olden, Hindenburg oder der Geist der preußischen Armee
1948   Gerhard Ritter, Europa und die deutsche Frage
1948   Peter Rassow, Der Historiker und seine Gegenwart
1948   Alfred von Martin, Geistige Wegbereiter des deutschen Zusammen-
        bruchs

1949   Karl Jaspers, Vom Ursprung und Ziel der Geschichte
1949   Wilhelm Mommsen, Grundzüge der Geschichte der Neuzeit
1949   Hans Rothfels, Die deutsche Opposition gegen Hitler
1949   Robert Saitschick, Bismarck und das Schicksal des deutschen Volkes
1949   Reinhard Wittram, Nationalismus und Säkularisation

1950   Hans Kohn, Die Idee des Nationalismus
1950   Hans Kohn, Das 20. Jahrhundert
1950   Theodor Litt, Die Frage nach dem Sinn der Geschichte
1950   Rudolf Stadelmann, Hegemonie und Gleichgewicht

1. Die Entstehung des Werks

Fritz Hellings Buch „Der Katastrophenweg der deutschen Geschichte"
(Umfang: 211 Seiten) erschien unter der Sammellizenznummer 14 der
amerikanischen Besatzungsbehörde Frankfurt am Main im August 1947
in einer Auflage von 5000 Stück in dem renommierten Verlag Vittorio
Klostermann. Der Kontakt zu Klostermann basierte auf einer Vermittlung
durch den bekannten Marburger, später nach Leipzig übergesiedelten Romanisten und kommunistischen Widerständler Prof. Dr. Werner Krauss
(1900-1976), der nach seiner Befreiung aus der Todeszelle der Gestapo

von Helling auch dessen „Frühgeschichte des jüdischen Volkes"[16] im Manuskript erhalten, mit Anerkennung gelesen und dann im Frühjahr 1946 Vittorio Klostermann (1901-1977) zur Publikation empfohlen hatte.[17] Von diesem wurde das Manuskript des „Katastrophenwegs" im Mai 1946 zur Veröffentlichung angenommen.

Das Manuskript zum „Katastrophenweg" wurde nach Hellings eigenem Zeugnis noch während des Krieges begonnen, und zwar im unmittelbaren Anschluß an die spätestens 1944 beendeten Arbeiten am Manuskript seiner ebenfalls 1947 im selben Verlag erschienenen „Frühgeschichte des jüdischen Volkes". An ihr hatte Helling nach eigenen Aussagen drei bis vier Jahre gearbeitet, um sich dann seinem zweiten Buchprojekt zuzuwenden. Helling selbst schildert die Umstände seiner Autorenschaft mit den Worten:

„Ich selbst hatte bei Dr. Bräuner", dem Leiter der privaten Gladenbacher Schule, der späteren „Freiherr vom Stein-Schule",[18] an der Helling ab dem 1. Oktober 1939 als Lehrer beschäftigt war, „eine für mich sehr wichtige Vergünstigung erreicht: einen freien Unterrichtstag in der Woche, an dem ich nach Marburg zur Universitätsbibliothek fahren konnte, um mir die notwendigen

---

[16] Fritz Helling, Die Frühgeschichte des jüdischen Volkes, Frankfurt a.M. 1947. – Vgl. dazu den Beitrag von Siegfried Kreuzer im vorliegenden Sammelband.

[17] Vgl. hierzu neben den Ausführungen, die Fritz Helling in seiner Autobiographie (Fritz Helling, Mein Leben als politischer Pädagoge, hrsg. v. Burkhard Dietz u. Jürgen Helling, Frankfurt a.M. 2004) macht, auch die Korrespondenzen Hellings und gutachterlichen Stellungnahmen von Werner Krauss in dessen Nachlaß in der Berlin-Brandenburgischen Akademie der Wissenschaften (KORR. Helling - GUTA. Helling). Ich danke Frau Dr. Elisabeth Fillmann von der Werner-Krauss-Edition beim Forschungszentrum Europäische Aufklärung, Potsdam, für ihre freundliche Unterstützung. – Der enge Kontakt zwischen Werner Krauss und Vittorio Klostermann beruhte u.a. darauf, daß Krauss 1946 in Klostermanns Verlag die Schrift „PLN. Die Passionen der halkyonischen Seele" veröffentlicht hatte, d.h. seine als zum Tode Verurteilter in verschiedenen NS-Gefängnissen geheim niedergeschriebenen Gedanken. Vgl. dazu auch das Geschäftsarchiv des Verlages Vittorio Klostermann im Deutschen Literaturarchiv Marbach am Neckar. – Zu Werner Krauss vgl. Hans Robert Jauß, Ein Kronzeuge unseres Jahrhunderts, in: Werner Krauss. Vor gefallenem Vorhang. Aufzeichnungen eines Kronzeugen des Jahrhunderts, hrsg. v. Manfred Naumann, Frankfurt a.M. 1995, S. 10 ff sowie Ottmar Ette u.a. (Hrsg.), Werner Krauss. Wege – Werke – Wirkungen, Berlin 1999 und neuerdings die Briefedition Werner Krauss, Briefe 1922 bis 1976, hrsg. v. Peter Jehle, Frankfurt a.M. 2002.

[18] Dieter Blume (Hrsg.), Festschrift der Freiherr vom Stein-Schule Gladenbach, Gladenbach 1980.

Bücher für meine wissenschaftliche Arbeit zu holen oder im Lesesaal zu arbeiten." [...] „Diese in der Einsamkeit des hessischen Hinterlandes geleistete Forschungsarbeit war bei der Fülle der Schwierigkeiten oft quälend, aber ebenso oft beim Aufleuchten neuer Erkenntnisse beglückend. Das galt auch für die neue Arbeit, die ich dann in Angriff nahm: die Aufhellung der deutschen Geschichte. Aufgrund früherer Studien gelang es mir, wenigstens den ersten Teil niederzuschreiben, der vom frühen Mittelalter bis zur Reformation, dem Bauernkrieg und der Wiedertäuferbewegung reichte. Den wichtigen zweiten Teil mußte ich der noch ungewissen Zukunft überlassen. [...] So waren die Gladenbacher Jahre für uns [...] Jahre eines erfüllten, friedlichen Lebens mitten im Krieg."[19]

Für die im Kontext der vorliegenden Untersuchung wichtige Entstehungsgeschichte des Werks, deren Merkmale entscheidende Hinweise auf die Frage der Originalität der von Helling vertretenen theoretischen Konzeption und historisch-politischen Argumentation geben, heißt dies konkret: Die Kapitel I-IX (Die Frühzeit; Der Untergang der Antike; Das frühe Mittelalter; Die Wiederbelebung des Handels; Das Römische Reich Deutscher Nation; Die Entfaltung der bürgerlichen Produktionsweise; Reform und Revolution der Kirche – Der Kampf zwischen Kaisertum und Papsttum; Das Kaufmannskapital im Hoch- und Spätmittelalter; Reformation, Bauernkrieg und Wiedertäuferbewegung; S. 7-106) wurden bis zum Mai 1945 verfaßt. Diese Feststellung zur Entstehungsgeschichte des „Katastrophenweges" erfährt eine zusätzliche Bestätigung durch die Datierung und größere thematische Spannbreite der zitierten Literatur, finden sich in den angesprochenen Kapiteln doch ausschließlich Literaturangaben, die sich auf Forschungsliteratur beziehen, die vor 1945 erschienen ist und die für Helling in der Regel nur in Fachbibliotheken greifbar gewesen sein wird.

Anders verhält es sich dagegen mit dem zweiten Teil des Buches (Kapitel, X-XIV: Das Zeitalter des Frühkapitalismus – Der dreißigjährige Krieg und Wallenstein; Die Entstehung Preußens gegen Kaiser und Reich; Die Revolution des deutschen Bürgertums; Die Gegenrevolution Bismarcks; Der deutsche Imperialismus und seine Katastrophe; S. 106-211), den Helling offensichtlich nach Kriegsende, also etwa ab Mai 1945,

---

[19] Fritz Helling, Mein Leben als politischer Pädagoge, Kap. 8, Manuskript S. 74.

wahrscheinlich aber erst ab Dezember 1945 begann, als er in seiner Heimatstadt Schwelm wieder über einen annähernd funktionierenden Haushalt, allerdings auch nur über die beschränkten Literaturbestände seiner privaten Bibliothek verfügte. Zum Abschluß kam das Manuskript dieses zweiten Teils nach eigenem Bekunden Hellings im November oder Dezember 1946. Wie Helling in seiner Autobiographie schreibt, fand er in dieser turbulenten Zeit des Wiederaufbaus „nur an den Nachmittagen [...] noch Zeit für die Beendigung meiner Arbeit über die deutsche Geschichte".[20] In jedem Fall teilte Helling dem Verleger Klostermann im Dezember 1946 in einem Brief persönlich mit, daß jetzt sein „zweites Buch ‚Der Katastrophenweg der deutschen Geschichte' als Manuskript vorliege" und daß dieses Buch „keine Totaldarstellung der deutschen Geschichte" sei. Es zeichne vielmehr „nur die Hauptlinien der öko-nomisch-politischen Entwicklung von der germanischen Frühzeit bis zur Gegenwart" nach. „Seine Bedeutung" liege vor allem darin, „daß es eine tiefgreifende Revision des traditionellen Geschichtsbildes" enthalte. Und im Unterschied zu seiner „Frühgeschichte des jüdischen Volkes", die Klostermann persönlich bereits sehr zugesagt hatte, trete hier „die Anwendung der ‚materialistischen' Geschichtsmethode" noch „deutlicher zu Tage".[21] Unumwunden schrieb Helling an Klostermann: „Ich wende mich zuerst an Sie, weil ich Ihnen für den Druck meiner ersten Arbeit zu Dank verpflichtet bin", und wieder antwortete Klostermann auf die Frage der Publikationsmöglichkeit zustimmend, so daß der Band 1947 erscheinen konnte.

Die Resonanz auf das Buch war offenbar von Anfang an zufriedenstellend. Helling selbst schreibt dazu, daß es „sehr starke Beachtung fand, viel gekauft, gelesen und in der Presse besprochen wurde",[22] aber er führt dies auch auf die aktuellen politischen Rahmen-bedingungen zurück, insbesondere auf die breite öffentliche Diskussion um das Ahlener Programm der CDU (März 1947).[23] Schließlich seien

---

[20] Ebd., Kap. 9, Manuskript S. 76.
[21] Ebd., Manuskript S. 78.
[22] Ebd., Manuskript S. 79.
[23] Dorothee Buchhaas, Die Volkspartei. Programmatische Entwicklung der CDU 1950-1973, Düsseldorf 1981, S. 164; Peter Haugs, Die CDU: Prototyp einer Volkspartei, in: Parteien in der Bundesrepublik Deutschland, hrsg. v. Alf Mintzel u. Heinrich Oberreuter, Bonn 1990, S. 158-198, insbes. S. 167.

dort überraschenderweise einige Sätze aufgenommen worden, die seinen Überzeugungen doch sehr nahe stünden, vor allem die Feststellung:

„Das kapitalistische Wirtschaftssystem ist den staatlichen und sozialen Lebensinteressen des deutschen Volkes nicht gerecht geworden. Nach dem furchtbaren politischen, wirtschaftlichen und sozialen Zusammenbruch als Folge einer verbrecherischen Machtpolitik kann nur eine Neuordnung von Grund auf erfolgen. Inhalt und Ziel dieser sozialen und wirtschaftlichen Neuordnung kann nicht mehr das kapitalistische Gewinn- und Machtstreben, sondern nur das Wohlergehen unseres Volkes sein. Durch eine gemeinwirtschaftliche Ordnung soll das deutsche Volk eine Wirtschafts- und Sozialverfassung erhalten, die dem Recht und der Würde des Menschen entspricht, dem geistigen und materiellen Aufbau unseres Volkes dient und den inneren und äußeren Frieden sichert."[24]

Dies sei dem abschließenden Credo seines Buches inhaltlich doch sehr ähnlich, in welchem er für die Zukunft gefordert habe,

„endlich eine soziale Demokratie zu verwirklichen, die den Mut hat, nicht nur die nationalistischen Kriegsverbrecher unschädlich zu machen, sondern auch die feudalen und kapitalistischen Volksfeinde durch die Enteignung des Großgrundbesitzes und die Sozialisierung der Großbetriebe zu entmachten. Zu der Riesenarbeit des demokratisch-sozialistischen Neuaufbaus, für die der Weg dadurch frei gemacht wird, müssen sich alle fortschrittlichen Kräfte, die sozialistischen Arbeiterparteien und die Gewerkschaften ebenso wie das aus christlicher und humanistischer Verantwortung für die Zukunftsnotwendigkeiten aufgeschlossene Bürgertum, zu einem machtvollen Volksblock vereinigen. Nur das Bündnis dieser Kräfte kann die große Wandlung vollbringen, durch die das deutsche Volk zum ersten Mal in seiner Geschichte zu einer sozialen Demokratie aufsteigt und dank seiner Bereitschaft zum Frieden in der Gemeinschaft der Völker zu einer Brücke zwischen den Mächten des Ostens und des Westens wird.

---

[24] Fritz Helling, Mein Leben als politischer Pädagoge, Kap. 9, Manuskript S. 79.

Das ist der Auftrag, den wir im Glauben an unser Volk zu erfüllen haben."[25]

Trotz der auf den ersten Blick stramm sozialistisch klingenden Forderungen nach Enteignung des Großgrundbesitzes, Sozialisierung der Großbetriebe und Bildung eines „Volksblocks", d.h. einer den sozialistischen Neuaufbau des Staates tragenden Einheitsfront, trotz all der revolutionären Rhetorik sind in diesem Diktum aber auch die versöhnlichen, verbindlichen Untertöne unüberhörbar, die auch in seinen Publikationen immer wieder auftauchen und charakteristisch sind für Hellings relative Liberalität, mit der er seine Zeitgenossen immer wieder überraschen und für sich persönlich gewinnen konnte[26] – dogmatische Sozialisten stalinistischer Prägung, wie sie wenig später in der SBZ/DDR ans Ruder gelangten und das autoritäre System des sogenannten Arbeiter- und Bauernstaates über Jahrzehnte prägen sollten,[27] hätten jedenfalls die gezielte Integration des aus „christlicher und humanistischer Verantwortung [...] aufgeschlossene(n) Bürgertum(s)" in den Volksblock nicht unbedingt gutgeheißen, auch wenn man berücksichtigt, welche inhaltliche Verbiegung und ideologische Instrumentalisierung der Begriff „Humanismus" und seine Varianten in der Propaganda der SBZ/DDR erfahren hat.[28]

---

[25] Ebd., Manuskript S. 78. – Vgl. gleichlautend Fritz Helling, Der Katastrophenweg, S. 207.

[26] Vgl. hierzu die Beiträge von Georg Dieker-Brennecke, „‚Schwelm hat ihn nicht verstanden'. Von den Schwierigkeiten eines Reformers und Querdenkers mit seiner Heimatstadt – Zeitzeugen erinnern sich an Fritz Helling" und Burkhard Dietz, „Erneute politische und gesellschaftliche Diskriminierung in den 1950er und 1960er Jahren. Eine Skizze zu Fritz Hellings letzten Lebensjahrzehnten" im vorliegenden Band.

[27] Christoph Kleßmann, Die doppelte Staatsgründung. Deutsche Geschichte 1945-1955, Bonn (4. Aufl.) 1986; ders., Zwei Staaten, eine Nation. Deutsche Geschichte 1955-1970, Bonn 1988; Werner Weidenfeld, Hartmut Zimmermann (Hrsg.), Deutschland-Handbuch. Eine doppelte Bilanz 1949-1989, Bonn 1989; Ossip K. Flechtheim, Artikel „Leninismus/Stalinismus", in: Handlexikon zur Politikwissenschaft, hrsg. v. Wolfgang W. Mickel, München 1986, S. 272-276.

[28] Karl Pisarczyk, Der Euphemismus. Politische Sprache in der DDR und BRD, in: Frankfurter Hefte 2/1969, S. 107 ff; Wolfgang Bergsdorf, Herrschaft und Sprache, Pfullingen 1983, S. 125 ff; Gerhard Zwerenz, Das gespaltene Wort. Ein Pamphlet, in: Der Monat 143 (1960), S. 88 ff; Lutz Mackensen, Gespaltenes Deutschland – gespaltene Sprache?, in: Universitas 8 (1960), S. 817 ff; Raina Zimmering, Mythen in der Politik der DDR. Ein Beitrag zur Erforschung politischer Mythen, Opladen 2000; zentral zur beharrlichen Selbsttäuschung des SED-Staates durch seine stete Berufung auf das Erbe des

2. Inhalte, Methoden und Argumentationsweisen

Betrachten wir nun die Inhalte, Methoden und Argumentationsweisen des Buches, so stellte Helling dazu selbst einleitend und in gewisser Weise resümierend fest:

> „Die vorliegende Arbeit verzichtet bewußt auf eine totale Darstellung der deutschen Geschichte. Sie beschränkt sich auf die ökonomisch-politische Untersuchung der einen Frage: Wie war die deutsche Katastrophe möglich? [...] Ich veröffentliche die Arbeit als Beitrag zu der notwendigen deutschen Selbstbesinnung."[29]

– Von der angestrebten „tiefgreifenden Revision des traditionellen Geschichtsbildes" und der „Anwendung der ‚materialistischen' Geschichtsmethode", die er seinem Verleger gegenüber noch als besondere Innovationen herausgestellt hatte, war in der Vorbemerkung des Buches mithin keine Rede mehr.

Auch die Behauptung, dies sei keine „totale Darstellung der deutschen Geschichte" ist nicht korrekt, denn tatsächlich bietet das Buch unter konsequenter Verfolgung seiner Fragestellung einen makrohistorischen, sehr stark prozessual angelegten, nahezu ohne Daten angereicherten Überblick über die Hauptentwicklungslinien und Hauptepochen der deutschen Geschichte von der Antike bis zur Gegenwart. Inhaltlich stehen sich dabei in zwei Blöcken mit exakt gleichem Umfang die vormoderne und neuere Geschichte gegenüber. In ihnen macht Helling graduell unterschiedlich zu gewichtende historische Fehlentwicklungen aus, die er als ‚verhängnisvolle Entwicklungen', ‚Tragödien' oder ‚Katastrophen' des Geschichtsablaufs kennzeichnet.

3. Die Grundstruktur des Buches oder: Das Kaleidoskop der „Katastrophen"

Auch aus Sicht der neueren historiographischen Debatten ist aufschlußreich, daß er dabei bis zur Etablierung des Heiligen Römischen Reiches Deutscher Nation im 10. Jahrhundert den Aspekt der nicht

---

Humanismus ist Matthias Wanitschke, Methoden und Menschenbild des Ministeriums für Staatssicherheit der DDR, Köln 2001.
[29] Fritz Helling, Der Katastrophenweg, Vorbemerkung.

gelungenen germanischen Nationsbildung in den Mittelpunkt rückt und in diesem Zusammenhang die *erste Katastrophe* diagnostiziert, nämlich die „opportunistische Anpassungspolitik" der Westgoten gegenüber den Römern, ihre Überformung durch die dominante Kultur der Antike und teilweise Versklavung (zum Überblick vgl. hierzu und zum folgenden Tab. 2).[30] Die *zweite Katastrophe*, die nach Helling von ihrer Bedeutung her jedoch die erste übertrifft, ist die Krise des 9. Jahrhunderts mit der Reichsteilung von Verdun 843, dem Niedergang des maroden Großreichs der Karolinger (bei dem wie schon zuvor beim Rückfall des Abendlandes in eine bäuerlich-feudale Naturalwirtschaft infolge des Untergangs des Imperium Romanum wieder die Klassenherrschaft des Adels gestärkt wird) und dem Scheitern des sächsischen Volksaufstandes unter Widukind, um einen von der fränkischen Fremdherrschaft unabhängigen Staat gründen zu können.[31] Als *dritte Katastrophe* stellt Helling die „imperiale Innen- und Außenpolitik der deutschen Kaiser des Mittelalters, insbesondere Karls des Großen und Otto I., fest, welche hätten einsehen müssen, daß sie „auf der Grundlage einer agrar-feudalen Wirtschafts- und Gesellschaftsordnung" nicht die tatsächliche Macht besaßen, um ein „absolutistisch-universales Herrschaftssystem von Dauer und Festigkeit" zu errichten. „Deshalb wäre eine Abkehr von der Überspanntheit dieser Weltmachtideen [...], ein Verzicht auch auf die schrankenlose Expansionspolitik geboten gewesen."[32] Neben den Grundgedanken der gescheiterten Nationsbildung tritt damit ein zweiter roter Faden, der in späteren Epochen wieder aufgegriffen und als häufigere Ursache für Fehlentwicklungen in der deutschen Geschichte ausgemacht wird: Die einer realen machtpolitischen Grundlage entbehrenden Wünsche und Pläne zur Bildung eines germanischen Großreichs.

Als *vierte Katastrophe* der deutschen Geschichte, die von ihrer Tragweite her der Katastrophe der mittelalterlichen Kaiserpolitik gleichzusetzen ist, kennzeichnet Helling das Scheitern der „sozialen Revolution" der Bauernkriege und die anschließende Festschreibung der Leibeigenschaft zugunsten der Grundherren in der Reichsgesetzgebung von 1555, durch die de facto dem deutschen Volk „für Jahrhunderte [...]

---

[30] Ebd., S. 7-16.
[31] Ebd., S. 31-34.
[32] Ebd., S. 52.

der Untertanengeist eingeprägt" wurde.[33] Die *fünfte Katastrophe* stellte der Dreißigjährige Krieg dar, dessen Folgen sich „ein Jahrhundert lang [...] für das deutsche Volk als nationale Katastrophe" auswirkten.[34] Ihr folgte als *sechste Katastrophe* – in der Hellingschen Werteskala erstaunlicherweise weniger bedeutsam – der Sieg des preußischen „Militärdespotismus", der sowohl über den vielzitierten „Geist von Weimar" als auch über den „Geist von Potsdam" siegte und gemeinsam mit der monarchischen Allianz gegen Napoleon zur Unterdrückung der liberalen Freiheits- und nationalen Einheitsbewegung, zum Triumph der „Mächte der Vergangenheit" und zur Zementierung der feudalen Klassenherrschaft geführt habe.[35] Als *siebte Katastrophe* diagnostiziert Helling das zweifache Scheitern des Versuchs zur Durchsetzung einer bürgerlichen Demokratie, und zwar zum einen in der Revolution von 1848/49 und zum anderen durch die sozialpsychologische Militarisierung des Bürgertums, dessen parlamentarische Interessenvertreterin, die Fortschrittspartei, spätestens seit dem Sieg von Königgrätz (1866) keine Chancen zur Wahrung ihres politischen Einflusses, geschweige denn zur Durchsetzung ihrer politischen Ziele hatte. In beiden Fällen hatte es die Bourgeoisie, das wirtschaftlich und politisch einflußreiche Besitz- und Bildungsbürgertum fatalerweise aus Angst vor dem Pöbel und den Massen der Straße bewußt unterlassen, ein politisches Zweckbündnis mit der arbeitenden Klasse einzugehen, so daß letztendlich die bestehende altpreußische Königs- und Junkerherrschaft nicht hatte entmachtet werden können[36] (vgl. Tab. 2).

Die *achte Katastrophe* schließlich, die in Hellings Werk aufgrund ihrer epochenübergreifenden Struktur eine deutliche Sonderrolle einnimmt und die auch wegen der integrierten Darstellung des Nationalsozialismus eine besondere Betrachtung verdient, vollzog sich in einem größeren, aber politisch für Helling homogenen Zeitblock,[37] der sich vom Beginn der wilhelminischen Ära (1890) bis zum Ende des Zweiten Weltkriegs hinzog und in dem die langandauernde politische Gesamtkatastrophe a) mit dem Ende des Ersten Weltkriegs, b) der Welt-

---

[33] Ebd., S. 90 ff, 98, 104, 106.
[34] Ebd., S. 115.
[35] Ebd., S. 125, 128, 132 f.
[36] Ebd., S. 151 f, 154, 156, 164, 177 f.
[37] Ebd., S. 178-207.

wirtschaftskrise und c) dem Ausgang des Zweiten Weltkriegs allenfalls drei separate, klar voneinander zu unterscheidende Höhepunkte zu verzeichnen hatte. War es zunächst das gesteigerte deutsche Großmachtstreben, das durch die unbändige Konkurrenz der Konzerne, Kartelle und Trusts zusätzlich verstärkt wurde,[38] so war es nach dem Ende des Ersten Weltkriegs die Unfähigkeit und Uneinheitlichkeit des Proletariats, wodurch die letzte Katastrophe des 19. Jahrhunderts begründet und die größte Katastrophe aller Zeiten, der Aufstieg des Nationalsozialismus, vorbereitet wurde. Die Arbeiterklasse hatte es nicht vermocht, ihre innere Spaltung zu überwinden, eine „geschlossene Front des gesamten deutschen Proletariats" zu errichten und über die Räterepublik hinaus die einmalige Chance zur Verwirklichung der sozialistischen Demokratie zu nutzen, so daß sich nun die rechten, gegenrevolutionären Kräfte erneut sammeln konnten.[39] Die Weltwirtschaftskrise von 1929-1932 schließlich war die logische Folge der ungeheuren Konzentrationsprozesse, die auch die deutsche Wirtschaft schon seit Beginn der Hochindustrialisierung erfaßt hatte und die nun das „Heer der Arbeitslosen auf sechs Millionen" ansteigen ließ. Seitdem, so Helling, trieb „die Krise [...] einer revolutionären Situation entgegen".[40] Da sich die „gegenseitig bekämpfenden Bruderparteien" der Arbeiterbewegung auch weiterhin – nicht zuletzt aufgrund der gegen sie eingeleiteten Unterdrückungsmaßnahmen – in verschiedene, unversöhnliche Lager aufspaltete, wobei „sich die sozialdemokratische in erfolglosem Opportunismus, die kommunistische in ultralinkem Sektierertum" verlor, „strömten die Millionenmassen der Deklassierten, die zum großen Teil den Zwischenschichten zwischen Bourgeoisie und Proletariat angehörten, der [...] neu erstandenen Nationalsozialistischen Deutschen Arbeiterpartei zu".[41]

Damit beginnt für Helling die aus seiner Sicht als Zeitgenosse letzte und „größte Katastrophe der deutschen Geschichte",[42] wobei er die „Aufrichtung der faschistischen Diktatur unter Hitler" zugleich ganz im Sinne seiner eigenen Geschichtsauffassung als „die Krönung aller

---

[38] Ebd., S. 180-185.
[39] Ebd., S. 192-195.
[40] Ebd., S. 199.
[41] Ebd., S. 200.
[42] Ebd., S. 205.

deutschen Gegenrevolutionen" kennzeichnet.[43] Und erneut ist er bei der Ursachenbeschreibung der „Machtergreifung" durchaus selbstkritisch und folgt in der Argumentation keineswegs dem historisch-ideologischen Kurs der offiziellen KP-Doktrin, wenn er wiederholt: „Die Arbeiterklasse war durch ihre Uneinigkeit so gelähmt, daß sie dem Klassenfeind kampflos das Feld überließ."[44] Natürlich bringt auch Helling die politische Rolle des „Trustkapitals" und dessen unheilige Allianz mit der Bourgeoisie und den Kräften des „völkischen Imperialismus" nachhaltig zur Sprache, aber seine Interpretation unterschied sich eben doch in zentralen Punkten, nicht nur in Nuancen, von der berühmten Formel Georgi Dimitroffs (1882-1949) aus dem Jahre 1935, die noch lange das Geschichtsbild des SED-Regimes bestimmen sollte, wonach die Machtübernahme durch die ‚faschistische' Hitler-Regierung „die offene terroristische Diktatur der reaktionärsten, am meisten chauvinistischen, am meisten imperialistischen Elemente des Finanzkapitals" gewesen sei. Auch die daraus abgeleitete Auffassung, das besagte Bündnis habe das Interesse verfolgt, a) einen Eroberungskrieg gegen die Sowjetunion vorzubereiten und b) die proletarische Revolution unter Führung der KPD zu verhindern, teilte Helling offensichtlich nicht, im Gegenteil, bei ihm – wir merkten es bereits an – war die Arbeiterklasse selbst unfähig, ihre politische Einheit herzustellen.[45]

In ähnlicher Weise individualistisch-nonkonformistisch und allein auf die ideologisch nicht weiter verfälschten *historischen* Auffassungen von Marx und Engels sich beziehend[46] diagnostizierte Helling die schrittweise Zersetzung der bürgerlichen Demokratie und die Trennung der politischen und sozialen Macht als Voraussetzungen für die sogenannte „Machtergreifung". Auch damit befand er sich im krassen Gegensatz zur Position der Moskauer und deutschen KP und im Einklang mit Faschis-

---

[43] Ebd., S. 204.

[44] Ebd., S. 202.

[45] Die Darstellung der Dimitroff-Formel folgt Peter Reichel, Vergangenheitsbewältigung, S. 14 und Peter Longerich, Chaim Schatzker, Artikel „Aufklärung und Unterricht über die Verfolgung und Ermordung der europäischen Juden: Deutschland", in: Enzyklopädie des Holocaust, hrsg. v. Israel Gutman u.a., Bd. 1, München (2. Aufl.) 1998, S. 100.

[46] Fritz Helling stützt sich in seinem „Katastrophenweg" besonders auf Engels' Schriften über den „Ursprung der Familie, des Privateigentums und des Staates" (Ausgabe Berlin 1931), den „deutschen Bauernkrieg" (Ausgabe 1946) und „Die preußische Militärfrage und die deutsche Arbeiterpartei" (Ausgabe Hamburg 1865) sowie auf die Frühschriften von Marx (Ausgabe Leipzig 1932).

mustheoretikern wie August Thalheimer (1884-1948), Wilhelm Reich (1897-1957) und Ernst Bloch (1885-1977), die später von der offiziellen Geschichtspolitik der DDR als Häretiker verfemt wurden. Helling beschrieb wie Hitler seiner Überzeugung nach zur Macht gekommen sei, indem „die verschiedenen Gruppen der Bourgeoisie nicht mehr in der Lage" waren, „die Macht durch und über das Parlament auszuüben, das Proletariat dagegen" aufgrund seiner internen Konflikte und äußeren Bedrohung nicht in der Lage war, „die Macht im Staat zu erringen". „In dieser Situation eines Machtgleichgewichts", so hatte auch Thalheimer argumentiert, verzichtete „die Bourgeoisie auf ihre politische Macht zugunsten der Faschisten [...], um ihre soziale Macht, das heißt die Verfügung über die Produktionsmittel, zu retten. Einmal im Besitz der Exekutive" konnte sich der Faschismus dann in den Zentralen der Macht etablieren.[47]

Der markanteste und selbst noch aus heutiger Sicht bemerkenswerteste Unterschied zur offiziellen Geschichtsauffassung der KP und auch zur überwiegenden Mehrheit der bürgerlichen publizistischen Auseinandersetzungen mit dem Nationalsozialismus war, daß Helling unumwunden die „hemmungslose Mordpolitik" Hitlers gegenüber dem Judentum ansprach, dessen Unterdrückung er entgegen der geltenden kommunistischen Doktrin als *gleichrangig* mit der Unterdrückung des Marxismus kennzeichnete[48] und – wiederum im absoluten Widerspruch zur offiziellen Parteilinie der KPD – mit keinem Wort die These der im kommunistischen Lager weithin anerkannten Faschismustheorie Otto Hellers (1897-1945) oder Alfred Kantorowiczs (1899-1979) erwähnte, nach welcher der militante Antisemitismus der SA und SS gegen die jüdische Bevölkerung lediglich als ein ‚Nebenkriegsschauplatz' des innenpolitischen Terrorsystems der Hitler-Diktatur angesehen werden müsse, „denn eigentlich hätten die Nationalsozialisten die Kommunisten als ihre wirklichen Gegner" ausgemacht.[49] – Kein Wunder, daß auch andere

---

[47] Zur Übereinstimmung von Hellings Darstellung (ebd., S. 200-203) mit der Faschismustheorie August Thalheimers vgl. Wolfgang Wippermann, ‚Deutsche Katastrophe' oder ‚Diktatur des Finanzkapitals'?, S. 26 f.

[48] Fritz Helling, Der Katastrophenweg, S. 200, 201, 203, 204.

[49] Karin Hartewig, „Proben des Abgrunds, über welchem unsere Zivilisation wie eine Brücke schwebt". Der Holocaust in der Publizistik der SBZ/DDR, in: Beschweigen und Bekennen. Die deutsche Nachkriegsgesellschaft und der Holocaust, hrsg. v. Norbert Frei u. Sybille Steinbacher, Göttingen 2001, S. 35-50, Zit. S. 37.

Tab. 2: Fritz Hellings „Katastrophen" der deutschen Geschichte im Überblick

1. Katastrophe: „opportunistische Anpassungspolitik" der Westgoten, Überformung der germanischen Kultur durch die römische, teilweise Versklavung der germanischen Stämme

2. Katastrophe: „Krise des 9. Jahrhunderts": Reichsteilung von Verdun 843, Niedergang des maroden Großreichs der Karolinger, Rückfall des Abendlandes in eine bäuerlich-feudale Naturalwirtschaft infolge des Untergangs des Imperium Romanum, Stärkung der Klassenherrschaft des Adels Scheitern des sächsischen Volksaufstandes unter Widukind und Scheitern einer germanischen Nationsbildung in Unabhängigkeit von der fränkischen Fremdherrschaft

3. Katastrophe: „imperiale Innen- und Außenpolitik" der deutschen Kaiser des Mittelalters, insbesondere unter Karl dem Großen und Otto I. – Beginn der „Überspanntheit" der germanischen Weltmachtideen

4. Katastrophe: Scheitern der „sozialen Revolution" der Bauernkriege, Festschreibung der Leibeigenschaft zugunsten der Grundherren in der Reichsgesetzgebung von 1555, durch die dem deutschen Volk „für Jahrhunderte [...] der Untertanengeist eingeprägt" wird

5. Katastrophe: Dreißigjähriger Krieg, eine „nationale Katastrophe"

6. Katastrophe: Sieg des „preußischen Militärdespotismus" über den „Geist von Weimar" (Goethe, Schiller) und den „Geist von Potsdam" (Friedrich der Große, Voltaire) – durch die monarchistische Allianz der antinapoleonischen Freiheitskriege

wird die Unterdrückung der liberalen Freiheits- und nationa
len Einheitsbewegung verstärkt – Triumph der „Mächte der
Vergangenheit" und Zementierung der „feudalen Klassenge
sellschaft"

7. Katastrophe: zweifaches Scheitern der Durchsetzung einer „bürgerlichen
Demokratie", a) in der Revolution von 1848/49 und b) durch
die sozialpsychologische Militarisierung des Bürgertums –
das wirtschaftlich und politisch einflußreiche Besitz- und
Bildungsbürgertum (Bourgeoisie) unterläßt es aus Angst vor
dem Pöbel und den Massen der Straße, ein politisches
Zweckbündnis mit der arbeitenden Klasse einzugehen, so daß
die altpreußische Königs- und Junkerherrschaft nicht entmachtet werden kann

8. Katastrophe: die wilhelminische Ära als Beginn einer langen Dauerkata-
strophe, die mit verschiedenen Höhepunkten über die Weimarer Republik bis zum Ende des Nationalsozialismus anhält

Zeitgenossen, etwa Victor Klemperer (1881-1960), erschrocken und ent-
rüstet registrieren mußten, wie „geradezu judenfeindlich" weite Teile der
neuen Beamtenschaft und der sowjetischen Besatzungsbehörden eingestellt waren.[50] Darüber hinaus ist bei der kritischen Rezeption von
Hellings „Katastrophenweg" zu berücksichtigen, daß er an keiner Stelle
die Sowjetunion als Hauptziel des „alldeutschen Imperialismus" (F.
Helling) erwähnt und damit gegen einen weiteren wesentlichen Teil des
ideologischen Interpretations- und Legitimationssystems verstieß.

Denn „vor und nach 1945 stand die Sowjetunion im Mittelpunkt
der kommunistischen Darstellungen des Antifaschismus. Die

---

[50] Victor Klemperer, Und so ist alles schwankend. Tagebücher Juni bis Dezember 1945,
hrsg. v. Günter Jäckel, Berlin (4. Aufl.) 1997, S. 151. – Zum Antisemitismus im ehemaligen Ostblock, speziell in der Sowjetunion unter Stalin, vgl. Israel Gutman, Artikel
„Antisemitismus", in: Enzyklopädie des Holocaust, Bd. 1, S. 66 f sowie Alexander Sol-
schenizyn, Dwesti let wmeste, Bd. 2 (dt.: Zweihundert Jahre gemeinsam, Bd. 2: Die
russisch-jüdische Geschichte 1917-1995), Moskau 2003.

Juden waren Konkurrenten um knappe politische und emotionale Ressourcen. Ihr Schicksal nahm in den Gedanken und Gefühlen der deutschen Kommunisten auch nicht annährend einen solchen Platz ein wie das Drama der Sowjetunion. Während sie den rassistischen Charakter des Krieges an der Ostfront bemerkten [...], erwähnten sie die jüdische Katastrophe nur selten, wenn überhaupt, und deren zentrale Rolle in der NS-Politik blieb in ihren Äußerungen völlig ausgespart."[51]

Helling dagegen sprach gezielt vom Terror der Nazis „gegen das Judentum und den Marxismus"[52] – man beachte die Reihenfolge (!) – und identifizierte die Ansicht, der Kampf gegen den Marxismus sei eigentlich ein Kampf gegen „Ausgeburten des Judentums" gewesen, als NS-Propaganda, freilich als eine Propaganda, möchte man hinzufügen, der offensichtlich auch viele Chefideologen des Stalinismus anhingen.[53] So gipfelt Hellings Analyse der letzten und „größten Katastrophe der deutschen Geschichte" in einer Beschreibung, die aus dem Blickwinkel der geltenden marxistisch-leninistischen Geschichtsdoktrin als durchaus nonkonformistisch, eigenwillig-individualistisch, relativ liberal, patriotisch und ausgewogen angesehen werden muß, wenn er formulierte:

„Die Aufrichtung der faschistischen Diktatur unter Hitler ist die Krönung aller deutschen Gegenrevolutionen. Unter der politischen Führung der nationalsozialistischen Partei schlossen sich die reaktionären Kräfte des Monopolkapitals, des Junkertums und des Militarismus, dieselben Kräfte, die Deutschland schon einmal in die Katastrophe eines Weltkrieges getrieben hatten, zu der ruchlosesten Verschwörung gegen die Lebensrechte des deutschen Volkes und der Menschheit zusammen. Während im Innern der Terror der Judenverfolgungen, der Blutjustiz und der Konzentrationslager wütete, wurde nach außen der Raubkrieg des alldeutschen Imperialismus zur Revision des Versailler Vertrages und zur Eroberung der Vorherrschaft in Europa und der Welt vorbereitet. 1938 wurden Österreich und die Tschechoslowakei überfallen, 1939 durch den Angriff auf Polen der zweite imperia-

---

[51] Jeffrey Herf, Zweierlei Erinnerung. Die NS-Vergangenheit im geteilten Deutschland, Berlin 1998, S. 52 f. Vgl. auch Kleßmann, Doppelte Staatsgründung, S. 166 f.
[52] Fritz Helling, Der Katastrophenweg, S. 201.
[53] Ebd., S. 200.

listische Weltkrieg entfesselt. Die Angreifer triumphierten. Vom Atlantischen Ozean bis zum Kaukasus, vom Nordkap bis nach Afrika dehnten sie ihre furchtbare Gewaltherrschaft aus, bis die Koalition der Weltmächte dem ‚zynischsten und mörderischsten Räubertum der Menschheitsgeschichte' (Abusch) ein Ende setzte und den Sieg der Vermessenheit in die größte Katastrophe der deutschen Geschichte verwandelte."[54]

4. Abschließende Würdigung und Ansätze zu einer vergleichenden Betrachtung

Wie an der vorgenommenen Textanalyse zu ersehen ist, gehörte Fritz Helling keineswegs zu jener großen Mehrheit von Zeitgenossen und Historikern, die noch Jahre nach der deutschen Kapitulation die Frage der nationalsozialistischen Vergangenheit und die Frage einer Revision des deutschen Geschichtsbildes beschwiegen[55] oder die den „Verlust der Geschichte" beklagten.[56] Das war nicht Hellings Art, sich mit einem Konflikt zu befassen, den er zweifellos – wie schon das Ende des Ersten Weltkriegs – auch als persönliche Identitätskrise empfand. Im Gegensatz zu vielen anderen Intellektuellen, die sich publizistisch an der sogenannten „Schulddebatte" beteiligten, bevorzugte er eine intensive monographische Auseinandersetzung mit der langen, manche mögen sagen: mit der vielleicht etwas zu langen Vorgeschichte des „Dritten Reiches" und eine möglichst präzise Analyse all jener Schnittstellen in der deutschen Geschichte, bei denen die Weichen offensichtlich auch anders hätten gestellt werden können. Den heutigen Leser erinnert dabei vieles an noch recht aktuelle Buchtitel, die durchaus methodisch vergleichbares

---

[54] Ebd., S. 204 f.

[55] Vgl. hierzu Horst Walter Blanke, Historiographiegeschichte als Historik, Stuttgart 1991, S. 638 ff; Dieter Hein, Geschichtswissenschaft in den Westzonen, a.a.O.; Günther Heydemann, Zwischen Diskussion und Konfrontation, a.a.O.; Bernd Faulenbach, Historistische Tradition und politische Neuorientierung. Zur Geschichtswissenschaft nach der „deutschen Katastrophe", in: Wissenschaft im geteilten Deutschland. Restauration oder Neubeginn nach 1945?, hrsg. v. Walter H. Pehle u. Peter Sillem, Frankfurt a.M. 1992, S. 99-112; Winfried Schulze, Deutsche Geschichtswissenschaft nach 1945, München 1989, S. 46-76, insbes. 64 f.

[56] Alfred Heuß, Verlust der Geschichte, Göttingen 1959; Reinhard Wittram, Das Interesse an der Geschichte, Göttingen 1958.

im Blick hatten, etwa der bundesrepublikanische Dauerbrenner „Wendepunkte deutscher Geschichte" von Carola Stern und Heinrich August Winkler oder Hans-Ulrich Wehlers „Scheidewege der deutschen Geschichte".[57]

Neben den patriotischen Zügen, die Hellings Argumentation mit einer These durchzieht, die der bekannten Formel Helmuth Plessners von der „verspäteten Nation" aus dem Jahre 1935 und der späteren deutschen Sonderwegsdebatte ähnelt,[58] wird seine Darstellung seit dem 16. Jahrhundert von einem Hauptgedanken bestimmt, nämlich von der Auffassung, daß „die Geschichte des deutschen Volkes [...] mißraten" sei,

> „weil seine Machthaber stets ihre gegenrevolutionäre Unterdrückungspolitik durchsetzen konnten. Seit mehr als 400 Jahren hat das fürstlich-feudal beherrschte Volk der Bauern, Bürger und Arbeiter vergebens versucht, die ihm aufgezwungenen Lasten eines überlebten Gesellschafts- und Herrschaftssystems abzuschütteln und die Freiheit zu erobern. Sowohl die bürgerliche wie die proletarische Revolution endete mit einer Niederlage."[59]

Deshalb sei nun der richtige Zeitpunkt gekommen, um eine „soziale Demokratie" – wohlgemerkt keine sozialistische (!) – zu errichten und dafür zu sorgen, daß Deutschland „in der Gemeinschaft der Völker zu einer Brücke zwischen den Mächten des Ostens und Westens wird. Das ist der Auftrag, den wir im Glauben an unser Volk zu erfüllen haben."[60]

Im Gegensatz zu anderen Autoren, die auch den Versuch einer Bilanzierung des Geschehenen unternahmen, wird das NS-Regime durch Helling nicht als dämonische Ein-Mann-Diktatur dargestellt, vielmehr beantwortet er die Schuldfrage mit einer für seine Zeit ebenfalls bemerkens-

---

[57] Carola Stern, Heinrich August Winkler (Hg.), Wendepunkte deutscher Geschichte 1848-1945, Frankfurt a.M. (1. Aufl.) 1979; Hans-Ulrich Wehler (Hg.), Scheidewege der deutschen Geschichte. Von der Reformation bis zur Wende 1517-1989, München 1995.

[58] Helmuth Plessners bekanntes Werk „Die verspätete Nation" (2. Aufl. 1959) erschien zuerst 1935 unter dem Titel „Das Schicksal deutschen Geistes im Ausgang seiner bürgerlichen Epoche", Zürich 1935; Bernd Faulenbach, „Deutscher Sonderweg". Zur Geschichte und Problematik einer zentralen Kategorie des deutschen geschichtlichen Bewußtseins, in: Aus Politik und Zeitgeschichte 1981, Bd. 33, S. 3-21; Reinhard Kühnl, Deutschland seit der Französischen Revolution. Untersuchungen zum deutschen Sonderweg, Heilbronn 1996; Helga Grebing, Der ‚deutsche Sonderweg' in Europa 1806-1945. Eine Kritik, Stuttgart 1986.

[59] Ebd., S. 205.

[60] Ebd., S. 207.

werten Direktheit und Unbefangenheit, die zugleich eine große moralische Integrität vor den Opfern des NS-Terrors erkennen läßt, indem er von einem „Volk von Untertanen" spricht, „das in seiner Unterwürfigkeit sogar eine Tugend sah und sich von seinen Diktatoren schließlich zu einer hemmungslosen Mordpolitik" verleiten ließ. Die logische Schlußfolgerung für Helling, der seine frühe Gegnerschaft zu Hitler ja selbst mit kurzer Gestapo-Haft bezahlen mußte, lautet daher: „Führer und Verführer tragen die Schuld an dem Elend, das für Deutschland und die Welt daraus erwuchs."[61] Obwohl er hier also nicht von „Tätern", sondern von „Verführten" spricht und damit die Frage der Schuld des einzelnen Deutschen als Mitläufer oder Funktionsträger zugunsten der angeblich übermächtigen Wirkung der NS-Propaganda abschwächt, fällt die politisch-moralische Kennzeichnung der Verantwortlichen, die eben auch unter den „Verführten" zu finden sind, bei Helling ziemlich eindeutig aus. Nicht zuletzt dadurch ist seine Haltung eine gravierend andere als etwa die von Historikern wie Hans Herzfeld, Hans Rothfels oder Herbert Grundmann aus dem Umfeld des konservativen deutschen Lagers. Grundlegend unterschied sich Hellings Analyse auch von den frühen Erklärungsversuchen des Nationalsozialismus aus dem Bereich des konservativen Widerstandes, etwa aus dem Umfeld des Bonhoeffer-Kreises, für die exemplarisch Gerhard Ritters berühmte Schrift „Geschichte als Bildungsmacht" (1946) steht, in der stärker noch als bei Helling Kritik an den langen Traditionen und extremen Auswüchsen des preußischen Militarismus geübt wird.[62]

Eine eingehende Betrachtung von Hellings „Katastrophenweg" zeigt mithin, daß es sich bei dieser Arbeit zur frühen historiographischen Aufarbeitung des Nationalsozialismus um eine beachtenswerte analytische und authentische Darstellung aus der unmittelbaren Nachkriegszeit handelt, in der – und das ist ganz außergewöhnlich – in keiner Weise der Holocaust oder die Schuld des gemeinen Deutschen kaschiert oder tabuisiert wird. Zumal diese Tatsache aus heutiger Sicht als ein besonderes

---

[61] Ebd., S. 206.
[62] Gerhard Ritter, Geschichte als Bildungsmacht. Ein Beitrag zur historisch-politischen Neubesinnung, Stuttgart 1946; Klaus Schwabe, Gerhard Ritter – Werk und Person, in: Gerhard Ritter. Ein politischer Historiker in seinen Briefen, hrsg. v. dems. u. Rolf Reichardt, Boppard 1984, S. 1-170; Winfried Schulze, Deutsche Geschichtswissenschaft, S. 58-65; Horst Walter Blanke, Historiographiegeschichte, S. 641 f.

Qualitätssiegel anzusehen ist,[63] das Hellings Studie deutlich aus der kleinen Gruppe der übrigen authentischen Historikerarbeiten über die Vorgeschichte des Nationalsozialismus heraushebt und in die Nähe der Zeitgenossen Franz A. Kramer, Karl Jaspers und Josef Radermacher rückt,[64] so braucht sein „Katastrophenweg" einen direkten Vergleich mit den wenigen früher und den vielen später erschienenen Arbeiten ähnlicher thematischer Ausrichtung von zum Teil sehr prominenten Fachhistorikern nicht zu scheuen. Zu nennen ist hier vor allem Friedrich Meineckes „Die deutsche Katastrophe" (1946),[65] die ebenfalls die militaristische Vergangenheit Preußen-Deutschlands, darüber hinaus aber auch den Aufstieg der modernen technischen Welt mit seinen sozialpsychologischen Konsequenzen und die extreme, ja machiavellistische Rivalität der Weltanschauungen und konträren politischen Systeme als wichtige Ursachen für die erfolgreiche „Machtergreifung" Hitlers diagnostizierte.

Hellings „Katastrophenweg", der dagegen einen unorthodox marxistischen Erklärungsansatz bevorzugte, stand trotz einiger Rückfälle in liberal-kapitalistische Beschreibungen wirtschaftlicher Fortschritte, die seine Kapitel zur Ökonomie der Frühen Neuzeit und des Industriezeitalters prägen, zu all diesen Versuchen bürgerlicher Wissenschaftler vor allem in einem eklatanten Gegensatz: Er gehörte zur Minderheit jener Autoren, die keine ausgesprochenen Fachhistoriker oder auch nur in universitäre Zirkel eingebunden waren und hatte deshalb von vornherein einen geringeren Wirkungs- und Bekanntheitsgrad. Auch hatte er hinsichtlich der weltanschaulichen Komponenten zweifellos eine Schrift vorgelegt, die der bekannte marxistische Historiker Walter Markov dezent der Gruppe der „orientierenden Schriften" zuordnete, jenen Schriften

---

[63] Martin Broszat, „Holocaust" und die deutsche Geschichte, in: Vierteljahrshefte für Zeitgeschichte 27 (1979), S. 285-298; Lucy S. Dawidowicz, The Holocaust and the Historians, Cambridge 1981; Michael Robert Marrus, The Holocaust in History, New York 1989; Enzo Traverso, Auschwitz denken. Die Intellektuellen und die Shoah, Hamburg 2000.

[64] Franz A. Kramer, Vor den Ruinen Deutschlands. Ein Aufruf zur geschichtlichen Selbstbesinnung, Koblenz 1945; Karl Jaspers, Die Schuldfrage, Heidelberg 1946; Josef Radermacher, Ketzergedanken im Dritten Reich, Hamburg 1947.

[65] Friedrich Meinecke, Die deutsche Katastrophe. Betrachtungen und Erinnerungen, Wiesbaden 1946. – Vgl. dazu vor allem Wolfgang Wippermann, Friedrich Meineckes „Die deutsche Katastrophe". Ein Versuch zur deutschen Vergangenheitsbewältigung, in: Friedrich Meinecke heute, hrsg. v. Michael Erbe, Berlin 1981, S. 101-121.

eben, die nicht die vielzitierte „Sterilität" und „Blässe" der akademischen Argumentation besaßen, die aber von einer bestimmten politischen Grundüberzeugung und Mission bestimmt waren.[66]

In dieser Hinsicht hatte Helling nur *einen* wirklich ernstzunehmenden deutschen Gesinnungsgenossen, nämlich den hohen stalinistischen Kulturfunktionär Alexander Abusch (1902-1982), der nach seiner Karriere als Sekretär des „Kulturbundes" (1946-1953) Staatssekretär im Kulturministerium (1954-1958) und später sogar als Nachfolger Johannes R. Bechers Kulturminister (1958-1961) und stellvertretender Ministerpräsident der DDR (1958-1971) werden sollte.[67] Schon im mexikanischen Exil hatte er 1945 den politischen Essay „Der Irrweg einer Nation" veröffentlicht, der sofort nach seiner Heimkehr nach Berlin 1946 im Aufbau-Verlag in zweiter Auflage erschien. Bedeutend journalistischer im Stil, aber rigoroser in der Kennzeichnung der völkisch-rassistischen Traditionen als Helling, dafür jedoch ganz ohne wissenschaftlichen Apparat konzentrierte sich Abuschs Schrift mehr darauf, die neuere Geschichte Preußens darzustellen, um in ähnlicher Weise wie Helling die „Wendepunkte der deutschen Geschichte" und die stets unterdrückten revolutionären Potentiale zu identifizieren, „an welchen [...] die unheilvolle Entwicklung" einsetzte, „die zur Etablierung der Nazibestialität auf deutschem Boden führte oder zumindest ihr Kommen erleichterte".[68]

Mit den von Abusch aufgeführten Bedingungsfaktoren des Nationalsozialismus sowie der Erinnerungspolitik der frühen DDR hat sich kürzlich erst der amerikanische Historiker Jeffrey Herf eingehend auseinandergesetzt und dabei wichtiges Material, auch für einen vergleichenden Blick auf Hellings und Abuschs Geschichtsinterpretation, bereitgestellt – einen Blick freilich, der auf der Grundlage der vorstehenden Analyse von Hellings „Katastrophenweg" schon recht unmittelbar die Unterschiede und Gemeinsamkeiten in den Betrachtungsweisen dieser intellektuellen Kampfgefährten vor Augen führt. Abusch vertrat demnach folgende Auffassung über die Ursachen und Hintergründe der „deutschen Katastrophe":

---

[66] Walter Markov, Historia docet?, in: Forum 1 (1947), S. 128 f.

[67] Über Alexander Abusch siehe Jeffrey Herf, Zweierlei Erinnerung, S. 78 ff, 142-146, 162-166 und öfter sowie David Pike, The Politics of Culture in Soviet-Occupied Germany, 1945-1949, Stanford 1992, S. 237-244.

[68] Alexander Abusch, Der Irrweg einer Nation. Ein Beitrag zum Verständnis deutscher Geschichte, Berlin 1946, S. 6.

„Unter den Faktoren, die zum Nationalsozialismus beigetragen hatten, nannte er den Antisemitismus in einem Atemzug mit dem preußischen Militarismus, dem Haß auf die Slawen und Franzosen, der Lehre von der Herrenrasse und den mittelalterlichen Phantasien eines europäischen Reichs der Deutschen. Dabei mischte er eindringliche Beschreibungen mit auffälliger Unklarheit in bezug auf die Identität der Opfer. [...] Trotz aller Einzelheiten, mit denen die NS-Verbrechen beschrieben werden, fehlt doch der Hinweis, daß die überwältigende Mehrheit der Opfer Juden waren. Die Hauptschuld an der Unfähigkeit der deutschen Linken, die Nationalsozialisten zu stoppen, gab Abusch den Sozialdemokraten. Andererseits begrenzte er den Kreis der Verantwortlichen nicht auf eine Handvoll Imperialisten, Militaristen und NS-Führer, noch zollte er [...] dem ‚guten Kern‘ der deutschen Arbeiterklasse Tribut. Angesichts der Unterstützung für die Nationalsozialisten und des fehlenden Widerstandes gegen sie unter den Millionen Angehörigen der deutschen Mittelschicht, einschließlich der Gebildeten, sei es ‚historisch falsch‘, die Deutschen vor allem als ‚im Schlaf überfallene Opfer‘ Hitlers darzustellen. Während Abusch jene lobte, die den Nationalsozialisten widerstanden hatten, bemerkte er gleichzeitig ihre ‚Isolierung vom eigenen Volke‘. Aufgabe der Intellektuellen nach 1945 sei es, Deutschland von diesem langen Irrweg abzubringen und die Traditionen des deutschen und europäischen Humanismus wiederaufzunehmen. Wie den Moskauer Emigranten diente der Gedanke an die deutsche Geschichte und die breite Unterstützung des Nationalsozialismus auch Abusch dazu, die Notwendigkeit einer autoritären Führung zu rechtfertigen, welche die Deutschen aus der Wüste der Irrtümer und Illusionen der Vergangenheit ins gelobte Land des Antifaschismus führen sollte.“[69]

Nicht zuletzt der große politische Einfluß, den Alexander Abusch Zeit seines Lebens auch als Mitglied des Zentralkomitees der SED hatte (1956-1981), führte schließlich dazu, daß sein Buch neben Anna Seghers Epochenroman „Das siebte Kreuz“ (engl. 1942, dt. 1947) zu einem der wichtigsten historischen Legitimationstexte der DDR überhaupt avan-

---

[69] Jeffrey Herf, Zweierlei Erinnerung, S. 79 f; Alexander Abusch, Irrweg, S. 198-236, 245-264 (Zit. S. 245-248, 256).

cierte. Da der Text immer wieder auch „die revolutionären Potentiale in der deutschen Geschichte" würdigte[70] und sich ein eigenes Kapitel sogar den „Wegen, die nicht zu Hitler führen mußten" widmete, ließen sich mit ihm in hervorragender Weise die Traditionen des antifaschistischen Widerstandes darstellen, der für die Existenz der DDR eine geradezu konstitutive Bedeutung besaß.[71] Angesichts dieser eminent politischen Bedeutung von Abuschs Text wurde das Buch „trotz anhaltenden Papiermangels" in den Jahren nach dem Krieg allein bis 1951 in der DDR in sieben Auflagen mit 130.000 Exemplaren verlegt „und in Ost und West als Hilfe zur Überwindung der geistigen Krise viel gelesen".[72] Im Vergleich zu diesen wahrlich privilegierenden Rahmenbedingungen hatte Hellings durchaus ähnlich gelagerter „Katastrophenweg der deutschen Geschichte" natürlich kaum eine Chance, so daß er in der breiteren Öffentlichkeit bald in Vergessenheit geriet. Nur im Kreis der pädagogischen Kooperationspartner Hellings[73] und unter den Schülern der Oberstufenklassen des Schwelmer Gymnasiums, die das Buch in den späten 1940er Jahren als Basislektüre des Geschichtsunterrichts rezipierten, blieb es weiterhin bekannt. Als Beitrag zur frühen historischen Verarbeitung des Nationalsozialismus wurde es von der Fachhistorie zwar gelegentlich noch zur Kenntnis genommen,[74] eine umfassende Würdigung des Buches aber hat es – wie fast aller anderen Texte dieser Gattung auch (vgl. Tab. 1) – bis auf den heutigen Tag nicht gegeben. Sie neu zu entdecken, miteinander in Beziehung zu setzen und ihren Wert für den Beginn der NS-Geschichtsschreibung auszuloten bleibt eine, wie ich meine, lohnende Aufgabe für die künftige Forschung.

---

[70] Karin Hartewig, „Proben des Abgrunds ...", S. 38.

[71] Wilfried Schubarth u.a., Verordneter Antifaschismus und die Folgen, in: Aus Politik und Zeitgeschichte H. 9, 1991, S. 3-16; Joachim Käppner, Erstarrte Geschichte. Faschismus und Holocaust im Spiegel der Geschichtswissenschaft und Geschichtspropaganda der DDR, Hamburg 1999.

[72] Hartewig, a.a.O.

[73] Hellings „Katastrophenweg" spielte allerdings 1968 in dem an den Dekan der Pädagogischen Fakultät der Humboldt-Universität gerichteten Antrag des Bundessekretariats des Deutschen Kulturbundes für die Ehrenpromotion Hellings wieder eine Rolle (UA der Humboldt-Universität zu Berlin, Antrag vom 29. Mai 1968, Annahmebeschluß der Fakultät vom 30. Mai 1968, Laudatio und Urkunde der Ehrenpromotion vom 31. Juli 1968).

[74] Vgl. dazu die oben annotierten Studien von Wolfgang Wippermann und Winfried Schulze.

Klaus Schaller

Comenius im Horizont der Pädagogik Fritz Hellings

Nach dem Ersten Weltkrieg, als der vaterländische Idealismus in ihm zerbrochen war, wagte es Helling, sich zusammen mit seiner Frau „in dem neuen sozialistischen Hause einzurichten, ohne jemals einer politischen Partei beizutreten". Zu dieser politischen Wende kommt später, so berichtet er in „Aus meinem Leben"[1] eine pädagogische: „Ich lebte bis dahin [bis in die fünfziger Jahre, K.S.] in der Ideenwelt der Reformpädagogik aus der Zeit der Weimarer Republik. Jetzt erkannte ich, daß sie zur Bewältigung der neuen Lage nicht mehr ausreichte. Ihr Bildungs- und Erziehungsziel schien mir zu einseitig und individualistisch zu sein. Auf der Suche nach einer Korrektur dieser Einseitigkeit stieß ich auf Comenius, der für mich früher immer im Schatten Pestalozzis geblieben war. Jetzt entdeckte ich, daß dieser Große das pädagogische Ziel darin gesehen hatte, den jugendlichen Menschen seiner individuellen Natur gemäß in die Allordnung der Welt hineinzubilden, damit er im Einklang mit ihr zu leben und zu wirken vermöge. Diese Erkenntnis war für mich der Durchbruch durch die zu engen Schranken der modernen Reformpädagogik. [...] Ich sah jetzt deutlich, daß das Freisetzen der jugendlichen Kräfte nicht genügte, sondern daß es mehr noch darauf ankam, die Jugend zum Verstehen und Befolgen der im Weltgeschehen herrschenden Ordnung und Gesetzlichkeit hinzuleiten, um ihr Halt und Sicherheit zu geben. Diese späte Wende im Pädagogischen ergänzte die vor Jahrzehnten vollzogene Wende im Politischen."[2]

Was mich angeht, muß ich gestehen, daß ich Helling wohl einige Male begegnet sein muß, nie aber mit ihm ausdrücklich gesprochen habe. An Alter trennten uns 37 Jahre! Vielleicht habe ich ihn auch irgendwo reden hören, ohne zu wissen, daß der Redner Helling war. Wir berührten uns in der Zeitschrift des Schwelmer Kreises „Schule und Nation"[3], in

---

[1] SchuN 5 (1958), 1, S. 17-20.
[2] Ebd., S. 20.
[3] 1952 gründete Fritz Helling mit Unterstützung seines langjährigen Wegbegleiters und Freundes Walter Kluthe (1915-1992) sowie zahlreicher ehemaliger Mitglieder des „Bundes Entschiedener Schulreformer" den „Schwelmer Kreis" mit der seit 1954 erscheinen-

der ich mich, aufgefordert durch deren Schriftleiter Walter Kluthe, dreimal zu Worte meldete. Diese Texte wird Helling gekannt haben, sicher aber auch die frühen Comenius-Arbeiten von mir, die als westdeutscher Beitrag in einer Anmerkung der Schriftleitung neben den Schriften von Robert Alt, Franz Hofmann und Hans Ahrbeck genannt werden.[4] Auch meine Einführungsschrift „Die Pampaedia des Johann Amos Comenius – Eine Einführung in sein pädagogisches Hauptwerk" dürfte nach dem Internationalen Comenius-Kongreß 1957 in Prag in seine Hand gelangt sein. Später kam meine „Pampaedia"-Übersetzung hinzu. Helling schätzte mich jedenfalls als westdeutschen „Comenius-Forscher" und in dieser Eigenschaft werde ich von ihm mehrfach ausdrücklich genannt.[5]

Das ist wenig für einen, der hier über Helling und Comenius zu sprechen hat. Darum kann ich mein Thema auch nur sehr vorläufig abhandeln und, ich erwarte mir von dieser Versammlung manch wichtiges, mir aber noch unbekanntes Detail. Obgleich ich bislang noch keine Gelegenheit hatte die Buchbestände in Hellings Nachlaß durchzusehen, stellen sich folgende Fragen: Welche Comenius-Texte hatte Helling gelesen, welche Sekundärliteratur hatte er benutzt? Hat er über die von ihm genannten hinaus noch an anderen Symposien teilgenommen, auf denen es um Comenius ging?

„Dank unserer Verbindungen mit Pädagogen der Tschechoslowakei kam im April 1956 vom Prager Schulministerium eine Einladung an Walter Kluthe, den Schriftleiter von ‚Schule und Nation', mit einigen Gesinnungsfreunden zum Studium des tschechoslowakischen Bildungs-

---

den Zeitschrift „Schule und Nation" (SchuN). Sie nannte sich „Die Zeitschrift für ein demokratisches Bildungswesen", Schwelm: Schule und Nation Verlags-GmbH (seit Januar 1972: Düsseldorf, Monitor-Verlag).

[4] SchuN 4 (1958), 3, S. 27.

[5] „Die pädagogische Forschung hat sich allerdings seit 1945 stärker als früher Comenius zugewandt, auch bei uns in der Bundesrepublik. Es sei nur an die wertvollen Untersuchungen von Professor Klaus Schaller erinnert. Aber ein Anstoß zur Veränderung unserer Schulen im Sinne des komenianischen Universalismus ist von dieser Forschung leider nicht ausgegangen" (Fritz Helling: Mein Leben als politischer Pädagoge, hrsg. v. Burkhard Dietz und Jürgen Helling, Frankfurt a.M. 2004 [in Folge: Mein Leben], Manuskript S. 223). Nach seinem achtzigsten Geburtstag nennt er mich stellvertretend als einen Gratulanten aus den Reihen der pädagogischen Wissenschaft (a.a.O., S. 267a). Auch in Acta Comeniana XXIV (1970), S. 274, werde ich genannt.

wesens nach Prag zu kommen [...]."[6] Mit begeisterten Worten berichtet er von dieser Reise und seinen Eindrücken an seine Frau. Dann kommt für Helling die Einladung zur Teilnahme an einer Internationalen Comeniologen-Konferenz in Prag in den letzten Oktobertagen des Jahres 1956, auf der Beschlüsse über eine photomechanische Ausgabe der „Opera didactica omnia" des Comenius, 1657 in Amsterdam erschienen, über die Errichtung eines Comenius-Museums und über die Ausrichtung einer Internationalen Comeniologen-Tagung im Jahr 1957 in Prag gefaßt wurden. An letzterer habe auch ich, damals Wissenschaftlicher Assistent an der Universität Mainz, auf Betreiben von Jan Patočka teilgenommen. Helling ist von jener Vorbereitungskonferenz im Jahre 1956 tief beeindruckt. Mit ausführlichen, von ihm selbst zusammengestellten Auszügen aus den Vorträgen und den Diskussionen berichtet er darüber in „Schule und Nation".[7] Durch Otokar Chlup, der in den einzelnen Unterrichtsstoffen den „grundlegenden und wesentlichen Lehrstoff" zu bestimmen sucht, wird sein pädagogisches Augenmerk vom Kind auf die Bildungsinhalte verschoben. Ondrej Pavlík aus Bratislava sprach von der Gefahr des Dogmatismus, der durch bloßes Zitieren der marxistischen Klassiker drohe und zu „sektenhafter Einseitigkeit, Unverträglichkeit und Zanksucht" führe. „Oft haben wir die westliche Pädagogik wegen des dogmatischen Herantretens an die Sache nicht verfolgt." Auch bei R. Alt war die Frage des Lehrstoffes zentral. Helling schaltete sich dann mit folgendem Beitrag in die Diskussion ein: „Ich möchte ein paar Bemerkungen zur Frage des Lehrstoffes machen. [...] Dazu hat Prof. Chlup den richtigen, den einzig richtigen Weg gewiesen. Ihm geht es nicht bloß um eine Verminderung des Stoffes, sondern um den Vorstoß zum Wesentlichen, um die Herausarbeitung dessen, was er den ‚Grundlehrstoff' nennt.[8] [...] Damit wird das große Anliegen Komenskýs wieder aufgenommen. Sie erinnern sich der großartigen Stelle in seiner Didaktik: [...] Comenius selbst gab in seiner Pansophia eine Probe solcher Wegweisung, in der Hoffnung, daß diese Arbeit durch andere weitergeführt werde. [...] Heute

---

[6] Mein Leben, Manuskript S. 129.
[7] SchuN 3 (1959), 3, S. 19-25; seinen Diskussionsbeitrag findet man auch in „Mein Leben als politischer Pädagoge", Manuskript S. 140a.
[8] S. auch Otokar Chlup: Zu den Problemen des Grundlehrstoffes, in: SchuN 5 (1959), 3, S. 5-10.

ist zum Glück hier in der Tschechoslowakei, in der Heimat Komenskýs, unter der Leitung Prof. Chlups ein Anfang gemacht worden. [...] Deshalb erlaube ich mir den Vorschlag, hierhin nach Prag eine Einladung zu einer internationalen Konferenz eines collegium didacticum ergehen zu lassen. Wenn sich hier im Geiste Komenskýs Pädagogen und Gelehrte aus Ost und West zusammenfinden, könnten sie mit ihrer Arbeit nicht nur den Kindern einen großen Dienst erweisen, sondern auch der zerrissenen Welt ein weithin wirkendes Beispiel der Verständigung und des Friedens geben."[9]

An der zweiten Internationalen Comeniologen-Tagung im September 1957 konnte Helling nicht teilnehmen, wie er schreibt: „[...] aber durch mein Studium in diesem Arbeitsjahr war es mir zur Gewißheit geworden, daß Comenius recht hatte: Menschenbildung muß auf das Verstehen der universalen Ordnung in Natur und Gesellschaft gerichtet sein, auf das Verstehen der Welt, in der wir leben. Diese Erkenntnis bedeutete für mich eine wesentliche Wandlung meiner Anschauungen. Bisher durch die Reformpädagogik daran gewöhnt, den Blick auf den einzelnen Menschen mit seinen individuellen Interessen und Begabungen zu richten und eine Antwort auf die Frage zu finden, wie die in diesem Menschen liegenden Kräfte am besten zur vollen Entfaltung gebracht werden können, wurde jetzt der Blick auf das Ganze der Welt gerichtet, in der wir alle zu leben haben. [...] Bald wurde mir auch klar, daß diese Forderung eines universalen Verständnisses der Weltwirklichkeit in unserem 20. Jahrhundert dank der außerordentlichen Entdeckungen der Realwissenschaften von der Natur und der menschlichen Gesellschaft nicht mehr wie zur Zeit des Comenius ein utopisches Verlangen, sondern eine weitgehend realisierbare Möglichkeit ist."[10] An einer nahezu parallel lautenden Stelle heißt es weiter: „[...] Entscheidend aber war für mich, daß ich von nun an ein inhaltlich bestimmtes, allgemeinverbindliches Bildungsziel vor Augen hatte. Die jahrzehntelange Ungewißheit über das Was der Bildung war nun endlich überwunden."[11]

---

[9] SchuN 3 (1957), 3, S. 24 f.
[10] SchuN 9 (1963), 4, S. 17.
[11] Mein Leben, Manuskript S. 145; auch Anhang: „... noch auszuwählende, nicht in den Text aufgenommene Teile der Biographie".

Hier ist m. E. der gemeinsame Ausgangspunkt erreicht, von dem Hellings Bemühungen um Comenius und seine Überlegungen zu einer neuen Allgemeinbildung ihren Ausgang nehmen. Jetzt wird Comenius für ihn zur Schlüsselfigur seiner eigenen Pädagogik.

In „Schule und Nation" war Comenius allerdings schon länger Thema, und das sicher nicht ohne Hellings Wissen und Zutun, der vom Beginn ihres Bestehens an Mitherausgeber der Zeitschrift war und seit 1963 mit Walter Kluthe, dem Schriftleiter, in einem Hause wohnte. Anlaß hierzu war das Erscheinen von Robert Alts Buch „Der fortschrittliche Charakter der Pädagogik Komenskýs", Berlin 1953. Ausgehend von diesem vom Standpunkt des historischen und dialektischen Materialismus aus geschriebenen Buch wird mit Jg. II, H. 2 (1955) der Zeitschrift eine durchaus kontrovers geführte Diskussion um Comenius begonnen. Alts Buch wird von Chlup, Brambora und Patočka besprochen. Herders berühmte Äußerung über Comenius wird in knappem Auszug zitiert. Heinz-Joachim Heydorn, Walter Koch, Rudolf Lochner und August Wolff kommen zu Wort in Zustimmung und Widerspruch zu Alts Thesen. Hier Heydorn als Beispiel: „Neben Auffassungen, die einem reinen Sensualismus nahekommen, spielt bei Comenius der Begriff der ideae innatae eine Rolle, der Gedanke der Entfaltung von im Menschen angelegten Wesenheiten, wie er ihn vor allem der stoischen Philosophie entnimmt. Es ist aber nicht zu bezweifeln, daß von Comenius ein Weg zur rationalistischen und materialistischen Enzyklopädie des 18. Jahrhunderts führt; er selbst steht an der Grenze einer Zeit, in der das stark mystisch geprägte ‚Licht'-Denken [...], wie es in den spiritualistischen Bewegungen des ausgehenden Mittelalters eine wesentliche Rolle gespielt hat, von dem modernen Vernunftbegriff abgelöst wird. [...] Man kann natürlich diese Art der Auffassung für überlebt halten, und Alt will ja auch das herausstellen, was für ihn den fortschrittlichen Charakter der Pädagogik des Comenius charakterisiert. Man darf aber nicht an der entscheidenden subjektiven Bedeutung vorbeigehen, die sie für den Denker hatte."[12] Gleich anschließend antwortet Alt auf die ihm gemachten Einwände, indem er sein Vorgehen näher erläutert.

---

[12] SchuN 2 (1955), 4, S. 6.

Auch in den Folgejahren taucht Comenius immer wieder in der Zeitschrift auf. 1957 liefert Josef Brambora – Helling nennt ihn seinen Freund[13] – „Drei Beiträge zur Diskussion über Komenský"[14]: „Komenský oder Comenius", „Komenskýs Consultatio catholica de rerum humanarum emendatione", „Zur Dreihundertjahrfeier der ‚Opera didactica omnia' Komenskýs". Im VII. Jahrgang berichtet Brambora über zwei bedeutende Werke Komenskýs (die „Opera didactica omnia" und die synoptische „Janua"-Ausgabe durch Jaromír Červenka[15]). 1963 widmete J. Brambora seinen Aufsatz „Komenskýs letzte Lebenskatastrophe" Fritz Helling zum 75. Geburtstag.[16] In Band XIV lesen wir von Brambora: „Komenskýs Hauptwerk erschienen"; gemeint ist die tschechische Prager Ausgabe von Komenskýs Alterswerk „De rerum humanarum emendatione consultatio catholica", Praha 1966. Hier wird auch meine mit Dmitrij Tschiževskij und Heinrich Geißler publizierte deutsch-lateinische Ausgabe der „Pampaedia" erwähnt, Heidelberg 1960.

Dreimal wurden Arbeiten von mir in „Schule und Nation" abgedruckt.[17] In Band XVI (1970) erschien ein Vorabdruck aus Heinz-Joachim Heydorns „Jan Amos Comenius. Geschichte und Aktualität": „Die Hinterlassenschaft des Jan Amos Comenius an eine unbeendete Geschichte". – Die Zeitschrift hat auch über die großen internationalen comeniologischen Kongresse berichtet, so daß Helling über sie sicherlich informiert war, auch wenn er selber nicht teilgenommen hat. In seinem Bericht über die Internationale Konferenz in Prag[18] nennt F. Hahn auch den Vortrag von „Dr. Jan Patočka, Prag": „Die Pädagogik des Comenius zur Zeit der Allverbesserung".[19] An gleicher Stelle wird ausführlich über

---

[13] Mein Leben, Manuskript S. 219, 227. Auch ich war mit Josef Brambora bis zu seinem Tode in Comenius-Dingen eng verbunden.

[14] SchuN 4 (1957), 2, S. 4-10.

[15] J. A. Comenii Janua linguarum reserata. Editio synoptica et critica quinque authenticos textus Latinos ... Curavit Jaromír Červenka, Praha 1959.

[16] SchuN 9 (1963), 4, 10-14.

[17] „Comenius-Literatur in Deutschland nach 1945", in: SchuN 5 (1958), 1, S. 22-24. „Jan Amos Komenský – Wirkung eines Werkes nach drei Jahrhunderten", in: SchuN 16 (1970), 3, S. 3-6. „Die politische Pädagogik des J. A. Comenius, in: SchuN 17 (1971), 2, S. 9-13.

[18] SchuN 4 (1958), 3, S. 29.

[19] Die Tagungsteilnehmer erhielten mit den Konferenzmaterialien auch das hier von F. Hahn erwähnte Resümee der Vorlesung von Jan Patočka, das den Titel trug „Pedagogika

die „Komenský-Konferenz im Deutschen Pädagogischen Zentralinstitut" (26.-27. November 1957) informiert, wo R. Alt einen bedeutenden Vortrag über „Entstehung und Bedeutung des Orbis pictus" gehalten hatte; seitdem bestanden zwischen Alt und mir enge Beziehungen. Aber auch Provinzveranstaltungen werden nicht vergessen, so das II. Colloquium Comenianum in Přerov/ČSSR.[20]

Systematisch wichtig wird Comenius für Fritz Helling allerdings erst 1956/57 im Zusammenhang mit seinen Studien zu einer neuen Allgemeinbildung. Fortan fällt der Name Comenius fast in allen seinen pädagogischen Arbeiten. Unter diesen sind für meine Überlegungen folgende Arbeiten Hellings die wichtigsten: „Der Weg zu einer neuen Allgemeinbildung"[21] und „Universale Bildung als neue Möglichkeit".[22] 1963 erscheint die Broschüre „Neue Allgemeinbildung"[23], in der die eben genannten Arbeiten aufgenommen werden und die neben einigen anderen Texten, die Comenius nennen, auch den Aufsatz „Der vergessene Comenius"[24] enthält. Ein paar Texterinnerungen sind am Platze: „Auf Grund der naturwissenschaftlichen, technischen und industriellen Umwälzungen im 17. Jahrhundert hielt Comenius nicht nur eine pädagogische Reform, sondern eine Änderung aller gesellschaftlichen Verhältnisse für notwendig. – Alles Irdische sollte in Einklang kommen mit der universellen Ordnung und Gesetzmäßigkeit, wie sie für die Bewegungen der Himmelskörper von der damaligen Naturwissenschaft entdeckt worden war. [...] An vielen Stellen seiner Schriften bringt er zum Ausdruck, daß alles Geschehen in der Welt ‚unwandelbar nach seinen notwendigen Gesetzen' in ‚Panharmonie' miteinander vor sich gehe. [...] – Deshalb sollte

---

Komenkého v období všenápravném" (Die Pädagogik des Comenius zur Zeit der Allverbesserung). Es wurde nicht veröffentlicht. Der ganze Vortrag trug den Titel „Vývoj pedagogického myšlení Komenského ve všenápravném období" (Die Entwicklung des pädagogischen Denkens des Comenius in der Zeit der Allverbesserung) und erschien in: Archiv JAK XIX (1960), Nr. 1, Beilage: „Nationum conciliatarum provisoris memoriae – Paměti předvídatele spojených národů" (Dem Propheten der Vereinten Nationen zum Gedächtnis).

[20] SchuN 16 (1970), 2, S. 22 f.
[21] SchuN 4 (1958), 3, S. 23-26.
[22] SchuN 7 (1960), 1, S. 8-10.
[23] In der Schriftenreihe: Aktuelle Fragen der deutschen Schule. Schwelm: Schule und Nation Verlags-GmbH.
[24] Ebd., S. 66-68; s. auch Mein Leben, Manuskript S. 200.

die neue Bildung, die er forderte, eine ebenso planvoll geordnete Bildung sein, die der Jugend ‚ein lebendiges Bild des Universums' geben solle, eine ‚universelle Erkenntnis der Dinge', die alles unter sich befaßt und überall mit sich zusammenhängt. Diese neue Allgemeinbildung sollte die [...] Brockengelehrsamkeit in ihren beiden Formen, dem bloßen Fachwissen und der bloßen Vielwisserei, ablösen und aus dem zerstückelten Wissen ein Ganzes machen. [...][25] – Heute ist aber eine Entwicklungsstufe erreicht, auf der Comenius zeitgemäßer als irgendein anderer Pädagoge der Vergangenheit ist. – Im Politischen ringen die Vertreter der in der UNO zusammengeschlossenen Staaten aller Kontinente mit dem Problem eines friedlichen Neben- und Miteinanders der Völker. Überall wächst die Einsicht, daß der Krieg nicht mehr als Mittel der Politik zu rechtfertigen ist. [...] – In der Pädagogik sind die Comenius-Ideen ebenfalls reif zur Verwirklichung, weil es heute möglich ist, der Jugend, wie Comenius es wollte, ‚ein lebendiges Bild des Universums', eine ‚universelle Erkenntnis der Dinge' zu geben."[26]

Eingeleitet wurde die Schrift „Neue Allgemeinbildung" mit dem Aufsatz „Die Wandlungen in meinem Leben"[27], aus dem oben bereits zitiert wurde. Für die systematische Analyse seines Comenius-Verständnisses im Horizont seiner neuen Allgemeinbildung sind Hellings 1960 und 1970 in den Acta Comeniana, Prag, erschienenen Aufsätze „Komenský und die Allgemeinbildung"[28] sowie „Die pädagogische Aktualität Komenskýs"[29] von besonderer Bedeutung. In letzterem wird ein Einheitsprinzip seiner Allgemeinbildung formuliert, das sich in früheren Texten so nicht findet. Zunächst aber müssen wir seinen bislang bis ins Jahr der Internationalen Comeniologen-Konferenz in Prag (1957) nachgezeichneten Weg des Vertrautwerdens mit Comenius über die sechziger Jahre hinaus fortführen.

---

[25] Ebd., S. 67; Mein Leben, Manuskript S. 200a.
[26] Ebd., S. 68; Mein Leben, Manuskript S. 200a.
[27] Auch SchuN 9 (1963), 3, S. 22-27; 9 (1963), 4, S. 14-17.
[28] Acta Comeniana (Archiv ...), Jg. XIX (1960), S. 184-187.
[29] Acta Comeniana (Archiv ...), Jg. XXIV (1970), S. 272-277. Der Text wurde von Helling am Tage nach der Verleihung der Komenský-Medaille im Pädagogischen Institut J. A. Komenského in Prag vorgetragen.

Erst seit der erwähnten Prager Comeniologen-Tagung im Oktober 1956 also ist Helling näher mit Comenius bekannt geworden.[30] Eine frühe Quelle seiner Comenius-Studien ist für ihn – soweit ich sehe – die „Didactica magna" des Comenius, die Große Unterrichtslehre (1628 fertiggestellt und 1657 in den „Opera didactica omnia" veröffentlicht). Wie wir von ihm selber erfahren, hat er die Ausgabe von Andreas Flitner benutzt: „Die entscheidende Erkenntnis wurde mir zuteil, als ich nach der Lektüre der ‚Großen Didaktik' im Nachwort des Übersetzers (Andreas Flitner) las, Comenius habe in seinem enzyklopädischen Werk ‚die kosmische Ordnung' nachbilden wollen. Diese Erkenntnis war für mich eine plötzliche Erleuchtung, eine blitzartige Klarheit über das Ziel aller Bildung."[31] Nach dem Tode seiner Frau (1960), die bei seinen politischen und seinen wissenschaftlichen Aktivitäten eng mit ihm zusammengearbeitet hat, steht dann im Jahre 1963 das Comenius-Studium im Mittelpunkt seiner Arbeit, „das früher von mir versäumte Studium des großen tschechischen Bischofs, Philosophen und Pädagogen Jan Amos Komenský (Comenius)".[32] Anders als in seinen früheren Schriften ist nun auch von der „Pampaedia"[33] die Rede: „Die große Mehrheit der Erdbevölkerung verurteilt ihn [den Krieg, K.S.] ebenso leidenschaftlich wie Comenius [in] seiner ‚Pampaedia' [...]. Eine Welt ohne Krieg war damals noch eine utopische Forderung, heute aber wartet und drängt die Menschheit auf ihre Erfüllung noch in unserem Jahrhundert."[34] Die neue Allgemeinbildung soll letztlich diesem Ziel dienen.

Anfang März 1965 erhielt Helling vom Prager Schulministerium eine Einladung nach Prag, wo man ihm am „Tage der Lehrer", am 28. März oder am Tage vorher „die höchste pädagogische Auszeichnung, die Komenský-Medaille, verleihen möchte".[35] Diese Auszeichnung ist für

---

[30] Mein Leben, Manuskript S. 220

[31] Ebd.

[32] Ebd., Manuskript S. 192.

[33] Die lateinisch-deutsche Ausgabe der „Pampaedia" (Tschiževskij, Geißler, Schaller) war 1960 erschienen. Mein Büchlein „Die Pampaedia des J. A. Comenius. Eine Einführung in sein pädagogisches Hauptwerk", in erster Auflage 1957 erschienen, war von inoffizieller Seite an die Teilnehmer der Prager Herbstkonferenz verteilt worden.

[34] Mein Leben, Manuskript S. 200a.

[35] Ebd., Manuskript S. 219. – Im Jahre 1970 wurde auch mir (nach offensichtlichem Zögern: am Abend davor war die Sache noch nicht entschieden) als westdeutschem Co-

Helling Anlaß für weitere Fragen, für weitere Überlegungen, die sein Thema „Comenius und die neue Allgemeinbildung" seit seiner „pädagogischen Wende" Ende der fünfziger Jahre weiter vorantreiben. „Wie kann denn heute die komenianische Idee der universalis eruditio in den Schulen verwirklicht werden?"[36] In den Jahrhunderten der bürgerlichen Epoche seien „Wissenschaft und Bildung doch gerade nicht den Weg zur Universalität, sondern umgekehrt den zur einseitig-fachlichen Spezialisierung" gegangen, „so daß schließlich eine aufs Ganze der Welt gerichtete Unterweisung geradezu verloren ging. [...] Die kapitalistische Wesensart der bürgerlichen Epoche mit ihrem Mammonismus und ihren fürchterlichen Kriegen stand geradezu im Gegensatz zur pansophia Komenskýs."[37] „Ich fragte" dann „weiter: Wie steht es denn mit der von Comenius geforderten universalen Bildung im sozialistischen Osten?" Die Antwort muß sich vor Übereilung hüten. „Natürlich besteht zwischen dem urchristlichen Glauben Komenskýs an die Wiederkehr Christi und die dann zu erwartende Verwandlung der entarteten Welt einerseits und der Lehre des Marxismus-Leninismus andererseits, die von der revolutionären Eigenkraft des Menschen die Überwindung unmenschlicher Verhältnisse erwartet, ein tiefer weltanschaulicher Gegensatz. Aber trotz dieses Gegensatzes sind doch beide Weltanschauungen in ihrem Ursprung durch die geheime Verwandtschaft ihrer Zukunftsvisionen[38] miteinander verbunden. Denn so wie Comenius für die erwartete Endzeit der Gerechtigkeit, des Friedens und des Völkerglücks in Wort und Tat sein Leben einsetzte, so suchen die Marxisten mit allen ihren Kräften eine klassenlose Gesellschaft heraufzuführen, in der nach den Worten von Marx *die Brüderlichkeit der Menschen keine Phrase, sondern Wahrheit ist.*"[39]

Hier kündigt sich nun eine Präzisierung, vielleicht eine Dogmatisierung des Einheitsprinzips seiner neuen Allgemeinbildung als aktuelle

---

meniologen diese Komenský-Medaille verliehen – anfängliche Bedenken wurden wohl dadurch überwunden, daß ich unter den auszuzeichnenden Ausländern der einzige war, der im Carolinum in einer repräsentativen Feierstunde auf Tschechisch eine Dankesrede halten konnte.

[36] Ebd., Manuskript S. 220 f.

[37] Ebd., Manuskript S. 222 f.

[38] Helling nimmt hier eine These von Heydorn vorweg.

[39] Mein Leben, Manuskript S. 224.

Weiterentwicklung der universalis eruditio Komenskýs an. Die neuzeitliche Wissenschaft und Bildung, so hatte Helling festgestellt, war „nicht den Weg zur Universalität, sondern umgekehrt den Weg zur einseitig-fachlichen Spezialisierung" gegangen. Wir werden sie überwinden können, „wenn wir – ebenso wie früher Comenius[40] – von der Hilfe Gebrauch machen, die uns die Wissenschaften heute, wie nie zuvor, leisten können". In diesem Zusammenhang zitiert Helling Sätze zeitgenössischer Naturwissenschaftler, die ihm zeigen, daß ihre Entdeckungen auf ein einheitliches, organisches Ganzes verweisen. „In unserem Jahrhundert, zu unseren Lebzeiten [...] ist uns als eine der größten wissenschaftlichen Leistungen ein universales Verständnis der Welt erschlossen worden ..." Die „menschliche und außermenschliche Wirklichkeit [ist] ein universelles System von Zusammenhängen, gegenseitigen Beziehungen und Wechselwirkungen, ein einheitliches zusammenhängendes Ganzes. [...] Dieses Weltbild [...] zeigt uns, daß wir uns von der alten Vorstellung, wir seien rettungslos der Spezialisierung des Wissens ausgeliefert, frei machen müssen."[41] Diese „universale Erfassung der objektiven Wirklichkeit ist das gemeinsame Ziel, auf das die natur- und gesellschaftswissenschaftlichen Fächer ausgerichtet werden müssen".[42]

Helling wird hier von einer Sicherheit hinsichtlich des Wahrheitsanspruchs wissenschaftlicher „Objektivität" geleitet, welche die im vergangenen Jahrhundert seit E. Husserls unvollendetem Werk „Die Krisis der europäischen Wissenschaften und die transzendentale Phänomenologie" an sich selbst gerichteten Selbstzweifel der Wissenschaft nicht zur Kenntnis nimmt. Seine Sicherheit stützt sich auf die „Tatsache" – so

---

[40] Helling übersieht hier, daß Comenius der neuen Wissenschaft durchaus kritisch gegenübergestanden hat. Die neue Wissenschaft erfüllt gerade nicht die Bedingungen, die er für ein universales pansophisches Wissen formuliert. Dies belegen seine Auseinandersetzung mit Descartes (Ulrich Kunna: Das „Krebsgeschwür der Philosophie". Komenskýs Auseinandersetzung mit dem Cartesianismus, Sankt Augustin 1991) sowie sein mit seiner „Via lucis" an die Gelehrten der Regia Societas in London gerichtetes Schreiben, in dem er sie ermahnt, nicht nur auf der ersten Wissensstufe zu verharren, sondern auch die zweite und die dritte zu erklimmen.

[41] Universale Bildung als neue Möglichkeit, in: SchuN 7 (1960), 1, S. 8-10. – Dieser Aufsatz ist nach Eingang verschiedener Stellungnahmen eine Präzisierung von: Der Weg zu einer neuen Allgemeinbildung, in: SchuN 4 (1958), 3, S. 23-26.

[42] SchuN 4 (1958), 3, S. 25.

schreibt er 1958 bei Gelegenheit seines 70. Geburtstags –, „daß mir der Glaube an die Existenz und die Erkennbarkeit wirklicher Wahrheiten von früh an [...] tief innewohnte [...]".[43]

Dieser Glaube ist mir (K.S.) allerdings einigermaßen unverständlich, war doch meine Generation nach Kriegsende und dem Zusammenbruch des „Dritten Reiches" samt seinem ideologischen Gehäuse – und Helling konnte es nach zwei Weltkriegen kaum anders ergangen sein – betroffen von der Fragwürdigkeit der sogenannten „wirklichen Wahrheiten", die uns hindern, die Fraglichkeit des Lebens und der Wirklichkeit überhaupt wahrzunehmen. Helling war vom „Weltanschauungsgebäude" „imperialistischer Wunschträume" in das „sozialistische Haus" hinübergewechselt. Wer sich allein auf der Ebene von Weltanschauungen wie etwa dem Gegensatz Kapitalismus/Imperialismus und Sozialismus bewegt, übersieht, daß beide Systeme Gebäude sind, die mit den von ihnen behaupteten „wirklichen Wahrheiten" die Fraglichkeit von Wirklichkeit überhaupt verbergen, auf deren Boden sie errichtet sind. Auch Komenskýs Haltsuche in einer theozentrischen Metaphysik verdrängt die Erfahrung der Fraglichkeit der Wirklichkeit, die der Pilgersmann im „Labyrinth der Welt und Paradies des Herzens" gemacht hatte. Für den Prager Philosophen Jan Patočka ist Comenius darum „ein Denker der massiven Ex-istenzerfahrung".[44] Wo „wirkliche Wahrheiten" apodiktisch verkündet werden, ist jegliche Kommunikation überflüssig, und man wird sie verhindern. Und wer wie Jan Patočka in seiner „offenen Philosophie" gerade diese Fraglichkeit der Wirklichkeit thematisiert, den läßt man im Gebäude der „wirklichen Wahrheit" nicht zu Worte kommen. Das belegt Patočkas Biographie. In Komenskýs theozentrischem System tritt Gott allerdings nicht als Theokrator auf, der immer und in allem das erste und das letzte Wort behält. Gott ist „Deus communicativus",[45] er redet mit

---

[43] SchuN 5 (1958),1, S. 18.

[44] Hierzu Klaus Schaller: Jan Patočkas Philosophie der offenen Seele. Anknüpfung an Comenius und weiterführende Wiederholung (erscheint 2002/03).

[45] „[...] deus summe bonus et communicativus" (Oculus fidei L, 6), in: Johann Amos Comenius: Ausgewählte Werke, Bd. IV, 1 u. 2: Antisozinianische Schriften, hrsg. v. Erwin Schadel, Hildesheim 1973 ff, S. 463.

den Menschen und kann bisweilen sogar seine Meinung ändern.[46] Nur in einem solchen offenen System ist es sinnvoll und erwünscht, über die Verbesserung der Verhältnisse eine Allgemeine Beratung (Consultatio catholica) anzustellen – wie es Comenius tut. Aber dieser Zusammenhang blieb Helling wohl verborgen.

Helling hatte 1965 am Tage nach der Verleihung der Komenský-Medaille im Komenský-Institut (gemeint ist wohl das „Pädagogische Institut Jan Amos Komenský" in der Akademie der Wissenschaften) den Vortrag „Die pädagogische Aktualität Komenskýs" gehalten, 1970 abgedruckt in den „Acta Comeniana". Auch hier erinnert er zunächst daran, daß im 20. Jahrhundert vor allem die Naturwissenschaften zu früher unbekannten Erkenntnissen über das Ganze der Wirklichkeit gekommen seien. Die Möglichkeiten eines „Studium generale" hätten sich allerdings in der bürgerlichen Epoche weder an den Universitäten noch an den Schulen durchsetzen können.[47] Comenius habe in seiner „Panorthosia" gesehen, daß eine „neue universale Philosophie [...] die Grundlage des erleuchteten Zeitalters" sei, und an seine Zuhörer gewandt stellt Helling fest, daß ebenso universal die Philosophie und Bildung sei, „die für Schulen des sozialistischen Ostens Geltung hat". Im weiteren ist nun nicht mehr von den Wissenschaften die Rede, die selbst ja keine moralische Wegweisung geben können und gerade deshalb alle Möglichkeiten des Handelns, zu Taten wie Untaten, offen halten, und es heißt: Hier, in den Schulen des sozialistischen Ostens, besteht „das höchste Bildungs- und Erziehungsziel darin, in der Jugend die marxistisch-leninistische Weltanschauung und Moral zur festen Grundlage ihres Denkens, Fühlens und Verhaltens (sic!) zu machen, in der heranwachsenden Generation das sozialistische Bewußtsein so zu entwickeln, daß die Jugend sich aus selbstgewonnener Überzeugung für den Aufbau der sozialistischen und kommunistischen Gesellschaft einsetzt".[48] Wie um zu zeigen, daß er nun auf gleicher Augenhöhe mit ihm ist, zitiert Helling O. Chlup: „Die Welt-

---

[46] Unum necessarium, Kap. X, 7: „Fortassis enim Deo suae sunt rationes decreta sua interdum (aut saltem suas de iis indicationes) mutandi" (Opera omnia, Bd. 18, Prag 1974, S. 126).

[47] „Zur Grundlegung der Einzelwissenschaft bei Comenius und Fichte. Eine Studie zum Studium generale" (1955), Sankt Augustin 1999 (mit einer Einleitung von Käte Meyer-Drawe).

[48] Acta Comeniana XXIX (1970), S. 275.

anschauung des Marxismus-Leninismus [...] wird [...] den Sinn der Jugend für ein kommunistisches Zusammenleben bilden." Dieses Ziel bedeutet „die Beseitigung und Ausrottung eines jeglichen Formalismus in der Schule. [...] Unser unvergeßlicher Jan Amos Komenský war sich bei jedem Schritt des großen Schadens des Formalismus in der Bildung des Geistes bewußt. Die große Entwicklung unseres sozialistischen Schulwesens, seiner Organisation, die auf der Weltanschauung des Marxismus-Leninismus beruht, hat der allgemeinbildenden Schule, der Schule, die das ganze Volk durchmacht, noch nicht dagewesene Perspektiven eröffnet." Dieses Ziel werde erreicht, erläutert Helling weiter, wenn man entweder die weltanschauliche Bildung und Erziehung zum Prinzip aller Unterrichtsfächer macht oder ein neues Fach – „Grundlagen der politischen Kenntnisse" – einführt,[49] „um die ideologisch-politische Ausbildung zu einem zusammenfassenden Abschluß zu bringen. [...] Vor 300 Jahren entwarf Komenský für die Zukunft das System einer universalen Bildung. [...] Heute erfüllt sich diese Voraussage in den neu errichteten Staaten des Ostens."[50]

Um sich diese auffällige Dogmatisierung des Universalitätsprinzips bei Helling verständlich zu machen, muß man beachten, in welcher Entwicklungsphase der Nachkriegskomeniologie er sich in der Tschechoslowakei zu Worte gemeldet hat. Comenius war bekanntlich der letzte Bischof der Unitas fratrum, der Brüderunität, und für die marxistisch-leninistisch orientierte Akademie der Wissenschaften war Theologisches nun wahrlich nicht von Interesse. So drohte die lange und fruchtbare Tradition tschechischer Comenius-Forschung abzubrechen. Den treuen Arbeitern im Weinberg der Comeniologie, zu denen neben vielen anderen auch Josef Brambora gehörte, gelang es, das mehrfach erwähnte Akademiemitglied Prof. Otokar Chlup dafür zu gewinnen, der Comenius-Forschung in der Akademie eine Heimstatt zu bereiten. Dieses forschungsstrategische Interesse stand hinter den beiden Internationalen Comeniologen-Kongressen 1956 und 1957. Schützenhilfe von außen war hierzu hoch willkommen. Dazu bot sich einmal das Buch des DDR-Professors Robert Alt an: „Der fortschrittliche Charakter der Pädagogik Komenskýs", das bereits 1955 ins Tschechische übersetzt wurde, und

---

[49] S. auch: Mein Leben, Manuskript S. 226.
[50] A.a.O., Manuskript S. 275 f.

von westdeutscher Seite eben Fritz Helling, der sich mit dem Schwelmer Kreis deutlich von den „kapitalistisch-imperialistischen" Kräften der Bundesrepublik distanzierte und sich, sozialistisch orientiert, um Intensivierung der Ost-West-Kontakte bemühte. Zwar aus dem Westen stammend, konnte man bei Fritz Helling in Prag doch als einem von den Ihren ausgehen. So war Helling von Anfang an – sicher unausgesprochen – in das forschungstaktische Projekt, die Comeniologie in der Akademie heimisch zu machen, eingebunden. Und er hat seine Aufgabe, wie gesehen, glänzend erfüllt. – In Prag wußte man schon 1957 unter den westdeutschen Teilnehmern zwei Gruppen zu unterscheiden: die ideologisch eindeutig als zuverlässig ausgewiesenen und die durchaus auch willkommenen bürgerlichen Comenius-Kenner. Die Erstgenannten erhielten die neue Ausgabe der „Opera didactica omnia" zum Geschenk – ich dagegen nicht.

Für politisch als weniger verläßlich ausgewiesene Leute war es oft nicht leicht, Comenius-Kenner aus Ost und West miteinander ins Gespräch zu bringen: Am 7. und 8. Dezember 1970 veranstaltete die Comenius-Forschungsstelle im Institut für Pädagogik der Ruhr-Universität Bochum ein Comenius-Colloquium mit internationaler Beteiligung. In einem kleinen Sammelband[51] wurden die Beiträge dieses Colloquiums der Öffentlichkeit vorgelegt, auch „die dem Bochumer Colloquium gewidmeten Arbeiten von Josef Brambora (ČSSR), Jiří Kyrášek (ČSSR) und Franz Hofmann (DDR), die leider nicht persönlich teilnehmen konnten". Daß es sich hier keineswegs um Absagen aus privaten Gründen handelte, bezeugt die mir gegenüber geäußerte Bemerkung von Walter Kluthe, daß die Genannten wohl gekommen wären (d.h hätten kommen dürfen), wenn die Einladung zu dem Colloquium durch ihn vom Schwelmer Kreis ausgesprochen worden wäre. – Dieser Schwierigkeiten wegen verstand sich die eben erwähnte Comenius-Forschungsstelle in den nächsten zwanzig Jahren nicht als Begegnungsstätte, sondern als „Korrespondenzzentrum zwischen West und Ost".[52]

---

[51] Gerhard Michel, Klaus Schaller (Hrsg.): Pädagogik und Politik. Comenius-Colloqium Bochum 1970, Ratingen 1972 (Veröffentlichungen der Comenius-Forschungsstelle im Institut für Pädagogik der Ruhr-Universität Bochum, Nr. 1).

[52] Klaus Schaller (Hrsg.): Zwanzig Jahre Comenius-Forschung in Bochum – Dvacet let bochumské Komeniologie. Gesammelte Beiträge – Sebrané příspěvky, St. Augustin 1990.

Nach der offiziellen Ehrung 1965 in Prag und der (wie immer verspäteten) Veröffentlichung seines Vortrages in den „Acta Comeniana" sind seiner Autobiographie – vielleicht seines Alters wegen – keine weiteren Kontakte mit der tschechoslowakischen Comenius-Forschung zu entnehmen. Meines Wissens hat er weder an der Comenius-Konferenz zur Zeit des „Prager Frühlings" in Olomouc/Olmütz (September 1967) teilgenommen, welche die aus der „Consultatio catholica [...]" sich ergebenden neuen Forschungsaufgaben diskutieren wollte – wo Patočka wieder reden durfte und über „Utopie und System der Ziele der Menschheit bei Comenius" sprach – und wo es zu der nun schon legendären Auseinandersetzung zwischen dem jungen Marxisten Robert Kalivoda und Patočka kam, noch 1970 an der großen Jubiläumskonferenz zum 300. Todestag Komenskýs in Prag.

Hellings Annäherung an Comenius ist in zweifacher Weise bemerkenswert:

a) Er verwechselt Komenskýs „Didactica magna", seine „Große Unterrichtslehre", nicht mit einer Trickkiste für effizienten Unterricht, wie es Generationen von Lehrern taten, sondern nähert sich ihr von der Pansophie, der universalis sapientia, her – ganz anders als es schon 1639 der erste Kritiker der „Didactica magna", Joachim Hübner in London, dem Comenius die lateinische Handschrift seiner „Didactica" zugestellt hatte, in einem an den Verfasser gerichteten Brief getan hat. Hübner kannte bereits Komenskýs Entwürfe zu seiner Pansophia und hatte darum auch in der „Didactica magna" ein pansophisches Werk erwartet. Aber gerade die Pansophie kommt ihm in diesem Werk nicht deutlich genug zum Ausdruck, so daß er die Befürchtung äußert, Comenius sei der Zettelkasten durcheinandergeraten. Ohne den pansophischen Rahmen ist diese Didaktik für ihn aber inhaltsleer, eine Art Unterrichtstechnologie: die allein von der Frage geleitet wird, „auf welche Weise irgendeiner irgendeinen irgendetwas möglichst gut lehren könne".[53] Folgt man der Unterscheidung, daß es die Didaktik mit dem Was und die Methodik mit dem Wie des Unterrichts zu tun habe, dann wäre die „Didactica magna" eben keine Didaktik, sondern lediglich eine Methodik des Unterrichts. Dieser Fehleinschätzung wurde auch dadurch Vorschub geleistet, daß man die

---

[53] Klaus Schaller: Die Didaktik des Johann Amos Comenius zwischen Unterrichtstechnologie und Pansophie. Comenius-Jahrbuch 1993, S. 51-63.

Pädagogik Komenskýs im 18. Jahrhundert in tabellarischer Form unter die Leute brachte und sich dabei isoliert und unter Vernachlässigung des Kontextes auf das zehnte Kapitel seiner späteren Schrift „Methodus linguarum novissima" (1649) stützte.[54] Dieses zehnte Kapitel hat zu unseren Zeiten Franz Hofmann, der allerdings sehr wohl um den pansophischen Kontext wußte, unter dem Titel „Analytische Didaktik" (Berlin 1959) erneut veröffentlicht. Helling hingegen sah sich bei der Lektüre der „Didactica magna" auf das Was des Unterrichts verwiesen, und das ist für Comenius das harmonisch strukturierte Weltganze, das ihn nach einer neuen Allgemeinbildung suchen läßt.

b) Helling liest die „Didactica magna" im Horizont der politischen Absicht ihres Autors. Zuerst war sie bestimmt zur „Errichtung des böhmischen Königreichs" nach der von den böhmischen Exulanten erhofften Rückkehr in die Heimat, später war die Pädagogik für Comenius der Angelpunkt einer weltweiten Verbesserung dessen, was den Menschen auf dieser Welt von Gott zu tun aufgetragen ist, der emendatio rerum humanarum, der Verbesserung der menschlichen Angelegenheiten. Comenius hielt, wie Helling mit großer Zustimmung sagte, nicht nur eine pädagogische Reform, sondern eine Änderung aller gesellschaftlichen Verhältnisse für notwendig. Ebendies war aber für die „bürgerliche Epoche", wie Helling sie nennen würde, ein großes Ärgernis. Johann Christoph Adelung (1732-1806) schreibt in seiner „Geschichte der menschlichen Narrheit" 1785 über Comenius: Seine Bemühungen um den Schulunterricht „waren allerdings ruehmlich und wohlthätig, und verraten einen Kopf, der wenigstens auf einer Seite hell sahe und dachte". Die Pansophie aber war ihm „ein Steckenpferd, worauf er bis in sein hohes Alter einher ritt". Dabei sei es seine Absicht gewesen, „die ganze buergerliche Verfassung des menschlichen Geschlechtes voellig umzumodeln"[55] – sie zu verbessern, sollte man wohl treffender formulieren. Diese geheime Sorge um den Bestand des Bestehenden wirkt bis heute fort und läßt, wie mir scheint, viele eher zur „Didactica magna", zur Unterrichtsmethodik verkürzt, greifen als zur „Pampaedia".

---

[54] Erstellt von Friedrich Hähn (1710-1789) und erschienen in den „Agenda scholastica", Berlin 1750.
[55] Johann Christoph Adelung: Geschichte der menschlichen Narrheit, Bd. 1, Leipzig 1785, S. 71-73.

Vom Standpunkt der modernen Comenius-Forschung aus betrachtet, kann man der Lesart Fritz Hellings in beiden Punkten nur zustimmen. Andere Elemente der Gedankenwelt des Comenius, die ihm für die Herleitung seiner neuen Allgemeinbildung durchaus hätten von Nutzen sein können, ließ er unbeachtet. Das mag daran gelegen haben, a) daß sie von der Forschung zu seiner Zeit noch nicht thematisiert worden waren, oder b) daran, daß er, parteilich verfangen in dem exklusiven Dualismus von Kapitalismus-Sozialismus, keinen Blick hatte für das, was außerhalb von diesen extremen Positionen, oder, möglicherweise sie begründend, zwischen und unter ihnen zur Rede stand. Darauf wird an anderer Stelle dieses Tagungsbandes im Zusammenhang mit den „wirklichen Wahrheiten" ebenfalls hingewiesen.

Zu a) gehört die Beobachtung, daß Comenius zu den beiden für die „Didactica magna" gültigen Prinzipien der Pädagogik: *omnes – omnia* (daß nämlich *alle* Menschen *alles* lernen sollen) später ein drittes hinzufügte: *omnino* (daß nämlich beim Alles-Wissen um der Menschlichkeit unserer Welt willen die *Rücksicht auf das Ganze* im Blick und für das Handeln des Menschen leitend bleiben müsse).[56] Auch wird von Helling nicht beachtet, daß das pansophische Wissen drei Stufen umfasse: theoria, praxis, chresis. Die Forderung des dreistufigen Wissens verhindert, daß Pädagogik zur bloßen Vermittlungstechnik degeneriert.[57] Es hindert den Wissenden, alles zu machen, was das Alles-Wissen ihm zu machen möglich macht. Es nötigt ihn vielmehr, das zu tun, was gemäß der Rücksicht auf das Ganze (omnino) ihm als Mensch zu tun obliegt. Da bliebe zu fragen, ob sich von diesem Verständnis des Handelns als chresis so umstandslos, wie Helling es tut, die „polytechnische Bildung" herleiten lasse.[58] Weiter hätte es sich gelohnt, das Dreieck der Weisheit: *sapere – agere – loqui* aus dem „Triertium catholicum" (posthum 1680 erschienen), aus der „Allgemeinen Dreikunst", zu beachten. Mit Recht hat Hel-

---

[56] Klaus Schaller: Omnino. Ein Beitrag zur positiven Rezeptionsgeschichte der Pädagogik des J. A. Comenius, in: Spielräume der Vernunft, hrsg. v. Karl Helmer u.a., Würzburg 2000, bes. S. 334, Anm. 26.

[57] Erst im Schutz dieser pansophischen Perspektive, ausgebreitet im IV. Teil der „Opera didactica omnia", wagte Comenius nach langem Zögern 1657 seine „Didactica magna" als 1. Teil der Opera didactica omnia zu veröffentlichen.

[58] Fritz Helling: Komenský und die Allgemeinbildung, in: Acta Comeniana XIX (1960), S. 186.

ling bemerkt, daß die Realien für Comenius so wichtig wurden wie nie früher in der Pädagogik.[59] Daß man aber (seit 1974) zwischen dem pansophischen pädagogischen Realismus des Comenius und dem bürgerlichen unterscheiden sollte, war ihm damals nicht bekannt.

Zu b) O. Pavlík hatte oben kritisiert, daß die sozialistischen Pädagogen des Ostens aus dogmatischer Enge nicht hinreichend die Pädagogik des Westens verfolgt hätten. So ließen die Pädagogen des „Ostblocks" die westeuropäische Diskussion um die Subjektvität des Subjekts in Philosophie und Pädagogik gänzlich unbeachtet oder ignorierten sie als „revisionistisch". Die Frage nach dem tragenden Grund der Menschlichkeit des Menschen blieb ungestellt oder man hielt sie in der marxistisch-leninistischen Doktrin immer schon für beantwortet. Da waren Widersprüche unvermeidlich. So bestreitet Helling einerseits mit Recht ein idealistisches Subjektkonzept, das von den Kräften des selbständigen Individuums ausgeht und es pädagogisch auf deren Freisetzung und volle Entfaltung abgesehen hat; andererseits aber spricht er von der „revolutionäre(n) Eigenkraft des Menschen", von welcher der Marxismus-Leninismus die Überwindung der unmenschlichen Verhältnisse erwarte.[60] Darum bleiben Helling denn auch die Überlegungen Komenskýs verborgen, die sich dem Fundament menschlichen Seins zuwenden. Da ist bei Comenius nun nicht von Kräften die Rede, die der Mensch wie eine innere Ausstattung besitzt, sondern von einem Bezug (nexus), der sein Menschsein trägt (hypostaticus)[61] und ihm erst die Wissens- und Handlungsmöglichkeiten eröffnet, die wir Kräfte nennen. Auch die „revolutionäre Eigenkraft des Menschen" hätte dann in diesem Bezug ihren Grund. Dieser Bezug ist für Comenius eine ursprüngliche Gesellschaft (consortium) des Menschen mit Gott, den Weltdingen und den Mitmenschen: Gott hat den Menschen mitten zwischen sich und die Welt hineingestellt, damit er zwischen Gott und der Welt eine Vermittlung vornehme, sagt Comenius im „Centrum securitatis" (1625).[62] Diese ursprüngliche Gesellschaft, diese merkwürdige Verknüpfung des Menschen in

---

[59] Fritz Helling: Neue Allgemeinbildung 1963, S. 67.
[60] Acta Comeniana XXIV (1970), S. 274.
[61] So liest man in der „Didactica magna", Kap. I, 3.
[62] J. A. Comenius: Centrum securitatis, nach der deutschen Ausgabe v. A. Macher aus dem Jahre 1737, eingel. u. hrsg. v. K. Schaller, Heidelberg 1964, Kap. III, S. 62.

der Welt und die sich daraus ergebende Verantwortung für Gott, Welt und Mitmensch zeichnet den Menschen vor den anderen Geschöpfen aus. In ihr, nicht in seiner isolierten Innerlichkeit, gründet die Subjektivität des wissenden und handelnden Subjekts. In ihr ist die Menschlichkeit des Menschen fundiert und nur in ihr vollendet er sich als Mensch. Die Schulen als „Werkstätten der Menschlichkeit" haben den Heranwachsenden im pansophischen Wissen als einer universalis sapientia auf diesen Grund seines Menschseins zu verweisen. – Diese Überlegungen stellen das idealistische Subjektverständnis radikaler in Frage als es Helling von seiner sozialistischen Position aus möglich ist und eröffnen damit zugleich neue Perspektiven für eine „humanistische" Pädagogik.[63] Die Menschlichkeit des Menschen wird nicht in ihm selbst und seiner Vollkommenheit als selbstmächtigem Subjekt, sondern allein in der Humanität der menschlichen Verhältnisse sichtbar. Auf sie ist eine humanistische Pädagogik gerichtet, sofern es ihr um den Menschen geht.[64]

Ohne Frage hat die Beschäftigung mit Comenius Fritz Helling geholfen, seine anfangs stark reformpädagogisch orientierte Pädagogik weiterzuentwickeln. Von seiner sozialistischen Position her nimmt er Comenius in einer Weise wahr, die sich positiv von der gängigen pädagogischen Komenský-Rezeption abhebt. Auf der anderen Seite aber verbirgt ihm diese Position zufolge ihrer ideologischen Prämissen Momente comenischen Denkens, die geeignet gewesen wären, seine ideologischen

---

[63] Helling würde sich jetzt sicher nicht mehr wie 1954 über „den humanistischen Auftrag der deutschen Pädagogen" äußern können: „Wir [...] haben darüber zu wachen, daß die gesellschaftliche Umgestaltung, die ihre Richtung auf den Sozialismus nimmt, zu wirklich humanistischer Sinnerfüllung kommt. [...] Deshalb haben wir den humanistischen Auftrag, dafür Sorge zu tragen, daß die Erneuerung der Gesellschaft dem Menschen dient, der besseren Entfaltung seiner Anlagen, der freieren und produktiveren Ausbildung seiner Fähigkeiten, damit eine Jugend erzogen wird, die wirklich imstande ist, den Humanisierungsprozeß im Gesamtbereich der Gesellschaft weiterzuführen" (SchuN 1, 1954, 1, S. 15).

[64] Frühe Beispiele einer solchen nichtsubjektivistischen Bildunglehre sind u.a. Klaus Schaller: Die Krise der humanistischen Pädagogik und der kirchliche Unterricht, Heidelberg 1961 und Theodor Ballauff: Pädagogik als selbstlose Verantwortung der Wahrheit oder Bildung als Revolution der Denkungsart, in: Klaus Schaller (Hrsg.): Erziehungswissenschaft der Gegenwart. Prinzipien und Perspektiven moderner Pädagogik, Bochum 1979.

Denkmuster in Frage zu stellen. Statt dessen ist eine dogmatische Ver-
härtung seiner Pädagogik zu beobachten.

Klaus Himmelstein

„Eduard Spranger und der Nationalsozialismus" – Zur Auseinandersetzung Fritz Hellings mit Eduard Spranger

Im August des Jahres 1967 erhielt Walter Kluthe, Schriftleiter von „Schule und Nation", der Zeitschrift des Schwelmer Kreises, einen bitterbösen Brief von Walter Eisermann, Pädagogik-Professor an der Pädagogischen Hochschule Braunschweig, der sich über den Aufsatz Fritz Hellings empörte, der im Dezember 1966 mit dem Titel „Eduard Sprangers Weg zu Hitler"[1] in „Schule und Nation" erschienen war. Eisermann forderte angesichts der aus seiner Sicht „nicht zu verantwortenden Diskriminierung Sprangers" den ungekürzten Abdruck der seinem Brief beigefügten Gegendarstellung, andernfalls wolle er „auf der Grundlage des Pressegesetzes weitere Maßnahmen einleiten"[2]. Unter dem Titel „Eduard Spranger und der Nationalsozialismus"[3] veröffentlichte 1967 „Schule und Nation" den Text Eisermanns nicht als Gegendarstellung, sondern als „Antwort an Fritz Helling" samt einer kurzen Stellungnahme der Schriftleitung. 1968 erschien in „Schule und Nation" eine weitere Zuschrift zu Hellings Aufsatz[4]. Der Autor, Richard Meschkat (1899-1900), war ein Freund Hellings seit der gemeinsamen Zeit im Vorstand des Bundes Entschiedener Schulreformer und war nach 1945 in verschiedenen Funktionen in der DDR tätig.[5]

In den angeführten Beiträgen in „Schule und Nation" wird erstmals nach 1945 die Frage erörtert, in welchem Verhältnis der Philosophie- und Pädagogikprofessor Spranger zum Nazismus stand. Dabei war Eisermann entgangen, dass Helling schon einmal über „Spranger als politischer

---

[1] Helling, Fritz: Eduard Sprangers Weg zu Hitler, in: Schule und Nation 13 (1966), S. 1-4.

[2] Brief von Walter Eisermann an Walter Kluthe, 21.8.1967, Privatarchiv Himmelstein.

[3] Eisermann, Walter: Eduard Spranger und der Nationalsozialismus, in: Schule und Nation 14 (1967/1968), S. 17-18.

[4] Meschkat, Richard: Zu Fritz Helling: Eduard Sprangers Weg zu Hitler, in: Schule und Nation 14 (1967/1968), S. 23-24.

[5] Vgl. Helling, Fritz: Mein Leben als politischer Pädagoge, hrsg. v. Burkhard Dietz und Jürgen Helling. Manuskript, S. [65], [69], [156], [245], [267a] und Dudek, Peter: Gesamtdeutsche Pädagogik im Schwelmer Kreis, Weinheim 1993, S. 216.

Pädagoge"[6] geschrieben hatte, damals im Februarheft 1933 der Zeitschrift des Bundes Entschiedener Schulreformer „Die Neue Erziehung". Dass Helling gerade Spranger und dessen Verhältnis zum Nazismus zum Thema machte, hatte zum einen mit dessen Prominenz zu tun. Spranger gehörte nach Ansicht Hellings „seit der wilhelminischen Zeit zu den angesehensten und einflußreichsten Pädagogen in Deutschland"[7]. Zum anderen bestanden zwischen Spranger und den Mitgliedern des Bundes Entschiedener Schulreformer gegensätzliche Vorstellungen über die Lösung der Schulprobleme in der Weimarer Republik. Dabei beanspruchte Spranger als Hochschullehrer im Namen des Allgemeinen die Deutungsmacht und die diskursive Führungsrolle. Er besitze als „betrachtender Kulturphilosoph" und „tätige(r) Kulturführer" eine „Divination"[8] für die Ermittlung des rechten pädagogischen Weges, so ist Spranger zeitlebens überzeugt, denn er fasse „das Ganze der Erziehung ins Auge" und vermöge, die Erziehung in ihrer „Bedeutung für das Ganze der Kultur"[9] zu erklären. Demgegenüber wollten, wie Spranger in seiner Wahrnehmung der entschiedenen Schulreformer urteilte, diese als „radikale sozialistische Erzieher", als Vertreter einer einseitig politischen Pädagogik „durch die Schule ... eine neue Struktur der Gesellschaft"[10] bewirken.

Indem Helling in seinen Beiträgen 1933 und dann noch einmal 1966 politische Implikationen im philosophisch-pädagogischen Diskurs Sprangers hervorhebt, wird zugleich der ideologische Kern in dessen Kompetenzanspruch, „für das Ganze der Kultur" zu sprechen, sichtbar. Helling subsumiert allerdings den ideologischen Aspekt im Diskurs Sprangers unter dem Begriff des Politischen und bleibt, insbesondere 1933, in seiner Darstellung des politischen Spranger weitgehend werkimmanent, ohne die politischen und kulturellen Kontexte ausdrücklich einzubeziehen. Im folgenden wird deshalb zunächst die lebenslange, zen-

---

[6] Helling, Fritz: Spranger als politischer Pädagoge, in: Die Neue Erziehung 15 (1933), S. 80-88.

[7] Helling, 1966, a.a.O., S. 1.

[8] Zitate aus Spranger, Eduard: Leben wir in einer Kulturkrise? (1960), in: Wo stehen wir heute?, hrsg. v. H. Walter Bähr, Gütersloh (4. Aufl.) 1961, S. 7-22, hier S. 12.

[9] Spranger, Eduard: Die deutsche Pädagogik der Gegenwart, in: Mitteilungen des Deutschen Instituts für Ausländer an der Universität Berlin 5 (1927), S. 55-58, hier S. 58.

[10] Ebd.

trale politisch-ideologische Motivation Sprangers sowie seine Positionierung und Praxis als Intellektueller, als „nichtpolitischer Politiker"[11] des nationalen Konservatismus charakterisiert, um damit den Referenzrahmen der Auseinandersetzung mit der Spranger-Kontroverse in „Schule und Nation" zu skizzieren. Sodann werden Hellings Texte über den politischen Spranger und dessen Verhältnis zum Nazismus vorgestellt, unter Einbeziehung der Zuschrift von Richard Meschkat. Weiterhin wird auf die Kritik Eisermanns an Hellings Spranger-Darstellung eingegangen und abschließend die Spranger-Kontroverse in „Schule und Nation" in den Forschungsstand über das Verhältnis von Erziehungswissenschaft und Nazismus eingeordnet.

Der Philosoph und Pädagoge Eduard Spranger als „nichtpolitischer Politiker"

Eduard Spranger wurde 1882 in Berlin geboren, war also sechs Jahre älter als Helling, und starb 1963 im Alter von 81 Jahren in Tübingen. Als Professor für Philosophie und Pädagogik arbeitete er an den Universitäten in Leipzig (1911-1920), Berlin (1920-1946) und Tübingen (1946-1952). Spranger wurde wirksam: durch seine von Studierenden stark beachtete Lehre; durch annähernd 1300 thematisch breitgefächerte Veröffentlichungen[12] verbunden mit einer entsprechend gestalteten Publikations- und Vortragspraxis; durch nachhaltiges Engagement in wissenschaftlichen Institutionen, durch Beratung von Kultusministerien, durch eine Vielzahl von persönlichen und brieflichen Kontakten zu Wissenschaftlern sowie Wissenschaftsgesellschaften in Europa und Japan sowie zu konservativen Schriftstellern, Politikern, Industriellen, Militärs und Vertretern der Evangelischen Kirche. Darüber hinaus verankerte sich Spranger bis 1945, entsprechend seiner politisch-ideologischen Orientierung, im nationalkonservativen Netzwerk miteinander verflochtener Organisationen und Gesellschaften, bei denen er Mitglied wurde oder mitarbeitete oder zu denen er regelmäßigen Kontakt hielt. Nach 1945 war

---

[11] Demirovic, Alex: Führung und Rekrutierung. Die Geburt des Intellektuellen und die Organisation der Kultur, in: Städtische Intellektuelle, hrsg. v. Walter Prigge, Frankfurt a.M. 1992, S. 62.
[12] Vgl. Meyer-Willner, Gerhard: Eduard Spranger und die Lehrerbildung, Bad Heilbrunn/OBB. 1986, S. 16.

es das Umfeld der CDU, in dem Spranger aktiv wurde, und waren es namhafte CDU-Politiker, die zum engeren Kommunikationsfeld Sprangers gehörten. Dabei ist anzumerken, dass Spranger zeitlebens keiner Partei angehörte, er vor 1933 der Deutschen Volkspartei (DVP) und vor allem der Deutschnationalen Volkspartei (DNVP) und, wie schon gesagt, nach 1945 der CDU nahe stand.

Über die Wirkung Sprangers bis heute gibt es nur Anhaltspunkte. Immerhin spiegeln die in den 70er Jahren in 11 Bänden publizierten „Gesammelten Schriften" Sprangers sowie mehrere hundert wissenschaftliche Arbeiten über sein Werk[13] ein anhaltendes, vor allem pädagogisch-wissenschaftliches Interesse an ihm wider. Dabei bilden jedoch die enge Verzahnung der philosophisch-pädagogischen Konstruktionen Sprangers mit dem Politischen und Ideologischen sowie die Gestaltung dieser Verzahnung über 1945 hinaus ein auffallendes Forschungsdesiderat. Die große Zahl der Schul- und Straßenbenennungen nach Spranger, die vielen Ehrungen, die ihm, auch posthum, zuteil wurden, die Anbringung einer Gedenktafel am ehemaligen Wohnhaus Sprangers in Berlin-Dahlem sowie die im Auftrag der baden-württembergischen Regierung angefertigten Büsten Sprangers[14], verweisen zudem auf die Verankerung Sprangers als eines hervorragenden deutschen Gelehrten im kulturellen Gedächtnis der Bundesrepublik.

Spranger wird, wissenschaftsimmanent gesehen, der an die Lebensphilosophie Wilhelm Diltheys anknüpfenden Geisteswissenschaftlichen Pädagogik zugerechnet, deren Dominanz in der Erziehungswissenschaft in Deutschland bzw. dann in der Bundesrepublik vom Kaiserreich bis in die 60er Jahre anhielt. Die Entstehung dieser Pädagogikrichtung steht im gesellschaftlichen Kontext mit der Reaktion des protestantischen Bildungsbürgertums auf die als tiefe Krise empfundene gesellschaftliche Entwicklung Deutschlands um die Wende zum 20. Jahrhundert. Dabei nahmen die geisteswissenschaftlichen Pädagogen, zu deren prominenten Vertretern der Gründergeneration neben Spranger vor allem Herman Nohl (1879-1960), Theodor Litt (1880-1962) und Wilhelm Flitner (1889-1990) zählen, Intentionen der konservativen kulturkritischen Bewegun-

---

[13] Vgl. Sacher, Werner: Eduard Spranger 1902-1933, Frankfurt a.M. 1988, S. 655 ff.
[14] Henning, Uwe: Eduard Spranger und Berlin – Tradition oder Erbe? Universitätsbibliothek der Freien Universität Berlin, Berlin 1992, S. 3.

gen der Jahrhundertwende auf und verknüpften sie in ihren Pädagogik-Entwürfen in unterschiedlicher Intensität mit dem sich neu formierenden aggressiven Nationalismus und dem Volkstumsdenken zu national-pädagogischen Konfigurationen deutscher Bildung und Erziehung, deren antisemitische Implikation, der Ausschluss des Jüdischen aus dem Deutschen, bei Spranger nachweisbar ist[15].

„Zerrissenheit" ist der zentrale Topos der Sprangerschen Kulturkritik. Sie schreibt er der Vorherrschaft von Individualismus, Rationalismus und Demokratie zu, als Folgen von Aufklärung und Französischer Revolution, die schließlich, aus Sprangers Sicht, zur Auflösung der „Kraft der Tradition"[16] im deutschen Volk, zum Verlust von nationaler Gemeinschaft, Führertum und machtvollem Staat geführt hätten. Die diagnostizierte „Bewegung der Divergenz"[17] unter einer „große(n) Kulturperspektive"[18] umzukehren „zu einer mächtigen Konvergenz"[19] ist die zentrale lebenslange, wissenschaftliche und intellektuelle Motivation Sprangers. Entsprechend seiner Profession als Kulturphilosoph und Pädagoge richtete Spranger sein theoretisches Interesse darauf, durch den Entwurf eines nationalen Pädagogikkonzeptes, und dabei vor allem eines zeitgemäßen Bildungsideals des Deutschen, der „Deutschheit"[20], die gesellschaftlichen Widersprüche so zu überformen, dass freiwillige Zustimmung zur nationalen Einheitlichkeit möglich werde. Die Aufhebung aller gesellschaftlichen Differenzen und Kontingenzen in einem einheitlichen nationalen Erziehungs- und Bildungsideal bei Spranger beinhaltet eine Entgrenzung des individuellen Bewußtseins zum Staat hin, beispielhaft ausgedrückt in der an Platon angelehnten Formel Eduard Sprangers von

---

[15] Himmelstein, Klaus: Die Konstruktion des Deutschen gegen das Jüdische im Diskurs Eduard Sprangers, in: Eduard Spranger. Aspekte seines Werks aus heutiger Sicht, hrsg. v. Gerhard Meyer-Willner, Bad Heilbrunn/OBB. 2001, S. 53-72.

[16] Spranger, Eduard: Erziehung, in: Deutsches Adelsblatt 44 (1926), S. 393-394 u. S. 407-408, hier S. 394.

[17] Spranger, Eduard: Gedanken zur Pädagogik (1902), in: ders., Gesammelte Schriften, Bd. 2, Heidelberg 1973, S. 190-207, hier S. 201.

[18] Spranger, Eduard: Erziehung (1926), a.a.O., S. 408.

[19] Spranger, Eduard: Gedanken zur Pädagogik (1902), a.a.O., S. 201.

[20] Spranger, Eduard: Der Anteil des Neuhumanismus an der Entstehung des deutschen Nationalbewußtsein (1923), in: Spranger, Eduard: Volk – Staat – Erziehung, Leipzig 1932, S. 42.

der „Durchseelung des Staates und der Durchstaatlichung der Seele"[21]. Die Subjektidentität wird bei Spranger in extremer Weise an die nationale Identität von Volk und Staat gebunden, in ihr gleichsam aufgehoben. Diese Einpassung soll aber vor dem Hintergrund errungener bürgerlicher Freiheiten in freiwilligem Gehorsam geschehen.

Zuständig für die Konstruktion nationaler Einheitlichkeit ist entsprechend der an Platos Politeia angelehnten Staatsauffassung Sprangers eine Bildungs-Elite als Teil der Staats-Elite an der Spitze eines streng hierarchisch gegliederten Staates. Die gleichwertige Teilhabe an den Strukturen dieses Staates bleibt für die Mehrheit der Bevölkerung imaginär. Entsprechend gliedert sich Sprangers Bildungskonzept in eine Eliten- bzw. Führer- und Volksbildung mit einer strengen Auslese der Elite sowie in eine die ideologische Einheitlichkeit fundamentierende Nationalbildung. Bei Spranger wird die Pädagogik letztlich zu einem Bereich der Bildung zu freiwilliger Selbstunterwerfung unter eine autokratische Herrschaft in platonischer Tönung. Soweit der Abriß über Sprangers politisch-ideologische Grundvorstellungen und seine Praxis als konservativer Intellektueller.

Das Verhältnis Sprangers zum Nazismus in der Darstellung Hellings

Helling hatte 1932 in Mainz einen Vortrag gehalten über „die Entwicklung Sprangers bis in die Nähe zum Nationalsozialismus", der auf starke Ablehnung stieß, weil, wie Helling meint, „Spranger ... zu den pädagogischen Heiligen"[22] gehören würde. Der 1933 folgende Aufsatz Hellings über „Spranger als politischer Pädagoge" wurde dagegen im zeitgenössischen pädagogischen Diskurs als eine der zahlreichen Rezensionen des 1932 im Verlag Quelle & Meyer veröffentlichten Buches von Spranger „Volk – Staat – Erziehung" wahrgenommen[23].

---

[21] Spranger, Eduard: Das deutsche Bildungsideal der Gegenwart in geschichtsphilosophischer Beleuchtung (1926/27). Sonderdruck aus der „Erziehung", Leipzig (2. Aufl.) 1929, S. 71.

[22] Zitate aus Helling, Fritz: Mein Leben als politischer Pädagoge, hrsg. v. Burkhard Dietz u. Jürgen Helling, Manuskript, S. [259].

[23] Vgl. Bosshart, Emilie: Die systematischen Grundlagen der Pädagogik Eduard Sprangers, Leipzig 1935, S. 175.

Spranger vereinigt in diesem Buch acht Reden und Aufsätze aus den Jahren 1916 bis 1932, die, wie Spranger in seinem Vorwort betont, „in einem inneren Zusammenhang gegenseitiger Ergänzung" stünden und „die Jahre hindurch eine feste Linie"[24] innehalten würden. Diese „Linie" arbeitet Helling heraus, „möglichst mit den eigenen Worten Sprangers", wie er betont, und sieht in dieser Veröffentlichung zugleich ein Signal, mit dem Spranger sich Ende 1932 „ostentativ in die politische Kampffront der Gegenwart"[25] stelle. So sehen das auch andere Rezensenten des Spranger-Buches, insbesondere aus dem nationalkonservativen Bereich, die allerdings aus der Perspektive des Frühjahrs 1933 und ihrer schnellen Einpassung in die sich stabilisierende NS-Herrschaft, kritisieren, wie die „Nationale Erziehung", die Monatszeitschrift des Deutschnationalen Lehrerbundes, dass „dem Werke die richtige Lebensnähe" fehle und von „der Schicksalhaftigkeit des Blutes für Volk, Staat und Erziehung ... kaum etwas zu empfinden"[26] sei, oder wie die „Burschenschaftlichen Blätter", die Zeitschrift der Deutschen Burschenschaft, wo in einer Gegenüberstellung des prominenten NS-Pädagogen Ernst Krieck zu Eduard Spranger hervorgehoben wird: „Dem Revolutionär Krieck steht der Reformist Spranger gegenüber."[27]

Helling nun folgt in seinem Beitrag, den er vor der Einsetzung der Hitler-Regierung geschrieben hat, detailliert der politisch-pädagogischen Argumentation Sprangers über das Verhältnis von Volk, Staat und Erziehung. Er arbeitet mittels ausführlicher Belegstellen, fast völlig auf Kommentierungen verzichtend, die Konstruktion der volklichen, nicht rassistischen Deutschheit samt deren religiösen Beimengungen bei Spranger stringent heraus, weiterhin dessen asymmetrische Bestimmung des Verhältnisses von Individuum und Staat sowie Sprangers autokratische Staats- und Elitenauffassung. Spranger komme es Ende 1932 in seiner Wendung gegen die Demokratie von Weimar darauf an, wie Helling ihn zitiert, den „ganzen vielgegliederten Volksordnungen ... in einem einheitlichen Staatswillen ihre letzte Bewußtheit und Handlungsfä-

---

[24] Spranger, Eduard: Volk – Staat – Erziehung, S. V.
[25] Helling, Fritz: Spranger als politischer Pädagoge, S. 80.
[26] Besprechungen, in: Nationale Erziehung 14 (1933), S. 122.
[27] Hauke, Hans: Deutsche Nationalerziehung. Sammelrezension, in: Burschenschaftliche Blätter 47 (1933), S. 139.

higkeit"[28] zu erhalten. Hellings Fazit: „Damit fordert Spranger nichts anderes als den Ausweg des Faschismus."[29]

Helling wird hier, aufgrund seiner intensiven Auseinandersetzung mit der Faschismusentwicklung in Italien und Deutschland, sehr genau, er schreibt nicht, dass Spranger den Faschismus fordere. Diese Differenzierung ist bemerkenswert, da sich heute auch aus anderen Quellen im Nachlaß Sprangers ergibt[30], dass dieser Ende 1932 den Faschismus politisch allenfalls als Ausweg sah. Seine politische Präferenz der Krisenlösung galt einer nationalkonservativen Präsidialdiktatur. 1933 bezog Spranger, angesichts der eigenen Erfahrungen mit der Politik der Einpassung der Universitäten in das sich entwickelnde NS-Herrschaftssystem, politisch-symbolisch Position. Er trat dem extrem nationalistischen und antisemitischen „Stahlhelm-Bund der Frontsoldaten" bei[31], der in der Koalitionsregierung Hitler durch den Vorsitzenden Franz Seldte als Arbeitsminister vertreten war.

Wenn auch bei Spranger klare Differenzen vor allem zur Hochschulpolitik des Nazismus bestanden, so ist doch festzustellen, dass ihn die ideologische Anordnung des Nazismus zur Schaffung und Gestaltung eines einheitlichen Nationalbewußtseins, eines deutschen Wir, durchaus interessierte. Vergleichbar mit Sprangers Begeisterung für die aus seiner Sicht gelungene Schaffung eines Staatsbürgertums-Gefühls in Preußen gegen den demokratischen Einfluß der Französischen Revolution am Beginn des 19. Jahrhunderts sowie für das angebliche nationale Einheitsbewußtsein von 1914 ist dann seine Bewertung der ideologischen Lage 1933, die, so Spranger, im Willen zur Volkwerdung, dem „*positiven* Kern der nationalsozialistischen Bewegung"[32] liege. Deshalb versucht er noch 1950 zu differenzieren: es sei „nicht der National-

---

[28] Spranger, Eduard: Volk – Staat – Erziehung, S. 198.

[29] Helling, Fritz: Spranger als politischer Pädagoge, S. 86.

[30] Ich beziehe mich hierbei vor allem auf den umfangreichen, 57 Jahre umfassenden Briefwechsel Eduard Sprangers mit seiner Freundin Käthe Hadlich, der sich im Nachlaß Sprangers im Bundesarchiv Koblenz befindet. Spranger sprach seine politischen Überlegungen und Meinungen in den Briefen, verglichen mit seinen Veröffentlichungen, häufig unverschlüsselt, direkt aus.

[31] Brief Eduard Sprangers an Käthe Hadlich, 27.7./28.7.1933, Bundesarchiv Koblenz, Nachlaß Eduard Spranger, N 1182.

[32] Spranger, Eduard: März 1933, in: Die Erziehung 8 (1933), S. 401-408, hier S. 403.

sozialismus", der in die Katastrophe geführt habe, „sondern ganz eigentlich der Hitlerismus"[33].

Helling beschreibt in seinem Text 1933 sehr genau die Nähe, aber auch die Differenz Sprangers zum Nazismus, kann dessen Position aber nicht in die ideologisch-politischen Strömungen am Ende der Weimarer Republik einordnen. Dies liegt an Hellings pauschaler Auffassung vom Konservatismus, der bei ihm nahezu ausschließlich vom christlich-sozialen Konservatismus des Zentrums bestimmt ist.[34] Die unterschiedlichen Strömungen innerhalb des Konservatismus in der Weimarer Republik differenziert Helling nicht. So kann er Sprangers politisch-ideologische Position auch nicht dem Nationalkonservatismus, der 1933 zum Bündnispartner Hitlers wird, zuordnen.

In seinem Aufsatz von 1966 greift Helling wieder die politisch-pädagogische Argumentation Sprangers in der Weimarer Republik auf, komprimiert dabei seinen Spranger-Beitrag von 1933 und erweitert ihn zugleich, indem er die jeweiligen politisch-historischen Kontexte benennt, auf die Spranger als Autor reagierte. Helling führt seine Darstellung des politischen Spranger sodann anhand von dessen Aufsätzen in der Zeitschrift „Die Erziehung" bis 1942 fort. Die einflußreiche pädagogische Zeitschrift „Die Erziehung" war 1925 von Spranger gegründet worden, gemeinsam mit Theodor Litt, Herman Nohl und Aloys Fischer als Herausgebern sowie Wilhelm Flitner als Schriftleiter, der später auch Mitherausgeber wurde. Ab Oktober 1937 bis zu ihrer Einstellung aus Papiermangel 1943 gab Spranger die Zeitschrift allein heraus, unter Mitarbeit von Hans Wenke als Schriftleiter.[35]

Helling konzentriert sich bei seiner Auswertung der Spranger-Aufsätze in der „Erziehung" auf dessen Argumentation für die Wehrhaftmachung der Jugend und für einen erneuten Kriegseinsatz des, aus Sprangers Sicht, durch Versailles gedemütigten Deutschlands. Metho-

---

[33] Eduard Spranger: Fünf Jugendgenerationen 1900-1949 (1950), in: ders., Gesammelte Schriften, Bd. 8. Tübingen 1970, S. 318-344, hier S. 341.
[34] Vgl. dazu Helling, Fritz: Kulturinhalte und Kulturformen im Spannungsfeld der politischen Parteien, in: Jugend, Erziehung und Politik. Die Problematik und das Gebot. Kongreß des Bundes Entschiedener Schulreformer, hrsg. v. Wilhelm Hoepner u. Paul Oestreich, Jena 1931, S. 34-43, hier S. 37 ff.
[35] Vgl. Horn, Klaus-Peter: Pädagogische Zeitschriften im Nationalsozialismus, Weinheim 1996, S. 215 ff.

disch gesehen geht Helling dabei, wie schon in seinem Aufsatz von 1933, so vor, dass er Spranger ausführlich zitiert. Auf diese Weise arbeitet Helling, neben dem volklichen Nationalismus-Strang in Sprangers politisch-pädagogischem Diskurs, seinen damit verbundenen, in der NS-Zeit jedoch in den Vordergrund tretenden, militärpädagogischen Beitrag zur Kriegsvorbereitung sowie seine imperiale politische Einstellung klar heraus. Spranger geht nach 1933 dabei konsequenterweise soweit, dass er in seine Überlegungen der „Jungmännererziehung" zur Wehrhaftigkeit die „Todesbereitschaft", „die große Opferidee des Kriegsdienstes"[36] einbezieht. Dass Sprangers derart vollzogene Einpassung in das NS-System kein Einzelfall ist, belegt Helling in einem Ausblick auf Wilhelm Flitner und Hans Wenke. Richard Meschkat unterstreicht in seiner Zuschrift von 1968 diesen Aspekt, indem er feststellt, dass der „leichte Sieg des Faschismus an den Universitäten ... ohne die innere Bereitschaft der Professoren zur Mitarbeit gar nicht möglich gewesen"[37] wäre und verweist auf weitere Anpassungsvorgänge an den Nazismus bei Hochschullehrern wie beispielsweise bei dem Philosophen Martin Heidegger.

Die Empörung Walter Eisermanns über Hellings Spranger-Aufsatz

Walter Eisermann, 1922 geboren, promovierte 1958 bei Spranger. Er ist dessen letzter Doktorand und richtete am Institut für Allgemeine Pädagogik der Technischen Universität Braunschweig ein Spranger-Archiv und eine Spranger-Arbeitsstelle ein. Eisermanns enge persönliche Verbundenheit mit Spranger macht zunächst einmal seine Empörung verständlich, dass der von ihm verehrte Lehrer bzw. „Doktorvater" von Helling in die Nähe des Nazismus gerückt wird.

Aus Eisermanns Sicht verletzt Helling in seinem Aufsatz von 1966 das Gebot der wissenschaftlichen Redlichkeit in zweifacher Weise: zum einen würde Helling einzelne Zitate aus dem Gesamtzusammenhang der jeweiligen Schrift herausreißen und teilweise in sinnentstellender Weise

---

[36] Zitate aus Spranger, Eduard: Jungmännererziehung unter psychologischen und pädagogischen Gesichtspunkten, in: Die deutsche Volkskraft 4 (1934), S. 89-90, S. 102-103, S. 115-116, S. 126-127, S. 134-135, hier S. 135.

[37] Meschkat, Richard: Zu Fritz Helling: Eduard Sprangers Weg zu Hitler, S. 23.

und willkürlich interpretieren, zum anderen seien nur Texte ausgewählt worden, die Spranger unter einem bestimmten Aspekt belasten würden, während alles andere, „für das Gesamtverständnis offensichtlich Wesentlichere"[38], verschwiegen würde. Auffallend an Eisermanns Beschuldigungen ist dabei, dass er auf die Themenstellung Hellings, d.h. den Aufweis der politischen Nähe Sprangers zum Nazismus, überhaupt nicht eingeht. Dadurch wird sein Vorwurf, Helling sei wissenschaftlich unredlich, der dessen Sorgfältigkeit der Zitation sowieso nicht trifft, auch inhaltlich, d.h. bezogen auf die Textauswahl, die Helling vornimmt, nicht nachvollziehbar. Dies gilt ebenso für die nicht belegte Behauptung Eisermanns, Spranger habe einen „liberalen Nationalismus" vertreten, den Helling „mit dem brutalen Nationalsozialismus Hitlers"[39] identifiziere.

Eisermann listet sodann einige Momente aus der Biographie Sprangers in der NS-Zeit auf, die aus seiner Sicht die „kompromißlose Humanität des Wissenschaftlers und Menschen Eduard Spranger" beweisen würden, so dass „seine geistige Haltung in einem völlig anderen Lichte"[40] erschiene als Helling sie darstellen würde. Doch die gravierenden Widersprüche in dieser Entlastungsliste, auf deren Einzelheiten hier nicht eingegangen werden kann, verdeutlichen nur, dass Spranger bei allem Vorbehalt gegenüber der Politik des Nazismus, sich aber doch als Intellektueller und Hochschullehrer in das NS-System eingefügt hat. Eisermann kann sich nicht vorstellen, vom Boden einer verehrungsvollen Beziehung ausgehend und ohne wissenschaftlichen Anspruch gegenüber der von Helling thematisierten Problemlage der Nähe eines Denkens zum Nazismus, dass bestimmte Denkfiguren und Schlüsselkategorien Sprangers ihn sehr wohl einen Kompromiß mit dem Nazismus eingehen lassen konnten. Dieser mündete, wie der Historiker Klaus-Jürgen Müller die Entwicklung des Verhältnisses der nationalkonservativen Eliten zum Nazismus kennzeichnet, in ein „zeitweiliges Nebeneinander von Opposition und Kooperation", das im wesentlichen bestimmt war „von dem Grad der Erfüllung beziehungsweise der Enttäuschung jener Erwar-

---

[38] Eisermann, Walter: Eduard Spranger und der Nationalsozialismus, S. 17.
[39] Ebd.
[40] Ebd.

tungen," welche die Nationalkonservativen an die 1933 „eingegangene Kollaboration" gerichtet hatten.[41] Spranger bildete da keine Ausnahme.

Hellings Spranger-Aufsätze im historisch-pädagogischen Diskurs

Fritz Hellings Beiträge über Eduard Spranger als politischen Pädagogen und sein Verhältnis zum Nazismus blieben, bis auf die Zuschriften in „Schule und Nation", in der Historischen Pädagogik unbeachtet und undiskutiert. Sie gaben in der Bundesrepublik keinen Anstoß für weitere Forschungen über den politischen Gehalt der Pädagogikentwürfe Sprangers und der seiner zeitgenössischen Kollegen sowie deren Verhältnis zum Nazismus.

Dies lag sicher nicht an der weitgehenden Begrenzung der Helling-Aufsätze auf eine Textexegese. Immerhin stand gerade der Aufsatz Hellings von 1966 zum einen im Kontext mit der durch den Auschwitz-Prozeß und die antiautoritäre studentische Bewegung in den 60er Jahren angestoßenen Kritik an der Verdrängung der NS-Vergangenheit vieler Protagonisten der Eliten der Bundesrepublik. Zum anderen gewann mit der Rezeption sozialhistorischer und sozialwissenschaftlicher Forschungen und Methoden aus dem westlichen Ausland, verbunden mit einer Marxismus-Rezeption, eine neue Wissenschaftsauffassung in den Geisteswissenschaften an Einfluß. Erstmals nach 1945 wurden in dieser Zeit in der Historischen Pädagogik, über die geisteswissenschaftliche Hermeneutik hinausgehende, sozialhistorische Fragestellungen auch an die Diskurse der Klassiker der Pädagogik gerichtet. Zu erinnern ist dabei an Adalbert Rangs Monographie „Der politische Pestalozzi"[42], dessen Schriften Rang ins Historisch-Gesellschaftliche zurückübersetzte. Zugleich blieb jedoch die Thematisierung des Verhältnisses von Erziehungswissenschaft bzw. von Geisteswissenschaftlicher Pädagogik und Nazismus ausgeblendet bzw. hielt sich hartnäckig die Legende, es habe

---

[41] Zitate aus Müller, Klaus-Jürgen: Zur Struktur und Eigenart der nationalkonservativen Opposition bis 1938, in: Der Widerstand gegen den Nationalsozialismus, hrsg. v. Jürgen Schmädeke u. Peter Steinbach, München 1985, S. 330 u. 331.
[42] Rang, Adalbert: Der politische Pestalozzi, Frankfurt a.M. 1967.

1933 einen Bruch bzw. von 1933 bis 1945 ein „Vakuum" (Otto Friedrich Bollnow) in der Entwicklung dieser Pädagogikrichtung gegeben.

Es hat immerhin bis zum Anfang der 90er Jahre des 20. Jahrhunderts gedauert, bis die politisch-ideologischen Konstruktionen in der Geisteswissenschaftlichen Pädagogik vor 1933, deren breite ideologische Überlappung mit dem Nazismus und deren mögliche „Übersetzungen" in den erziehungswissenschaftlichen Diskurs der Bundesrepublik in der Historischen Pädagogik zum Thema wurden. Allerdings beschäftigte dies die Disziplin nur kurzzeitig und auch nur am Rande. Bis heute herrscht, verglichen mit der Aufarbeitung der „Kollaboration" mit dem Nazismus in anderen, vergleichbaren Wissenschaften, in der Erziehungswissenschaft gegenüber diesem Thema ein forschungspolitisches Desinteresse vor. So bleibt die Aufgabe, die Helling 1933 begonnen hat, die Geisteswissenschaftliche Pädagogik, als dominierende Erziehungswissenschaft in der ersten Hälfte des 20. Jahrhunderts, in ihrem Verhältnis zum Nazismus umfassend zu erforschen.

„Politischer Pädagoge"

in der Zeit

des Kalten Krieges

Jürgen Sprave

Fritz Helling und der Aufbau des höheren Schulwesens in Schwelm und Nordrhein-Westfalen

Voraussetzungen

Meine Beschäftigung mit dem genannten Thema hat nicht zuletzt damit zu tun, dass ich ein Nachfolger Fritz Hellings im Amt des Schulleiters am Gymnasium in Schwelm bin. Nachdem ich 1993 meinen Dienst angetreten hatte, wurde mir in meiner Einarbeitungszeit bewusst, welche Tradition diese Schule hat und dass deren Geschichte nicht zuletzt auch eine Reformgeschichte ist. Im Rahmen des vierhundertjährigen Schuljubiläums hat sich die Schule mit ihrer Reformtradition beschäftigt: mit der Umwandlung des Realprogymnasiums in ein Progymnasium und eine Realschule im Jahre 1894 als Doppelanstalt unter einer Leitung, nämlich der von Dr. Wilhelm Tobien, mit der Weiterentwicklung zu einem Reform-Realgymnasium mit Realschule, vorbereitet durch Dr. Max Wiesenthal und vorangetrieben und vollendet durch Dr. Adolf Gregorius 1907, und mit der Ära von Dr. Max Hasenclever, der die Schule seit 1911 bis zu seinem Tod 1935 leitete und sie und ihr Klima mit seiner liberal-konservativen Grundhaltung prägte, bis dann der Nationalsozialismus Besitz von ihr nahm. In diesen Jahren hat Dr. Fritz Helling als Lehrer und Erzieher in reformpädagogischer Tradition an dieser Schule unterrichtet und den Geist dieser Reformpädagogik in seine Klassen, aber auch in das Lehrerkollegium getragen und damit Zustimmung und vereinzelt Begeisterung, aber auch heftige Diskussionen und kritische Stimmen ausgelöst. Letztlich wichtig war für Fritz Helling, dass sein Schulleiter ihm die Freiheit ließ, seine pädagogischen Vorstellungen über Zusammenarbeit und Zusammenleben mit den ihm anvertrauten Schülern im Unterricht und außerhalb des Unterrichts umzusetzen und zu erproben. Dieses Reformklima schlug sich in den bedeutsamen Reden Hasenclevers nieder, in denen er unter anderem Gedanken der Arbeitsschulbewegung für seine eigenen Vorstellungen von Schule, Unterricht und Erziehung nutzte bis hin zu seiner Forderung nach Verbindung von „Kopf und Hand" im Experimentalunterricht und nach eigenverantwortlicher, selbstständiger und selbsttätiger Schülerleistung dort und überhaupt.

Dies soll hier ausdrücklich erwähnt werden, um deutlich zu machen, dass Fritz Helling mit seiner Reformtätigkeit nach 1945 auch wiederanknüpfen konnte. Auch möchte ich vorausschicken, dass nach 1950/51, also nach Ausscheiden Fritz Hellings, bei allen restaurativen Tendenzen in der Schulpolitik und folglich in den Gymnasien des Landes Nordrhein-Westfalen an der Oberschule für Jungen in Schwelm durchaus noch ein lebendiger, wenn auch vergleichsweise verhaltener Reformgeist wach war. In der Bewertung und Würdigung der vielfältigen Reformanstrengungen muss aber sorgfältig unterschieden werden zwischen der angeordneten Umsetzung von „Reformen von oben", die, auch als Restaurationen, die Schulentwicklung in den späten fünfziger, besonders aber in den sechziger und siebziger Jahren bestimmten, und den Reformanstrengungen eines Fritz Helling, der sozusagen in der „Stunde Null" die Chance erhielt, in einem zunächst weitgehend freien und offenen Betätigungsfeld eigene Konzepte zu entwickeln und zu erproben und damit auch Einfluss zu nehmen auf die Schulpolitik und das, was dann wiederum „von oben" in die Schulen als Auftrag kam, auch wenn die Entwicklung sehr bald rückläufig war. Wie weit ihm das gelang und mit welchem Erfolg, dazu der eine oder andere Hinweis später.

Warum denn nun aus schulischer Sicht gut fünfzig Jahre nach der ‚Reform-Ära Helling' eine so große Bemühung um die Aufarbeitung der damaligen Reformen am heutigen Märkischen Gymnasium? Was soll das bringen? Gibt es heute für eine Schule und für einen Schulleiter nichts Wichtigeres zu tun als sich mit der zwar interessanten, aber doch so weit zurückliegenden Reformgeschichte der Schule zu beschäftigen? Bei dieser Fragestellung geht es ausdrücklich nicht darum, die dringende Notwendigkeit und Überfälligkeit einer hoffentlich endgültigen Bewertung und Würdigung des „politischen Pädagogen" Helling in Frage zu stellen, sondern es geht um die Frage, was eine intensive Beschäftigung mit der konkreten „Helling-Reform" eigentlich mehr bringen kann als einfach nur ein Kapitel Schulgeschichte am Märkischen Gymnasium zu klären, das vielleicht in der Schulöffentlichkeit, aber auch in der Schwelmer Öffentlichkeit vergessen ist oder niemals in angemessener Weise zur Kenntnis genommen und gewürdigt worden ist. Dazu meine Antwort: Für eine so traditionsmächtige Bildungs- und Erziehungs-‚Anstalt' wie das Märkische Gymnasium in Schwelm ist es eine Chance und Verpflichtung, sich einer ihrer bedeutsamsten Reformphasen zu widmen, um in dieser Reformtradition Bestätigungen, aber auch Infragestellungen für die eigenen und aktuellen Bemühungen um eine zeitgemäße Schulgestaltung und Schulentwicklung zu finden und zu nutzen. Daraus ergeben sich weitere Fragestellungen: Welche Impulse kann das Reformwerk Fritz Hellings für unsere eigene Schulprogrammarbeit geben? Decken sich vielleicht seine Ideen und Umsetzungsweisen mit unseren Überlegungen heute auf der Suche nach einer „Schulphilosophie" und einem „Schulprofil", das den gegenwärtigen und zukünftigen gesellschaftlichen Anforderungen genügt? Es wäre ein Gewinn, wenn die heutige Schulgemeinde in dieser Hinsicht an eine „gute" Tradition anknüpfen könnte, um aus ihr nachhaltige Entscheidungen für die gegenwärtige und zukünftige Gestaltung der Schule abzuleiten. Dafür lohnt sich dieser Blick zurück. Nebenbei noch dies als weitere Zielsetzung: Gerade wegen der politischen, schulpolitischen und pädagogischen Brisanz der „Helling-Reform" am Gymnasium in Schwelm möchte ich einen Beitrag leisten zur Versachlichung des Urteils über das Reformwerk Fritz Hellings und, wenn auch nur in Andeutungen, über die „Reform seiner Reform" durch seine Nachfolger im Schulleiteramt am Märkischen Gymnasium, nämlich Wilhelm Kaspers (1951-1955) und Dr. Wilhelm Lehmgrübner (1955-1970).

Ein Wort zu den Quellen: Natürlich muss verwiesen werden auf die große Zahl von Veröffentlichungen Fritz Hellings selbst; nicht zuletzt auf eine bedeutsame, aber bisher schwer oder gar nicht zugängliche, wenn auch des öfteren zitierte Grundsatzrede, die er am 4. September 1949 auf der Jahreshauptversammlung der Westfälischen Direktorenvereinigung im Kurhaus von Bad Hamm gehalten hat.[1] Nach langwierigen Recherchen ist es im Rahmen der Vorarbeiten zu dieser Tagung gelungen, mit dankenswerter Unterstützung durch Prof. Dr.-Ing. Jürgen Helling das Manuskript der Rede im Nachlass Fritz Hellings aufzuspüren. Diese sehr umfangreiche Rede ist als Grundbekenntnis des Lehrers, Erziehers und Reformers Fritz Helling von unschätzbarem Wert. Eine erstmalige Veröffentlichung wäre deshalb geboten. Im Nachlass ist als weitere Grundlage auch das Manuskript der Antrittsrede Fritz Hellings am 14. September 1946 anläßlich seiner Amtseinführung in Schwelm gefunden worden.[2] Auch diese wichtige „Reform-Rede" ist meines Wissens bisher nicht

---

[1] Vgl. Literaturverzeichnis.
[2] Ebd.

zugänglich gewesen, obwohl sie in den Schulakten erwähnt wird. Nicht zuletzt gilt natürlich die bis heute leider unveröffentlichte Autobiografie „Mein Leben als politischer Pädagoge" als Grundlage der Beschäftigung mit Fritz Helling, die er wenige Jahre vor seinem Tod verfasst hat und deren maschinenschriftliches Manuskript 1998 im Auftrag Jürgen Hellings über EDV erfasst worden ist. Die Veröffentlichung einer ausführlich kommentierten Ausgabe dieser Autobiografie ist in Vorbereitung, und es wäre sehr zu wünschen, wenn dieses Selbstzeugnis zukünftig allgemein zugänglich wäre.

Natürlich konnte auf Archivalien unterschiedlicher Art zurückgegriffen werden, im Staatsarchiv Münster, im Stadtarchiv und im umfangreichen Archiv der Schule. Eine Fundgrube ersten Ranges sind die ausnahmslos im Schularchiv vorhandenen Protokollbücher der Schulgremien, an erster Stelle natürlich die Protokolle der Lehrerkonferenzen, aber auch die sehr aufschlussreichen Protokolle der Elternbeirats- bzw. Schulpflegschaftssitzungen und der Schülerratssitzungen, letztere aber erst aus der Zeit nach Helling, aber mit aufschlussreichen Retrospektiven auf die Reformära. Erwähnenswert in dieser Hinsicht sind auch die Protokolle der wöchentlich durch den Schulleiter abgehaltenen Ausbildungssitzungen mit den Lehramtsanwärtern. Auch die Jahrgänge der Schülerzeitung „Omnibus" seit 1952 enthalten nützliche Rückblicke auf die reformerischen Bemühungen Hellings. Schließlich enthalten die Verwaltungsberichte der Stadt wichtige Informationen, in die auch die Jahresberichte der Schule eingegangen sind, die aber für die Jahre 1945-1951 nur in einem maschinenschriftlich verfassten Fragment vorliegen. Diese insgesamt gute Quellenlage ermöglicht einen erhellenden mehrperspektivischen Blick auf die von Helling angestoßenen und umgesetzten Reformen.

Als sehr wertvoll haben sich auch Gespräche mit noch vorhandenen Zeitzeugen erwiesen, d.h. mit ehemaligen Schülerinnen und Schülern Fritz Hellings, die mit ihrem Erfahrungswissen die Aktenkenntnisse sehr fruchtbar ergänzt und auch modifiziert haben. Dr. Ernst Müller, einer dieser Helling-Schüler, hat 1989 einen grundlegenden Aufsatz in den „Beiträgen zur Heimatkunde der Stadt Schwelm und ihrer Umgebung" unter dem Titel „Fritz Helling. Lehrer, Erzieher, Reformer" veröffentlicht. Karl Heinz Horn, ein weiterer Schüler Hellings, hat seine Hausarbeit zum ersten Staatsexamen 1956 dem „Schwelmer Modell" unter dem Titel „Das Problem der Auflockerung der Oberstufe, illustriert am Beispiel des Märkischen Gymnasiums in Schwelm" gewidmet. Diese Arbeit ermöglicht einen konkreten Einblick in die praktische Umsetzung der Oberstufenreform am Schwelmer Gymnasium, zeigt aber auch auf, dass Hellings Reformbeitrag, so originell er auch war, nur eine Stimme in einer damals sehr rege geführten Bildungsdiskussion im Land Nordrhein-Westfalen und in anderen Bundesländern war, so wie auch neben der Jungenoberschule in Schwelm, der für eine Zeit einzigen Reformschule in Westfalen, viele Reformschulen in den Anfangsjahren der Bundesrepublik in vielfältiger Weise Reformansätze erprobten.

Schließlich konnte ich zurückgreifen auf Gespräche mit Kollegen, die in den „Reformübergangsjahren" von Helling zu Kaspers und Lehmgrübner am Schwelmer Gymnasium unterrichtet haben und Zeugen und Mitgestalter der Weiterentwicklung des Reformwerks gewesen sind. Einer dieser Kollegen, Karl-Josef Oberdick, hat in seinem Aufsatz „100 Jahre Märkisches Gymnasium Schwelm (1890-1990)", veröffentlicht 1990 in den bereits oben genannten „Beiträgen zur Heimatkunde", wichtige Grundlagen für eine Beschäftigung mit dem Reformwerk Hellings gelegt. In derselben Schriftenreihe hat Wilhelm Lehmgrübner, einer der bereits erwähnten Nachfolger Hellings im Schulleiteramt, 1958 einen grundlegenden Aufsatz über die Weiterentwicklung im Sinne einer tief greifenden Veränderung der Reformansätze Hellings veröffentlicht, der auch noch einmal ein erhellendes Licht auf den „Schwelmer Plan" wirft, und zwar unter dem programmatischen Titel „Das Märkische Gymnasium auf neuen Wegen".

Auch wenn ich es bereits angedeutet habe, so möchte ich, dieses Teilkapitel abschließend, noch betonen, dass bei aller Würdigung der besonderen Persönlichkeit des Erziehers, Lehrers und Schulreformers Fritz Helling nicht übersehen werden darf, dass sein Wirken in eine äußerst reformträchtige Nachkriegszeit fiel, in der nach der NS-Zeit ein Neuanfang in den Schulen auf der Tagesordnung stand, wobei sich die Frage stellte, was aus der Schultradition der Weimarer Republik wieder aufgenommen werden sollte und welche ganz neuen Wege beschritten werden sollten. Nur wenn man das in die Bewertung der Reformleistung Hellings einbezieht, gelangt man zu einem sachlichen Urteil, ohne Gefahr zu laufen, diesen Schulreformer von Rang zu einem „Reformguru" zu stilisieren, was unnötigerweise Widerstand hervorrufen würde und bis heute auch hervorgerufen hat. Auch in dieser Hinsicht soll mein Tagungsbeitrag bei aller Anerkennung der Reformleistung zu einem angemessen, nüchternen Bild Fritz Hellings und seines Reformwerks beitragen.

„Stunde Null": Aufbruch zur Bildungs- und Schulreform in Nordrhein-Westfalen

Fritz Hellings Reformwerk am Schwelmer Gymnasium steht zunächst einmal in einem historischen Kontext, nämlich in der Tradition der Reformpädagogik und der Arbeitsschulbewegung, die der Lehrer und Erzieher Helling adaptierte und schon im Unterricht am Schwelmer Realgymnasium bis zu seiner Entlassung durch die Nationalsozialisten umzusetzen versuchte. Hellings Vorstellungen über Bildung und Erziehung in den Schulen waren natürlich besonders geprägt durch seine Tätigkeit im „Bund Entschiedener Schulreformer", auf die in diesem Beitrag nicht näher eingegangen werden kann. Aber Hellings Reformtätigkeit als Schulleiter stand auch in einem unmittelbaren Zeitkontext: zunächst standen die Wiederherstellung notdürftigster Lebens- und Arbeitsbedingungen an der Schule und die alltäglichen Anstrengungen der Menschen zur Existenzsicherung auf der Tagesordnung dieser „Stunde Null". Das öffentliche Leben, soweit man überhaupt davon sprechen kann, stand unter der Oberhoheit der britischen Besatzungsmacht, der Militärregierung in Münster. An diesem Ort bemühte sich auch der Oberpräsident der Provinz Westfalen um die Wiederherstellung der Ordnung nach dem Zusammenbruch. In Arnsberg saß der Regierungspräsident mit seiner Bezirksregierung. Um den Wiederaufbau des Schullebens kümmerte sich zunächst die Schulabteilung beim Oberpräsidenten, seit 1949 das Schulkollegium in Münster, das als ausführendes Organ des Düsseldorfer Kultusministeriums und vorgeordnete Schulaufsichtsbehörde die Schulreformbemühungen in dieser Aufbauphase begleitete und unterstützte. Diese Nachkriegsjahre boten ein reiches Feld für Reformversuche in den Schulen, die, wie schon erwähnt, keineswegs allein am Schwelmer Gymnasium stattfanden, und sie stellten ein Forum für eine außerordentlich rege und qualitativ hochstehende öffentliche Schul- und Bildungsdiskussion dar. Niemals wieder hat es Jahre wie damals gegeben, in denen die im Wiederaufbau befindlichen Schulen angesichts einer sich noch selbst organisierenden und deshalb (noch) nicht allgegenwärtigen Schulaufsicht in der gesamten Unterrichtsorganisation („Lehrverfassung"), zu einem gewissen Teil auch in der Lehrplangestaltung und ganz besonders in der Wahrnehmung der vielfältigen pädagogischen Aufgaben bis hin zu den Regelungen für die Leistungsbeurteilung, Versetzungsentscheidungen und Abiturprüfungen trotz selbstverständlich vorhandener Rahmenregelungen so relativ selbstständig agieren konnten, allerdings – das machen die Konferenz- und Prüfungsakten sehr deutlich – mit großem Verantwortungsbewusstsein und bemerkenswertem pädagogischen Ethos. Im Vergleich dazu ist die heute propagierte „Autonomie der Schule" oder „Selbstständige Schule" weitgehend nur ein Schlagwort.

In der damaligen Wiederaufbauphase kam der Wiedereinrichtung der Schulen und der Wiederaufnahme des Unterrichts verständlicherweise oberste Priorität zu. Darin steckte aber auch eine Gefahr, die Helling sah: Der Zwang zu einem schnellstmöglichen Wiederbeginn des Schul- und Unterrichtsbetriebs barg die Gefahr in sich, dass man gerade im Gymnasium weniger an fortschrittliche pädagogische Ideen und Konzepte anknüpfte, sondern in zu befürchtender aktionistischer Schnelle die traditionellen Strukturen beibehielt, also zunächst beispielsweise auch wieder auf autoritäre Strukturen zurückgriff, wie sie in der Zeit des Nationalsozialismus, besonders aber schon in der Wilhelminischen Ära bestanden hatten. Deshalb war Helling daran gelegen, schnellstmöglich seine Reformideen um- und durchzusetzen und dazu die ministerielle und bildungsbürokratische Unterstützung zu finden. Dazu war die Zeit günstig: es herrschte, wie schon gesagt, nach ersten Anordnungen, Verfügungen und Erlassen ein außerordentlich reger öffentlicher Diskurs über die Gestaltung des neuen Schulwesens in Aufrufen, Denkschriften, Direktorenkonferenzen, Tagungen und zahlreichen Veröffentlichungen, allerdings im Wesentlichen erst im Verlauf der fünfziger und dann verstärkt in den sechziger Jahren.

Ausgangspunkt eines Neuaufbaus des deutschen Schulwesens waren die Bestimmungen unter Punkt 7 des Potsdamer Abkommens über die Entwicklung eines nach demokratischen Grundsätzen gestalteten Erziehungswesens. Diese Grundsatzerklärung nahm die Direktive Nr. 54 des Alliierten Kontrollrats in zehn Punkten am 25. Juni 1947 auf, und zwar mit Zielsetzungen wie Chancengleichheit in der Bildung, Aufbau einer einheitlichen Schule und Erziehung im Geiste der Völkerverständigung und Demokratie. Ein Erlass des Oberpräsidenten in Münster vom 18. September 1945 gab den eigentlichen Startschuss zur Wiedereröffnung der Schulen unter bestimmten Bedingungen, die übrigens am 19. Januar

1946 für die Oberschule für Jungen in Schwelm fällig war. Anlässlich des oben genannten Erlasses übermittelte der Regierungspräsident 1945 den Schulen eine bemerkenswerte Rede „Zum Tag der Schuleröffnung", die zu Schulbeginn in einer Zusammenkunft der Lehrkräfte und Eltern zur Verlesung gebracht werden sollte. Unter der bezeichnenden Anrede „Meine lieben Lehrer und Lehrerinnen! Meine lieben Eltern!" richtete er an diese einen leidenschaftlichen Appell zur Erziehung im neuen Geist der Freiheit in Verantwortung. Die deutsche Jugend solle wieder eingegliedert werden in den Kreis der Weltjugend. Dazu müsse in den Schulen ein „neuer Geist", ein „Geist der Aufrichtigkeit und der Wahrheit, der Lauterkeit der Gesinnung und der Achtung vor der ehrlichen Überzeugung der anderen" einziehen. Bemerkenswert sind seine gezielt an die Elternschaft gerichteten Worte:

„Aber auch in dem Elternhaus muß ein neuer Geist einziehen, muß der Wille vorhanden sein, der deutschen Jugend eine freie und wahrhaftige Erziehung zu geben. Das Schulhaus, erfüllt vom neuen Geist, bietet sie. Den Eltern verbleibt die Pflicht, den Wissensdurst der Kinder zu stillen, sie anzufeuern und ihnen Gelegenheit zu geben, Bücher zu lesen, die das Gemüt vertiefen, den Gesichtskreis erweitern und den Blick schärfen. Nichts darf mehr in Zukunft zu spüren sein von dem einengenden Geist der Nazi-Erziehung. Gott möge auch dem Elternhaus diesen neuen Geist geben."[3]

Mit diesen Ausführungen war nichts anderes gefordert als eine Erziehungspartnerschaft zwischen Elternhaus und Schule, die auch heute mehr denn je Not tut. Nachdem seit März 1946 von der Militärregierung genehmigte Lehrpläne an die Schulen ergangen waren, erfolgte, wie es ausdrücklich hieß, „Im Pestalozzijahr 1946" ein „Aufruf" des Oberpräsidenten „An Euch, Ihr Erzieher und Lehrer der deutschen Jugend Westfalens" am 3. Juni, und zwar mit der Auflage, die in ihm aufgeworfenen Fragen zur „pädagogisch-politischen Aufgabe" und zur „Durchführung einer wahrhaft demokratischen Erziehung" in den Schulen in Lehrerkonferenzen zu erörtern, mit der Aufforderung zu einem Bericht.[4] Am 22. Juli berichtete Helling von einer eingehenden Erörterung des Aufrufs in einer Lehrerkonferenz am 19. Juli, in der „Anregungen für die Vorbereitung

---

[3] Nordrhein-Westfälisches Staatsarchiv Münster (STAM), Reg. Arnsberg 31709.
[4] Archiv des Märkischen Gymnasiums Schwelm (AMGS), Akte C 1.

und Durchführung einer demokratischen Erziehung" erarbeitet wurden. Danach sollten für Schüler, Eltern und Lehrer „Demokratische Lebensformen in der Schule" geschaffen werden; dazu werden als Maßnahmen aufgeführt: „Vertrauensschüler als Sprecher ihrer Klassen", ein „Schülerausschuss, der aus allen Vertrauensschülern besteht", eine „Schulgemeinde der oberen Klassen als Schülerparlament zur Besprechung interessierender Fragen des schulischen und öffentlichen Lebens", „Werkunterricht, Arbeitsgemeinschaften, Schülerorchester, Sport, Schulfeste, Schullandheim ..."; ein „Elternbeirat", Klassenelternzusammenkünfte und Sprechtage für die Eltern; eine „Kollegiale Schulleitung", eine „Zusammenfassung der höheren Schulen eines Bezirks zu einer Arbeits- und Schulungsgemeinschaft" und eine „Lehrergewerkschaft als Berufsorganisation aller Lehrer". In allen Fächern soll eine „volks- und staatsbürgerliche Erziehung" Platz greifen mit dem Ziel, die Schülerschaft mit den „Grundideen einer politischen und sozialen Demokratie" vertraut zu machen, wozu aber auch eine „demokratische Grundbildung der Erzieher" gehöre. Schließlich seien eine „Aufklärung der Schüler über die Ursachen der deutschen Tragödie und Anleitung zum Verstehen der Gegenwart" vonnöten unter der „Voraussetzung einer „historisch-politischen Neuorientierung der Lehrer". Der Bericht schließt mit dem bemerkenswerten Hinweis auf die Reformtradition der Schule: „Ansätze ähnlicher Art zur Demokratisierung der Erziehung gab es auch nach 1918. Aber sie verkümmerten. Sie werden auch verkümmern, wenn es nicht zu einer tiefgreifenden Gesamtschulreform kommt, die den demokratischen Zeitnotwendigkeiten entspricht."[5]

Diese erste in der Schule überlieferte systematische Zusammenstellung von Reformmaßnahmen ist deshalb so ausführlich zitiert worden, weil sie bereits wesentliche Aspekte des im Folgenden noch genauer zu behandelnden Reformwerks am Gymnasium in Schwelm enthält. Zur weiteren Verdeutlichung der allgemeinen schulpolitischen Aufbruchstimmung in einem bemerkenswert ausgeprägten Reformgeist verweise ich auf eine „Denkschrift" des Kultusministeriums von Nordrhein-Westfalen mit dem Titel „Über die Reform der Schulorganisation" vom 9. Dezember 1947, die Ministerialdirigent Dr. Otto Koch verfasst hat und unter anderem den wesentlichen Reformansatz der „Gabelung" in der Oberstufe thematisiert und den Verzicht auf eine umfassende wissen-

---

[5] Ebd.

schaftliche Allgemeinbildung propagiert.[6] Von grundlegender Bedeutung für die allgemeine Schulreform nach 1945 sind die „Richtlinien betr. Erziehung zur Selbständigkeit und Verantwortlichkeit in der höheren Schule", die die Kultusministerin Christine Teusch am 19. Januar 1948 veröffentlichte und im Februar zur Beachtung an die Schulen schickte.[7] In diesem Reformdokument werden zukunftsweisende Akzente für die Bildungs- und Erziehungsarbeit an den Gymnasien des Landes gesetzt: „Weckung und Stärkung des Willens zu persönlicher Lebensgestaltung und des Gefühls der Verantwortung für das private und öffentliche Leben als dringende Aufgabe"; Ziel der Erziehungs- und Bildungsarbeit ist der „in freier Selbstentscheidung erkennende, sich sittlich und religiös bindende Mensch"; es geht um die „Weckung der Selbsttätigkeit und Selbstverantwortung" des menschlichen Individuums, um „Offenheit für die Eigenständigkeit der Schüler und Achtung auch vor dem jugendlichen Menschen"; es geht auch für den Lehrer um die „Möglichkeit zur freien Entfaltung seiner persönlichen Art"; proklamiert wird ein Methodenpluralismus mit besonderem Stellenwert des „Arbeitsunterrichts"; gefordert wird als Voraussetzung für „geistige Selbständigkeit und Selbsttätigkeit" eine Herabsetzung der Wochenstunden und für die Oberstufe eine „Aufteilung des Unterrichts in verpflichtende Kernfächer und selbstgewählte Arbeitsgemeinschaften"; es soll um „Menschenbildung" gehen in einem Ausgleich zwischen intellektueller, musischer, körperlicher und handwerklicher Bildung, die in einem eigens einzurichtenden „Werkunterricht" angestrebt werden soll; gefordert wird eine Stärkung des „Gemeinschaftslebens" in der Schule, „erwachsen aus der eigenständigen Selbsttätigkeit der einzelnen Schulen und der in ihr gestaltenden und gestalteten Persönlichkeiten": unter anderem werden Reformaspekte aufgeführt wie die „Mitwirkung bei der Aufrechterhaltung der Schuldisziplin", die Wahl von Klassen- und Schulsprechern, „selbständige Veranstaltungen der Schüler", und die „Hilfe beim Ausbau der Schulsammlungen und Schulbüchereien unter Heranziehung des Werkunterrichts". Dieses wichtige Dokument endet damit, dass den einzelnen Schulen für ihr reformerisches Gestaltungswerk ein angemessener Freiraum gewährt wird:

„Eine lebendige Schulgemeinschaft wird aus der Eigenart der Schüler, der Lehrer und der Schule selbst, aus örtlichen und zeitli-

---

[6] STAM, Reg. Arnsberg 31709.
[7] AMGS, Akte A 1.

chen Gegebenheiten weitere Möglichkeiten verwirklichen. Da neues Leben in der Schule nicht aus behördlichen Anordnungen erwächst, wollen die Richtlinien nicht im einzelnen verpflichtend sein. Sie sollen jedoch dem Unterricht und der Erziehung die Richtung weisen." Angesichts der heute wieder spürbar wachsenden Anordnungs- und Regelungsdichte ein bemerkenswerter Grundsatz!

Ihre ministeriellen Anregungen hat Christine Teusch am 2. März 1950 unter dem Titel „Reform im höheren Schulwesen? Was soll wirklich geschehen?"[8] präzisiert, indem sie dazu auffordert, die „Schulreform von 1945, die aus dem Chaos des Zusammenbruchs wieder eine neue, straff gefügte Schule erstehen ließ", durch zukunftsweisende reformerische Bemühungen rückgängig zu machen; zum Beispiel die „übergroße Beanspruchung unserer Jugend, die durch die Vielzahl der Unterrichtsfächer und Unterrichtsstunden (...) gegeben ist", und die „Bildungshöhe" gefährde. Dazu fordert sie erneut eine Verminderung der Wochenstundenzahl, „um den Schülern bei der vielfältigen schulischen und außerschulischen Beanspruchung noch Zeit zu wirklicher Aneignung und geistiger Verarbeitung des erlernten Stoffes zu bieten"; ferner fordert sie eine „Auflockerung der Oberstufe (Unter- und Oberprima) in Kern- und Wahlfächer", damit „eine Vertiefung des Unterrichts in jenen Fächern ermöglicht wird, in denen die besondere Leistungsfähigkeit eines jeden einzelnen Schülers liegt". Schließlich bekräftigt sie ihren Erlass vom 1. März 1949, nach dem neusprachliche und mathematisch-naturwissenschaftliche Gymnasien in der Sexta mit einer modernen Fremdsprache beginnen können, was übrigens mit der Einführung des Englischen am mathematisch-naturwissenschaftlichen Gymnasium in Schwelm einvernehmlich geschah. Die erheblichen Kontroversen um diese Gestaltungsfragen fanden mit dem sogenannten „Fredeburger Abkommen" im Jahre 1950 ihren vorläufigen Abschluss, so dass Ende des Schuljahres 1949/50 neue Stundentafeln vorgelegt werden und schließlich im Schulgesetz des Jahres 1952 ein erster Schlussstrich unter die Reformphase 1945-1952 gezogen werden konnte. Damit war das neunjährige Gymnasium in den traditionellen Typen des altsprachlichen, neusprachlichen und des mathematisch-naturwissenschaftlichen Gymnasiums festgeschrieben, was der Reformer Fritz Helling keineswegs befürwortete, der wiederum die

---

[8] Ebd.

Auflockerung der Oberstufe durch wahlfreie Arbeitsgemeinschaften bzw. Kurse als zentrale Neuerung sicherlich begrüßt haben wird, auch wenn er mittlerweile nicht mehr Schulleiter an der „Reformschule" in Schwelm war, an der seit 1947/48 unter Hellings Leitung das sogenannte „Schwelmer Modell" vorbereitet und entwickelt und seit 1949 durchgeführt worden war, also der Plan einer „freieren Gestaltung der Oberstufe", womit deutlich wird, dass das Gymnasium in Schwelm durchaus seine Reformerfahrungen in die Kultusbürokratie hat einbringen können.

Habe ich bisher zur Verdeutlichung des Reformkontextes, in dem die reformerischen Bemühungen Fritz Hellings als Schulleiter an der „Reformoberschule" in Schwelm stehen und gesehen werden müssen, im Wesentlichen auf einschlägige Verordnungen, Erlasse und Verfügungen zurückgegriffen, so fehlt noch ein kurzer Blick in die vielfältigen literarischen Veröffentlichungen, die die breite öffentliche Diskussion um eine grundlegende Reform der Bildungs- und Erziehungsarbeit in den Schulen, speziell im Gymnasium, begleitet haben, und zwar schon Ende der vierziger und Anfang der fünfziger Jahre, also zur Zeit des Wirkens Hellings als „Reformschulleiter", und in den fünfziger Jahren – überhaupt bis in die sechziger Jahre hinein, in deren Zusammenhang sich die Frage nach der Wirkung des Hellingschen Reformwerks in der nordrheinwestfälischen Schullandschaft bis in die siebziger Jahre hinein stellt, zu der die eine oder andere Antwort am Ende dieses Beitrags gegeben wird.

Das Literaturverzeichnis ist ein Beleg für die in diesen Jahren reichhaltige Literatur zu Reformfragen im Bildungs- und Erziehungswesen, doch sollen an dieser Stelle einige besonders bemerkenswerte Veröffentlichungen hervorgehoben werden, um auch auf diesem Feld „Vernetzungen" zwischen der allgemeinen Reformdiskussion und dem Reformwerk Fritz Hellings aufzuzeigen.

Zu erwähnen ist ein Vortrag des Oberschulrats Dr. Adolf Bohlen vom 1. Dezember 1950 anlässlich einer im Zusammenhang mit der 125-Jahr-Feier des Schulkollegiums Münster einberufenen Direktorenkonferenz mit dem Titel „Bildungseinheit und Differenzierung".[9] Differenzierung der Mittelstufe, der Unterricht in den Fremdsprachen und im mathematisch-naturwissenschaftlichen Aufgabenfeld, Lehrplangestaltung unter dem Aspekt der Stoffbeschränkung im Rückgriff auf Veröffentlichungen Martin Wagenscheins zum Prinzip des exemplarischen Unterrichts und

---

[9] Veröffentlicht in: Westfälische Schulreden 1950 (s. Literaturverzeichnis), S. 14-30.

nicht zuletzt das „System der Wahlfreiheit" in den Primen und in diesem Zusammenhang die didaktische und methodische Bedeutung der „Arbeitsgemeinschaften" (also des „Kursunterrichts" im Vergleich zum „Klassenunterricht") sind die Themen des Referats. Es schließt mit dem für die Reformbemühungen bezeichnenden Motto „Mehr Freiheit – mehr Weite – mehr Sinn für die Gemeinschaft".

Damit deutlich wird, dass die Schwelmer Oberschule keineswegs als „Reformenklave" in Sachen „Freiere Gestaltung der Oberstufe" gelten darf, sei besonders verwiesen auf den „Bericht über einen Versuch zur Neugestaltung des Unterrichts der Höheren Schule", den Wilhelm Flörke nach vier Versuchsjahren in vier hessischen „Reformschulen" 1956 veröffentlichte.[10] Seit Ostern 1949 war an der Raabeschule im niedersächsischen Braunschweig probeweise ein „Kern- und Kurs-System" eingerichtet.[11] In diesem Zusammenhang muss beispielhaft der rege Informationsaustausch zwischen dem Schulleiter der hessischen Odenwaldschule, dem Landerziehungsheim für Jungen und Mädchen in Heppenheim, Kreis Bergstraße, und Fritz Helling 1951 erwähnt werden, der dazu führte, dass diesem am 27. Dezember 1951 ein ausführlicher Bericht über die Vielfalt von Bemühungen in den Ländern der Bundesrepublik um eine Oberstufenreform zuging, in dem unter vielen Reformschulen auch das mathematisch-naturwissenschaftliche Gymnasium in Schwelm einen würdigen Platz gefunden hatte. Dieser Bericht mit dem Titel „Diskussionsgrundlagen zur Oberstufenreform der Höheren Schulen" stand unter einem bemerkenswerten Motto, das ohne Zweifel ganz im Sinne des Reformers Fritz Helling war und demzufolge sich der nachhaltige Erfolg von Reformarbeit nicht an der Theorie, sondern nur an der praktischen Erprobung erweist: „Die Erfahrung schafft die Grundsätze – die Grundsätze gehen niemals der Erfahrung voraus" (Antoine de Saint-Exupéry, Nachtflug).[12]

Diesen regen Austausch unter den Versuchsschulen in gegenseitiger Befruchtung belegen auch Veröffentlichungen wie die von Helmuth Fleckenstein, der 1958 einen „Bericht über neue Unterrichts- und Organisationsformen an Höheren Schulen in der Bundesrepublik" vorgelegt hat, in dem er unter anderem die vielfältigen Reformbemühungen der Versuchs-

---

[10] Wilhelm Flörke, Die Auflockerung der Oberstufe (s. Literaturverzeichnis).
[11] GEW-Informationen der Fachgruppe Höhere Schulen, 3. Jg., Nr. 5 (1961), S. 2-4.
[12] AMGS, Akte A 14.

schulen um eine „Auflockerung" der Oberstufe durch ein „Kern- und Kurssystem" darstellt.[13] Übrigens findet sich in dieser Zusammenstellung, wie schon oben erwähnt, auch die Darstellung Wilhelm Lehmgrübners über „Die Umgestaltung des Oberstufenunterrichts am Märkischen Gymnasium in Schwelm", die allerdings als Weiterentwicklung bzw. Umbau des Hellingschen Oberstufenkonzepts gewertet werden muss; das eingehend zu untersuchen steht aber auf einem anderen Blatt und soll vielleicht einem Folgebeitrag vorbehalten bleiben. Dass schließlich die Reformbemühungen am „Reformgymnasium" Schwelm im Kontext der allgemeinen öffentlichen Bildungsdiskussion dieser Jahre größte Aufmerksamkeit fanden, belegen auch regelmäßige Veröffentlichungen in der lokalen und regionalen Presse.[14]

Zusammenfassend soll noch einmal festgestellt werden, um welche zentralen Problemstellungen es in dieser breiten Schul- und Bildungsdiskussion in der Öffentlichkeit ging, und zwar unter bewusstem Rückgriff auf die preußische Reformbewegung im 19. Jahrhundert, auf die Tradition des humanistischen Gymnasiums und nicht zuletzt auf die reformpädagogische Überlieferung:

• Dreigliedrigkeit des Schulsystems oder „Einheitsschule" („Simultanschule")?
• Gleichheit der Bildungschancen?
• Koedukation oder geschlechtliche Differenzierung im Schulwesen?
• „Auslese" über eine zweijährige „Förderstufe"?
• Anfangssprache und Sprachenfolge?
• Selbstverwaltung der Schule?
• Öffnung von Schule und Schulleben hin zu Erfahrungs- und Lernorten „außerhalb"?
• Allgemeinbildung und/oder Individualbildung?
• Höhere Schule: Erziehungs- und/oder Wissensschule?
• Höhere Schule und Hochschule: Verwissenschaftlichung der Schulbildung? Fachwissenschaftliche Spezialbildung? Spezialwissen oder Fundamentalwissen? „Verkopfte Wissenschaftsschule"? Erziehung und Bildung „über Kopf und Hand" auch in der höheren Schule?

---

[13] Helmuth Fleckenstein, Höhere Schulen auf neuen Wegen (s. Literaturverzeichnis).
[14] StA Schwelm, Schwelmer Zeitung, 1949 ff.; Westfälische Rundschau, 1951; Ruhr-Zeitung, Nr. 4-54.

- Höhere Schule und Berufs- und Arbeitswelt: Bildung und/oder Ausbildung? Allgemeine Bildungsziele und/oder Erwerb von Kompetenzen zur Bewältigung des Lebens?
- Schule und Gesellschaft: Staatsbürgerliche Erziehung zu kritischer Selbstständigkeit im Urteil und zur Übernahme von Verantwortung; in allen Fächern oder in einem besonderen Fach?
- Lehrplanrevision: gegen Stofffülle (Vielwisserei, „Stoffhuberei", „Wissensmast"); gegen Aufsplitterung der Bildung durch Wissensaddition – für Schwerpunktbildung nach dem Grundsatz des exemplarischen Lernens; gegen Addition von aufgehäuften Scheinkenntnissen – für einen Einstieg in die „Tiefe eines Fachs" und in fachliche und überfachliche Zusammenhänge; „Tiefgang" oder „Breitspurigkeit"? „Funktionspläne" (mit Angaben von „geistigen Funktionen" und Arbeitsmethoden) statt „Stoffplänen"? Ausrichtung des Lehr- und Lernstoffs an den Bedürfnissen der Kinder und Jugendlichen?
- Zusammenschau von Natur-, Geistes- und Gesellschaftswissenschaften zur Ermöglichung von „Weltverständnis"?
- Schüler als „Objekt" oder „Subjekt" von Erziehung und Unterricht? Pädagogik „vom Kinde aus" oder im Blick auf die Anforderungen der „Erwachsenenwelt" und nach Maßgabe „objektiver" Gegebenheiten, Strukturen, Gesetze etc.?
- Individualisierung und (innere) Differenzierung des Unterrichts und der Schullaufbahn nach Sonderbegabungen bzw. Begabungsrichtungen? „Selbstverantwortliche Lernfreiheit"? „Elastizität" im schulischen Angebot?
- (beschränkte) Wahlfreiheit in der Oberstufe? Individuelle Schwerpunktsetzung durch Wahl von Leistungsfächern („Kernfächern") unter Verzicht auf andere Fächer? Unterscheidung von „Kern"- und „Kurs"unterricht? Unterscheidung von „Leistungsfächern" („Additum") und „Grundfächern" („Fundamentum")?
- Alternierende Fächer im Rahmen von Aufgabenfeldern?
- „Gabelung" der Höheren Schule in Gymnasialtypen oder -zweige unter Verzicht auf den Grundsatz der „Universalität"?
- „Arbeitsschule" freier Selbstbetätigung in Arbeits- und „Leistungs"-gemeinschaften?
- Eigenverantwortliches, selbstständiges und selbsttätiges Arbeiten als Kern der Unterrichtsmethode? Selbstständiges, selbsttätiges und problemlösendes Arbeiten und Lernen in sozialen Unterrichtsformen als Kernstück der Unterrichtsarbeit?
- Fächerbeschränkung (Stundentafel und Prüfungsfächer im Abitur)?
- Auflösung des unterrichtlichen 45-Minuten-Takts?

- Schule als „Erlebnisschule" oder „Lebensschule", als „Arbeits- und Lebensschule", d.h. Abbau der Einseitigkeit von Verstandes- und Gedächtnisbildung zu Gunsten einer Gefühls- und Willensbildung, der Erziehung zum Sozialverhalten, der Ausbildung zu körperlicher Arbeit und der Weckung schöpferischer Kräfte des Menschen? Schule als Arbeits- und Lebensgemeinschaft?

- Schule als „Lehranstalt" oder als „Lebensmittelpunkt"? Schule als Ort des Zusammenwirkens einer „Schulgemeinde"? Schule als „Schülerschule"? Schaffung einer Identifikation der Schulgemeinde mit der Schule? Eltern- und Schülermitwirkung bei der äußeren und inneren Schulgestaltung? Erziehungspartnerschaft zwischen Elternhaus und Schule?

- Veränderung der Lehrer-Schüler-Beziehung: von der Lehrerautorität zur Partnerschaft mit dem Schüler? Lehrer als Partner, Helfer, Vertrauter und Kamerad des Schülers? Schaffung einer Lehrer-Schüler-Gemeinschaft im Dialog und im gemeinsamen Erleben innerhalb und außerhalb der Schule? Schaffung eines angstfreien Schulklimas?

Diese relativ unsystematische, eher skizzenhafte und keineswegs Vollständigkeit beanspruchende Zusammenstellung verdeutlicht, wie breit gefächert die Bildungsdiskussion in den Aufbaujahren nach 1945 gewesen ist. Natürlich verlief dieser öffentliche Diskurs bis in die sechziger und zum Teil noch siebziger Jahre hinein, was die Bedeutung und Nachhaltigkeit der Grundfragen und Problemstellungen nur bestätigt. Aus aktueller Sicht verblüffend ist die Tatsache, dass einige Fragestellungen gerade heute wieder sehr ‚in' sind und neue Antworten verlangen. Beispielhaft nenne ich die Gestaltungsaufgabe der Schule als „Haus des Lernens" seit der Denkschrift der Bildungskommission Nordrhein-Westfalen aus dem Jahre 1995 unter dem Titel „Zukunft der Bildung – Schule der Zukunft"[15] oder die immer noch aktuellen Bemühungen um eine „Corporate Identity" in und mit der Schule in der Schulprogrammarbeit seit den neunziger Jahren oder die seit der Schulkatastrophe von Erfurt drängender denn je auf der Tagesordnung stehende Erziehungspartnerschaft zwischen Elternhaus und Schule oder die immer noch dringend notwendige Verbesserung des Lehrer-Schüler-Verhältnisses oder auch die Diskussion um die „selbstständige Schule".

---

[15] Zukunft der Bildung – Schule der Zukunft, Neuwied 1995.

Festzuhalten jedenfalls ist, dass Fritz Helling in seinem Wirken als Schulleiter am Schwelmer Gymnasium als Reformer keineswegs allein auf weiter Flur stand, sondern ein – allerdings bedeutsamer – Diskussionspartner und insbesondere Schulpraktiker in einem großen Kreis von Fachleuten vieler Richtungen und aus unterschiedlichen Berufsfeldern und ‚Lagern' war. Noch einmal: Das Reformwerk Hellings an ‚seiner' Versuchsschule darf nicht losgelöst vom allgemeinen Reformprozess nach 1945 in Nordrhein-Westfalen und in der jungen Bundesrepublik betrachtet und gewürdigt werden. Seine Bausteine sind: ein frühzeitiger Beginn und zügiger Ausbau der Schüler- und Elternmitwirkung; die Schaffung einer partnerschaftlichen Unterrichts- und Erziehungskultur; die Öffnung der Schule für internationale Begegnungen und Partnerschaften; die Öffnung der Schule für Exkursionen zu „Lernorten außerhalb"; die Intensivierung des Schullebens durch Anregung und Förderung von Ausstellungen, Konzerten und Theateraufführungen und – als die drei Kernpunkte der Reform – die Einführung eines „Werkunterrichts" in der Mittelstufe, die Einführung des Fachs ‚Gesellschaftslehre' in der Oberstufe (auch als schriftliches und mündliches Prüfungsfach im Abitur) als Pendant zu den ebenfalls neu eingeführten Fächern Gegenwarts- und Altertumskunde und die Einführung einer „beschränkten Wahlfreiheit in der Oberstufe" in Verbindung mit der Einrichtung von Arbeitsgemeinschaften als Wahlangebot und einer Kursdifferenzierung innerhalb einzelner Fächer mit der Unterscheidung zwischen einem besonderen Leistungsunterricht mit erhöhtem und einem Kernunterricht mit einem geringeren Wochenstundenvolumen. Dabei ist bei allem persönlichen Ideenreichtum und besonderen pädagogischen Engagement und Impetus Fritz Hellings die ‚Vernetzung' seiner Reformmaßnahmen mit der allgemeinen Schulreform im Lande unabweisbar. Und noch etwas: Natürlich konnte Fritz Helling in seinem Wirken als Schulreformer auch auf Reformtraditionen zurückgreifen.

Fritz Helling und sein Wirken als Beauftragter für den Aufbau des Schulwesens im Ennepe-Ruhr-Kreis und als Schulleiter und Reformer am Gymnasium in Schwelm (1945-1951)

Pfingsten 1945 besuchte der Landrat des Ennepe-Ruhr-Kreises, Wilhelm Vahle, Fritz Helling im hessischen Gladenbach und unterbreitete ihm im

Auftrag der Militärregierung das Angebot, als Dezernent für das Erziehungswesen bei der Kreisverwaltung Schwelm den Wiederaufbau des Schulwesens im Kreis in die Hand zu nehmen, was zunächst die vorrangige Aufgabe mit sich brachte, im Rahmen der Entnazifizierung die politische Überprüfung der Lehrerschaft zu leiten. Außerdem war angeordnet, dass zunächst alle Volksschulen wiedereröffnet sein mussten, ehe die weiterführenden Schulen an die Reihe kamen. Bereits am 20. April hatte Vahle, zu dieser Zeit Bürgermeister von Schwelm, gegenüber dem damaligen Verwaltungsoberstudienrat Walter Bellingrodt, der in den Monaten und Wochen des Zusammenbruchs für den gefallenen Schulleiter Langemann die kommissarische Leitung der Schule inne hatte, geäußert, dass in die Schulen „ein neuer, demokratischer Geist einziehen müsse" und dass diese Ankündigung in der Lehrerschaft bekannt gegeben werden solle.[16] In einem Bericht des Kreisschulamtes vom 18. März 1954 findet man eine ausführliche Schilderung des damals völlig danieder liegenden Schulwesens in Schwelm, zu dessen Wiederaufbau so gut wie alle Voraussetzungen fehlten: baulich intakte und keine fremdbenutzten Gebäude, Heizmaterial, Lehr- und Lernmittel, nicht zuletzt Lehrkräfte und vieles andere mehr.[17] Zu Hellings Aufgaben gehörte auch, vorbereitende Maßnahmen für eine Wiedereröffnung der Schwelmer Oberschulen für Jungen und Mädchen, wie sie seit Mai 1945 hießen, zu treffen. Die Alliierte Militärregierung hatte die Wiedereröffnung aller Schulen für den 1. Oktober 1945 in Aussicht gestellt. Hinsichtlich der dazu erforderlichen Vorbereitungen in den Städten und Schulen erhob der Regierungspräsident in einem Schreiben an die Landräte und Bürgermeister am 16. August 1945 heftige Vorwürfe wegen versäumter, wenigstens notdürftiger Wiederherstellung von Schulgebäuden, Klassenzimmern, sanitären Einrichtungen und Sammlungen, auch wenn er den besonderen Einsatz an manchen Orten würdigte. Der Brief endet mit folgenden Worten:

„Jeder wird mir zugestehen, daß solche Vernachlässigungen im höchsten Grade verwerflich sind und *sofort* behoben werden müssen. Das vom schwersten Unglück und Leid betroffene deutsche Schulkind hat ein Anrecht auf den Einsatz aller Kräfte, um ihm in unseren Schulen wieder Licht und Kraft zu schenken. Darum er-

---

[16] AMGS, Aus dem Tagebuch des Oberstudienrates Walter Bellingrodt, 1. Januar 1945 bis 31. März 1948 (masch. Abschrift).

[17] AMGS, Akte C 1.

suche ich, alle Schuldezernenten, Bürgermeister, Bauleute, Für-
sorgekräfte, Schulleiter, Lehrer usw. energisch auf ihre Pflichten
hinzuweisen. Ich werde die Herren Schulräte anweisen, Kontrol-
len in den Schulen durchzuführen und mir darüber Berichte vorzulegen. Es gibt keine Entschuldigungen oder Ausreden für Vernachlässigungen der geschilderten Art. Wer jetzt nicht arbeitet, ist
nicht wert, ein verantwortliches Amt zu bekleiden und wird entsprechend behandelt werden müssen."[18]
Zu diesem Zeitpunkt hatte Helling seine Mitarbeit längst zugesagt und er
war, wie er in seiner Autobiografie mitteilt, sofort mit nach Schwelm
gereist.[19]

Aus den Reihen unbelasteter Lehrkräfte bildete Helling Ende Mai
1945 einen „Schulausschuss zur Durchführung von Entnazifizierungs-
maßnahmen für den Ennepe-Ruhr-Kreis", in den er auch seinen Kollegen
Henne berief, der für die höheren Schulen zuständig war. In den kommenden Monaten war dieser Ausschuss unter Helling sehr aktiv, indem
eine angeordnete Fragebogenaktion durchgeführt und Personalvorschläge
zur Wiedereinsetzung der Lehrkräfte unterbreitet wurden. Übrigens
zeichnete sich Helling in der Wahrnehmung dieser äußerst schwierigen
und undankbaren Aufgabe durch höchste Sensibilität und Kollegialität
aus, frei von jedem persönlichen Rachegelüst, mit größter Rücksichtnah-
me und ausgeprägter Menschlichkeit. Am 4. September 1945 bat er im
Auftrag des Landrats zur Vorbereitung der Wiedereröffnung der Oberschulen im Ennepe-Ruhr-Kreis um entsprechende Angaben über den
Zustand des Schulgebäudes, der sanitären Anlagen und Klassenräume
wie deren Zahl, die Schülerzahlen und die Zahl der Lehrkräfte;[20] denn die
Militärregierung hatte die Wiedereröffnung aller Schulen für den 1. Oktober 1945 in Aussicht gestellt,[21] worüber Helling auch mit seinem Kollegen Bellingrodt sprach, der unter dem 1. September 1945 in seinem
Tagebuch über Helling vermerkt: „Wahrscheinlich wird er Direktor."[22]

---

[18] AMGS, Akte A 2.
[19] Fritz Helling, Mein Leben als politischer Pädagoge, hrsg. v. Burkhard Dietz u. Jürgen Helling, Frankfurt a.M. 2004, Kap. 9, Manuskript S. 84-85.
[20] AMGS, Akte A 3.
[21] AMGS, Akte C 1.
[22] AMGS, Aus dem Tagebuch des Oberstudienrates Walter Bellingrodt, 1. Januar 1945 bis 31. März 1948 (masch. Abschrift).

Tatsächlich hatte Helling am 15. August 1945 an den Schwelmer Bürgermeister das Gesuch um Ernennung zum Leiter beider Oberschulen gerichtet.[23] Dieses wurde umgehend mit Schreiben des Bürgermeisters an den Oberpräsidenten in Münster vom 16. August nachdrücklich unterstützt. Helling sei ein „Fachmann, der nach seiner ganzen Persönlichkeit dazu berufen ist, die Reorganisation des Erziehungswesens an unseren höheren Lehranstalten in die Hand zu nehmen". Er biete „in jeder Beziehung die Gewähr dafür, dass er sich restlos für den demokratisch-republikanischen Staat einsetzen wird". Insbesondere könne von ihm erwartet werden, dass „er auch auf Lehrer und Schüler stets in diesem Sinne einwirken wird, damit die von ihm geleitete Schulgemeinschaft von einem Geist erfüllt wird, der den Gesetzen und Zwecken des neuen Staates entspricht". Im übrigen habe Helling bei der Überprüfung des gesamten Schulwesens im Ennepe-Ruhr-Kreis „vorbildliche Arbeit geleistet, die uneingeschränkte Anerkennung der Aufsichtsbehörde gefunden" habe und „auch das volle Vertrauen der Militärregierung erworben, die ihn zweifellos auch als Schulleiter in Schwelm bestätigen" werde.[24] Nach einer nochmaligen Anfrage des Bürgermeisters beim Oberpräsidenten am 29. August, mit der er auf die notwendige Klärung der Schulleiterfrage vor der bevorstehenden Wiedereröffnung der Oberschulen hinweist,[25] verfügte am 5. September 1945 der Oberpräsident Fritz Hellings Beauftragung mit der „vorläufigen Leitung der Oberschulen für Jungen und Mädchen in Schwelm", und zwar mit Wirkung vom 1. Oktober.[26] Einen Tag später teilte der Bürgermeister dieses Helling schriftlich mit, verbunden mit der Bitte, „nunmehr mit den vorbereitenden Arbeiten für die Wiedereröffnung des Schulunterrichts an den hiesigen Lehranstalten baldmöglichst zu beginnen".[27] Dazu hatte der Landrat der Schulabteilung beim Oberpräsidenten am 30. August in einem Schreiben mitgeteilt, dass Helling der geeignete Mann für diese Aufgabe sei:

Es habe sich gezeigt, dass er „als Erzieher neue schöpferische Gedanken entwickelt und neue Wege aufweist. Er ist die Persönlichkeit, der der erste Platz in unserem Schul- und Erziehungswesen

---

[23] StA Schwelm, PA Fritz Helling.
[24] Ebd.
[25] Ebd.
[26] Ebd.
[27] Ebd.

im Ennepe-Ruhr-Kreis eingeräumt werden muss. Herr Dr. Helling genießt auch auf Grund seiner Mitarbeit und seiner der Militärregierung entwickelten Ideen über ein neues Schul- und Erziehungswesen im besonderen Maße das Vertrauen der hiesigen Militärregierung."[28]

Schließlich stellte Helling nach Schaffung der notwendigsten Grundvoraussetzungen am 26. November 1945 im Einverständnis mit dem Bürgermeister beim Oberpräsidenten den Antrag auf Wiedereröffnung der „städtischen Oberschulen für Jungen und Mädchen in Schwelm", zunächst mit acht Klassen in der Jungen- und sechs Klassen in der Mädchenschule.[29] Obwohl es schließlich noch bis zum 22. August 1946 dauerte, bis der Studienrat Fritz Helling endgültig zum Leiter der beiden Oberschulen im Amt eines Oberstudiendirektors ernannt wurde – übrigens verzögert durch besoldungsrechtliche Fragen, Unstimmigkeiten bezüglich der Zuständigkeit für die Ausstellung der Urkunde und durch rechtliche Fragen im Zusammenhang mit dem Urkundentext (Aushändigung der endgültigen Urkunde erst am 4. Dezember1948!) – ging der neue Schulleiter mit Elan an die Aufgabe der notdürftigen baulichen Herstellung des schwer zerstörten Schulgebäudes und der Schaffung aller Voraussetzungen für einen möglichst schnellen Wiederbeginn des Unterrichts. Helling schreibt dazu in seiner Autobiografie:

„Das große Schulgebäude (...) war gegen Ende des Krieges durch Bomben so stark zerstört worden, dass für lange Zeit nur ein sehr behelfsmäßiger Schichtunterricht möglich war. Die anstrengendste Arbeit war für mich der Kampf um die Ausbesserung der Schäden. Gegen alle Gewohnheit musste ich mich um die Beschaffung von Dachpappe, Blechplatten und Fensterscheiben bekümmern, Verhandlungen mit dem Bauamt führen und über Umbaupläne entscheiden."[30]

Das Tagebuch des Kollegen Bellingrodt, die Jahresberichte der Schule, die Verwaltungsberichte der Stadt und die sonstigen Akten geben ein anschauliches Bild von dieser ‚Grundlagenarbeit', noch weit entfernt von jeglicher Schulreform.

---

[28] Zit. nach Jürgen Eierdanz, S. 121 (s. Literaturverzeichnis).
[29] AMGS, Akte A 3.
[30] Fritz Helling, Mein Leben als politischer Pädagoge, Kap. 9, Manuskript S. 85.

Diese schrecklichen Umstände und unglaublichen Schwierigkeiten werden hier hervorgehoben, weil damit deutlich werden soll, dass die Reformleistung Hellings und des Kollegiums in diesen Jahren auch Teil eines äußerst belastenden und bis an die Leistungsgrenzen gehenden ganz praktischen Wiederaufbaualltags an der Schule war. Erst das Schuljahr 1947/48 gilt als das erste einigermaßen geordnete nach dem Krieg. Am 13. November 1948 bittet Helling das Bauamt der Stadt inständig darum, ihn von den Instandsetzungsaufgaben zu entbinden, damit er „für die pädagogische Gestaltung der Schule frei" werde,[31] und wir wissen, dass tatsächlich in dieser Zeit der eigentliche Reformprozess am Schwelmer Gymnasium begann. Bis dahin standen Aktionen wie Schutträumen, Aufräumen in den Sammlungen und Bibliotheken, die im übrigen von nationalsozialistischer Literatur zu befreien waren, auf der Tagesordnung; notdürftige und phantasievolle Instandsetzungsarbeiten bestimmten den Schulalltag auch noch nach Wiedereröffnung der Schulen.[32] Helling hatte sich um die äußerst mühsame und schwierige Lehrerversorgung zu kümmern, um die Beschaffung von Lehr- und Lernmitteln, um die Papier- und Schreibzeugbeschaffung; die Organisation der Schulspeisung stand auf dem Programm; das Heizungsproblem musste gelöst werden, was nur zum Teil gelingen konnte (deshalb erfolgten Schichtunterricht, Kurzstunden, Unterrichtsausfall, Verlagerung des Schulunterrichts in den Bereich selbstständiger Hausaufgaben). Noch ein letzter Hinweis zu den Rahmenbedingungen von innerer Schulgestaltung und Schulreform: Kräutersammlungen, Kartoffelkäfersammlungen, Baumzählungen, Viehzählungen, Schutträumaktionen in der Gemeinde gehörten zum selbstverständlichen ‚Schulprogramm' für Lehrkräfte und Schüler. Kurios, aber real ist in diesem Zusammenhang ein Erlass des Kultusministers von Nordrhein-Westfalen vom 11. März 1948 bezüglich der Teilnahme von Lehrern an Schutträumaktionen, in dem ausgeführt wird:

„Da es sich hierbei um eine staatsbürgerliche Ehrenpflicht handelt, bestehen nicht nur keine Bedenken, dass sich die Lehrer an schulfreien Tagen und während der Ferien daran beteiligen, sondern es wird von ihnen auch erwartet, dass sie im Rahmen ihrer Kräfte mit

---

[31] AMGS, Akte A 3.
[32] Ebd., am 25. Januar 1946 meldet Helling die Wiederaufnahme des Unterrichts für den 22. Januar 1946.

gutem Beispiel vorangehen."[33]

Nun also war Fritz Helling Leiter der Schwelmer Oberschulen: ein geborener Lehrer und Erzieher machte sich sofort ans Reformwerk. Sein Ruf als Reformer war hervorragend und er war begehrt; auch war er sich anfangs keineswegs sicher gewesen, die Schulleiterlaufbahn einzuschlagen; er machte sich darüber auch so seine Gedanken und plante und handelte offenbar auch in andere Richtungen. Am 11. Juni 1945 bereits bewirbt er sich bei der Militärregierung in Münster im Falle der Wiedereröffnung der Universitäten um einen Lehrauftrag für eine Vorlesung über mittelalterliche deutsche Geschichte mit den durchaus selbstbewussten Worten:

„Ich glaube zu den wenigen Historikern in Deutschland zu gehören, die das wissenschaftliche, pädagogische und politische Rüstzeug besitzen, um den nationalistisch-militaristischen Geist der deutschen Studentenschaft durch eine neue Erziehung der akademischen Jugend zu überwinden. Ich würde mich freuen, auf diese Bewerbung eine ermutigende Antwort zu erhalten."[34]

Sein Schulkollege Bellingrodt notiert in seinem Tagebuch unter dem 14. November 1945, dass Helling erst in acht Tagen von einer Reise zurückkehrt, und am 23. November schreibt er: „Dr. Helling ist wieder da. Ihm ist eine Professur in Marburg für politische Pädagogik angeboten worden, er hat sie abgelehnt. Eine gleiche in Münster nimmt er vielleicht an, weil er dann hier wohnen kann."[35] Letzteren Plan kennen wir schon. Über solche beruflichen Alternativen gibt auch sein Briefwechsel mit dem Romanisten Werner Krauss Auskunft, in dem er wegen der Spaltung im deutschen Sozialismus Zweifel an der endgültigen Zurückdrängung der „Reaktion" äußert, wobei er erneut „die blind nationalistische Haltung der Studenten" anprangert.[36] Im unmittelbaren Zusammenhang mit dieser Sorge spricht er in demselben Brief seine neue Schulleiteraufgabe und Schulleiterrolle an: „In meinem Schulbereich muss ich sehr vorsichtig lavieren (sic!) und mehr schweigen als reden." Er macht im Folgenden deutlich, dass er sich mit Aufgabenalternativen beschäftigt und diese

---

[33] AMGS, Akte C 1.

[34] StA Schwelm, PA Fritz Helling

[35] AMGS, Aus dem Tagebuch des Oberstudienrates Walter Bellingrodt, 1. Januar 1945 bis 31. März 1948 (masch. Abschrift).

[36] Fritz Helling an Werner Krauss, 18. Februar 1946 (Archiv der Berlin-Brandenburgischen Akademie der Wissenschaften, Potsdam, NL Werner Krauss, KORR.).

auch konkret betreibt: „Ich habe aber die begründete Hoffnung, noch in diesem Frühjahr einen Lehrauftrag an der (geplanten) Akademie der Arbeit in Dortmund zu erhalten. Da wird die Freiheit erst größer sein." Noch in einem Brief am 5. Juni 1946 schreibt er: „Die Akademie der Arbeit in Dortmund ist immer noch nicht gesichert. Ich habe aber noch die Hoffnung, dass sie zustande kommt und dass man mich für tragbar hält."[37] Dann der Satz: „Andere Möglichkeiten wie z.B. Oberschulrat im schwarzen Münster habe ich abgelehnt." Dazu Bellingrodt in einer Tagebucheintragung schon am 22. Februar 1946: „Helling soll Oberschulrat werden. Er will aber nicht."[38] Am 17. September 1946 findet sich die Tagebucheintragung: „Helling soll Ministerialrat bei der Regierung in Düsseldorf werden. Er hat angenommen und soll die ,Demokratisierung der Schulen' durchführen. Die Direktorgeschäfte führt vorläufig Wilh. Kaspers."[39]

Zu diesem Zeitpunkt mochte Helling noch ernsthafte Absichten gehabt haben, das Angebot anzunehmen. Aus dem bereits erwähnten Brief an Werner Krauss vom 13. Mai 1947[40] wissen wir aber, dass er schließlich abgelehnt hat:

„An einer Mitarbeit im Kultusministerium ist mir seit dem Einzug eines reaktionären CDU-Ministers[41] im Dezember die Lust vergangen. Nur wenn jetzt die vereinigte Linke eine Regierung ohne die CDU bilden würde, was sehr fraglich ist, hätte eine Mitarbeit vielleicht noch Sinn. Ich bin jedenfalls lieber in Schwelm geblieben."

---

[37] Ebd., Brief vom 5. Juni 1946.
[38] AMGS, Aus dem Tagebuch des Oberstudienrates Walter Bellingrodt, 1. Januar 1945 bis 31. März 1948 (masch. Abschrift).
[39] Ebd.
[40] Vgl. Anm. 36.
[41] Gemeint ist hier der CDU-Politiker Prof. Dr. Heinrich Kohnen, der im zweiten, noch von der britischen Militärregierung ernannten Kabinett unter Ministerpräsident Dr. Rudolf Amelunxen vom 17. Dezember 1946 bis zum 22. April 1947 das Kultusministerium leitete. Zuvor, als Helling noch nicht abgeneigt war, die Stelle im Kultusministerium anzunehmen, hatten der parteilose Dr. Wilhelm Hamacher (29. August 1946 bis 30. September 1946) und der CDU-Ministerpräsident Dr. Rudolf Amelunxen selbst in Personalunion (30. September 1946 bis 5. Dezember 1946) das Kultusministerium geleitet (Nordrhein-Westfalen. Eine politische Landeskunde, hrsg. v. d. Landeszentrale für politische Bildung Nordrhein-Westfalen, Köln 1984, S. 395).

Über die Hintergründe erfahren wir etwas in einem ganz anderen Zusammenhang: In einem Bericht vom 22. März 1948[42] schreibt Werner Krauss, mittlerweile Inhaber eines Lehrstuhls am Romanischen Institut der Universität Leipzig, über den „Oberstudiendirektor Dr. Fritz Helling" unter anderem:

> „Die Fähigkeit der pädagogischen Unterweisung wird ihm von seinen Bekannten allgemein nachgerühmt. In politischer Hinsicht bemühte sich Helling nach der Kapitulation, durch eine Arbeitsgemeinschaft auf marxistischer Grundlage die bewusstesten Mitglieder der Sozialdemokratie und der Kommunistischen Partei zusammenzufassen. Offenbar ist Helling im Dienste dieser Bestrebungen aus seiner Parteilosigkeit nicht herausgetreten. Doch scheint er die Anerkennung der kommunistischen Partei Nordrhein-Westfalens gefunden zu haben, da eine zeitlang der Plan bestand, ihm eine der KP damals offenstehende Regierungsratsstelle im Düsseldorfer Kultusministerium zu übertragen. Ich möchte empfehlen, gegebenenfalls eine Rückfrage an die Schwelmer Parteistelle zu richten (...)."

In diesen Worten begegnet uns der „politische Pädagoge" Helling. Über die Hintergründe dieses Berichts über Hellings ‚Linientreue' habe ich keine konkreten Kenntnisse. Möglicherweise aber gibt es noch Zusammenhänge mit einem Angebot von Werner Krauss, das er Helling in einem Brief vom 6. Juni 1947 unterbreitet hat und auf das dieser in einem Antwortbrief vom 3. Juli 1947 ausführlich eingeht. Es ging in der Tat um die Übernahme einer Professur in der Sowjetischen Besatzungszone und Helling schreibt:

> „Ihre Anfrage habe ich hin und her erwogen. Zuerst überkam mich ein Gefühl grosser Freude, dann setzten die kritischen Überlegungen ein. Wenn ich zehn Jahre jünger wäre, gäbe es für mich keine Bedenken. Ich würde hier alles aufgeben und nach drüben gehen. Aber mit meinen fast 60 Jahren kann ich mich nicht so ohne weiteres zu einem Ja entschliessen. Der furchtbare Winter, der hinter uns liegt, und die andauernde Unterernährung bei übernormaler Arbeit hat bei meiner Frau und mir zu einem Erschöpfungszustand geführt, in dem wir augenblicklich nicht mehr die Kraft aufbrin-

---

[42] Archiv der Berlin-Brandenburgischen Akademie der Wissenschaften, Potsdam, NL Werner Krauss, GUTA.

gen, eine vierte Umsiedlung zu wagen. Wir haben nur das Bedürfnis zur Ruhe und Kräftigung. Den kommenden Winter hoffen wir hier etwas besser als den letzten überstehen zu können. Vor einem Winter in der Fremde haben wir Angst. Sie sehen, es ist Schwäche, wenn ich Sie bitte, uns für dieses Jahr ein Moratorium zuzubilligen. Es wäre auch zu überlegen, ob es nicht statt einer Universitätsprofessur, die wahrscheinlich meine Kräfte übersteigt, die Möglichkeit einer (vielleicht nur gastweisen) Mitarbeit an einem Institut für dialektischen Materialismus gibt. Auf vielen Gebieten der Geschichte könnte ich junge marxistische Wissenschaftler auf neue Forschungsaufgaben hinweisen und sie bei ihrer Arbeit beraten. Zweifellos sind drüben die Wirkungsmöglichkeiten viel größer als hier, wo alles hoffnungslos im reaktionären Sumpf versackt. Um so tragischer ist es, dass meine körperlichen Kräfte zu einem Sprung nach Osten gerade jetzt, wo sich die Möglichkeit dazu bietet, nicht ausreichen. Wie gut, dass Sie jünger sind und den Sprung wagen! (...) Für Ihren großen Entschluss wünschen wir Ihnen und Ihrer Frau Gemahlin von Herzen alles Gute! Stets Ihr Fr. Helling."[43]

Wohlgemerkt: Helling war bereits zu dieser Zeit längst Schulleiter am Schwelmer Gymnasium, das mittlerweile wieder eröffnet war. Im Mai 1947 hatte er noch hoffnungsvoll und erfreut über seine Arbeit dort geschrieben:

> „In der Schule, wo ich der einzige Sozialist bin, beginnen die Oberklassen zu meiner Freude ihre abwehrende Haltung aufzugeben. Es ist mir geglückt, ihr Vertrauen zu gewinnen, so dass wir gemeinsam versuchen, den autoritären Geist der alten Schulkaserne zu überwinden."[44]

Hier wird deutlich, was Helling mit seinen Reformbemühungen besonders am Herzen lag, und es ist genau das, was ihm schon in seiner reformpädagogischen und jugendbewegten Phase besonders wichtig war: das vertrauensvolle, partnerschaftliche Verhältnis als Lehrer und Erzieher zu seinen Schülern. In demselben Brief deutet er übrigens auch Verhandlungen im Kultusministerium an. Diese ausführlichen Hinweise auf vielfältige berufliche Pläne, Bewerbungen und Werbungen um den Päd-

---

[43] Ebd., KORR., Briefe vom 6. Juni 1947 und 3. Juli 1947.
[44] Ebd., Brief im Mai 1947 ohne Angabe des Wochentages.

agogen zur gleichen Zeit, als Helling sich für die Schulleitung an den Schwelmer Oberschulen entschied und in diesen dann tätig war, machen deutlich, dass er seine Gestaltungsmöglichkeiten dort mit großer Skepsis betrachtete. Offensichtlich musste ihm schon in der Anfangszeit bewusst gewesen und geworden sein, dass er dort einen schweren Stand haben würde.

Am 19. Januar 1946 um 11 Uhr fand die feierliche Eröffnung der Schule statt und am 22. Januar war, wie schon oben erwähnt, der erste Unterrichtstag nach dem Krieg. Zwei besonders schwere Jahre der allmählichen Normalisierung des Schullebens lagen nunmehr vor Helling und seinem kleinen Kollegium, natürlich auch vor den Schülern, wie insbesondere die Tagebuchaufzeichnungen Bellingrodts bis 1948[45] und die Konferenzprotokolle dieser Jahre dokumentieren. Bellingrodt verzeichnet eine Rede Hellings und des Bürgermeisters bei der feierlichen Eröffnung. Vermutlich hat der Schulleiter weisungsgemäß die bereits angesprochene, beeindruckende Rede des Regierungspräsidenten Fritz zum Tag der Schuleröffnung vorgetragen, mit der er sich an die Lehrkräfte und die Eltern wandte. Diese Rede ist Ausdruck des Willens zum Aufbruch in eine neue Erziehung und Bildung und markiert so den Kontext der nun bald beginnenden Reformen am Schwelmer Gymnasium.

Am ersten Schultag leitete Helling um 12 Uhr die erste Lehrerkonferenz[46] in Anwesenheit von sechs Lehrern. Auf der Tagesordnung standen wie auch in den folgenden Wochen und Monaten Alltagsgeschäfte, noch weit entfernt von den Reformen, die das Gymnasium weit über Schwelm und den Ennepe-Ruhr-Kreis hinaus bekannt machen sollten: Personalangelegenheiten, schulinterne Lehrpläne, Lehr- und Lernmittelbeschaffung, Klassenbücherbenutzung, Organisation von Aufnahmeprüfungen, Erstellung von Arbeitsplänen für Hausaufgaben bei Unterrichtsausfall, Organisation der Schulspeisung, Altpapiersammlungen im Austausch gegen Hefte, Rohrbrüche und Heizungsprobleme, damit zusammenhängend die Organisation von Schicht- und Kurzstundenunterricht, Organisation von Kartoffelkäfersammlungen und Aufräumaktionen, Raumbeschaffung und -planung, Aufsichtsregelungen und vieles andere mehr.

---

[45] AMGS, Aus dem Tagebuch des Oberstudienrates Walter Bellingrodt, 1. Januar 1945 bis 31. März 1948 (masch. Abschrift).
[46] AMGS, Protokollbuch der Lehrerkonferenzen, 1946-1951, Bl. 1.

Aber allmählich und dann verstärkt ging es in den Konferenzen der Jahre 1947 und 1948 um schulprogrammatische Fragen und Maßnahmen, aus denen sich immer deutlicher und öfter Bausteine eines neuen Unterrichtswesens und einer neuen Schulorganisation heraushoben bis hin zu den eigentlichen Reformmaßnahmen. Dabei ist es für eine angemessene Würdigung und Bewertung der schulischen Gestaltungsleistungen des Schulleiters und seines Kollegiums angebracht zu unterscheiden zwischen einerseits solchen Umsetzungsmaßnahmen, die erlass- und verfügungsgemäß angeordnet waren (also zur Wiedereinführung und zum Ausbau der Elternmitwirkung, zur Rolle einer „staatsbürgerlich-demokratischen Erziehung" prinzipiell im Unterricht aller Fächer, insbesondere aber im historisch-politischen Unterricht und darüber hinaus im gesamten Schulleben und damit zum mit ihr verbundenen Auf- und Ausbau einer Schülermitwirkung und Schülermitverantwortung [SMV] u.a.) und andererseits den Plänen und Umsetzungen einer eigenständig entwickelten Reform (Einführung des Werkunterrichts in der Mittelstufe, der Wahlfreiheit in der Oberstufe und einer Differenzierung nach – wir würden heute sagen – Leistungs- und Grundkursfächern), obwohl auch diese ein Thema in der damaligen Bildungs- und Schuldiskussion und in den Überlegungen der Bildungs- und Schulbürokratie war), wobei auch gewürdigt werden muss, dass Helling durchaus vorgeschriebene Gestaltungsmaßnahmen in spezifischer Ausprägung und mit besonderer Intensität, sozusagen der Entwicklung mehr oder weniger weit vorauseilend, durchführte (zum Beispiel Möglichkeiten der Eltern- und Schülermitwirkung).

Zwei grundlegende Entscheidungen fielen gewissermaßen nebenbei: Nachdem Helling sich bereits am 25. Mai 1946 und dann noch einmal am 29. Juni im Einvernehmen mit dem Lehrerkollegium für ein mathematisch-naturwissenschaftliches Gymnasium ausgesprochen hatte, kam es am 18. Juli 1946 zu einem bedeutsamen und bemerkenswerten einstimmigen Ratsbeschluss zum Aufbau eines Schwelmer Gymnasiums „über das normale Maß hinaus": Als Schulform wird neben der Mädchenoberschule für die „Knabenschule" der Typ des mathematisch-naturwissenschaftlichen Gymnasiums beschlossen, und zwar, abgesehen von Latein statt Englisch als Anfangssprache, durchaus in der Tradition des früheren Schwelmer Realgymnasiums. In einer „zusätzlichen Resolution" erklärt eine Ratsmehrheit (mit 15 zu 6 zu 3 Stimmen!), dass auch diese Schulformen nicht den Erfordernissen der heutigen Zeit entsprechen", und fordert daher

„eine gründliche und umfassende Reform der Schule mit dem Ziele der restlosen Beseitigung des reaktionären und faschistischen Unrats und des Aufbaus eines einheitlichen demokratischen Schulwesens, das die Rechte auf Glaubens- und Gewissensfreiheit sichert, das bei Unentgeltlichkeit des Schulbesuchs allen Befähigten, unabhängig von ihrer gesellschaftlichen Herkunft, freie Bahn gibt, das die Hebung des allgemeinen Bildungsstandes durchführt und vor allen Dingen die Jugend nicht nur mit einem abstrakten Wissen erfüllt, sondern auf den Beruf und die Rechte und Pflichten als Bürger des demokratischen Staates vorbereitet."

Fast könnte man meinen, der Schulreformer Helling hätte bei der Ausformulierung dieser Resolution die Feder geführt, zumal in einem Vermerk an den Schulleiter die „geeignete Verwendung bei den Verhandlungen über die Reform des Schulwesens" erbeten wurde.[47] Diesem Schulformantrag hat der Oberpräsident am 8. August 1946 zugestimmt.[48] Wie bereits angesprochen, hing damit auch eine zweite Entscheidung zusammen, nämlich am Schwelmer Gymnasium als Anfangsprache Englisch einzuführen. Dieser Schritt erfolgte allerdings erst im Laufe des Jahres 1949, als Helling im September den Stadtdirektor um einen Antrag an die Schulbehörde bat, ab Ostern 1950 wieder, wie schon 1937, Englisch als erste Fremdsprache einzuführen, und zwar mit ausdrücklichem Hinweis auf die in Nordrhein-Westfalen bevorstehende Neuregelung einer Wahl zwischen Latein und Englisch als Anfangssprache ab Sexta für alle nicht-humanistischen Gymnasien. Helling weist wie der seinem Antrag entsprechende Ratsbeschluss vom 26. November ausdrücklich darauf hin, dass die alte Sprachenfolge von Eltern, Schülern und Lehrern einmütig abgelehnt werde.[49] Am 24. Januar 1950 genehmigte das Kultusministerium bei vorhandener Zweizügigkeit eine Anfangsklasse mit Englisch.[50]

Nun noch einmal zurück zu Hellings Start am Schwelmer Gymnasium: Wie schon erwähnt hatte der neue Schulleiter seine Urkunde erst am 22. August 1946 erhalten. So begann das Winterhalbjahr 1946 mit seiner feierlichen Amtseinführung am 14. September, übrigens nicht in

---

[47] AMGS, Akte A 3.
[48] Ebd.
[49] Ebd.
[50] Ebd.

der beschädigten Schule ohne Aula, sondern im „Modernen Theater", dem Kino am Schwelmer Neumarkt, und zwar gleichzeitig mit der feierlichen Entlassung eines „Sonderlehrgangs für Kriegsteilnehmer zur Erlangung der Hochschulreife". In seiner Antrittsrede[51] formuliert der neue Schulleiter programmatisch sein „Credo" für die vor ihm liegende Aufbauarbeit. Er glaubt fest an das Zusammenwirken von Lehrer-, Eltern- und Schülerschaft mit dem Ziel einer qualitativ hochstehenden Ausbildung. Er betont die Aufgabe des Lehrers, in den ihm anvertrauten jungen Menschen die „Bereitschaft zum Lernen wachzuhalten" und sie „so zu fördern, dass sie in sich selbst ein stetiges Fortschreiten, ein geistiges Wachsen, ein zunehmendes Können erfahren und dadurch zu einer Freude an geistiger Arbeit kommen".

Danach formuliert Helling den ihm besonders wichtigen Gedanken einer „Erziehungspartnerschaft" zwischen Lehrern und Schülern:

„Die geistige Arbeit muss in einer Sphäre der Menschlichkeit vor sich gehen. Die Welt der Schule darf für die Jugend keine feindliche Welt sein, in der man Angst hat, sondern eine freundliche Welt, in der Sonne scheint als Licht der Heiterkeit (...). Wir Lehrer und Schüler müssen Vertrauen zueinander haben. Wir müssen ein Bündnis miteinander schließen. Wir müssen zueinander stehen. In unserer Schule hat der kleinste Knirps das gleiche Recht auf Menschlichkeit wie jeder Primaner, jeder Lehrer und der Direktor. Wir wollen frei sein von allem Herrschaftswillen und allem Untertanengeist. (...) Wenn wir in kritischen Fällen nicht wissen, wie wir uns verhalten sollen, dann mögen wir Lehrer uns fragen: was würdest du tun, wenn es dein eigenes Kind wäre. Das ist der Zauberschlüssel, der uns den richtigen Weg erschließt."

Anschließend brachte er einen zweiten pädagogischen Grundgedanken zur Sprache:

„Zur Menschenbildung gehört (...) mehr als die Ausbildung der intellektuellen Fähigkeiten. Die Schule dürfte nicht nur eine bloße Lernschule sein, eine ‚Wissensmastanstalt', wie Kerschensteiner sagte. Denn es gibt im jungen Menschen viele Anlagen, Neigungen und Fähigkeiten praktisch-technischer, handwerklicher, künst-

---

[51] AMGS, Fritz Helling, Rede bei der Einführung als Oberstudiendirektor in Schwelm am 14. September 1946 (Masch.)

lerischer Art, die in der Schule vernachlässigt werden und in Gefahr sind zu verkümmern." Deshalb will Helling – und damit spricht er bereits einen zentralen Reformbaustein der Zukunft am Schwelmer Gymnasium an – den Plan verfolgen, „neben dem Pflichtunterricht an freien Nachmittagen unter fachmännischer Leitung Gelegenheiten zu freiwilliger Werktätigkeit zu schaffen". Er plant außerdem einen Leseraum mit Zeitschriften. Er denkt an ein reiches Schulleben mit künstlerischen Aufführungen und Ausstellungen. Er propagiert eine Schule, die „Mittelpunkt vielseitigster jugendlicher Aktivität" ist. Außerdem fordert er für die Schule „Lebensnähe": innerhalb und außerhalb des Unterrichts.

„Weil wir für die Gegenwart und Zukunft erziehen, müssen wir die Jugend mit den wesentlichsten Kräften vertraut machen, die in der Gegenwart wirksam sind. Die Schule müsste versuchen, Antwort auf Fragen zu geben, die in den jungen Menschen von heute auftauchen. Fragen naturwissenschaftlich-technischer, weltanschaulich-religiöser oder politischer Art."

Dazu aber lasse der Fachunterricht nicht immer genügend Raum. Also plädiert er für außerunterrichtliche Diskussionsveranstaltungen im Geist „weltweiter Offenheit, ohne Scheuklappen und ohne Ängstlichkeit" und mit dem unbedingten „Mut zur Freiheit" und „Mut zur Wahrheit", zu denen „Sachkenner von draußen" eingeladen werden sollen.

Schließlich hält er mit dem politischen Auftrag in einer „Zeitwende" nicht hinter dem Berg und auch nicht mit seiner persönlichen politischen Auffassung: Die Schule habe die „Pflicht (...), der Jugend die Ursachen des Zusammenbruchs zu enthüllen und die bisher geltenden Auffassungen über deutsche Geschichte zu revidieren", auf dem Weg „in eine neue Zukunft (...). Ich persönlich bin der Meinung, dass der Weg in diese Zukunft nur in der Richtung auf den Sozialismus zu suchen ist, sei es auf einen Sozialismus aus christlicher Verantwortung oder einen Sozialismus marxistischer Prägung oder eine Synthese von beiden." Er plädiert in diesem Sinne für den Aufbau einer „sozialen Demokratie":

„Entweder die neue Ordnung wird demokratisch und sozialistisch. Oder es kommt überhaupt nicht zu einer wirklichen neuen Ordnung als Ausweg aus dem Zusammenbruch. (...) Mit dieser Problematik muss die Jugend vertraut gemacht werden, damit ihr die Möglichkeit gegeben wird, Auswege zu erkennen, Zukunftsziele zu erfassen, erlösende Ideen, für die sie sich begeistern und einsetzen kann."

Mit dieser bedeutsamen und meines Wissens bisher nicht gewürdigten Antrittsrede hat Helling sein Reformprogramm in einigen grundlegenden Bausteinen, wenn auch noch nicht vollständig, so doch unmissverständlich zum Ausdruck gebracht, sich also offen zu ihm bekannt, so dass jeder „Mitarbeiter" wusste, woran er mit dem Schulleiter Helling war.

Nachdem das Schwelmer Gymnasium nach längst getroffenen Vorbereitungen auf ausdrücklichen Antrag am 30. November 1948 durch Erlass des Schulkollegiums in Münster beauftragt worden war, den „Plan einer freieren Gestaltung des Unterrichts auf der Oberstufe" als nunmehr genehmigten Schulversuch weiter zu verfolgen,[52] womit die Schwelmer Oberschule zur einzigen höheren Schule im Kreis der westfälischen Versuchsschulen avancierte, hielt Helling im Rahmen seiner Berichtstätigkeit über die Reform, die seit April 1949 angelaufen war, noch im Herbst desselben Jahres auf der Westfälischen Direktorenkonferenz in Hamm eine Grundsatzrede mit dem programmatischen Titel „Die stärkere Berücksichtigung der Erziehungsaufgaben der höheren Schule unter Wahrung ihrer Leistungshöhe",[53] die weit mehr bietet als nur den Reformgedanken bezüglich der gymnasialen Oberstufe, sondern ein umfassendes pädagogisches Bekenntnis des Schulreformers Fritz Helling mit einer gedanklich sorgfältig strukturierten und ausführlichen Herleitung seines „Credos" aus der Reformtradition seit Comenius und aus den Anforderungen der Gegenwart an Erziehung und Unterricht. Bei dieser Rede handelt es sich neben der Antrittsrede um das zweite grundlegende Ausgangsdokument für die Reformen am Schwelmer Gymnasium. Es kann hier nicht der Ort sein, diese sehr bedeutsame Rede systematisch zu erschließen, was hoffentlich nachgeholt werden kann,[54] doch soll sie in Fokussierung auf das Thema dieses Beitrags wenigstens thesenartig ausgewertet werden.

Mit dem Titel der Rede klingt schon Hellings Forderung nach einer „Erziehungsschule" an, die so gestaltet werden müsse, dass eine hohe

---

[52] AMGS, Akte A 14; unter anderen Reformdokumenten der Erlass vom 30. November 1948 mit dem AZ: 6e-Nr. 188 D.

[53] Vgl. Literaturverzeichnis; eine maschinenschriftliche Abschrift der 32 Redemanuskriptseiten befindet sich im AMGS.

[54] Nach meiner Kenntnis geht bisher nur Karl Heinz Horn (Literaturverzeichnis) ausführlicher auf die Rede ein; siehe dort S. 18-23.

Bildungsqualität überhaupt möglich wird. Diesen Gedanken entfaltet Helling insbesondere in Anknüpfung an die Preußischen Reformer um Humboldt, an Fichte und Pestalozzi, an Herder, Kerschensteiner, Oestreich und andere Pädagogen. Im Mittelpunkt der Rede steht, wie schon gesagt, die umfassende Zielsetzung einer „Erziehungsschule" („Charakterschule") an Stelle einer „bloßen Lernschule". Helling entfaltet diese Kernforderung in vielfältiger Hinsicht und begründet damit eine ebenso vielfältige Gestaltungsaufgabe für die Schulen allgemein und insbesondere die Versuchsschule in Schwelm, auf deren konkrete „Schulprogrammarbeit" er neben dem Rückgriff auf die Reformarbeit anderer Versuchsschulen eingeht.

Folgende Leitziele einer Schulreform stellt Helling in seiner Rede heraus:

- Vorrang der Persönlichkeitsbildung, der Selbstentfaltung des Individuums;
- Individualisierung und Differenzierung von Erziehung und Bildung (der Schüler ist Subjekt der Erziehungs- und Unterrichtsprozesse);
- Abkehr vom gymnasialen Berechtigungsmonopol zu Gunsten der berufsbildenden Schule;
- Schülerselbsttätigkeit im arbeitsteiligen Gruppenunterricht; Teamarbeit; Abkehr von Lehrerfragen und Hinwendung zur selbstständigen Denk- und Arbeitsleistung des Schülers;
- Durchforstung und Reduzierung der Lernstoffmasse zu Gunsten des „Bildungswissens", Revision der Lehrpläne im Blick auf überflüssiges „Gedächtniswissen";
- Vertiefung der Bildung statt Vielfalt der Fächer;
- Abbau eines „Übermaßes an unlustvoller Schülerarbeit" und der „Überbürdung der Schüler" mit der Folge von Unredlichkeit und Täuschung;
- Gewöhnung an selbstständiges Denken und „Erziehung zu kritischem Verhalten gegen fremde Urteile" und zu „leidenschaftslosem Verstehen geschichtlicher Vorgänge";
- Einsicht in die „Ganzheitlichkeit der Welt"; Zusammenhangserkenntnis;
- individuelle Schwerpunktsetzung nach Neigung und Begabung, damit „beschränkte Wahlfreiheit" in der Oberstufe; Gedanke der „elastischen Schule" (Paul Oestreich) mit allgemein verbindlichem Kernunterricht und individualisierendem Kursunterricht;
- außerunterrichtliche Angebote bis hin zur Nachmittagsbetreuung;

- Schule als „geistiger und gesellschaftlicher Mittelpunkt im Schüler-leben"; Schule als eine Art „Haus des Lebens und Lernens", als „Lebensgemeinschaft";
- Werkunterricht als Ausdruck einer Erziehung und Bildung von „Kopf und Hand";
- Erziehung zu „Gemeinschaftssinn" als Gegengewicht gegen bloße „Ichhaftigkeit" („Gemeinschaftserziehung"); Schülerselbstverwaltung; Schülermitverantwortung und Schülermitwirkung;
- Schulautonomie und Selbstverwaltung der Schule; Freiheitsräume in der Entscheidung für „Lehrverfassungen" (Schulprofil und Schulprogramm);
- Erziehungspartnerschaft („Arbeitsgemeinschaft") zwischen Lehrern und Schülern;
- Öffnung von Schule durch Aufsuchen von Erfahrungs- und Lernorten außerhalb und durch Hereinnahme von außerschulischen Fachkompetenzen in die Erziehungs- und Bildungsarbeit (Zusammenarbeit mit außerschulischen Partnern); Austausch und Partnerschaften zwischen Schulen;
- „Lebensnähe der Schule" statt Allgemeingültigkeit sogenannter „ewiger Werte";
- Erziehung zu mündigen, kritischen und verantwortungsbewussten Bürgern in einem demokratischen Gemeinwesen;
- Schaffung und Förderung eines vertrauensvollen Schul- und Arbeitsklimas durch kollegiale Schulleitung und partnerschaftliche Zusammenarbeit mit den Eltern (Elternmitwirkung);
- pädagogisches Ethos der Erzieher- und Lehrerpersönlichkeit;
- Integration der Lehrerausbildung (Seminarausbildung) in das Schulleben.

Helling schließt diese bedeutsame Rede mit den Worten:

„So kann es gelingen, aus pädagogischer Neubesinnung heraus die höhere Schule mehr und mehr in eine echte, von der Elternschaft und Jugend[55] bejahte Arbeits-, Bildungs- und Erziehungsgemeinschaft umzuwandeln. Das Entscheidende ist, dass wir Lehrer uns zu dieser möglichen Neugestaltung entschließen, dass in uns der

---

[55] Hier könnte m.E. ohne weiteres in Hellings Sinn ergänzt werden „und der Lehrerschaft".

Glaube über die Skepsis, die Liebe zur Jugend über die Trägheit des Herzens siegt."[56]

Im Vorfeld der Direktorenkonferenz hielt Helling diese Rede bereits am 2. September 1949 in einer Lehrerkonferenz.[57] In einer weiteren Konferenz am 10. September[58] berichtete er von der besagten Zusammenkunft in Hamm, die dann noch einmal Thema einer Lehrerkonferenz am 21. September war.[59] Der Tatbestand dreier Konferenzen in einem Monat zu Fragen der Schulgestaltung und Schulreform unterstreicht die Bedeutung, die Helling dieser Aufgabe zumaß. Außerdem belegt das Konferenzprotokollbuch dieser Jahre drei Grundsatzdiskussionen im Lehrerkollegium zur Frage der Lehrplanrevision angesichts erdrückender Stofffülle, zur Frage der Wahlfreiheit in der Oberstufe und zur Frage der Schülermitverantwortung im Schulleben einschließlich der Frage nach der Einübung selbstverantwortlichen Arbeitens im Unterricht. Diese Konferenzen und auch viele andere, in denen es um die vielfältigen Tagesfragen sowie um einzelne Bausteine der Schulentwicklung ging, zeigen ein insgesamt pädagogisch engagiertes Kollegium, das hier und da die Vorstellungen seines Schulleiters selbstverständlich diskutiert, auch Bedenken vorträgt. Aber es herrscht doch der Gesamteindruck vor, dass man, wenn auch relativ leidenschaftslos, dem Schulleiter auf dem Reformweg folgte und ihn bereitwillig unterstützte, durchaus auch mit eigenen Anregungen, zu denen der Schulleiter seine Lehrkräfte aber immer wieder auch ausdrücklich ermunterte.

In einem Grundsatzreferat am 28. August 1947[60] im Rahmen einer solchen Lehrerkonferenz zum Thema „Pädagogische Fragen und Probleme der heutigen Schule" drückt Helling seine Sorge über die Behinderung der pädagogischen Arbeit durch das Anwachsen der Bürokratie aus. Gegen die obrigkeitsstaatliche Schule mit dem Lehrer als „Monarchen", dem Schüler als „Untertan" und dem Lehrstoff im Mittelpunkt, um den sich alles dreht, stellt er das Bild einer Schule, in der der Mensch im Mittelpunkt steht und die ausschließlich für den jungen Menschen da sein muss. Er plädiert für eine vertrauensvolle „Gemeinschaftsarbeit" und

---

[56] Vgl. Anm. 53; Redemanuskript S. 32.
[57] AMGS, Protokollbuch der Lehrerkonferenzen, 1946-1951, Bl. 64.
[58] Ebd., Bl. 64-65.
[59] Ebd., Bl. 65-66.
[60] Ebd., Bl. 27-28.

„Arbeitsgemeinschaft" zwischen Lehrern und Schülern, in der es nicht nur um die Ausbildung der intellektuellen Kräfte geht, sondern in der unter anderem auch die manuellen, musisch-künstlerischen und sittlichen Kräfte zu ihrem Recht kommen müssen. „In Gemeinschaft mit den Lehrern" sollen „gemeinschaftsbildende Kräfte geweckt", das Verantwortungsgefühl der Schüler gestärkt und deren Fähigkeit und Bereitschaft zur Mitwirkung gefördert werden.

„In Gemeinschaft mit den Lehrern sollen die Schüler zur eigenen Entscheidung herangezogen werden. Die Schule tendiert nach Wirklichkeitsfremdheit. Heutzutage muss dem besonders entgegengearbeitet werden, weil unsere Schüler ein zerstörtes Vaterland aufbauen sollen."

In den schon erwähnten Konferenzen, aber auch in einer Konferenz am 28. Oktober 1949[61] ging es um die konkrete Umsetzung dieses einen Kerngedankens der Schulentwicklung, nämlich um den Aufbau einer *Schülerselbst- und Schülermitverantwortung*. Konkret: Es wurde ein sogenannter „Schulausschuss" gebildet, der sich unter dem Vorsitz eines von der Lehrerkonferenz gewählten Lehrers als Verhandlungsleiter (ohne Stimmrecht) aus sogenannten „Vertrauensschülern" (Helling spricht in seiner Rede von 1949 von „Klassensprechern, die sakrosankt wie Volkstribunen" sein müssen!) der Mittel- und Oberklassen (je drei Vertreter der Klassen OIII bis OI; gegebenenfalls Teilnahme von UIII-Vertretern ohne Stimmrecht) und drei gewählten Vertretern des Lehrerkollegiums (zwei Herren und eine Dame mit Stimmrecht) zusammensetzte. Der Schulleiter oder sein Stellvertreter nahm mit einem Vetorecht an den Sitzungen teil. In der Lehrerkonferenz am 28. Oktober 1949[62] taucht erstmals der Begriff „Schülervertretung" auf. Auf der Sitzung werden auch weitere wichtige Weichenstellungen vorgenommen: Anträge müssen vor der Ausschusssitzung in einer Lehrerkonferenz behandelt werden, in der die „Kompetenz der Anträge" überprüft wird. Die Lehrervertreter im Schulausschuss sind nicht an ein imperatives Mandat gebunden, sondern entscheiden nach bestem Wissen und Gewissen unter Berücksichtigung von Lehrerkonferenzbeschlüssen. Der Ausschuss übernimmt für bestimmte Bereiche des Schullebens die volle Verantwortung. Dieser Kompetenzbereich des

---

[61] Ebd., Bl. 67.
[62] Ebd.

Schulausschusses soll auf Grund von Erfahrungen konkreter bestimmt und erweitert werden.

Bis 1951 kam es übrigens zu monatlich stattfindenden Ausschusssitzungen in einer 5. und 6. Stunde unter Einschluss aller Klassenstufen und regelmäßig zur Wahl eines Vertrauenslehrers allein durch die Schülerschaft, während die anderen Lehrervertreter nach wie vor von der Lehrerkonferenz bestimmt wurden. Bemerkenswert ist noch die Einrichtung von Schülerpatenschaften, die ältere Schüler für die jungen Mitschüler übernahmen. In dieser Zeit begann auch die heute am Märkischen Gymnasium Schwelm selbstverständliche sogenannte monatliche „Verfügungsstunde" in jeder Klasse, geleitet durch den Klassenlehrer oder die Klassenlehrerin, in der die Klassengeschäfte erledigt wurden,[63] Schulausschusssitzungen (später Schülerratssitzungen) vor- und nachbereitet werden und alle Fragen der Schülerselbstverwaltung und Schülermitwirkung, aber natürlich auch der Klassengemeinschaft besprochen werden konnten. Übrigens entwickelte sich in dieser Zeit die Tradition, dass die Schüler der Klassen OII und UI an den Pausenaufsichten mitwirkten. Erinnert sei in diesem Zusammenhang noch einmal an die Aufräumarbeiten in den ersten Monaten nach Wiederbeginn des Unterrichts, die ohne Beteiligung der Schülerschaft nicht hätten bewältigt werden können. „In der Schule", so Helling am 22. Oktober 1948,[64] gebe es „genug Schüler, die guten Willens sind". Es komme darauf an, zunächst diese zur Mitverantwortung heranzuziehen, damit sie ihren guten Einfluss auf die übrigen Schüler geltend machen könnten; denn Gehorsam auf der Basis von Furcht führe nicht zu „sittlich freien Menschen". Schließlich: „Die Schüler müssen zusammen mit Elternschaft und Lehrern eine Schule schaffen, von der sie sagen können, sie ist ,unsere Schule'." Prägnanter kann man das heute vielfach propagierte und dem Unternehmensmanagement in der Wirtschaft abgeschaute Konzept der Schaffung einer „Corporate Identity" nicht formulieren! Allerdings kam nach Hellings fester Überzeugung bei dem Versuch einer Erziehung zur Mitverantwortung und Mitwirkung gerade der Vorbildfunktion der Lehrerschaft allergrößte Bedeutung zu. Dieser wurden aber, wie noch zu zeigen sein wird, die Lehrkräfte in be-

---

[63] Zum Beispiel Lehrerkonferenz vom 18. April 1950, AMGS, Protokollbuch der Lehrerkonferenzen, 1946-1951, Bl. 88-89.
[64] Ebd., Bl. 45-46.

sonderem Maße im Rahmen des Werkunterrichts und der Arbeitsgemeinschaften gerecht.

Mit der Hervorhebung der Elternrolle auf dem Weg zu einer „Gemeinschaftsschule" ist das nächste Kernstück der Schulentwicklung seit 1945 angesprochen: die Neueinführung und der Ausbau der *Elternmitwirkung*. Wie wichtig Helling auch dieser Pfeiler einer neuen Schule war, formuliert er in der bereits angesprochenen Rede von 1949:

> „In dem Maße, wie die erzieherische Hingabe der Lehrer zu einem vertrauensvolleren Verhältnis zu den Schülern führt, nimmt auch bei den Eltern das Interesse an der Schule zu. Sie für eine regelmäßige Mitarbeit und Mitverantwortung zu gewinnen, ist von größter Bedeutung."[65]

Ausdrücklich stellt er dabei selbst den Zusammenhang mit gleichlautenden Erlassen her. Damit verweist er darauf, dass der Aufbau einer „Erziehungspartnerschaft" zwischen Elternhaus und Schule eine zentrale Aufgabe für alle Schulen im Land Nordrhein-Westfalen und keineswegs nur spezifisch für Schwelm wünschenswert war, so wie auch der Aufbau der SMV, wie der bereits oben ausführlicher besprochene einschlägige Erlass vom 19. Januar 1948 über die „Erziehung zur Selbstständigkeit und Verantwortlichkeit in der höheren Schule" dokumentiert.

Aber bereits am 17. Januar 1947 ist in einer Konferenz[66] von einer Elternversammlung die Rede, die am 29. Januar um 18 Uhr in der Schwelmer Gaststätte „Sängerheim" stattfinden soll und auch dort stattgefunden hat. Von der Gründung eines sogenannten Elternausschusses ist die Rede, der in einer Konferenz am 12. September 1947[67] mit einem „Provisorischen Elternbeirat" feste Konturen gewann. Diese Fakten zeigen, dass die bald ins Leben gerufene „Versuchsschule Schwelm" auch auf diesem Feld der Elternmitwirkung Vorarbeit geleistet hat, die dann, wie die SMV-Frage, in den sechziger Jahren durch die Mitwirkungsgesetze zur selbstverständlichen Alltäglichkeit geworden ist. Einen Elternbeirat hatte es aber schon im Schulwesen der Weimarer Republik gegeben, also beispielsweise im Realgymnasium, und zwar mit der Aufgabe einer Förderung und Vertiefung der Zusammenarbeit zwischen Elternhaus und Schule. Hier konnte nunmehr angeknüpft werden und ab 1947

---

[65] Vgl. Anm. 53, Redetext S. 31.
[66] AMGS, Protokollbuch der Lehrerkonferenzen, 1946-1951, Bl. 17.
[67] Ebd., Bl. 28-29.

gehörten Elternversammlungen aller Art, Elternbeiratssitzungen und Klassenelternschaftstreffen (seit den sechziger Jahren „Klassenpfleg-schaften" genannt), Wahlen zum Elternbeirat und Sprechstunden der Lehrer für die Eltern in eigens dafür geschaffenen Elternsprechzimmern (eines eingerichtet zum Beispiel im Hausmeisterzimmer neben dem Haupteingang der Schule) zum selbstverständlichen Schulalltag. Übrigens: Im Elternbeirat arbeiteten auch in der Lehrerkonferenz gewählte Vertreter der Lehrerschaft mit und selbstverständlich nahm die Schullei-tung an den Beiratssitzungen teil, um auch in diesem Gremium ihrer um-fassenden Informationspflicht gegenüber der Elternschaft nachzukom-men. Den Elternbeirat kann man getrost als Vorstufe zur heutigen Schul-konferenz betrachten. Aus den Akten ergibt sich eine sehr intensive und fruchtbare Zusammenarbeit zwischen Eltern- und Lehrerschaft auf nahe-zu allen relevanten Problemfeldern, die ab 1952 nahtlos in den Protokoll-büchern der Schulpflegschaft dokumentiert ist.[68] Schließlich ging aus diesem Elternengagement für die Schule sehr schnell die Gründung eines „Fördervereins Elternspende" hervor, von dessen tatkräftiger und segens-reicher Mitwirkung man in den Schulakten und Protokollen hört, zum Beispiel bei der materiellen Ausstattung des Werkunterrichts, und der aus unserem heutigen Schulleben gar nicht mehr wegzudenken ist.

Ehe die Kernstücke der eigentlichen Reformarbeit an der Schwelmer „Versuchsschule" behandelt werden sollen, ist es angebracht, aus der Vielfalt der Schulprogramm- und Schulentwicklungsarbeit dieser Auf-baujahre drei weitere für Helling sehr wichtige und für eine neue höhere Schule grundlegende Arbeits- und Maßnahmenfelder zu erwähnen: ers-tens den Aufbau einer engen Zusammenarbeit mit den Volksschulen hin-sichtlich der Gestaltung von Übergängen, zum Beispiel in Besprechungen zwischen den abgebenden und aufnehmenden Lehrkräften in den Kern-fächern Deutsch und Rechnen bis hin zur Einrichtung einer psycholo-gisch-pädagogischen Arbeitsgemeinschaft zur Intensivierung des pädago-gischen Dialogs, auch auf der sicheren Grundlage eingeführter Schülerbe-obachtungsbögen, womit schon sehr früh Grundlagen für die heute selbst-verständliche und enge Zusammenarbeit mit den abgebenden und aufneh-menden anderen Schulformen und für die späteren Erprobungsstufen-

---

[68] AMGS, Protokollbücher der Schulpflegschaft, 1952-1967 und folgende.

konferenzen gelegt worden sind;[69] zweitens soll hingewiesen werden auf die vielfältigen Maßnahmen der „Öffnung von Schule" durch eine sehr früh einsetzende Vermittlung von Briefpartnerschaften in die USA, nach England und Frankreich, auch auf der Suche nach dauerhaften internationalen Austauschpartnerschaften, die in den ersten Jahren trotz aller Bemühungen Hellings um die Rückkehr der deutschen Jugend in den Kreis der anderen Nationen noch nicht den erwünschten Erfolg haben konnte. Helling brachte 1950 auch eine Briefpartnerschaft mit der Humboldtoberschule in Radeberg bei Dresden zustande – übrigens nach einstimmigem Beschluss der Lehrerkonferenz und auf ausdrücklichen Wunsch des Direktors der Radeberger Schule. Diese Bemühung stand eindeutig im Zusammenhang mit Hellings Bestrebungen, den Kontakt zum anderen Teil Deutschlands auf keinen Fall abbrechen zu lassen, „um", wie er in einer Lehrerkonferenz am 9. März 1950 sagt,[70] „die Einheit des deutschen Volkes wenigstens auf diesem Gebiete aufrecht zu erhalten". Wir wissen, dass Helling diese intensiven Kontakte zu Ostdeutschland gerade auch außerhalb seines Dienstes als Schulleiter und Lehrer als bildungspolitischer Funktionär im Rahmen vielfältiger Begegnungen pflegte. In einem Protokoll vom 29. Mai 1951 ist auch schon von einer Klassenfahrt nach Paris die Rede.[71] Schließlich sei auf das Landschulheim verwiesen, das die Schule erwarb und das intensiv genutzt wurde, aber auch auf dokumentierte Exkursionen an Orte außerhalb der Schule, zum Beispiel in den Landtag von Nordrhein-Westfalen, oder auf Vortragsveranstaltungen mit außerschulischen Experten; drittens dokumentieren die Konferenzprotokolle und Prüfungsakten, dass Helling bei aller dienstrechtlichen Bindung an die Schulbehörde für ein größtmögliches Maß an Autonomie der Schule eintrat, ganz besonders in der brennenden Frage nach der schulinternen Lehrplangestaltung, insbesondere im Hinblick auf die ihn bewegende Frage nach einer Revision der Lernstoffe (siehe die oben skizzierten diesbezüglichen Ausführungen in seiner Grundsatzrede von 1949). Bezeichnend dafür ist eine sehr engagierte und fundamentale Diskussion im Kollegium auf der Lehrerkon-

---

[69] AMGS, Protokollbuch der Lehrerkonferenzen, 1945-1951, Protokoll vom 6. September 1948, Bl. 43-44.
[70] Ebd., Bl. 82-83.
[71] Ebd., Bl. 130-133.

ferenz am 14. Juni 1948:[72] Es ging um die Grundfrage der Qualität der Erziehungs- und Bildungsarbeit mit der Konsequenz einer Lehrplanrevision, die gemeinsam gegenüber der Schulaufsicht verteidigt und durchgesetzt werden sollte. In dieser Hinsicht konnte das Kollegium wenig später manchen eröffneten Freiraum nutzen, als das Gymnasium in Schwelm 1949 offizielle „Versuchsschule" geworden war und damit einen nicht unerheblichen Beitrag zur Gestaltung des Schulwesens in den fünfziger und sechziger Jahren leistete, auch wenn vieles, was den Reformschulleiter bewegte und umtrieb, nicht von Erfolg gekrönt war, weil die Entwicklung des Schulwesens und des Gymnasiums in eine andere, zum Teil auch aus Hellings Perspektive restaurative Richtung verlief.

In einer abschließenden Würdigung der Reformtätigkeit Hellings werden aber auch Entwicklungsstränge in der Gestaltung des Schulwesens in Nordrhein-Westfalen aufgezeigt werden, zu denen Helling und die Lehrkräfte an der Schwelmer „Versuchsschule" wichtige Vorarbeiten geleistet haben. An dieser Stelle noch eine Ergänzung zu den vielfältigen Schulentwicklungsmaßnahmen am Schwelmer Gymnasium: In der bereits erwähnten Lehrerkonferenz am 18. April 1950[73] unterstützte Helling ein von der Schülerschaft gewünschtes „unter Aufsicht gestelltes" Angebot einer „selbstgewählte[n] Beschäftigung" von Schülern in den Räumen der Schule. Dazu führt Helling aus: Da dieser „Plan der Schülerschaft zu wertvoll ist, um einfach fallengelassen zu werden, müssen Mittel und Wege gefunden werden, der Aufsichtspflicht zu genügen". Neben der Einrichtung des Werkunterrichts und der Arbeitsgemeinschaften am Nachmittag kann auch dieser Plan als Baustein für eine Ganztagsschule gesehen werden, die gerade heute, in den „Zeiten von PISA" für alle Schulformen vielfach gefordert wird und in der Gesamtschule (Helling vertrat bekanntlich die „Einheitsschulidee") wenigstens zu einem großen Teil verwirklicht ist.

Nun also zu den zwei Kernstücken einer im strengen Sinne „Schwelmer Reformleistung": *erstens* zur Einrichtung eines umfassenden Werkunterrichtsangebots und *zweitens* zur Wahlfreiheit und Kursartdifferenzierung in der Oberstufe unter Einschluss der neueingeführten Fächer Gegenwartskunde, Altertumskunde und – von besonderer Bedeutung – Gesellschaftslehre und unter Einbeziehung eines umfangreichen Ange-

---

[72] Ebd., Bl. 42-43.
[73] Ebd., Bl. 88-89.

bots an Arbeitsgemeinschaften. Zur Erinnerung: In seiner Rede von 1949 plädiert Helling für eine „produktive Freizeitgestaltung" im Lebensraum Schule. Für „diese erziehliche Aufgabe der Schule" müssten sich selbstverständlich besonders die „jüngeren Lehrkräfte" zur Verfügung stellen. Nimmt man den oben angesprochenen Gedanken nachmittäglicher Schülerselbstbeschäftigung unter Aufsicht hinzu, dann wird nachvollziehbar, wie fundamental für Hellings pädagogisches Konzept die erzieherisch außerordentlich wertvolle Arbeitsgemeinschaft als Unterrichtsform war. Bereits in einer Lehrerkonferenz am 12. September 1947 ist von der geplanten Durchführung eines Arbeitsgemeinschaftsangebots die Rede.[74] Es geht um den Stand der laufenden Vorbereitung, insbesondere um die nicht leicht zu lösende Raum- und Personalfrage; Stundenplanmodelle werden erörtert und Fragen der Schülerwahl. Selbstverständlich konnte es nur darum gehen, die Arbeitsgemeinschaften in den Nachmittag zu legen, also in die pflichtunterrichtsfreie Zeit.[75] In einer Konferenz am 6. September 1948 berichtet der Schulleiter über bereits eingerichtete Arbeitsgemeinschaften und unterbreitet den Vorschlag, Schulausschussmitglieder zu einer Hospitation einzuladen, der auf einmütige Zustimmung stößt. „Die Herren des Schulausschusses", so heißt es dort, „sollen von dem erzieherischen Wert der bei uns eingerichteten Arbeitsgemeinschaften überzeugt werden."[76] Ganz gewiss wird Helling dabei auch an die materielle und finanzielle Unterstützung durch den Schulträger gedacht haben.[77] Eine Aufwertung innerhalb der „Lehrverfassung" erfuhren die Arbeitsgemeinschaften auch dadurch, dass sie in die Klassenbücher eingetragen werden mussten.[78]

Im Reformkonzept der Schule muss grundsätzlich unterschieden werden zwischen den „Werkkursen" im Rahmen des Werkunterrichts in der Mittelstufe und den „Arbeitsgemeinschaften" im Rahmen des wahlfreien Unterrichtsangebots in der Oberstufe; beide Bereiche werden häufig nicht sauber genug voneinander getrennt.

---

[74] Ebd., Bl. 28-29.
[75] AMGS, Konferenzbuch, Konferenz vom 20. April 1950, Bl. 88-89.
[76] Ebd., Konferenzbuch, Bl. 43-44.
[77] AMGS, Protokollbuch der Schulpflegschaft, 1952-1967, Protokoll vom 18. November 1952, S. 1-2 (Erwähnung einer Elternhospitation).
[78] AMGS, Protokollbuch der Lehrerkonferenzen, 1946-1951, Protokoll vom 9. Dezember 1949, Bl. 69-71.

Nachdem bereits im Herbst 1946 erste Überlegungen zur *Einrichtung eines Werkunterrichts* stattgefunden hatten, wurde es damit im Schuljahr 1947/48 ernst.[79] In einer Lehrerkonferenz am 12. September 1947 ging es im Zusammenhang mit der Planung eines Werkunterrichts- und Arbeitsgemeinschaftsangebots um Raumfragen, Materialbeschaffung, das Fachkräfteproblem, Stunden- und Zeitplanung, Schülerauswahl, um Absprachen unter den vorgesehenen Kursleitern und nicht zuletzt um die Zusammenarbeit mit dem Elternbeirat.[80] Im Verwaltungsbericht der Stadt für das Jahr 1948 wird die Einführung des Werkunterrichts im Schuljahr 1947/48 vermerkt und umfassend gewürdigt:

„Der an beiden Anstalten eingeführte Werkunterricht hat sich bewährt. Werkkurse in Buchbinderei, Schreinerei, Schlosserei, Weberei, Physik und Chemie haben bei Schülern und Eltern starken Anklang gefunden. Im Rahmen des allgemeinen Lehrplans hat der Werkunterricht ständig an Bedeutung gewonnen. Auch der Theaterkreis und das Schulorchester haben ihr Niveau wesentlich halten können und ihr Können bei internen und öffentlichen Schulveranstaltungen unter Beweis gestellt."[81]

Am 31. Mai 1948 schickte Helling einen umfangreichen „Bericht über die freiwilligen Werkkurse und Arbeitsgemeinschaften" an die Schulabteilung in Münster.[82] Dort wies er bereits auf eingerichtete freiwillige Werkkurse und Arbeitsgemeinschaften im Jahre 1947 und einen Bericht vom 29. November 1947 hin, der unter den Archivalien leider noch nicht wieder aufgefunden werden konnte. Die Rede ist von Hospitationen durch die englische Erziehungsabteilung in Dortmund im Verein mit dem Leiter des Oxforder Ruskin-College und durch den Leiter der Erziehungsabteilung Westfalen-Süd der Militärregierung in Bochum, der „mit großem Interesse" und „2 ½ Stunden lang die Arbeit der Buchbinderei, der physikalischen und chemischen Arbeitsgruppen,[83] des Chors, des Orchesters und Theaterkreises und die Vorbereitungen in den noch nicht fertiggestellten Werkstätten für Holz- und Metallbearbeitung" besichtigt habe, also die Schreinerei und Schlosserei im Keller der Schule (auch die

---

[79] AMGS, Jahresberichte 1945-1950, Bl. 5.
[80] AMGS, Protokollbuch der Lehrerkonferenzen, 1946-1951, Bl. 28-29.
[81] AMGS, Verwaltungsbericht der Stadt Schwelm 1948, S. 18.
[82] AMGS, Akte A 14.
[83] Es gab darüber hinaus eine biologische sowie eine eigens für Mädchen reservierte naturwissenschaftliche Arbeitsgemeinschaft.

Weberei ist zu diesem Zeitpunkt noch nicht fertig gestellt). Weitere Arbeitsgemeinschaften werden angesprochen: ein Stenografiekurs, eine Vorturnerschulung und ein Kurs in Musiktheorie; übrigens auch eine Töpferei war eingerichtet.

Diese Kursangebote fanden unabhängig vom Klassenunterricht an schulfreien Nachmittagen statt. „Während früher das Schulgebäude nachmittags leer stand, füllt es sich jetzt mit jugendlichem Leben", heißt es. In der Regel umfasste jeder Kurs zwei Unterrichtsstunden. Die Zahl der Teilnehmerinnen und Teilnehmer wurde sinnvoll begrenzt, gegebenenfalls wurden Parallelkurse eingerichtet. Die Schülerauswahl wurde sorgfältig vorgenommen. Die Erlaubnis zur Teilnahme wurde nur erteilt, „wenn weder die Schulleistungen gefährdet sind noch eine Überlastung zu befürchten ist". Besonders streng wurde geprüft, wenn Interesse an mehreren Arbeitsgemeinschaften bestand, was oft vorkam; denn der Andrang war offensichtlich sehr hoch: in dem Bericht ist von „gegenwärtig 340" Kursteilnehmern die Rede. Die Auswahl des Arbeitsstoffes erfolgte unabhängig vom Lehrplan des Klassenunterrichts durch den Kurslehrer unter Berücksichtigung von Schülerwünschen. Die Werkkurse waren ausschließlich für die Mittelstufe (Klassen UIII bis UII) vorgesehen, „um den Jungen und Mädchen gerade in den Entwicklungsjahren die Möglichkeit zu aktivem, produzierendem Tun zu geben". Lehrkräfte der Jungen- und Mädchenoberschule und Fachkräfte aus Schwelm und Umgebung leiteten die Kurse. Für diesen zusätzlichen Unterricht bezahlte die Stadt eine ¾-Lehrkraft über den planmäßigen Personalbedarf hinaus, so dass den Lehrkräften beider Schulen 19 Kursstunden im Rahmen ihrer normalen Pflichtstunden angerechnet werden konnten. Dadurch konnte die mit diesem besonderen Unterrichtsangebot verbundene Mehrbelastung erträglich gehalten werden. Allerdings unterrichteten einige Kurslehrkräfte auch über ihre Pflichtgrenze hinaus.

Der Erhalt der gesamten Einrichtung konnte nur dadurch gesichert werden, dass der städtische Schulträger für Sach- und Personalkosten jährlich ca. 7000 RM, nach der Währungsreform eine entsprechende Summe, aufwendete. Ausdrücklich verweist Helling auch auf die große Hilfsbereitschaft des Elternbeirats bei der Materialbeschaffung. Die Eltern seien dankbar, weil „freiwillige Arbeitsgemeinschaften und Werkkurse für die Schüler und Schülerinnen eine produktive Freizeitgestaltung, eine Übung und Stärkung nicht nur der intellektuellen, sondern auch der praktisch-manuellen und künstlerischen Fähigkeiten, eine für die

Berufswahl wichtige Erkennung und Erprobung ihrer individuellen Begabungen und eine Erziehung zur mitverantwortlichen Arbeit in einer Gemeinschaft" bedeuteten. Der Bericht schließt mit einem besonderen Dank an die Lehrerinnen und Lehrer,

> „die sich in ihrer schwierigen, viel Lust und Liebe, Sachkenntnis, Erfindungs- und Führungsgabe erfordernden Arbeit durch keine äußeren Hemmnisse haben entmutigen lassen. Die Bereitschaft, neue Wege zu gehen, hat dem ganzen Schulleben einen Auftrieb gegeben. Der menschliche Kontakt zwischen Lehrern und Schülern ist enger, die Anteilnahme der Eltern an der Arbeit der Schule größer geworden, wie der starke Besuch unserer Elternabende und Weihnachtsfeiern und zu Pfingsten auch unserer Kunstausstellung beweist."

Das Antwortschreiben am 15. Juni 1948 aus Münster kündigt an, alle „Leiter und Lehrer der Schulen" im Amtsbereich „mit [den] Bestrebungen bekannt zu machen, um sie zu entsprechenden Versuchen anzuregen".[84]

Trotz dieses zweifelsohne großen Erfolgs blieb die Beschäftigung von „Werklehrern", wobei auch Schwelmer Unternehmen halfen, ein dauerndes Problem, wie beispielsweise ein Brief Hellings vom 8. Juli 1948 an den Stadtdirektor verdeutlicht, in dem der Schulleiter das Einverständnis des Elternbeirats zur Weiterbeschäftigung eines Buchbinders mitteilte.[85] Jahre später wurde durch einen Erlass vom 7. August 1958 mit der Auflage eines staatlichen Lehrgangs in einer „Werklehrerbildungsanstalt" mit Prüfungsabschluss als Voraussetzung für eine Beschäftigung eines Werklehrers an der höheren Schule eine zusätzliche Erschwernis geschaffen.[86] Auch dieses bürokratische Hemmnis mag schließlich und endlich dazu beigetragen haben, dass heute diese segensreiche Einrichtung von Werkkursen trotz noch immer vorhandener Werkstätten im Keller des alten Schulgebäudes längst nicht mehr existiert. Meines Wissens hat der Buchbinderkurs noch am längsten bestanden. Auch die Verwaltungsberichte der Stadt seit 1948 bis weit in die fünfziger Jahre hinein[87] sind voll von sehr anerkennenden Ausführungen zu

---

[84] AMGS, Akte A 14.
[85] Ebd.
[86] Ebd.
[87] AMGS, Verwaltungsberichte der Stadt Schwelm 1948-1960.

diesem Reformwerk mit zahlreichen Hinweisen zu den gefertigten Gegenständen bis hin zur Anfertigung von Mobiliar für einen Lese- und Arbeitsraum für Schülerinnen und Schüler im Dachgeschoss („Olymp") und zu den aus dem Werkunterricht und den freiwilligen Arbeitsgemeinschaften erwachsenen Ausstellungen, Theateraufführungen und Konzerten in erstaunlich großem Umfang und beeindruckender Qualität, die das Schulleben außerordentlich bereicherten und in der Schwelmer Öffentlichkeit größte Aufmerksamkeit fanden.

Diese „Öffnung der beiden Oberschulen in die Gemeinde" wurde auch durch gemeinsame Veranstaltungen der Schulen mit Vereinen und Chören und durch Auftritte der Schultheatergruppe und des Schulorchesters bzw. -chors bei karitativen Institutionen und anlässlich von Festveranstaltungen und Feiern in der Gemeinde hervorgerufen und intensiviert. Aber immer wieder gab es Finanzierungsengpässe, die Helling wieder einmal am 11. April 1950 zu einem Bettelbrief an den Kreisausschuss des Ennepe-Ruhr-Kreises veranlasste, mit dem er einen einmaligen Zuschuss von 1000 DM für den Werkunterricht erbat.[88] Ausdrücklich verweist Helling in diesem Schreiben auf die vorliegende Genehmigung des Schulkollegiums Münster und des Kultusministeriums in Düsseldorf für die Reformmaßnahmen an beiden Schwelmer Oberschulen, zu denen er neben dem wahlfreien Unterricht in der Oberstufe auch den Werkunterricht in der Mittelstufe zählt. Der Andrang zum Werkunterricht sei so hoch, dass eine zusätzliche finanzielle Unterstützung unumgänglich sei. Helling nennt neben den bereits erwähnten Werkkursen noch einen im Modellieren und plastischen Gestalten an der Oberschule für Jungen und einen Kurs zu graphischen Techniken (Holzschnitt, Radierung, Lithographie) an der Oberschule für Mädchen. Die Kurse seien in solche für Anfänger und Fortgeschrittene eingeteilt. Er schreibt:

> „Ein Abirren in spielerische Bastelei [!] ist unmöglich. Es wird sachgerecht gearbeitet wie in einer Handwerkslehre. Sämtliche Teilnehmer sind gegen Unfall versichert. (...) In den Lehrgängen wird teils für den Eigenbedarf der Schüler, teils für die Schule gearbeitet. Bisher sind in der Buchbinderei beschädigte Bücher, Atlanten und Noten eingebunden, geschmackvolle Bucheinbände und Mappen gefertigt worden. In der Schlosserei u.a. Leuchter,

---

[88] AMGS, Akte A 14.

Schlüssel, Reparaturen aller Art, Notenständer für den Musikunterricht, Scheinwerfer für die ‚Faust'-Aufführung,[89] ein großer Werkzeugschrank aus Eisenblech mit 16 verschließbaren Fächern. Zu Beginn des neuen Schuljahres ist die Herstellung eines großen Gestells für 30 Fahrräder geplant. In der Schreinerei, die vier neue Hobelbänke besitzt, wurden Bilderrahmen, Werkzeug-, Blumen- und Schuhkästen, eine Verschalung für die Schalttafel im Kellergeschoss der Schule, Kulissen für die Bühne und ein Kasperle-Theater hergestellt. In der Handweberei Schals, Westen, Kapuzen, Kissen, Vorlagen und Decken."

Helling schließt mit den Worten:

„Diese Werkarbeit ist aus dem Leben der Schule nicht mehr wegzudenken. Sie hat auf die Schüler und Schülerinnen eine zunehmende Anziehungskraft ausgeübt. (...) Der Andrang[90] ist so groß, daß er mit den augenblicklich vorhandenen Geldmitteln nicht zu bewältigen ist."

Diesem ausführlichen Bericht hatte Helling einen „Bildbericht" beigefügt, um dessen Rückgabe er ausdrücklich bat. Eben dieser Bildband[91] über die freiwilligen Arbeitsgemeinschaften und den Werkunterricht war lange Zeit verschollen, bis er mir als Schulleiter der ehemaligen ‚Reformschule Hellings' anlässlich der Helling-Tagung im März 2002 unerwartet aus dem Nachlass Fritz Hellings überreicht wurde. Deshalb kann ich dieses hervorragende Dokument des Werkunterrichts in diesem Beitrag erstmals würdigen, und zwar als in den Werkkursen und Arbeitsgemeinschaften in gemeinsamer Arbeit gefertigtes Erinnerungsbuch in Text und Bild (Fotos), wobei in der Buchbinderei der Einband aus Pappe mit Leinenrücken hergestellt worden sein wird. Der „Bildbericht" umfasst stattliche 48 Seiten, mit ausführlichen Erläuterungen zu den Kursen und Arbeitsgemeinschaften und mit zahlreichen Fotos, die die Intensität des

---

[89] Gemeint ist damit eine „Urfaust"-Aufführung des Theaterkreises und Schulorchesters im Reuter'schen Saal am Brunnen in Schwelm im November 1949 in Anwesenheit der Oberschulrätin aus Münster. Diese Aufführung war übrigens so erfolgreich, dass vier Tage hintereinander in einem mit ca. 700 Besuchern überfüllten Saal gespielt werden musste.
[90] Helling nennt ein Wachstum der Teilnehmer vom Schuljahr 1949/50 auf das Schuljahr 1950/51 von 90 auf 208 Mädchen und Jungen.
[91] AMGS, Oberschule für Jungen. Bildbericht in drei Teilen.

gemeinsamen Arbeitens und die Freude der miteinander Arbeitenden und Musizierenden eindrucksvoll zum Ausdruck bringen.

An dieser Stelle meines Beitrags mag sich der Leser längst fragen, warum so ausführlich auf den Werk- und Arbeitsgemeinschaftsunterricht eingegangen wird. Das geschieht ganz bewusst, weil es meines Wissens in der Literatur zu Helling bisher keine auch nur annähernd angemessene Darstellung dieses bedeutenden Reformwerks gibt und weil erst in dieser Ausführlichkeit und Genauigkeit deutlich wird, dass es sich nicht um gelegentliche Unterrichtsveranstaltungen sozusagen als „Eintagsfliegen" gehandelt hat, sondern um einen tragenden Baustein des Schulprogramms am Gymnasium in Schwelm. Weil darüber hinaus der erwähnte „Bildbericht" erstmals vorgestellt werden kann, sei mir gestattet, abschließend auf diesen näher einzugehen und dabei bisher noch nicht Erwähntes zu ergänzen.[92]

Der „Bildbericht" besteht aus drei Kapiteln: Teil 1 umfasst die mathematisch-naturwissenschaftlichen Arbeitsgemeinschaften im Rahmen der „Einführung des neuen Lehrplans 1949/1950", d.h. er beinhaltet die Arbeitsgemeinschaften im Konzept der „Wahlfreiheit in der Oberstufe". Teil 2 beschäftigt sich mit den „freiwilligen Werkkurse[n] am Gymnasium und an der Frauen-Oberschule in Schwelm". Teil 3 bietet „Bilder aus den Arbeitsgemeinschaften auf dem Gebiete der MUSICA am Gymnasium und an der Frauen-Oberschule von Schwelm".[93] Der „Bildbericht" ist im Juli 1949 entstanden, wie man der datierten Unterschrift des Musiklehrers Dienelt entnehmen kann.

Im Zusammenhang mit dem Werkunterricht und den freiwilligen Arbeitsgemeinschaften gehe ich nur auf die Kapitel 2 und 3 ein, während ich das Kapitel 1 in meiner Darstellung der Oberstufenreform berücksichtige. In der Herleitung des Werkunterrichts wird bewusst auf die Arbeitsschulbewegung abgehoben, d.h. diese Unterrichtsform sollte nicht in erster Linie eine Freizeitgestaltung sein, sondern dem pädagogischen Be-

---

[92] Bei dieser Gelegenheit möchte ich grundsätzlich erklären und um Verständnis dafür bitten, dass ich auch im Folgenden sehr ausführlich und detailliert aus den vielfältigen Quellen zitiere. Das geschieht aus zwei Gründen: einmal ist das Quellenmaterial weitestgehend schwer zugänglich; zweitens soll so weit wie möglich für Authentizität in der Beschreibung und Schilderung gesorgt werden. Damit ist diese Abhandlung über weite Passagen hinweg als kommentierter Reader zur Helling-Reform zu nutzen, was ausdrücklich beabsichtigt ist.

[93] Dieser Teil enthält auch umfangreichere Textpassagen.

mühen dienen, der „Gefahr einer einseitigen intellektuellen Bildung (...) durch eigene praktische Betätigung" entgegen zu wirken. Außerdem soll der Schüler ein „Handwerk achten lernen und seinen Anlagen und Neigungen entsprechend sich betätigen können. Damit wird bei manchen Schülern die Entscheidung für eine spätere Berufswahl [!] frühzeitig erleichtert." Der Werkunterricht schaffe, so heißt es, eine „lebendige Beziehung zwischen Schule und öffentlichem Leben". Der Bericht verweist auf die Entrümpelung und Instandsetzung der Werkräume im Kellergeschoss der Schule, wobei zunächst die Buchbinderei eingerichtet werden konnte, dann die Schlosserei und noch 1949 die Schreinerei. Die Schüler haben die Werkräume selbst eingerichtet und sich laufend um Verbesserung der Arbeitsbedingungen bemüht. Die Beachtung von Arbeitsschutzmaßnahmen wurde regelmäßig von der Gewerbeaufsicht überprüft. Die Ausstattung der Buchbinderei bestand aus einer Papier- und Pappschere, ferner aus einer Kopier- und Handpresse, einem elektrischen Ofen für Leimkocher und anderes Werkzeug. In der Schlosserei gab es eine große Feilbank mit sechs Schraubstöcken, eine Drehbank, eine Bohrmaschine, eine Bandsäge, einen Schleifstein mit elektrischem Antrieb, einen Amboss, eine Feldschmiede, eine Blechschere und alles notwendige Werkzeug. Schutzvorrichtungen für die Maschinen waren nach fachmännischen Angaben selbst hergestellt und angebracht worden. Die Schreinerei besaß 1949 zwei Hobelbänke, doch sollten zwei weitere angeschafft werden. In gefertigten Werkzeugschränken befand sich „alles notwendige" Werkzeug.

Erwähnt wird ausdrücklich die augenblickliche Arbeit an einer Stundenplantafel, die übrigens heute noch existiert wie auch noch einige der aufgeführten Einrichtungsgegenstände und Maschinen. Auch wurden unter anderem Modelle für den naturwissenschaftlichen Unterricht gefertigt. Besonders hervorgehoben wird, dass die Schüler für den Eigenbedarf und für den Bedarf der Schule fertigten, was die Motivation wecken und erhalten sollte, die „Zeit, Mühe und Ausdauer" aufzubringen, die nötig war. Gerade in dieser Hinsicht wurden die Werkkurse, unabhängig von den Arbeitsergebnissen, für erzieherisch besonders wertvoll erachtet. Wir halten diese „Schlüsselqualifikation" der Ausdauer und Belastbarkeit heute wieder für besonders bedeutsam! Die Fotos zeigen das Schneiden von Buchdeckeln mit der Pappschere, das Falzen von Buchrücken, das Beschneiden des Buchblocks mit der Papierschere, das Abpressen des fertigen Buches mit Brettern und Schraubzwinge in der Buchbinderei, die

Arbeit an der Drehbank in der Schlosserei und erste Versuche mit dem Hobel und Werkzeugpflege in der Schreinerei. In dem Buchbindekurs der Frauen-Oberschule ging es um Papp- und Buchbindearbeiten. Hergestellt wurden Sammelmappen „mit selbstgemalten Schmuckpapieren". Eigenhändig wurden „Stege in die Deckel geschlagen für den Banddurchzug zum Mappenverschluss". Es wurden auch Mappen mit Rücken und Ecken aus Kunstleder hergestellt, außerdem Schreibunterlagen und Schreibmappen mit „selbstgemalte[m] Papier als Bezug" mit immer „neuen Farbwirkungen". Höhepunkt der Kursarbeit war das Buchbinden. Übrigens: Im Schularchiv sind diese Erzeugnisse zum Teil noch bewahrt. Auf den Fotos sieht man Mädchen an der Pappschere und an der Handpresse. Die Handweberei der Mädchen erfolgte an sechs Webrahmen.

Ein Kurs dauerte in der Regel ca. drei Monate, was bedeutete, dass es im Laufe eines Schuljahres zu mehreren Teilnehmerinnenwechseln kommen konnte. Der Kurs begann mit einer Ausstellung von fertigen Webstücken zur Motivation: Schals, Westen, Jäckchen, Röcke, Kissen, Tischdecken, Buchhüllen, Flickenteppiche und Tischläufer wurden zur Demonstration, Nachahmung oder als Anregung präsentiert. Einführend bekamen die Teilnehmerinnen „einen Begriff von Kette (Längsfaden) und Schuss (Querfaden), ebenso [wurde] ihnen der Unterschied zwischen Leinen- und Ripsbindung klar". Die Mädchen arbeiteten in der Regel mit selbst mitgebrachten Garnresten. „Die Farb- und Garnauswahl [wurde] getroffen, Länge und Anzahl der Kettfäden [wurden] berechnet und diese abgelängt. Danach folgte das Einziehen dieser Fäden in den Kamm", und zwar nach wirkungsvollen Musterungen. „Die Fäden [wurden] nun in die Kerben des hinteren Kettbaumes wie in die des vorderen Warenbaumes eingehängt. Wenn die Schiffchen mit den verschiedenen Farben aufgewickelt [waren], [kam] der große Augenblick des Webens." Der Bericht schließt mit folgenden Worten:

„Immer wieder erlebt man, mit welcher Freude die Mädel dabei sind, selbst etwas zu schaffen. Einen Schal, Stoff für eine Jacke können sich viele Menschen anschaffen, aber selbst ein Stück unter ihren Händen entstehen lassen, kann nur eine geringe Zahl. Die Mädel lernen die Technik des Webens, daneben wird ihr Farbsinn geschult, auch die Hilfsbereitschaft tritt in den Vordergrund, weil manche Vorarbeiten gemeinsam geleistet werden müssen, aber die Freude am Schöpferischen ist wohl das Schönste und Wertvollste."

Damit ist der erzieherische Wert der Selbsttätigkeit und der Teamarbeit in den Werkkursen unmissverständlich zum Ausdruck gebracht. Fotos zeigen die Mädchen bei dieser handwerklich anspruchsvollen Webarbeit.

Die ausführliche und detaillierte Schilderung der Werkkursarbeit hat hoffentlich dazu beigetragen, einen wirklich adäquaten Eindruck von ihrer außergewöhnlichen fachlichen und pädagogischen Qualität vermittelt zu bekommen. – Abschließend noch einige Erläuterungen zu den musikalischen Arbeitsgemeinschaften, die im Teil 3 vorgestellt werden, aber als Kurse verstanden werden müssen, in denen die freiwilligen Arbeitsgemeinschaften der Unter- (nur in der Musik) und Mittelstufe und die Wahlpflicht-Arbeitsgemeinschaften der Oberstufe in der gemeinsamen musisch-künstlerischen Arbeit integriert waren. Dieser Bericht setzt ein bei den ersten Musikproben 1947 „im geheiligten Konferenzzimmer der Schule", weil Gesangssaal und Aula zu dieser Zeit noch zerstört waren. Es wurde auch in den Klassenräumen musiziert. An Abenden und freien Nachmittagen wurden Noten abgeschrieben. Schon damals arbeiteten „150 bis 200 Sängerinnen und Sänger und Instrumentalisten auf geliehenen Instrumenten" zusammen. Ausführliche Dokumente zu den hervorragenden Ergebnissen dieser Art von „Werkkursarbeit" belegen die Weihnachtskonzerte der Jahre 1947 und 1948 im Saal Reuter am Brunnen und im „Modernen Theater" am Neumarkt, im Herbst 1948 eine Aufführung des Märchenspiels „Der Fischer und sine Fru" wieder im Reuter'schen Saal im Zusammenwirken von Theaterkreis, Schulchor und Schulorchester, ein Chor- und Orchesterkonzert beider Oberschulen unter Mitwirkung von Schülerinnen und Schülern der Klassen Sexta bis Obersekunda am selben Ort und ein „Volks-Lieder-Singen" anlässlich des Frühlings 1949 im „Scala-Theater" zusammen mit dem Männerchor des Schwelmer Eisenwerks unter Mitwirkung des Streichorchesters der Oberschulen und begleitet von Gedichtrezitationen.

Auch die Mitgestaltung von Schulfeiern wird ausdrücklich erwähnt. Schließlich wird auch die bewusste Öffnung der musischen Werkkursarbeit in die Gemeinde betont:

> „In unserer Musik-Arbeit pflegen wir jedoch nicht nur die Verbindung mit den Eltern unserer Schulkinder. Wir hoffen, auch in die Stadtmitte vorzudringen, indem wir offenes Singen in den Krankenhäusern durchführen, in Gemeinschaft mit Musik-Vereinen der Stadt wirken, der sozialen Arbeit dienen u.s.w. Es freute uns besonders, dass die Schule gebeten wurde, eine Weihnachtsfeier zu

gestalten, die im Rahmen der Arbeitsgemeinschaft der freien Wohlfahrt von allen Parteien der Stadt getragen wurde." Die Fotos geben einen tiefen Eindruck von dieser intensiven Musikerziehung, zeigen aber auch den Auftritt einer Schultanzkapelle als „Vertreterin der leichten Muse" und geben ein lebendiges Zeugnis ab von den Musikfreizeiten und Probenfahrten in den Pfingst- und Herbstferien. Dem Bericht ist auch ein „Plan der Arbeitsgemeinschaften auf dem Gebiet des Lehrfaches Musik" beigefügt, der die Intensität dieser Erziehungsarbeit belegt: an vier Wochentagen fanden wöchentlich musikalische Arbeitsgemeinschaften im Gesamtumfang von über 13 Zeitstunden statt, in sechsten Stunden am Vormittag, nachmittags und in den Abendstunden. Es wurde dabei gearbeitet mit einem Knaben- und Mädchenchor, getrennt und gemischt, mit zwei Gruppen Sologesang (eine von OIII bis OI), mit einem Ensemble aus Flöten- und Zupfinstrumenten, mit einem Kammermusikkreis, mit dem Orchester und in Musiktheorie. Dieses Programm spricht für sich! Die Wiederherstellung des Musiksaals und der Aula hat dem Lehrer- und Schülerengagement in den musikalischen Arbeitsgemeinschaften in den fünfziger Jahren selbstverständlich weiteren Auftrieb gegeben.

Nun aber zum Kernstück der „Reform-Lehrverfassung" am Schwelmer „Versuchsgymnasium", zum sogenannten „Schwelmer Plan", d.h. zur *„Elastisierung der Oberstufe mit beschränkter Wahlfreiheit der Fächer"*.[94] In dem bereits erwähnten Jahresbericht der Schule von 1945-1950,[95] vermutlich noch von Helling selbst verfasst, weshalb auch mit dem Ende des Schuljahres 1949/50 abbrechend, heißt es unter dem Schuljahr 1947/48:

> „Das Fehlen von Lehrplänen und verschiedene Hinweise auf eine bevorstehende Schulreform [!] veranlaßte den Direktor gemeinsam mit dem Kollegium, die Pläne für eine solche Reform schon jetzt [!] praktisch zu erproben. Die Pläne für eine weitgehende Wahlfreiheit der Fächer in der Oberstufe wurden der Elternschaft in einer Vollversammlung der Eltern [!] im Oktober des Jahres

---

[94] Auch bezeichnet als „Form der elastischen Unterrichtsgestaltung" oder „Auflockerung der Oberstufe".

[95] AMGS, Sammlung der Jahresberichte seit dem 19. Jahrhundert. Während es sich in der Regel um Schuljahreshefte handelt, ist der genannte Jahresbericht eine Zusammenfassung der Jahre 1945-1950.

1947 unterbreitet und von dieser gutgeheißen. Gestützt auf dieses Ergebnis und unter Zustimmung der Stadtverwaltung als Unterhaltsträger galt es, die Zustimmung der vorgesetzten Behörden zu gewinnen. Die Gabelung in einen sprachlichen und einen naturwissenschaftlichen Teil erschien zu starr und den Bedürfnissen der heutigen Zeit nicht mehr angepasst. Dem Schüler sollte mit seinem Eintritt in die Oberstufe die Freiheit gewährt werden, sich selbst die Fächer zusammenzustellen, für die er das größere Interesse zeigte und die ihm für seine künftige Berufswahl zweckmäßiger erschienen. In diesen Fächern sollte durch vermehrte Stundenzahl eine Mehrleistung die anderen Fächer mit verminderter Stundenzahl ausgleichen. Neue Lehrfächer wie Gegenwartskunde, Gesellschaftslehre und Altertumskunde sollten neu in den ordentlichen Lehrplan aufgenommen werden. Auch die Betätigung in den musischen Fächern Kunst [sic!] und Musik sollten in ihren Sonderleistungen stärker als bisher gewertet werden. Bei diesen weitgehenden Plänen fand der Direktor die volle Unterstützung des Kollegiums. Es bedurfte aber mancher Aussprache mit den vorgesetzten Behörden, in die sich auch die Vertreter der Kulturabteilung der Militärregierung [!] einschalteten, um die Erlaubnis zur Erprobung zu erhalten. So konnten im Herbst die Vorbereitungen für die Umstellung im neuen Schuljahr 48/49 beginnen."

Unter dem Schuljahr 1949/50 wird im Übrigen noch nachgetragen, dass die durchgeführte „Wahlfreiheit der Fächer in der Oberstufe" des Gymnasiums „eine erhöhte Stundenzahl und damit auch einen erhöhten Bedarf an Lehrkräften" erforderlich gemacht habe. Mit diesem Zitat ist der Grundgedanke der bedeutendsten Reformmaßnahme an der Schwelmer Jungen-Oberschule formuliert. Es blieb also ein Vorbereitungszeitraum von Herbst 1948 bis Frühjahr 1949, der genutzt werden musste. Tatsächlich sind diese wenigen Monate gekennzeichnet durch einige Lehrerkonferenzen zu diesem Thema und natürlich durch die Abwicklung des Genehmigungsverfahrens. In einer Lehrerkonferenz vom 23. November 1948 berichtete Helling von einem Besuch des Oberschulrats, der die Schule „im allgemeinen für aufgeschlossen" halte und vorgeschlagen habe, die Selbsttätigkeit der Schüler im „Arbeitsunterricht" weiter zu fördern, dabei aber zu bedenken, dass „ein derartiger Unterricht leicht nur zu oberflächlichem Gerede [!] führen kann. Wichtig" sei „daher, uns zuerst Bewegungsfreiheit gegenüber dem Stoff

zu erkämpfen [!] und dann erst in den methodischen Bereich vorzusto-
ßen". Weiter heißt es dann: „Zu den freien Arbeitskursen äußerte sich
Herr Oberschulrat sehr anerkennend. Auch wurde er gewonnen für die
freie Unterrichtsgestaltung auf der Oberstufe. Ein Plan für die Durchsetzung unserer Absicht wurde mit ihm besprochen." Helling vermerkt,
dass auch ein diesbezügliches Gespräch mit dem Erziehungsoffizier der
Militärregierung in Herford stattgefunden habe, das sehr erfolgreich ab-
gelaufen sei.[96]

Zu diesem Zeitpunkt hatte der Reformplan in einer Lehrerkonferenz
am 22. Oktober 1948 längst konkrete Gestalt angenommen.[97] Ausdrücklich wurden die Arbeitsgemeinschaften, die seit 1945 als „freiwillige
Kurse" ohne Antasten der Pflichtstunden über zusätzliche Stunden eingerichtet worden waren, als Vorläufer der Reformmaßnahmen in der Oberstufe betrachtet. Der neue Plan sollte vorsehen, für alle Schüler der Oberstufe die Pflichtstundenzahl auf zwei Drittel der augenblicklich erteilten
Unterrichtsstunden zu reduzieren und die restlichen Stunden durch wahlfreie Fächer zu belegen, also durch diese Reformmaßnahme die augenblickliche Wochenstundenzahl mindestens beizubehalten. Der wesentliche Unterschied zur „Gabelung in einen mathematisch-naturwissenschaftlichen und einen sprachlichen Zweig", die auf Kosten der OIII erfolge, was zu „starr" sei, bestehe, wie es in der Konferenz hieß, darin,
dass nicht eine Differenzierung in zwei Gymnasialzweige, sondern eine
Differenzierung nach Fächern als wesentlich flexiblere Lehrverfassung in
der Oberstufe vorgesehen sei. Ziel sei die „Intensivierung des Unterrichts
neben erhöhter Leistungsfähigkeit in den gewählten Fächern", in denen
die Schüler im Abitur Überdurchschnittliches leisten müssten. Minderleistungen auf der einen Seite könnten durch Mehrleistungen auf der anderen ausgeglichen werden. Dieser „neue Plan", der „die einmütige Zustimmung des Gesamtkollegiums" erhielt,[98] sah vor: Die Schüler der
Oberstufe könnten nunmehr folgende Fächer abwählen („aufgeben"): M
(2), L (1), F (4), CH (1), BI (1), MU (1) und Zeich (1) = 11 Wochenstunden; statt dessen könnten sie wählen: D (2), E (2), L (2), M (2), PH (2) =
AG, CH (2) = AG, BI (2) = AG, Gegenwartskunde (neu: 1), Gesell-

---

[96] AMGS, Protokollbuch der Lehrerkonferenzen, 1946-1951, Bl. 47-48.
[97] Ebd., Bl. 45-46.
[98] Die ‚Gefolgschaft' war vermutlich nicht ungeteilt; denn hier und da gab es Andeutungen sachlicher Kritik.

schaftskunde (neu: 2), Mu (2) und Zeich (2) = 21 Wochenstunden.[99] Eine
Schülerumfrage in der OII und UI habe 167 Wochenstunden durch Ab-
wahl und 271 Wochenstunden durch Zuwahl ergeben, d.h. in der Ge-
samtoberstufe 28 Mehrstunden, wozu noch 7 Stunden in der UI des Lyzeums wegen eines hauswirtschaftlichen Lehrgangs addiert werden müssten. Diese Mehrkosten würde die Stadt aber wohl übernehmen. Die Be-
willigung durch das Schulkollegium in Münster dagegen sei schwierig,
da das der Schule zustehende Stundenvolumen angetastet werde. Deshalb
müsse man unbedingt erreichen, dass das Schwelmer Gymnasium als
„Versuchsschule" anerkannt und auch die britische Militärregierung gewonnen werde. Nach einigen Nachfragen im Kollegium hinsichtlich des
Zeitpunkts dieser besonderen Art von „Gabelung" bezüglich der inhaltlichen Gestaltung der Kunst- und Lateinkurse bat Helling das Kollegium,
sich Vorschläge zur Optimierung dieses Plans zu überlegen; denn er müsse noch Gegenstand weiterer Besprechungen sein. Bei dieser Gelegenheit
sei eingefügt, dass in der Tat die Einführung der Wahlfreiheit in der
Oberstufe eine sehr intensive Fachkonferenzarbeit an der Reformschule
ausgelöst hat, in der es um die stoffinhaltliche und methodische Gestaltung in den differenzierten Fächerangeboten ging.[100] Insbesondere das
neu eingeführte Fach Gesellschaftslehre, für das es keine Richtlinien gab,
bedurfte eines Lehrplans, der in eigener Souveränität von der Schule erarbeitet werden musste (bzw. durfte?), was auch geschah, zumal diese
Fach zu den Abiturfächern gehörte.

Am 3. Dezember 1948 wurde es ernst mit der Oberstufenreform an
der Schwelmer „Versuchsschule"; denn Helling schickte einen ersten
„Elastisierungsentwurf"[101] zur „persönlichen Orientierung" an den Oberschulrat Weiss als Grundlage für eine Besprechung anlässlich eines geplanten Unterrichtsbesuchs des Oberschulrats am 9. und 10. März in
Schwelm, der auch stattfand. Dort war der Erstentwurf so positiv aufgenommen worden, dass Helling gebeten wurde, die Pläne weiter zu verfolgen und sie möglichst bis zum 1. April 1949 offiziell einzureichen,
damit sie, mit einer positiven Stellungnahme versehen, der Ministerin zur
Genehmigung vorgelegt werden könnten. Diese Marschrichtung wurde

---

[99] Die Ziffern in Klammern geben die Wochenstundenzahl an.
[100] Erarbeitung von Stoffplänen und Methodenkonzepten zur „Vertiefung praktischer
Übungen", zum Beispiel im Mai 1950.
[101] AMGS, Akte A 14.

mit einer Verfügung des Schulkollegiums vom 30. November 1948 bestätigt.[102] Nach dieser positiven Entwicklung erfolgte am 1. März 1949 erstmals ein offizieller Antrag auf Genehmigung einer „freieren Gestaltung des Unterrichts auf der Oberstufe",[103] und dieser ist zunächst mit Verfügung vom 14. April 1949[104] durch das Schulkollegium und dann nachträglich mit Erlass vom 28. April 1949 durch das Kultusministerium genehmigt worden,[105] so dass die Schwelmer Jungen-Oberschule von diesem Augenblick an „Versuchsschule" im Land Nordrhein-Westfalen war und Ostern 1949 mit dem Versuch beginnen konnte, über dessen Verlauf jährlich zu berichten war. Übrigens beschloss die Lehrerkonferenz zwei Tage vor der nachträglichen Genehmigung durch das Kultusministerium, nämlich am 26. April 1949, hinsichtlich der Zahl der Klassenarbeiten im Rahmen der „elastischen Unterrichtsgestaltung" flexible Entscheidungen zu treffen.[106]

Nun zu den zentralen Zielen und Maßnahmen, aber auch zu den schon erkennbaren und nicht verschwiegenen Problemen des „Schwelmer Plans" im Schuljahr 1949/50:[107]

„Der Sinn des Versuchs besteht in der Verwirklichung der vom Kultusminister des Landes Nordrhein-Westfalen anerkannten Forderung, ‚jedem die seinen Anlagen und seiner Begabung am besten entsprechende Ausbildung' zu sichern. Dieses Ziel soll auf der Oberstufe durch die Gestattung einer begrenzten Wahlfreiheit erreicht werden. 2/3 des Unterrichts bleibt als ‚Kern' für alle verbindlich, 1/3 bietet in ‚Kursen' Wahlmöglichkeiten nach individueller Neigung und Begabung. (...) Der Unterricht findet teils in Klassen, teils in Fachgruppen statt. Zum Kern-Unterricht gehören alle Schulfächer außer Französisch, das als dritte Fremdsprache wahlfrei ist. (...) Die Kurse dienen der Erweiterung und

---

[102] Ebd.

[103] Ebd.; der Antrag enthält das Erstmodell der Reform; zu jedem neuen Schuljahr musste ein neuer Antrag gestellt werden, der einen Evaluationsbericht und einen nach den Erfahrungen modifizierten Modellvorschlag enthielt.

[104] Ebd.

[105] Ebd.; die Genehmigung erfolgte unter AZ II E 3 – 14/1 Nr. 3480/49.

[106] AMGS, Protokollbuch der Lehrerkonferenzen, 1945-1951, Bl. 60.

[107] AMGS, Akte A 14; die Arbeit von Karl Heinz Horn (s. Literaturverzeichnis) behandelt die Entwicklung der Reformpläne bis 1956 und die damit verbundenen Modifizierungen genauer.

Vertiefung der Schulfächer. Nur Altertumskunde, Gesellschaftslehre und Gegenwartskunde werden neu hinzugenommen. Die untere Grenze der gesamten Wochenstundenzahl ist auf 32, die obere auf 34 festgesetzt. Beim Abitur muss die Minderleistung in einem gleichwertigen Fach mit zusätzlich gewählter Stundenzahl ausgeglichen werden. (...) Aus Raummangel müssen einige Arbeitsgemeinschaften auf den Nachmittag gelegt werden. Aus Sparsamkeitsgründen sind Kombinationen[108] in einigen Fächern vorläufig nicht zu vermeiden. (...) Die Entscheidung der Schüler (...) lässt einen erfreulichen Bildungswillen erkennen. Der Wunsch, mehr als 34 Stunden zu wählen, war so stark, dass eine Beschränkung notwendig wurde, um eine Überlastung zu vermeiden. Schon diese vorläufige Erfahrung zeigt, dass durch die Gestaltung der Wahlfreiheit bei den Schülern eine Steigerung der Arbeitsfreude und eine Erhöhung der Leistungen besonders in den Neigungsfächern zu erwarten ist. Das Lehrerkollegium ist deshalb (...) bereit, die erhöhten Anforderungen, die der neue Unterricht stellt, auf sich zu nehmen und den Plan durchzuführen im Vertrauen auf die guten Erfahrungen, die man in Deutschland und in anderen Ländern mit der Gewährung größerer Bildungsfreiheit gemacht hat."

Eine beigefügte Übersicht verdeutlicht den Plan. Demnach war der Kernunterricht in den Fächern Religion, Deutsch, Geschichte und Erdkunde für alle Schüler verbindlich. In den Fächern Latein, Englisch, Mathematik und Naturwissenschaften nahmen die Schüler, die sich für eine größere Stundenzahl entschieden, am Kernunterricht nicht teil; d.h. Kernund Kursunterricht waren in diesen Fächern getrennt. Zum eingeschränkten Pflichtunterricht („Kernunterricht"), der 23-24 Wochenstunden umfasste, gehörten alle gängigen Schulfächer mit Ausnahme des Französischen, das wahlfrei war. Zusätzlicher „Kursunterricht" diente der Erweiterung und Vertiefung des Fachangebots; im „kulturkundlichen Aufgabenfeld" (Deutsch, Geschichte = Gegenwartskunde, Gesellschaftslehre, Erdkunde), im „fremdsprachlichen Aufgabenfeld" (Latein, gekoppelt mit Altertumskunde, Englisch, Französisch), im „mathematisch-

---

[108] Diese „Kombinationen" blieben ein fester Baustein im Oberstufensystem. Auf diese Wiese wurde eine erhöhte Wochenstundenzahl eines Fachs dadurch erreicht, dass zum Beispiel M (4) mit M-AG (2) gekoppelt wurde. Ein ähnliches Verfahren galt zum Teil auch für andere Fächer.

naturwissenschaftlichen Aufgabenfeld", übrigens dem Schülerlaufbahn-schwerpunkt an der mathematisch-naturwissenschaftlichen Oberschule für Jungen (Mathematik, Physik, Chemie, Biologie) und im „musisch-künstlerischen Aufgabenfeld" (Zeichnen, Musik, gekoppelt mit Chor- und Orchesterarbeit). In diesem Modell einer reformierten Oberstufe wechselte aus organisatorischen Zwängen traditioneller Klassenunterricht mit Unterricht in einer außergewöhnlich hohen Zahl von klassen-übergreifenden Arbeitsgemeinschaften (entweder aus OII bis OI[109] oder aus UI und OI) ab.

Vom 18. Oktober 1949 stammt bereits der erste Erfahrungsbericht Hellings über die bis dahin abgelaufene Oberstufenreform an das Schul-kollegium und Kultusministerium.[110] Was erfahren wir dort über die Entwicklung? „Der Versuch hat sich trotz einiger Mängel, die noch zu beheben sind, bewährt und wird von Lehrern und Schülern bejaht. Nur 2 von den 75 Schülern der Oberklassen würden den Normallehrplan vor-ziehen." Zum ersten Mal tauchen die Begriffe „Maximal- oder Minimal-kurse" (an anderer Stelle auch „Plus- oder Minuskurse" genannt, ge-schrieben häufig „+Kurse" bzw. „-Kurse") für die „Neigungsfächer" bzw. „Wahlfächer mit verringerter Stundenzahl"[111] auf:

„Die Wahlfreiheit beschränkt sich auf die Möglichkeit, in den meisten Fächern nach Interesse, Begabung und Berufsabsicht mehr oder weniger Wochenstunden, d.h. Maximal- oder Minimal-kurse zu wählen. Ungefähr ein Drittel der Wochenstunden ist zur Wahl freigegeben. (...) Das Interesse der Lehrer und Schüler gilt in besonderem Maße den Maximalkursen in Deutsch, Fremdspra-chen (Latein, Englisch, Französisch), Mathematik, Naturwissen-schaften (Physik, Chemie, Biologie), Kunsterziehung und Musik. Der Unterricht in diesen selbstgewählten Kursen wird nicht durch die träge Masse der Uninteressierten gehemmt. Der Arbeitseifer spornt die Mehrzahl der Schüler zu Leistungen an, die größer sind als im Normalunterricht, am offenkundigsten im Englischen, in

---

[109] Gerade die Kombination mit der OII wurde aber wegen der fehlenden Eingangsvoraus-setzungen und der dadurch beeinträchtigten Leistungshomogenität in den gemischten Lerngruppen in den betroffenen Fachschaften kritisiert.
[110] AMGS, Akte A 14.
[111] In der Regel galt das Modell +Kurs (4) / Sonderfall: (4) + (2); -Kurs (2).

den Naturwissenschaften und in Musik. Die Lehrer haben Freude am Unterricht und scheuen auch vor Mehrarbeit nicht zurück."
Helling geht auch auf die „Wahlfächer mit verringerter Stundenanzahl" ein:

„Die Minimalkurse in Latein (2), Mathematik (2) und den Naturwissenschaften (je 1)[112] leiden augenblicklich noch unter der Unsicherheit, welche verminderten Ziele erreicht werden sollen. Die Beschränkung auf je 1 Stunde in Physik, Chemie u. Biologie für diejenigen Schüler, die nicht 4 Stunden in einem dieser Fächer wählen wollten, hat sich nicht bewährt. Sachlich gute, aber finanziell vielleicht nicht tragbare Änderungsvorschläge eines Lehrers u. eines Obersekundaners werden augenblicklich geprüft."

Damit spricht Helling einen zentralen Kritikpunkt an der Fächerdifferenzierung an, der auch in den Fachschaften immer wieder thematisiert worden ist.[113] Die genannten Änderungsvorschläge sind nicht bekannt, werden aber auf eine Stundenerhöhung in den Minimalkursen hinausgelaufen sein.

Zu den neu eingeführten Fächern bemerkt Helling: „Altertumskunde (1), Gegenwartskunde (1) u. Gesellschaftslehre (2), die von vielen Schülern gewählt werden, haben sich als wertvolle Ergänzung der Schulfächer erwiesen."[114] Von besonderem Interesse sind seine Ausführungen über das Wahlverhalten, die Beratung der Schüler und die pädagogischen und unterrichtlichen Auswirkungen:

„Der Einwand, Obersekundaner und Primaner seien noch nicht reif genug, um eine Wahl zu treffen, hat sich als falsch erwiesen. Die geforderte Entscheidung ist von den Schülern nach Beratung mit den Eltern sorgfältig und gewissenhaft getroffen worden. Für unser Vertrauen in die Reife der Schüler sind wir reich belohnt worden. Die selbständige Wahl der Kurse durch die Schüler hat dem Unterricht in den Oberklassen starke Impulse gegeben. Der

---

[112] Die Ziffern in den Klammern geben die Wochenstundenzahl an.

[113] In dieser Hinsicht wird auch Kritik in den Abiturakten erhoben.

[114] Die Laufbahnbögen der Oberstufenschüler bestätigen diesen Erfolg, insbesondere für die Gesellschaftslehre, die fast regelmäßig auch als schriftliches Abiturfach gewählt wurde, obwohl StA Dr. Hövelmann, der für den erkrankten Helling als Kurslehrer einspringen musste, immer wieder kritisch auf die Diskrepanz zwischen dem mündlichen Unterrichtsfach und der geforderten Schriftlichkeit in der Abiturprüfung abhob. Übrigens: Helling denkt in seinem Bericht an die Neueinführung des Fachs Philosophie.

Wunsch, sogar mehr als die festgesetzte Höchststundenzahl (34) zu wählen,[115] war so stark, dass wir ihm in zahlreichen Fällen nachgegeben haben. Wo in einigen Fällen die getroffene Wahl als unzulänglich erschien, haben wir die Schüler in persönlichen Aussprachen zu Korrekturen veranlasst. Da, wo Übereifrige oder Schwache und Unsichere auf Grund negativer Erfahrungen nachträglich eine Änderung wünschten, haben wir ebenfalls in persönlicher Beratung einen gemeinsamen bejahten Ausweg gefunden. Im allgemeinen sind die Schüler bei ihrer anfangs getroffenen Wahl geblieben, ein Beweis für die Sorgfalt ihrer ersten Entscheidung."

Man möchte ergänzen: auch für die offensichtliche Sorgfalt in der Oberstufenberatung, dabei im offenbar möglichen Rückgriff auf vorhandene Entscheidungsspielräume. Bemerkenswert jedenfalls ist, dass die Oberstufenreform Hellings auch Vorstufen zur heutigen Systemberatung in der Differenzierten Oberstufe enthielt.

Die breite Befürwortung der Oberstufenwahlfreiheit durch die Schüler belegt Helling mit einigen Meinungsäußerungen:

„Der neue Plan gibt mir die Möglichkeit, in den Fächern, die mich interessieren, gründlicher zu arbeiten. – Ich kann mich mehr den Fächern widmen, die mir Freude machen. – In den einzelnen Fächern wird mehr geleistet; man kommt schneller voran, da die Uninteressierten ausscheiden und den Unterricht nicht aufhalten. – Für das Studium ist es ein Vorteil, dass man sich schon intensiver vorbereitet hat. – Es wird mir Gelegenheit gegeben, mich auf meinen zukünftigen Beruf vorzubereiten. – Man hat die Möglichkeit, durch selbständiges Arbeiten tiefer in den Stoff einzudringen. – Größeres Interesse und größere Beteiligung am Unterricht. Besseres Verhältnis zwischen Lehrern und Schülern. – Jetzt erst weiß ich, dass eine Schule auch ‚schön' sein kann."

Schließlich stellt Helling die Oberstufenreform in sein pädagogisches Gesamtkonzept von Schülermitverantwortung, wenn er schließt:

---

[115] Dieser hohe Richtwert von 32-34 Pflichtwochenstunden für die Schüler, der durch die Laufbahnbögen bestätigt und zuweilen sogar mehr oder weniger deutlich übertroffen wird, ist eigentlich ein Widerspruch im Reformwerk Hellings, der gerade für die deutliche Einschränkung der Fächerzahl eingetreten war. Aber dieses Ziel war wohl nicht durchzusetzen, auch wenn es anderen Versuchsschulen besser gelungen ist. Siehe dazu Karl Heinz Horn (Literaturverzeichnis).

„Die freiere Gestaltung des Unterrichts hat in den Oberklassen zu einer Verringerung des Mogelns geführt. Die freudige Bejahung der Schule u. die hilfsbereite Mitarbeit im ganzen Schulbereich haben uns dazu ermutigt, den Schülern ein Mitregierungsrecht in einem aus Lehrern und Schülern gewählten Schulausschuss einzuräumen und ihnen reale Mitverantwortung zu übertragen. Die Auswirkungen reichen also bis in die Tiefe des Erzieherischen."

Dieser eingereichten „Lehrverfassung" (Fassung II) hat Helling den bereits oben erwähnten und besprochenen „Bildbericht" über die Arbeitsgemeinschaften und die Werkkurse angefügt, der vermutlich zu diesem Folgeantrag an die Schulbehörde verfasst worden ist. Das Schulkollegium gab mit Schreiben vom 6. November 1949 erneut ‚grünes Licht' für eine Weiterführung der Reform, forderte aber auch zum 10. Januar 1950 „Vorschläge über die Gestaltung des Abiturs im organischen Anschluss an Ihre Reform der Oberstufe", und zwar mit dem ausdrücklichen Hinweis, „dass die Anforderungen beim Abitur gegenüber denen anderer Schulen nicht geringer [!] sein dürfen".[116] In einem Schreiben vom 6. Januar 1950 an die Oberschulrätin Justus unterbreitete Helling die gewünschten Vorschläge für die „freiere Gestaltung des Abiturs", denen das Schulkollegium zustimmte: „Aus der freieren Gestaltung des Unterrichts auf der Oberstufe ergibt sich mit Notwendigkeit auch eine freiere Gestaltung des Abiturs."[117] Dazu galten ab sofort und für die kommenden Jahre unverändert folgende Regelungen: Verbindlich waren vier schriftliche Abiturfächer, darunter verpflichtend Deutsch und Mathematik. Als drittes schriftliches Fach musste Englisch, Französisch oder Latein gewählt werden. Als viertes schriftliches Fach standen die zweite Fremdsprache, Physik, Chemie, Biologie, Gesellschaftslehre, Musik und Kunst zur Auswahl. Für das Bestehen der Abiturprüfung galt folgende Bestimmung: Minderleistungen in einem Fach mit verringerter Stundenzahl (so genannte Minimal- oder Minuskurse) müssen durch Mehrleistungen mindestens in einem gleichwertigen Fach mit zusätzlich gewählter Stundenzahl (sogenannte Maximal- oder Plusfächer) ausgeglichen werden.[118]

---

[116] AMGS, Akte A 14.

[117] Ebd.

[118] Sehr interessant im Zusammenhang mit den Abiturregelungen ist auch eine Lehrerkonferenz am 9. Dezember 1949 (AMGS, Protokollbuch, Bl. 69-71), in der der Gedanke erörtert wird, sogenannte Jahresarbeiten im Rahmen der Abiturleistungen zu bewerten, wobei sogar daran gedacht wird, statt einer solchen Arbeit die besonderen Leistungen eines

Mit Datum vom 25. November 1950 schickte OStR Kaspers als Vertreter des mittlerweile erkrankten Helling eine dritte Fassung der „Lehrverfassung" für die reformierte Oberstufe an den Stadtdirektor, die auch Grundlage der wieder fälligen Berichterstattung an das Schulkollegium und Kultusministerium und für die Beantragung einer Weiterführungsgenehmigung war.[119] Diese Vorlage erfolgte aber im Zusammenhang mit der damals anstehenden Entscheidung des Schulträgers über die Wahl eines bestimmten Gymnasialtyps. Gerade im Zusammenhang mit den Auffassungen des Schulreformers Fritz Helling zu diesem Thema sind die Ausführungen der Vorlage interessant:

> „Die Stadt Schwelm teilt die Ansicht des DSTB, dass die Festlegung aller höheren Schulen auf bestimmte einseitige Schultypen für Kleinstädte, die nur eine höhere Schule unterhalten, erhebliche Nachteile hat und dass es dringend notwendig ist, eine den Bedürfnissen der Klein- und Mittelstädte entsprechende Schulform zu schaffen. Für die Unter- und Mittelstufe könnte man sich in etwa nach dem Typ des früheren Reform-Realgymnasiums richten. Als Sprachenfolge wäre zu empfehlen: in Sexta Beginn mit einer modernen Fremdsprache (Englisch), in Quarta Latein/für einen evtl. Realschulzweig Französisch als 2. Fremdsprache, in Untersekunda Französisch. Die Mathematik der Mittelklassen könnte sich mit 4 Wochenstunden (statt 5) begnügen."

In diesem für das höhere Schulwesen in Schwelm wichtigen Kontext heißt es bezüglich der Oberstufe weiter:

> „Nach Ansicht der Stadt wäre [es] aber verfehlt, diesen ‚realgymnasialen' Typ auf der Oberstufe weiterzuführen. Es empfiehlt sich vielmehr, in den Oberklassen den festen Schultypus der Unter- und Mittelstufe durch eine wahlfreie Unterrichtsgestaltung zu ersetzen, bei der die individuellen Interessen und Begabungen der

---

Schülers in der Theaterarbeit oder im Chor bzw. Orchester anzuerkennen. Als konkretes Beispiel wird die Mitwirkung an der schon oben erwähnten Aufführung des „Urfaust" durch die Jungen- und Mädchenoberschule 1949 in Erwägung gezogen. Aus heutiger Sicht könnte man bei diesen Überlegungen an Vorformen der „Facharbeit" und „Besonderen Lernleistung" in der Differenzierten Oberstufe denken.

[119] AMGS, Akte A 14; übrigens wurden alle „Lehrverfassungen" mit „Lehrplan" und Evaluation mit der Bitte um Genehmigung an den Schulträger (Stadtdirektor und Schulausschuss) geschickt, die stets problemlos erfolgte.

Schüler besser zu ihrem Recht kommen als bei einem für alle in gleicher Weise verbindlichen Schultypus." Das ist der damals erstaunliche Versuch, auf die gymnasiale Unter- und Mittelstufe den Oberbau einer eigenständigen Oberstufe zu setzen, der eben nicht einem bestimmten Schultyp entsprechen sollte, sondern über alle möglichen Schwerpunktbildungen einer solchen Art hinweg ein System breitestmöglicher Kurswahlfreihit sein sollte. Dieser Vorschlag entsprach wenigstens bezüglich der Oberstufe Hellings Vorstellungen von einer „Einheitsschule" als Gegenentwurf zu einer typisierten höheren Schule, worauf unten noch einmal eingegangen werden soll. Zunächst heißt es dazu in der Vorlage:

„Die Durchbrechung des festen Schultypus wird von Lehrern und Schülern als bedeutsamer Fortschritt lebhaft bejaht. Obwohl der Stadt keine Mehrkosten erwachsen, da sich der Versuch[120] im Rahmen der Messzahl 1,5 Lehrkraft je Klasse hält, kann die Oberstufe dank der gewährten Wahlfreiheit die mannigfachsten Bildungsinteressen – und zwar nicht nur die sprachlichen und mathematisch-naturwissenschaftlichen und künstlerischen – in vollem Maße befriedigen, so dass kein Schüler abzuwandern braucht."

Damit gelangt die Vorlage zu dem Ergebnis: „Der ‚realgymnasiale' Einheitstyp für die Unter- und Mittelstufe und die wahlfreie (...) Oberstufe scheint [sic!] (...) die beste Schulform für die Gymnasien der Klein- und Mittelstädte zu sein."

Ehe auf die Evaluation des zweiten Reformjahres bezüglich der Oberstufenreform eingegangen werden soll, muss anlässlich der Überlegungen zu dieser grundsätzlichen Gestaltung des höheren Schulwesens in Schwelm und anderen Städten auf eine in dieser Frage bedeutsame Rede Fritz Hellings eingegangen werden, die er am 29. August 1950 auf einer Tagung in Fredeburg zum Thema „Stoffauswahl und Arbeitsgemeinschaften" gehalten hat, und zwar unter der Überschrift „Der Sinn des wahlfreien Unterrichts".[121] Zunächst leitet Helling, wie schon in seiner

---

[120] Gemeint ist hier die Wahlfreiheit in der Oberstufe.

[121] AMGS, Akte A 14; das maschinenschriftliche Manuskript dieser Rede konnte erst kürzlich wieder in der Archivakte identifiziert werden. Allerdings hat die Rede Karl Heinz Horn (siehe Literaturverzeichnis) bei seiner Arbeit vorgelegen; denn er führt sie an und berücksichtigt sie auch in seiner Darstellung. Meines Wissens hat außer ihm bisher niemand in Veröffentlichungen diese Rede erwähnt oder ausgewertet.

Rede auf der Westfälischen Direktorenkonferenz in Hamm 1949, seine Reformgedanken aus der Entwicklung der Pädagogik seit dem 18. und 19. Jahrhundert her und verortet in diesem Zusammenhang die Konzeption von einem wahlfreien Unterricht,[122] im Wesentlichen getragen vom Gedanken der Leistungs- bzw. Arbeitsgemeinschaft zwischen Lehrern und Schülern. Ein Schwerpunkt seiner Überlegungen ist in diesem Kontext die Frage nach der Schaffung oder Vermeidung von gymnasialen Schultypen. Gegen die damaligen schulpolitischen Tendenzen Richtung Differenzierung nach Schultypen – die Schwelmer Jungenoberschule war in diesem Sinne schließlich ein mathematisch-naturwissenschaftliches Gymnasium – macht Helling Folgendes geltend:

„Wenn die Dinge im Fluß bleiben, dann sollte man freilich erwägen, ob es nicht ratsam sei, noch einen Schritt weiter zu gehen. Alle bisher erwähnten Lösungen haben ein Gemeinsames: Sie halten an einem bestimmten Schultypus fest. Die Wahrung des Typs mit seinem objektiven Kulturgut bildet die Hauptsorge (...). Nun gibt es aber die Möglichkeit, sich von diesem traditionellen Denken frei zu machen und zu erklären: Nicht der Schultypus, sondern der Mensch ist die Hauptsache. (...) Will man jungen Menschen wirklich individuelle Bildungsfreiheit geben, dann darf man sich nicht von der Sorge um den Schultyp bestimmen lassen. Tut man es doch, d.h. hält man auch auf der Oberstufe an dem Schultypus fest, so schränkt man dadurch die individuelle Bewegungsfreiheit mehr, als notwendig wäre, ein. Man kommt dann, wie die neuen Pläne zeigen, nicht über 6-8 wahlfreie Stunden hinaus. Man schlägt seine eigene Idee in Fesseln. Geht man aber ohne Rücksicht auf den bestehenden Schultyp den individuellen Neigungen, Begabungen und Berufswünschen der Schüler nach, so wird man die wichtige Entdeckung machen, dass sich die Interessen der Schüler keineswegs nur auf die für den Schultyp charakteristischen Fächer erstrecken, sondern weit gestreut sind. Eine möglichst weitgehende Auflösung des Schultyps auf der Oberstufe würde also eine viel größere Individualisierung der Bildung gestatten. Zum mindesten halte ich es für geboten, in kleineren Städ-

---

[122] Er geht dabei übrigens auf Versuchsschulen in Nordrhein-Westfalen und anderen Bundesländern mit ihren Reformmaßnahmen ein, ohne freilich die Schwelmer Versuchsschule zu nennen oder zu berücksichtigen, was verwundert.

ten mit nur einer höheren Schule auf der Oberstufe von einer festen zu einer beweglichen Schulform überzugehen und dadurch die Nachteile gegenüber den Großstädten mit ihrer Mehrheit von Schularten endlich auszugleichen." Diese Ausführungen entsprechen inhaltlich voll der oben besprochenen Vorlage beim Schulträger, so dass man annehmen kann, dass auch jene aus der Feder Fritz Hellings stammt, der mit seiner Rede noch einmal eine Grundmaxime seiner Reformvorstellungen und -pläne nachdrücklich betont hat: die Individualisierung des Unterrichts. Getreu dieser Maxime stellt er in seinem Oberstufenreformwerk einen unauflöslichen Zusammenhang zwischen einer nicht-typisierten Oberstufe und der Wahlfreiheit her.

Zurück zum Bericht: Im Zusammenhang mit der reformierten Oberstufe am Jungengymnasium in Schwelm werden bisherige Erfahrungen bestätigt oder neu gemachte mitgeteilt:

„Das Interesse für die engl. Sprache ist so lebhaft, dass viele Hinweise und Anregungen auf fruchtbaren Boden fallen. In den großen Ferien wurden von den meisten Schülern Werke aus der englischen und amerikanischen Literatur gelesen, die ihnen nach Beratung mit den Fachlehrern [!] zur Verfügung gestellt wurden. Im Englischen der Obersekunda hat sich ein Diskussionskreis gebildet, an dem 6-8 Schüler teilnehmen. – Latein: Der Maximalkurs ermöglicht eine weitaus gründlichere grammatische und inhaltliche Durchdringung als bisher. Der Schwierigkeitsgrad der schriftlichen Arbeiten liegt wesentlich höher als es früher möglich war. – 4-st[ün]d[ig]er Mathematikunterricht in Unterprima: Der lehrplanmäßige Stoff, der für 5 Wochenstunden vorgesehen ist, kann in den 4 Wochenstunden durchaus bewältigt werden. Es macht sich in bedeutendem Maße bemerkbar, dass der Fortschritt nicht durch uninteressierte oder math. unbegabte Schüler gehemmt wird. Der Unterricht erhält durch das große Interesse der Schüler eine erfreuliche Vertiefung. – Chemie (4 Stunden): Es fällt schon jetzt die Sicherheit auf, mit der die Schüler chemische Vorgänge beurteilen können. Die Schüler zeigen in Unterricht und Übungen erfreulich großes Interesse, das sich u.a. auch darin äußert, dass sie sich eigene Geräte, Kittel, wissenschaftl. Bücher und Anschauungsmaterial aller Art beschaffen und teilweise sogar außerhalb der eigentlichen Unterrichtszeit das Laboratorium zum Experimentieren aufsuchen."

Auch in diesem Bericht über die Unterrichtsreform wird die Summe nicht nur in fachlicher, sondern auch in pädagogischer Hinsicht gezogen: „Die Auswirkungen der Elastisierung reichen weit über das Fachliche hinaus. Die freiere Gestaltung des Unterrichts hat ganz von selbst (...) zu einer freudigeren Bejahung der Schule und einer hilfsbereiteren Mitarbeit im ganzen Schulbereich geführt." Wir erinnern uns: Die Auswirkungen der Unterrichtsgestaltung für eine das Schulleben vertiefende Identifikation zufriedener Lehrkräfte wie Schüler waren für den Reformer Helling von allergrößter Bedeutung. An dieser Stelle fügt sich abschließend das bereits oben zur Kenntnis gegebene bedeutsame Schuldokument ein: der „Bildbericht" über die Arbeitsgemeinschaften des mathematisch-naturwissenschaftlichen Aufgabenfelds im Rahmen der „Lehrverfassung der wahlfreien Oberstufe".[123]

Mit der Auflockerung des Unterrichts durch eine weitgehende Selbstbetätigung der Schüler, wie es heißt, werde jedem Schüler ermöglicht, „ohne Mehrbelastung durch Experiment und Beobachtung, durch Studium von Fachliteratur und durch planmäßige Anleitung durch den Fachlehrer auf eine im Sinne der Reformvorschläge ideale Weise in sein Fachgebiet[124] hineinzuwachsen". Die Fotos zeigen die Schülerinnen und Schüler – in diesen Arbeitsgemeinschaften erfolgte der Unterricht also koedukativ – bei Arbeiten in den naturwissenschaftlichen Lehr- und Übungsräumen.

Der „chemische Übungsraum (...) hat an drei großen Experimentiertischen 12 übersichtliche Arbeitsplätze, deren jeder einzelne mit Gas- und Wasseranschluss versehen ist und auf besonderen Regalen die für chemisches Arbeiten notwendigen Flaschen mit Reagenzien hat. In Schublade und Schrank eines jeden Platzes befinden sich die weiteren Arbeitsgeräte. Im Übungsraum befinden sich weiter Chemikalienschränke, eine Mineraliensammlung, eine dreifache Abzugseinrichtung und weitere Geräte für den Experimentalunterricht."

---

[123] Vgl. Anm. 91; es handelt sich nun um den Teil I des oben bereits in den Teilen II und III ausführlich ausgewerteten Bild- und Textdokuments.
[124] Hier müsste es besser „frei gewähltes Fachgebiet" heißen.

Es wird berichtet, dass sich im Schuljahr 1949/50 24 Schülerinnen und Schüler gemeldet haben, die in zwei Kurse zu je zwölf Teilnehmern eingeteilt worden sind. Die Arbeitsaufgaben wurden „je nach Befähigung und nach vorhandenen Kenntnissen und nach vorhandenen Arbeitsmitteln" schriftlich formuliert. „Sie umfassen Bestimmungen qualitativer und quantitativer Art, Herstellung von anorganischen und organischen Präparaten" und die Bearbeitung von Fachliteratur. Der Bericht über die Kursarbeit in der Chemie schließt mit dem Hinweis: „Die Schüler sind mit Eifer und Freude bei der Sache" und mit einem pädagogisch sehr treffenden Leitwort, das über der gesamten Schulreform Fritz Hellings stehen könnte: „Aus dem Lernen-Müssen wird ein Lernen-Wollen!" Bezeichnend für das selbsttätige Engagement der Lernenden ist noch, dass für photographische Untersuchungen eine eigene Dunkelkammer eingerichtet wurde.

Wie hat man sich die Arbeit der „Leistungsgemeinschaft" in der Mathematik vorzustellen? Als Ziel dieser wahlfreien zweistündigen Arbeitsgemeinschaft wird angegeben „die Vertiefung der mathematischen Kenntnisse durch Behandlung von solchen Themen, die etwas über den üblichen Lehrplan in Mathematik hinausgehen. Es lassen sich auch größere Gebiete von einem einheitlichen Gesichtspunkt aus bearbeiten." Methodischer Kerngedanke ist auch hier, „daß die Schüler zur Selbsttätigkeit gebracht werden, sei es durch Anfertigung von Zeichnungen und geometrischen Modellen oder etwa durch Gebrauch von Hilfsmitteln und Tabellen der Praxis, sei es durch Bearbeitung ausgewählter mathematischer Literatur." Ein Foto zeigt beispielsweise die Untersuchung der „Gesetze von geometrischen Abbildungen an Hand von Schülermodellen".

Der „Bildbericht" fährt bezüglich des Kursangebots im Fach Physik fort:

„In den physikalischen Arbeitsgemeinschaften[125] wurde nicht an gleichen Aufgaben in gleicher Front gearbeitet, weil die an hiesiger Anstalt durchgeführte Elastisierung des Unterrichts das Ziel verfolgt, besonderen Begabungen und Neigungen Raum zur *freien* Entfaltung zu gewähren."

Es folgt ein uns bereits bekannter kritischer Einwand[126]: „Für die Obersekundaner, die ja nur über elementare Kenntnisse in der Physik verfügen,

---

[125] Diese fanden übrigens an drei Arbeitstischen mit je acht Plätzen statt.
[126] Siehe dazu die oben erwähnten Ausführungen des Oberschulrats (bei Anm. 96).

wäre vielleicht ein Anlauf in gleicher Front methodisch richtiger gewesen, ließ sich aber nicht durchführen, da hierzu mancherlei Gerät hätte *mehrfach* vorhanden sein müssen." Diese Defizite in den Eingangsvoraussetzungen der Obersekundaner, die auch zu Lasten der Selbstständigkeit der Schülerarbeit gehen mussten, wurden durch binnendifferenzierende Aufgabenstellungen, wie es heißt, „überbrückt".

Über die sonstige Arbeit erfahren wir: „Die Primaner arbeiteten einzeln [!] oder in Gruppen zu zweien an frei gewählten Aufgaben mit anerkennenswertem Eifer und erstaunlichem Ernst." Auch in dieser Arbeitsgemeinschaft ging es um die selbstständige Herstellung von fachlichen Gebrauchsgegenständen:

> „Die Schüler müssen fast immer armselige und inkomplette Geräte *erfinderisch* ergänzen und durch klug ersonnene Versuchsanordnungen der Armut der Geräteausstattung begegnen. Hierbei empfängt die Erfindergabe starke Impulse. Ferner liegt in diesem Zwange eine gute Erziehung zu Geduld und Zähigkeit. Die anfänglich vorhanden gewesene Erschütterung, wenn Versuche misslangen, ist gewichen. Ganz von selbst aber sahen die Schüler ein, dass man sich bei allen Messungen Klarheit darüber verschaffen muss, in welchen Grenzen das gefundene Ergebnis richtig ist."

Mit diesen Bemerkungen werden erneut die mit der Unterrichtsform der Arbeitsgemeinschaften angestrebten „Schlüsselqualifikationen" einschließlich wissenschaftspropädeutischer Kompetenzen hervorgehoben. Die Fotos dokumentieren die gemeinsame Arbeit am Beispiel der Dampfmaschine und von Experimenten aus der Elektrizitätslehre.

Zum Abschluss dieser Unterrichtsdokumentation geht es um die „biologischen Arbeitsgemeinschaften: Sie wurden in zwei Parallelkursen durchgeführt.

> „Hauptaufgabe der Arbeitsgemeinschaft ist die praktische Arbeit am pflanzlichen und tierischen Organismus. Auf biologischen Exkursionen werden Bestimmungsübungen gemacht. Am Mikroskop erfolgt eine Einführung in die Zellen- und Gewebelehre. Hierzu werden Frischpräparate hergestellt und die beobachteten Objekte herausgezeichnet."

Zwei Schüler arbeiteten an einem Mikroskop. Auch die Herstellung gefärbter Dauerpräparate wird erwähnt. Außerdem wurden „pflanzen- und tierphysiologische Versuche durchgeführt". In einem Sonderkurs war geplant, „charakteristische Vertreter" von Tier- und Pflanzengattungen „durchzuarbeiten", wobei „dazu erforderliche Präparierbestecke noch angeschafft werden" sollten. Schließlich wurden mit Erfolg Vererbungsversuche durchgeführt. Die Fotos zeigen die Arbeit an vier Experimentiertischen zu drei Schülerinnen und Schülern und im Lehrsaal auch beim Mikroskopieren, wobei ausdrücklich auf selbstständig durchgeführte Reparaturen von Geräten hingewiesen wird.

Zusammenfassend lässt sich festhalten, dass die belegte Unterrichtspraxis in den Arbeitsgemeinschaften der Oberstufe den Anforderungen an dieses Kernstück der Schulreform voll entsprach: Der Unterricht ermöglichte in hohem Maße selbstständiges und eigenverantwortliches Arbeiten der Schülerinnen und Schüler in Arbeitsgruppen an Hand von Experimenten und entsprach den Forderungen nach Fokussierung und Vertiefung fachlicher Zusammenhänge und nach Erweiterung und Ergänzung der Fachkenntnisse durch im Vergleich zu den allgemeinen Lehrplänen neue oder periphere Sachgebiete. Damit waren die Arbeitsgemeinschaften ein immanenter und unverzichtbarer Teil des Reformversuchs der „Wahlfreiheit in der Oberstufe" am Schwelmer Gymnasium.

... und nach Fritz Helling?

Das gesamte „Reformpaket" blieb vorerst geschnürt. Bezüglich der „Wahlfreiheit in der Oberstufe" gab es aber schon im zweiten Jahr den einen oder anderen kritischen Einwand aus der Erfahrung, worauf schon hingewiesen worden ist. Dabei ging es im Kern um die zum Teil zu geringe Wochenstundenzahl in den ‚Minuskursen', aber auch bald um organisatorische Unannehmlichkeiten wie viele ‚Springstunden' und zu viel Nachmittagsunterricht. Grundsätzlichere Bedenken sind in dieser ersten Phase der Oberstufenreform nicht belegt. Zum Thema dieses Beitrags gehört nicht die kritische Auseinandersetzung mit Hellings Oberstufenreformwerk und auch nicht die Darstellung dessen, was noch in den fünfziger und dann in den sechziger Jahren daraus geworden ist. Diese Untersuchung muss der Zukunft vorbehalten bleiben. Sie ist aber dringend nötig, um auch in dieser Hinsicht mit vorschnellen Urteilen aufzuräumen; denn es ist viel zu verkürzt gedacht, wenn man die erheblichen Veränderungen, die das Reformwerk erfahren hat, nahezu ausschließlich an den Personen der Nachfolger festmacht, insbesondere an Wilhelm Lehmgrübner, auch wenn unter seiner Leitung in der Tat Ende der fünfziger

Jahre ein grundsätzlich anderes Oberstufenkonzept an die Stelle der „Elastisierung" im Sinne Fritz Hellings getreten ist.

Für diese Entwicklung hat es unbezweifelbar auch einige gewichtige Gründe gegeben. Stellvertretend für andere verweise ich etwa auf die immer brisanter werdende und einer zu starken Kursdifferenzierung entgegenstehende Schulraumnot und besonders auf das Auslaufen der Frauenoberschule und deren Integration in das Jungengymnasium. Unbestreitbar aber ist auch, dass sich nicht nur in Schwelm, sondern in Nordrhein-Westfalen das typisierte Gymnasium zunächst durchgesetzt hat, was am Gymnasium in Schwelm zu unterschiedlichen „Zweigen" führte, zum Beispiel auch zu einem pädagogisch-musischen. Zugespitzt könnte man sagen: Mit dem oder unter dem Schulleiter Wilhelm Lehmgrübner hat die Typisierung nach Gymnasialzweigen die Differenzierung nach unterschiedlichen Fächerangeboten für eine längere Zeit zurück gedrängt, bis sich in den siebziger und achtziger Jahren das KMK-Modell der „Differenzierten Oberstufe" etablierte, das aber schon lange wieder in einem Reformprozess befindlich ist. Das aber steht, wie bereits gesagt, auf einem anderen Blatt. Die Aktenlage zu diesem Folgethema jedenfalls ist genauso hervorragend wie die zu Fritz Helling.

Auch die Verwaltungsberichte der Stadt lassen wie die späteren „Reformberichte" zunehmend eine Veränderung erkennen, zunächst, wie gesagt, eher hinsichtlich einiger erfahrungsbezogener Modifizierungen, dann aber auch bald grundsätzlicher Art. Erste Hinweise über einige notwendig werdende „kleinere Verbesserungen" enthält schon der Verwaltungsbericht von 1951.[127] Erstaunlich ist allerdings, dass für die Jahre 1952, 1953, 1954 und 1955 die „Wahlfreiheit in der Oberstufe" gar nicht mehr erwähnt wird, obwohl sie zweifelsohne in diesen Jahren und noch eine Zeit darüber hinaus existiert hat. 1956 erfolgt dann eine grundsätzlich kritische Bewertung des Oberstufenmodells, das, beginnend mit diesem Jahr, in der Folgezeit eine deutliche Veränderung erfährt. Eine ähnliche Entwicklung kann man auch an dem durch Kaspers, mittlerweile Hellings Nachfolger im Amt des Schulleiters, eingereichten „Bericht" an das Schulkollegium und Kultusministerium vom 16./17. Januar 1953 ablesen,[128] der bereits deutlichere Abwandlungen des Reformkonzepts enthält, die übrigens genehmigt wurden.

---

[127] AMGS, Verwaltungsbericht der Stadt Schwelm 1951, F 6.
[128] AMGS, Akte A 14.

Fritz Helling hatte zu diesem Zeitpunkt längst notgedrungen Abschied von seiner Tätigkeit an den Oberschulen in Schwelm nehmen müssen: körperlich erschöpft und krank, wohl auch seelisch zermürbt, zumindest für einen Augenblick.[129] In seiner Autobiografie geht Helling auf den unmittelbaren Anlass für seinen Entschluss ein: Als er im September 1950 erfuhr, dass Bundesinnenminister Gustav Heinemann per Erlass allen Bundesbeamten die Mitgliedschaft in Vereinigungen und Organisationen untersagte, die unter Kommunismusverdacht standen, sah er sich selbst als Mitglied im Demokratischen Kulturbund und im Friedenskomitee beruflich gefährdet, ganz abgesehen von der Tatsache, dass ihm nun zum zweiten Mal Berufsverbot drohte. „Als ich das las, stieg ein Ekel in mir hoch."[130] Verständlicherweise. Alle Versuche, Helling umzustimmen, waren vergeblich: sein Hausarzt verordnete ihm, der sich, wie er selbst schreibt, in einem körperlichen und nervlichen Erschöpfungszustand befand, zunächst eine längere Erholungspause, ehe Helling im Frühjahr 1951 den Antrag auf seine vorzeitige Pensionierung stellte, die ihm zum 1. Juli 1951 gewährt wurde.

Abschied und Würdigung

Die feierliche Verabschiedung Dr. Fritz Hellings fand am 31. Juli 1951 im „Modernen Theater" am Schwelmer Neumarkt statt, genau dort, wo er am 14. September 1946 in sein Schulleiteramt eingeführt worden war, das er faktisch schon seit September 1945 ausgeübt hatte. Gleichzeitig mit seiner Verabschiedung feierte der Pensionär seinen 64. Geburtstag. Zu diesem Ereignis hatte sich in großer Zahl die Schulgemeinde versammelt; auch waren selbstverständlich Vertreter der Stadt und der Schulbehörde gekommen.

Bereits einige Tage vorher – am 27. Juli – hatte Helling der Tageszeitung „Westfälische Rundschau" ein Interview gegeben,[131] in dem er unter anderem ausgeführt hatte, ihm habe eine Schule vorgeschwebt, „die einmal jugendnah und zum anderen auf das Gegenwartsleben ausgerichtet sein sollte". Vor allem habe er eine „Bildung" angestrebt, „die die

---

[129] Immerhin begann mit seinem Abschied als Schulleiter eine Phase jahrelanger sehr engagierter Tätigkeit im „Schwelmer Kreis".
[130] Fritz Helling, Mein Leben (siehe Literaturverzeichnis), Manuskript S. 98.
[131] StA Schwelm, Westfälische Rundschau, Jg. 1951, Nr. 7, S. 9.

individuellen Kräfte des Jugendlichen zur Entfaltung bringen sollte". Deshalb habe er in der Oberstufe eine „mehr als übliche wahlfreie Unterrichtsgestaltung" eingeführt, „freiwillige Kursangebote zur praktisch-handwerklichen und handwerklich-künstlerischen Arbeit" eingerichtet, eine „weitestmögliche musische Erziehung als Gegengewicht gegen die einseitige wissenschaftliche Ausbildung" ermöglicht und sich bemüht, „die jungen Menschen für das Leben der Gegenwart und Zukunft heranzubilden, um sie auf verschiedene Art mit der Realität vertraut zu machen, in der sie leben". Besonders habe der scheidende Pädagoge noch auf den Aufbau einer Schülermitverantwortung und -mitbestimmung als eines Kernstücks seines Wirkens hingewiesen. Vieles sei ihm auch möglich gewesen, weil der Schule in Schwelm von der Schulaufsicht eine Sonderstellung als sogenannte Versuchsschule zugebilligt worden sei.

Im Verwaltungsbericht der Stadt Schwelm für das Jahr 1951 wird der Pädagoge und Schulreformer wie folgt gewürdigt:

„Seine großen Verdienste um den Wiederaufbau des Schulwesens im Ennepe-Ruhr-Kreis nach dem Zusammenbruch 1945 und insbesondere um den Wiederaufbau der beiden Schwelmer Oberschulen werden allseitig anerkannt. Er war ein erfahrener Pädagoge, der der Schule viele neue Impulse gegeben hat."[132]

In vielfältigen weiteren Danksagungen wurden am Tag der Verabschiedung Fritz Hellings herausragende Verdienste als Schulreformer am Schwelmer Gymnasium und weit darüber hinaus gewürdigt. Dabei bestand Einmütigkeit in der Beurteilung seiner Persönlichkeit als Mensch, Lehrer und Erzieher. Bereits in einem persönlichen Brief hatten sich Bürgermeister und Stadtdirektor für die hervorragende Aufbauarbeit und die so erfolgreiche Arbeit als Reformer bedankt, „mit der Schwelm auf schulischem Gebiet Neuland betreten und die unseren Oberschulen weit über die Grenzen des hiesigen Bezirks hinaus den Ruf einer fortschrittlichen Bildungsanstalt eingetragen hat".[133] Das sei seinen Ideen und seiner Initiative zu verdanken. Sein Nachfolger Kaspers „verabschiedete sich mit dem Gefühl der Verehrung und des Dankes. Ausgestattet mit Herzensgü-

---

[132] AMGS, Verwaltungsbericht der Stadt Schwelm 1951, F 7.
[133] StA Schwelm, PA Fritz Helling; Helling erhielt aus der Hand des Bürgermeisters den Ehrenteller der Stadt. In seiner Autobiografie erwähnt er neben dieser Ehrung übrigens auch die spätere Überreichung eines Wappentellers des Ennepe-Ruhr-Kreises durch den Landrat; Fritz Helling, Mein Leben, Manuskript S. 100.

te und tiefem Verständnis für die menschlichen Schwächen und Unzulänglichkeiten vermittelte Helling das eindrucksvolle Bild einer Lehrerpersönlichkeit."[134] Der Vertreter der Elternschaft hob hervor, dass er es „verstanden habe, die Elternschaft für eine Mitarbeit zu gewinnen". Er habe „trotz seines harten persönlichen Schicksals die menschliche Größe besessen, Toleranz zu lehren und vorzuleben".[135] Die Oberschulrätin „würdigte (...) die Leistungen dieses *wirklichen* Schulreformers, die ihren besten Widerhall in der Schwelmer Oberschule gefunden habe".[136]

Ganz im Sinne seiner pädagogischen Grundmaxime gibt Helling in seiner Autobiografie ausführlich die Abschiedsworte eines Oberprimaners wieder, die dieser im Namen der gesamten Schülerschaft an den scheidenden Lehrer und Schulleiter richtete:

„Stets, wenn man bei Ihnen Unterricht hatte, wußte man, da vorn steht jemand, der will mehr als nur Wissen vermitteln, der will bilden, einen Menschen aus dir machen, kein lebendes Repetitorium. Sie waren uns Lehrer und Freund zugleich, Lehrer im besten Sinne: Sie lehrten uns nicht nur, Sie halfen uns auch. Sie öffneten uns die Augen für Dinge, die abseits des Unterrichts lagen und die doch für das Leben so wichtig sind. Sie lehrten uns, eine eigene Meinung zu bilden und diese Meinung zu vertreten. Sie lehrten uns selbständig und kritisch denken. – Und was Sie als Lehrer in der Klasse taten, taten Sie auch als Direktor der Schule. Unter Ihrer Leitung und Anleitung bekamen wir ein Gefühl für die Schule, daß die Schule für uns da sei, nicht wir für die Schule. Wir arbeiteten an dieser Schule, nicht weil wir mußten, sondern weil wir zu arbeiten willens waren. Wir halfen mit, die Schule zu verwalten; die Schülervertretung erzog uns zur Verantwortlichkeit. Und wir wußten immer, die Leitung der Schule hat ein offenes Ohr für deine Sorgen und Nöte, deine Wünsche und Anregungen. Darum trugen wir gern, was uns an Pflichten und Verantwortung aufgebürdet wurde. Dafür, verehrter Herr Dr. Helling, danken wir Ihnen. Vielleicht werden wir einmal vergessen, was Sie uns an Fachwissen lehrten, Sie selbst werden wir nie vergessen!"[137]

---

[134] StA Schwelm, Westfälische Rundschau, Jg. 1951, Nr. 8, S. 5.
[135] Ebd.
[136] Ebd.
[137] Fritz Helling, Mein Leben, Manuskript S. 100.

Auf diese ihn mit Recht tief beeindruckende und ungewöhnliche Schülerrede ging Fritz Helling in seinen Abschiedsworten sehr ausführlich ein, womit er am Ende seiner pädagogischen Tätigkeit noch einmal verdeutlichte, wie sehr für ihn als, wie er von sich sagt, „Anwalt der Jugend" eben diese im Mittelpunkt seines Denkens und Handelns gestanden hatte:

> „Als Befreiung der Schüler und Schülerinnen wollte ich der Schule den Charakter einer Kaserne nehmen und sie zu einer Lebensstätte der Jugend machen, in der sie sich wohl fühlen und ihre individuellen Kräfte entfalten könnte. ‚Für die Jugend und mit der Jugend' war die Losung, die über allem stand. Die Bundesgenossenschaft mit den Schülern und Schülerinnen war für mich das Beglückendste der letzten Jahre. Weil die Jugend spürte, daß ihr Liebe entgegengebracht, Vertrauen geschenkt, daß sie ernst genommen, daß ihr Recht gewahrt wurde, daß sie sich zu jeder Zeit Rat und Hilfe holen konnte, deshalb war auch sie zu Dienst und Hilfe bereit. Und wie hat sie geholfen! Die Jugend stand tätig und mitverantwortlich im Leben der Schule und wurde eben dadurch in ihrer Haltung freier, sicherer und selbständiger."[138]

Diesem noch einmal geäußerten Gedanken einer Erziehungspartnerschaft zwischen Lehrern und Schülern ist im Blick auf die augenscheinlichen Defizite im heutigen Schulleben nichts hinzuzufügen; im Rahmen der Schulprogrammentwicklung heute muss der Verwirklichung dieses Ziels oberste Priorität eingeräumt werden. Im weiteren Verlauf seiner Abschiedsrede ging Helling auch auf die immer noch oder heute wieder dringend zu lösende Frage der Lehrpläne ein, also auf die Aufgabe, dafür zu sorgen, dass aus dem „Lehrgut" kein „Leergut" wird:

> „Zum Gesetz der Schule gehört der Lehrplan, das Pensum. Aber dieses Pensum darf nicht zum steinernen Götzen gemacht werden. Überlebtes Lehrgut muß aus der Schule ausgeschieden und zeitnotwendiges hineingenommen werden. Es geht darum, zu einer sinnvolleren Schule zu kommen, die sich auf das für unsere Zeit Notwendige und Wesentliche zu beschränken weiß. Dann würde die Freude der Jugend an der geistigen Eroberung der Welt größer werden."

---

[138] Ebd., S. 100-102.

Schließlich gipfeln seine Abschiedsworte mit Emphase und Pathos in einem erneuten Bekenntnis zum Pädagogen als verständnis- und vertrauensvollem Helfer und Partner der ihm anvertrauten jungen Menschen: „Der ganze gesetzliche Bereich der Pflichten und Forderungen muß durchstählt werden von einer Kraft, die aus einer tieferen Schicht, aus der Innerlichkeit der Herzen stammt. Er muß durchstählt werden vom Licht der Güte, des Verstehens, der Liebe, des Vergebens, des Aufrichtens, der Heiterkeit, der Freude. Diese Kraft der aus der Liebe strömenden Menschlichkeit ist die einzige Kraft, die es vermag, daß das Gesetz erfüllt und überwunden wird. Die wortlos daseiende, tätig helfende, gläubig vertrauende Liebe zu den jungen Menschen ist die Sonne, unter deren Strahlen die Jugend zum rechten Wachstum kommt und fröhlich wird. Daß dieser Geist in unserer Schule zu Hause sei und bleibe, ist mein tiefster Herzenswunsch zum Abschied."[139]

An der Schaffung einer in diesem Sinne menschlichen Schule muß auch weiterhin in gemeinsamer Anstrengung der Schulgemeinde gearbeitet werden.

Über den Höhepunkt dieses für Fritz Helling sehr ehrenvollen Tages berichtete die Tageszeitung „Westfalenpost" am 1. August 1951: „Spontanen Widerhall fand die Aufforderung des Bürgermeisters, sich zu Ehren des Sohnes der Stadt und des Pädagogen von Format (...) zu erheben, und das dreifache Hoch verriet herzliche Anteilnahme aller Anwesenden."[140]

Dieser Tenor der Anerkennung und Dankbarkeit gegenüber dem Pädagogen Helling durchzog alle Würdigungen und Danksagungen in diesen Tagen des Abschieds und bestimmte auch spätere Würdigungen in der noch vor ihm liegenden langen Wirkenszeit als Reformtheoretiker, sofern es überhaupt in Schwelm zu solchen kam, mit denen sich die Bürger und Verantwortlichen der Stadt wahrlich schwer taten; denn solchen Anerkennungen der pädagogischen und schulreformerischen Leistungen stand allzu oft aus der Sicht der Zeitgenossen der Politiker Helling im Wege. Auch Schulleitung und Kollegium am Märkischen Gymnasium haben bedauerlicherweise erhebliche Probleme – und das sollte nicht verschleiert, sondern heute offen bekannt werden – mit einer angemessenen Würdigung des Menschen, des Lehrers, Erziehers und Schulleiters und

---

[139] Ebd., S. 102.
[140] StA Schwelm, PA Fritz Helling.

des herausragenden Ideengebers und Reformers gehabt: In einer sehr unrühmlichen Lehrerkonferenz des Jahres 1963[141], zugegebenermaßen auf dem Höhepunkt des sogenannten „Kalten Krieges" und gerade einmal zwei Jahre nach dem Mauerbau zwischen den beiden deutschen Staaten, brachten es Schulleitung und Kollegium tatsächlich einmütig fertig, auf entsprechende Anfrage der Stadt die Bereitstellung der Aula als Ort für eine geplante Feier des 75. Geburtstags von Fritz Helling zu verweigern, ausgerechnet die Aula ‚seiner' ehemaligen Schule, für die er so viel getan und für die er sich so sehr eingesetzt hatte. Man sah sich im Lehrerkollegium einfach nicht in der Lage, zwischen der politischen Haltung und den unzweifelhaft großen Verdiensten um die Schule zu unterscheiden: ein bedauerliches Armutszeugnis! Die Ehrungen, die Fritz Helling endlich zu seinem 80. Geburtstag und zu seinem 100. Todestag zuteil wurden, sollten Fehlverhaltensweisen der erwähnten Art und darüber hinaus in der Schwelmer Öffentlichkeit im Umgang mit einem ihrer Mitbürger nicht vergessen machen.

Abschließend soll noch ein ehemaliger Schüler Fritz Hellings zu Wort kommen, der, wie auch der Helling-Schüler Dr. Ernst Müller,[142] das aus der Sicht der Schüler, die mit Helling zusammengearbeitet haben, Wesentliche an ihrem Lehrer und Erzieher dankbar herausgestellt hat. Er schreibt seinem Lehrer in einem Brief vom 30. Juli 1958 anlässlich seines wieder einmal runden Geburtstags:

> „Und mit diesen meinen guten Wünschen verbinde ich meinen ebenso aufrichtigen Dank! Schon während meines Studiums und noch deutlicher nach dem Abschluss der Studienzeit ist mir bewusst geworden, dass und wie sehr ich – und nicht ich allein – in der kurzen Zeit, da wir in der Schule waren, die uns von Ihnen immer wieder gegebenen Anregungen bewusst erkennen und aufnehmen konnten, sowohl in der Einstellung zu vielen Fragen als aber auch in der Methode, sich mit wesentlichen Problemen auseinanderzusetzen, durch eben diese Anregungen bestimmt und in eine glückliche Richtung geleitet worden sind. (...) Zweierlei scheint mir das Wesentliche zu sein, das Sie uns seinerzeit mit im Einzelfall unterschiedlichem Erfolg vermittelt haben: einmal die Erkenntnis der jedem auferlegten Verantwortung und der Not-

---

[141] AMGS, Protokollbuch der Lehrerkonferenzen, 1961-1965.
[142] Vgl. Literaturverzeichnis.

wendigkeit, diese Verantwortung bewusst zu übernehmen und auszuüben, zum anderen die Bedeutung einer sachlichen Kritik, einer Kritik, die Person und Sache zu trennen versteht, die – ohne es an der jeweils erforderlichen Achtung oder dem angebrachten Respekt vor der Person und der Stellung des Gesprächspartners fehlen zu lassen – sich nicht einfach einer wie auch immer gearteten ‚Autorität' unterwirft."

Treffender kann man den „Aufklärer" Helling nicht kennzeichnen! Fritz Helling antwortete seinem Schüler am 11. August 1958 folgendermaßen: „Ihr Dank an mich hat mein ganzes Herz bewegt. Denn was könnte einem Lehrer Schöneres gesagt werden, als dass er durch seine Anregungen den Schüler ‚in eine glückliche Richtung geleitet' habe. Was mir wesentlich war, haben Sie vorzüglich zum Ausdruck gebracht: Der Mensch wertvoller als der Lehrplan, Bereitschaft des Einzelnen zur Übernahme von Verantwortung, Gewöhnung an sachliche und konstruktive Kritik. Sie haben auch sehr gut darauf hingewiesen, wie bedeutsam die Verwirklichung oder Nichtverwirklichung dieser Grundsätze ist, wie wichtig es vor allem ist, die Initiativkräfte der Jugend nicht zu lähmen und zu ruinieren. Werden sie entfaltet, dann ist in der Tat die Kraft und der Einfluss der Einzelnen oder der Gruppe größer als man erwartet. Und der Einsatz für etwas Überpersönliches birgt als Geschenk in sich eine gläubigere Einstellung zur Welt, als sie der Streber oder Duckmäuser je erfahren kann."[143]

Das Rahmenthema dieses Beitrags erfordert einen abschließenden Blick auf die Entwicklung von Bildung, Erziehung und Schule in Nordrhein-Westfalen nach Fritz Helling: Was hat dieser bedeutende Schulreformer mit in die Wege geleitet? Was hat sich anders entwickelt? Welche Fritz Helling bewegenden Gedanken über Schule, Bildung und Erziehung sind heute noch oder wieder aktuell und bedürfen der Verwirklichung?
Ende der fünfziger und Anfang bis Mitte der sechziger Jahre ging es in der Schul- und Bildungspolitik in Nordrhein-Westfalen, aber auch in der anderer Bundesländer, immer noch hoch her: heiß gestritten wurde

---

[143] Der Briefwechsel ist dem Verfasser anlässlich eines Treffens mit sogenannten „Goldabiturienten" überreicht worden und liegt im Archiv des Märkischen Gymnasiums Schwelm.

über das „Hamburger Gutachten" über das Gymnasium von 1957, den „Rahmenplan zur Umgestaltung und Vereinheitlichung des allgemeinbildenden öffentlichen Schulwesens" von 1959, die „Saarbrücker Rahmenvereinbarung" von 1960, die „Stuttgarter Empfehlungen" von 1961 und schließlich die neuen „Richtlinien" in Nordrhein-Westfalen. Neben vielfältigen Detailfragen lief die bildungspolitische Diskussion immer wieder auf die Grundfrage nach dem Vorrang einer sogenannten Allgemeinbildung oder einer sogenannten Individualbildung hinaus und auf die Frage nach den Bildungszielen des Gymnasiums zwischen Hochschule und Berufs- und Arbeitswelt.

Vor dem Hintergrund dieses heftigen bildungspolitischen Diskurses hat das Schulwesen in Nordrhein-Westfalen in vieler Hinsicht schon Ende der fünfziger Jahre und dann in den kommenden Jahrzehnten zum Teil eine Entwicklung genommen, die nicht Fritz Hellings schulpolitischen Vorstellungen entsprach. Aber er hat manches auch mit auf den Weg gebracht und erprobt, was das Gymnasium von heute bestimmt: die beschränkte Wahlfreiheit in der Oberstufe seit der KMK-Oberstufenreform der siebziger Jahre, vorbereitet durch die Saarbrücker Rahmenvereinbarung, die auch mit den Bestimmungen über das neue Fach Gemeinschaftskunde ein wesentliches Anliegen aufgriff; die Differenzierung zwischen Kern- und Kursunterricht in der differenzierten Mittelstufe; natürlich die Unterscheidung zwischen Grund- und Leistungskursen in der Oberstufe (auch wenn Helling dafür andere Begriffe hatte); ferner die Bedeutung der Berufs- und Arbeitsfelder für die Erziehungs- und Bildungsarbeit am Gymnasium; die Bedeutung der Erprobungsstufe und die Zusammenarbeit mit den Grundschulen; die Konzepte der „Öffnung von Schule" und der „selbstständigen Schule" und nicht zuletzt die Mitwirkung der Schüler- und Elternschaft am Schulleben, wie sie in den einschlägigen Erlassen und Schulgesetzen der sechziger Jahre bis heute festgeschrieben worden ist, und vieles mehr.

Und was bedeutet die „Reformära Helling" für das Märkische Gymnasium Schwelm von heute? Wir können in unseren Bemühungen um eine Schärfung des Schulprofils und um ein Schulprogramm, das den Anforderungen der gegenwärtigen Gesellschaft genügt, von Helling einiges lernen und an seine Gedanken und Versuche getrost anknüpfen. Ich nenne einige dieser konkreten Anknüpfungspunkte: den Gedanken einer Erziehungspartnerschaft in der Präambel des Schulprogramms am Märkischen Gymnasium, unsere Bemühungen um eine Unterrichtsentwicklung, die neben der „Wahrung der Leistungshöhe" oder gerade zu ihrer Wahrung das eigenverantwortliche Arbeiten und Lernen der Schülerinnen und Schüler in den Mittelpunkt stellt; erwähnt seien die vielfältigen Bemühungen um eine Berufs- und Studienorientierung einschließlich eines Betriebspraktikums und vieles mehr. In das Zentrum unserer Bemühungen um eine bessere Schule möchte ich aber ganz im Sinne Fritz Hellings die Schaffung einer Unterrichts- und Schulkultur stellen, die von der gesamten Schulgemeinde getragen und gelebt wird.

Wir Nachfolger Fritz Hellings können und sollten die Aufforderung von Jürgen Eierdanz in seinem Beitrag[144] über Fritz Helling und sein pädagogisches Ethos aufgreifen und ihr Folge leisten: „Fritz Helling kann heutigen Lehrern und Erziehern in den Universitäten und den Schulen vieles geben, sein Erbe muß nur angeeignet und aufgehoben werden."

Literaturverzeichnis

Aufbau und Ausbau des allgemeinbildenden Schulwesens in Nordrhein-Westfalen, in: Die Schule in Nordrhein-Westfalen. Eine Schriftenreihe des Kultusministeriums, Heft 1, Düsseldorf 1963

Bildung durch Wissenschaft. Vorträge und Aussprachen anlässlich der amtlichen Direktorenkonferenz der Höheren Schulen Westfalens vom 3. bis 5. Dezember 1962 in Münster, in: Die Schule in Nordrhein-Westfalen. Eine Schriftenreihe des Kultusministeriums, Heft 26, Düsseldorf 1966

Die Bildungsaufgabe der Höheren Schule in der heutigen Gesellschaft. Erwägungen zum Rahmenplan des Deutschen Ausschusses für das Erziehungs- und Bildungswesen, hrsg. v. Karl Forster (Studien und Berichte der Katholischen Akademie in Bayern, H. 11), München 1960

Bildungsauftrag und Bildungspläne der Gymnasien. Vorgelegt von der Arbeitsgemeinschaft Deutsche Höhere Schule, Berlin 1958

Bildungspläne in der Bundesrepublik Deutschland und in der Deutschen Demokratischen Republik, Schwelm o.J.

Blättner, Fritz: Das Gymnasium. Aufgaben der höheren Schule in Geschichte und Gegenwart, Heidelberg 1960

---

[144] Jürgen Eierdanz, Fritz Helling. Pädagogisches Ethos und soziale Verantwortung, S. 129.

Chiout, Herbert: Schulversuche in der Bundesrepublik Deutschland. Neue Wege und Inhalte in der Volksschule, hrsg. v. der Hochschule für Internationale Pädagogische Forschung in Frankfurt a.M., Dortmund 1955

Dieker-Brennecke, Georg: Fritz Helling – Ein Pädagoge im 20. Jahrhundert, in: Festschrift 400 Jahre Märkisches Gymnasium Schwelm 1597-1997, hrsg. v. Jürgen Sprave, Schwelm 1997, S. 26-34

Eich, Klaus-Peter: Schulpolitik in Nordrhein-Westfalen 1945-1954 (Düsseldorfer Schriften zur Neueren Landesgeschichte Nordrhein-Westfalens, Bd. 20), Düsseldorf 1987

Eierdanz, Jürgen: Fritz Helling. Pädagogik in gesellschaftlicher Verantwortung, in: päd. Extra & demokratische erziehung, Jg. 1 (1988), H. 2, S. 32-36

Ders.: Eine neue Schule für eine neue Gesellschaft. Der politische Pädagoge Fritz Helling in seiner Zeit, in: Fritz Helling, Pädagogen in gesellschaftlicher Verantwortung, S. 17-36

Ders.: Fritz Helling. Pädagogisches Ethos und soziale Verantwortung. Leben und Werk des Schwelmer Pädagogen Fritz Helling (31.7.1888 bis 27.1.1973), in: Beiträge zur Heimatkunde der Stadt Schwelm und ihrer Umgebung, N.F., H. 38 (1988), S. 105-130

Empfehlungen für die Neuordnung der Höheren Schule vom 3. Oktober 1964. Empfehlungen und Gutachten des Deutschen Ausschusses für das Erziehungs- und Bildungswesen, Folge 9, Stuttgart 1965

Die Erziehung. Pädagogen und Philosophen über die Erziehung und ihre Probleme, ausgewählt und eingeleitet v. Wilhelm Flitner, Stuttgart o.J.

Fleckenstein, Helmuth: Höhere Schulen auf neuen Wegen. Ein Bericht über neue Unterrichts- und Organisationsformen an Höheren Schulen in der Bundesrepublik, hrsg. v. der Hochschule für Internationale Pädagogische Forschung Frankfurt a.M., Frankfurt a.M. 1958

Flitner, Wilhelm: Grund- und Zeitfragen der Erziehung und Bildung, Stuttgart 1954

Ders.: Hochschulreife und Gymnasium, Heidelberg 1959

Flörke, Wilhelm: Die Auflockerung der Oberstufe. Bericht über einen Versuch zur Neugestaltung des Unterrichts der Höheren Schulen, Heidelberg 1956

Fragen des Höheren Schulwesens in unserer Zeit. Gemener Kongresse 1954-1960, hrsg. v. Aloys Zillien u. Wolfgang Holweg im Auftrag des „Kuratoriums Gemener Kongreß" (Dritte Gemener Broschüre), Frankfurt a.M. 1961

Franke, Rotraud: Von der Töchterschule zum Mädchengymnasium 1862-1970. 108 Jahre eigenständige Mädchenbildung in Unna, Unna 1996

Für und wider den Rahmenplan. Eine Dokumentation, hrsg. v. Alfons Otto Schorb (Erziehungswissenschaftliche Bücherei, Reihe V: Theorie und Praxis der Bildungsorganisation), Stuttgart 1960

Grunder, Hans-Ulrich: Kritik an der Reformpädagogik – Kritik am Jena-Plan, in: Deutsche Lehrerzeitung, Jg. 45 (1998), H. 10-12, S. 45-57

Hehlmann, Wilhelm: Wörterbuch der Pädagogik, 5. völlig neubearb. Aufl., Stuttgart 1957

Heinemann, Karl-Heinz: Fritz Helling. Porträt eines politischen Pädagogen, in: Demokratische Erziehung, Jg. 6 (1978), S. 495-509

Ders.: Fritz Helling: Gesellschaftliche Verantwortung der Pädagogen, in: Neue Deutsche Schule 40 (1988), H. 18, S. 17 ff.

Ders.: Fritz Hellings Bedeutung für die aktuelle Pädagogik, in: Fritz Helling, Pädagogen in gesellschaftlicher Verantwortung, S. 37-49

Ders.: Pädagogik in gesellschaftlicher Verantwortung. Fritz Hellings Lebensweg vom Antifaschismus zur Verständigungs- und Entspannungspolitik, in: Pädagogik und Schule in Ost und West, Jg. 37 (1989), S. 175-178

Helling, Fritz: Schulreform in der Zeitenwende. Eine Auswahl aus Reden und Aufsätzen aus der Zeit von 1926 bis 1958, Schwelm 1958

Ders.: Neue Allgemeinbildung, Schwelm 1963

Ders.: Die Notwendigkeit neuer Bildungsinhalte für die Schulen. Anlage zu „Mitteilungen des ‚Schwelmer Kreises'", Schwelm, Juni 1961

Ders.: Neue Politik – Neue Pädagogik. Lehren für uns Deutsche, Schwelm 1968

Ders.: Mein Leben als politischer Pädagoge, hrsg. v. Burkhard Dietz u. Jürgen Helling, Frankfurt a.M. 2004

Ders.: Pädagogen in gesellschaftlicher Verantwortung. Ausgewählte Schriften eines entschiedenen Schulreformers, hrsg. u. eingel. v. Jürgen Eierdanz und Karl-Heinz Heinemann, Frankfurt a.M. 1988

Herl, Gabriele: Fritz Helling. Die Entwicklung vom Reformpädagogen zum politischen Pädagogen (masch. Staatsexamensarbeit), Köln 1983

Hilker, Franz: Die Schulen in Deutschland (Bundesrepublik und West-Berlin), hrsg. v. der Hochschule für Internationale Pädagogische Forschung, Frankfurt a.M., 3. neugest. u. erw. Aufl., Bad Nauheim 1963

Horn, Karl Heinz: Das Problem der Auflockerung der Oberstufe. Illustriert am Beispiel des Märkischen Gymnasiums Schwelm (masch. Staatsexamensarbeit), Marburg 1956

Informationen der Fachgruppe Höhere Schulen. Gewerkschaft Erziehung und Wissenschaft im DGB, 3. Jg., Nr. 5, September 1961

Jenzen, Uwe: Entwicklung der Arbeitslehre. Ursprünge und Grundlagen, in: Deutsche Lehrerzeitung, Jg. 47 (2000), Sonderh. 2, S. 2-60

Ders.: Die Entwicklung der Arbeitslehre. 3 Teile, in: Deutsche Lehrerzeitung, Jg. 47 (2000), H. 1, S. 5-22 u. H. 7-8, S. 24-34

Lehmgrübner, Wilhelm: Das Märkische Gymnasium in Schwelm auf neuen Wegen, in: Beiträge zur Heimatkunde der Stadt Schwelm und ihrer Umgebung, N.F., H. 8 (1958), S. 8-14

Knippenberg, Günter: Geschichte des Pestalozzi-Gymnasiums Unna, Unna 1987

Müller, Ernst: Fritz Helling. Lehrer, Erzieher, Reformer, in: Beiträge zur Heimatkunde der Stadt Schwelm und ihrer Umgebung, N.F., H. 39 (1989), S. 58-75

Neugestaltung der Höheren Schule nach der Saarbrücker Rahmenvereinbarung, in: Die Schule in Nordrhein-Westfalen. Eine Schriftenreihe des Kultusministeriums, H. 5, Düsseldorf 1963

Nickel, Ingo: Comenius und die Lernwerkstatt. Produktives Lernen und Berufsorientierung, in: Deutsche Lehrerzeitung, Jg. 45 (1998), H. 4, S. 27-29

Oberdick, Karl-Josef: 100 Jahre Märkisches Gymnasium Schwelm (1890-1990), in: Beiträge zur Heimatkunde der Stadt Schwelm und ihrer Umgebung, N.F., H. 40 (1990), S.196-211

Oelkers, Jürgen: Reformpädagogik. Eine kritische Dogmengeschichte, 3. Aufl., Weinheim 1996

Pädagogik. Fischer Taschenlexikon, hrsg. v. Hans Hermann Groothoff, Frankfurt a.M. 1964

Pädagogische Epochen, hrsg. v. Rainer Winkel, Düsseldorf 1988

Politische Bildung in den Schulen des Landes Nordrhein-Westfalen. Richtlinien. Leitsätze. Erlasse, hrsg. vom Kultusministerium des Landes Nordrhein-Westfalen, Düsseldorf 1957

„Der Rahmenplan". Stellungnahme des Deutschen Philologen-Verbandes. Sonderheft der Zeitschrift ‚Die Höhere Schule', Düsseldorf o.J.

Rahmenplan zur Umgestaltung und Vereinheitlichung des allgemeinbildenden öffentlichen Schulwesens, Empfehlungen und Gutachten des Deutschen Ausschusses für das Erziehungs- und Bildungswesen, Folge 3, Stuttgart 1961

Reble, Albert: Geschichte der Pädagogik, Stuttgart 1992

Ried, Georg: Dokumente zur Schulpolitik. Stellungnahmen des Deutschen Philologenverbandes und anderer Verbände und Einrichtungen 1949-1955, Frankfurt a.M. 1956

Röhrs, Hermann: Die Schule und ihre Reform in der gegenwärtigen Gesellschaft, Heidelberg 1962

Schelsky, Helmut: Schule und Erziehung in der industriellen Gesellschaft, Würzburg 1957

Schmidt, Bernhard: „Bildungsauftrag und Bildungspläne der Gymnasien". Eine Stellungnahme zu der Denkschrift der „Arbeitsgemeinschaft Deutsche Höhere Schule", in: Allgemeine deutsche Lehrerzeitung, 1959, S. 22-25

Sprave, Jürgen/Thomas, Wolfgang: Schulbau Präsidentenstraße. Aufbau und pädagogische Konzeption des neuen Schulgebäudes von 1911/12, in: Schulbau Präsidentenstraße 1911/12, hrsg. v. Cornelia Hackler, Gelsenkirchen 1997, S.19-28

Sprave, Jürgen/Thomas, Wolfgang: Entwicklungen und Veränderungen in der Nutzung des Schulbaus von 1912 bis heute, in: Schulbau Präsidentenstraße 1911/12, S. 73-80

Stöcker, Karl/Schwenk, Johannes: Innere Schulreform, in: Schriftenreihe der Pädagogischen Studienkommission der Studiengemeinschaft der Evangelischen Akademien, H. 3, Frankfurt a.m. 1955

Uhlig, Christa: Fritz Helling – ein politischer Pädagoge, in: Pädagogik, Jg. 44 (1989), H. 2, S. 146-151

Westfälische Schulreden 1950. Aus Anlaß der 125-Jahr-Feier des Schulkollegiums Münster, Münster 1951

Wilhelm, Theodor: Pädagogik der Gegenwart, Stuttgart 1959

Zukunft der Bildung. Schule der Zukunft. Denkschrift der Kommission „Zukunft der Bildung – Schule der Zukunft" beim Ministerpräsidenten des Landes Nordrhein-Westfalen, Neuwied 1995

Zur Diskussion des Rahmenplans. Kritik und Antwort, Empfehlungen und Gutachten des Deutschen Ausschusses für das Erziehungs- und Bildungswesen, Folge 5, Stuttgart 1960

Zur Geschichte der Höheren Schule, Bd. 1, hrsg. v. Theodor Hülshoff u. Albert Reble, Bad Heilbrunn 1967

Zur Geschichte der Höheren Schule, Bd. 2, hrsg. v. Albert Reble, Bad Heilbrunn 1975

Christa Uhlig

„Zwischen den Fronten": Die gesamtdeutsche Pädagogik Fritz Hellings im Zeitalter des Kalten Krieges und die Programmatik des Schwelmer Kreises (1952-1974) in der Perspektive der DDR-Wissenschaft

„Überwinden wir das jahrelang genährte Mißtrauen gegeneinander! Wagen wir es, zusammenzukommen und miteinander zu sprechen! Helfen wir uns gegenseitig, uns einander überhaupt erst wieder verständlich zu machen! Es gilt vor allem, die pädagogische Arbeit, die hüben und drüben geleistet worden ist, durch sachliche Berichterstattung und persönlichen Erfahrungsaustausch besser kennenzulernen, auf beiden Seiten auch das Gute zu sehen und vorurteilsfrei zu bejahen. Diese Aufgaben des Einander-Neufindens können am unmittelbarsten durch persönliche Begegnung einer Lösung näher gebracht werden ... Das offene Miteinandersprechen ist der beste Weg, um die geistig-seelische Wiedervereinigung der Getrennten anzubahnen. Der Geist der Verständigungsbereitschaft, der in unseren Verfassungen und Lehrplänen für die Beziehungen zwischen dem deutschen Volk und den anderen Völkern gefordert wird, kann seine verbindende Kraft vor allem bei der Überwindung der innerdeutschen Entfremdung erproben ... Darum rufen wir alle Erzieher auf, in eigener Gewissensentscheidung an diesem geistigen Prozeß der Verständigung zwischen west- und ostdeutschen Pädagogen mitzuarbeiten."[1]

1. Die Marginalisierung des gesamtdeutschen Bildungskonzeptes des Schwelmer Kreises im „Transformationsprozeß"

Zu den vielen Merkwürdigkeiten der Vereinigungspolitik gehört der fast völlige Verzicht auf die Reaktivierung gesamtdeutscher Initiativen, die in der Zeit des Kalten Krieges gegen die Spaltung Deutschlands, gegen die politische und ideologische Konfrontationspolitik der Systeme und für

---

[1] Aufruf der Ostertagung 1954, zitiert nach Helling 2004, S. 118.

eine Politik der Verständigung entstanden sind. „Wenn einmal die Geschichte der deutschen Wiedervereinigung geschrieben werden kann, dann wird man diese Arbeit nicht vergessen", glaubte Klara Maria Faßbinder 1961.[2] Doch deutsche Geschichte geht anders. In einer breit angelegten, staatspolitisch hoch subventionierten Forschungsinszenierung zur Aufarbeitung der DDR-Geschichte, die allein in den letzten zehn Jahren mehr als 1.000 offizielle Forschungsprojekte umfaßte und in deren Zentrum *zwei Enquête-Kommissionen* des Bundestages standen,[3] sucht man Arbeiten zum Schwelmer Kreis und zu gesamtdeutschen Initiativen ähnlicher Intention vergebens.[4] Eine von Peter Dudek im Jahre 1993 vorgelegte Untersuchung zur „Gesamtdeutschen Pädagogik im Schwelmer Kreis" fand – abgesehen von einigen Rezensionen – kaum Verwertung und keine Fortsetzung. Angesichts dieses Forschungshintergrundes ist eine einigermaßen sichere Rekonstruktion des Umgangs mit dem Schwelmer Kreis in der Erziehungswissenschaft der DDR schwierig. Die nachfolgenden Überlegungen bleiben daher kursorisch und weitgehend hypothetisch. Eine gründliche Auswertung des zum Schwelmer Kreis umfangreich vorhandenen Quellenmaterials muß zukünftigen Forschungsarbeiten vorbehalten bleiben.

Zu fragen ist aber zunächst, weshalb der Schwelmer Kreis heutzutage einer derartigen Marginalisierung unterliegt, zumal die Erinnerung an gemeinsame Traditionen deutsch-deutscher Kooperation und Kommunikation hilfreich sein könnte, die Gräben zwischen Ost und West nicht noch größer werden zu lassen, – und zumal deutsche Politik ansonsten eher wenig Scheu zeigt, mit mitunter fragwürdigen Rückgriffen auf Geschichte Legitimation und Identität zu konstruieren. Ich sehe vor allem drei Ursachenkomplexe:

---

[2] Zitiert nach Heinemann 1995, S. 664.
[3] Vgl. Weber/Mählert 2001.
[4] Eine knappe Passage ist bei Thomas (1999) zu finden: „Das Bild wäre unvollständig, wenn wir nicht erwähnen würden, daß es in den fünfziger Jahren auf beiden Seiten politische Gruppierungen gab, die sich einerseits gegen die Blockeinbindung wendeten – hier wäre die Gesamtdeutsche Volkspartei Gustav Heinemanns, die von 1952 bis 1957 bestand, zu nennen – und andererseits den forcierten ‚Aufbau des Sozialismus' in der DDR kritisierten, ich erinnere an die Harich-,Plattform' 1956, weil sie beide Vorgänge als gravierende Hindernisse für eine Wiedervereinigung betrachteten. Sie verkannten die internationalen Dimensionen des innerdeutschen Konfliktes ebenso wie die Sekuritätsbedürfnisse einer großen Mehrheit der westdeutschen Bevölkerung und die Machtsicherungsinteressen der SED-Führung" (S. 17).

1. Initiativen zur Verständigung zwischen Ost und West waren Anfang der fünfziger Jahre als Reaktion auf die deutschlandpolitische Konstellation in der Nachkriegsentwicklung entstanden und maßgeblich von den Interessenkonflikten zwischen beiden deutschen Staaten und den hinter ihnen stehenden Großmächten beeinflußt. Während solche deutsch-deutschen Initiativen, wie sie vom Schwelmer Kreis ausgingen, zumindest zeitweise, besonders in den fünfziger Jahren, in Einklang mit der Deutschlandpolitik der DDR standen und insofern staatlicherseits gefördert und unterstützt wurden, standen sie in der Bundesrepublik im Widerspruch zur offiziellen Politik der Adenauer-Ära, galten als subversiv, als politisches Instrumentarium des Ostens und deshalb als illegitim. Mit dem Zusammenbruch der DDR, der nachträglichen historischen Delegitimierung ihrer Existenz in der jüngsten Geschichtsschreibung und der damit einhergehenden Legitimierung der bundesdeutschen Nachkriegspolitik scheint dem Anliegen der damaligen gesamtdeutschen Initiativen, nämlich den Dialog zwischen beiden deutschen Nachkriegsstaaten über den Kalten Krieg hinweg zu fördern, durch den faktischen Gang der Geschichte der Boden entzogen.

2. Allerdings hatte die Marginalisierung des Schwelmer Kreises schon früher begonnen. Vor dem Hintergrund des politischen Kurswechsels in den sechziger Jahren verlor seine auf eine gesamtdeutsche Bildungsreform gerichtete Programmatik immer mehr an Bedeutung. Der Schwelmer Kreis schien auf beiden Seiten vergessen und verdrängt, wenngleich aus verschiedenen Gründen. Das Wissen um die Dramatik, die Spannungen, aber auch um die Möglichkeiten und Chancen der in den fünfziger Jahren entwickelten gesamtdeutschen Perspektiven hatte sich zunehmend eingeengt und war 1989/90 so gut wie nicht mehr verfügbar. Für die bildungspolitischen Auseinandersetzungen Anfang der 90er Jahre bedeutete dies einen deutlichen Verlust, gerade weil die „Schwelmer" den Weg zu einer gesamtdeutschen Bildungsreform, in der die besten Erfahrungen aus Ost und West zusammengefügt werden sollten, vorgedacht hatten.

3. Aber auch die wenigen Versuche, Erinnerungen an den Schwelmer Kreis in die Bildungsdiskussion der Wende- und Nachwendezeit einzubringen, fanden wenig Resonanz und stießen eher auf Abwehr. Diese Distanz hatte – neben jahrzehntelanger Verdrängung – auch damit zu tun, daß sich der konkrete Prozeß politischer, wirtschaftlicher, sozialer, kultureller und mentaler Anpassung des Ostens an den Westen mit den

damals von den „Schwelmern" entwickelten Perspektiven wenig kompatibel erwies. Als unbequeme Erinnerung an mögliche Alternativen unterliegen die Schwelmer Visionen von einem einheitlichen Deutschland und einem einheitlichen, demokratisch gestalteten Bildungssystem erneuten Verdrängungsprozessen.

2. Bedeutung und Bedeutungsverlust des Schwelmer Kreises in der DDR

Als Fritz Helling im Frühjahr 1952 mit seiner Idee für eine gesamtdeutsche pädagogische Initiative an ihm von früher her bekannte und nun in der DDR lebende Pädagoginnen und Pädagogen herantrat, traf dies auf einen politisch und bildungspolitisch günstigen Resonanzboden. Die Überwindung der selbstverschuldeten Teilung Deutschlands bestimmte – ungeachtet der bis heute umstrittenen Wahrhaftigkeit der jeweiligen politischen Konzepte[5] – die politische Rhetorik in Ost und West. Für viele Menschen war die deutsche Spaltung, die Zuspitzung der Konfrontationspolitik, der Kalte Krieg in Wort und Tat, die beginnende Remilitarisierung und die kulturelle und mentale Entfremdung mit persönlichen Belastungen und Härten, mit Ängsten vor einer ungewissen Zukunft und vor einem neuerlichen Krieg verbunden. Diese historische Situation aus der heutigen Perspektive nicht ernst zu nehmen, hieße leichtfertig mit Ge-

---

[5] Vgl. hierzu besonders die unterschiedlichen Auffassungen in der Debatte um die Deutschlandpolitik in der Adenauer-Ära innerhalb der Enquête-Kommissionen des deutschen Bundestages. Der dominierenden Meinung, „Moskau" und die SED hätten eine Spalterpolitik betrieben und der „Westen" habe für die Einheit gestanden, wird in einigen Beiträgen widersprochen. Während beispielsweise Gerhard Wettig die politische Ehrlichkeit der Stalinnote bezweifelt, verweist Josef Foschepoth auf die Doppelbödigkeit der Adenauer-Strategie und der Westmächte. „Wiedervereinigung ist gefahrvoll für uns alle", zitiert Foschepoth den britischen Staatsminister Lloyd (1953). „Deshalb fühlen alle ... – Dr. Adenauer, die Russen, die Amerikaner, die Franzosen und wir selbst – im Grunde ihres Herzens, daß ein geteiltes Deutschland zur Zeit die sichere Lösung ist. Aber keiner von uns wagt, dies wegen seiner Auswirkungen auf die öffentliche Meinung in Deutschland auch offen zuzugeben. Deshalb unterstützen wir alle öffentlich ein vereintes Deutschland, jeder allerdings aufgrund seiner eigenen Bedingungen." Foschepoth hält dies für „eine klassische Beschreibung ... der westlichen Position. Bewahrung und Sicherung des Status quo, mithin der Teilung Deutschlands, waren also die eine, das Bekenntnis zur Wiedervereinigung und die Kultivierung einer Einheitsrhetorik die andere Seite" (S. 267).

schichte umzugehen. Es war die hochbrisante Situation der fünfziger Jahre, die Menschen unterschiedlicher Provenienz in Bewegung brachte, um dem Machtspielen der Politik eigene Lebens- und Zukunftsinteressen entgegenzusetzen. So auch auf der von Wissenschaftlern, Kulturschaffenden und auch Pädagogen initiierten Kulturtagung für Frieden und Verständigung in Bad Vilbel bei Frankfurt a.M. am 5. und 6. Januar 1952, die Fritz Helling den letzten Impuls gab, Pädagogen aus beiden Teilen Deutschlands in Anmahnung gemeinsamer Verantwortung an einen Tisch zu bringen. Im Aufruf der Kulturtagung heißt es:

„Die große Hoffnung, die uns am Ende des zweiten Weltkrieges beseelte, daß aus den Stätten der Verwüstung und des Menschenhasses der Geist der Versöhnung und des Friedens ein neues Leben erbauen werde, hat sich nicht erfüllt. Uns bedroht heute schon wieder die Gefahr eines neuen Krieges, und Frieden und Gerechtigkeit scheinen in unabsehbare Ferne gerückt. Wir können uns nicht beruhigen bei dem Gedanken, daß uns Entscheidungen im Bereich der Politik nichts angehen sollten.
Wissenschaftler, Pädagogen, Künstler und Männer der Technik, die sich ins Fachliche und Private zurückziehen, haben damit von jeher darauf verzichtet, die Gestaltung der Wirklichkeit entscheidend mit zu beeinflussen.
Eine Anzahl von Männern und Frauen hat sich gelobt, nicht noch einmal zu schweigen, wenn ihnen das Gewissen zu reden gebietet. Wir wollen nicht wieder durch schweigendes Abwarten schuldig werden. Wir wollen rechtzeitig zum Versuch geistiger Klärung und Sammlung aufrufen.
Uns Überlebende aus zwei Weltkriegen verpflichtet das uns noch einmal geschenkte Leben, das Gespräch zwischen den Deutschen im Osten und Westen unseres Vaterlandes anzubahnen und die uns bedrängenden Fragen auf geistigem Boden einer Lösung näherzubringen. Es gibt kein Fatum. In allem Schicksal ist Schuld eingewoben. Entscheidungsstunden, die uns nicht wachsam finden, werden sich gegen uns wenden. Heute regiert im Bereich des geistigen Lebens Angst, Mißtrauen und Sorge vor den Mächtigen, – und Angst ist ein schlechter Berater. Wenn die für die Kultur verantwortlichen Männer und Frauen nicht das Ihre tun, um die Angst aus den geistigen Bezirken des Lebens zu vertreiben und an ihre Stelle Nüchternheit und Zuversicht zu setzen, werden

unsere Politiker nicht in der Lage sein, das Ziel des Wiederaufbaus und des Friedens unter den Völkern zu sichern. Der politische Haßgesang, die Doktrin der Unversöhnlichkeit, die Torheit, seine letzte Hoffnung auf das zu setzen, was nur Ausdruck tiefster Hoffnungslosigkeit ist: auf Waffen und neuen Krieg – das alles sind bedrückende Anzeichen.

Es gilt, die vorhandenen Möglichkeiten zur Erhaltung und Neugestaltung der menschlichen Gesellschaft und ihrer Ordnungen zu prüfen und in rechter Weise einzusetzen. Kein noch so fleißiger Wiederaufbau, keine Sonderrichtung und Fachwissenschaft, keine Erfindung wird uns helfen und nützen, wenn der Geist, in dem der Wiederaufbau einer zerbrochenen Welt erfolgt, nicht im Zeichen der Umkehr und der wahrhaftigen Menschenliebe steht.

Wir müssen das öffentlich sagen. Wir glauben, daß es noch möglich ist, trotz der drohenden Katastrophe dem Frieden der Welt gerade von Deutschland aus einen Weg zu bahnen."[6]

Der Aufruf der Kulturtagung 1952 wurde deshalb im vollen Wortlaut zitiert, weil darin nicht nur der Geist vieler ähnlich intendierter Dokumente zum Ausdruck kommt, sondern weil hier gleichermaßen Intentionen und Programmatik des Schwelmer Kreises, der sich im Anschluß an die Kulturtagung zu Ostern 1952 in Schwelm konstituierte, ihren Ausgang hatten. Er reihte sich ein in eine hochmotivierte Bewegung gegen Wiederaufrüstung, für einen Friedensvertrag und für gesamtdeutsche Gesprächsbereitschaft, in der Menschen unterschiedlichster Denk- und Glaubensrichtungen zusammentrafen.[7]

Die Gründung des Schwelmer Kreises erfolgte nicht voraussetzungslos. Gleich nach dem Krieg hatten pädagogische Reformer als Konsequenz aus der deutschen Geschichte und in Übereinstimmung mit dem Potsdamer Abkommen und insbesondere mit der Direktive 54 des alliierten Kontrollrates auf eine demokratische Schulreform in ganz Deutschland hingearbeitet. Sie hielten die Auseinanderentwicklung der Zonen für überwindbar und eine gesamtdeutsche Demokratisierung, an der auch – so der Grundtenor der ersten Interzonenkonferenzen der deutschen Lehrer 1947 in Göttingen und Berlin und 1948 in München – Pädagogik mitzuwirken habe, für möglich. Gleichzeitig mußten sie jedoch erleben,

---

[6] Zitiert nach Helling 2004, S. 104 f.
[7] Bis heute ist die Geschichte dieser Bewegung noch immer nicht geschrieben.

wie die Chance zur Erneuerung von Erziehung und Schule erneut macht-politischen Interessen untergeordnet wurde. Das Scheitern des Berliner Einheitsschulgesetzes von 1948 ist hierfür Indiz, ebenso die Reformun-willigkeit politischer Machtträger in den westlichen Besatzungszonen und der Abbruch der demokratischen Bildungsreform in der sowjetischen Besatzungszone Deutschlands Ende der vierziger Jahre. Immer wieder hätten „die Froschmänner des kalten Krieges" versucht, „die Zusammen-arbeit der Deutschen Lehrerschaft zum besten der einheitlichen demokra-tischen Schule in ganz Deutschland zu verhindern, aber wir sehen mit Zuversicht in die Zukunft, die die Lehrer zu beiden Seiten der Zonen-grenze zu gemeinsamer Arbeit zusammenführen wird", schrieb die Ost-berliner Deutsche Lehrerzeitung 1956 mit Blick auf den Schwelmer Kreis.[8]

Der Schwelmer Kreis und seine Programmatik waren in der Zeit des Kalten Krieges und einer krisengeschüttelten innenpolitischen Lage in der DDR (17. Juni 1953, Tauwetterperiode, Ungarn 1956, politische Schauprozesse u.a.) für nicht wenige der hier lebenden Pädagoginnen und Pädagogen (vermutlich auch für viele in der BRD) ein rettender Stroh-halm in der Hoffnung auf einen vernünftigen deutschen Weg. Das vor allem begründete seine Popularität und seine historische Bedeutung. Da-bei spielte neben seinen politischen Aktivitäten auch das vom Schwelmer Kreis entwickelte Schul- und Bildungskonzept ein Rolle: *Gleiches Recht auf Bildung*, eine in sich *differenzierte Einheitsschule*, Verbindung von Theorie und praktischer Arbeit im Prinzip *polytechnischer Bildung, hohe Allgemeinbildung* als Basisbildung für alle Kinder. Das DDR-Bildungssystem hielt man strukturell und inhaltlich für einen interessan-ten Ansatz, aber nicht für ein fertiges Modell.[9] „Wir sollten uns nicht scheuen, uns die Erfahrungen anderer Länder zunutze zu machen, auch die der DDR ...", meinten westdeutsche „Schwelmer".[10] Ostdeutsche indessen erhofften von der westdeutschen Präsenz eine Relativierung bzw. Abschwächung der ideologisierenden und indoktrinierenden Ten-denzen im Bildungswesen der DDR.

Die gesamtdeutsche Bewegung fand in den fünfziger und sechziger Jahren solange staatspolitische Unterstützung, solange sie dem deutsch-

---

[8] DLZ, 23/1956, S. 2.
[9] Vgl. Drefenstedt 1994, S. 387.
[10] Schule und Nation 4 (1960), S. 28 ff.

landpolitischen Konzept der DDR entsprach. Dabei kam durchaus gelegen, daß der Schwelmer Kreis in der BRD der Adenauer-Ära gerade wegen seiner Verständigungsversuche mit ostdeutschen Pädagogen offiziell nicht akzeptiert wurde, seine Mitglieder Repressionen ausgesetzt waren und er wohl während der gesamten Zeit seiner Existenz unter Beobachtung des Verfassungsschutzes stand.[11] Fritz Helling schreibt darüber ausführlich in seiner Autobiographie. Ähnliches berichten ehemalige ostdeutsche Mitglieder von Reisen in die Bundesrepublik.[12] Zu den vehementesten Gegnern eines deutsch-deutschen pädagogischen Dialogs zählte nach Helling die „Vereinigung der aus der Sowjetzone verdrängten Lehrer und Beamten"[13] – eine Organisation, die in der pädagogischen Geschichtsaufarbeitung bislang noch keinerlei Beachtung gefunden hat. Gerade dieses Beispiel zeigt jedoch idealtypisch, wie dünn die Decke war, auf der sich die zur Verständigung und zum Dialog bereiten Pädagoginnen und Pädagogen aus Ost und West zu bewegen hatten, und wie groß die Gefahr auf beiden Seiten, für verschiedene Zwecke funktionalisiert zu werden.

Die Ablehnung des deutschlandpolitischen Konzeptes des Schwelmer Kreises in der Bundesrepublik und die Verweigerung jeglicher Unterstützung gab der DDR erst die Gelegenheit, großzügig Hilfe anzubieten, stützend in die Arbeit des Schwelmer Kreises einzugreifen und die Situation propagandistisch für die eigenen Politikinteressen zu nutzen. Nachdem es sich als unmöglich erwiesen hatte, Ost-West-Begegnungen größeren Stils in der Bundesrepublik durchzuführen, stellte sich die DDR hierfür zur Verfügung. Die großen Ostertagungen des Schwelmer Kreises fanden 1954, 1955, 1959 und 1965 in Eisenach und 1957 in Leipzig statt. Ihre Organisation lag weitgehend in den Händen eines in Berlin (Ost) eingerichteten Koordinierungsbüros unter Leitung von Fritz Heidenreich.[14] Zeitgleich wuchs in der DDR das Interesse an der Arbeit des Schwelmer Kreises. 1958 wurde im Ministerium für Volksbildung die Intensivierung der Arbeiten über und mit Westdeutschland beschlossen. Sie sollte am DPZI konzentriert und personell wie materiell verstärkt

---

[11] Vgl. hierzu den Beitrag „Erneute politische und gesellschaftliche Diskriminierung in den 1950er und 1960er Jahren. Eine Skizze zu Fritz Hellings letzten Lebensjahrzehnten" von Burkhard Dietz im vorliegenden Band.
[12] Vgl. zum Beispiel Reischock 1996.
[13] Helling 2004, S. 114, 142 ff.
[14] Vgl. Dudek 1993; Heidenreich 1978.

werden. Publikationen sollten entstehen und die „westdeutsche pädagogische Arbeit mit in den Mittelpunkt der politischen und pädagogischwissenschaftlichen Arbeit rücken".[15] Die Mehrheit der führenden Erziehungswissenschaftler in der DDR jener Zeit war in die sogenannte „Westarbeit" involviert.

Mit dem deutschlandpolitischen Kurswechsel in den sechziger Jahren, besonders nach dem Bau der „Mauer", verebbte das Interesse der DDR am gesamtdeutschen pädagogischen Meinungsaustausch. Die Visionen des Schwelmer Kreises blieben im wesentlichen auf die erste Pädagogengeneration nach 1945 begrenzt. Und auch hier waren sie, vor allem wegen ihrer demokratischen reformpädagogischen Wurzeln, nicht unumstritten.[16] Vieles in der Entwicklung der DDR und speziell ihres Bildungswesens hatte sich von ihren Ausgangsintentionen gelöst und entsprach längst nicht mehr den Vorstellungen eines Fritz Helling, einer Klara Maria Faßbinder oder eines Paul Oestreich.[17]

Für die nachfolgenden Generationen stellte sich die Deutschlandfrage anders. Nicht mehr die Wiedervereinigung stand in Mittelpunkt, sondern die völkerrechtliche Normalisierung des Umgangs beider deutscher Staaten miteinander. Von diesem politischen Paradigmenwechsel waren auch die pädagogischen Beziehungen berührt. Offizielle Begegnungen von Pädagoginnen und Pädagogen wurden seltener, gestalteten sich elitärer und diplomatischer und fanden zunehmend auf gewerkschaftlicher Ebene statt.[18] Der Bezug zur Friedensproblematik indessen blieb bestehen.[19]

Die in den siebziger und achtziger Jahren ausgebildeten Lehrerinnen- und Lehrergenerationen erfuhren vom Schwelmer Kreis, seinen

---

[15] Aktennotiz über eine Besprechung am 28. November 1958 beim Genossen Honecker im Ministerium für Volksbildung, BBF/Archiv (DPZI, 2201).

[16] Die Auseinandersetzung mit der Reformpädagogik erlebte eine erste Zuspitzung auf dem IV. Pädagogischen Kongreß 1949 und kehrte fortan intervallartig wieder. Zu den angegriffenen Pädagogen gehörte (indirekt) auch Paul Oestreich. Kern der Auseinandersetzung war die Frage, woran sich die Schulentwicklung in der DDR zu orientieren habe, ob sie eher den progressiven deutschen Traditionen oder den sowjetischen Vorstellungen und Modellen zu folgen habe. Eine Liberalisierung erlebte die Diskussion Mitte der fünfziger Jahre, vor allem im Umfeld des V. Pädagogischen Kongresses 1956, an dem auch Fritz Helling teilgenommen hatte (hierzu ausführlich Dudek 1993).

[17] Zur Entwicklung des Schulwesens vgl. Geißler 2000.

[18] Vgl. Günther 2002.

[19] Vgl. hierzu u.a. Uhlig 1995.

Personen und seinen Vorstellungen wenig oder nichts. Anders als in den fünfziger Jahren waren deutschlandpolitische Themen pädagogisch nicht mehr relevant, wie an der „Geschichte der Erziehung", einem in der erziehungswissenschaftlichen Lehre in der DDR viel benutzten Standardwerk, nachvollzogen werden kann. Noch 1960 war dem Schwelmer Kreis hier ein eigener Abschnitt gewidmet. In späteren Ausgaben fand er nicht einmal mehr Erwähnung.[20] Erst im Zuge der wissenschaftspolitischen Öffnung zu einem erweiterten Erbe- und Traditionsverständnis[21] traten Personen wie Paul Oestreich wieder stärker in das historisch-pädagogische Bewußtsein und mit ihm auch Fritz Helling und andere Persönlichkeiten aus der demokratischen Weimarer Schulreformbewegung. Über biographische Zugänge wurde dann auch der Schwelmer Kreis wieder erinnert, so im Umfeld des hundertsten Geburtstages von Paul Oestreich, der Galionsfigur des Schwelmer Kreises in der DDR,[22] oder des hundertsten Geburtstages von Fritz Helling.[23] Dies geschah jedoch vorrangig in historisierender Absicht.

Was blieb vom Schwelmer Kreis? Ungeachtet seiner Verdrängung aus dem offiziellen Geschichtsbild blieben bei vielen ehemals Beteiligten starke emotionale Erinnerungen. *Auf alle seine Bücher würde er verzichtet haben*, resümierte ein ehemaliger „Schwelmer", *wenn nur das eine über den Schwelmer Kreis erschienen wäre*, mit dem er die damaligen Ideen und Erfahrungen für die 1990 tatsächlich realistisch gewordene Wiedervereinigung aufbereiten wollte.[24] Er bekam das Manuskript 1992 nach anfänglicher Zusage eines renommierten ostdeutschen Pädagogik-Verlages mit dem Kommentar zurück, daß man so etwas nun nicht mehr bräuchte. Lebendig blieben auch die Erinnerungen an Fritz Helling. *Ihm im Leben begegnet zu sein, sei „ein Geschenk"*, schrieb Gertrud Rosenow zum achtzigsten Geburtstag Hellings 1968, als ihm die Ehrendoktorwürde der Humboldt-Universität zu Berlin verliehen wurde.[25] Ähnlich gehaltene

---

[20] Dieser Umstand wurde mir persönlich überhaupt erst bewußt, als ich auf der Helling-Tagung 1988 in Schwelm gefragt wurde, weshalb Fritz Helling und sein Schwelmer Kreis in der DDR keine Rolle mehr spielen würden.

[21] So hieß es in der offiziellen historischen Wissenschaftssprache in der DDR. Dieser Prozeß begann Ende der siebziger und gewann an Verbreitung in den achtziger Jahren.

[22] Vgl. Heidenreich 1978.

[23] Vgl. Uhlig 1989.

[24] Vgl. Drefenstedt 1991.

[25] BBF/Archiv, Nachlaß Gertrud Rosenow, 1968.

Äußerungen sind noch immer abrufbar. *„Für mich persönlich war es Ehrung eines standhaften Mannes, der es verdiente"*, antwortete Karl-Heinz Tomaschewsky, 1968 neben Gertrud Rosenow in Schwelm dabei, auf die Frage nach seinen Eindrücken. Sachlich sei die Atmosphäre der Ostertagungen gewesen und produktiv, eine unwiederbringliche Chance und eine große Hoffnung.[26]

3. Zwischen politischer Abhängigkeit und pädagogischer Eigen-dynamik

Die Verflochtenheit mit bzw. die Abhängigkeit von der Politik war zweifelsfrei ein Charakteristikum der Erziehungswissenschaft und Pädagogik der DDR und maßgeblich ihrem Selbstverständnis geschuldet.[27] Zu dieser Seite der DDR-Bildungsgeschichte, vor allem zu ihren Widersprüchen und Fehlentwicklungen, gibt es unterdessen Publikationen in großer Zahl. Auch wenn nicht in allen diesen neueren Arbeiten der Versuchung widerstanden werden konnte, gerade diese ideologischen Aspekte einseitig zu überzeichnen und ihren gesamtdeutschen Zusammenhang sowie die in Deutschland auf spezifische Weise ausgetragene Systemkonfrontation zu übersehen, verweisen sie auf die problematischen Konsequenzen politischer und ideologischer Vereinnahmung von Pädagogik. Daß dies auch dem Schwelmer Kreis galt, hat Peter Dudek in seiner Arbeit unter der Kapitelüberschrift „Versuche der Einflußnahme seitens der SED" darzustellen versucht. Danach „sollten die diversen gesamtdeutschen Treffen in der Öffentlichkeit als Ausdruck des Vereinigungswillens von unten erscheinen".[28] Es sei die „DDR-Seite" gewesen, „die während der fünfziger Jahre immer wieder versucht" habe, „gesamtdeutsche Gespräche in Gang zu setzen".[29] Und es sei „keineswegs gesichert, daß seine westdeutschen Mitglieder das Ausmaß der Versuche politischer Einflußnahme der SED durchschauten. Ähnlich gilt dies auch für manche ostdeutsche Repräsentanten des Kreises."[30] Ob mit dieser Beschreibung allerdings die Proble-

---

[26] Nach Gesprächen mit ehemaligen Teilnehmerinnen und Teilnehmern an Veranstaltungen des Schwelmer Kreises, Januar/Februar 2002. Vgl. hierzu auch die informative und argumentativ überzeugende Darstellung Drefenstedts 1994.
[27] Vgl. hierzu zum Beispiel Eichler 2000; Geißler 2000.
[28] Vgl. hierzu auch Fußnote 4.
[29] Dudek 1993, S. 97.
[30] Ebd., S. 101.

matik und Brisanz der Situation, in die der Schwelmer Kreis hineingeraten war, adäquat erfaßt werden kann, erscheint eher fraglich. Und so merkt Gert Geißler in einer Rezension an: „Vor dem Thron des Zeitgeistes gebeugt, muß die Geschichte des Kreises tatsächlich an die Frage gefesselt werden, ob die [...] ‚Schwelmer‘ als ‚trojanische Herde‘ der SED oder als Versammlung ‚idealistischer Pädagogen‘ endgültig zu begraben sind. Dem Autor zufolge" läge „die Wahrheit ‚vermutlich in der Mitte(,) und die Leser müssen selbst entscheiden‘. [...] Mir stellt sich eher die Frage, ob die kritischen Leser dieses vorentschiedene Wahrheitsangebot als Schlüssel zur Geschichte annehmen werden."[31]

Es mag sein, daß die SED-Führung gern alles im Griff gehabt hätte. Hinsichtlich einer so heterogenen Bewegung,[32] wie es die gegen Wiederaufrüstung und für deutsch-deutsche Verständigung in den fünfziger Jahren war, die von Bertolt Brecht bis Paul Dessau, von Anna Seghers bis Heinrich Böll reichte und zu der eben auch der Schwelmer Kreis zu zählen ist, mußte der Einfluß der SED zwangsläufig an Grenzen stoßen. So ist es auch dem reichlichen Quellenmaterial zu entnehmen, das eher darauf verweist, daß Versuchen der politischen Funktionalisierung eine starke *Eigendynamik* des Schwelmer Kreises entgegenstand – unabhängiges, eigenständiges, im Widerstreit zu den herrschenden Interessen und Strategien stehendes politisches und pädagogisches Denken und Handeln. Den von Dudek angebotenen Lesarten der Geschichte des Schwelmer Kreises wäre dann zumindest eine dritte hinzuzufügen: Die „Schwelmer" aus Ost und West waren *weder Objekte von Politik noch naive Idealisten.* Sie wandelten vielmehr im vollen Bewußtsein der politischen Brisanz und Konflikthaftigkeit ihres Tuns auf dem Grad, der damals zwei unversöhnliche politische Systeme gefährlich voneinander schied. Sie taten dies aus Sorge um die Perspektiven des Konfrontationskurses und aus dem Gefühl der Mitverantwortung. Vor diesem Hintergrund waren sie wohl am ehesten mutige *Realisten.*

Für Eigendynamik und geistige Unabhängigkeit standen vor allem die Repräsentanten des Schwelmer Kreises. Nahezu alle kamen aus reformpädagogischen Zusammenhängen der Weimarer Republik, viele aus dem Bund Entschiedener Schulreformer. Sie hatten schon damals dem pädagogischen und auch reformpädagogischen Establishment und politi-

---

[31] Geißler 1994, S. 418.
[32] Vgl. zum Beispiel Bekenntnisse 1989.

schen Anpassungserwartungen distanziert gegenüber gestanden und nach 1933 den Versuchungen des Faschismus widerstanden. Es waren Persönlichkeiten, die sich nicht *beliebig* funktionalisieren ließen. Das gilt für Fritz Helling oder Klara Maria Faßbinder ebenso wie für Paul Oestreich und die in der DDR lebenden Anhänger des Schwelmer Kreises Gertrud Rosenow, Leo Regener, Otto Tacke, Martin Weise, Robert Alt, Richard Meschkat, Heinrich Deiters, Karl Sothmann u.a.[33] Paul Oestreichs Resistenz gegenüber Vereinnahmungsversuchen durch die DDR- und SED-Politik zumindest ist – trotz seiner SED-Mitgliedschaft – hinlänglich bekannt.[34] Es ist hier nicht möglich, die biographischen Hintergründe des politischen und pädagogischen Engagements dieser Pädagoginnen und Pädagogen in der Nachkriegsgeschichte im einzelnen zu untersuchen. Es ist aber anzunehmen, daß bei allen die Vorgeschichte, ihre lebens- und berufsgeschichtlichen Erfahrungen aus der Weimarer Zeit und aus dem Nationalsozialismus eine maßgebliche Rolle für ihre späteren Entscheidungen spielten. Es war ihnen, das kann in den autobiographischen Aufzeichnungen und Zeugnissen Fritz Hellings, Paul Oestreichs oder Heinrich Deiters nachgelesen werden, ernst damit, historische Konsequenzen aus den Katastrophen der ersten Jahrhunderthälfte auch ganz persönlich zu ziehen. Und sie übersahen keineswegs die Risiken ihrer Entscheidung. „... Die Macht, die nun auf einmal hinter uns steht, wirkt sich günstig aus", schrieb Otto Tacke 1954 in Vorbereitung der Ostertagung in Eisenach an Paul Oestreich – und er fügte in Klammern hinzu: „Schon höre ich Sie sagen, dass, wer von der Macht nimmt, auch von ihr korrumpiert wird, worauf ich erwidere, dass andererseits der gute Geist allein nicht durchdringen kann durch das Dickicht der Denkfaulheit."[35]

Gründete sich die *Eigendynamik* des Schwelmer Kreises zum einen auf die ihn tragenden *Persönlichkeiten*, so entzogen sich *auch die von ihm initiierten Veranstaltungen* letztendlich der versuchten Durchplanung und Einflußnahme und erzielten neben den gewollten auch ungewollte

---

[33] Unter den bekannten Anfangsmitgliedern des Schwelmer Kreises war nur Paul Thomae – vor 1933 Lehrer an der Odenwaldschule, dann an verschiedenen staatlichen Schulen und 1944/45 an der ehemaligen Freien Schulgemeinde Wickersdorf – Mitglied der NSDAP. In den fünfziger Jahren war er, nachdem er 1945 zunächst aus dem Schuldienst entlassen worden war, u.a. Direktor am Institut für Lehrerbildung in Dresden (vgl. Dudek 1993, S. 217).

[34] Vgl. Ellerbrock 1992; Uhlig 1999.

[35] Zitiert nach Dudek 1993, S. 148.

Effekte. Besonders die großen Ostertagungen wurden von der DDR-Seite akribisch vorbereitet und geplant. Nichts sollte dem Zufall und der Improvisation überlassen bleiben. Das galt für die Organisation und das jeweilige kulturelle Begleitprogramm ebenso wie für die Inhalte.[36] Für die Ostertagung 1954 beispielsweise wurden 26 Diskussionsthemen vorgeplant und dazu jeweils Thesen bzw. Diskussionsstrategien ausgearbeitet:

1. Das Gesetz zur Demokratisierung der Schule; der Charakter der Einheitsschule.
2. Das Erziehungsziel der demokratischen Schule.
3. Das Gesetz zur Förderung der Jugend.
4. Die Ministerratsverordnung zur Verbesserung der Arbeit der allgemeinbildenden Schulen.
5. Die Erziehung der Kinder zu friedliebenden, humanistisch gesinnten Menschen.
6. Die Erziehung der Schüler zur Völkerfreundschaft.
7. Die Erziehung der Schüler zur Heimatliebe.
8. Die Perspektiven des Schulabgängers.
9. Die Erziehung zur bewußten Disziplin.
10. Die Wissenschaftlichkeit des Unterrichts.
11. Das persönliche Vorbild des Lehrers.
12. Die Haltung des Lehrers gegenüber den Forderungen der Gesellschaft.
13. Die Pflege des kulturellen Erbes.
14. Die Pflege des pädagogischen kulturellen Erbes.
15. Die Hilfe der Sowjetpädagogik.
16. Die Pflege der Muttersprache.
17. Die Erziehung zum guten Buch.
18. Die Rolle der Jugendorganisation.
19. Die Bedeutung der intellektuellen Erziehung.
20. Die ästhetische Erziehung.

---

[36] Vor allem für die materielle und kulturelle Betreuung der westdeutschen Teilnehmer wurde offensichtlich keine Mühe gescheut. Exkursionen zu den Kulturstätten Thüringens, insbesondere nach Weimar gehörten zum ständigen Tagungsprogramm. In Weimar wurden die Gäste in der Regel im ersten Haus am Platz, dem traditionsreichen Hotel „Elephant" untergebracht. Der Besuch in Weimar und besonders der Eindruck von der unmittelbaren Nachbarschaft von deutscher Klassik und dem Konzentrationslager Buchenwald wurde von vielen als Schlüsselerfahrung erlebt.

21. Die Bedeutung der Körpererziehung.
22. Der Fachunterricht in der Grundschule.
23. Die Sorge des Staates um den materiellen Zustand des Schulwesens.
24. Die gesellschaftliche und materielle Stellung des Lehrers.
25. Die Lehrerausbildung.
26. Die pädagogische Forschung und ihre Verbindung zur Praxis.[37]

Allein die vorgedachten Themen lassen erkennen, wie stark die Intentionen für die gesamtdeutsche Arbeit von den damals in der DDR dominanten pädagogischen Grundauffassungen ausgingen, wie sie in den Denk- und Sprachgepflogenheiten der DDR-Pädagogik befangen blieben und wie wenig sie die bildungspolitischen und pädagogischen Gegebenheiten und Probleme in der damaligen Bundesrepublik zu integrieren verstanden. Dieser mehr oder weniger bewußt gesetzte Dominanzanspruch bzw. die Asymmetrie der vorgeplanten Diskussionsschwerpunkte indessen scheiterte letztendlich häufig an den tatsächlichen Interessen und Informationsbedürfnissen der beteiligten Pädagoginnen und Pädagogen. In der Praxis folgten die Veranstaltungen des Schwelmer Kreises weit mehr diesen Interessen und Bedürfnissen als den Vorplanungen der Veranstalter. Das wurde auch in den jeweiligen Auswertungsberichten wahrgenommen. Mehr Kommissionsarbeit, Arbeit an Inhalten und an der Basis, forderte ein Bericht nach der Ostertagung 1957. Allenthalben habe sich gezeigt, „daß diese Art Besprechungen zwischen Vertretern beider Teile Deutschlands durchaus möglich sind und zu fruchtbaren Ergebnissen führen können, weil viele Berührungspunkte vorhanden sind und zumeist auch ehrlicher Wille zur Verständigung ..." Die meisten westdeutschen Kollegen hingegen würden sich sofort verschließen, „wenn ein Genosse im ‚Parteijargon‘ mit ihnen zu diskutieren begann". Aus allen diesen Gründen solle „die gesamte Arbeit im Schwelmer Kreis [...] weniger von oben her organisiert als besser von unten aus getragen werden".[38]

---

[37] Vorbereitung der Ostertagung des Schwelmer Kreises in Eisenach vom 12.-17. April 1954, BBF/Archiv (DPZI, 2198).
[38] Zusammenfassende Bemerkungen als Auswertung der Ostertagung deutscher Pädagogen (Schwelmer Kreis), Dr. Erhard Höhne, Berlin, den 3. Juni 1957, BBF/Archiv (DPZI, 15.297).

Empfehlungen dieser Art schienen der Realität der Veranstaltungen und der Interessenlage der Teilnehmenden am nächsten zu kommen, denn viel wußte man nicht voneinander, Vorurteile und falsche Erwartungen existierten auf beiden Seiten, Gemeinsamkeiten mußten mühsam erarbeitet und wechselseitige Kritik akzeptiert werden. Heinrich Deiters, ostdeutscher Referent auf der Ostertagung 1955, erinnert sich: „Anfangs war ich des guten Glaubens gewesen, daß die Lehrerschaft der Volksschulen Westdeutschlands rasch und leicht für unsere Schulpolitik zu gewinnen sein würde, die in ihrem ersten Abschnitt nicht über das Programm der alten Lehrervereine hinausging. Aber hier griff die allgemeine Politik ein, die auf die innere Entwicklung der deutschen Lehrerschaft je nachdem sowohl fördernd wie hemmend wirkte, und ich erkannte bald, daß es langer Mühen bedurfte, um den aufgerissenen Spalt wieder zu schließen."[39] Kontroversen entstanden vor allem aus *Unterschieden im Verständnis von Politik und Pädagogik* und daran anschließenden Fragen wie nach dem Freiheitsbegriff in Ost und West in seiner Bedeutung für Bildung und Schule, nach militärischer Erziehung, nach dem Umgang mit Religion, Geschichte und kulturellem Erbe, Ideologie und Indoktrination, nach Individualitäts- und Gemeinschaftserziehung u.a.m.

Um Inhalte und Stil der Debatten einigermaßen authentisch vorführen zu können, werden im folgenden – exemplarisch – einige Passagen aus der Plenumsdiskussion der Ostertagung 1959 – der letzten „in dieser Form", „was damals mancher schon ahnte, keiner aber genau wissen konnte"[40] – wiedergegeben. Die Debatte entfaltete sich im Anschluß an Vorträge von Fritz Helling und Wolfgang Reischock zum Thema „Gegenwartsprobleme und Perspektiven der deutschen Schule in Ost und West". Beide hatten ihre Überlegungen wiederum in den Zusammenhang von Pädagogik und Politik gestellt und dies vor dem Hintergrund der Tatsache, „daß auf deutschem Boden zwei Staaten entstanden seien", diskutiert. Beide empfanden ihren damaligen Auftritt im Nachhinein als bedeutungsvoll. „Beide Referate wirkungsvoll, ... Tagung als beste von allen glänzend verlaufen", telegraphierte Helling seiner Frau.[41] Und Reischock: „Dieses Problem, wie wir aktive sozialistische Menschen erziehen, die in allem das genaue Gegenteil eines Untertanen sind – so sagte

[39] Deiters 1989, S. 229 f.
[40] Drefenstedt 1994, S. 383.
[41] Helling 2004, S. 169.

ich damals – beschäftigte mich unentwegt. Es beschäftigt mich, nebenbei bemerkt, bis heute."[42]

Auszüge aus der Plenumsdiskussion der Ostertagung des Schwelmer Kreises in Eisenach 1959[43]:

Prof. Dr. Friedrich Delekat (Mainz) eröffnete die Diskussion: „Selbst bei einer größeren Beständigkeit der Systeme und ihrer inneren Tendenzen sei die Politik in einem permanenten Wechsel begriffen, so daß die Unterordnung der Pädagogik unter sie ein Ding der Unmöglichkeit ist" ... „Pädagogik" sollte „ein ganz bestimmtes von der Politik unabhängiges Ziel haben ..., den Menschen zu einem selbständigen Menschen zu erziehen."

Darauf entgegnete Gerd Hohendorf (Potsdam): Erziehung bewege sich nicht in einem autonomen Raum ... „Auch dieser selbständige Mensch, dieses Erziehungsideal eines aufstrebenden Bürgertums, ist doch entstanden aus der politischen Auseinandersetzung der aufstrebenden Bourgeoisie und der verfallenden Feudalordnung"... Außerdem sei „das Erziehungsziel, das uns Herr Prof. Delekat entwickelt hat, in unsere sozialistische Erziehungsaufgabe eingegangen"... „Allerdings glauben wir, daß diese Persönlichkeit nur entwickelt werden kann in einer Gesellschaftsordnung, in der es nicht den Unterschied zwischen arm und reich, zwischen Unternehmer und Arbeiter gibt."

Zu allen Zeiten habe die Politik die Pädagogik beeinflußt, ergänzt Hans-Georg Hofmann (Berlin). Es komme darauf an, „welche Politik getrieben wird". Davon hänge ab, „welche pädagogische Strömungen sich durchsetzen." Und schließlich, was sei geblieben „von der autonomen Pädagogik eines Theodor Litt?"

Hanns Jacobs (Wuppertal) warnt, an Helling gerichtet, vor „unausgesprochener Konzession an ein Weltbild", „das Sie dialektischen Materialismus nennen. Hier glaube ich, daß wir sehr deutlich eine Frage anmelden müssen. Unser gemeinsames Anliegen sieht für uns doch so aus, daß der Mensch, heraustretend aus dem Daseinskampf der Natur, sich

---

[42] Reischock 1995, S. 95.
[43] Ostertagung des Schwelmer Kreises in Eisenach 1959, Protokoll, BBF/Archiv (DPZI, 2198); vgl. zu dieser Tagung auch Dudek 1993, S. 156 ff. Bei Dudek befinden sich auch biographische Angaben zu den meisten der hier erwähnten Personen.

darauf besinnen soll, menschlich unter Menschen zu leben und nach menschlichen Bedingungen die Lebensmöglichkeiten des Menschen zu gestalten. ... Da sind wir gemeinsam. Da sollte es doch uns allen unwichtiger sein, Dinge weltanschaulich zu interpretieren wollen, die für den Westen zunächst einmal weithin eine Arbeitshypothese darstellen, mit der sich gut arbeiten läßt, aber nicht eine weltanschauliche Überzeugung, die, absolutiert, dann dazu führt, daß man andere Überzeugungen als unwissenschaftlich ablehnen müßte."

Oberstudiendirektor Herbert Langner (Braunschweig) konkretisiert für die Schule: „Den Jugendlichen darf die Wahrheit nicht allein verstandesmäßig in die Köpfe eingegossen werden, sondern alle Erzieher in Ost und West kommen um die Aufgabe der Überzeugung durch die Tatsachen, durch die Zusammenhänge, nicht herum. Und ich glaube, daß in diesem Punkte hier noch manches zu tun ist. Der Jugendliche muß auch durch eine Periode des Äußerns jeder Meinung und des Vertretens einer hindurch gehen dürfen. Der Jugendliche will sich selbst vieles erarbeiten. Man muß das unterstützen und ihm das Material zur Verfügung stellen, an dem er sich das erarbeiten kann. ... Er wird bereit sein, etwas zu übernehmen, wenn er Vertrauen hat, wenn er sich subjektiv frei fühlt. ... Und wenn die Schule dieses Gefühl erweckt, so hat sie vieles geleistet. ... Wir brauchen eine Gesellschaftsordnung, die das Gute, das Wahrsein und das Wahrheitsfinden unterstützt. Ich glaube, daß in der heutigen Zeit die sozialistische Gesellschaftsordnung die einzige ist, die Schutz und Geborgenheit allen gibt, die nach Wahrheit, Recht und Bildung suchen."

Gegen eine „Ostkunde", die „revanchistische Gefühle wecke", wandte sich Prof. Dr. Klara Maria Faßbinder (Bonn) und empfahl statt dessen, „sachliche Vermittlung besserer Kenntnisse über den Osten und besonders über die DDR. Wir wissen viel zuwenig, was hier in der deutschen Vergangenheit an großen Schätzen gebaut, geschnitzt, gemalt wurde, und wir wissen noch viel weniger, welche Sorge die Regierung der DDR dafür getragen hat, diese teilweise beschädigten und zerstörten Werke wieder aufzubauen ..."

Studienrat Dr. Erwin Schuppe (Braunschweig) äußerte generelle Skepsis „gegenüber denen, die sich im Allgemeinbesitz der vollen Wahrheit glauben. ... Ich glaube, daß wir allenfalls empfinden können, in der Wahrheit einen Schritt weitergekommen zu sein. Und aus dieser Situation heraus hat mich das, was ich gestern hier gehört habe, doch etwas bedrückt und beunruhigt. Ich hatte den Eindruck, das war doch manchmal schlechte Schwarz-Weiß-Malerei. Herr Dr. Reischock hat gestern gesagt, daß die politische Entwicklung in der Bundesrepublik Sie mit großer Sorge erfülle. Das verstehe ich sehr gut. Das geht vielen von uns in Westdeutschland auch so. Aber bitte verstehen Sie auch, daß sehr vielen Westdeutschen auch die politische Entwicklung in der DDR Sorge bereitet. Ist es wirklich so, daß es ein ganz eindeutiges Lager der Friedensfreunde und ein ganz eindeutiges Lager der Friedensbedroher gibt, dann kämen wir aus dem Lager der Friedensbedroher, aus dem Lager der Friedensgegner. Aber ich glaube, die große Mehrzahl der Westdeutschen will genauso den Frieden wie Sie in der DDR. Es hat mich empört, daß ein mir persönlich bekannter Schriftsteller, Theodor Litt, hier als Kriegstreiber hingestellt wurde. ... Es wurde gestern auch viel über Ostkunde geredet. Ich kann Ihnen wirklich sagen, wir fordern eine objektive und gerechte Ostkunde. Und sehr viele von uns sorgen und bemühen sich darum, daß es auch eine gerechte Westkunde hier bei Ihnen gibt. Wenn ich die Schriften lese, die mir an der Grenze angeboten wurden oder die ich hier erhielt, habe ich nicht den Eindruck, daß das eine wohlwollende oder gerechte Darstellung ist. Ich fand, das ging manchmal sehr nahe an eine Verunglimpfung heran. Wenn man uns sagt, ihr seid die Kriegstreiber, gehen wir nur weiter auseinander. Ich frage mich, wie sicherlich Sie alle: Was kann man eigentlich als Erzieher tun, um dem Krieg entgegenzuarbeiten? Für mindestens ebenso wichtig wie das Bemühen und Erkennen, wie Kriege zustande kommen, halte ich eine ganz schlichte Charaktererziehung zur Wahrheit und Wahrhaftigkeit. Die Entwicklung in der Bundesrepublik und in der DDR legt einem jungen Menschen wie mir manchmal die Frage sehr nahe: Wie steht es eigentlich mit dem Vorbild der Wahrhaftigkeit bei uns gegenüber den Kindern, die uns anvertraut sind?"

Leo Herwig (Gelsenkirchen) verweist auf die Organisation „Rettet die Freiheit", in der neuerdings Prof. Litt mitarbeite, und an die Bundeszentrale für Heimatdienst, die in ihrem 7. Weihnachtspreisausschreiben an allen Schulen des Bundesgebietes und Westberlins einen Fragebogen habe beantworten lassen, der maßlose Ausfälle gegen die DDR und die Sowjetunion enthalte und für die NATO-Politik werbe."

Frau Jacobs versteht nicht, weshalb nach einem Aufsatz in der Zeitschrift „Die Unterstufe" christliche Weihnachtslieder in der DDR als falsch verstandene Traditionspflege ausgelegt und durch andere ersetzt werden sollen. „Haben Sie es nötig, oder ist es eine Aufgabe des Sozialismus, christliches Gedankengut durch Ersatzformen zu verdrängen? Warum setzen Sie sich Angriffen aus, die sie gar nicht nötig haben? Übersehen Sie doch bitte nicht, daß es eine ganze Reihe von Christen gibt, die Ja zum Sozialismus sagen, weil sie im Sozialismus die Möglichkeit sehen, endlich christlich handeln zu können."

Christen und Marxisten würden sich in DDR „an einen Tisch setzen" und zusammen arbeiten, kontert Lange (Leipzig, CDU).

Und Klara Maria Faßbinder glaubt, daß ein Friedensvertrag auch deshalb nötig sei, weil „in der gelockerten Atmosphäre eines Friedens ... auch die Spannung zwischen Staat und Kirche, wie sie in der DDR besteht, vermindert werden" könne.

Lehrer Zitzlaff (Wuppertal) kritisiert Kriegsspielzeug in der DDR und fragt, ob man dagegen auch wie in der Bundesrepublik in der Presse vorgehen könne. Persönliche Freiheit erscheine ihm in der DDR eingeschränkt. „Freiheit ist für uns das Vermögen jedes einzelnen, sich persönlich zu entscheiden. Und ich meine, sagen zu müssen, daß hier einiges liegt, das uns den Zugang zu Ihnen geradezu versperrt."

Lehrer Pikola verwies im gleichen Zusammenhang auf die DDR-feindliche Stimmung in der Bundesrepublik und bekennt: „Dieser Stimmung gegenüber werden wir nicht überzeugen können", weil die DDR viele negative Eindrücke hinterlasse. Er moniert vor allem vor allem das Militärische: „Wenn ich am Erfurter Bahnhof aussteige, stolpere ich über Achselstücke ..." Vorerst bliebe nichts anderes, „als daß wir uns wirklich zusammensetzen und miteinander reden."

Robert Alt (Berlin) entgegnet auf diesen Vorwurf: „Jawohl! Wir glauben nicht an den guten Willen derer, die schon zweimal einen Krieg vom Zaun gebrochen haben ... Die Waffen in Westdeutschland befinden sich in den Händen derselben Generale und Militärs, die schon zweimal gezeigt haben, wozu sie diese Waffen gebrauchen ... Es scheint manchen von Ihnen nicht bekannt zu sein, ... daß wir immer wieder Vorschläge [zur Reduzierung des Militärs] an die Bundesrepublik gemacht haben."

Hub (Erfurt) hält den Freiheitsbegriff für verwaschen, denn „Ihre ‚Freiheit' ist nur solange absolut, als sie diejenigen, die die Freiheit überwachen, nicht gefährdet." ... „Uns kann man keinen Vorwurf machen in der Grundfrage der Erziehung zum Frieden" ... „Welche Gesellschaftsklasse wäre so verrückt, an die Schulen den Auftrag zur Friedenserziehung zu geben, wenn sie den Krieg will?"

Vielen aus Ost und West sei die Offenheit der Diskussion ein Erlebnis gewesen, heißt es im Tagungsbericht. Sie hätten es begrüßt, daß die Gegensätze mit „Schärfe zum Ausdruck gekommen" sind. „Nur auf diese Weise" sei „möglich, daß man die wahren Gegensätze erkennt und nach Hilfsmitteln sucht, sie zu überbrücken" (Pikola), und „Wir sollten um der gemeinsamen pädagogischen Aufgabe willen alle Hindernisse der Sprache und der sie bestimmenden Ideologien zurücktreten lassen, um im gemeinsamen Gespräch nicht gegenseitig fürchten zu müssen, daß das eine gegen das andere ausgespielt werden soll." (Jacobs)

Ungeachtet aller Differenzen trafen sich die Meinungen auch 1959 letztendlich in der Friedensfrage. „Nur eine Aufgabe steht uns noch bevor", so Robert Alt, „ein einiges, friedliches und demokratisches Deutschland zu schaffen. Jeder Erzieher, wir alle müssen gegen das drohende Gewölk des Krieges vorgehen, um es zu zerstreuen. Wir alle müssen uns als Erzieher in den Kampf um Frieden einreihen. Sonst ist all unser Streben, unser pädagogisches Wollen, unsere erzieherische Arbeit sinnlos." Und Fritz Helling: „Wir können natürlich nicht erwarten, daß wir bei solchen Aussprachen zu einer Übereinstimmung unserer Anschauungen kommen. Dazu denken wir zu verschieden. Hier sitzen Christen und Nichtchristen, Sozialisten, Bürgerliche und Kommunisten nebeneinander. Und doch ist diesmal das uns allen Gemeinsame so stark hervorgetreten wie niemals zuvor. Dieses Gemeinsame ist vor allem der leidenschaftliche Wille zum Frieden."[44]

Es mag manches aus der heutigen Perspektive, aus dem Wissen um den Verlauf und die Resultate der deutsch-deutschen Nachkriegsgeschichte, fremd und befremdlich klingen, was 1959 mit Ernsthaftigkeit und Engagement vorgetragen und debattiert worden ist. Den damals Beteiligten erschien der kritische Dialog zwischen Ost und West als eine realistische Option. Bedenkt man, daß an den Ostertagungen jeweils 600-700 Pädagoginnen und Pädagogen, viele aus der Schulpraxis, teilgenommen haben, muß man Wirkungen – unmittelbare und mittelbare, gewollte und ungewollte – in ganz verschiedener Richtung annehmen. Das mag für die Beteiligten aus der DDR in besonderer Weise gegolten haben. Hier wurde der DDR-Realität gleichsam ein Spiegel vorgehalten, mit dem Kritikwürdiges sichtbar und der Blick auf die Widersprüche des eigenen

---

[44] Helling 2004, S. 169.

Tuns geschärft werden konnte. Daß solche Wirkungen nicht auf das unmittelbare Umfeld des Schwelmer Kreises begrenzt blieben, zeigt die Erzählung einer ehemaligen Lehrerin: Mißtrauen aus dem eigenen Kollegium sei dem Direktor ihrer Schule, Paul Thomae, jedesmal entgegengebracht worden, wenn er von deutsch-deutschen Treffen zurückgekehrt sei. Und noch viele Jahre später schwingt Skepsis über die Opportunität seines damaligen Tuns mit. Anderswo hätten die Lehrerinnen und Lehrer begierig auf informelle Berichte von den Ostertagungen gewartet. Das Interesse an der pädagogischen Arbeit im Westen sei groß gewesen.[45]

Aber nicht nur eine Atmosphäre der Kritik kennzeichnete die Zusammenkünfte des Schwelmer Kreises. Immer waren es auch *wechselseitige Lernprozesse* über das Konstruktive der jeweils anderen Seite, über das Bedeutungsvolle für eine gesamtdeutsche Bildungsreform. Für die Ostdeutschen lagen die Lernchancen vor allem in den undogmatischen Auffassungen humanistischer Werteerziehung und subjektorientierter Pädagogik, wie sie von den meisten westdeutschen Kolleginnen und Kollegen vermittelt wurden. Die Westdeutschen zeigten sich beeindruckt von der strukturellen Einheitlichkeit des Schulwesens in der DDR, von den sozial stützenden Begleitmaßnahmen für Kinder aus vormals benachteiligten Schichten, von der strikten Orientierung auf eine hohe, verbindliche Allgemeinbildung und besonders von der polytechnischen Bildung. Gerade hinsichtlich der polytechnischen Bildung sei „eine *pädagogische Gemeinsamkeit* zu spüren" gewesen, „die nicht durch politische Unterschiede der Auffassungen völlig abgeschwächt wurde".[46]

4. Fazit

Die Geschichte des Schwelmer Kreises bleibt als Teil einer alternativen Deutschlandpolitik auf bildungspolitischem und pädagogischem Gebiet trotz einiger verdienstvoller Anfänge eine Forschungsaufgabe. Sie wird erst dann komplex zu schreiben sein, wenn alle einschlägigen archivalischen Quellen in Ost und West ausgewertet und vor dem Hintergrund der politischen Systemkonfrontation und ihrer spezifischen innerdeutschen Ausprägung gewertet werden. „*Hätten*", so fragt Josef Foschepoth in der Debatte der Bundestags-Enquête-Kommission zur Deutschlandpolitik der

---

[45] Aus den Gesprächen mit ehemals Beteiligten (siehe Fußnote 25).
[46] Deiters 1989, S. 232.

Adenauer-Ära, *„möglicherweise 40 Jahre deutscher Teilung vermieden oder zumindest verkürzt werden können, wenn in den 50er Jahren eine andere Politik betrieben worden wäre?"* [47] Im Kontext dieser Frage erscheinen das deutschlandpolitische Engagement und die Bildungsprogrammatik des Schwelmer Kreises in einem anderen Licht – nicht als Utopie und illusorische Vision, sondern als realistische Alternative in der damaligen Zeit mit antizipatorischer Bedeutung für die Zukunft.

„Die Erklärung des vollzogenen historischen Prozesses führt Historiker wie Zeitgenossen nicht selten dazu, die Entwicklung auf die erfolgreiche Linie zu verengen", bemerkte Bernd Faulenbach in der oben erwähnten Bundestagsdebatte und schließt daraus: „Die Frage der Alternativen ist jedoch vor dem jeweils vorhandenen offenen Horizont der Möglichkeiten mit zu sehen, wobei die Handlungsspielräume, die realen, d.h. die von heute her sichtbaren, und die vermeintlichen, d.h. für die damals Handelnden erkennbaren, zu unterscheiden sind. Es ist deshalb längst an der Zeit, auch Adenauers Gegnern Gerechtigkeit widerfahren zu lassen." [48] In diesem Sinne ist es nicht nur ein Akt historischer Gerechtigkeit, den Ideen des Schwelmer Kreises Aufmerksamkeit zu widmen und ihre reformorientierten Inhalte zu reaktivieren. Es wäre gleichermaßen ein Beitrag zur Korrektur der Fehlleistungen im realen Prozesses der Vereinigung beider deutscher Staaten.

---

[47] Foschepoth 1995, S. 265.
[48] Faulenbach 1995, S. 264.

Quellen- und Literaturnachweise

Quellen

Bibliothek für bildungsgeschichtliche Forschung. Archiv (BBF/Archiv): Bestände der Sektion Pädagogik des Auslandes und Westdeutschlands; Nachlässe von Leo Regener, Gertrud Rosenow, Paul Oestreich; Redaktion der Zeitschrift „Der Pflüger"

Literatur

Bekenntnisse zum Frieden. Naturwissenschaftler und Mediziner des 20. Jahrhunderts im Kampf um Frieden und Abrüstung, hrsg. v. Irene Strube, Ingrid Kästner und Sonja Brentjes, Berlin 1989

Deiters, Heinrich: Bildung und Leben. Erinnerungen eines deutschen Pädagogen, hrsg. u. eingel. v. Walter Fabian, Köln 1989

Demokratische Wege. Deutsche Lebensläufe aus fünf Jahrhunderten. Ein Lexikon, Stuttgart 1997

Deutsche Lehrerzeitung, hrsg. vom Ministerium für Volksbildung und vom Zentralvorstand der Gewerkschaft Unterricht und Erziehung, Berlin 1954-1989 (Fortsetzung als Unabhängige Zeitung für Schule und Gesellschaft)

Drefenstedt, Edgar: Deutsche Pädagogen in der Zeit des Kalten Krieges, Manuskript 1991

Ders.: Der Schwelmer Kreis in den 50er Jahren. Seine gesamtdeutschen Aktivitäten und sein Schulprogramm von 1960, in: Pädagogik in der DDR. Eröffnung einer notwendigen Bilanzierung, hrsg. v. Ernst Cloer u. Rolf Wernstedt, Weinheim 1994, S. 375-389

Dudek, Peter: Gesamtdeutsche Pädagogik im Schwelmer Kreis. Geschichte und politisch-pädagogische Programmatik 1952-1974, Weinheim 1993

Eichler, Wolfgang: Menschenbild und Erziehungspraxis in der DDR, in: Befremdlich anders. Leben in der DDR, hrsg. v. Evamarie Badstübner, Berlin 2000, S. 552-575

Ellerbrock, Wolfgang: Paul Oestreich. Porträt eines politischen Pädagogen, Weinheim 1992

Faulenbach, Bernd: Vortrag in der öffentlichen Anhörung „Die Deutschlandpolitik von 1949 bis in die sechziger Jahre". Protokoll der 48. Sitzung, in: Materialien der Enquête-Kommission „Aufarbeitung von Geschichte und Folgen der SED-Diktatur in Deutschland" (12. Wahlperiode des Deutschen Bundestages), hrsg. vom Deutschen Bundestag, Bd. V/1, Baden-Baden 1995, S. 254-265

Foschepoth, Josef: „Adenauer und die deutsche Frage", in: Materialien der Enquête-Kommission „Aufarbeitung von Geschichte und Folgen der SED-Diktatur in Deutschland" (12. Wahlperiode des Deutschen Bundestages), hrsg. vom Deutschen Bundestag, Bd. V/1, Baden-Baden 1995, S. 265-270

Fritz Helling: Pädagogen in gesellschaftlicher Verantwortung. Ausgewählte Schriften eines entschiedenen Schulreformers, hrsg. u. eingel. v. Jürgen Eierdanz und Karl-Heinz Heinemann, Frankfurt a.M. 1988

Geißler, Gert: Rezension zu Peter Dudek „Gesamtdeutsche Pädagogik im Schwelmer Kreis", in: Jahrbuch für Pädagogik 1994. Geschlechterverhältnisse und die Pädagogik, Frankfurt a.M. 1994, S. 417-419

Ders.: Geschichte des Schulwesens in der SBZ und in der DDR 1945-1962, Frankfurt a.M. 2000

Geschichte der Erziehung, hrsg. von einem Herausgeberkollegium unter Leitung von Karl-Heinz Günther, Berlin 1956 (1. Aufl.)-1987 (15. Aufl.)

Günther, Karl-Heinz: Rückblick: nach Tagebuchnotizen 1938 bis 1990, Frankfurt a.M. 2002

Heidenreich, Fritz: Zum Wirken Oestreichs im Schwelmer Kreis, in: Prof. Dr. h.c. Paul Oestreich, 1878-1959, Berlin 1978, S. 80-86

Heinemann, Karl-Heinz: Rezension zu Peter Dudek „Gesamtdeutsche Pädagogik im Schwelmer Kreis", in: Zeitschrift für Pädagogik 41(1995), S. 664-667

Helling, Fritz: Mein Leben als politischer Pädagoge, hrsg. v. Burkhard Dietz und Jürgen Helling, Frankfurt a.M. 2004 (hier aus dem Manuskript zitiert)

Materialien der Enquête-Kommission „Überwindung der Folgen der SED-Diktatur im Prozeß der deutschen Einheit" (13. Wahlperiode des Deutschen Bundestages), hrsg. vom Deutschen Bundestag, Bd. IV/1: Bildung, Wissenschaft, Kultur, Frankfurt a.M. 1999

Müller, Max: Rezension zu Peter Dudek „Gesamtdeutsche Pädagogik im Schwelmer Kreis", in: Paedagogica Historica XXXI (1995) 2, S. 537-538

Prof. Dr. h.c. Paul Oestreich, 1878-1959. Materialien des Kolloquiums anläßlich des UNESCO-Gedenktages am 30. März 1978, hrsg. v. der Akademie der Pädagogischen Wissenschaften der DDR, Berlin 1978

Reischock, Wolfgang: Rückkehr zur ursprünglichen Mitteilung. Rezension zu Peter Dudek „Gesamtdeutsche Pädagogik im Schwelmer Kreis", in: Neues Deutschland vom 13. August 1993, S. 14

Ders.: Ohne Hoffnung kann man nicht leben. Autobiographischer Bericht über ein Leben in der DDR, Weinheim 1995

Thomas, Rüdiger: „Wahrnehmungsmuster in Ost- und Westdeutschland gestern und heute", in: Materialien der Enquête-Kommission „Überwindung der Folgen der SED-Diktatur im Prozeß der deutschen Einheit" (13. Wahlperiode des Deutschen Bundestages), hrsg. vom Deutschen Bundestag, Bd. VIII/1, Baden-Baden 1999, S. 14-23

Uhlig, Christa: Fritz Helling – ein politischer Pädagoge, in: Pädagogik 44(1989) 2, S. 146-151

Dies.: Friedenserziehung – ein besonders sensibler und problematischer Bereich politischer Bildung in der DDR, in: Erziehung und Erziehungswissenschaft in der BRD und der DDR, Bd. 2: Divergenzen und Konvergenzen (1965-1989), hrsg. v. Dietrich Hoffmann u. Karl Neumann, Weinheim 1995, S. 257-280

Dies.: Zur Rezeption Paul Oestreichs in der DDR – geehrt und dennoch ungeliebt, in: Reformpädagogik in Berlin – Tradition und Wiederentdeckung, hrsg. v. Wolfgang Keim u. Norbert H. Weber, Frankfurt a.M. 1998, S. 119-136

Wettig, Gerhard: „Die Deutschland-Note vom 10. März 1952 nach Akten des sowjetischen Außenministeriums", in: Materialien der Enquête-Kommission „Aufarbeitung von Geschichte und Folgen der SED-Diktatur in Deutschland" (12. Wahlperiode des Deutschen Bundestages), hrsg. vom Deutschen Bundestag, Bd. V/1, Baden-Baden 1995, S. 271-275

Georg Dieker-Brennecke

„Schwelm hat ihn nicht verstanden"
Von den Schwierigkeiten eines Reformers und Querdenkers mit seiner Heimatstadt

Zeitzeugen erinnern sich an Fritz Helling

Methodische Vorbemerkungen:
Das Projekt der Zeitzeugengespräche

Das Projekt „Zeitzeugengespräche", auf dessen Material der nachfolgende Beitrag basiert, ist im Vorfeld der Helling-Tagung vom März 2002 in zwei Pädagogikkursen der Stufe 13 des Märkischen Gymnasiums Schwelm entstanden. Anknüpfend an ein früheres Projekt eines anderen Pädagogikkurses, das die Aufarbeitung der Zeit des Nationalsozialismus an diesem Gymnasium zum Thema hatte, entwarfen die Schüler und Schülerinnen einen Fragen- und Themenkatalog, um die Erinnerungen von Zeitzeugen für unsere Schulgeschichte zu sichern. Im Frühjahr 2001 wurden dann zwei größere Zeitzeugengespräche von den Schülerinnen und Schülern durchgeführt.

In den Pädagogikkursen wird künftig weiter Schulforschung betrieben werden, zum Beispiel in Form von Facharbeiten. Dies soll auch der Identitätsbildung der Schule zugute kommen, für die die Ära Helling eine wichtige Rolle spielen kann. Im Zusammenhang mit diesem Projekt und in seiner Folge hat es sich ergeben, daß ich mit etlichen Zeitzeugen habe sprechen können.[1] Es waren überwiegend ehemalige Schüler und Schülerinnen von Fritz Helling, eine ehemalige Junglehrerin, ein ehemaliger Schwelmer Journalist und nicht zuletzt Hellings Sohn Jürgen. Von weiteren Schülern und Schülerinnen Hellings liegen mir auch schriftliche Stellungnahmen vor.[2] So ist mittlerweile ein Materialfundus

---

[1] Vgl. hierzu die Liste der Gesprächspartner am Ende des vorliegenden Beitrags.
[2] Bei der Vermittlung einiger wichtiger Gespräche mit ehemaligen Schülern Hellings war mir Dr. Anneliese Schlesinger sehr behilflich. Das Interview mit Dr. Bernhard Mönnighoff führte Edgar Happ.

entstanden, den Schüler und Schülerinnen künftiger Pädagogikkurse unter schulhistorischen Gesichtspunkten auswerten sollen.

Der Mythos Helling

Das Verhältnis Hellings zu Schwelm ‚objektiv' klären zu wollen, ist sehr schwierig und vielleicht auch gar nicht hinreichend möglich, bedenkt man nur das Problem, wen oder was man eigentlich meint, wenn man von „Schwelm" redet. Unterhält man sich mit Zeitzeugen, die Helling gekannt haben, wird man immer mit dem Mythos Helling konfrontiert. Er strukturiert und selektiert – mehr oder weniger – die Erinnerungen und begründet auch das Interesse an Helling, gibt seiner Person und seinem Wirken Bedeutung. Den Zeitzeugen war das in den Gesprächen sehr wohl bewußt. Der Mythos verstellt aber auch und macht es schwer, einen objektivierenden Blick auf die Person dahinter zu werfen. Jeder Mythos lebt zudem von einem gewissen Rest an Unergründlichkeit, der Anlaß zu Gesprächen, Interpretationen und Nachforschungen bietet und das Überleben des Mythos sichert.

Von seiner Struktur und Funktion her gesehen – das wurde insgesamt in den Gesprächen deutlich –, haben wir es bei Helling wohl mit dem Muster des ‚tragischen Helden' zu tun. Ein redlicher, aufrechter Mann scheitert tragisch – als Zufrühgekommener verkannt und unerkannt – im einsamen und unbeugsamen Kampf um seine humanistischen Ideale. Hellings Ideale, fast alle Zeitzeugen betonten dies, waren damals die ihrigen und sind es im Grunde auch heute noch. Immer wieder stößt man so auf die nur zunächst merkwürdig anmutende Formel, Helling sei im Grunde „ein unpolitischer Idealist"[3] gewesen. Gegen den rigorosen Idealismus Hellings führen die meisten Zeitzeugen die praktischen Schwierigkeiten, Halbheiten, Verkehrungen und Ambivalenzen an, mit denen man sich bei der Realisierung der Ideale halt arrangieren müsse. Helling habe seine Ideale aber gelebt, und zwar kompromißlos und unbeugsam.[4] Eben diese bedingungslose Haltung Hellings begründet für

---

[3] Herbert Bergmann, 28.1.2002. Der Zeitzeuge Friedel Piepenbrink meint, Helling „war in mancher Hinsicht unpolitisch" (8.3.2001).

[4] Bei den Aussagen der ehemaligen Schüler Hellings sollte man freilich immer bedenken, daß ihre durchweg sehr erfolgreichen Berufskarrieren mit der Erfolgsgeschichte der Bundesrepublik zusammenfallen und daß dies dann aus heutiger Sicht schnell den Anschein haben kann, beides habe Helling und seine politischen, wissenschaftlichen und

die meisten Zeitzeugen auch seine Ausnahmestellung, die Singularität, die eine Person erst zum ‚Helden' werden läßt, was – je nach Einstellung zu Helling – zur Bewunderung oder zur Verwunderung geführt hat.

Weil die Erinnerungen an Helling stark durch das Helden-Schema strukturiert sind, wird Hellings Wirken von der Mehrheit der befragten Zeitzeugen auch als tragischer Lebens- oder sogar Leidensweg gelesen. Diese Tragik haben zwei ehemalige Schüler Hellings in den Gesprächen unabhängig voneinander auf die meines Erachtens sinnvolle und treffende Formel gebracht: „Schwelm hat ihn nicht verstanden."[5]

Helling als Schulleiter und Kollege

Helling war schon 58 Jahre alt, als er 1946 die Leitung des Schwelmer Gymnasiums übernahm, 1951 schied er aus dem Dienst. Wir sprechen also über nur fünf Jahre, die die ‚Ära Helling' gedauert hat, dennoch oder vielleicht auch gerade deshalb ist sie so stark in Erinnerung geblieben. Hellings schwieriges Verhältnis zu Schwelm, genauer zu seiner Schwelmer Umwelt, kann man insgesamt als Ausdruck eines reziproken Zuschreibungsprozesses deuten, als Prozeß der Stigmatisierung und Selbst-Stigmatisierung. Für einen Menschen, der wirken will und muß, ist es also entscheidend, wie er von seinen Gegenübern gesehen und eingeschätzt wird und wie er mit der ihn interpretierenden Umwelt interagiert.

Fritz Helling kehrte aus seinem Gladenbacher Exil nicht als Unbekannter nach Schwelm zurück, sondern als Mann mit einer stadtbekannten politischen Vergangenheit.[6] Er kam für viele als jemand, der von der britischen Besatzungsmacht als Schulleiter und als Verantwortlicher für die Entnazifizierung im Ennepe-Ruhr-Kreis eigens herbeigeholt worden war. Dies war für viele in Schwelm ein Umstand, der nicht gerade dazu ermunterte, Hellings Nähe und Bekanntschaft zu suchen. Über seine Tätigkeit in den Entnazifizierungsverfahren äußert sich Helling in seinen beiden Biographien selbst nicht – vielleicht aus

---

weltanschaulichen Positionen widerlegt. Auf der anderen Seite waren die Schüler in den Nachkriegsjahren in ihrem Urteil noch deutlich durch das politische und Geschichtsdenken der nationalsozialistischen Zeit geprägt, was vor allem für die Sonderjahrgänge zutraf (Gerd Mädje, Gerhard Altena, 11.10.2001, Edgar Happ).
[5] Hermann Grote, 16.2.2001; Hubert Schmidt, 28.2.2001.
[6] Walter Bökenheide, 5.2.2002; Ernst Müller, 15.2.2001.

Gründen der Diskretion. Auch in meinen Gesprächen mit den Zeitzeugen konnte ich hierzu nichts Deutliches ermitteln. Sicher ist, daß Helling auf frühere Kollegen stieß, die belastet waren oder als belastet galten. Helling hielt allem Anschein nach aber niemandem im Kollegium seine national-sozialistische Vergangenheit bzw. sein Verhalten während der Zeit des Faschismus vor, noch trug er es jemandem nach. Jeder hatte die deutliche Gelegenheit, neu zu beginnen.[7]

Es wird gesagt, Hellings Umgang mit seinen Kollegen sei korrekt, aber distanziert gewesen.[8] „Man war Helling gegenüber reserviert, aber es gab keine Kontroversen."[9] Ihm gelang es, besonders für die künstlerisch-musischen Veranstaltungen des Gymnasiums, die damals ein städtisches Großereignis im „Modernen Theater" waren, Lehrer zu motivieren, hierunter auch Kollegen „mit Vergangenheit".[10] Besonders kümmerte er sich um die Junglehrer. Andererseits wird aber auch von – wenn auch seltener – zum Teil hörbaren Auseinandersetzungen mit bestimmten Kollegen auf den Fluren berichtet.[11] Hier sei es nicht nur um pädagogische Gegensätzlichkeiten gegangen. Möglicherweise standen tatsächlich einige Kollegen Helling wegen seiner politischen und pädagogischen Auffassungen, aber auch wegen seiner Rolle in den Entnazifizierungsverfahren insgeheim ablehnend gegenüber.[12] Die Konferenzprotokolle aus der Zeit zwischen 1946 und 1951 deuten nicht darauf hin, daß die nationalsozialistische Zeit am Schwelmer Gymnasium schuloffiziell erörtert worden ist oder daß es deswegen politische Auseinandersetzungen gegeben hat. Auch informell wurde dieses Thema im Kollegium nicht besprochen, wie von den beiden Mönnighoff-Geschwistern zu erfahren war.

Im Unterricht wurde die NS-Zeit offenbar nur am Rande thematisiert. Eine Zeitzeugin meint sogar:

„Die NS-Zeit wurde tabuisiert."[13] „Die meisten Lehrer versuchten das Thema zu vermeiden. Für den einen oder anderen war die NS-

---

[7] Bernhard Mönnighoff, 13.2.2001; Toni Mönnighoff-Voegele, 10.4.2001.
[8] Anneliese Schlesinger, 12.1.2001.
[9] Bernhard Mönnighoff, 13.2.2001.
[10] Anneliese Schlesinger, 12.1.2001.
[11] Anneliese Schlesinger, 11.7.2001.
[12] Dies vermutet Jürgen Helling, 18.8.2001.
[13] Ruth Hahn.

Zeit echt tabu."[14] „Insgesamt konnte man davon ausgehen, daß die Nazizeit von allen Lehrern tabuisiert wurde, es war ‚kein Thema'. Das lag wohl auch daran, daß einige Lehrkräfte dem Hitler-Regime nicht unbedingt abgeneigt gewesen waren und sich politisch neutral gaben."[15] Der damalige Junglehrer Bernhard Mönnighoff erinnert sich an eine Auseinandersetzung mit Helling, in der es darum ging, ob man die NS-Zeit im Oberstufenunterricht nicht stärker thematisieren müsse. Dieser habe gemeint, daß die Zeit hierfür noch nicht reif sei. „Helling hat die NS-Zeit nicht behandelt, weil sie wissenschaftlich nicht aufgearbeitet war."[16] Einige ehemalige Schüler erinnern sich, von Auschwitz erst Mitte der fünfziger Jahre erfahren zu haben, und zwar durch den Film „Bei Nacht und Nebel" von Alain Resnais, der damals in deutschen Kinos zu sehen war.[17]

In der praktischen Arbeit war Hellings Autorität im Kollegium und der Öffentlichkeit gegenüber völlig unbestritten[18], und das nicht nur qua seines Amtes. Seine Autorität resultierte, so seine ehemaligen Schüler, aus seinem pädagogischen Engagement, aus seiner fachlichen Kompetenz und aus seiner Persönlichkeit. „Hellings politische Ansichten waren im Schulalltag nicht zu spüren." Er „verstand [...] es, Schule und seine ‚Ideologie' zu trennen."[19] „Der Schulalltag war unpolitisch", formuliert ein ehemaliger Schüler.[20] Den Schülern „erschienen die Lehrer insgesamt unpolitisch".[21] Der überwiegende Teil des Kollegiums wird von den ehemaligen Schülern durchweg als streng, distanziert und zum Teil sehr autoritär beschrieben.[22] Es war für alle ganz offensichtlich, daß sich das Lehrer-Schüler-Verhältnis und die Unterrichtsmethoden der übrigen Lehrer den Hellingschen Reformen *nicht* anpaßten, sie sogar konterkarierten. Die autoritäre Einstellung der Mehrheit der Lehrer prägte allem

---

[14] Edgar Happ.
[15] Rudolf Schmitz.
[16] Bernhard Mönnighoff, 13.2.2001.
[17] Elsbeth Hammerschmidt, Elfriede Schmidt, Edgar Happ, 21.2.2001.
[18] Friedel Piepenbrink, 8.3.2001.
[19] Edgar Happ.
[20] Friedel Piepenbrink, 8.3.2001.
[21] Rudolf Schmitz.
[22] Vgl. zum Beispiel Friedel Piepenbrink, 8.3.2001.

Anschein nach auch den pädagogischen Stil am Schwelmer Gymnasium in der Zeit nach Helling bis in die siebziger Jahre hinein.[23]

Enge private Kontakte oder gar Freundschaften unterhielt Helling zu niemandem im Lehrerkollegium, was von allen ehemaligen Schülern und auch von Jürgen Helling bestätigt wird. „Persönliche Freunde oder Bekannte hatte er unter seinen Kollegen nicht."[24] „Er hatte keine Freunde im Kollegium. Er war dort isoliert und einsam."[25] Über die Gründe kann man nur mutmaßen: War es Hellings grundsätzliche Zurückhaltung und Scheu anderen Menschen gegenüber[26], wollten die Kollegen nicht durch eine allzu sichtbare Nähe zum „roten Helling"[27] stigmatisiert werden, „paßte ihnen die ganze Richtung nicht"[28], oder hatte sich Helling tatsächlich „Feinde wegen der Entnazifizierung gemacht"?[29] Auch das Verhältnis zu seinem Stellvertreter Wilhelm Kaspers, der von keinem der befragten Zeitzeugen als Anhänger der Reformen beurteilt wird, war rein zweckrationaler Natur. Die pädagogischen Differenzen zwischen Kaspers und Helling waren für die damaligen Schüler offensichtlich.[30] „Helling hat keine näheren Kontakte zu Kaspers gesucht", wird hierzu berichtet.[31]

Und wie sah die Elternschaft den neuen Schulleiter? Hellings politische Überzeugungen und sein reformpädagogisches Engagement waren nach dem Krieg in Schwelm sehr wohl noch bekannt.[32] Und natürlich wußte man noch von Hellings Relegation 1933. Es gab die „Flüsterpropaganda" vom „roten Helling"[33], dem Kryptokommunisten. Für die Eltern kam ein pädagogischer Idealist, Widerständler und – wie man es in Schwelm zu sagen pflegte – „Edelkommunist" (ersatzweise

---

[23] Man kann den Eindruck gewinnen, daß es nach den vorsichtigen Ansätzen einer demokratischen und schülerorientierten Pädagogik ab der Mitte der fünfziger Jahre zu einem regelrechten pädagogischen Rollback am Märkischen Gymnasium gekommen ist.

[24] Jürgen Helling, 18.8.2001.

[25] Walter Bökenheide, 5.2.2002.

[26] Anneliese Schlesinger, 11.7.2001; Hubert Schmidt, 28.2.2001.

[27] Ruth Hahn.

[28] Jürgen Helling, 18.8.2001.

[29] Ebd.

[30] Anneliese Schlesinger, 12.1.2001; Elsbeth Hammerschmidt, Elfriede Schmidt, Edgar Happ, 21.2.2001.

[31] Elfriede Schmidt, 21.2.2001.

[32] Walter Bökenheide, 5.2.2002.

[33] Hubert Schmidt, 28.2.2001.

„Salonkommunist"[34]) wieder zurück. „Es hieß im Bekanntenkreis, er sei ‚Edelkommunist'. Deshalb [nicht als Lehrer] wurde er von den Eltern, die ich kannte, [...] abgelehnt."[35] Während der überwiegende Teil der Schüler zum Teil begeistert zu Helling stand, verhielt sich die Mehrheit der Elternschaft sehr reserviert.[36] Der Großteil der Elternschaft war „sehr konservativ", was ein ehemaliger Schüler auf „den konservativen Geist der Kleinstadt" zurückführt.[37] Man respektierte Helling als Direktor der Schule und anerkannte seine Verdienste um den Wiederaufbau der Schule sowie sein pädagogisches Engagement. „Er ist ein toller Mensch, aber leider Kommunist", so dachten offenbar die meisten Eltern.[38] Man mißtraute Helling und hielt Distanz – dies wohl (nach Einschätzung der Zeitzeugen) auch wegen seiner reformpädagogischen und strikt schülerorientierten pädagogischen Überzeugungen, die die überwiegend konservative bürgerliche Elternschaft für ungymnasial, unorthodox und zum Teil auch für „idealistische Spinnereien" hielt.[39] Es wird berichtet, daß eine nicht unerhebliche Anzahl von Eltern ihre Kinder vor Hellings „kommunistischen" Auffassungen warnten.[40] Offen stellte sich aber niemand aus der Elternschaft Helling und seinen Reformen entgegen (aus Gleichgültigkeit und vielleicht auch wegen der Unsicherheiten in diesen Jahren des post-nationalsozialistischen Aufbruchs und der politischen Neuorientierung). Aber es stimmt wohl, wenn gesagt wird, daß der Großteil der Elternschaft Helling nach seinem Ausscheiden aus dem Schuldienst „keine echte Träne nachgeweint hat".[41] Ein ausgesprochenes und deutliches Interesse an den Hellingschen Reformen vermuteten die Zeitzeugen – wenn überhaupt – nur bei einer ganz kleinen und sehr leisen Minderheit innerhalb der Elternschaft.

Eigentlich scheint die Situation nach 1945 der in den zwanziger Jahren ähnlich gewesen zu sein.[42] Die Autorität der Lehrerschaft wurde von den Eltern (öffentlich) nicht in Zweifel gezogen, um die

---

[34] Diese Bezeichnungen für Helling kannten alle Zeitzeugen.
[35] Edgar Happ.
[36] Hubert Schmidt, 28.2.2001.
[37] Walter Bökenheide, 5.2.2002.
[38] Edgar Happ.
[39] Walter Bökenheide, 5.2.2002; Hubert Schmidt, 28.2.2001.
[40] Walter Bökenheide, 5.2.2002.
[41] Hubert Schmidt, 28.2.2001.
[42] Walter Bökenheide, 5.2.2002.

Schulentwicklung kümmerte man sich nicht, man ließ sich aber bei Schulfesten, offiziellen Anlässen und künstlerisch-musischen Veranstaltungen des Gymnasiums (das waren in der Nachkriegszeit in Schwelm bedeutende gesellschaftliche Ereignisse) durchaus gerne sehen.

Helling als Bürger

Um Hellings Rolle in der städtischen Öffentlichkeit richtig zu verstehen, muß man wissen, daß Schwelm in den Nachkriegsjahren eine provinzielle Kleinstadt in peripherer Lage war – oder wie ein Schwelmer Zeitzeuge es ein wenig despektierlich formuliert: „Schwelm war ein Dorf".[43] Das will meinen, Schwelm war damals sozial übersichtlich und geordnet, man kannte sich und war – für den Interviewer manchmal erstaunlich – oft, auch „über Ecken", miteinander verwandt oder verschwägert. (Die Schülerverzeichnisse des Märkischen Gymnasiums notieren gerade in der Nachkriegszeit sehr häufig wiederkehrende, „typische" Schwelmer Familiennamen.) In den Pausen sprachen die Schüler auf dem Hof „Platt".[44] Nennenswerten Zuzug von außen gab es in Schwelm nach dem Krieg erst mit der Aufnahme und Ansiedlung von Flüchtlingen. Man hatte es nach dem Krieg in Schwelm also mit althergebrachten, geordneten und unumstrittenen Gesellschaftsstrukturen zu tun, auf deren Stabilität vor allem das städtische Kleinbürgertum stolz war und an denen es – manchmal nicht ohne eine gewisse Militanz – festhielt.[45]

Zum Zeitpunkt seiner Rückkehr aus der ‚inneren Emigration' war Fritz Helling am Ort noch sehr bekannt als engagierter und „idealistischer" Pädagoge, aber auch als „Kommunist", als „bürgerlicher Irrläufer"[46], zu dem man schon in den zwanziger Jahren Distanz gehalten hatte. Für die Beurteilung durch die Öffentlichkeit war es nach dem Krieg aber auch sehr wichtig, daß Helling ein „Schwelmer Junge" und immerhin Sohn des „alten Helling" war[47] – was zweifellos Pluspunkte für ihn darstellten. Schwelm nahm also den Rückkehrer Helling, so sagen es die meisten Zeitzeugen, bei aller Distanz auch als ‚verlorenen Sohn' und

---

[43] Hubert Schmidt, 28.2.2001.
[44] Ebd.
[45] Ebd.
[46] Hermann Grote, 16.2.2001.
[47] Hubert Schmidt, 28.2.2001.

als ‚einen der Ihren' auf. Ein Indiz dafür mag die letztlich sehr erfolgreiche Zusammenarbeit zwischen ihm und der Stadt beim Wiederaufbau der Schule sein, worauf Helling auch selbst ausdrücklich hinweist. Dasselbe gilt für die – nach damaligen Verhältnissen – relativ große finanzielle und materielle Unterstützung des Schulbetriebs und ebenso – das muß betont werden – der Hellingschen Reformen. Das Verhältnis Schwelms zu Helling kann an dieser Stelle also durchaus als ambivalent bezeichnet werden.

Geachtet wurde Helling als Schulleiter und Lehrer auch, weil er sich für die sozial weniger privilegierten Schüler, zum Beispiel beim Schulgeld stark machte.[48] Die Bezeichnung „der gute Mensch Helling" paßt in diesen Zusammenhang.[49] Anläßlich seiner Abschiedsfeier wurde Helling mit persönlicher und offizieller Anerkennung überschüttet.[50] Das ist die eine Seite. Die andere Seite ist, daß Helling eben von Anfang an mit dem Stigma des „Edelkommunisten" behaftet war und man den Eindruck haben muß (ohne daß dies unbedingt präzis zu belegen wäre), daß das Schwelmer Bürgertum Widerständlern nach dem Krieg per se mit Vorsicht begegnete. Zu viele Bürger hatten wohl das NS-Regime gestützt oder sich mit ihm auf vorteilhafte Weise arrangiert.

In Schwelm wird auch heute noch das Gerücht kolportiert, Helling sei „überzeugter Kommunist"[51] und gar Mitglied der KPD gewesen. Helling dagegen hat immer wieder betont, daß er nie Mitglied einer Partei war, und den Zeitzeugen aus seiner unmittelbaren Nähe ist zu glauben, wenn sie sagen, er sei es auch nicht heimlich gewesen.[52] Einige ehemalige Schüler erinnern sich daran, daß Helling im Unterricht äußerte: „Ich bin kein Kommunist, ich bin Sozialist."[53] Ernsthafte oder kontinuierliche Kontakte zu den Schwelmer Parteien, insbesondere zur KPD hat Helling allem Anschein nach nicht gehabt.[54] Wie eine Zeitzeugin, die als

---

[48] Friedel Piepenbrink, 8.3.2001; Hermann Grote, 16.2.2001; Hubert Schmidt, 28.2.2001.
[49] Friedel Piepenbrink, 8.3.2001.
[50] In einem Video-Interview hat Friedel Piepenbrink die Abschiedsfeier, die er als Schüler miterlebt hatte, ausführlich und sehr eindrucksvoll dargestellt (Archiv des Märkischen Gymnasiums Schwelm).
[51] Gerd Mädje, 11.10.2001.
[52] Ernst Müller, 14.3.2001; Walter Bökenheide, 5.2.2002. Vgl. hierzu und zum folgenden auch den Beitrag „Erneute politische und gesellschaftliche Diskriminierung in den 1950er und 1960er Jahren" von Burkhard Dietz im vorliegenden Band.
[53] Elsbeth Hammerschmidt, Elfriede Schmidt, Edgar Happ, 21.2.2001.
[54] Jürgen Helling, 18.8.2001

Schülerin in diese Verhältnisse etwas Einblick hatte, berichtet, galt Helling den örtlichen KPD-Funktionären als zu „abgehoben und zu schwierig", als „Büchermensch".[55] Von beiden Seiten hielt man Distanz. Bündnispolitisch kontaktierte die KPD in Schwelm andere Personen aus dem Bürgertum.[56] Man darf in diesem Zusammenhang auch nicht den damals schier unüberwindlichen sozialen Graben zwischen dem Bürgertum und der Arbeiterschaft in Schwelm vergessen.[57] Zur örtlichen Gewerkschaft hatte Helling, obwohl Mitglied der Gewerkschaft Erziehung und Wissenschaft (GEW), keinen intensiven und regelmäßigen Kontakt, ebenso wenig wie zu örtlichen Politikern.[58] In diesem Sinne mag man vielleicht auch sagen, daß Fritz Helling tatsächlich „ein Unpolitischer" war.[59] Aber eben das haben in Schwelm wohl nur wenige verstanden. Allem Anschein nach meinten viele Schwelmer, Hellings offensichtliche tages- und parteipolitische Zurückhaltung sollte nur seine wahren, aber geheimen kommunistischen Bestrebungen verdecken. Und so hatte man ein Auge auf ihn.

Hellings Kontakte in die SBZ bzw. DDR, auch das Angebot einer Professur in Jena waren in Schwelm allgemein bekannt oder kursierten als Gerüchte im Ort.[60] Man wußte von auswärtigen Besuchern, besonders aus dem Osten – unter anderem von den Kennzeichen der Fahrzeuge her, die vor Hellings Haus parkten. Das notierte man in der kleinen Stadt sehr wohl. Und diese Kontakte machten Helling im Ort zweifelhaft, verdächtig und sie boten auch Anlaß für eine üble Form der Nachrede.[61] „Der Durchschnittsbürger in Schwelm hat sich reserviert verhalten, mit Distanz", sagt Jürgen Helling. Sein Vater sei „komplett geschnitten [worden] von der Schwelmer Gesellschaft". Fritz Helling habe das Gefühl gehabt, „dort unerwünscht zu sein".[62]

Im Ort unterhielt Helling keine Freundschaften, allein mit seinem ehemaligen Schüler und späteren engen Vertrauten Walter Kluthe (1915-1992) sowie dessen engsten Familienangehörigen verband ihn ein

[55] Anneliese Schlesinger, 11.7.2001.
[56] Ebd.
[57] Ebd.
[58] Jürgen Helling, 18.8.2001; Hubert Schmidt, 28.2.2001.
[59] Herbert Bergmann, 28.1.2002.
[60] Hubert Schmidt, 28.2.2001.
[61] Ernst Müller, 15.2.2001; Walter Bökenheide, 5.2.2002.
[62] Jürgen Helling, 18.8.2001.

freundschaftliches Verhältnis. Das wird von allen Zeitzeugen und von Jürgen Helling bestätigt. Er hatte auch keine privaten Kontakte zu sonstigen Schwelmer Persönlichkeiten. Wenn man einer ehemaligen Schülerin[63] glauben darf, war es für Schwelmer Bürger damals wichtig, „sich in der Stadt sehen zu lassen". Für den Leiter des Bürger-Gymnasiums habe das besonders gegolten. Im Gegensatz zu den meisten anderen Lehrern des Kollegiums sah man Helling im Ort allerdings so gut wie nie.[64] Im Prinzip trat er nur zu besonderen kulturellen Anlässen in der Öffentlichkeit auf.[65] Es ist schwer zu glauben, daß dies seinen Grund nur darin gehabt haben soll, daß Helling in seiner freien Zeit nahezu ausschließlich für die Schule und den Unterricht arbeitete bzw. sich seinen wissenschaftlichen Studien widmete, wie manche Zeitzeugen als Schüler dachten.[66] Insgesamt wirkte Helling auf Außenstehende kühl und zurückgezogen, möglicherweise auch unpersönlich und abgehoben.[67] „Er war einfach Wissenschaftler und zu sehr in seine Sache versponnen."[68] Helling sei nicht leutselig gewesen, sondern „ein Mensch, mit dem man nicht richtig warm werden konnte."[69] Bei offiziellen Anlässen soll Helling ernst und streng gewirkt haben.[70] Volkstümlichkeiten und Feiern

---

[63] Anneliese Schlesinger, 11.7.2001.

[64] Ebd.

[65] Hubert Schmidt, 28.2.2001.

[66] Vermerkt sei hier der Hinweis des ehemaligen Schülers Hubert Schmidt. Die Schwelmer Elite, wenn man sie hier einmal so bezeichnen darf, war zu Hellings Zeiten evangelisch, auch das Gymnasium galt als vornehmlich evangelische Schule. Hubert Schmidt meint sich daran erinnern zu können, daß Helling nach seiner beruflichen Relegation aus politischen Gründen 1934 aus der evangelischen Kirche ausgeschlossen worden sei. Dieser Ausschluß sei auch nach der NS-Zeit nicht aufgehoben worden, worunter Helling offenbar sehr gelitten habe. Hierüber konnte Jürgen Helling auf Nachfrage leider nichts sagen, bestätigte aber, daß Fritz Helling kein Kirchgänger war. Als Bürger mußte man sich damals in Schwelm aber wohl in der Kirche sehen lassen. Demgegenüber stand Hellings offensichtlich starkes Interesse an der Erforschung des Alten Testaments (vgl. hierzu den Beitrag von Siegfried Kreuzer im vorliegenden Band) sowie sein in den letzten Lebensjahren besonderes Bedürfnis, mit dem für seinen Wohnbezirk Schwelm-Oehde zuständigen protestantischen Pfarrer Wilhelm Unterberg Gespräche mit zum Teil theologischen Bezügen zu führen. Pfarrer Unterberg predigte auch bei Hellings Beerdigung, Aufzeichnungen über den Inhalt dieser Predigt sind jedoch offenbar nicht überliefert (Pfarrer Ernst Martin Greiling, 27.11.1998).

[67] In diesem Tenor haben sich nahezu alle Zeitzeugen geäußert.

[68] Anneliese Schlesinger, 11.7.2001.

[69] Anneliese Schlesinger, 5.3.2001.

[70] Friedel Piepenbrink, 8.3.2001.

seien seine Sache nicht gewesen.[71] In Schwelm habe es für Helling keine ernsthaften Gesprächspartner gegeben, auch im Lehrerkollegium nicht, meinen zwei ehemalige Schüler. Niemand habe Hellings Bildung und sein geistiges Niveau, seine „Intellektualität" gehabt.[72] So war Helling im öffentlichen Leben Schwelms – nicht zuletzt aufgrund der Ressentiments, die das Bürgertum einer Kleinstadt manchmal gegenüber Intellektuellen hat – ein Außenstehender, ein „Fremdkörper"[73], und er sei „in Schwelm völlig vereinsamt gewesen".[74] Helling war mithin isoliert, isolierte sich aber gewiß auch selbst.[75]

Helling als Pädagoge

Für die Schüler war Fritz Helling *die* herausragende Gestalt im Lehrerkollegium des Schwelmer Gymnasiums. Stellvertretend für andere formuliert dies ein ehemaliger Schüler so:

> „Mir erschienen die Lehrer insgesamt unpolitisch und nicht gerade weltoffen und zum guten Teil auch nicht sonderlich engagiert. In Sachen Engagement und Vorwärtsdrang zu Neuerungen und zur Weiterentwicklung hat Fritz Helling für meine Begriffe alle anderen Lehrer – mit teilweise erschreckender Beamtenmentalität – haushoch überragt. Die anderen Lehrer konnten m.E. Fritz Helling nicht das Wasser reichen."[76]

Ein anderer ehemaliger Schüler sieht Helling „vor dem Hintergrund der anderen Lehrer, die in keiner Weise zeigten, daß sie nachdenken wollten, die sich weigerten Farbe zu bekennen".[77] Es ist die menschliche Einstellung, die die Erinnerung der Zeitzeugen an Helling am meisten prägt. Er „war überzeugend als Mensch und Lehrer. Wir mochten ihn über alles. Er setzte sich unbeirrt für die Interessen der Schüler ein – als Lebensprinzip."[78] Gelobt wird auch von den Skeptikern unter den Zeit-

---

[71] Jürgen Helling, 18.8.2001.
[72] Hermann Grote, 16.2.2001; Hubert Schmidt, 28.2.2001.
[73] Jürgen Helling, 18.8.2001.
[74] Anneliese Schlesinger, 11.7.2001.
[75] Willi Wiggershaus, 22.2.2001.
[76] Rudolf Schmitz.
[77] Edgar Happ.
[78] Walter Bökenheide, 5.2.2002.

zeugen, daß Helling „tolerant und anständig"[79] war. „Helling war sehr menschlich"[80], „sehr liberal und tolerant" und „integer".[81] „Er hörte zu"[82] und „verstand es, Schule und seine ‚Ideologie' zu trennen".[83] Hiervon grenzen alle Zeitzeugen Hellings politische Auffassungen stark ab. Helling hat, das betonten alle Zeitzeugen ausdrücklich, nie versucht, seine Schüler politisch zu beeinflussen, zu manipulieren oder gar zu gängeln. „Als Menschen haben wir ihn sehr geschätzt, trotz anderer Auffassungen."[84] Die unterschiedlichen „Standpunkte wurden gegenseitig akzeptiert".[85]

Helling trat seinen Schülern nur in seiner Rolle als Schulleiter und Lehrer gegenüber. Dabei wirkte er „als Schulleiter auf die Schüler nicht autoritär, hatte aber Autorität".[86] Dies lag wohl auch an seiner grundsätzlichen Distanz Menschen, also auch seinen Schülern gegenüber. „Helling war sehr zurückhaltend."[87] Auch die Schüler haben Helling in der Schule meist als „sehr ernst"[88] wahrgenommen. Ein ehemaliger Schüler erinnert sich, offenbar selbst ein wenig überrascht: „Ich kann mich nicht daran erinnern, jemals ein Lachen oder Lächeln auf seinem Gesicht gesehen zu haben."[89] Andere ehemalige Schüler bestätigten dies, allerdings mit einer Einschränkung. „Er war innerlich sehr jung und lachte auch, aber nur unter Schülern."[90] Helling suchte die Nähe der Schüler, die Diskussionen und das Gespräch mit ihnen. Hier blühte er auf, hier war er ein anderer Mensch. Ansonsten wirkte er auf seine Umwelt „sachorientiert und introvertiert", und „das wurde ihm als Hochmut und Eingebildetsein" negativ angekreidet, meint eine ehemalige Schülerin Hellings.[91]

---

[79] Willi Wiggershaus, 22.2.2001.
[80] Hubert Schmidt, 28.2.2001.
[81] Friedel Piepenbrink, 8.3.2001.
[82] Ebd.
[83] Edgar Happ.
[84] Hubert Schmidt, 18.2.2001.
[85] Edgar Happ.
[86] Friedel Piepenbrink, 8.3.2001.
[87] Hubert Schmidt, 28.2.2001.
[88] Ruth Rau, 5.2.2001.
[89] Elfriede Schmidt.
[90] Anneliese Schlesinger, 12.1.2001.
[91] Ebd.

Abb. 1: Fritz Helling mit Schülern seines Abiturjahrgangs 1950 in der Gaststätte „Waldlust"

Persönlichen Umgang mit Schülern pflegte Helling nicht. Er traf sich mit seinen Klassen schon einmal in der „Waldlust", einer Gaststätte im Wald südlich von Schwelm (vgl. Abb. 1 und Abb. 2), oder „lud zu sich nach Hause ein". Aber auch dort wurde er nie privat. Die „Gespräche gingen nur über Sachthemen".[92] Dabei darf man sich Helling aber nicht steif vorstellen. Trotz seines Alters wirkte er auf seine Schüler „erstaunlich jung" und „fast burschikos".[93] Gerade „anfangs wirkte er sehr agil und lebhaft".[94]

An den genauen Unterrichtsverlauf bei Helling erinnert sich kaum noch jemand, nur daran, daß man viel lesen und schreiben mußte.[95] Kein Zeitzeuge konnte sich im übrigen daran erinnern, daß reformpädagogische Elemente oder Methoden in Hellings Unterricht eine auffallende

---

[92] Hubert Schmidt, 28.2.2001.
[93] Hermann Grote, 16.2.2001.
[94] Hubert Schmidt, 28.2.2001.
[95] Elsbeth Hammerschmidt, 21.2.2001.

Rolle spielten oder daß Helling sich selbst als Reformpädagogen darstellte. Es sind die Diskussionen, die haften geblieben sind. In ihnen ging
es um tagespolitische Fragen, aber auch um allgemeine gesellschaftliche
und politische Themen und nicht zuletzt um Hellings Geschichtsauffassung. Helling war in diesen Diskussionen in der Regel der Konter-
part seiner Schüler.[96] Auch im Nachhinein wird von den Zeitzeugen sein
ganz unzweifelhaftes Sachwissen respektiert, seine Fähigkeit, zuhören zu
können, das prinzipielle Geltenlassen auch des völlig entgegengesetzten
Standpunkts, nur begründet mußte er sein.[97] Auf seine Schüler wirkte
Helling in der Diskussion temperamentvoll, modern und jung, auch von
seinen Bewegungen her.[98] Er war engagiert und konnte mitreißen.[99]
Wenn es um seine politischen und weltanschaulichen Überzeugungen
ging, reagierte Helling auch schon einmal sehr impulsiv. „Helling konnte
es nicht abwarten, bestimmte Themen mit uns zu diskutieren."[100]

Im Unterricht konnten die Schüler diese andere Seite Hellings erleben:
den „Gefühlsmenschen", der „sich ereifern konnte".[101] Er wird als
„schnell erregbarer Lehrer" geschildert, „der sein Temperament nicht immer im Griff hatte".[102] Gerade wenn es um politische und weltanschauliche Themen ging, war Helling „innerlich außerordentlich er-
regt"[103], „sensibel" und „voller Euphorie".[104] Trotz seines von den ehemaligen Schülern so interpretierten „Sendungs- und Missionsbe-
wußtseins"[105] war er in den Diskussionen sehr tolerant und achtete die
Meinungen und Einstellungen seiner Schüler – und er hörte zu. Helling
bestand aber auf Argumentation. „Wir mußten immer begründen", erinnert sich ein Zeitzeuge.[106] „Dieses ewige Fragen, Fragen, Fragen."[107]
„Immer war alles mit Fragezeichen versehen. Wir haben das Prüfen

---

[96] Hubert Schmidt, 28.2.2001.
[97] Elfriede Schmidt, 21.2.2001.
[98] Hubert Schmidt, 28.2.2001.
[99] Hermann Grote, 16.2.2001.
[100] Edgar Happ, 21.2.2001.
[101] Hermann Grote, 16.2.2001.
[102] Walter Bökenheide, 5.2.2002.
[103] Walter Bökenheide 5.2.2002
[104] Ebd.
[105] Hermann Grote, 16.2.2001; ähnlich Willi Wiggershaus, 22.2.2001.
[106] Edgar Happ, 21.2.2001.
[107] Elfriede Schmidt, 21.2.2001.

gelernt."[108] Helling forderte „Eigenaktivität, auch politisch".[109] Das hieß, daß er eben nicht wollte, daß die Schüler seine Meinung einfach übernahmen, sondern er verlangte von ihnen, „offen, klar und überall ihre Meinung zu sagen".[110] Die Schüler nahmen dies an und so „waren die Auseinandersetzungen [mit Helling] sehr hart".[111] Einige ehemalige Schüler äußerten, sie hätten oft den Eindruck gehabt, Helling wolle sie „mit missionarischem Eifer bekehren". Sie hielten aber als Schüler dagegen, auch weil Helling sie dazu ausdrücklich ermutigte.[112] Diese prinzipielle Haltung Hellings loben alle von mir befragten ehemaligen Schüler. Sie heben hervor, daß es nicht Hellings politische Einstellung war, was sie pädagogisch nachhaltig geprägt habe. Es sei viel mehr Hellings Beharren auf Klarheit und Klärung gewesen, die argumentative Auseinandersetzung und die grundsätzliche Achtung des anderen und der Respekt vor seinem Standpunkt. Hellings Haltung entspricht so für viele Zeitzeugen dem Idealbild des aufklärerischen Pädagogen.[113] Beeindruckend war für die meisten Zeitzeugen als Schüler die „hohe und überlegene Intellektualität" und der „humanistische Idealismus" Hellings, auch wenn er sich „weltfern" ausnahm.[114] Es ist klar, daß Helling aufgrund seiner Persönlichkeit so in erster Linie auf die Oberstufenschüler wirkte, „er war [...] nichts für Sextaner und Quintaner".[115] Charismatisch war Helling also in seiner Haltung, weniger als unterrichtender Lehrer, viel mehr als Mensch, Intellektueller und Pädagoge im aufklärerischen Sinn.

Hellings politische Einstellung war den Schülern bekannt, er machte aus ihr auch keinen Hehl. „Daß Helling Marxist war, war allgemein bekannt."[116] Einige Zeitzeugen sehen in ihm einen „durchdrungenen Kommunisten"[117], andere gehen nicht so weit.

---

[108] Elsbeth Hammerschmidt, 21.2.2001.
[109] Hubert Schmidt, 28.2.2001.
[110] Ebd.
[111] Ebd.
[112] Edgar Happ, Elsbeth Hammerschmidt 21.2.2001
[113] Hubert Schmidt bezeichnet Helling zum Beispiel als „idealen Pädagogen", 18.2.2001.
[114] Hermann Grote, 16.2.2001.
[115] Hubert Schmidt, 28.2.2001.
[116] Walter Bökenheide, 5.2.2001.
[117] Gerd Mädje, 11.10.2001; Hermann Grote, 16.2.2001.

„Wir haben uns viel über Politik – zum Teil auch Tagespolitik – unterhalten. Er war für mich ein brillanter unangepaßter Querdenker, der mit den Kapitalisten wenig am Hut hatte. Es wurde unterschwellig so getan, als ob er ein Kommunist wäre. [...] Ich habe ihn nicht für einen Kommunisten gehalten und auch nicht für einen Fanatiker oder Anhänger von Ideen russischer oder französischer Kommunisten, die darauf abzielten, die Weltherrschaft zu übernehmen."[118]

Ein anderer ehemaliger Schüler meint, Helling habe das marxistische Denken als Verlängerung der bürgerlichen Aufklärung begriffen, und so passe er in kein politisches Konzept.[119]

Natürlich standen Hellings Weltanschauung und seine Geschichtsauffassung im Mittelpunkt oft hitziger Diskussionen mit seinen Schülern. Zur SBZ bzw. DDR scheint Helling, glaubt man den Zeitzeugen, ein schwieriges Verhältnis gehabt zu haben. So erinnert sich ein ehemaliger Schüler: „Helling kam aus der DDR wieder. Da drüben sei die Diktatur des Proletariats, dafür sei er nicht zu haben."[120] Zum selben Thema soll Helling bemerkt haben: „Das sind ja keine Kommunisten, das sind Machthaber. Dort wird die Idee des Kommunismus total verzerrt."[121] Auf die Frage eines Schülers anläßlich der Helling angetragenen Professur, warum er nicht nach Jena gehe, soll er geantwortet haben: „Nein, ich werde hier gebraucht."[122] Auch Jürgen Helling bestätigt, daß sein Vater „Vorbehalte gegen den SED-Staat"[123] gehabt habe.[124] Bei den Schülern

---

[118] Rudolf Schmitz.

[119] Walter Bökenheide, 5.2.2001.

[120] Edgar Happ.

[121] Ebd.

[122] Hubert Schmidt, 28.2.2001.

[123] Jürgen Helling, 18.8.2001. Jürgen Helling vermutet, daß ein zusätzlicher Grund für die Ablehnung der Professur gewesen sein könnte, daß Fritz Helling innerlich sehr an Schwelm gehangen habe und Schwelm deshalb nicht habe verlassen wollen. Zur schriftlichen Absage Fritz Hellings vgl. den Beitrag „Erneute politische und gesellschaftliche Diskriminierung in den 1950er und 1960er Jahren" von Burkhard Dietz im vorliegenden Band.

[124] Interessant ist in diesem Zusammenhang der Hinweis zweier ehemaliger Schüler (Hubert Schmidt, Rudolf Schmitz), Helling habe mit ihnen im Unterricht das Buch von James Burnham „Das Regime der Manager" (Stuttgart 1948) gelesen. In ihm setzt sich Burnham auch kritisch mit den bürokratischen Auswüchsen des stalinistischen Staatskommunismus auseinander. Dieses Buch erschien erstmals 1941 in New York. Ein bearbeitetes Exemplar der ersten deutschsprachigen Auflage 1948 befindet sich in der

fanden Hellings politische und weltanschauliche Auffassungen insgesamt keinen Anklang[125], worunter Helling, er äußerte das später in privaten Gesprächen mit Schülern, wohl gelitten hat.[126] „Er fand keinen politischen Anklang und litt unter dieser fehlenden Resonanz." Er reagierte hierauf „sehr sensibel und empfindlich".[127] In seinem schulischen Abschiedsjahr 1950 scheint er resigniert zu haben. Überliefert ist aus dieser Zeit sein Satz: „In Deutschland ist und bleibt der Kommunismus ein Schimpfwort, und das wird sich nie ändern."[128]

Im Geschichtsunterricht der Oberstufe arbeitete Helling, auch mangels Lehrbücher, mit einem umfangreichen, von ihm selbst erstellten und getippten Skript, das er für seine Schüler hektografierte.[129] Es handelt sich hierbei im Prinzip um eine um die Dimension der Weltgeschichte ausgeweitete Kurzfassung seines „Katastrophenweges".[130] Einen Großteil der Nachmittage muß Helling, neben seinen anderen Arbeiten und Aufgaben, für die Erstellung solcher Skripte verwandt haben. Für die Schüler war es ganz offensichtlich, daß er bis in sein Familienleben hinein für die Schule lebte, „er muß die ganze Zeit gearbeitet haben."[131] Zum Schluß sei noch auf einen ganz wesentlichen Aspekt hingewiesen, den alle befragten ehemaligen Schüler ausdrücklich hervorheben und auf dessen Würdigung sie besonderen Wert legen: Helling habe immer auf der Seite der Schüler gestanden, auch in Konflikten zwischen den Schülern und Lehrern seines Kollegiums. Hierfür mag folgendes Beispiel ein Indiz sein:

---

alten Schülerbücherei des Märkischen Gymnasiums. James Burnham war vor dem Zweiten Weltkrieg ein bekannter amerikanischer Trotzkist, wechselte nach 1945 das politische Lager und arbeitete als überzeugter Exponent und Koordinator der antikommunistischen Gegenpropaganda im Kalten Krieg für die CIA (vgl. hierzu Frances Stonor Saunders: Wer die Zeche zahlt ... Die CIA und die Kultur im Kalten Krieg, Berlin 2001).

[125] Hermann Grote, 16.2.2001; Hubert Schmidt, 28.2.2001.

[126] Anneliese Schlesinger, 11.7.2001.

[127] Hermann Grote, 16.2.2001.

[128] Edgar Happ.

[129] Das wohl einzige noch erhaltene Exemplar hat Eckhard Happ dem Archiv des Märkischen Gymnasiums überlassen.

[130] Vgl. hierzu den Beitrag „Helling als Historiker: der ‚Katastrophenweg der deutschen Geschichte' (1947) und der Beginn der historischen NS-Forschung in Deutschland" von Burkhard Dietz im vorliegenden Band.

[131] Anneliese Schlesinger, 12.1.2001.

„Unsere Klassengemeinschaft gewann den Eindruck, daß ein Lehrer Schüler, die in seinem Fach schwach waren, bewußt benachteiligte. Durch unsere Vertreter baten wir daraufhin Herrn Helling, diesen Lehrer nicht mehr in der Klasse unterrichten zu lassen. Mit Erfolg."[132]

Abb. 2: Fritz Helling mit Schülern seines Abiturjahrgangs 1950 bei der Gaststätte „Waldlust"

Die Hellingschen Reformen

Die Hellingschen Reformen waren komplex und insgesamt auf eine ganzheitliche, individualisierende und demokratische Pädagogik aus-

---

[132] Ekkehard Onnasch; Edgar Happ, Elfriede Schmidt u. Elsbeth Hammerschmidt (21.2.2001) erinnern sich an einen ähnlichen Fall einer Lehrerauswechselung und an offene Meinungsverschiedenheiten zwischen Helling und seinem Vertreter Kaspers über die Rechte von Schülern.

gerichtet.[133] Zu ihnen gehörten auch, was oft vergessen wird, die großen und kleinen musikalischen Veranstaltungen und Aufführungen, an denen die Fächer Musik, Kunst, Deutsch und die Fremdsprachen oft gemeinsam beteiligt waren.[134] Regelmäßige Schul- und Sportfeste dienten der Konstitution und Festigung der Schulgemeinde. Die Reformen im engeren Sinn begannen 1948 mit der Einrichtung eines Wahlkurssystems in der Oberstufe, also einer Oberstufendifferenzierung, der Einrichtung neuer Fächer (Gegenwartskunde, Sozialkunde, Altertumskunde) und der Einführung des Faches Französisch als freiwilliges Angebot ab Klasse 9 (Mittelstufendifferenzierung). Gleichzeitig begann in den Kellerräumen des Altbaus der freiwillige Werkunterricht für die Schüler der Mittelstufe. Ein weiteres wichtiges Element der Hellingschen Reformen waren die Arbeitsgemeinschaften, die sich bis in die sechziger Jahre als letztes Relikt aus der Hellingzeit gehalten haben. 1949 wurde eine demokratische Mitwirkung der Eltern- und Schülerschaft eingeführt, deren Krönung wohl die Einrichtung eines Schulparlaments war.

Vor allem in den Jahren 1948 und 1949 stellte die örtliche Presse Hellings Reformen ausführlich dar und beurteilte sie durchweg sehr positiv. Auch die überörtliche Presse zeigte viel Interesse, was die Schwelmer Presse wiederum mit deutlicher Genugtuung zur Kenntnis nahm. Man kannte Schwelm in der Welt.[135] Als die Reformen begannen, war Helling immerhin schon 60 Jahre alt, sie betreffen also einen Zeitraum von gerade einmal drei Jahren. Das Kollegium teilte Hellings Reformwillen und -eifer nicht und stand seinen pädagogischen Ideen insgesamt reserviert und auch verständnislos gegenüber. Bis zu seinem Ausscheiden begegnete es aber Helling als Schulleiter immer loyal. Diese Haltung seiner Kollegen anerkannte Helling in seiner Abschiedsrede 1951, er „lobte das Kollegium".[136] Es gibt keine Hinweise auf eine Opposition Helling gegenüber oder darauf, daß seine reformerischen Bestrebungen aus dem Lehrerkollegium heraus torpediert worden wären. „Es gab Spannungen. Es gab keine großen Widerstände, aber auch keine

---

[133] Vgl. hierzu und zum folgenden auch den Beitrag von Jürgen Sprave im vorliegenden Band.

[134] Anneliese Schlesinger, 5.3.2001; Friedel Piepenbrink, 8.3.2001.

[135] Eine Sammlung von Zeitungsberichten aus dieser Zeit befindet sich im Archiv des Märkischen Gymnasiums.

[136] Friedel Piepenbrink, 8.3.2001.

Begeisterung."[137] „Man war Helling gegenüber reserviert, aber es gab keine Kontroversen."[138] Hellings Reformen sind nicht im bzw. mit dem Kollegium entwickelt worden. Es gab nicht einmal eine kleine Gruppe von Lehrern, die willens und in der Lage gewesen wäre, diese Reformen aktiv zu initiieren und nachhaltig voranzutreiben. Man muß es so deutlich sagen: Im Lehrerkollegium fehlten Engagement und ganz deutlich auch reformerische Kompetenz. Es gibt aber auch keine Hinweise darauf, weder in den Schulakten noch über Aussagen von Zeitgenossen, daß sich Helling bemüht hätte, für seine Ideen im Kollegium zu werben oder gar um sich eine Gruppe reformwilliger Lehrer zu sammeln, um den Reformen eine Basis, Popularität, Kontinuität und Dauer zu verleihen. Dazu isolierte er sich selbst zu stark von seinen Kollegen. Und so standen und fielen die Reformen ausschließlich mit Fritz Helling selbst.[139] Nach Hellings Ausscheiden als Schulleiter verwaltete sein Nachfolger Kaspers die Reformen im Status quo weiter, aber ohne Engagement und Initiative. Zu Ostern 1957 wurde der Schulversuch dann endgültig beendet, die Stundentafel und die Struktur der Oberstufe wurden an den „normalen Gymnasialtypus angepaßt".

Die Hellingschen Reformen trafen bei den Schülern, so berichteten es alle Zeitzeugen, auf sehr starke Sympathien und sie wurden von ihnen auch aktiv mit getragen. „Sie haben sie durchweg positiv gesehen."[140] Die Reformen wurden als Gewinn an Freiheit, Individualität, Motivation und Selbstbewußtsein gesehen. Schon als Schüler haben aber auch alle Zeitzeugen deutlich notiert, daß der überwiegende und der einflußreiche Teil der Elternschaft den Reformen distanziert und im Grunde ablehnend gegenüber stand. „Die Eltern haben die Schulreformen nicht begrüßt. Es gab keine Zustimmung, vorsichtig ausgedrückt."[141] Sie galten als „ungymnasial".[142] Eine aktive Unterstützung der Reformen durch die Eltern ist auch anhand der Schulakten nicht erkennbar.

---

[137] Ebd.
[138] Hubert Schmidt, 28.2.2001.
[139] Ganz klar, aber auch bedauernd drückt dies die damalige Oberschulrätin Justus in ihrer Stellungnahme zu Hellings Pensionierungsersuchen aus (StA Schwelm, Personalakte Helling).
[140] Friedel Piepenbrink, 8.3.2001.
[141] Hubert Schmidt, 28.2.2001.
[142] Hermann Grote, 16.2.2001.

So verwundert es eigentlich nicht, daß die Hellingschen Reformen am Gymnasium und in der Stadt schon in den sechziger Jahren vergessen waren und man nicht mehr von ihnen sprach.[143] Es sei eine „bescheidene Reform" gewesen,[144] und ein anderer ehemaliger Schüler meint, „der [spätere] Mythos der Reformen war größer als die Reformen selbst".[145] Es ist wohl so, daß die Reformen in Schwelm mit Hellings Ausscheiden aus der Schule scheitern mußten, weil sie in Schwelm außer ihm und seinen Schülern keiner wirklich wollte, vielleicht auch niemand sie wirklich verstehen wollte. Von nahezu allen Zeitzeugen wurden die Hellingschen Reformen als eine zu früh gekommene Antizipation der Modernisierung und Demokratisierung des Schulwesens vom Beginn der siebziger Jahre mit ihren grundlegenden organisatorischen und curricularen Revisionen beurteilt.

Hellings Abschied

Sein schulisches Scheitern erklärt Helling selbst auf zweierlei Weise. In der rückblickenden und kurzgefaßten Autobiographie „Die Wandlungen in meinem Leben"[146] führt er für sein Ausscheiden aus dem Schuldienst gesundheitliche Gründe an. Er bedauert, daß er sein Reformprojekt zu früh habe abbrechen müssen.

„Leider kam es nicht zur Verwirklichung noch weiter gehender Pläne, weil die übergroßen Anstrengungen in den Aufbaujahren bei mir zu Krankheits- und Erschöpfungszuständen führten, die mich dazu zwangen, im Herbst 1950 meine Beurlaubung und nach einem gesundheitlich schlechten Winter im Frühjahr 1951 meine Pensionierung zu beantragen."[147]

Daß dem so war, zeigen nicht nur die Krankheitsbefunde in Hellings Personalakte, auch seinen Schülern fiel damals sein rapider körperlicher Abbau deutlich auf. „Er war erkennbar erschöpft", erinnert sich ein

---

[143] Willi Wiggershaus, 22.2.2001; Friedel Piepenbrink, 8.3.2001.
[144] Willi Wiggershaus, 22.2.2001.
[145] Hermann Grote, 16.2.2001.
[146] Hellings kurzgefaßte Autobiographie erschien erstmals zu seinem 75. Geburtstag 1963 in der Zeitschrift des Schwelmer Kreises „Schule und Nation".
[147] Fritz Helling: Die Wandlungen in meinem Leben, in: ders.: Pädagogen in gesellschaftlicher Verantwortung, hrsg. v. Jürgen Eierdanz u. Karl-Heinz Heinemann, Frankfurt a.M. 1988, S. 67.

Zeitzeuge und versucht zu erklären: „Helling hatte sich zerrieben."[148]
„Helling zog sich deutlich zurück", und „er fiel stark ab".[149] Ein
ehemaliger Schüler, der später weiter Kontakt mit Helling hatte, führt
dies auch auf Hellings Temperament zurück. Helling sei ein schnell
erregbarer Mensch gewesen, empfindlich und sensibel. Sein Tempo habe
er nicht immer im Griff gehabt, und so sei er vielleicht auch nervlich
überbeansprucht gewesen. Dieser Zeitzeuge glaubt, damals deutliche
Zeichen von Resignation bei Helling wahrgenommen zu haben. „Er hat
oft gesagt, das macht er nicht mehr. Er hört auf. Er hat keine Lust mehr,
sich damit auseinander zu setzen."[150] Andere Zeitzeugen urteilen in die-
selbe Richtung.

Im Text seiner „Wandlungen" deutet Helling politische Zusammenhänge nur implizit an.

„Mein Ausscheiden aus dem aktiven Schuldienst folgte in einer
Zeit der politischen Wende [...], die 1950 deutlich spürbar wurde.
Bis dahin war uns Pädagogen durch das Potsdamer Abkommen zur
Pflicht gemacht worden, alle nazistischen und militaristischen
Lehren dem Unterricht fernzuhalten und eine erfolgreiche Entwicklung der demokratischen Ideen möglich zu machen. [...] Jetzt
kam der Kalte Krieg, die Hetze gegen den Kommunismus.[...] In
der Bundesrepublik begann jetzt der schreckliche Rückfall in die
militaristischen Unheilstraditionen, die unser Volk schon zweimal
in einem halben Jahrhundert in furchtbare Katastrophen gestürzt
hatten. Das Potsdamer Abkommen verlor seine bindende Kraft.
Statt dessen wurde der unselige ‚Geist von Potsdam' wieder
lebendig."[151]

Eindeutig politisch begründet Helling seinen schulischen Abschied
erst in der zweiten und umfassenden Autobiographie „Mein Leben als
politischer Pädagoge". Hier führt er gesundheitliche Gründe nicht mehr
an. Er weist viel mehr auf den sogenannten „Heinemann-Erlaß" hin, der
ihn an seine Relegation aus dem Schuldienst 1933 aufgrund des

---

[148] Hermann Grote, 16.2.2001.
[149] Hubert Schmidt, 28.2.2001.
[150] Walter Bökenheide, 5.2.2001.
[151] Fritz Helling: Die Wandlungen ..., S. 68 f.

berüchtigten Gesetzes zur Wiederherstellung des Berufsbeamtentums erinnerte.[152]

„Als ich an einem Septembertag 1950 in der Oberstufe meinen Unterricht in Gegenwartskunde beginnen wollte, fragten mich die Schüler, ob ich die Morgenzeitung schon gelesen hätte. Dort wäre eine Mitteilung erschienen, die mich sicher interessieren würde. Sie nannten mir kurz den Inhalt, den ich noch nicht kannte. Sobald ich frei war, ging ich nach Hause und fand dort in der Zeitung die Nachricht, daß der Innenminister Dr. Heinemann (!) allen Beamten verboten habe, bestimmten kommunistisch verdächtigen Organisationen anzugehören. Zu ihnen gehörten auch zwei, denen ich angehörte: der Demokratische Kulturbund und das Friedenskomitee. Als ich das las, stieg Ekel in mir hoch. Seit 1945 hatte ich meine ganze Kraft dafür eingesetzt, ein neues friedliebendes Deutschland aufzubauen. Und jetzt sollte der Lohn dafür politische Diffamierung sein."[153]

Wie Jürgen Helling sich erinnert, habe man im Hause Helling einen Familienrat abgehalten, in dem dann Hellings Ausscheiden aus dem Schuldienst beschlossen worden sei. Für Fritz Helling sei dieser Abschied von der Schule „die eigentliche Tragödie in seinem Leben" gewesen.[154] Ein Zeitzeuge spricht von „Resignation". „Die politische Tendenz war im Kalten Krieg gegen ihn."[155] Noch sehr genau kann sich eine ehemalige Schülerin an Hellings persönliche und äußerst erregte Reaktion auf den Heinemann-Erlaß im Unterricht erinnern.[156] Gleichwohl deutet einiges darauf hin, daß Helling von verschiedenen Seiten gedrängt wurde, sein Pensionierungsersuchen zurückzuziehen. Nach Auskunft von Zeitzeugen hat es vor der Schule auch eine sehr lautstarke Schülerdemonstration gegeben, um Helling zum Verbleib an der Schule zu bewegen.[157] Hellings Abschiedsfeier geriet zu einer „großen und beeindruckenden Veran-

---

[152] Vgl. hierzu und zum folgenden auch den Beitrag „Erneute politische und gesellschaftliche Diskriminierung in den 1950er und 1960er Jahren" von Burkhard Dietz im vorliegenden Band.

[153] Fritz Helling: Mein Leben als politischer Pädagoge, hrsg. v. Burkhard Dietz u. Jürgen Helling, Frankfurt a.M. 2004, Manuskript Kap. 10, S. 98.

[154] Jürgen Helling, 18.8.2001.

[155] Hubert Schmidt, 28.2.2001.

[156] Margarete Degenhardt, 1.3.2001.

[157] Edgar Happ, Elfriede Schmidt, Elsbeth Hammerschmidt, 21.2.2001.

staltung".[158] Vertreter des Lehrerkollegiums, der Elternschaft, der Schüler und der Stadt würdigten Hellings Leistungen und bedankten sich bei dem Pädagogen und Schulleiter.[159]

Schwelmer Kreis

Hellings Wirken im Schwelmer Kreis wurde in Schwelm zwar argwöhnisch zur Kenntnis genommen, der Schwelmer Kreis war im Ort aber kein wichtiges Gesprächsthema.[160] Auch die Schüler wußten, wie viele Bürger in Schwelm, über Hellings Kontakte in die DDR Bescheid,[161] alles Weitere waren Gerüchte. Einen unmittelbaren Einblick in den Schwelmer Kreis hat nach meinem Eindruck aufgrund der Gespräche mit den Zeitzeugen niemand (außer Hellings engstem persönlichen Umfeld) in Schwelm gehabt. Dazu schottete sich der Kreis zu sehr nach außen ab.[162] So konnten mir die ehemaligen Schüler auch nur das sagen, was man im Ort redete. Man wußte von Hellings Ost-Kontakten, man wußte auch von einer Hausdurchsuchung und von der nachrichtendienstlichen Beobachtung durch den Staatsschutz.[163] Dieses ‚Wissen' führte damals schon zu einer Form von ‚Ächtung', einer besonders subtilen. Zwar unterstellte niemand Helling etwas Böswilliges, aber, so meint ein ehemaliger Schüler, man war auf der Hut: „Vorsicht! Der will den Kommunismus hierher rüberholen." Da habe man besser Abstand gehalten.[164]

---

[158] Friedel Piepenbrink.

[159] Der spätere Studiendirektor am Märkischen Gymnasium Schwelm, Friedel Piepenbrink, hat Hellings Abschiedsveranstaltung als Schüler miterlebt. Seine zum Teil detailgenauen Erinnerungen hat ein Pädagogik-Kurs in einem Video-Gespräch mit Friedel Piepenbrink festgehalten (Archiv des Märkischen Gymnasiums Schwelm).

[160] Hermann Grote, 16.2.2001; Hubert Schmidt, 28.2.2001. Hierzu und zum folgenden vgl. auch den Beitrag von Christa Uhlig im vorliegenden Band.

[161] Hubert Schmidt, 28.2.2001.

[162] „Helling hat nicht gemerkt, daß der Schwelmer Kreis ferngesteuert war" (Friedel Piepenbrink, 8.3.2001). Die meisten anderen Zeitzeugen meinen ebenfalls, Hellings Idealismus sei politisch ausgenutzt worden. Auch dies ist offenbar Teil des Helling-Mythos.

[163] Vgl. hierzu wiederum den Beitrag „Erneute politische und gesellschaftliche Diskriminierung" von Burkhard Dietz im vorliegenden Band.

[164] Hubert Schmidt, 28.2.2001.

Auch vor dem Hintergrund der politisch aufgeheizten und paranoiden Stimmung im Kalten Krieg mit der Verteufelung des Kommunismus hätte es keine Person in Schwelm gewagt bzw. wagen können, offenen Kontakt mit Helling zu pflegen. Subjektiv fühlte sich Fritz Helling, wie schon gesagt, von der Schwelmer Gesellschaft komplett geschnitten. Jürgen Helling spricht von einem „Mangel an Zivilcourage in der Schwelmer Gesellschaft", zumindest bezogen auf die Personen, die vor 1951 noch offenen Kontakt zu Fritz Helling gehabt hatten.[165]

Isolation – Stigmatisierung – Vergessen

Der Rest der Geschichte des schwierigen Verhältnisses zwischen Schwelm und Helling ist schnell erzählt. Nach seiner Außerdienststellung verschwand Helling „schlagartig" und „völlig" aus dem öffentlichen Leben Schwelms.[166] Das sagen so alle befragten Zeitzeugen. Ein ehemaliger Schüler spricht von einem „unbegreiflichen, totalen Bruch". Und weiter: „Er war ein komplett anderer Mensch."[167] So nahm die Außenwelt Fritz Hellings „Wandlung" wahr.

Zur Schule hat Helling mit dem Tag seines Abschieds keinerlei Kontakte mehr gehabt[168] – das zeigt auch die Aktenlage. Zu seinen Kollegen, insbesondere zu seinem Stellvertreter und Nachfolger verliert er ebenfalls jeden Kontakt. Auch im Nachhinein ist schwer zu erklären, warum Helling sich um seine Reformen überhaupt nicht mehr kümmerte, sich über ihren weiteren Fortgang auch nicht informierte. Das Kapitel Schule hatte er wohl endgültig abgehakt. Einige der Zeitzeugen meinen, in späteren Gesprächen mit Helling Deprimiertheit und Resignation festgestellt zu haben. Ein Zeitzeuge erklärt sich das so: Sein Traum von einem besseren, sozialistischen und antikapitalistischen Deutschland sei nicht mehr zu verwirklichen gewesen. Diese Erkenntnis habe Helling gebrochen.[169]

Die politische Tendenz des beginnenden Kalten Krieges war in der Tat gegen seinen anti-autoritären, individualisierenden pädagogischen

---

[165] Jürgen Helling, 18.8.2001.
[166] Willi Wiggershaus, 22.2.2001; Friedel Piepenbrink, 8.3.2001.
[167] Hubert Schmidt, 29.2.2001.
[168] Friedel Piepenbrink, 8.3.2001; Jürgen Helling, 18.8.2001.
[169] Hubert Schmidt, 28.2.2001.

Ansatz, gegen seine politischen Auffassungen und auch gegen ihn als Person. Die junge Bundesrepublik begann sich zu formieren. Während der Heinemann-Erlaß alle Auffassungen und Bestrebungen links von der SPD, ja sogar bis in die SPD hinein einem völlig undifferenzierten Kommunismusverdacht aussetzte, hiermit stigmatisierte Personen existenziell und strafrechtlich bedrohte und sie geheimdienstlich überwachen ließ, wurden über den Artikel 131 Grundgesetz, das sogenannte Straffreiheitsgesetz, gleichzeitig ehemalige Nazis, die zuvor von den Alliierten als belastet aus ihren Ämtern entlassen worden waren, rehabilitiert, bekamen einen gesetzlichen Anspruch auf Wiedereinstellung in den öffentlichen Dienst und konnten in der Bundesrepublik Karriere machen.[170]

Helling hatte, wie schon ausgeführt, keine Freunde in Schwelm, auch keine intensiven und dauerhaften Kontakte zu Repräsentanten der Schwelmer Öffentlichkeit. Deutliche Vereinsamungssymptome glauben ehemalige Schüler bei ihm erkannt zu haben. Sie erinnern sich daran, Helling in sich versunken auf den Schwelmer Südhöhen gesehen zu haben.[171] Man habe ihn nicht ansprechen können, Menschen, die er von früher her kannte, habe er nicht mehr wahrgenommen, sei auch teilweise grußlos an ihnen vorbeigegangen. „Da ist er wie ein Fremder an mir vorbeigegangen, obwohl ich ihn begrüßt hatte. Er grüßte nicht zurück. Ich dachte, der kennt dich ja gar nicht mehr.“[172] Einige Zeitzeugen meinen, bei Helling Zeichen einer stillen Verbitterung,[173] vielleicht sogar einen tiefen Vorwurf an Schwelm[174] bemerkt zu haben. In Schwelm war Helling im psychologischen Sinne zu einer „Unperson“ geworden, er wurde nicht mehr als Mensch von Bedeutung wahrgenommen. Parallel

---

[170] Norbert Frei: Vergangenheitspolitik. Die Anfänge der Bundesrepublik und die NS-Vergangenheit, München 1996, S. 69 ff. Nimmt man die nach 1972 folgende Zeit des Radikalenerlasses hinzu, reicht diese Kriminalisierungs- und Formierungstendenz bis in die achtziger Jahre hinein. Sieht man diesen Prozeß als Prozeß der Konkurrenz gegensätzlicher politischer und ideologischer Auffassungen, kann man diese Geschichte der Bundesrepublik auch als „Siegergeschichte“ einer dieser Auffassungen deuten. Dies sollte man bedenken, um zu wissen, wie schwer aus der Rückschau ein neutraler und unvoreingenommener Beobachtungs- und Beurteilungsstandpunkt in der Sache Helling einzunehmen ist.
[171] Gerd Mädje, Gerhard Altena, 11.10.2001; Friedel Piepenbrink, 8.3.2001; Anneliese Schlesinger, 11.7.2001.
[172] Hubert Schmidt, 28.2.2001.
[173] Hermann Grote, 16.2.2001.
[174] Hubert Schmidt, 28.2.2001.

dazu zog sich Helling aus der Öffentlichkeit völlig zurück. Es ist ein Prozeß der Stigmatisierung und Selbst-Stigmatisierung, der hier zu beobachten ist. Wer vermag da Ursache und Wirkung jeweils genau auseinander halten zu können? Wenn man von Helling in Schwelm noch sprach, dann „nicht mehr über ihn als ehemaligen Schulleiter, sondern nur noch als ‚Linken'".[175]

„Der letzte Tiefpunkt in seinem Leben" war Hellings 75. Geburtstag. Fritz Helling wollte ihn 1963 mit einem „Collegium Didacticum" in seiner alten Schule feiern. Walter Kluthe beantragte die Räumlichkeiten bei der Stadt. Diese fällte selbst aber keinen Beschluß, sondern gab die Entscheidung an die Lehrerkonferenz des Gymnasiums weiter. Die Lehrerschaft ihrerseits sprach sich einstimmig (!), also mit der Stimme des Schulleiters und den Stimmen der ehemaligen Kollegen Hellings, gegen die beantragte Veranstaltung aus, und zwar mit einer ausschließlich politischen Begründung. Man befürchtete „bei Hellings bekannter Einstellung" die Gefahr kommunistischer Propaganda.[176] Gleichwohl mochte die Lehrerkonferenz die Entscheidung nicht ganz allein verantworten und gab sie an die Stadt zurück, die dann aber das Votum der Lehrerkonferenz lediglich exekutierte. Helling feierte seinen Geburtstag daraufhin in der Kirchlichen Hochschule in Wuppertal-Barmen. Die Ablehnung, die er bei diesem besonderen Anlaß in Schwelm erfuhr, hat Helling, wie er in seiner Autobiographie schreibt, tief gekränkt und in seiner pessimistischen Haltung bestärkt.

Fünf Jahre später hatten sich die Zeiten geändert und eine Ehrung war nun gesellschaftlich und politisch opportun geworden. 1968 gab die Stadt einen offiziellen Empfang zu Hellings 80. Geburtstag im Haus Martfeld. Helling sollte dort rehabilitiert werden. Als geladene Gäste waren die gesellschaftlichen, kulturellen und politischen Spitzen der Stadt sowie das gesamte Lehrerkollegium des Märkischen Gymnasiums anwesend. Es wurden Lobreden gehalten, auch der Direktor des Gymnasiums hielt eine Rede auf Helling, in der er auf dessen große Verdienste hinwies. Wem diese Feier damals mehr nutzte, ist aus heutiger Sicht schwer zu sagen. Helling selbst hat sie als eine Art Erlösung, als eine (fast zu) späte

---

[175] Friedel Piepenbrink, 8.3.2001.
[176] Archiv des Märkischen Gymnasiums Schwelm, Protokollbuch der Lehrerkonferenzen 1961-1965.

Anerkennung genossen.[177] Aber auch für die Stadt war dieser Versöhnungsakt wichtig, hatte sich doch der politische Wind in eine liberalere Richtung gedreht und blinder Antikommunismus war nicht mehr gefragt. Außerdem war Helling in Schwelm immer noch der sichtbare schwarze Fleck, ein unbequemer alter Herr, ein „bürgerlicher Irrläufer", dessen unversöhnten Geist man insgeheim vielleicht doch fürchtete. Die Schwelmer Versöhnungsformel lautete:

„Auch wer politisch anders denkt als Dr. Helling, kann ihm Anerkennung, ja Liebe nicht versagen. Menschen, die mit Mut gegen den Strom schwimmen, nicht feige und bequem den Weg des geringsten Widerstandes gehen, die untadelig in ihrer menschlichen Haltung und Handlung sind, verdienen mehr Achtung als die bequemen Opportunisten, die mit jedem Regime paktierten, die stets auf der Seite der Mächtigen stehen und aus dieser Knechtseligkeit selbst Macht gewinnen."[178]

Danach wurde es wieder still um Fritz Helling und er geriet im Ort und am Märkischen Gymnasium abermals in Vergessenheit. 1985 scheiterte eine Bürgerinitiative mit ihrem Antrag zur Umbenennung einer Schwelmer Schule in „Fritz-Helling-Schule" im Stadtrat.

Liste der Zeitzeugen

Gespräche mit ehemaligen Schülern:

Dr. Gerhard Altena, 11.10.2001
Herbert Bergmann, 28.1.2001
Walter Bökenheide, 5.2.2001 (Telefoninterview)
Margarete Degenhardt, 28.2.2001, 1.3.2001 (Telefoninterviews)
Walter Goller, 11.10.2001
Hubert Grote, 16.2.2001
Elsbeth Hammerschmidt, 21.2.2001
Edgar Happ, 21.2.2001

---

[177] Jürgen Helling, 18.8.2001.
[178] Herbert Bergmann: Er gewann das Herz seiner Schüler, in: Schwelmer Zeitung, 30.7.1968.

Eberhard Kamp,11.10.2001
Gerd Mädje, 11.10.2001
Dr. Ernst Müller, 15.2.2001, 14.3.2001
Friedel Piepenbrink, 8.3.2001
Ruth Rau, 5.2.2001
Dr. Anneliese Schlesinger, 12.1., 1.2. (Telefoninterview), 23.2. (Telefon-
interview), 5.3., 11.7.2001, 12.3.2003
Elfriede Schmidt, 21.2.2001
Hubert Schmidt, 18.2.2001 (Telefoninterview), 28.2.2001
Willi Wiggershaus, 22.2.2001

Schriftliche Äußerungen von ehemaligen Schülern:

Diethard Beyer
Inge Delvendahl
Margarete Engelbrecht
Erna Fuhrmann
Ruth Hahn
Edgar Happ
Max Noß
Ekkehard Onnasch
Rudolf Schmitz
Erich Siepmann

Ehemalige Lehrer:

Toni Voegele-Mönnighoff (bis 1947), 10.4.2001
Dr. Bernhard Mönnighoff (bis 1952), 13.2.2001

Sowie:

Prof. Dr.-Ing. Jürgen Helling, 18.8.2001
Ernst Martin Greiling, 27.11.1998 (Telefongespräch mit Dr. Burkhard Dietz)

Burkhard Dietz

Erneute politische und gesellschaftliche Diskriminierung in den 1950er und 1960er Jahren

Eine Skizze zu Fritz Hellings letzten Lebensjahrzehnten

Die Schwierigkeiten, die Fritz Helling als „parteiloser Sozialist" – wie er sich selbst bezeichnete – seit den späten 1920er Jahren im Rahmen der Schwelmer Gesellschaft hatte und die in seiner Denunziation gegenüber dem NSDAP-Ortsgruppenleiter zu Beginn des Jahres 1933 gipfelten,[1] erlangten – auch im Vergleich mit jenen Vorkommnissen, die uns von seinen Bekannten und anderen Zeitzeugen überliefert wurden[2] – nach dem Ende des Zweiten Weltkrieges eine zusätzliche Dimension. Gemeint sind seine Schwierigkeiten mit dem Staat im weitesten Sinne, wobei weniger die entstehende nordrhein-westfälische Kultusbürokratie, als vielmehr die Organe der politischen Polizei auf Bundes-, Landes- und Bezirksebene im Mittelpunkt des Geschehens standen. Für Helling persönlich ergab sich daraus die höchst widersprüchliche und kaum erträgliche Situation, daß er in den Jahren 1947/48 in wenigen Monaten die gesellschaftliche Rolle des politisch vom Nationalsozialismus unbelasteten Hoffnungsträgers mit der des erneut diskriminierten Kommunisten tauschen mußte.

Halten wir uns zunächst aber noch einmal vor Augen, daß Helling mit dem von ihm geleiteten Gymnasium und den neuen experimentellen Unterrichtsformen zwischen 1945 und 1950 national und international relativ große Aufmerksamkeit erregte. Ihm und seiner Arbeit wurde also von *außen* eine erstaunliche Anerkennung gezollt, was etwa aus der Tatsache abzulesen ist, daß die Schule – immer begleitet von einem entsprechenden Presseecho – wiederholt Anschauungsobjekt ausländischer Besucherdelegationen war. Angesichts dieser Resonanz war es für Helling nur folgerichtig, seine pädagogischen Reformversuche auch theo-

---

[1] Siehe hierzu den Beitrag „Gestapo-Haft und Lebenswirklichkeit der ,inneren Emigration' im Rheinland und in Hessen" von Franz-Josef Jelich im vorliegenden Band.
[2] Vgl. hierzu den Beitrag von Georg Dieker-Brennecke, ,,,Schwelm hat ihn nicht verstanden'. Von den Schwierigkeiten eines Reformers und Querdenkers mit seiner Heimatstadt – Zeitzeugen erinnern sich an Fritz Helling" im vorliegenden Band.

retisch weiter zu reflektieren und in fachspezifischen Gremien und Publikationen, aber auch in übergreifenden, allgemeinen Wissenschafts- und Kulturvereinigungen publik zu machen.[3]

Daß dabei sein Ruf, ein dezidierter, zur politischen Linie der KPD tendierender Marxist zu sein, über Schwelm hinaus rasch verbreitet und gefestigt wurde, ließ Helling jedoch – trotz seiner Erfolge als Pädagoge und seiner steigenden internationalen Reputation – allmählich in einen auch selbst immer bewußter wahrgenommenen Gegensatz zur allgemeinen politischen Entwicklung der westdeutschen Gesellschaft bzw. zur „bürgerlich-kapitalistischen Gesellschaftsordnung" (F. Helling) geraten. Seiner Autobiographie und einigen noch erhaltenen Briefen zufolge nahm dieser persönliche Werdegang Hellings seinen Ausgangspunkt in der Auffassung von der aus historischen Gründen grundsätzlich neu zu gestaltenden politischen Verfassung Deutschlands, d.h. in der Ablehnung jeglicher Tendenzen zum gesellschaftlichen Wiedererstarken der politischen Rechten, zur Remilitarisierung und Integration in den kapitalistisch orientierten Westen sowie in der Zurückweisung des weltpolitischen Führungsanspruchs der USA. Darüber hinaus kam für Helling die SPD als politische Heimat nicht in Betracht, weil sie, seiner Auffassung nach, durch ihre antikommunistische Grundhaltung einen erneuten Spaltungsversuch der Arbeiterklasse unternommen habe.[4] Offenbar ohne eingeschriebenes Mitglied in der KPD zu sein,[5] trat Helling im Spätsommer 1946 in Schwelm im Rahmen der ersten nordrhein-westfälischen Kommunalwahl als Kandidat auf der Liste der KPD in Erscheinung.

Obwohl diese Kandidatur erfolglos blieb, war die politische Haltung Hellings damit an seinem Wohnort allgemein bekannt. Unter dem noch sehr unmittelbaren Eindruck von Krieg, Zusammenbruch und Mangelwirtschaft sowie der noch nicht offenkundigen ‚Koordinierung‘ mit der stalinistisch gelenkten SED wurde die KPD zu diesem Zeitpunkt jedoch noch in breiteren Kreisen der Bevölkerung als linke Alternative zur SPD respektiert. Die ersten Wahlen in Nordrhein-Westfalen brachten der KPD

---

[3] Vgl. hierzu den Beitrag von Jürgen Sprave im vorliegenden Band.

[4] Fritz Helling, Mein Leben als politischer Pädagoge, hrsg. v. Burkhard Dietz u. Jürgen Helling, Frankfurt a.M. 2004, Manuskript S. 81 ff.

[5] Dagegen behauptete Emil Figge, einer von Hellings Bekannten aus der Zeit der ‚inneren Emigration‘, in einem Brief an Werner Krauss: „Helling ist in die KP eingetreten ..." (Schreiben von vor Pfingsten 1946, Nachlaß Werner Krauss, Archiv der Berlin-Brandenburgischen Akademie der Wissenschaften, Berlin).

folglich einige Achtungserfolge ein, bis sie im Jahre 1947 – vor allem im nahen Ruhrgebiet und in den Industriestädten des Bergischen Landes – mit 14% der Stimmen ihren größten politischen Einfluß bei den Wahlen zum nordrhein-westfälischen Landtag erreichte. Nach der anschließenden Umwandlung der KPD in eine marxistisch-leninistische Kampfpartei ging dieser Einfluß jedoch beständig zurück.[6]

In Schwelm und Umgebung, wo Teile der Bevölkerung natürlich, wie in ganz Deutschland, noch mit heimlicher oder offen gezeigter Sympathie an das „Dritte Reich" zurückdachten, verdichtete sich zu dieser Zeit die Ansicht, Hellings politische Überzeugung sei auch durch die Stalinisierung der KPD eigentlich unverändert geblieben. Hinreichende Belege meinte man *erstens* in seinen Veröffentlichungen, insbesondere in der dezidiert marxistisch ausgerichteten Argumentationsweise seines „Katastrophenweges" vorweisen zu können.

Einen *zweiten*, angeblich triftigen Beleg für seine in den Augen der Bevölkerung geradezu unbelehrbare sozialistische Weltanschauung stellte seine aktive Mitgliedschaft im „Demokratischen Kulturbund Deutschlands" (DKBD) sowie im „Friedenskomitee" dar,[7] beides seit dem Abgang von Johannes R. Becher (1891-1958) nach stalinistischem Muster geführte, von der Ostberliner SED gelenkte und finanzierte Tarnorganisationen, die unter dem propagandistischen Signum der angestrebten deutschen Wiedervereinigung sowie den vermeintlichen Idealen von „Frieden", „Demokratie", „Humanismus" und „Antifaschismus" auf den gesellschaftlichen Umsturz der Bundesrepublik hinwirken sollten.[8] Als Mitglied im nordrhein-westfälischen Landesverband des DKBD, dessen Hauptsitz in Düsseldorf war, nahm Helling bis 1951 an zahlreichen informellen Besprechungen und Zusammenkünften dieser Organisationen teil,[9] später war es allein Walter Kluthe (1915-1992), der weiterhin Mit-

---

[6] Siegfried Bahne, Artikel „Kommunistische Partei Deutschlands", in: Nordrhein-Westfalen – Landesgeschichte im Lexikon, Düsseldorf 1993, S. 227 ff.

[7] Fritz Helling, Mein Leben, Manuskript S. 84.

[8] Manfred Jäger, Kultur und Kulturpolitik in der DDR, in: Deutschland-Handbuch. Eine politische Bilanz 1949-1989, hrsg. v. Werner Weidenfeld u. Hartmut Zimmermann, Bonn 1989, S. 432 ff; Wolfgang Schivelbusch, Vor dem Vorhang. Das geistige Berlin 1945-1948, Frankfurt a.M. (2. Aufl.) 1997, S. 117-168; Magdalena Heider, Politik, Kultur, Kulturbund. Zur Gründungs- und Frühgeschichte des Kulturbundes zur demokratischen Erneuerung Deutschlands 1945-1954 in der SBZ / DDR, Köln 1993.

[9] Karl Richter, Die trojanische Herde, Köln 1959.

glied im Kulturbund blieb. Die Argumentationsweise und Sprache von Hellings Schriften und Korrespondenzen wurde denn auch seit 1946/47 nicht nur allein von der marxistischen Dialektik, sondern auch immer mehr von der politischen Rhetorik der Sowjetischen Besatzungszone und frühen DDR geprägt, einer Sprache, die Victor Klemperer (1881-1960) in Analogie zu seiner frühe Analyse der Sprache des Dritten Reiches, (der „Lingua tertii imperii"), nun die „Lingua quatrii imperii" nannte.[10]

Eine bezeichnende Episode stellt in diesem Zusammenhang die von Helling ausgeschlagene Berufung auf eine Professur für „Moderne Geschichte" in Jena dar, die ihm durch Vermittlung des berühmten und höchst einflußreichen Romanisten Werner Krauss (1900-1976) angetragen wurde.[11] Helling hatte Krauss in der Gladenbacher Zeit, noch vor dessen Gestapo-Haft, in Marburg kennengelernt und den Kontakt nach der Kapitulation wieder aufgenommen, wobei Krauss schon bei der Suche nach einem geeigneten Verlag für Hellings „Frühgeschichte des jüdischen Volkes" und für seinen „Katastrophenweg der deutschen Geschichte" als Vermittler zu Vittorio Klostermann in Erscheinung getreten war. Nun, 1947, war Krauss beruflich von Marburg nach Leipzig gegangen, und hatte bald auch andere, später höchst prominente Intellektuelle zum Wechsel in die SBZ veranlaßt, so etwa den Literaturwissenschaftler Hans Mayer (1907-2001) und den Philosophen Ernst Bloch (1885-1977), die in Leipzig eine der einflußreichsten Pressure-Groups für Geisteswissenschaftler in der DDR aufbauen sollten. Auf Vermittlung

---

[10] Victor Klemperer, Und so ist alles schwankend. Tagebücher Juni bis Dezember 1945, Berlin (4. Aufl.) 1997, S. 168, 176.

[11] Zur Bekanntschaft von Fritz Helling und Werner Krauss vgl. auch meinen Beitrag „Helling als Historiker" im vorliegenden Band. Nachlaß (NL) Werner Krauss, a.a.O. (KORR. Helling - GUTA. Helling). Ich danke Frau Dr. Elisabeth Fillmann von der Werner-Krauss-Edition beim Forschungszentrum Europäische Aufklärung, Potsdam, für ihre freundliche Unterstützung. – Der enge Kontakt zwischen Werner Krauss und Vittorio Klostermann beruhte u.a. darauf, daß Krauss 1946 in Klostermanns Verlag die Schrift „PLN. Die Passionen der halkyonischen Seele" veröffentlicht hatte, d.h. seine als zum Tode Verurteilter in verschiedenen NS-Gefängnissen geheim niedergeschriebenen Gedanken. Vgl. dazu auch das Geschäftsarchiv des Verlages Vittorio Klostermann im Deutschen Literaturarchiv Marbach am Neckar. – Zu Werner Krauss vgl. Hans Robert Jauß, Ein Kronzeuge unseres Jahrhunderts, in: Werner Krauss. Vor gefallenem Vorhang. Aufzeichnungen eines Kronzeugen des Jahrhunderts, hrsg. v. Manfred Naumann, Frankfurt a.M. 1995, S. 10 ff sowie Ottmar Ette u.a. (Hrsg.), Werner Krauss. Wege – Werke – Wirkungen, Berlin 1999 und neuerdings die Briefedition Werner Krauss, Briefe 1922 bis 1976, hrsg. v. Peter Jehle, Frankfurt a.M. 2002.

von Krauss sollte Helling aber nach Jena gehen, wo aus der Konkursmasse des verwaisten Lehrstuhls von Theodor Litt (1880-1962)[12] eine Professur für „Moderne Geschichte" eingerichtet werden sollte.[13] Helling zeigte zunächst auch Interesse und hielt sogar eine Probevorlesung, bei der er seine besondere Eignung unter Beweis stellte, aber die endgültige Berufung mußte Helling 1947 mit Rücksicht auf seine zu diesem Zeitpunkt desolate gesundheitliche Verfassung schließlich ablehnen.[14]

Eine zweite, ähnliche Episode ereignete sich etwa zur gleichen Zeit, als Helling der Eintritt in das neu zu bildende nordrhein-westfälische Kultusministerium (Kultusminister Wilhelm Hamacher; erstes Kabinett Amelunxen) als zuständiger Referent für den Aufbau des höheren Schulwesens in Nordrhein-Westfalen angeboten wurde,[15] was er ebenfalls ablehnte, jetzt aber mit der Begründung, die pädagogische Praxis der Arbeit mit Akten doch vorziehen zu wollen. – Wie er über diese großen ,verpaßten Chancen', mit denen er seinem Leben eine völlig andere Wendung hätte geben können, später dachte, ist leider nicht überliefert.

Nicht zuletzt infolge des heraufziehenden Kalten Krieges und der im gespaltenen Deutschland besonders wirksamen Konfrontation der Weltmächte USA und UdSSR wandelte sich zur gleichen Zeit, d.h. seit 1947, die vormals gemäßigte Toleranz der westdeutschen Gesellschaft und Politik gegenüber den Bestrebungen marxistisch-leninistischer Akteure auf dem Territorium der Bundesrepublik und schlug in offene Ablehnung, Repression und politische Verfolgung um. Einen ersten Markstein dieser Entwicklung bildete ein von Innenminister Gustav Heinemann (1899-1976) am 19. September 1950 verfügter Erlaß, nach dem allen Beamten verboten wurde, Mitglied in kommunistisch verdächtigen Organi

---

[12] Brief Theodor Litts an Herman Nohl vom 19. Dezember 1948 (NL Nohl, Göttingen, Ms. Cod. 312), hier zitiert nach Peter Dudek, Gesamtdeutsche Pädagogik im Schwelmer Kreis. Geschichte und politisch-pädagogische Programmatik 1952-1974, Weinheim 1993, S. 46.
[13] Schreiben Emil Figges an Werner Krauss, vor Pfingsten 1946: „Helling übernimmt Professur für moderne Geschichte ..." (NL Werner Krauss, Archiv der Berlin-Brandenburgischen Akademie der Wissenschaften, Berlin).
[14] Schreiben Fritz Hellings an Werner Krauss vom 3. Juli 1947 (NL Werner Krauss, Archiv der Berlin-Brandenburgischen Akademie der Wissenschaften, Berlin).
[15] Klaus-Peter Eich, Schulpolitik in Nordrhein-Westfalen 1945-1954, Düsseldorf 1987, S. 37, 65.

sationen wie etwa dem „Demokratischen Kulturbund Deutschlands" zu sein.[16]

Dieser Erlaß, der in historischer Perspektive am Anfang einer langen Reihe weiterer gesetzlicher Versuche zur staatlichen Ahndung kommunistischer bzw. linksradikaler Bestrebungen stand, traf Helling zunächst noch nicht unmittelbar in polizeilich-juristischer Hinsicht, sondern vor allem mental, fühlte er sich nach seiner politischen Verfolgung in der NS-Zeit nun doch wieder als Opfer eines Staates, dessen Wiederbewaffnung und Einbindung in die westliche Militär- und Wirtschaftsordnung er zutiefst ablehnte. Unmittelbar waren denn auch die persönlichen Konsequenzen, die Helling aus dieser neuerlich sich abzeichnenden Repression zog: Keine 24 Stunden nach Bekanntwerden des „Heinemann-Erlasses" ließ er sich mithilfe eines ärztlichen Attestes beurlauben, und im Frühsommer 1951 beantragte er seine vorzeitige Pensionierung. Wie für viele andere Hoffnungsträger und Idealisten der ersten Stunde ging somit auch für Helling „mit dem Traumland der Interregnumsperiode zwischen Kriegsende und Kaltem Krieg" eine ganz „persönliche Traumperiode zu Ende".[17] Denn schon bald mußte er als nunmehr recht einflußloser Rentner erleben, wie seine Reformbemühungen zunächst nur verwaltet, dann aber unter dem Direktorat von Dr. Wilhelm Lehmgrübner gezielt zurückgeschraubt wurden,[18] was zwar zu vereinzelten aufsehenerregenden Protesten von ehemaligen Schülern bis vor dem westfälischen Schulkollegium führte,[19] letztlich aber eine durchgreifende pädagogische Re-

---

[16] Offiziell hieß der sogenannte Heinemann-Erlaß „Beschluß über die politische Betätigung von Angehörigen des öffentlichen Dienstes gegen die demokratische Grundordnung" (D 104). – Vgl. hierzu Christoph Kleßmann, Die doppelte Staatsgründung. Deutsche Geschichte 1945-1955, Bonn (4. Aufl.) 1986, S. 255; A. von Brünneck, Politische Justiz gegen Kommunisten in der Bundesrepublik Deutschland 1949-1968, Frankfurt a.M. 1978, S. 57 ff.

[17] Wolfgang Schivelbusch, Vor dem Vorhang, S. 128.

[18] Vgl. hierzu den Beitrag von Jürgen Sprave im vorliegenden Sammelband sowie Karl-Josef Oberdick, Hundert Jahre Märkisches Gymnasium Schwelm (1890-1990), in: Beiträge zur Heimatkunde der Stadt Schwelm und ihrer Umgebung N.F. 40 (1990), S. 204 ff.

[19] Protestresolution von Werner Schulz u.a. vom Sommer 1954, Schreiben Werner Schulz an Fritz Helling vom 30. Juli 1958, Schreiben von Fritz Helling an Werner Schulz vom 11. August 1958, Schreiben von Werner Schulz-Meinen (Hamburg) vom 16. September 2002 an Burkhard Dietz (Privatarchiv Werner Schulz-Meinen, Hamburg; Privatarchiv Burkhard Dietz, Schwelm).

stauration im Sinne des allgemeinen politischen und sozialpsychologischen Klimas der Adenauer-Ära nicht verhindern konnte.

Befreit von den Disziplinierungsmöglichkeiten des westdeutschen Beamtenrechts entfaltete Helling nach seiner Versetzung in den vorzeitigen Ruhestand eine bis dahin nicht gekannte Fülle von Aktivitäten zur Verbreitung seiner pädagogischen Vorstellungen. 1952 gründete er mit Unterstützung seines langjährigen Wegbegleiters und Freundes Walter Kluthe sowie zahlreicher ehemaliger Mitglieder des „Bundes Entschiedener Schulreformer" den „Schwelmer Kreis" mit der seit 1954 erscheinenden Zeitschrift „Schule und Nation", an der Helling als einer ihrer engagiertesten Autoren mitwirkte und deren Mitherausgeber er bis zu seinem Tode war. Die Redaktion, die offiziell Walter Kluthe allein leitete, befand sich in dem gemeinsam bewohnten Haus Hellings in Schwelm.[20]

Die programmatischen Ziele des neuen Pädagogenkreises, der sich über den „Eisernen Vorhang" und die spätere deutsche Teilung hinweg als konsequent gesamtdeutsche Vereinigung definierte und auch als solche konkret in Erscheinung trat, war die Erhaltung der deutschen Kulturnation und die Durchsetzung bestimmter Schulreformen, in deren Kern vor allem die unterrichtsbezogene Thematisierung des Nationalsozialismus, die Auflösung des dreigliedrigen Schulsystems und die Verwirklichung des Modells der Einheitsschule stand.[21]

Neben der Zeitschrift „Schule und Nation", die sich bald zu einem beliebten und anerkannten Sprachrohr einer sozialistisch inspirierten alternativen Pädagogik entfaltete, legte Helling seine Gedanken nun auch in einer Reihe von programmatischen Schriften nieder, deren Inhalte er wiederum auf zahlreichen deutsch-deutschen und später auch deutsch-tschechischen Pädagogik- und Kulturveranstaltungen publik machte.[22]

---

[20] Hierzu und zum folgenden vgl. den Beitrag von Wolfgang Keim in diesem Band.

[21] Hierzu und zum folgenden vgl. Peter Dudek, Gesamtdeutsche Pädagogik im Schwelmer Kreis. Geschichte und politisch-pädagogische Programmatik 1952-1974, München 1993, S. 125-144, 175-196; ders., Die Gründung des Schwelmer Kreises im Kalten Krieg, in: Beiträge zur Heimatkunde der Stadt Schwelm und ihrer Umgebung N.F. 45 (1996), S. 131-141; Jürgen Eierdanz u. Armin Kremer (Hrsg.), „Weder erwartet, noch gewollt". Kritische Erziehungswissenschaft und Pädagogik in der Bundesrepublik Deutschland zur Zeit des Kalten Krieges, Hohengehren 2000, S. 205-217, 218-227.

[22] Vgl. hierzu die Beiträge von Wolfgang Keim und Klaus Schaller im vorliegenden Band.

Selbstverständlich blieben diese regen Kontakte zum Ostblock nicht geheim, im Gegenteil, Helling nutzte selbst jede Gelegenheit, um auf sie – zum Beispiel durch öffentliche Aufrufe und Appelle etwa gegen die Wiederbewaffnung und die Pariser Verträge – öffentlich aufmerksam zu machen. Was aber offenbar im Gegensatz zu diesen Aktionen sehr wohl geheim blieb, waren seine bewußt oder unbewußt – das muß hier bis zur Auswertung von Hellings Stasi-Akte(n) dahingestellt bleiben –, d.h. im offiziellen Auftrag oder ohne offiziellen Auftrag der SED oder Staatssicherheit, wahrgenommenen Versuche, gleichgesinnte Wissenschaftler, die mit den politischen und/oder ihren individuellen beruflichen Bedingungen in Westdeutschland unzufrieden waren, zur Übersiedlung in die SBZ/DDR zu bewegen und ihnen durch seine Kontakte nach Ostdeutschland eine Zukunftsperspektive zu vermitteln. Durch eine Zeitzeugenaussage und schriftliche Quellen wurden mindestens zwei solcher Vermittlungs- bzw. Anwerbungsversuche bekannt, von denen einer erst 1957 realisiert wurde, als der von Helling angesprochene Kölner Mathematiker Prof. Dr. Heiner Vieregge mit seiner Familie nach Erfurt übersiedelte, um dort bald selbst unter intimste Bespitzelung durch Stasi-Agenten zu geraten.[23] Sein verhängnisvolles Schicksal teilten auch andere „aus dem Westen importierte neue Genossen", die von der in der DDR mittlerweile etablierten „Zweiten Front" stalinistisch geschulter Wissenschaftskader nach sowjetischem Vorbild „für virtuelle Feinde von morgen" gehalten wurden.[24]

Observationen durch die einschlägig sensibilisierten und von der innerdeutschen Grenze aus operierenden Verfassungsschutzorgane ließen folglich nicht lange auf sich warten, und angesichts der weiteren Eskalation des Ost-West-Konflikts war es nur noch eine Frage der Zeit, wann auch Helling selbst zum Ziel weiterführender Ermittlungsmaßnahmen werden sollte, die zur Jahreswende 1953/54 infolge eines Gutachtens des Bundesamtes für Verfassungsschutz über den „Demokratischen Kulturbund Deutschlands" bei einigen Mitgliedern bereits durchgeführt worden waren.[25] So unter anderem bei Hellings ehemaligem Schüler sowie spä-

---

[23] Zeitzeugen-Interview mit Frau Ruth Berkenkemper, Schwelm, am 20./21. Februar 2002; Schriftwechsel Berkenkemper mit der Familie Vieregge, Privatarchiv Berkenkemper, Schwelm.
[24] Hans Mayer, Ein Deutscher auf Widerruf. Erinnerungen, Bd. 2, Frankfurt a.M. (2. Aufl.) 1988, S. 102.
[25] Hauptstaatsarchiv Düsseldorf NW 490, NW 511, NW 614.

terem Freund und Gesinnungsgenossen Walter Kluthe, der in seiner Eigenschaft als Sekretär der Sozialakademie Dortmund persönlich insofern sehr unmittelbar von den Bestimmungen des „Heinemann-Erlasses" betroffen war, als 1951-1955 unter Beobachtung des persönlichen Referenten des nordrhein-westfälischen Ministerpräsidenten Karl Arnold seine Entlassung aus dem Landesdienst „wegen KP-freundlicher Betätigung" betrieben und schließlich auch erreicht wurde.[26] – Dabei entbehrt die Tatsache natürlich nicht einer gewissen Süffisanz, daß ein erheblicher Teil der Berufsbeamten – der vor Ort in den zuständigen Behörden tätigen Polizisten, Richter oder Staatsanwälte –, die diese Verfahren leiten und umsetzen mußten, immer noch etliche ehemalige Mitglieder der NSDAP waren.[27]

Trotz dieser Repressionen agierte Helling bis 1959/60, als Krankheiten ihn vorübergehend zur Ruhe zwangen, mit unverminderter Energie weiter. Für die heimische Bevölkerung, der seine häufigen Ostblockreisen und Besuche aus der DDR natürlich nicht verborgen blieben, wurde Helling, vor allem nach dem Mauerbau, vermutlich zu einer immer suspekteren Persönlichkeit, zu der man tunlichst wenig Kontakt haben sollte. Beobachtungen der zunehmenden Vereinsamung, Selbstbezogenheit und fehlenden öffentlichen Anerkennung seiner Arbeit im Raum Schwelm fehlen in der jetzt zugänglichen Autobiographie Hellings denn auch nicht. Gleichwohl engagierte sich Helling, wenn er denn gefragte wurde, auch weiterhin für seine Stadt, zum Beispiel im Rahmen der Schwelmer Baugenossenschaft, in deren Vorstand er über Jahre hin tätig war.[28]

---

[26] Hauptstaatsarchiv Düsseldorf NW 179, Nr. 1287.

[27] Kleßmann, Die doppelte Staatsgründung, S. 252 f; Theodor Eschenburg, Regierung, Bürokratie und Parteien 1945-1949. Ihre Bedeutung für die politische Entwicklung der Bundesrepublik, in: Vierteljahrshefte für Zeitgeschichte 24 (1976), S. 58-74; Wolfgang Benz, Versuche zur Reform des öffentlichen Dienstes in Deutschland 1945-1952, in: Vierteljahrshefte für Zeitgeschichte 29 (1981), S. 216-245; Dieter Schenk, Auf dem rechten Auge blind. Die braunen Wurzeln des BKA, Köln 2001; Maria Wego, Die Geschichte des Landeskriminalamtes Nordrhein-Westfalen, Hilden 1994, S. 20 ff; Ralph Angermund, Deutsche Richterschaft 1919-1945, Frankfurt a.M. 1990, S. 9; Alfons Kenkmann u. Christoph Spieker (Hrsg.), Im Auftrag. Polizei, Verwaltung und Verantwortung. Begleitband zur gleichnamigen Ausstellung – Geschichtsort Villa ten Hompel (Münster), Essen 2001.

[28] Wolfgang Fenner, Hundert Jahre Schwelmer & Soziale Wohnungsgenossenschaft eG., Schwelm 1989, S. 68.

Einen Höhepunkt öffentlicher Mißachtung stellte im Jahre 1963 die von den Kommunalpolitikern Schwelms und vom Kollegium des Gymnasiums aus politischen Gründen abgelehnte Feier zu Hellings 75. Geburtstag dar, die dann in den Räumen der Kirchlichen Hochschule Wuppertal durchgeführt werden konnte. Zudem wurde ein neuerliches, 1960 gegen Helling und andere führende Mitglieder des „Schwelmer Kreises" eingeleitetes „Ermittlungsverfahren wegen des Verdachts der Staatsgefährdung" erst im Herbst 1966 eingestellt.[29]

Wie das Verzeichnis seiner Schriften hinreichend deutlich macht,[30] behinderten die äußeren Lebensumstände und Repressionen Hellings weitere Forschungs- und Publikationstätigkeiten kaum. So widmete er sich in den 1960er Jahren vor allem seinen Ideen zur „Neuen Allgemeinbildung" und den damit verbundenen Konzepten von Comenius (1592-1670), Georg Picht (1913-1982) und Friedrich Wilhelm Foerster (1869-1966). Für die Comenius-Forschungen erhielt Helling im März 1965 eine erste bedeutende internationale Ehrung als ihm vom tschechischen Kultusministerium in Prag die Comenius-Medaille verliehen wurde.[31] Wenige Jahre darauf folgte im 31. Juli 1968, am Tag von Hellings 80. Geburtstag, mit der Verleihung der Ehrendoktorwürde der Pädagogischen Fakultät der Ostberliner Humboldt-Universität eine zweite internationale Anerkennung seines vielfältigen erziehungswissenschaftlichen Engagements.[32]

Wesentlich versöhnlicher als noch fünf Jahre zuvor waren am selben Tag auch die Kommunalpolitiker der Stadt Schwelm und des Ennepe-Ruhr-Kreises sowie einzelne einflußreiche Industrielle wie etwa Ernst Hellmut Vits (1903-1970), Vorstands- und Aufsichtsratsvorsitzender der Glanzstoff AG in Wuppertal sowie Mitbegründer und Vorsitzender des Stifterverbandes für die deutsche Wissenschaft in Essen,[33] die zu Ehren Hellings (der entgegen der ursprünglichen Planung nicht nach Ostberlin gereist war) einen angemessenen Empfang gaben und damit immerhin unter den Bedingungen des veränderten politischen Klimas von 1968 den

---

[29] Fritz Helling, Mein Leben als politischer Pädagoge, Manuskript S. 194.

[30] Vgl. hierzu das rekonstruierte Schriftenverzeichnis Fritz Hellings, abgedruckt im Anhang des Beitrags von Wolfgang Keim im vorliegenden Band.

[31] Vgl. hierzu den Beitrag von Klaus Schaller im vorliegenden Sammelband.

[32] UA Humboldt-Universität Berlin, Akte zur Ehrenpromotion Fritz Helling.

[33] Wolfgang E. Wicht, Glanzstoff. Zur Geschichte der Chemiefaser, eines Unternehmens und seiner Arbeiterschaft, Neustadt a.d. Aisch 1992, S. 70.

Versuch einer Wiederannäherung an Helling unternahmen. Am Nachmittag seines Geburtstages wurde Helling dann im Rahmen einer privaten Feier mit Freunden und Schülern die Urkunde der Ehrenpromotion von einer Ostberliner Wissenschaftlerdelegation überreicht. Die Schwelmer und die westdeutsche Öffentlichkeit erfuhr dies erst einige Tage später aus der Berichterstattung des „Neuen Deutschland", weshalb die Verwunderung natürlich um so größer war.

Danach arbeitete Helling bis zu seinem Tod an seiner Autobiographie, deren Fertigstellung im Manuskript allerdings immer häufiger durch Krankheiten unterbrochen wurde,[34] bis Helling schließlich im Jahre 1973 im Alter von 86 Jahren an den Folgen eines Oberschenkelhalsbruchs starb.

---

[34] Zur Krankengeschichte Fritz Hellings vgl. die ausführliche Dokumentation in seiner Personalakte, Stadtarchiv Schwelm.

Verzeichnis der Abkürzungen

a.a.O.	am angegebenen Ort
Abb.	Abbildung
Abt.	Abteilung
AMGS	Archiv des Märkischen Gymnasiums Schwelm
Anm.	Anmerkung, Fußnote
Art.	Artikel
Aufl.	Auflage
BBF	Bibliothek für bildungsgeschichtliche Forschung
Bd., Bde.	Band, Bände
Bearb.	Bearbeiter
bearb. v.	bearbeitet von
Beih.	Beiheft
BES, BESch	Bund Entschiedener Schulreformer
BHS	Beiträge zur Heimatkunde der Stadt Schwelm und ihrer Umgebung
Bl.	Blatt
BRD	Bundesrepublik Deutschland
CDU	Christlich-Demokratische Union
ČSSR	Tschechoslowakische Sozialistische Republik
DDR	Deutsche Demokratische Republik
ders., dies.	derselbe, dieselbe
DGB	Deutscher Gewerkschaftsbund
Diss.	Dissertation
DKBD	Demokratischer Kulturbund Deutschlands
DLZ	Deutsche Lehrerzeitung
DPZI	Deutsches Pädagogisches Zentralinstitut
Dok.	Dokument
DSTB	Deutscher Städtebund
ebd.	ebenda
EDV	Elektronische Datenverarbeitung
e.V.	eingetragener Verein
f, ff	folgende Seite, folgende Seiten
Gestapo	Geheime Staatspolizei
GEW	Gewerkschaft Erziehung und Wissenschaft
GVP	Gesamtdeutsche Volkspartei

H.	Heft
Hdb.	Handbuch
Hrsg., hrsg. v.	Herausgeber, herausgegeben von
HSTA	Hauptstaatsarchiv
IOL	Interessengemeinschaft oppositioneller Lehrer
Jb.	Jahrbuch
Jg.	Jahrgang
Kap.	Kapitel
KMK	Kultusministerkonferenz
KP, KPD	Kommunistische Partei, Kommunistische Partei Deutschlands
KPO	Kommunistische Partei-Opposition
LThK	Lexikon für Theologie und Kirche
masch., Masch.	maschinenschriftlich, Maschinenschrift
NATO	North Atlantic Treaty Organization
ND	Neudruck, Nachdruck
N.F.	Neue Folge
NL	Nachlaß
NS	Nationalsozialismus
NSDAP	Nationalsozialistische Deutsche Arbeiterpartei
o.J.	ohne Jahr
o.O.	ohne Ort
OStD, OStR	Oberstudiendirektor, Oberstudienrat
PA	Personalakte, Privatarchiv
PISA-Studie	Studie im Rahmen des „Programme for International Student Assessment"
Reg.	Regierung
Rep.	Repositum, Fach
S., s.	Seite, siehe
SA	Sturmabteilung der NSDAP
SBZ	Sowjetische Besatzungszone
SED	Sozialistische Einheitspartei Deutschlands
SN	Schule und Nation
Sp.	Spalte
SPD	Sozialdemokratische Partei Deutschlands
SS	Schutzstaffel der NSDAP (Waffen-SS)
STA	Staatsarchiv
StA	Stadtarchiv

StR	Studienrat
UA	Universitätsarchiv
UdSSR	Union der Sozialistischen Sowjetrepubliken
UNO	United Nations, Vereinte Nationen
VDA	Verein (ab 1933 Volksbund) für das Deutschtum im Ausland
vgl.	vergleiche
Zit., zit.	Zitat, zitiert (nach)
ZK	Zentralkomitee

Mitarbeiterverzeichnis

Dieker-Brennecke, Georg, Jg. 1952, seit 1982 Studienrat am Märkischen Gymnasium Schwelm
Unterrichtsfächer: Deutsch, Erziehungswissenschaft und Philosophie
Publikationen zur Schulgeschichte

Dietz, Burkhard, Dr. phil., Jg. 1954, Historiker und Germanist, Habilitand im Fachbereich I (Geschichtswissenschaft, Neuere und Neueste Geschichte) der Universität Siegen; Mitarbeiter der Geschäftsführung der Bundesärztekammer, Köln
Arbeitsschwerpunkte: Neuere und Neueste Geschichte mit den Schwerpunkten Wissenschafts- und Technikgeschichte (19.-20. Jh.); Sozial- und Wirtschaftsgeschichte (16.-20. Jh.); Geschichte Rheinland-Westfalens
Publikationen u.a.: Industrialisierung, historisches Erbe und Öffentlichkeit (1990); Universität und Politik (1990); Erich Philipp Ploennies (1996); Jugend zwischen Selbst- und Fremdbestimmung (1996); Technische Intelligenz und Kulturfaktor Technik (1996); Drei Konfessionen in einer Region (1999); Griff nach dem Westen (2003)

Eckhardt, Juliane, Dr. phil., Jg. 1946, Professorin für Germanistik an der Universität Paderborn
Arbeitsschwerpunkte: Geschichte, Theorie und Praxis des Deutschunterrichts sowie Geschichte, Theorie und Didaktik der Kinder- und Jugendliteratur
Publikationen u.a.: Der Lehrplan des Deutschunterrichts (1979); Kinder- und Jugendliteratur (1987); Literaturunterricht in Europa (1994)

Eierdanz, Jürgen, Dr. rer. soc., Jg. 1955, Leiter einer Bildungsstätte für die Aus-, Fort- und Weiterbildung in der Altenarbeit, Lehrbeauftragter an der Universität Marburg
Arbeitsschwerpunkte: politische Bildung; Reformpädagogik; Bildungsarbeit mit alten Menschen
Publikationen u.a.: Auf der Suche nach der Neuen Erziehung. Politik und Pädagogik des „Bundes Entschiedener Schulreformer" (1919-1933) zwischen Anspruch und Wirklichkeit (1985); Fritz Helling: Pädagogen in gesellschaftlicher Verantwortung. Ausgewählte Schriften eines entschie-

denen Schulreformers (1988); Öffnung der Hochschulen für ältere Erwachsene (1988); Seniorenstudium in der Bundesrepublik Deutschland (1990); Der Bund entschiedener Schulreformer – Eine verdrängte Tradition demokratischer Pädagogik und Bildungspolitik (1990); „Weder erwartet noch gewollt" – Kritische Erziehungswissenschaft und Pädagogik in der Bundesrepublik Deutschland zur Zeit des Kalten Krieges (2000)

Geudtner, Otto, Dr. phil., Jg. 1938, Altphilologe und Pädagoge a.D.
Arbeitsschwerpunkte: Sozial-, Stadt- und Ideengeschichte der NS-Zeit; jüdische Geschichte
Publikationen u.a.: Die Seelenlehre der Chaldäischen Orakel (1971); „Ich bin katholisch getauft und Arier" – Aus der Geschichte eines Kölner Gymnasiums (1985); „... nicht mehr zugelassen." Das Schicksal des Kölner Juristen Victor Loewenwarter (1995)

Hackler, Cornelia, Jg. 1958, Leiterin des Stadtarchivs und des Museums Haus Martfeld, Schwelm
Arbeitsschwerpunkte: Forschungen zur märkischen Regionalgeschichte sowie Frühmittelalterforschung in Nordwest- und Südwestdeutschland
Publikationen zur mittelalterlichen Archäologie, Siedlungs- und Wirtschaftsgeschichte sowie zur neueren Baugeschichte der Stadt Schwelm

Himmelstein, Klaus, Dr. phil., Jg. 1940, Publizist
Arbeitsschwerpunkte: gesellschaftliche Rahmenbedingungen von Erziehung und Bildung; Ideologie und Politik im erziehungswissenschaftlichen Diskurs des 20. Jahrhunderts, insbesondere in der Geisteswissenschaftlichen Pädagogik
Publikationen u.a.: Kreuz statt Führerbild. Zur Volksschulentwicklung in Nordrhein-Westfalen 1945-1950 (1986)

Jelich, Franz-Josef, Jg. 1953, Wissenschaftlicher Mitarbeiter am Forschungsinstitut Arbeit, Bildung, Partizipation (Recklinghausen) und Lehrbeauftragter an der Ruhr-Universität Bochum
Arbeitsschwerpunkte: Bildungsgeschichte des 20. Jahrhunderts; Didaktik der politischen Bildung
Publikationen u.a.: Soziale Bewegung, Gemeinschaftsbildung und pädagogische Institutionalisierung. Erwachsenenbildungsprojekte in der Weimarer Republik (1996); Literaturwegweiser zur Geschichte an Ruhr

und Emscher (1999); Ein neuer Anfang. Politische Jugend- und Erwachsenenbildung in der westdeutschen Nachkriegsgesellschaft (1999); Fritz Borinski. Zwischen Pädagogik und Politik – ein historisch-kritischer Rückblick (2000); Netze und lose Fäden. Politische Bildung gegen gesellschaftliche Desintegration (2002); Die pädagogische Gestaltung des Raums. Geschichte und Modernität (2003)

Keim, Wolfgang, Dr. phil., Jg. 1940, Professor für Erziehungswissenschaft an der Universität Paderborn
Arbeitsschwerpunkte: Historische Bildungsforschung; Reformpädagogik; Geschichte der Schulreform im 20. Jahrhundert; Erziehung unter der Nazi-Diktatur; Erziehungswissenschaft und Nationalsozialismus; Gedenken und Erinnern als pädagogische Aufgabe
Publikationen u.a.: Pädagogen und Pädagogik im Nationalsozialismus – ein unerledigtes Problem der Erziehungswissenschaft (1991[3]); Erziehung unter der Nazi-Diktatur. 2 Bde. (1995/97); Vom Erinnern zum Verstehen. Pädagogische Perspektiven deutsch-polnischer Verständigung (2003); Jahrbuch für Pädagogik (als Mithrsg., seit 1992)

Kreuzer, Siegfried, Dr. theol., Jg. 1949, Professor für Altes Testament und Biblische Archäologie an der Kirchlichen Hochschule Wuppertal
Arbeitsschwerpunkte u.a.: Geschichte, Kultur und Religion Syrien-Palästinas, insbesondere Geschichte und Religion der Aramäer; Biblische Archäologie; Entstehung des Königtums in Israel; Deuteronomium, deuteronomistische Sprache, Wirkung des Deuteronomiums; Theologie und Ethik des Alten Testaments; Septuaginta Deutsch. Das griechische Alte Testament in Übersetzung (LXX.D); Exegetische Methodik und Methodenintegration
Publikationen u.a.: Der lebendige Gott (1983); Die Frühgeschichte Israels in Bekenntnis und Verkündigung des Alten Testaments (1989); Zur Aktualität des Alten Testaments (1991); Religionsgeschichte Syriens von den Anfängen bis zur Gegenwart (1996); Arbeitsbuch Proseminar I: Altes Testament (1999)

Reulecke, Jürgen, Dr. phil., Jg. 1940, Professor für Neuere und Neueste Geschichte an der Universität Siegen

Arbeitsschwerpunkte: Moderne Stadt- und Urbanisierungsgeschichte; Geschichte der sozialen Bewegungen und Sozialreform; Geschichte der Generationen, der Freizeit und des Reisens

Publikationen u.a.: Sozialer Frieden durch soziale Reform (1983); Geschichte der Urbanisierung in Deutschland (1985); Hoher Meißner 1913 (1988); Vom Kohlenpott zu Deutschlands „starkem Stück" (1990); Stadt und Gesundheit (1991); Wohnen und Markt (1994); Die Stadt als Dienstleistungszentrum (1995); Kleine Geschichte Nordrhein-Westfalens (1996); Geschichte des Wohnens 1800-1918 (1997); Rückkehr in die Ferne (1997); Spagat mit Kopftuch (1997); Handbuch der deutschen Reformbewegungen 1880-1933 (1998); Die Stadt als Moloch? Das Land als Kraftquell? (1999); „Ich möchte einer werden so wie die" – Männerbünde im 20. Jahrhundert (2001)

Schaller, Klaus, Dr. phil., Dr. h.c. der Karls Universität zu Prag, Jg. 1925, Prof. em. für Pädagogik sowie Gründer und Leiter der Comenius-Forschungsstelle an der Ruhr-Universität Bochum
Arbeitsschwerpunkte: J. A. Comenius; Pädagogik der Kommunikation
Publikationen u.a.: Pädagogik der Kommunikation. Annäherungen – Erprobungen (1987); Herder und Comenius (1988); Universität – Wissenschaft – Gesellschaft (1990); Comenius: Pampaedia – Alleinerziehung (1991); Comenius 1992. Gesammelte Beiträge zum Jubiläumsjahr (1992); Chance für Europa. Jan Amos Comenius in unserer Zeit (1995); Zur Grundlegung der Einzelwissenschaft bei Comenius und Fichte (1999)

Sprave, Jürgen, Jg. 1942, Schulleiter am Märkischen Gymnasium in Schwelm
Arbeitsschwerpunkte: mittelalterliche Geschichte; Sprachgeschichte und Sprachsoziologie; Literatur des Sturm und Drang, der Romantik und des Vormärz; Arbeitsschulbewegung und Reformpädagogik
Publikationen: Aufsätze zu den genannten Forschungsgebieten und Mitarbeit an Schulbüchern für den Deutschunterricht

Uhlig, Christa, Dr. habil. paed., Jg. 1947, Privatdozentin an der Humboldt-Universität zu Berlin, Wissenschaftliche Mitarbeiterin in einem DFG-Projekt an der Universität Paderborn
Arbeitsschwerpunkte: Reformpädagogik; Arbeiterbewegung; Erziehungsgeschichte der DDR

Publikationen u.a.: Der Berliner Lehrerverein (1996); Rückkehr aus der Sowjetunion. Emigranten und ehemalige Kriegsgefangene in der SBZ und frühen DDR (1998); Soziale Befreiung-Emanzipation-Bildung. Das Jahrhundert des Kindes zwischen Hoffnung und Resignation (als Mithrsg., 2001); Jahrbuch für Pädagogik 2002: Kritik der Transformation. Erziehungswissenschaft im vereinigten Deutschland (als Mithrsg.)

Personenregister

A

Abusch, Alexander 70, 273, 277, 279
Adelung, Johann Christoph 297
Adenauer, Konrad 9, 405 f, 410, 425
Ahrbeck, Hans 282
Albring, Stefan 65, 187 f, 195 f
Alewyn, Richard 133
Alfken, Hans 53
Alt, Albrecht 220
Alt, Robert 282 f, 285, 287, 294, 415, 422 f
Amelunxen, Rudolf 342, 463
Antz, Josef 78
Arndt, Ernst Moritz 143
Arnold, Karl 467
August, Georg (Kurfürst v. Hannover; Georg II., König v. England) 110

B

Bartels, Adolf 145
Barth, Karl 158
Bauer, Otto 61, 202
Bäumer, Gertrud 28
Becher, Johannes R. 277, 461
Bellingrodt, Walter 336 f, 339, 341 f, 345
Berkenkemper, Ruth 466
Bertram, Ernst 158
Bienko, Gertrud 78
Biermann, Jost 19
Biese, Alfred 150
Bismarck, Otto von 43, 159
Bleicken, Jochen 124, 128

Bloch, Ernst 269, 462
Blume, Wilhelm 53
Boeckh, August 130
Bohlen, Adolf 330
Bökenheide, Walter 15, 42, 54 ff, 74, 76 f, 79 f, 85, 187, 189, 192-196
Böll, Heinrich 414
Böninghausen, Inge von 15
Bollnow, Otto Friedrich 315
Bonhoeffer, Dietrich 275
Börne, Ludwig 147 f
Bousset, Wilhelm 114, 129
Brambora, Josef 285 f, 294 f
Bräuner 259
Brecht, Bertolt 414
Breuer, Hans 26, 34
Buber, Martin 220, 243, 245
Büchner, Georg 148
Burnham, James 445 f

C

Červenka, Jaromír 286
Chartier, Roger 17
Chlup, Otokar 283 ff, 293 f
Claudius, Hermann 33
Comenius, Johann Amos (Jan Amos Komenský) 11, 44, 86, 281-301, 350, 468

D

Darnton, Robert 17
Degenhardt, Franz-Josef 11
Deiters, Heinrich 81, 83, 415, 418
Delbrück, Hans 28 f, 30 f
Delekat, Friedrich 419

Justus, Oberschulrätin 449

K

Kaiser, Georg 153
Kaiser, Jakob 82
Kalivoda, Robert 296
Kalt, Hans 101
Kantorowicz, Alfred 269
Karl der Große 265, 270
Karsen, Fritz 39, 53, 79
Kaspers, Wilhelm 73, 321, 323,
 342, 380, 388, 390, 434, 447, 449
Keim, Wolfgang 18
Kerschensteiner, Georg 28, 31, 47 f,
 117, 169, 191, 348, 351
Kittel, Rudolf 220
Klafki, Wolfgang 80, 82-85, 88
Klages, Ludwig 28 f
Klemperer, Victor 271, 462
Klönne, Arno 76, 82, 87 f
Klopp, Onno 158
Klopstock, Friedrich Gottlieb 142
Klostermann, Vittorio 68, 211,
 258 f, 261, 462
Klotz, Alfred 133
Kluthe, Walther 76, 79 f, 115 f,
 187, 191, 281 f, 285, 295, 303,
 461, 465, 467
Knoop, O. 106
Koch, Otto 78, 82, 327
Koch, Walter 285
Kohnen, Heinrich 342
Kopperschmidt, Fritz 58, 65, 187 f,
 196
Kopperschmidt, Gert 66
Kracke, Arthur 28 f
Kramer, Franz, A. 276

Krauss, Werner 258 f, 341 ff, 460,
 462 f
Krieck, Ernst 309
Kuckart, Leonhard 18
Kummer, Friedrich 149
Küster, Robert 197
Kyrášek, Jiří 295

L

Lamprecht, Karl 28
Langner, Herbert 420
Lamszus, Wilhelm 146
Landauer, Gustav 50
Landsberg, Paul Ludwig 158
Langbehn, Julius 47
Lange 422
Langemann 336
Langhans, Hilda, s. Hilda Helling
Laub, Bruno 79
Lehmgrübner, Wilhelm 73, 321,
 323, 332, 387 f, 464
Lenin, Wladimir Iljitsch 56
Leo, Friedrich 125 f, 129, 134
Lessing, Gotthold Ephraim 142 f
Lietz, Hermann 47, 117, 191
Litt, Theodor 88, 174, 186, 306,
 311, 419, 421, 463
Livius 128, 131 ff
Lochner, Rudolf 285
Logau, Friedrich 148
Lohmann, Heinz 55
Lloyd, Selwyn 406
Lloyd-Jones, Hugh 135
Lubinski, Dagobert 68, 208
Luchs, August 131 f
Ludendorff, Erich 157
Luxemburg, Rosa 50

U

Unterberg, Wilhelm 439

V

Vahle, Wilhelm 335 f
Vergil 45, 123
Vieregge, Heiner 466
Vits, Ernst Hellmut 468
Voltaire 270
Vontin, Walter 78

W

Wagenschein, Martin 330
Wallenstein 260
Wander, Karl Friedrich Wilhelm 107
Weber, Alfred 28, 31
Weber, Max 50, 212, 218, 220, 222, 229, 251
Wedekind, Frank 153
Wehler, Hans-Ulrich 274
Weise, Martin 78, 415
Weiss, Oberschulrat 373
Wellhausen, Julius 218, 220, 238, 243
Wenke, Hans 311 f
Wettig, Gerhard 406
Widukind 265, 270
Wieland, Christoph Martin 142
Wiesenthal, Max 319
Wilamowitz-Moellendorf, Ulrich von 112 f, 125 ff, 130
Wilhelm II. 56, 111, 118, 121, 185
Winckelmann, Johann Joachim 124
Windel, Hans 114
Winkler, Heinrich August 274
Wittner, Otto 150 f
Wolff, August 285

Wyneken, Gustav 24, 28, 31, 34, 46, 53, 117, 158, 191

Z

Zitzlaff, Lehrer 422

Peter Lang · Europäischer Verlag der Wissenschaften

Wolfgang Keim (Hrsg.)

Vom Erinnern zum Verstehen

Pädagogische Perspektiven deutsch-polnischer Verständigung

Frankfurt/M., Berlin, Bern, Bruxelles, New York, Oxford, Wien, 2003.
540 S., 6 Abb., 2 Tab.
Studien zur Bildungsreform. Herausgegeben von Wolfgang Keim. Bd. 42
ISBN 3-631-51262-7 · br. € 79.–*

Die Publikation stellt das Erinnern an die belastete Geschichte zwischen Polen und Deutschen in den Mittelpunkt und fragt nach pädagogischen Perspektiven deutsch-polnischer Zusammenarbeit. Erfahrungsberichte über gelungene deutsch-polnische Projekte geben vielfältige Anregungen für Jugendarbeit und Erwachsenenbildung.

Aus dem Inhalt: Internationale Verständigung – ein Aufgabenfeld der Pädagogik · Deutsch-polnische Beziehungen – historischer Rückblick und aktuelle Kontroversen · Kinder als Opfer von Rassismus und Völkerhass – vergessene Perspektiven der Pädagogik · Erinnern und Gedenken – eine pädagogische Aufgabe · Vom Erinnern zum Verstehen – deutsch-polnische pädagogische Projekte

Frankfurt/M · Berlin · Bern · Bruxelles · New York · Oxford · Wien
Auslieferung: Verlag Peter Lang AG
Moosstr. 1, CH-2542 Pieterlen
Telefax 00 41 (0) 32 / 376 17 27

*inklusive der in Deutschland gültigen Mehrwertsteuer
Preisänderungen vorbehalten
Homepage http://www.peterlang.de